DICIONÁRIO INFANTIL ILUSTRADO DA LÍNGUA PORTUGUESA

Aurelinho

AURÉLIO BUARQUE DE HOLANDA FERREIRA

DA ACADEMIA BRASILEIRA DE LETRAS,
DA ACADEMIA BRASILEIRA DE FILOLOGIA,
DA ACADEMIA DE CIÊNCIAS DE LISBOA
E DA HISPANIC SOCIETY OF AMERICA.

COORDENAÇÃO
Marina Baird Ferreira e Renata de Cássia Menezes da Silva

EQUIPE LEXICOGRÁFICA
Emanuel Pinho Medeiros
Marina Baird Ferreira (†)
Renata de Cássia Menezes da Silva
Roberto Cortes de Lacerda (†)

APOIO TÉCNICO
João Ferreira Gomes Barcellos

4ª edição
Curitiba – 2014

Impressão – 2023

MARALTO
EDIÇÕES

© O Aurelinho: Dicionário Infantil Ilustrado da Língua Portuguesa é a 4ª edição do Dicionário Aurélio Infantil de Língua Portuguesa, reformulado, revisto e aumentado, contendo mais de 4.800 verbetes.

© Copyright - Todos os direitos reservados à Companhia Brasileira de Educação e Sistemas de Ensino S.A. by Regis Ltda. Direitos cedidos com exclusividade à Companhia Brasileira de Educação e Sistemas de Ensino S.A. Nenhuma parte desta obra pode ser apropriada ou estocada em sistema de banco de dados ou processo similar, em qualquer forma ou meio, seja eletrônico, fotocópia, gravação, etc., sem permissão do detentor do copirraite.

Trabalharam na edição original:
Elza Tavares Ferreira (†)
Giovani Mafra e Silva (†)
Joaquim Campelo Marques
Margarida dos Anjos (†)
Marina Baird Ferreira (†)

MARALTO EDIÇÕES

DIRETOR-GERAL
Daniel Gonçalves Manaia Moreira

DIRETOR DE CONTEÚDO
Fabrício Cortezi de Abreu Moura

GERENTE EDITORIAL
Marcele Quaglio Tavares da Silva

GERENTE DE PRODUÇÃO EDITORIAL
Wagner Augusto Krelling

EDITORAS
Sue Ellen Halmenschlager
Valéria Zelik-Lüders

EDITOR DE ARTE
Daniel Cabral

ANALISTA DE ARTE
Juliana Ferreira Rodrigues

COORDENADORA DE REVISÃO
Sandra Regina de Souza

REVISORES
Fernanda Marques Rodrigues
José Archangelo Sensi

PESQUISA ICONOGRÁFICA
Lilian Fernanda Ramos
Tassiane Sauerbier

DIAGRAMAÇÃO
Beatriz Wolanski Brito

PROJETO GRÁFICO DE MIOLO
Commcepta Brand Design

CAPA
Daniel Cabral
Patrícia Lima

ILUSTRAÇÕES
Águeda Horn
Patrícia Lima
Sônia Horn

FOTOGRAFIA E TRATAMENTO DE IMAGENS
Eclan Imagem Digital

ENGENHARIA DE PRODUTO
Solange Szabelski Druszcz

COMPANHIA BRASILEIRA DE EDUCAÇÃO E SISTEMAS DE ENSINO S.A.
Avenida Nossa Senhora Aparecida, 174 – Seminário
80440-000 – Curitiba – Paraná
Tel.: (0xx41) 3312-3500

IMPRESSÃO E ACABAMENTO
Reproset Industria Gráfica Ltda.

Dados Internacionais para Catalogação na Publicação (CIP)
(Angela Giordani / CRB 9-1262 / Curitiba, PR, Brasil)

F383	Ferreira, Aurélio Buarque de Holanda.
	    Aurelinho : dicionário infantil ilustrado da língua portuguesa / Aurélio Buarque de Holanda Ferreira ; coordenação Marina Baird Ferreira e Renata de Cássia Menezes da Silva. – 4. ed. – Curitiba : Cia. Bras. de Educação e Sistemas de Ensino, 2014.
	    452 p. : il.
	
	    ISBN: 978-65-5798-015-6
	
	    1. Língua portuguesa – Dicionários infantojuvenis. I. Ferreira, Marina Baird. II. Silva, Renata de Cássia Menezes da. III. Título.
	
	    CDD 469.3

* Aos netos Pedro Antônio, Mariana, Fernando, Marina e Júlia

SUMÁRIO

Apresentação **04**

Chave do dicionário **10**

As letras e os sinais **14**

Como usar este dicionário **15**

Dicionário **24**

Os numerais **427**

Coletivos de seres e de objetos **428**

Estados e Distrito Federal do Brasil **429**

Pedras **430**

Figuras e sólidos **430**

Cores **431**

O corpo humano **432**

Instrumentos musicais **434**

Partes das plantas **435**

Partes das plantas que a gente come **436**

Animais **439**

Veículos **445**

Referências bibliográficas **447**

APRESENTAÇÃO

Esta é a mais nova edição do *Aurelinho*, um dicionário da família *Aurélio* para crianças do 1º e 2º ano do Ensino Fundamental. Uma edição totalmente revista, aumentada e reformulada com o propósito de tornar-se cada vez mais interessante e adequada a crianças nessa fase.

Uma obra com mais de 4.800 entradas, mais de 6.800 acepções e inúmeras locuções, amplamente ilustrada, pensada e construída, nos mínimos detalhes, em termos lexicográficos e didático-pedagógicos, para a criança recém-alfabetizada, em via de alfabetização, em fase de consolidação dos processos de leitura e de escrita, ou que está sendo introduzida na vivência da língua e da linguagem pelas portas do letramento. Isso tudo porque diferentes são os estágios em que as crianças se encontram nos dois primeiros anos do Ensino Fundamental. Se o primeiro ano é, em muitas escolas, o início desse processo e, ao final dele, muitas crianças já estão alfabetizadas de fato, várias outras crianças, ao iniciar o 2º ano, ainda estão no processo de construção desse saber, dessa prática. Daí a nossa preocupação em elaborar uma obra que se destine realmente a esse público-alvo e que respeite sua diversidade e singularidade.

As crianças dessa fase têm necessidades específicas no que concerne à aprendizagem, à aquisição do conhecimento, em especial à conquista e à consolidação do vocabulário. Necessidades essas que procuramos observar e responder de maneira positiva.

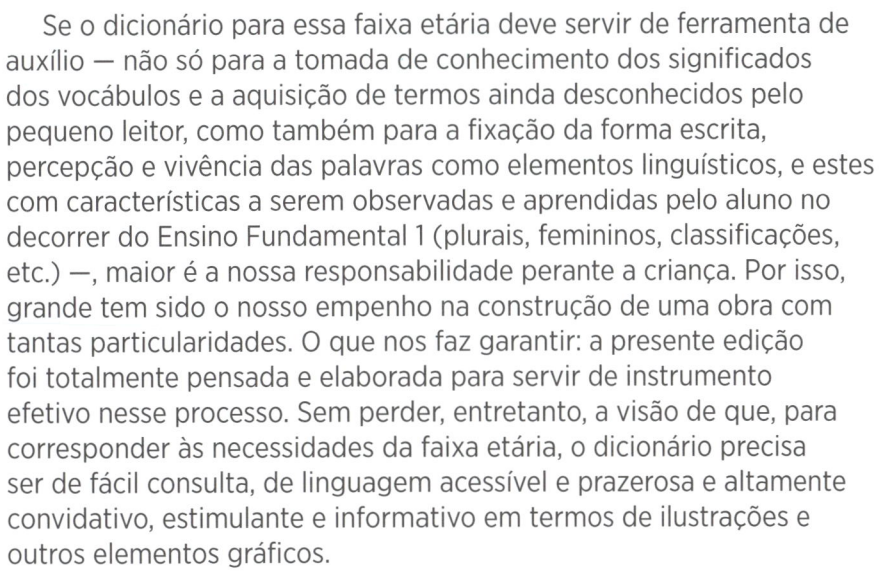

Se o dicionário para essa faixa etária deve servir de ferramenta de auxílio — não só para a tomada de conhecimento dos significados dos vocábulos e a aquisição de termos ainda desconhecidos pelo pequeno leitor, como também para a fixação da forma escrita, percepção e vivência das palavras como elementos linguísticos, e estes com características a serem observadas e aprendidas pelo aluno no decorrer do Ensino Fundamental 1 (plurais, femininos, classificações, etc.) —, maior é a nossa responsabilidade perante a criança. Por isso, grande tem sido o nosso empenho na construção de uma obra com tantas particularidades. O que nos faz garantir: a presente edição foi totalmente pensada e elaborada para servir de instrumento efetivo nesse processo. Sem perder, entretanto, a visão de que, para corresponder às necessidades da faixa etária, o dicionário precisa ser de fácil consulta, de linguagem acessível e prazerosa e altamente convidativo, estimulante e informativo em termos de ilustrações e outros elementos gráficos.

Assim, buscamos alcançar a harmonia que deve existir entre palavras e ilustrações, num projeto gráfico que possa contribuir (e muito) nessa empreitada. Mas, para que todo esse trabalho se tornasse realmente significativo para a criança, entendemos que seria preciso algo a mais. O que seria? Talvez a participação da própria criança, a interação dela com a obra. Foi assim que resolvemos convidá-la a integrar-se de maneira ativa ao dicionário, a perceber as palavras de um modo especial, diferente, e a dedicar um pouco de si mesma a essa casa de palavras. E surgiu o *Aurelinho*, 4.ª edição: um trabalho lexicográfico-interativo. Uma obra que a criança (ou os pais...) possa guardar como lembrança e registro de uma época. Como um dicionário pode alcançar tal intento? Folheie as páginas do *Aurelinho* e descubra. Em vários e diferentes vocábulos, a criança é convidada a interagir, tocando e sentindo ou colocando nele algo de seu.

As novidades não terminam aqui. Muito poderíamos falar sobre a nova edição, mas a falta de espaço nos faz buscar a concisão. Por isso resumimos a seguir o que acreditamos ser importante informar neste primeiro momento.

Critérios lexicográficos e didático-pedagógicos.

Da *nominata* — a escolha das entradas que compõem o dicionário deu-se por diferentes caminhos de pesquisa: da composição de listas de palavras que constituem temas comuns a todas as pessoas a temas que dizem respeito, de maneira restrita, ao público-alvo, passando pela coleta e seleção de vocábulos em livros didáticos, de literatura infantil e em revistas infantojuvenis. Fez-se também necessária a seleção dos vocábulos estrangeiros e abreviaturas mais comuns no dia a dia das pessoas. A seleção de todas essas formas foi feita segundo a importância dos termos para o público-alvo e a incidência deles no dia a dia.

> Uma inovação nesta seleção merece destaque: optamos, na presente obra, pela inserção, como entrada independente, a par da forma masculina, tão tradicional e única na lexicografia de língua portuguesa, da forma feminina dos nomes de profissionais ou de pessoas que praticam ou exercem dada atividade. Diferentes foram as razões que nos levaram a fazer tal introdução. A mais simples delas: viabilizar um primeiro contato das crianças com as palavras no feminino e com seus significados. Não com qualquer palavra feminina, mas com aquelas que têm a ver diretamente com os referenciais da criança ao falar dos adultos que fazem parte de sua história: — *Meu pai é médico, minha mãe é advogada.* Um jeito simples, também, de mostrar que as palavras existem e que a inserção, ou não, delas nas obras é mera convenção, apoiada muitas vezes na questão do espaço ou na falta dele.

Da *linguagem* — obra escrita em linguagem acessível e simples, geralmente em nível coloquial, porém gramaticalmente correta, em que as definições visam a levar a criança a reconhecer aquilo que já sabe ou a agregar o novo conhecimento, de modo prazeroso, agradável. Lança mão, ainda, de estruturas ou construções de diferentes níveis de linguagem, porém correspondentes: nós/a gente; existir/haver/ter, etc., a fim de exemplificar a realidade do dia a dia da criança, sem perder de vista a potencialidade da língua em suas várias realizações.

Dos *sinônimos* — apresentados, em geral, com a remissiva "É o mesmo que", aparecem na forma de "outro nome" em achegas nos verbetes para os quais remetem. No caso dos regionalismos, dizemos, por vezes, tratar-se do nome ou de um dos nomes de dada coisa ou ser em certa região ou estado brasileiros.

Dos *exemplos* — a maioria dos verbetes apresenta um ou mais exemplos — a obra conta com mais de 5.400 exemplos. A maior parte contextualizada e/ou representativa do uso que se faz da palavra no cotidiano, isto é, como ela é usada atualmente pelas pessoas. Demos preferência a exemplificar verbos, advérbios, adjetivos e palavras gramaticais — alguns com mais de um exemplo — com o objetivo de levar a criança a perceber o uso que se faz dessas palavras que não têm correspondência com objeto, ser, ação praticada, etc. designadas por substantivos.

Das *locuções* — inúmeras locuções se fazem presentes no dia a dia das pessoas. Visamos registrar aquelas que fazem parte da realidade ou do universo de interesse das crianças: *até breve, brincadeira de roda, gás carbônico, lápis de cera, de segunda mão*, etc.

Das *informações gramaticais* — constam dos verbetes:

- divisão silábica;
- pronúncia das sílabas que podem representar certo grau de dificuldade (as com *x, e, o, gue/gui, que/qui,* etc.);
- pronúncia das palavras estrangeiras, que, em virtude da grande incidência no idioma ou da evidência na atualidade, se tornaram comuns para todos nós;
- categoria gramatical (expressa na cor do cabeço do verbete e, por extenso, após a divisão silábica);

Cabe aqui uma nota: escolhemos para cada categoria gramatical uma cor que a representasse e que viesse a ser impressa no cabeço do verbete. No caso de vocábulos com mais de uma classe, a entrada aparece cinza, com variação de cor nas subentradas, segundo a categoria da acepção ou das acepções a seguir. Nosso objetivo é o de propiciar a percepção, ora natural (ou subliminar), ora estimulada pela professora, das similaridades existentes entre palavras de mesma classe. Uma das grandes questões do ensino do português tem sido a validade ou não do ensino da metalinguagem (isto é, das classificações, etc.). A posição do presente dicionário — obra híbrida (descritiva e normativa) — é a de que tanto as questões da linguagem e de sua compreensão devem ser trabalhadas no ensino do idioma materno quanto as questões que se referem ao saber do funcionamento da língua, como sistema, estrutura, formas e significados que se realizam no desempenho que o falante faz de todo o código. Pensamos que a melhor forma de saber é conhecer. E, para saber e conhecer, é preciso perceber similaridades e diferenças existentes entre as palavras. Eis nossa proposta: as semelhanças e as diferenças existentes entre as palavras e os grupos de palavras que elas formam precisam ser trabalhadas, antes de "darmos nomes aos bois", para que as classificações não se tornem tão árduas e, por vezes, inacessíveis à compreensão do aluno.

- indicação do gênero da palavra pelo uso do artigo nos exemplos;
- indicação, em achegas no final dos verbetes ou das acepções, do uso de maiúscula quando necessário;
- plural de palavras terminadas em *-ão, -ã, -l , -m, -n, -r, -s, -z*, compostas (*á-bê-cê, água-viva*), variação de timbre (*avô*) e de palavras terminadas em ditongo aberto, em *-éu* e *-au* (*chapéu, degrau*, etc.), para evitar a confusão que a criança faz entre o plural dessas palavras com o de palavras terminadas em *-el* e *-al*;
- feminino (irregular) dos nomes de animais e das palavras em *-ão, -r, -s, -z*.

Nas páginas finais da obra, os principais coletivos de seres e objetos estão listados.

Critérios e características das ilustrações (desenhos e fotografias):

Das *ilustrações, na abertura das letras* — além de ilustrações das palavras iniciadas com a letra da vez, apresentamos um pouco da natureza e da cultura regionais.

Tendo em vista o caráter continental de nosso país, com tantas diferenças geográficas e culturais, que nos tornam um povo com tantas faces, todas unidas, porém, pela mesma língua, decidimos fazer uma pequena homenagem à nossa gente e à nossa cultura, apresentando, na ilustração de abertura de cada uma das letras do dicionário, um dos estados brasileiros. Propomos, assim, uma rápida viagem às principais características naturais e culturais de cada região, com o objetivo de iniciar os pequenos leitores, pela realização de atividades interdisciplinares que possam surgir dessa iniciativa, na multiplicidade desse país tão grande, tão diverso, tão colorido e tão único chamado Brasil.

Dessa forma, a criança natural de certo estado do país poderá reconhecer, na abertura da letra correspondente a seu estado, um pouco de sua história, da vida de sua gente e do lugar em que vive. Pode ainda vir a conhecer um pouco da natureza, da arquitetura e dos costumes do resto do país.

Eis a correspondência entre as 26 letras e os 26 estados: A/Acre; B/Alagoas; C/Amapá; D/Amazonas; E/Bahia; F/Ceará; G/Espírito Santo; H/Goiás; I/Maranhão; J/Mato Grosso; K/Mato Grosso do Sul; L/Minas Gerais; M/Pará; N/Paraíba; O/Paraná; P/Pernambuco; Q/Piauí; R/Rio de Janeiro; S/Rio Grande do Norte; T/Rio Grande do Sul; U/Rondônia; V/Roraima; W/Santa Catarina; X/São Paulo; Y/Sergipe; Z/Tocantins.

O Distrito Federal (Brasília) está presente, como se vê, na capa do dicionário e nesta apresentação.

Vale dizer que nem todos os elementos característicos dos estados têm entrada no interior do dicionário, por duas razões: nossa proposta de uma *nominata* relativamente concisa, para que as palavras pudessem ser mais trabalhadas, e o caráter mais enciclopédico de alguns elementos.

Das *ilustrações, no interior do dicionário* — junto às palavras, ocorrem:

Ilustrações que estabelecem relação imediata do tipo palavra/coisa ou ser por ela designado.

Ilustrações contextualizadas, por vezes cômicas, que demonstram como as palavras são usadas ou que acrescentam valor extralinguístico importante para melhor compreensão do uso que delas se faz.

Das *ilustrações dos apêndices finais*

Alguns temas — grupos de palavras de um mesmo tipo — foram selecionados para ter suas ilustrações apresentadas em conjunto, nos apêndices finais. São eles: *Pedras*; *Figuras e sólidos*; *Cores*; *O corpo humano*; *Instrumentos musicais*; *Partes das plantas*; *Partes das plantas que a gente come*; *Animais*; *Veículos*. Ao todo são mais de 280 ilustrações e fotografias nos apêndices finais.

Vale dizer que disponibilizamos, no endereço eletrônico www.aureliopositivo.com.br/aurelinho, a lista descritiva dos elementos naturais e culturais que fazem parte das ilustrações que compõem a página de abertura de cada letra e a capa. Assim, alunos, professores e responsáveis podem lançar mão de tais elementos em propostas de atividades.

Que nosso propósito maior tenha sido alcançado: o de servir à criança e ao ensino/à educação.

Marina Baird Ferreira

Renata de Cássia M. Silva

Coordenadoras dos dicionários *Aurélio*.

CHAVE DO DICIONÁRIO

Esta página foi criada para mostrar que tipos de informação você, leitor, pode encontrar neste dicionário.

▶ **Esta é uma obra toda ilustrada.** Alguns grupos de palavras (que chamamos de temas) têm fotografias no final do dicionário. Essas palavras têm o desenho de um livrinho com o número da página no final do dicionário em que você deve olhar. A remissiva (isto é, o livrinho com a página) de cada palavra indica a página do tema de que ela faz parte. Além dessas ilustrações do apêndice, há no interior do dicionário inúmeras ilustrações que ajudam a explicar melhor as palavras e a mostrar como elas são usadas no dia a dia. Algumas vezes chamamos você, criança, a participar, e pedimos que cole algo, desenhe e pinte, etc., para deixar o dicionário com o seu jeitinho especial. Fazemos isso, também, com adesivos que estão no final da obra. Eles devem ser colados nas aberturas de letras. Isto é, um para cada letra.

▶ **Verbete** é como a gente chama cada uma das palavras que aparecem na ordem alfabética no dicionário. Ele se inicia com a própria palavra e traz informações sobre ela.

▶ A **divisão silábica** aparece ao lado da entrada, entre dois sinais que a gente chama de parênteses ( ), e sempre em preto. A parte bem mais gordinha e escura da palavra é a sílaba tônica.

■ **m** Símbolo de *metro*.

maçã (ma.çã) *substantivo feminino* Fruto da *macieira*. A maçã é redonda, tem a casca lisa e fina, que pode ser vermelha, amarela ou verde. Por dentro é branca e seu gosto pode ser doce ou um pouco azedo. [Plural: *maçãs*.] 437

Uma visita ao Pará

▶ A **entrada** do verbete vem sempre em **negrito**, isto é, numa letra mais gordinha que as outras, e na cor escolhida para indicar a sua classe gramatical.

A entrada dos verbetes segue algumas regras:

a) em geral, os substantivos e os adjetivos aparecem na forma masculina e no singular. Por exemplo, para procurar o significado de *mocinhas* no dicionário, o leitor precisa saber o singular da palavra (*mocinha*) e o masculino (*mocinho*) dela. E assim pesquisar e encontrar o que procura: **mocinho**.

b) especialmente nesta obra, os substantivos que são nomes de profissionais e outros muito usuais têm entrada, não só no masculino, mas também no feminino. Exemplo: médica (ver) e médico (ver); menina (ver) e menino (ver).

c) os verbos têm entrada no infinitivo, ou seja, numa forma terminada em *-ar*, *-er*, *-ir* ou *-or*. Se você, leitor, está em dúvida, por exemplo, quanto ao significado da palavra *acenariam*, que viu num texto, só precisa lembrar que acen**ar**iam é um verbo terminado em **-ar**, sendo *acenar* o seu infinitivo. Para, assim, procurar no dicionário por essa forma.

Essas regras são necessárias porque a maioria das palavras da língua portuguesa pode ter mais de uma forma e muitas delas (os verbos) têm mais de 60 maneiras de variar. Como não existe no dicionário espaço para registrar todas essas formas como entrada, foi preciso escolher que formas deveriam ter entrada no dicionário. *O Aurelinho* traz algumas novidades sobre esse assunto. Saiba mais lendo a *Apresentação* na página 04.

---

macacão ▶ machado   **M m**

macacão (ma.ca.**cão**) *substantivo masculino* Roupa que é uma calça comprida e uma blusa costurados juntos. É usada por crianças e adultos e também por trabalhadores, pilotos de corrida, etc.: *O mecânico estava com o **macacão** sujo de óleo.* [Plural: *macacões*.]

macaco (ma.**ca**.co) *substantivo masculino* **1.** Animal que mais se parece com o homem. Os macacos podem ser grandes, como os chimpanzés e os gorilas, ou pequenos, como os micos e os saguis. Alguns têm cauda, outros não, e a maioria vive em regiões quentes: *Os **macacos** são animais simpáticos e inteligentes.* 442 **2.** Aparelho usado para levantar coisas muito pesadas: *Papai levantou o carro com um **macaco** para trocar o pneu.*

maçaneta (mê) (ma.ça.**ne**.ta) *substantivo feminino* Espécie de puxador, geralmente redondo ou retangular, que a gente move para destravar ou puxa para movimentar uma porta, um portão, etc.

macarrão (ma.car.**rão**) *substantivo masculino* Massa de farinha de trigo cortada em tiras, ou em forma de canudinhos, etc., com a qual a gente faz vários tipos de comida: *Mariana fez com **macarrão** e molho de tomate uma macarronada muito gostosa.* [Plural: *macarrões*.]

macarronada (ma.car.ro.**na**.da) *substantivo feminino* Comida feita com macarrão cozido, com molho de tomate ou qualquer outro molho, na qual geralmente se põe queijo ralado.

macaxeira (xei = chei) (ma.ca.**xei**.ra) *substantivo feminino* É o mesmo que *mandioca*: *Naquele sítio há uma plantação de **macaxeira**.* [Outra forma: *macaxera*.] 437

machado (ma.**cha**.do) *substantivo masculino* Ferramenta formada por uma peça de ferro com uma lâmina, presa a um cabo, geralmente usada para cortar madeira: *João cortou a lenha com um **machado**.*

a b c d e f g h i j k l **m** n o p q r s t u v w x y z

▶ **O dicionário é organizado em ordem alfabética.** Ou seja, as palavras nele registradas aparecem de acordo com a letra que elas têm no início.

▶ A **definição** explica o significado da palavra, em um texto fácil de entender.

▶ Quando a palavra tem mais de um **significado**, a definição de cada um deles é introduzida por um algarismo (isto é, um número).

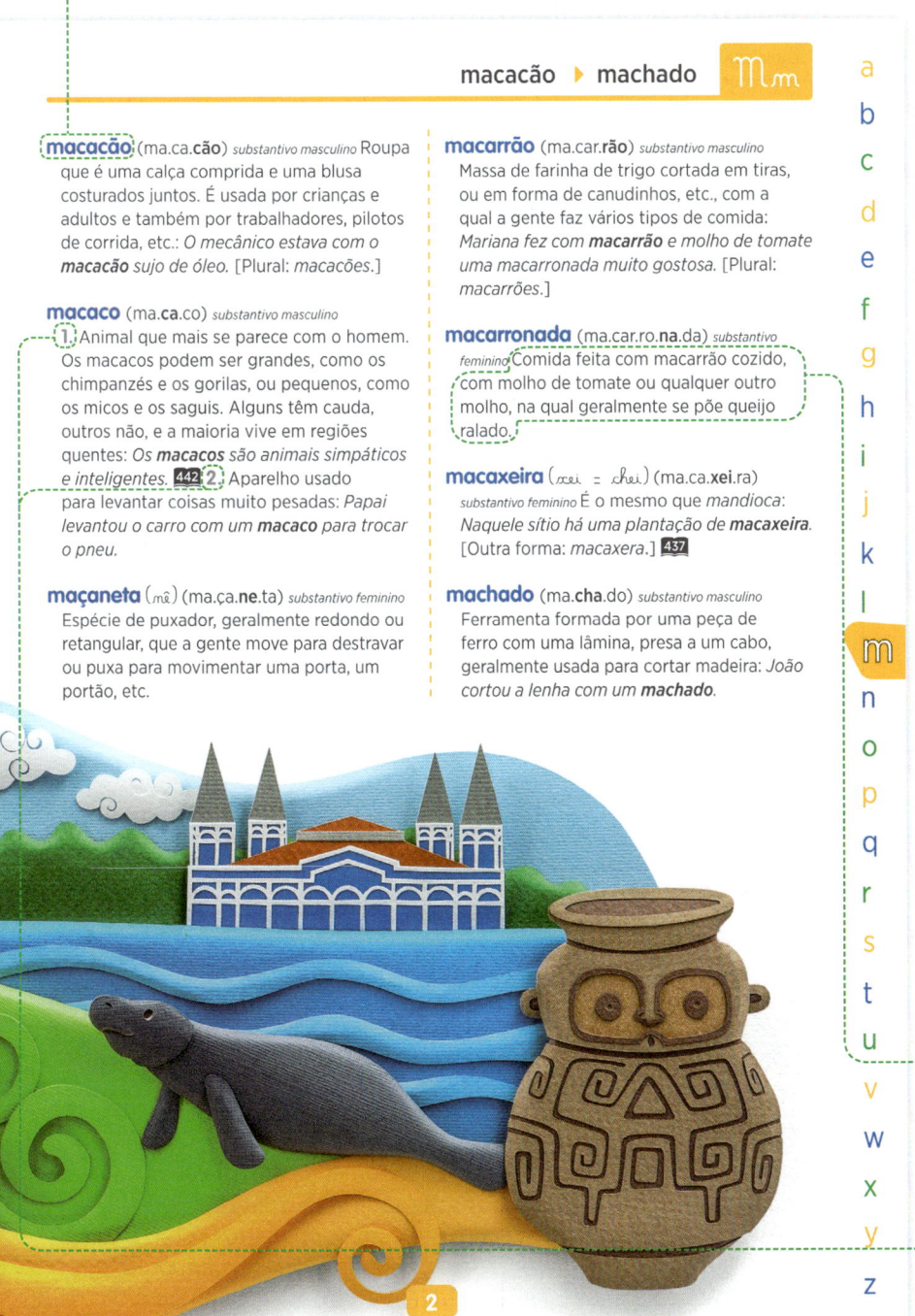

▶ Às vezes, o leitor é conduzido a consultar outro verbete para complementar sua pesquisa e o dicionário faz isso usando **remissivas**. As remissivas podem ser de duas formas: usando a palavra *ver* ou usando um *número entre parênteses*. Sempre que a palavra *ver* aparecer, o leitor precisará consultar o verbete indicado e sempre que aparecer um *número entre parênteses*, o leitor precisará consultar o verbete da palavra que vem antes desse número, mas apenas na definição que corresponde ao número. Às vezes também usamos "o mesmo que", esta forma diz que a palavra tem o mesmo sentido que outra e que você deve ir até a palavra indicada para ler seu significado.

▶ As **locuções**, duas ou mais palavras com definição própria, aparecem no final do verbete, após o losango (◆). Uma locução é um uso especial de uma palavra. Pode ser uma construção em que a palavra é usada com outra, que lhe traz um sentido certo (*ligação elétrica*); pode ser ainda uma construção com duas palavras, que também lhe dão um sentido específico (*bola de gude*). E pode ser uma frase, que quer dizer alguma coisa bem diferente daquilo que está escrito. Por exemplo, quando alguém diz que "Pediu a mão de uma pessoa" não quer dizer que esse alguém quer pegar a mão dessa pessoa emprestada e carregar para algum lugar. Significa que quem pediu a mão dessa pessoa quer se casar com ela.

▶ As **siglas** e **abreviaturas** são introduzidas por um quadradinho (■), na cor laranja.

▶ No alto de cada página, aparecem as **palavras-guias** que registram a primeira e a última palavra de cada página.

Mm medalha ▶ → *mouse*

medalha (me.**da**.lha) *substantivo feminino* **1.** Peça de metal (ouro, prata, bronze, cobre, etc.) geralmente com imagem ou algum escrito, que alguém ganha ou porque foi muito bem numa competição esportiva ou cultural, ou porque fez alguma coisa muito, muito importante para muitas pessoas. **2.** Peça semelhante à medalha (1) usada como enfeite.

medicamento (me.di.ca.**men**.to) *substantivo masculino* Qualquer remédio que um médico indica para alguém que está doente, para que ele o use e fique bom.

medicina (me.di.**ci**.na) *substantivo feminino* A ciência e a arte de evitar e tratar as doenças e restabelecer a saúde: *Ana estuda medicina.*

médico (**mé**.di.co) *substantivo masculino* Homem que pratica a medicina: *Gustavo é médico e passa várias horas do dia num hospital.*

medroso (drô) (me.**dro**.so) *adjetivo* Que tem ou sente medo: *Leu para o filho a história de um ratinho muito medroso.*

medula (me.**du**.la) *substantivo feminino* A parte mais central de certos órgãos ou estruturas.
◆ Medula espinhal. A parte do sistema nervoso que fica no interior da coluna vertebral.

■ **mm** Símbolo de *milímetro*.

▶ A **classe gramatical** aparece depois da divisão silábica e em preto, em tamanho menor e em *itálico*, isto é, numa letra que parece estar meio deitada.

mobília (mo.**bí**.lia) *substantivo feminino* Conjunto dos móveis de uma casa ou de parte de uma casa, de um escritório, etc.: *A mobília do meu quarto é composta por uma cama, uma cadeira e um armário.*

moinho (mo.i.nho) *substantivo masculino* Aparelho movido pelo vento, pela água, por animais ou por motor, e que serve para moer cereais, etc.: *A Holanda é um país famoso por seus moinhos.*

montanha (mon.**ta**.nha) *substantivo feminino* É um monte (1) bem grande: *O Rio de Janeiro é uma cidade com muitas montanhas.*

motor (tôr) (mo.**tor**) *substantivo masculino* Mecanismo que dá movimento a certas máquinas e aparelhos: *Tio Alfredo mandou consertar o motor do seu carro. O motor da geladeira é elétrico.* [Plural: *motores*.]

→ **mouse** (mausi) [Inglês] *substantivo masculino* Aparelho que a gente move com a mão e que permite fazer muitas coisas na tela de um computador: *Mouse em inglês significa rato, e alguns mouses lembram mesmo um ratinho.*

▶ Os **estrangeirismos**, ou seja, as palavras tomadas emprestadas de outras línguas, são introduzidos por uma seta colorida (→) e trazem sua pronúncia aproximada, isto é, mais ou menos como a gente fala a palavra, acrescentada entre parênteses ( ) e em preto. Depois, entre colchetes [ ] e também em preto, aparece o nome da língua de origem da palavra.

▶ No final de alguns verbetes, entre colchetes [ ]: a) pode estar uma ou mais palavras que têm o mesmo sentido que a palavra do verbete; b) pode haver o **plural** (por vezes, pode ser mais de um) e o **feminino** que são irregulares, ou que podem gerar dúvidas.

móvel ▶ musical

móvel (mó.vel)
móvel • *adjetivo de 2 gêneros* Que se pode mover ou mudar de lugar: *As peças deste brinquedo são móveis*.
móvel • *substantivo masculino* Peça de mobília: *A cadeira, a mesa, a cama, o armário e o sofá são móveis de uma casa*.
[Plural: *móveis*.]

mudança (mu.**dan**.ça) *substantivo feminino* **1.** É o mesmo que *modificação*: *Mamãe fez algumas mudanças no meu vestido e ele ficou ótimo*. **2.** Os móveis, os eletrodomésticos, as roupas, etc. das pessoas que se mudam: *Vamos morar numa casa nova e a mudança já está no caminhão*.

mudar (mu.dar) *verbo* **1.** Pôr em outro lugar: *João mudou o armário para perto da porta*. **2.** É o mesmo que *trocar*: *Vou mudar a roupa para sair*. **3.** Fazer passar para outro lugar: *Em 1960, o governo mudou a capital do país para Brasília*. **4.** Deixar o lugar onde vivia: *Nós nos mudamos de Curitiba para o Rio de Janeiro*. **5.** É o mesmo que *transformar*: *A construção da represa mudou a vida dos moradores da região*.

mudo (mu.do)
mudo • *adjetivo* **1.** Que não fala ou quase não fala: *Na nossa escola estudam alguns alunos mudos*. **2.** Que não está funcionando: *O telefone lá de casa está mudo*.
mudo • *substantivo masculino* Homem, rapaz ou menino que não fala ou quase não fala.

mulher (mu.lher) *substantivo feminino* **1.** Ser humano do sexo feminino: *No mundo, há mais mulheres do que homens*. **2.** É o mesmo que *esposa*: *A mulher de meu tio é minha tia*.
[Plural: *mulheres*.]

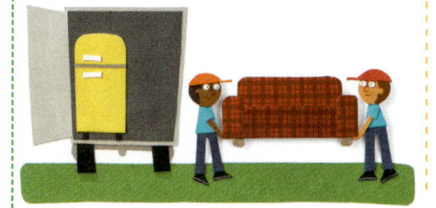

múmia (mú.mia) *substantivo feminino* Corpo embalsamado, isto é, que foi tratado para não apodrecer: *Em sua visita ao museu, Paulo ficou admirado com a múmia egípcia*.

músculo (mús.cu.lo) *substantivo masculino* Tecido animal que se contrai e se relaxa para realizar movimentos: *No corpo humano há três tipos de músculos*.

musculoso (lô) (mus.cu.**lo**.so) *adjetivo* Que tem músculos desenvolvidos: *Minha irmã faz muita ginástica, por isso é uma moça musculosa*.

museu (mu.seu) *substantivo masculino* Lugar onde se guardam, se estudam ou se expõem quadros ou objetos de grande valor histórico, artístico ou científico: *Fomos ao museu e vimos diferentes tipos de répteis e insetos*.

música[1] (mú.si.ca) *substantivo feminino* Arte de combinar os sons de modo agradável à audição. Pode ser cantada, usando-se para isso a voz humana, ou executada por meio de instrumentos musicais: *Papai reclama quando escuto música muito alto*.

música[2] (mú.si.ca) *substantivo feminino* É o feminino de *músico*.

musical (mu.si.cal)
musical • *adjetivo de 2 gêneros* De música: *Fizemos uma apresentação musical na escola, no último sábado*.
musical • *substantivo masculino* Espetáculo ou filme no qual, muitas vezes, em vez de falar, os personagens cantam: *Os Saltimbancos é um musical infantil que, no Brasil, foi traduzido e adaptado pelo compositor Chico Buarque*.
[Plural: *musicais*.]

4

a b c d e f g h i j k l **m** n o p q r s t u v w x y z

▶ A **pronúncia** é a maneira como se fala a palavra. Ela vem antes da separação silábica, entre parênteses e reproduz a sílaba inteira que o leitor precisa dar mais atenção na hora de falar. Mas não aparece em todas as palavras, só aparece em casos especiais: a) quando a palavra tem um som fechado (igual a **ê** ou **ô**) e não recebe acento gráfico; b) quando ela tem *x* (que é uma letra que pode ter vários sons); c) quando pode parecer que o som da sílaba é fechado, mas na verdade é aberto; d) em palavras com *que/qui* ou *gue/gui* em que o *u* é pronunciado; e) em palavras que não são do português e, por isso, são escritas de um jeito e faladas de outro; f) em palavras que são escritas da mesma forma, mas faladas de formas diferentes, como *colher* (lhér), que é o talher, e *colher* (lhêr) que é tirar os frutos de uma árvore; g) quando uma palavra pode ser falada de duas formas diferentes, etc.

Se o verbete não apresenta a pronúncia, o som da palavra da entrada é aberto (igual a **é** ou **ó**).

▶ Palavras com a mesma grafia, ou seja, mesmo modo de escrever, mas que têm origens e significados diferentes, trazem um número pequeno e elevado, junto à entrada. Esses números são chamados **índices**.

▶ Quando a palavra tem duas ou mais **classes gramaticais**, elas vêm separadas, com a entrada na cor cinza e repetida para cada classe, que são introduzidas por uma bolinha (•) preta. Cada classe tem sua própria cor e sua própria numeração para as definições.

▶ Muitos verbetes têm **exemplo**: uma frase ou expressão em que a palavra do verbete aparece, demonstrando assim o uso com aquele significado. Palavras com mais de um significado podem ter mais de um exemplo. Os exemplos aparecem em itálico e a palavra que está sendo exemplificada aparece em *itálico* e **negrito** (meio deitadas e mais gordinhas).

13

AS LETRAS E OS SINAIS

O alfabeto

Alfabeto é o conjunto de letras de uma língua, arrumadas em uma determinada ordem, que começa pela letra A e vai até a letra Z. Essas letras (de A a Z) são utilizadas para formar as palavras da língua que a gente fala e na qual escreve. O alfabeto usado pela Língua Portuguesa é composto de 26 letras:

▶ em letras maiúsculas de imprensa:

A B C D E F G H I J K L M N O P Q R S T U V W X Y Z

▶ em letras minúsculas de imprensa:

a b c d e f g h i j k l m n o p q r s t u v w x y z

▶ em letras maiúsculas manuscritas:

A B C D E F G H I J K L M N O P Q R S T U V W X Y Z

▶ em letras minúsculas manuscritas:

a b c d e f g h i j k l m n o p q r s t u v w x y z

As letras K, W e Y aparecem em palavras estrangeiras que se usam no Brasil (exemplo: *Wi-Fi*), em alguns nomes próprios (exemplo: *Kelly*), em abreviaturas e símbolos (exemplo: *k*) e nos nomes das tribos indígenas (exemplo: *Kayapó*, tribo do Mato Grosso e do Pará).

Os sinais

Existem alguns sinais gráficos (isto é, da escrita) que são usados sobre as letras (em cima delas), ou sob elas (debaixo delas), para indicar qual é a sílaba que a gente fala com mais energia ou para mostrar como certa letra é falada. São eles:

▶ acento agudo (´): **ábaco**

▶ acento grave (`): **Hoje vou à escola.**

▶ acento circunflexo (^): **colônia**

▶ til (~): **hortelã**

▶ cedilha (¸): **graça**

Também existe um sinal, chamado apóstrofo ('), que serve para indicar que certa vogal passou a não ser falada, com a união de duas palavras: **galinha-d'angola**.

COMO USAR ESTE DICIONÁRIO

Caro professor ou professora,

A leitura de dicionários está entre os conhecimentos a serem trabalhados na escola, visto que contribui de maneira significativa para o desenvolvimento da competência linguística dos alunos.

Esta seção do dicionário foi criada para contribuir com seu trabalho pedagógico. Por ela, oferecem-se informações que possibilitam a compreensão da função e das características da obra; indicam-se atividades que visam ao desenvolvimento das habilidades necessárias para que os alunos aprendam a usá-la com mais facilidade e agilidade; apresentam-se análises, reflexões e práticas que os levam a valorizar o dicionário e a compreender os diferentes usos que esse instrumento pode ter.

As atividades elaboradas para as seções a seguir serão muito úteis para o cumprimento dos objetivos propostos. No entanto, cabe a você, professor(a), selecioná-las, adaptá-las ou recriá-las, adequando-as à realidade de sua sala de aula.

O que é um dicionário?

Dicionário é um livro que reúne um grande número de palavras de uma língua, organizadas em ordem alfabética (aquela que vai de A a Z). Sua principal função é explicar o que as palavras querem dizer, mas ele também pode trazer muitas outras informações — por exemplo, o plural de uma palavra, se ela for um substantivo (nome de bicho, planta, coisa, etc.) ou adjetivo (palavra com que a gente fala sobre uma qualidade de algo ou de alguém).

Os dicionários não são livros para serem lidos da primeira à última página. Eles foram escritos para serem consultados. Isso quer dizer que você vai abrir o dicionário e localizar a palavra que quer ou precisar ver.

Para quem este dicionário foi escrito?

Existem diferentes tipos de dicionários, como aqueles que trazem os significados das palavras (isto é, aquilo que elas querem dizer) de certa língua. Este é o caso do *Aurelinho*. Outros dizem o que uma palavra de uma língua diferente da nossa significa ou diz que palavra usar quando queremos falar algo em outra língua. Existem também os dicionários de uma só matéria (um dicionário de ciências, por exemplo) e de vários outros tipos.

Além disso, os dicionários que dão o significado das palavras em nossa língua não são iguais, porque cada um é feito para servir a determinado grupo de pessoas. Como existem adultos e crianças, existem também dicionários para adultos e dicionários para crianças. Afinal cada um deles pensa e tem necessidades diferentes, não é mesmo?

Assim, o dicionário para crianças precisa de um menor número de palavras do que o das pessoas mais velhas. Mas, por outro lado, precisa de várias outras coisas que o dicionário para adultos não precisa, como ser escrito em letras maiores, ter mais exemplos que ajudem a entender o que a palavra quer dizer e como ela é usada, ter ilustrações (desenhos e fotografias) dos bichos, das plantas, dos objetos de que o verbete (é como chamamos cada palavra que é explicada no dicionário) fala. E mais: ter dedeiras (aquela marcação em cor na lateral direita do dicionário, isto é, na parte que abrimos para ler) — pois são elas que facilitam a localização da letra com que se escreve a palavra que queremos consultar. E por aí vai...

Este dicionário foi feito para crianças que, como você, estão iniciando a caminhada em direção às grandes e novas descobertas sobre este tesouro que é nossa língua. Procuramos tornar esta obra um instrumento útil, atraente e interessante para você.

Por que o dicionário é importante?

Porque ele ajuda a pessoa a passar a saber ou a compreender o que as palavras querem dizer. Ele também pode ser usado para aprender como se escreve um vocábulo. O dicionário nos ajuda a aumentar o número de palavras que conhecemos e a saber mais sobre elas. Por isso ele é tão importante para quem está aprendendo a ler e a escrever. Mas não só para quem ainda está aprendendo, pois ler e escrever são atividades que as pessoas usam no dia a dia, para o resto de suas vidas. Não só na escola nem só no trabalho, mas nas ruas, nas lojas, em casa, em todos os lugares e a todo tempo. Você já foi a algum lugar em que não tivesse nada escrito? Nadinha? Nenhuma placa? Nenhum anúncio? No meio de uma floresta, de um deserto ou em alto-mar, pode até não haver nada escrito; mas, nas cidades, sempre há.

Nem sempre conhecemos o que está escrito no jornal que lemos, ouvimos ou a que assistimos, na música que toca no rádio, na receita de bolo que pegamos na Internet, no rótulo de um produto, numa conta que precisamos pagar, etc. Nessas horas, é sempre bom ter um dicionário para consultar. E, para quem precisa escrever uma carta, uma mensagem, um trabalho ou uma pesquisa, o dicionário também é importante. Como se escreve tal palavra? Existe outra palavra que eu possa usar no lugar desta que já usei duas vezes? Mas, para tudo isso, é importante aprender a usar o dicionário. Vamos aprender?

Como procurar uma palavra no dicionário?

O que você precisa saber:

▶ As palavras do dicionário estão organizadas em ordem alfabética.

▶ As palavras iniciadas pela mesma letra têm uma abertura que as separa das palavras iniciadas pela letra anterior. Todas as palavras que têm B como inicial estão, portanto, no dicionário em sequência alfabética após a abertura da letra B, até chegar à última palavra registrada com essa letra.

▶ Cada página tem no alto dela o que chamamos de *palavras-guias*. Cada uma num canto da página. No canto esquerdo de quem lê, a palavra-guia é a primeira que ocorre na página. No canto da direita de quem lê, ela é a última. Isto é, a primeira palavra-guia indica o primeiro verbete da página que você está vendo, e a segunda palavra-guia indica o último verbete da mesma página.

▶ Nem todas as palavras estão no dicionário, elas não caberiam. É preciso fazer uma seleção das que são mais importantes e úteis para o leitor, isto é, para quem vai consultar o dicionário.

Além disso, não há espaço para todas as formas que uma palavra pode ter (o conjunto dessas formas é chamado de *flexão*). É que algumas palavras podem ser usadas em mais de uma forma. É o caso, por exemplo, da maioria dos adjetivos, como *bonito*, palavra que pode ser usada de quatro formas diferentes: *bonito* (em *Chinelo bonito!*), *bonita* (em *Uma saia bonita*), *bonitos* (em *Comprou dois vestidos bonitos*), *bonitas* (em *Ganhou duas blusas muito bonitas*). Não há como colocar todas as formas de uma palavra como entrada (o chamado verbete) de dicionário. Não tem espaço para isso tudo. Daí colocarmos, geralmente, a entrada da palavra na forma masculina e singular (se for um substantivo ou adjetivo): *bonito*. Por isso, se você quiser pesquisar sobre a forma *lindas* (plural do feminino de *lindo*), você deve procurar, no dicionário, a palavra *lindo*.

No caso dos verbos (tais como *jogar*, *correr* e *cuspir*), seriam mais formas ainda a serem registradas, pois a maioria dos verbos tem mais de cinquenta formas (eu *jogo*, tu *jogas*, ele *joga*, etc.). Por isso, os verbos entram apenas na forma do infinitivo, que é aquela terminada em *-a* ou *-e* ou *-i* + *-r*, isto é, *-ar*, *-er*, *-ir*.

▶ Para facilitar, cada letra do alfabeto tem uma abertura, no caso do *Aurelinho*, em cada abertura de letra, há um tipo de informação sobre um estado do Brasil e tem suas dedeiras de cores diferentes.

Resumindo: a palavra procurada não deve estar flexionada, as dedeiras ajudam a localizar a seção da letra inicial da palavra a ser pesquisada, as palavras-guias ajudam a encontrar a página em que a palavra está e a busca deve ser feita em ordem alfabética.

Vamos ver na prática como isso funciona?

Como um dicionário é organizado?

Você já imaginou o que aconteceria se não houvesse uma ordem certa para arrumar todas as palavras que fazem parte de um dicionário? Como você faria, por exemplo, para encontrar a palavra **sufocar**? Teria de ler quase todas as palavras que estão nele até achá-la, não é mesmo? Quanto tempo e esforço isso levaria?

Por isso, o dicionário é construído em ordem alfabética. Primeiro estão todas as palavras que começam com a letra A. Depois as palavras que começam com B; depois com C e assim por diante. E as palavras iniciadas por cada letra (isto é, por A, ou por B, ou por C, etc.) também estão arrumadas em ordem alfabética. **Amar**, por exemplo, vem antes do vocábulo **amigo**, e amigo vem antes de **amor**.

Isso significa que a pessoa que usa o dicionário precisa conhecer muito bem a ordem alfabética. Esse conhecimento pode ser muito comum para quem já lê e, principalmente, escreve há muito tempo. Mas não é tão simples para quem está aprendendo a ler e a escrever e começando, portanto, a usar o dicionário.

Por isso tudo, pensamos em algumas atividades sobre a ordem alfabética para ajudar você, criança, a ver como tudo isso funciona na prática. Vamos lá?

Atividades que você pode fazer em sala de aula ou em casa – I

1. Copie o alfabeto, encaixando cada uma das letras em destaque no lugar que elas ocupam na ordem alfabética. Se preferir, você pode realizar esta atividade usando seu alfabeto móvel.

   A B C D E F G H I J K L M N O P Q R S T U W X Y Z – Encaixe o **V**, isto é, coloque-o no lugar certo.

2. Observe a **primeira letra** de cada palavra, depois as escreva em ordem alfabética.

   SIMPATIA   AMIZADE
   CARINHO   BONDADE

17

3. Quando as palavras iniciam com a mesma letra, é preciso ver qual é a **segunda letra**, para colocá-las na ordem alfabética. Observe a segunda letra de cada palavra abaixo; depois, escreva-as de novo em ordem alfabética.

FO**RÇA   F**L**OR   F**A**MÍLIA   F**E**IJÃO**

4. Quando as duas primeiras letras das palavras são iguais, é necessário ver a **terceira letra** (e assim por diante). Escreva novamente estas palavras, colocando-as na ordem alfabética.

REF**LEXO   RE**I
REC**REIO   RE**A**PROVEITAR**

O que você precisa saber sobre o "uso da cor" nas dedeiras

Além da ordem alfabética, outros recursos foram usados neste dicionário. Para familiarizar-se com ele, preste atenção no dicionário que você tem em mãos.

Observe as laterais das páginas do dicionário, quantas cores diferentes você vê?

Por que, em sua opinião, há várias páginas de cor azul, várias verdes e várias amarelas?

Se você respondeu que cada cor identifica as palavras que iniciam com uma letra diferente do alfabeto, acertou!

Neste dicionário, foram escolhidas **três cores** que, alternadamente, identificam cada uma das letras do alfabeto. Assim, as palavras iniciadas pela letra A encontram-se nas páginas que têm a cor **amarelo**, as palavras iniciadas pela letra B encontram-se nas páginas que têm a cor **azul**, as palavras iniciadas pela letra C encontram-se nas páginas que têm a cor **verde**. As cores se repetem depois na mesma ordem.

Atividades que você pode fazer em sala de aula ou em casa – II

5. Abra o dicionário e descubra a cor que identifica as páginas em que estão as palavras que começam pelas letras D, G, H e R.

6. Faça uma lista com todas as letras identificadas pela cor amarela. E agora pela cor azul.

O que você precisa saber sobre as palavras-guias

Agora vamos conhecer outra coisa que usamos para facilitar a pesquisa. Abra o dicionário e observe uma de suas páginas. Por exemplo:

Veja: no alto da página do dicionário, aparecem duas palavras em destaque. Qual seria a função dessas palavras? Que tipo de informação as palavras-guias trazem?

Essas palavras são chamadas de **palavras-guias**, porque indicam qual é a primeira e qual é a última palavra que está sendo definida na página.

Elas facilitam muito a localização da informação. Sem esse recurso, teríamos de ler quase toda a página até encontrar o que estamos procurando.

No exemplo acima, **fábrica** é a primeira palavra dessa página e **facilmente** é a última. Se você estiver procurando a palavra **fábula**, pode chegar à conclusão de que ela está nessa página, pois **fábula** — na ordem alfabética — está entre **fábrica** e **facilmente**.

Atividades que você pode fazer em sala de aula ou em casa – III

Para desenvolver a habilidade de usar as **palavras-guias**, em seu caderno, faça os exercícios a seguir. Depois, verifique se o que você fez está certo, consultando o dicionário que você tem em mãos.

1. Copie as palavras abaixo. Depois, assinale as que poderiam estar entre:

   hidrelétrica e **hoje**;

   HORTELÃ   HISTÓRIA
   HIPOPÓTAMO   HUMILDE

2. Seguindo a ordem alfabética, encaixe as palavras em destaque na sequência abaixo.

   tinta e **toca**.

   TATURANA TIMIDEZ TITIO TOALHA

3. Consulte o seu dicionário e identifique três palavras que:

   a) aparecem antes de **universo**;

   b) estão entre **ouvido** e **ovo**;

   c) aparecem depois de **idioma**.

4. A indicação do **número da página** em que está localizada uma determinada palavra também é útil no momento em que você está fazendo uma pesquisa. Copie estas palavras em seu caderno, procure-as no dicionário e, depois, escreva o número da página em que você encontrou cada uma.

   REBANHO   FAZENDEIRA
   QUIABO   XODÓ

Que informações você pode encontrar neste dicionário?

Para usar este dicionário — aproveitando ao máximo aquilo que ele oferece —, você precisa saber quais as informações que ele traz, qual o elemento usado para identificar cada uma delas (cor, sinal, tipo de letra, número, etc.), bem como se familiarizar com alguns termos próprios da obra.

Verbete

Verbete é o conjunto que se forma a partir de cada palavra listada em ordem alfabética no dicionário, mais o(s) significado(s) dela e outras explicações sobre ela. A palavra em destaque a ser explicada ou definida é chamada de entrada do verbete.

Vamos analisar um **verbete** deste dicionário:

> **abraçar** (a.bra.çar)
> *verbo* Dar um abraço: *Quando cheguei da viagem, abracei minha mãe bem forte.*

Neste dicionário, o recurso visual usado para dar destaque à **entrada** do verbete é a cor: *abraçar* aparece em vermelho, porque essa cor foi escolhida para indicar todas as entradas de palavras que indicam ação, ou seja, verbos, e essa cor muda de acordo com o grupo de palavras a que pertence cada entrada. Isso serve para que você possa começar a perceber que as palavras se juntam em grupos — as chamadas *classes gramaticais* ou *classes de palavras* — e que cada uma dessas classes tem características próprias. As cores ajudam a perceber essas características sem precisar decorar seus nomes.

Conheça, a seguir, cada cor relacionada com o grupo a que ela pertence:

azul-escuro = substantivo
verde = adjetivo
vermelho = verbo
amarelo = advérbio
lilás = pronome
azul-claro = artigo
preto = preposição
preto = conjunção
cor-de-rosa = numeral
roxo-escuro = interjeição
cinza = entrada principal de verbetes com duas classes gramaticais
marrom = união de 1 palavra **preta** mais 1 azul-clara ou lilás

Atividades que você pode fazer em sala de aula ou em casa – IV

1. Encontre as sete primeiras palavras da letra A em azul-escuro. Escreva-as uma a uma em ordem alfabética e responda às questões a seguir:

    ▶ Existe algum fruto entre elas? Qual ou quais?

    ▶ E bicho, tem algum?

    ▶ Há algum nome de coisa, objeto ou instrumento? Quais?

    ▶ O que mais tem?

2. Observe as seguintes palavras da letra A em azul-escuro. O que elas têm em comum?

    ABÓBORA – ABOBRINHA – AGRIÃO – ALFACE

    a) Elas são nomes de coisas que a gente veste.

    b) Elas são nomes de algo que a gente come.

    c) Elas são nomes de meios de transporte, isto é, de veículos para levar as pessoas de um lugar para outro.

    d) Elas são nomes de lugares.

3. Agora, encontre em qualquer letra do dicionário:

    a) duas coisas que a gente veste;

    b) dois meios de transporte;

    c) dois lugares, dois locais.

    Depois, faça uma lista com as respostas e troque com seu colega para comparar sua lista com a dele.

Após a entrada do verbete (por exemplo: **aula**), sempre vem:

▶ entre parênteses, a informação de como essa palavra é separada em sílabas:

(**au**.la)

▶ a indicação da categoria gramatical a que essa palavra pertence:

substantivo feminino

▶ a explicação do que a palavra quer dizer:

Lição dada por um professor a um ou mais alunos

▶ um exemplo (ou mais de um), isto é, uma frase criada pela equipe que trabalhou no dicionário para mostrar uma situação em que se faz uso da palavra:

*Temos **aula** de Matemática todos os dias. Minha **aula** de violão dura uma hora.*

Para diferenciar o exemplo de outras informações do verbete, usa-se uma letra diferente, levemente inclinada — chamada de *itálico*. E, para destacar a palavra principal, usa-se ainda uma letra mais gordinha — o **negrito**.

Alguns verbetes têm mais informações ou informações de tipo diferente.

Muitos têm, entre a entrada do verbete e a divisão silábica, parênteses, que mostram, em seu interior, como uma vogal ou consoante é falada. Veja:

apontador (dôr) (a.pon.ta.**dor**) *substantivo masculino* Aparelho que serve para apontar lápis. [Plural: *apontadores*.]

caixa (xa = cha) (**cai**.xa) *substantivo feminino* **1.** Objeto feito de papelão, plástico, madeira ou metal que serve para guardar coisas: *Maria guarda seus brinquedos numa **caixa**.* **2.** Lugar no banco onde as pessoas pagam contas, recebem dinheiro, etc. **3.** Lugar no supermercado e em outras lojas onde as pessoas pagam aquilo que compraram. **4.** Pessoa que trabalha na caixa do banco, do supermercado, etc.

Outros verbetes têm informações diferentes, como plural ou feminino.

> **caminhão** (ca.mi.**nhão**) *substantivo masculino*
> Veículo com motor, para transporte de cargas geralmente pesadas: *A soja foi levada para a fábrica em **caminhões**. Um **caminhão** de gás.* [Plural: *caminhões*.] 445

> **cavalo** (ca.**va**.lo) *substantivo masculino* **1.** Grande animal de quatro patas em que a gente pode montar, e que também é usado para puxar carros. O cavalo é um mamífero que, sem mexer a cabeça, pode enxergar dos lados, por causa da posição de seus olhos. [Feminino: *égua*.] 440 **2.** Peça do jogo de xadrez.

Alguns têm as duas informações:

> **campeão** (cam.pe.**ão**) *substantivo masculino* Atleta ou equipe que venceu uma competição ou um campeonato. [Plural: *campeões*. Feminino: *campeã*.]

Diferenças entre os verbetes

As informações apresentadas em um **verbete** nem sempre são iguais às de outro. Existem várias razões para isso acontecer. Vamos analisar algumas?

Compare:

> **estourar** (es.tou.**rar**) *verbo* Explodir; arrebentar: *A bola **estourou** e fez muito barulho. O cão se assustou quando os foguetes **estouraram**.*

> **estrela** (Irã) (es.**tre**.la) *substantivo feminino*
> **1.** Astro que tem luz e calor próprios. À noite, podemos ver a luz de milhares de estrelas. O Sol é a estrela mais próxima da Terra. **2.** Atriz ou cantora famosa: *Ela é uma das **estrelas** da nossa música.*

Atividades que você pode fazer em sala de aula ou em casa – V

1. Se estiver na escola, troque ideias com seu/sua professor(a) e seus colegas; se estiver em casa, com o adulto que o ajuda a fazer as tarefas de escola, e responda:

   a) Que diferenças você observa entre o primeiro e o segundo verbete?

   b) Que cores são usadas para a entrada? Qual a classe gramatical de cada uma?

   c) Por que, em sua opinião, o segundo verbete apresenta os números **1** e **2** antes de cada definição?

   d) Em sua opinião, a indicação de como se separam em sílabas as palavras é importante? Por quê?

   e) Por que, nas separações silábicas, sempre aparece uma das sílabas em negrito e outras sem negrito?

2. Diga em que sentido a palavra **estrela** foi usada em cada uma das frases a seguir.

   Aquela estrela do cinema é muito educada com os fãs.

   Da varanda de casa, a mãe olhava as estrelas.

3. Separe em sílabas as seguintes palavras. Depois, use o dicionário para verificar se você acertou.

   PÁTRIA   ABORRECER
   CONTEÚDO   HERÓI

   Observe e compare estes verbetes:

> **bode** (**bo**.de) *substantivo masculino* Animal de quatro patas, de tamanho médio, com chifres e barba. O bode é um mamífero que come capim. E que mastiga e mastiga, e engole, e volta a mastigar várias vezes o mesmo capim. [Feminino: *cabra*.] 439

fóssil (fós.sil) *substantivo masculino* Os restos de animais e plantas que habitaram a Terra há milhões de anos, transformados em pedra. [Plural: *fósseis*.]

4. Que novas informações esses verbetes trazem?
5. Que nome recebe o **sinal gráfico** usado para indicar essas informações a mais?
6. Qual o **feminino** das seguintes palavras?

   **FREGUÊS   GOVERNADOR
   IMPERADOR   MESTRE**

   Registre suas respostas e depois compare-as com o que o dicionário traz.

7. Escreva o **plural** das seguintes palavras. Depois, use o dicionário para comparar suas respostas com o que ele traz.

   **METAL   GUARDA-CHUVA
   PLANTAÇÃO   MÊS**

8. O que quer dizer o símbolo 📖 com números que vem no final de vários verbetes desta obra? E as flechinhas que aparecem próximas a vários verbetes?

Leia e compare estes verbetes:

manga¹ (man.ga) *substantivo feminino* A parte da camisa, do casaco, do vestido, da blusa, do terno, da jaqueta, etc., onde se enfia o braço: *José dobrou as **mangas** do casaco antes de lavar as mãos.*

manga² (man.ga) *substantivo feminino* O fruto de uma árvore chamada *mangueira*. Tem polpa macia e doce, em geral amarela, e caroço grande. Há muitos tipos de manga, como a manga-espada, a manga-rosa, etc.: *Márcia ofereceu um suco de **manga** para a amiga.* 📖 437

Como você pôde observar, a entrada desses verbetes é exatamente igual.

Então, por que elas não são apresentadas no mesmo verbete?

Isso ocorre porque algumas palavras, apesar de serem iguais, não têm a mesma origem. Algumas são iguais na forma e na pronúncia, e outras não, mas sempre dão nome a coisas totalmente diferentes.

Leia de novo o significado de cada verbete e comprove.

Agora, observe as duas palavras abaixo:

colher (lhér) (co.lher) *substantivo feminino*
1. Utensílio formado de uma concha rasa e de um cabo, e que serve para levar alimentos à boca, ou para misturar ou servir comida. **2.** O conteúdo de uma colher: *Marcelo tomou uma **colher** do remédio.* [Plural: *colheres*.]

colher (lhér) (co.lher) *verbo* **1.** Tirar flores, frutos ou folhas de uma planta: *Diana **colheu** goiabas maduras. Fui à horta **colher** espinafre.* **2.** Sair em busca de informações sobre algo; procurar, pesquisar ou investigar: *O repórter **colhe** as notícias que vão aparecer nos jornais.*

9. Que nova informação esses verbetes trazem antes da separação silábica?
10. Por que, nesse caso, é tão importante que o dicionário indique a pronúncia da palavra que está sendo definida?

Existem também palavras que têm o mesmo som, mas não têm a mesma escrita nem, é claro, o mesmo significado. Veja:

acento (a.cen.to) *substantivo masculino* Na escrita, sinal que colocamos na vogal de uma sílaba para indicar que ela é falada com maior força. Por vezes o acento também mostra como uma vogal deve ser pronunciada. Exemplos: *boné* e *você*.

assento (as.sen.to) *substantivo masculino* Lugar ou objeto em que sentamos: *Esta poltrona tem um **assento** muito macio.*

Você conhece algum outro caso parecido com o dessas duas palavras? Se não conhece, pergunte ao professor ou à professora se ele ou ela pode ajudá-lo a pesquisar outros casos parecidos.

11. Compare estes verbetes:

> **operação** (o.pe.ra.**ção**) *substantivo feminino*
> **1.** Cálculo matemático: *A adição, a subtração, a multiplicação e a divisão são* **operações** *que a gente precisa aprender.* **2.** Cirurgia, ou seja, atividade em que um médico, com as mãos e fazendo uso de instrumentos, trata de órgãos internos ou externos que estão doentes ou que não são normais. [Plural: *operações*.]

> **querido** (que.**ri**.do)
> *querido* • *adjetivo* Diz-se de coisa de que se gosta muito ou de pessoa muito amada: *Guardo nesta estante os meus livros* **queridos**. *Os meus amigos mais* **queridos** *são Maria e João.*
> *querido* • *substantivo masculino* Aquele que é amado, aquele a quem se quer bem: *Quer me dar um abraço,* **querido**?

Agora, responda:

a) Quais as diferenças que você observa entre esses verbetes?

b) Quantos significados o dicionário apresenta para a palavra **operação**? E para a palavra **querido**?

c) Qual a categoria gramatical da palavra **operação**?

d) Quais as categorias gramaticais da palavra **querido**? Como elas estão destacadas?

e) Que sinal gráfico indica a mudança de categoria gramatical da palavra **querido**?

Para que usar o dicionário?

Muitas pessoas ainda acreditam que o dicionário só é usado, nas aulas de Língua Portuguesa, para encontrar o significado de uma palavra "difícil" ou desconhecida. No entanto, dentro e fora da escola, o dicionário é um instrumento muito útil para atender a muitas necessidades de nosso dia a dia. Vejamos alguns exemplos.

Podemos usar o dicionário para:

- conhecer o significado de uma palavra desconhecida;
- buscar outros significados de uma palavra conhecida;
- tirar dúvidas sobre a grafia correta e a divisão silábica de uma palavra;
- verificar a pronúncia correta das palavras;
- buscar informações sobre a categoria gramatical de uma palavra;
- saber como é o plural de palavras que seguem regras diferentes para o plural;
- saber como usar a palavra em um determinado contexto ou momento;
- buscar palavras de sentido semelhante, a fim de evitar a repetição em textos.

Uma visita ao Acre

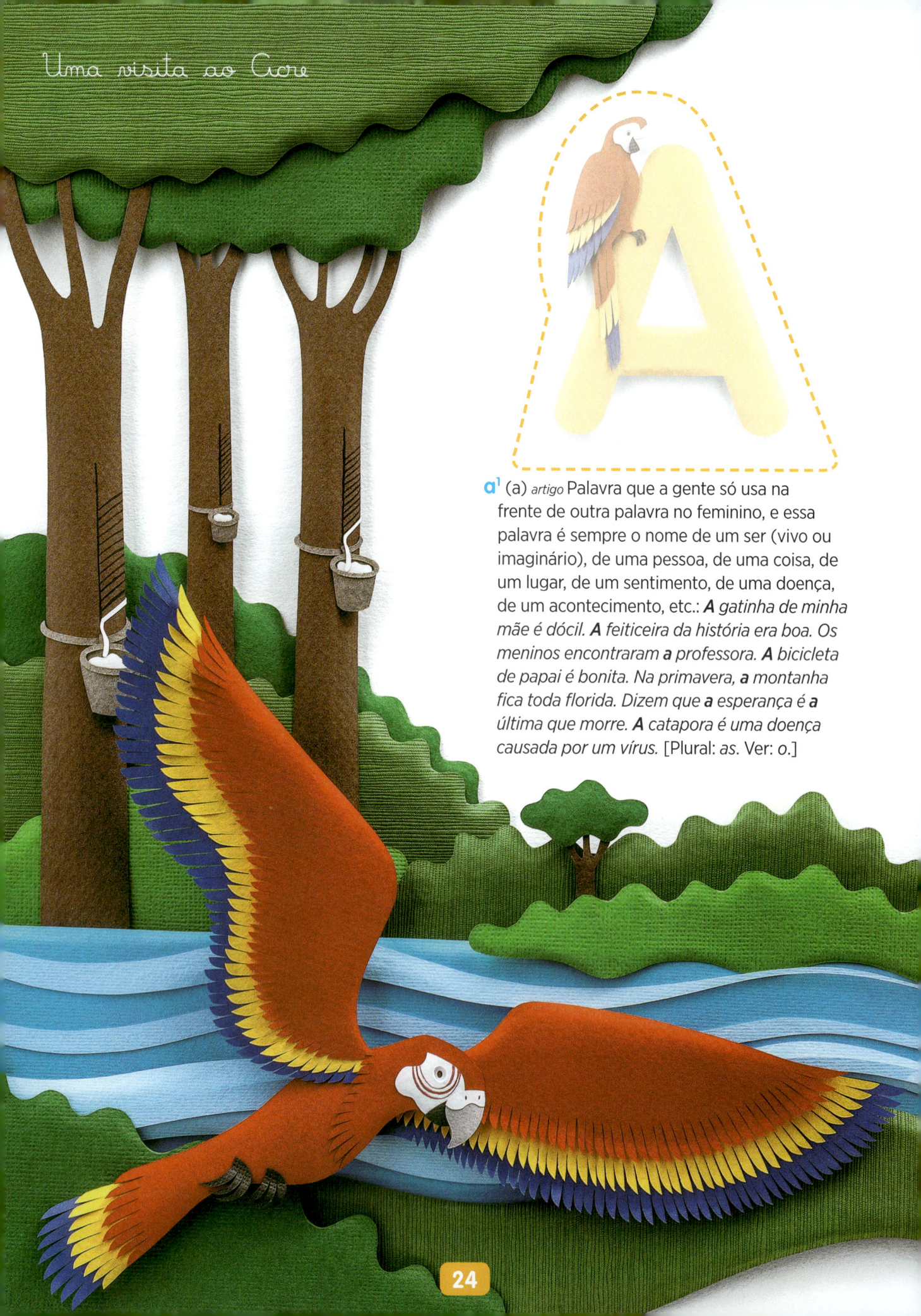

A

a¹ (a) *artigo* Palavra que a gente só usa na frente de outra palavra no feminino, e essa palavra é sempre o nome de um ser (vivo ou imaginário), de uma pessoa, de uma coisa, de um lugar, de um sentimento, de uma doença, de um acontecimento, etc.: ***A*** *gatinha de minha mãe é dócil.* ***A*** *feiticeira da história era boa. Os meninos encontraram* ***a*** *professora.* ***A*** *bicicleta de papai é bonita. Na primavera,* ***a*** *montanha fica toda florida. Dizem que* ***a*** *esperança é* ***a*** *última que morre.* ***A*** *catapora é uma doença causada por um vírus.* [Plural: *as.* Ver: *o.*]

24

a² ▶ abandonar *Aa*

a² (a) *preposição* Palavra que liga uma palavra a outra, muitas vezes com as ideias de: a) 'lugar aonde se vai': *Fomos **a** Brasília no mês passado*; b) 'instrumento com o qual algo é feito': *Fiz o dever de casa **a** lápis*; c) 'modo ou maneira como a gente faz alguma coisa': *Voltamos da mata **a** cavalo. Fomos **a** pé para a escola.*

abacate (a.ba.**ca**.te) *substantivo masculino* Fruto comestível de casca grossa e polpa verde e amarela, macia quando maduro, e que tem um caroço grande: *A sobremesa preferida de vovó é creme de **abacate***. 436

abacaxi (xi = chi) (a.ba.ca.**xi**) *substantivo masculino* **1.** Fruto de polpa amarela ou branca e de casca grossa e áspera, que tem no alto um grupo de folhas bem duras e espetantes, e que se parece com uma coroa de rei ou rainha. 436 **2.** É também o mesmo que problema: *— Meu pai disse que tem um **abacaxi** para resolver no trabalho.*

ábaco (**á**.ba.co) *substantivo masculino* Instrumento para fazer operações de somar, subtrair, multiplicar e dividir, usado desde tempos muito antigos. É formado por uma moldura retangular, com arames esticados ou bastões, nos quais pequenas bolas ou contas deslizam de um lado a outro (ou de cima para baixo): *Paulo usou um **ábaco** para contar suas figurinhas.*

abaixar (xar = char) (a.bai.**xar**) *verbo* **1.** Fazer ficar mais baixo: *Luís **abaixou** o galho da goiabeira para pegar uma goiaba. Pedro **abaixou** o som da televisão.* **2.** Dobrar o corpo: *João **abaixou**-se e pegou a moeda.*

abajur (a.ba.**jur**) *substantivo masculino* Objeto de iluminação que tem uma peça em volta da lâmpada para proteger os olhos da sua claridade e que, geralmente, fica ao lado da cama ou de um sofá ou poltrona: *Depois de ler um pouco, Ana apagou o **abajur** e foi dormir.* [Plural: *abajures*.]

abandonar (a.ban.do.**nar**) *verbo* Deixar criança, animal, etc., sem o cuidado de um adulto: ***Abandonaram** um cão na praça da cidade.*

25

abdome (ab.**do**.me) *substantivo masculino* É o mesmo que *barriga*: *Meu pai faz ginástica para fortalecer o **abdome**.* [Outra forma: *abdômen*.] 432

á-bê-cê (á-bê-cê) *substantivo masculino* O alfabeto: *Para aprender a ler e a escrever, é preciso estudar o **á-bê-cê**.* [Plural: á-bê-cês. Outra forma: *abecê*.]

abelha (a.**be**.lha) *substantivo feminino* Inseto que tem quatro asas, um ferrão e o corpo coberto de pelos. Vive em colmeias e fabrica mel e cera: *Muitas pessoas são alérgicas a picada de **abelha**.* 439

aberto (a.**ber**.to) *adjetivo* **1.** Que se abriu; que não está fechado: *Seus olhos estão **abertos**, ele não está dormindo. Esqueceu a janela **aberta**.* **2.** Em que há um buraco, uma abertura ou passagem. **3.** Sem tampa, fecho, etc.: *Deixou a caixa **aberta**.* **4.** Que não está abotoado: *Estava com a camisa **aberta** até a barriga.* **5.** Em funcionamento: *A livraria está **aberta**.*

abertura (a.ber.**tu**.ra) *substantivo feminino* **1.** Buraco num local ou num objeto: *O ladrão entrou pela **abertura** no muro.* **2.** Início, começo: *A **abertura** da gincana foi feita pelo diretor.*

abio (a.**bi**.o) *substantivo masculino* Fruto amarelo de polpa branca e doce: *O **abio** a gente come com colher, para não ficar com os lábios e os dedos grudando.*

abóbora (a.**bó**.bo.ra) *substantivo feminino* Legume grande, de polpa de um amarelo mais escuro, meio vermelho, e casca dura, que se come depois de cozido: *Hoje a sobremesa vai ser doce de **abóbora**.* [Outro nome: *jerimum*.] 436

abobrinha (a.bo.**bri**.nha) *substantivo feminino* Legume comprido e de casca verde que, geralmente, se come cozido: *Minha avó faz uma **abobrinha** recheada com carne que é uma delícia.*

aborrecer (a.bor.re.**cer**) *verbo* Causar aborrecimento a uma pessoa: *Menino, pare de **aborrecer** sua irmã!*

aborrecido (a.bor.re.**ci**.do) *adjetivo* Que está triste ou chateado com algo ou com alguém: *Clarice ficou **aborrecida** porque a amiga não lhe emprestou o livro de histórias.*

aborrecimento (a.bor.re.ci.**men**.to) *substantivo masculino* Sentimento que temos quando alguma coisa não nos agrada, deixando-nos tristes e chateados: *É um **aborrecimento** não poder sair para brincar por causa da chuva.*

abotoar (a.bo.to.**ar**) *verbo* Fechar a camisa, a calça, etc., colocando cada botão em sua casa: ***Abotoe** a camisa antes de sair de casa.*

abraçar (a.bra.**çar**) *verbo* Dar um abraço: *Quando cheguei da viagem, **abracei** minha mãe bem forte.* →

abraço (a.**bra**.ço) *substantivo masculino* Ação de pôr os braços em volta de uma pessoa para mostrar carinho: *Deu um **abraço** no amigo que fazia aniversário.* →

abrigo (a.**bri**.go) *substantivo masculino* Lugar ou cobertura que protege contra o mau tempo, contra o calor do Sol, contra perigos, etc.: *Com a enchente, muita gente teve de ir para um **abrigo**.*

abrir (a.**brir**) *verbo* **1.** Separar, afastar duas partes ou dois lados que estavam juntos: *Juca abriu a porta do quarto para o cachorrinho entrar. Carlos abriu a boca e os olhos.* **2.** Começar, iniciar: *Nossa turma abriu o desfile.* **3.** Montar, instalar: *Dona Maria abriu uma loja de brinquedos.* **4.** Girar peça na torneira para deixar passar a água, ou girar botão no fogão para deixar passar o gás: *Dona Lúcia abriu o gás, acendeu o fogo e pôs o feijão para cozinhar.* **5.** Fazer funcionar um programa no computador ou entrar numa página ou num *site*, etc. na Internet.

acabar (a.ca.**bar**) *verbo* **1.** Terminar de fazer: *Mamãe só me deixa ir brincar quando acabo o dever de casa.* **2.** Chegar ao fim, terminar: *— Parece que esta chuva não acaba nunca!*

academia (a.ca.de.**mi**.a) *substantivo feminino* Lugar com aparelhos onde se faz ginástica, etc.: *Meu irmão passa todos os dias uma hora na academia levantando peso.*

açaí (a.ça.**í**) *substantivo masculino* **1.** Palmeira da Amazônia que dá frutos que também se chamam *açaí*. **2.** Papa feita com os frutos do açaí: *Açaí com cereais é saudável e muito gostoso.*

acampamento (a.cam.pa.**men**.to) *substantivo masculino* Local em que se armam tendas ou barracas para as pessoas morarem ou dormirem durante algum tempo: *Os soldados armaram o acampamento perto do rio.*

ação (a.**ção**) *substantivo feminino* **1.** Tudo aquilo que alguém faz: *A ação dos bombeiros evitou o incêndio.* **2.** Qualquer movimento que serve para fazer alguma coisa: *A ação de abraçar. A ação de cantar.* **3.** Tudo o que acontece num filme, numa história, etc.: *A ação do filme ocorre na floresta.* [Plural: *ações*.]

acasalar (a.ca.sa.**lar**) *verbo* **1.** Colocar o macho e a fêmea de uma espécie animal juntos para que tenham filhotes: *Filipe acasalou os dois peixes e alguns dias depois surgiram vários peixinhos no aquário.* **2.** Juntarem-se o macho e a fêmea de uma espécie animal para ter filhotes: *As tartarugas marinhas se acasalam no mar e põem seus ovos em ninhos nas praias.*

aceitar (a.cei.**tar**) *verbo* **1.** Receber o que é oferecido: *Célia aceitou o meu presente com alegria.* **2.** Concordar com: *Papai aceitou que eu vá à excursão.*

acenar (a.ce.**nar**) *verbo* Fazer sinais ou gestos com as mãos, a cabeça, os olhos, etc., para avisar ou cumprimentar alguém: *Vovô Roberto, de dentro do carro, acenou para mim.*

acender (a.cen.**der**) *verbo* **1.** Pôr fogo em algo próprio para queimar: *Paulo acendeu a fogueira. Maria vai acender uma vela. Minha mãe acendeu o fogão.* **2.** Apertar um interruptor para pôr uma lâmpada em funcionamento: *Júlio acendeu a luz da sala.*

acento (a.**cen**.to) *substantivo masculino* Na escrita, sinal que colocamos na vogal de uma sílaba para indicar que ela é falada com maior força. Por vezes o acento também mostra como uma vogal deve ser pronunciada. Exemplos: *boné* e *você*.

Aa acepção ▶ acompanhar

acepção (a.cep.ção) *substantivo feminino* Cada um dos diferentes sentidos com que usamos uma palavra: *Neste dicionário a palavra* mão *tem três* **acepções** *(parte do corpo humano, parte do corpo de outros animais, e direção em que o veículo deve andar).* [Plural: *acepções.*]

acerola (a.ce.ro.la) *substantivo feminino* Pequeno fruto vermelho, um pouco azedo e muito rico em vitamina C, de um arbusto também chamado *acerola*: *Lá em casa tomamos muito suco de* **acerola**. 436

acertar (a.cer.tar) *verbo* **1.** Atingir o alvo: *Na história, Guilherme Tell* **acertou** *a flecha na maçã.* **2.** Bater ou tocar em: *O jogador chutou a bola e ela* **acertou** *a trave.* **3.** Fazer alguma coisa sem errar: *Joana* **acertou** *o exercício.*

aceso (â) (a.ce.so) *adjetivo* Que se acendeu: *Eva prefere dormir com a luz do seu quarto* **acesa**.

acessar (a.ces.sar) *verbo* **1.** Abrir um arquivo ou um programa: *Mamãe sempre* **acessa** *o dicionário no computador quando escreve alguma coisa.* **2.** Entrar na Internet e visitar uma página, um *site*, um *blog*, etc.

achar (a.char) *verbo* **1.** É o mesmo que *encontrar* (1, 2, 3 e 4): *Carlos* **achou** *a caneta que procurava. Gustavo* **achou** *uma bola na praia. Ana* **achou** *o resultado da soma. José* **achou** *uma desculpa para não ficar em casa.* **2.** Dizer aquilo que se pensa sobre alguém ou sobre alguma coisa: **Acho** *Vera bonita.* **Acho** *que vai chover hoje.*

acidentado (a.ci.den.ta.do) *adjetivo* Que se machucou num acidente: *Uma ambulância levou o homem* **acidentado** *para o hospital.*

acidente (a.ci.den.te) *substantivo masculino* Acontecimento ruim que ocorre quando menos se espera. Um acidente pode ferir ou matar as pessoas, ou estragar as coisas: *Na esquina aconteceu um* **acidente** *entre dois carros.*

ácido (á.ci.do) *adjetivo* É o mesmo que *azedo*: *O limão é uma fruta* **ácida**.

acima (a.ci.ma) *advérbio* Em lugar mais alto que outro: *Meu apartamento é no quarto andar e o do vovô fica* **acima**. ◆ **Acima de.** A gente usa para dizer que algo ou alguém está num lugar mais alto que outro: *Ontem vimos um avião voando* **acima das** *nuvens. Ela é diretora da escola. Seu cargo está* **acima do** *cargo de professora.*

aço (a.ço) *substantivo masculino* Espécie de ferro com que se fazem várias coisas, como máquinas, ferramentas, automóveis, talheres, etc.: *O Brasil é um grande produtor de* **aço**.

acolá (a.co.lá) *advérbio* Palavra que a gente usa para dizer que algo ou alguém está (ou fica) em lugar bem distante (mais distante do que "lá"): *Procurou o brinquedo por toda a casa, depois, irritado, saiu-se com esta: — Não está aqui, nem ali, nem lá, nem* **acolá**.

acompanhar (a.com.pa.nhar) *verbo* **1.** Ir em companhia de alguém; fazer companhia a alguém: *Fernando* **acompanhou** *o irmão ao cinema.* **2.** Seguir a mesma direção de uma pessoa, de um animal ou de uma coisa: *Na fábula, a raposa* **acompanhou** *a galinha e achou o ninho dela.*

aconselhar (a.con.se.**lhar**) *verbo* **1.** Dar conselho: *O pai aconselhou o filho a escovar os dentes após as refeições.* **2.** Pedir conselho: *Diana aconselhou-se com a mãe e decidiu ir fantasiada de fada à festa da escola.*

acontecer (a.con.te.**cer**) *verbo* Ocorrer determinada coisa: *A enchente só aconteceu porque o lixo que as pessoas jogaram nas ruas entupiu os bueiros.*

acontecimento (a.con.te.ci.**men**.to) *substantivo masculino* Tudo aquilo que acontece, que ocorre; fato: *Para os meninos, a festa na escola foi o acontecimento mais importante da semana.*

acordar (a.cor.**dar**) *verbo* **1.** Parar de dormir e voltar a perceber tudo o que ocorre em volta: *Pedro acordou quase na hora de ir à escola.* **2.** Fazer parar de dormir; fazer despertar: *O despertador é usado para acordar as pessoas.*

acordeão (a.cor.de.**ão**) *substantivo masculino* Instrumento musical, com teclado e botões, que se toca abrindo e fechando: *Luís aprendeu a tocar acordeão.* [A gente também diz *acordeom*. Aquele que toca acordeão é chamado de *acordeonista*.] [Plural: *acordeões*.] 434

açougue (a.**çou**.gue) *substantivo masculino* Lugar onde se vende carne: *Clara foi ao açougue porque a mãe lhe pediu que comprasse um frango e dois quilos de carne.*

açougueira (a.çou.**guei**.ra) *substantivo feminino* É o feminino de *açougueiro*.

açougueiro (a.çou.**guei**.ro) *substantivo masculino* Homem que trabalha em um açougue ou na seção de açougue de um supermercado.

acreditar (a.cre.di.**tar**) *verbo* **1.** Confiar naquilo que alguém diz: *Júlia acreditou no pai quando ele lhe disse que tudo na natureza é formado por átomos.* **2.** Achar que uma coisa vai mesmo acontecer: ***Acredito** que hoje vai chover.* **3.** Achar que certas coisas ou certos seres existem de verdade: *Meu irmão acredita em Papai Noel.*

acrescentar (a.cres.cen.**tar**) *verbo* Adicionar, juntar alguma coisa a outra: *Cláudio acrescentou dez novas figurinhas de jogadores à sua coleção.*

acrobacia (a.cro.ba.**ci**.a) *substantivo feminino* Exercício ou exibição feita por acrobata: *Minha prima estuda na Escola de Circo. Ela faz acrobacias incríveis.*

acrobata (a.cro.**ba**.ta) *substantivo de 2 gêneros* Artista que faz coisas muito difíceis ou perigosas, como ficar balançando num trapézio ou andar numa corda esticada bem longe do chão: *O acrobata. A acrobata.*

açúcar (a.**çú**.car) *substantivo masculino* Substância de gosto doce, tirada principalmente da cana-de-açúcar, que a gente usa para fazer doces, bolos e muitas outras coisas, e também para adoçar bebidas como leite, sucos, etc.: *Meu avô só bebe café sem açúcar.* [Plural: *açúcares*.]

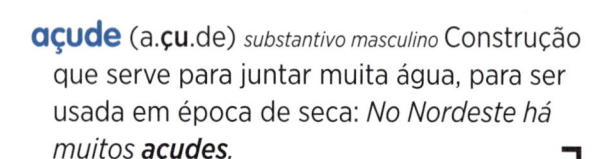

açude (a.**çu**.de) *substantivo masculino* Construção que serve para juntar muita água, para ser usada em época de seca: *No Nordeste há muitos **açudes**.*

adaptar (a.dap.**tar**) *verbo* **1.** Fazer com que uma coisa fique de acordo ou em harmonia com outra: *A professora **adaptou** a linguagem do texto para que os alunos pudessem entender.* **2.** Sentir-se bem em um lugar ou no meio de um grupo de pessoas, etc., após um tempo de adaptação ou de adequação (isto é, um tempo em que aquilo ou aquele que é diferente leva para ficar bem, ou ajustado, em certo ambiente): *Maria trocou de colégio e levou algum tempo para **adaptar**-se. Hoje ela está feliz da vida com os novos amigos de escola.*

adequado (a.de.**qua**.do) *adjetivo* Que é bom ou certo para alguma coisa: *Escolheu uma roupa **adequada** para a cerimônia.*

adesivo (a.de.**si**.vo) *substantivo masculino* Papel ou plástico com escrito, desenho, etc., que se cola em vidro, parede, etc.: *Henrique colou na janela do seu quarto **adesivos** dos seus super-heróis preferidos.*

adeus (a.**deus**) *interjeição* Palavra que a gente usa ao se despedir de alguém: *— **Adeus**! — disse Juca antes de sair da casa do amigo.*

adiantado (a.di.an.**ta**.do) *adjetivo* **1.** Diz-se daquilo que vem ou acontece antes do tempo: *O frio este ano chegou **adiantado**.* **2.** Diz-se do relógio que está errado porque não marca a hora certa, e sim uma hora que ainda vai acontecer: *Meu relógio está dez minutos **adiantado**.*

adiante (a.di.**an**.te) *advérbio* Na frente: *— André, vá **adiante** e avise que estamos quase chegando.*

adiar (a.di.**ar**) *verbo* Dizer que algo que deveria ser feito em certo dia será feito depois: *A professora disse que talvez tenha de **adiar** o passeio da escola.*

adição (a.di.**ção**) *substantivo feminino* Operação matemática que junta duas ou mais quantidades: *A conta 5 + 6 + 7 = 18 é um exemplo de **adição**.* [Plural: *adições*.]

adicionar (a.di.ci.o.**nar**) *verbo* **1.** Juntar uma coisa a outra; acrescentar: *Murilo **adicionou** açúcar à salada de frutas.* **2.** Fazer uma adição: *Telma descobriu que, **adicionando** cinco figurinhas à sua coleção, ficará com 35 figurinhas no total.*

adivinhação (a.di.vi.nha.**ção**) *substantivo feminino* **1.** Ato de adivinhar. **2.** Brincadeira em que se fazem perguntas como estas: *— O que é que cai em pé e corre deitado? — A chuva. — O que é que nasce grande e morre pequeno? — O lápis. — O que é que enche uma casa, mas não enche uma mão? — O botão. — O que é feito para andar e não anda? — A rua.* [Plural: *adivinhações*.]

adivinhar (a.di.vi.**nhar**) *verbo* Chegar à resposta certa por palpite: *Bernardo, antes de abrir o presente, adivinhou que era o livro que queria.*

adjetivo (ad.je.**ti**.vo) *substantivo masculino* Palavra que mostra uma qualidade, estado ou condição de um ser ou de uma coisa. Exemplos: *Aquele menino é obediente* (*menino* é um substantivo; *obediente* é um **adjetivo**). *A água estava fria* (*água* é um substantivo; *fria* é um **adjetivo**). *Depois da brincadeira, nós ficamos cansados* (a palavra *nós* é um pronome; *cansados* é um **adjetivo**).

administração (ad.mi.nis.tra.**ção**) *substantivo feminino* **1.** Aquilo que precisa ser feito para cuidar de um negócio, de uma empresa, etc. e fazê-lo funcionar bem. **2.** As pessoas responsáveis pela administração (1): *Hoje haverá uma reunião da administração do condomínio com os moradores.* **3.** Lugar onde a administração (2) trabalha: *Um rapaz me perguntou onde fica a administração do shopping.* [Plural: *administrações*.]

administrador (dôr) (ad.mi.nis.tra.**dor**) *substantivo masculino* Numa empresa, numa loja, num condomínio, etc., o homem que diz o que deve ser feito, quem deve fazer e o quanto se pode gastar ou demorar para fazer. [Plural: *administradores*. Feminino: *administradora*.]

administradora (dô) (ad.mi.nis.tra.**do**.ra) *substantivo feminino* **1.** Feminino de *administrador*. **2.** Firma que administra um condomínio, uma loja, etc.

admiração (ad.mi.ra.**ção**) *substantivo feminino* **1.** Sentimento que a gente tem quando fica surpreso com alguma coisa: *Foi grande a admiração de Júlia ao ver o mar pela primeira vez.* **2.** Sentimento que a gente tem quando gosta muito de alguém ou de alguma coisa, quando acha que algo ou alguém é muito legal: *Pedro tem muita admiração pelo trabalho dos bombeiros.*

admirar (ad.mi.**rar**) *verbo* **1.** Ver muitas coisas boas em alguém: *Carlos admira muito o pai, quer imitá-lo em tudo.* **2.** Sentir muita surpresa, espantar-se: *No zoológico, Clarinha admirou-se com o tamanho do elefante.*

adoção (a.do.**ção**) *substantivo feminino* Ação de adotar: *Mamãe diz que o processo de adoção no Brasil podia ser mais rápido.* [Plural: *adoções*.]

adoecer (a.do.e.**cer**) *verbo* Ficar doente: *Marcelo adoeceu e não pôde ir à escola.*

adolescência (a.do.les.**cên**.cia) *substantivo feminino* Fase da vida da gente entre a infância e a idade adulta. Na adolescência o corpo da gente passa por várias transformações. Nossa maneira de pensar, de agir e de nos relacionarmos com o mundo também vai mudando: *A adolescência é uma fase muito especial, pois nela fazemos muitas escolhas importantes para o nosso futuro.*

adolescente (a.do.les.**cen**.te) *substantivo de 2 gêneros* Jovem entre 12 e 18 anos, mais ou menos. Um adolescente ainda não é um adulto, mas também já não é uma criança: *Os adolescentes do meu prédio são muito educados. A adolescente. O adolescente.*

adorar (a.do.**rar**) *verbo* Gostar muito de alguém, de alguma coisa, ou de fazer alguma coisa: *Maria adora sua mãe. João adora seu gato. Ana adorou viajar de avião.*

adormecer (a.dor.me.**cer**) *verbo* **1.** Pegar no sono; cair no sono; dormir: *Carol estava tão cansada que adormeceu logo.* **2.** Fazer dormir: *A mãe cantou para adormecer o bebê.*

adotar (a.do.**tar**) *verbo* **1.** Pegar para criar como se fosse seu filho: *Tio Marcos e tia Hilda adotaram meu primo Jonas, quando ele tinha oito anos.* **2.** Pegar para criar, para cuidar: *Fomos ao abrigo adotar um cãozinho.*

adotivo (a.do.**ti**.vo) *adjetivo* Que é criado e amado como filho por pais que não são os de sangue, que não são os pais biológicos: *Meu tio Jorge é filho adotivo dos meus avós.*

adquirir (ad.qui.**rir**) *verbo* **1.** Comprar alguma coisa: *Com o dinheiro que ganhou do pai, Márcia adquiriu uma bicicleta.* **2.** Passar a ter alguma coisa; obter: *Quanto mais lemos, mais conhecimentos adquirimos.*

adubo (a.**du**.bo) *substantivo masculino* Aquilo que se mistura com a terra para que ela produza mais: *As verduras cresceram depressa porque papai pôs adubo no canteiro.*

adulto (a.**dul**.to)
adulto • *adjetivo* Diz-se de pessoa, animal ou planta que atingiu o máximo do seu crescimento: *Lá em casa só há duas pessoas adultas: meus pais.*
adulto • *substantivo masculino* Indivíduo adulto: *Manuel já foi criança, depois adolescente e agora é um adulto, e vai continuar adulto pelo resto da sua vida.*

advérbio (ad.**vér**.bio) *substantivo masculino* Palavra que muda o sentido de um verbo, de um adjetivo ou de outro advérbio, mostrando quando algo é feito, de que modo é feito, etc. Exemplos: *Ontem acordei tarde. Ando depressa.*

adversário (ad.ver.**sá**.rio) *substantivo masculino* Homem, rapaz ou menino, ou também equipe, contra os quais a gente joga: *Perdemos a partida porque nosso adversário jogou melhor.*

advogada (ad.vo.**ga**.da) *substantivo feminino* Mulher que estudou e estuda as leis, para poder defender alguém ou alguma coisa diante de um juiz ou de uma juíza.

advogado (ad.vo.**ga**.do) *substantivo masculino* Homem que estudou e estuda as leis, para poder defender alguém ou alguma coisa diante de um juiz ou de uma juíza. [Feminino: *advogada*.]

aéreo (a.**é**.reo) *adjetivo* **1.** Do ar: *Os peixes se movem no meio aquático e as aves, em sua maioria, se movem no meio **aéreo**.* **2.** Que se desloca no ar: *Transporte **aéreo** é aquele que é feito por aviões ou por helicópteros.* **3.** Que pertence à aviação: *Os funcionários da companhia **aérea** não sabiam responder quanto tempo teríamos que esperar para viajar.* **4.** Distraído, desatento: *Essa menina está **aérea**, não consegue prestar atenção à aula.*

aeronáutica (a.e.ro.**náu**.ti.ca) *substantivo feminino* Força militar que defende o espaço aéreo de um país: *O sonho de meu irmão mais velho é entrar para a **Aeronáutica**.* [Escreve-se com letra inicial maiúscula.]

aeronave (a.e.ro.**na**.ve) *substantivo feminino* Máquina que voa, como avião, helicóptero, etc.: *As **aeronaves** modernas oferecem conforto e segurança aos passageiros.*

aeroporto (pôr) (a.e.ro.**por**.to) *substantivo masculino* Local onde os aviões pousam e também de onde eles saem, levando pessoas e coisas: *No próximo sábado, iremos ao **aeroporto** buscar meus avós, que chegarão do Ceará.*

aeroviária (a.e.ro.vi.**á**.ria) *substantivo feminino* Mulher que trabalha numa empresa de aviação, em terra ou no céu (dentro de um avião).

aeroviário (a.e.ro.vi.**á**.rio)
aeroviário • *adjetivo* Do transporte que é feito por aviões: *Meu pai trabalha no departamento **aeroviário** do Paraná.*
aeroviário • *substantivo masculino* Homem que trabalha numa empresa de aviação, em terra ou no céu (dentro de um avião). [Feminino: *aeroviária*.]

afastar (a.fas.**tar**) *verbo* Pôr mais longe: *Rosa **afastou** o sofá da parede por causa da goteira.*

afeto (a.**fe**.to) *substantivo masculino* Sentimento de carinho que uma pessoa tem por outra, ou por um animal ou por um objeto: *Eu tenho muito **afeto** por meu gato. Mamãe tem muito **afeto** por suas primas.* [Aquele que demonstra afeto é *afetuoso*.]

afiado (a.fi.**a**.do) *adjetivo* Diz-se de faca, de tesoura, etc., que corta bem.

afilhado (a.fi.**lha**.do) *substantivo masculino* Homem, rapaz ou menino que foi batizado pelo padrinho e pela madrinha: *João é **afilhado** de José e Maria.*

afinidade (a.fi.ni.**da**.de) *substantivo feminino* **1.** Modo de pensar parecido e gosto pelas mesmas coisas que fazem com que duas pessoas fiquem amigas: *Aline e Luísa têm muita **afinidade**, por isso estão sempre juntas.* **2.** Relação que se cria entre duas pessoas por causa do casamento ou da convivência como um casal: *José e Joana são parentes por **afinidade**.*

afirmar (a.fir.**mar**) *verbo* Dizer alguma coisa com certeza do que se fala, com firmeza, com segurança: *Vovó **afirmou** que amanhã nós iremos ao cinema.*

afirmativa (a.fir.ma.**ti**.va) *substantivo feminino* Aquilo que se diz ou se afirma sobre alguma coisa: *Na prova, uma das questões pedia que assinalássemos qual era a **afirmativa** correta.*

afogar-se (a.fo.**gar**-se) *verbo* Morrer (ou quase morrer) por ficar debaixo da água sem respirar, por mais tempo do que podia: *Sílvio não entrou no rio, porque sentiu medo de **se afogar**.*

africano (a.fri.**ca**.no)
africano • *adjetivo* Que é da África, ou que nasceu na África: *Os elefantes **africanos** são maiores que os elefantes asiáticos.*
africano • *substantivo masculino* Homem, rapaz ou menino que nasceu na África.

Aa afundar ▶ agradecer

afundar (a.fun.**dar**) *verbo* Ir para baixo, para o fundo, na terra ou na água: *Um pedaço da estrada afundou. O barco afundou com a tempestade.*

agarrar (a.gar.**rar**) *verbo* Segurar bem firme: *Paulo agarrou o galho e apanhou a manga madura.*

agasalho (a.ga.**sa**.lho) *substantivo masculino* Qualquer roupa que serve para esquentar o corpo e proteger do frio: *Luís vestiu um agasalho e saiu para brincar.*

ágil (**á**.gil) *adjetivo de 2 gêneros* Que se move com rapidez: *O esquilo é um bicho muito ágil.* [Plural: *ágeis*.]

agir (a.**gir**) *verbo* **1.** Praticar uma ação, para chegar a um resultado desejado: *A polícia agiu com rapidez e prendeu os bandidos.* **2.** Comportar-se de determinado modo: *Vera só tem sete anos, mas age como uma menina de dez.*

agitado (a.gi.**ta**.do) *adjetivo* **1.** Que se movimenta sem parar: *O mar hoje está bem agitado.* **2.** Que não para quieto: *Durante a festa os meninos estavam agitados, brincando o tempo todo.* **3.** Com muitas atividades: *O sábado de Ana foi agitado. Brincou com seus amigos, foi ao cinema com seus pais e depois visitou seus avós.*

agora (a.**go**.ra) *advérbio* Palavra usada para dizer que é no momento em que a gente está falando que alguém faz alguma coisa ou que algo acontece: *Prefiro não almoçar agora porque estou sem fome.*

agradar (a.gra.**dar**) *verbo* Causar algo bom a uma pessoa, dar-lhe prazer: *O filme não agradou a Camila.*

agradável (a.gra.**dá**.vel) *adjetivo de 2 gêneros* Diz-se daquilo que faz a pessoa se sentir bem ou ficar contente: *O dia amanheceu com uma temperatura agradável.* [Plural: *agradáveis*.]

agradecer (a.gra.de.**cer**) *verbo* Dizer "obrigado", ou outras palavras gentis, à pessoa que lhe faz um favor ou lhe oferece alguma coisa: *Ao receber o presente, Cristina agradeceu.*

O que você tem para agradecer? Registre aqui.

agredir ▶ **águia**

agredir (a.gre.**dir**) *verbo* **1.** Machucar pessoa ou animal: *Foi preso o assaltante que roubou e agrediu o dono da loja.* **2.** Ferir, magoar alguém com palavras pouco ou nada gentis.

agressão (a.gres.**são**) *substantivo feminino* Ação de agredir: *A falta do jogador foi uma verdadeira agressão ao adversário.* [Plural: *agressões*.]

agrião (a.gri.**ão**) *substantivo masculino* Verdura com pequenas folhas redondas, que se come crua ou cozida: *Ontem à noite tomei uma sopa de agrião.* [Plural: *agriões*.] 436

agrícola (a.**grí**.co.la) *adjetivo de 2 gêneros* Da agricultura, ou que se consegue pela agricultura: *O Rio Grande do Sul tem uma grande produção agrícola.*

agricultor (tôr) (a.gri.cul.**tor**) *substantivo masculino* Homem que cultiva cereais, legumes e frutas: *Quando eu crescer, quero ser agricultor como meu pai.* [Plural: *agricultores*. Feminino: *agricultora*.]

agricultora (tô) (a.gri.cul.**to**.ra) *substantivo feminino* Mulher que cultiva cereais, legumes e frutas.

agricultura (a.gri.cul.**tu**.ra) *substantivo feminino* A arte de cultivar a terra para produzir vegetais úteis aos seres humanos e também aos animais: *No Brasil há muitas pessoas que trabalham na agricultura.*

agrotóxico (xi = csi) (a.gro.**tó**.xi.co) *substantivo masculino* Veneno contra pragas das plantações.

agrupar (a.gru.**par**) *verbo* Juntar em grupo: *O treinador agrupou os jogadores na quadra.*

água (**á**.gua) *substantivo feminino* Líquido transparente, que não tem cor, gosto e cheiro, e sem o qual a gente não pode viver. A água é encontrada em fontes, rios, lagos e mares: *A água cobre a maior parte (quase três quartos) da superfície da Terra.*

aguardar (a.guar.**dar**) *verbo* Ficar esperando uma pessoa ou alguma coisa: *Os alunos aguardaram o professor e, depois, o trem.*

água-viva (**á**.gua-**vi**.va) *substantivo feminino* Animal que vive no mar, de corpo transparente e mole, que queima a nossa pele quando encostamos nele, causando muita dor. [Plural: *águas-vivas*.] 439

agudo (a.**gu**.do) *adjetivo* **1.** Que é muito forte: *André acordou com uma dor aguda na barriga.* **2.** Diz-se do som alto e fino: *No filme, a moça cantou uma nota tão aguda que quebrou a vidraça.*

águia (**á**.guia) *substantivo feminino* Ave muito grande, de asas compridas, e que enxerga muito bem. Ela tem bico e garras fortes para caçar pequenos animais: *A águia pode voar bem alto.*

Aa agulha ▶ álcool

agulha (a.**gu**.lha) *substantivo feminino* **1.** Objeto que serve para costurar. Ela é feita de um metal muito fino, com uma ponta ainda mais fina e um buraquinho na outra ponta, por onde passa a linha: *Mamãe foi buscar agulha e linha para pregar um botão na camisa de meu pai*. **2.** Objeto muito fino que serve para furar a pele da gente, para introduzir remédio ou tirar sangue: *Pedro tomou uma injeção com uma agulha nova e descartável* (que a gente usa e depois joga fora).

ai (ai) *interjeição* Palavra que mostra que se tem dor: *Pisou num espinho e gritou: — Ai!*

aí (a.**í**) *advérbio* Palavra que serve para mostrar um lugar que está perto da pessoa com quem falamos: *O menino subiu na mesa e a mãe gritou: — Não suba aí! Você pode cair.*

ainda (a.**in**.da) *advérbio* Até agora: *Esta geladeira é velha, mas ainda funciona bem.*

aipim (ai.**pim**) *substantivo masculino* É o mesmo que *mandioca*: *Eni faz um bolo de aipim delicioso.* [Plural: *aipins*.] 437

ajeitar (a.jei.**tar**) *verbo* É o mesmo que *arrumar*: *Dona Sofia ajeitou a sala para receber as visitas.*

ajoelhar-se (a.jo.e.**lhar**-se) *verbo* Dobrar o corpo e pôr os joelhos no chão: *Os meninos se ajoelharam para jogar gude.*

ajuda (a.**ju**.da) *substantivo feminino* É aquilo que uma pessoa ou um animal faz para ajudar outra pessoa ou animal. Ajuda é também a utilidade que alguma coisa pode ter para alguém: *O bebê já anda sem a ajuda da mãe. O cego tem a ajuda de um cão. O tio do meu colega anda com a ajuda de uma bengala.*

ajudar (a.ju.**dar**) *verbo* **1.** Fazer alguma coisa boa para uma pessoa ou um animal: *Maria ajudou o cego a atravessar a rua. João ajudou o gatinho a sair do buraco.* **2.** Trabalhar junto com alguém: *Ana ajuda a mãe a lavar a louça.*

alaranjado (a.la.ran.**ja**.do)
alaranjado • *adjetivo* Da cor da casca de algumas laranjas e que fica entre o amarelo e o vermelho: *Ana usou um lápis alaranjado para colorir o sol que desenhou.*
alaranjado • *substantivo masculino* A cor alaranjada. 431

álbum (**ál**.bum) *substantivo masculino* Livro ou caderno com folhas em branco, onde a gente cola figurinhas, fotografias, etc. [Plural: *álbuns*.]

alça (**al**.ça) *substantivo feminino* Tira, presa nas duas pontas, que é usada para segurar, levantar ou prender alguma coisa: *A alça da mochila. As alças do vestido.*

alcançar (al.can.**çar**) *verbo* Chegar ou conseguir chegar até (alguém ou algo): *Rodrigo parou para amarrar o tênis, depois correu e alcançou o amigo. Rita subiu no banco para alcançar a prateleira.*

álcool (**ál**.co.ol) *substantivo masculino* Líquido incolor, de cheiro forte, que evapora e pega fogo facilmente. O álcool é produzido de várias plantas, como a cana-de-açúcar e a mandioca. [Aquilo que tem álcool a gente diz que é *alcoólico*. Exemplo: *bebida alcoólica*.] [Plurais: *álcoois* e *alcoóis*.]

aldeia (al.**dei**.a) *substantivo feminino* **1.** Conjunto de casas no campo ou no litoral e seus moradores: *Passei as férias numa aldeia na montanha.* **2.** Lugar onde os indígenas vivem: *Existem muitas aldeias no Parque do Xingu em Mato Grosso.*

alegre (a.**le**.gre) *adjetivo de 2 gêneros* Diz-se da pessoa que ri, que está de bom humor: *Mário e Amélia ficaram alegres com a visita ao zoológico.*

alegria (a.le.**gri**.a) *substantivo feminino* Sentimento ou estado de quem está alegre, contente, feliz: *Na festa de Natal, era grande a alegria de todos.*

alergia (a.ler.**gi**.a) *substantivo feminino* Reação do corpo a certos alimentos, produtos ou substâncias que lhe são nocivas: *Beatriz tem alergia a gema de ovo, perfume e poeira.*

alfabético (al.fa.**bé**.ti.co) *adjetivo* Do alfabeto ou que está arrumado segundo o alfabeto: *No dicionário, as palavras aparecem em ordem alfabética.*

alfabetizando (al.fa.be.ti.**zan**.do) *substantivo masculino* Aquele que está sendo ou que vai ser alfabetizado.

alfabetizar (al.fa.be.ti.**zar**) *verbo* Ensinar a ler e a escrever: *Dona Célia é professora há bastante tempo e já alfabetizou muitas crianças.*

alfabeto (al.fa.**be**.to) *substantivo masculino* Conjunto das letras que usamos para escrever. O alfabeto é formado pelas letras *a, b, c, d, e, f, g, h, i, j, k, l, m, n, o, p, q, r, s, t, u, v, w, x, y* e *z.*

alface (al.**fa**.ce) *substantivo feminino* Hortaliça geralmente verde, muito usada em salada: *Minha mãe lava bem a alface antes de servi-la.* 436

alfinete (mã) (al.fi.**ne**.te) *substantivo masculino* Pedaço de metal pequeno com uma das pontas muito fina e a outra redonda e achatada: *O alfinete serve para prender pano, papel e muitas outras coisas.*

alga (**al**.ga) *substantivo feminino* Planta sem raízes, caule ou flores que vive em águas salgadas ou doces: *Algumas algas são usadas na alimentação.*

algarismo (al.ga.**ris**.mo) *substantivo masculino* Qualquer um destes sinais: 0, 1, 2, 3, 4, 5, 6, 7, 8, 9. Com eles podemos escrever qualquer número: *O número 5.078 é formado por quatro algarismos.*

algazarra (al.ga.**zar**.ra) *substantivo feminino* É o mesmo que *gritaria*: *Os alunos foram para o recreio fazendo muita algazarra.*

algema (al.**ge**.ma) *substantivo feminino* Argola de metal presa a outra argola de metal por uma corrente. As algemas são usadas para prender uma pessoa pelos pulsos: *O guarda pôs um par de algemas no assaltante.*

algo (**al**.go) *pronome* Alguma coisa: — *Deseja* **algo**? — *perguntou-me a vendedora, assim que entrei na loja.*

algodão (al.go.**dão**) *substantivo masculino* **1.** Conjunto dos pelos que cobrem a semente de um arbusto chamado *algodoeiro*. O algodão, depois de limpo e preparado, é usado para fazer curativos, etc. **2.** Tecido fabricado com fios de algodão: *Este lençol de* **algodão** *é muito macio.*

algodão-doce (dô) (al.go.**dão**-do.ce) *substantivo masculino* Doce formado por fios muito, muito fininhos de açúcar, enrolados num palito, e que lembram o algodão (1): *No parque, Paulo comprou um* **algodão-doce** *branco, Regina um rosa, e Júlio um azul.* [Plural: *algodões-doces*.]

alguém (al.**guém**) *pronome* Palavra que a gente usa para se referir a uma pessoa que a gente não sabe quem é, ou que a gente não precisa dizer quem é, porque pode ser qualquer pessoa (de um grupo); alguma pessoa: ***Alguém*** *ligou para a polícia e denunciou o sequestrador. Mamãe disse: — Preciso de* ***alguém*** *para me ajudar a arrumar a mesa.*

algum (al.**gum**) *pronome* Palavra que a gente usa para se referir a pessoa, coisa ou lugar, etc. que a gente não sabe qual é; um, qualquer: ***Algum*** *problema impediu Rosa de vir ao colégio.* [Plural: *alguns*. Feminino: *alguma*.]

alguma (al.**gu**.ma) *pronome* É o feminino de *algum*.

alguns (al.**guns**) *pronome* Palavra que a gente usa para indicar um número pequeno, mas incerto, de pessoas ou de coisas (que a gente não sabe ou não quer dizer quais são): ***Alguns*** *meninos querem jogar futebol, outros querem jogar vôlei. Ele está tendo* ***alguns*** *problemas na escola. Deitou-se para dormir, mas,* ***alguns*** *minutos depois, acordou.* [Feminino: *algumas*.]

alho (**a**.lho) *substantivo masculino* É uma planta cujo bulbo é popularmente conhecido como *cabeça de alho*. Essa cabeça de alho é formada pelo que nós chamamos de *dentes de alho*, ou seja, partes que são muito parecidas com grandes dentes. Esses dentes de alho têm gosto forte e são usados para temperar feijão, arroz, carnes e muitas outras comidas: *Minha avó fez um molho com* **alho** *e cebola.* 436

ali (a.**li**) *advérbio* Palavra que serve para indicar um lugar um pouco longe de quem fala e de quem escuta: *Vou* **ali** *e já volto.*

alimentação (a.li.men.ta.**ção**) *substantivo feminino* **1.** Ação de alimentar a si mesmo ou a alguém. **2.** A maneira como a gente se alimenta: *Para emagrecer, titia precisa mudar sua* **alimentação**: *ela tem que comer mais verduras e legumes e menos doces.* **3.** É também o processo em que os seres vivos ingerem ou produzem substâncias, para delas aproveitar aquilo de que precisam para manter o organismo vivo. [Plural: *alimentações*.]

alimentar (a.li.men.**tar**) *verbo* Dar alimento, ou comida, a uma pessoa ou a um animal: *Lúcio* **alimentou** *o cachorro.*

alimento (a.li.**men**.to) *substantivo masculino* Tudo aquilo que pode ser comido ou bebido, e serve para uma pessoa ou um animal ter força e energia: *Carne, leite, ovos, frutos, legumes e verduras são* **alimentos**.

alma (al.ma) *substantivo feminino* Para algumas crenças, é a parte espiritual e imortal do homem.

almoçar (al.mo.**çar**) *verbo* Comer o almoço: *Eu, meus pais e meus irmãos sempre **almoçamos** sentados à mesa.*

almoço (mô) (al.**mo**.ço) *substantivo masculino* Refeição que a gente faz no meio do dia (geralmente no início da tarde), entre o café da manhã e o jantar.

alô (a.**lô**) *interjeição* Palavra que a gente usa para iniciar uma conversa ao telefone: — ***Alô**! Quem fala?*

alto (**al**.to) *adjetivo* **1.** Diz-se de ser ou coisa que são grandes do chão para cima: *Lucas é **alto**. Essa girafa é mais **alta** que aquela árvore.* **2.** Diz-se do som que está bem acima do que a gente acha normal: *Meu pai reclamou do som **alto** da música que vinha do vizinho.*

alto-falante (**al**.to-fa.**lan**.te) *substantivo masculino* Aparelho que torna os sons mais altos: *Os passageiros do ônibus foram chamados pelo **alto-falante**.* [Plural: *alto-falantes*.]

altura (al.**tu**.ra) *substantivo feminino* Tamanho de uma coisa, de uma pessoa, ou de um animal, que é medido do chão para cima: *— Olha a **altura** desse prédio! — Qual é a sua **altura**?*

aluguel (a.lu.**guel**) *substantivo masculino* Dinheiro que a gente paga a uma pessoa para poder morar em apartamento ou casa que lhe pertence. [Plural: *aluguéis*.]

aluna (a.**lu**.na) *substantivo feminino* Mulher, moça ou menina que estuda numa escola, ou que estuda com um professor particular.

aluno (a.**lu**.no) *substantivo masculino* Homem, rapaz ou menino que estuda numa escola, ou que estuda com um professor particular: *Nossa turma tem 30 **alunos**.* [Feminino: *aluna*.]

alvo (**al**.vo) *substantivo masculino* Numa competição de atirar dardos, flechas, etc., objeto que fica distante e no qual é preciso acertar: *O mocinho do filme foi o único que acertou a flecha no centro do **alvo**.*

amadurecer (a.ma.du.re.**cer**) *verbo* Ficar maduro: *Fruta que **amadurece** no pé geralmente é mais gostosa.* [Também se diz: *madurar*.]

amanhã (a.ma.**nhã**) *advérbio* No dia que vem logo depois daquele em que a gente está: ***Amanhã** iremos à praia se fizer sol.*

amar (a.**mar**) *verbo* Gostar muito de alguém ou de alguma coisa: *Mamãe **ama** papai. Paulo **ama** seus filhos. Elisa **ama** seu jardim.*

amarelinha (a.ma.re.**li**.nha) *substantivo feminino* Brincadeira infantil em que se desenham quadrados (as casas) com números no chão, sendo o último chamado de *céu*. A primeira criança atira uma pedra na primeira casa. Ela salta essa casa e percorre as outras, pisando nelas com um pé só. Depois ela joga a pedra na segunda casa. Pisa na primeira, salta a segunda, pisa na terceira e assim continua. Ganha aquela que consegue chegar primeiro ao céu.

Aa amarelo ▶ amêndoa

amarelo (a.ma.**re**.lo)
amarelo • *adjetivo* **1.** Da cor do ouro, da gema do ovo, etc.: *Carlos ganhou de sua tia uma blusa amarela.* **2.** Que pertence à parte da população humana que tem a pele morena clara, um pouco amarela, característica de povos que habitam o Japão, a China, as Coreias, etc.
amarelo • *substantivo masculino* **1.** A cor amarela: *O amarelo é uma cor alegre.* 431 **2.** Homem, rapaz ou menino que tem a pele morena clara, um pouco amarela (mais escura que a de pessoa branca, porém mais clara que a de pessoa parda, indígena, mulata e negra).

amargo (a.**mar**.go) *adjetivo* Que tem um gosto forte, como o gosto do jiló: *Meu pai só bebe café amargo, sem açúcar.*

amarrar (a.mar.**rar**) *verbo* Prender com corda, barbante, cadarço, etc.: *Juliana amarrou bem o embrulho.*

amarrotar (a.mar.ro.**tar**) *verbo* Fazer um tecido, um papel, ficar cheio de dobras; amassar: *Luciano amarrotou a roupa nova quando brincava com o irmão.*

amassar (a.mas.**sar**) *verbo* **1.** É o mesmo que amarrotar: *Lia amassou o papel e o jogou fora.* **2.** Transformar em massa ou pasta: *O pedreiro misturou areia, cimento e água, e amassou bem.*

amável (a.**má**.vel) *adjetivo de 2 gêneros* Diz-se de quem é carinhoso ou delicado com as pessoas: *Júlia é uma menina amável.* [Plural: *amáveis*.]

amazônico (a.ma.**zô**.ni.co) *adjetivo* Da Amazônia, ou pertencente a ela: *A vitória-régia é uma planta amazônica.*

ambiente (am.bi.**en**.te) *substantivo masculino* Tudo aquilo que cerca as pessoas, as plantas, os animais ou mesmo as coisas: *Dentro da água o peixe está no seu ambiente.*

ambos (**am**.bos) *numeral* Um e outro; os dois juntos: *João e Paulo fizeram prova de Matemática. Ambos tiveram boas notas.*

ambulância (am.bu.**lân**.cia) *substantivo feminino* Carro especial que é usado para levar pessoas doentes ou feridas para o hospital: *A ambulância não demorou a chegar para socorrer os feridos.*

ambulante (am.bu.**lan**.te) *substantivo de 2 gêneros* Pessoa que trabalha vendendo mercadorias na rua: *Minha irmã comprou este colar de um ambulante. Marília trabalha como ambulante.*

ameaçar (a.me.a.**çar**) *verbo* **1.** Dizer que vai fazer algo ruim com a gente, ou algo que a gente não gostaria que acontecesse: *Papai ameaçou acabar com nossa brincadeira se não parássemos de gritar.* **2.** Estar alguma coisa por acontecer: — *Raul, leve o guarda-chuva, pois ameaça chover.*

ameixa (xa = cha) (a.**mei**.xa) *substantivo feminino* Fruto amarelo, roxo ou vermelho, doce e comestível, de uma árvore chamada ameixeira.

amêndoa (a.**mên**.doa) *substantivo feminino* Fruto ou semente de uma árvore chamada amendoeira: *Este bolo de amêndoas está muito gostoso.*

amendoim (a.men.do.**im**) *substantivo masculino* Planta que tem um fruto que nasce debaixo da terra. Suas sementes, de mesmo nome, podem ser comidas cruas ou torradas e são usadas para fazer vários pratos, doces ou salgados: *No sítio do meu tio tem um pé de **amendoim**.* [Plural: *amendoins*.]

americano (a.me.ri.**ca**.no)
americano • *adjetivo* **1.** Que é da América, ou que nasceu num país da América (continente): *O abacate, o abacaxi, a goiaba, a jabuticaba e a pitanga são frutas nativas do continente **americano**.* **2.** Que nasceu nos Estados Unidos da América (país do continente americano).
americano • *substantivo masculino* Homem, rapaz ou menino que nasceu na América, ou nos Estados Unidos.

ametista (a.me.**tis**.ta) *substantivo feminino* Pedra de cor roxa, muito usada em joias, mas que é menos valiosa que o diamante, a esmeralda e o rubi: *Vovó tem um lindo anel de **ametista**.* 430

amiga (a.**mi**.ga) *substantivo feminino* Feminino de *amigo*: *Lúcia e Ana são **amigas** desde pequenas.*

amigo (a.**mi**.go) *substantivo masculino* **1.** Homem, rapaz ou menino de quem a gente gosta muito, com quem a gente se diverte, e que sempre ajuda a gente quando é necessário: *Carlos é **amigo** de Pedro.* **2.** Animal (geralmente cachorro, gato, cavalo, etc.) de que a gente gosta muito e que demonstra gostar muito da gente também, e está sempre por perto nas horas de lazer. [Feminino: *amiga*.]

amizade (a.mi.**za**.de) *substantivo feminino* Sentimento de carinho e compreensão entre duas pessoas ou dois seres que se amam como se fossem irmãos: *A **amizade** entre Nando e Antônio começou quando os dois entraram para o mesmo colégio.*

amolecer (a.mo.le.**cer**) *verbo* **1.** Tornar mole: *A chuva fina regou as plantas e **amoleceu** a terra.* **2.** Ficar mole: *Com o calor, o sorvete **amoleceu**.*

amor (mõr) (a.**mor**) *substantivo masculino* **1.** Sentimento que a gente tem por alguém ou por alguma coisa de que gosta muito: *Paulo sente **amor** por seu pai e por sua mãe. José tem **amor** aos animais. Ana tem **amor** à natureza.* [Aquele que demonstra amor é *amoroso*.] **2.** Pessoa, animal ou coisa por quem alguém tem esse tipo de sentimento. [Plural: *amores*.]

amora (a.**mo**.ra) *substantivo feminino* Pequeno fruto de cor roxa, quando maduro, de uma planta chamada *amoreira*: *Esta geleia de **amora** é muito gostosa.*

analfabeto (a.nal.fa.**be**.to) *substantivo masculino* Aquele que não sabe ler nem escrever: *Meu avô entrou para uma escola que ensina **analfabetos** a ler e escrever.*

analisar (a.na.li.**sar**) *verbo* Examinar alguma coisa com cuidado: *A professora **analisou** as histórias do livro antes de lê-las para seus alunos.*

anão (a.**não**) *substantivo masculino* Homem, rapaz ou menino de tamanho muito abaixo do normal: *Rita leu a história da Branca de Neve e dos Sete **Anões**.* [Plurais: *anões* e *anãos*. Feminino: *anã*.]

Aa ancinho ▶ aniversário

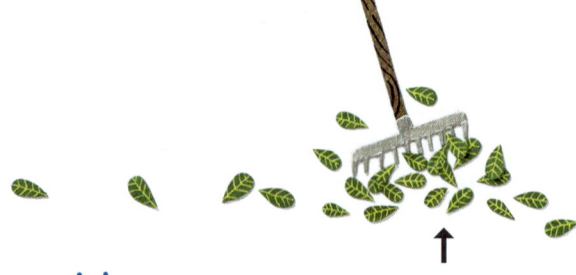

ancinho (an.**ci**.nho) *substantivo masculino* Instrumento que tem uma espécie de pente metálico horizontal preso a um cabo comprido, e que serve para juntar mato, folhas, etc.: *Luís recolheu, com um **ancinho**, as folhas caídas no quintal.*

âncora (**ân**.co.ra) *substantivo feminino* Peça muito pesada, geralmente de ferro, presa a uma corrente ou a uma corda e ligada à embarcação. A âncora é jogada na água para firmar a embarcação e impedir que ela seja levada pelo vento ou pela correnteza: *Ao chegar ao porto, o marinheiro jogou a **âncora** do barco no mar.*

andar (an.**dar**)
andar • *verbo* **1.** Mover uma perna e depois a outra, dando passos: *O bebê **andou** pouco antes de fazer um ano.* **2.** Estar num veículo (bicicleta, carro, avião, trem, etc.) e ser levado de um lugar para outro: *Paula gostou muito de **andar** de avião.* **3.** Funcionar: *Este relógio não **anda**; é preciso consertá-lo.*
andar • *substantivo masculino* Cada um dos pisos de um edifício; pavimento: *Este prédio tem trinta **andares**.* [Plural: *andares*.]

andorinha (an.do.**ri**.nha) *substantivo feminino* Ave que se alimenta de insetos e faz ninho no telhado das casas. Quando é inverno no hemisfério norte, algumas espécies voam até o hemisfério sul, onde é verão, à procura de calor e alimento: *As **andorinhas** caçam insetos no ar e voam em bando.*

anel (a.**nel**) *substantivo masculino* Pequena argola, geralmente de metal, simples ou com pedras, e que se usa no dedo como enfeite: *O rapaz deu um **anel** de ouro para a namorada.* [Plural: *anéis*.]

anfíbio (an.**fí**.bio)
anfíbio • *adjetivo* **1.** Que vive tanto na terra quanto na água: *Animal **anfíbio**.* **2.** Que se movimenta tanto na água quanto no solo: *Veículo **anfíbio**.*
anfíbio • *substantivo masculino* Animal que geralmente passa a primeira fase da sua vida na água, onde sofre várias transformações, indo depois para terra, e vivendo, quase sempre, próximo à água: *O sapo é um **anfíbio**.*

angu (an.**gu**) *substantivo masculino* Massa feita de farinha de milho (fubá), água e um pouco de sal, cozida ao fogo: *Ana gosta muito de frango com quiabo acompanhado de **angu**.*

ângulo (**ân**.gu.lo) *substantivo masculino* Figura formada por duas retas que se cortam: *Todo triângulo tem três **ângulos** internos.*

anil (a.**nil**) *substantivo masculino* Azul bem forte: *O **anil** é uma das cores do arco-íris.* 431

animado (a.ni.**ma**.do) *adjetivo* **1.** Que está sempre disposto a fazer as coisas: *Pedro é um menino **animado**.* **2.** Em que há movimento, alegria: *A festa de Ana Maria estava **animada**.*

animal (a.ni.**mal**)
animal • *substantivo masculino* Todo ser vivo formado por muitas células e que, geralmente, se movimenta quando quer: *As plantas produzem seu próprio alimento, enquanto os **animais** se alimentam das plantas e de outros **animais**.*
animal • *adjetivo de 2 gêneros* Dos animais, ou relativo a eles: *A Zoologia estuda o reino **animal**.*
[Plural: *animais*.]

aniversário (a.ni.ver.**sá**.rio) *substantivo masculino* **1.** O dia em que se completa um ano, ou mais, de vida: *O **aniversário** de Mariana é em janeiro.* **2.** O dia em que se completa um ano, ou mais, de um acontecimento: *O **aniversário** da Independência do Brasil é no dia 7 de setembro.*

anjo (**an**.jo) *substantivo masculino* **1.** Em algumas religiões, ser, geralmente representado como um homem, ou uma criança, com asas, que serve de mensageiro entre Deus e os homens. **2.** Pessoa muito boa: — *José, você trouxe água para a vovó. Você é um **anjo**.*

ano (**a**.no) *substantivo masculino* **1.** Cada doze meses de vida que nós contamos a partir do nascimento de alguém; ano de idade, de vida: *Vanessa tem 10 **anos**. Os cães vivem mais ou menos 14 **anos**.* **2.** Tempo que a Terra leva para dar uma volta em torno do Sol. Um ano tem 365 dias. Divide-se em 12 meses ou 52 semanas.

anotar (a.no.**tar**) *verbo* Tomar nota de alguma coisa: *Fernando **anotou** o e-mail do amigo.*

ansioso (an.si.**o**.so) *adjetivo* Com muita vontade de fazer determinada coisa ou com muita vontade de que determinada coisa aconteça: *João estava **ansioso** para ir ao cinema. Lúcia esperava **ansiosa** pela vinda de sua prima.*

anta (**an**.ta) *substantivo feminino* Grande animal mamífero de quatro patas, cauda curta e focinho comprido em forma de tromba. Vive junto a rios e lagoas e come frutos e folhas. A anta é o maior animal das florestas brasileiras. **439**

antebraço (an.te.**bra**.ço) *substantivo masculino* A parte do membro superior do homem que vai do cotovelo ao punho: *O irmão de Jonas tem uma cicatriz no **antebraço**.* **432**

antena (an.**te**.na) *substantivo feminino* **1.** Estrutura fina e móvel na cabeça dos insetos e crustáceos: *Muitos insetos usam as **antenas** para encontrar comida.* **2.** Dispositivo que serve para transmitir ou para receber ondas de rádio, de televisão, etc.: *Meu pai amarrou uma fita verde e amarela na **antena** do carro.*

anterior (an.te.ri.**or**) *adjetivo de 2 gêneros* **1.** Que está adiante; que está na frente: *A face fica na parte **anterior** da cabeça.* **2.** Que vem ou fica antes: *Vovó chegou da viagem de férias no dia **anterior** ao do meu aniversário.* [Plural: anteriores.]

antes (**an**.tes) *advérbio* Em tempo anterior: *A festa é às 10 horas, mas preciso chegar **antes** para enfeitar a sala.* ◆ **Antes de.** Em lugar anterior: *No caminho de casa, **antes da** praça, tem uma padaria.*

antigamente (an.ti.ga.**men**.te) *advérbio* No passado; há muito tempo; há muitos anos: ***Antigamente** as ruas eram iluminadas com lampiões.*

antigo (an.**ti**.go) *adjetivo* **1.** Diz-se daquilo que não é dos dias de hoje, dos dias em que vivemos, que é de um tempo antes do atual: *Neste filme, os atores usam roupas **antigas**.* **2.** Diz-se daquilo que existe há muito tempo: *Esta cidade é muito **antiga**.*

antipático (an.ti.**pá**.ti.co) *adjetivo* Que não é simpático, não é agradável com as pessoas, que não é delicado: *Tenho um vizinho **antipático**, que não fala com ninguém.*

antivírus (an.ti.**ví**.rus) *substantivo masculino de 2 números* Programa contra a entrada de vírus no computador. Esses programas reconhecem a existência de vírus e são capazes de acabar com eles.

antônimo (an.**tô**.ni.mo) *substantivo masculino* Palavra de significado contrário ao de outra: *Feio é o **antônimo** de bonito.*

anual (a.nu.**al**) *adjetivo de 2 gêneros* Que acontece uma vez por ano: *No encontro **anual** da minha família encontrei muitos primos que não moram na minha cidade.* [Plural: *anuais*.]

anular (a.nu.**lar**) *substantivo masculino* O dedo que fica entre os dedos médio e mínimo, também chamado de *seu-vizinho*. É nele que geralmente se coloca o anel. [Plural: *anulares*.]

anúncio (a.**nún**.cio) *substantivo masculino* Notícia em jornal, rádio, televisão, etc., em que se informa o público sobre alguma coisa, como a existência de um produto, de um serviço, de um acontecimento, etc.: *O **anúncio** do circo mostrava um palhaço e vários acrobatas.*

ânus (**â**.nus) *substantivo masculino de 2 números* Pequena abertura no corpo humano e no de muitos outros animais por onde saem as fezes.

anzol (an.**zol**) *substantivo masculino* Pequeno gancho para pescar, com uma ponta na qual se espeta a isca para o peixe morder. [Plural: *anzóis*.]

aonde (a.**on**.de) *advérbio* Palavra que a gente usa para indicar um lugar de destino (isto é, para o qual se vai). Pode ser usada numa pergunta ou em frases afirmativas: *— **Aonde** você vai com tanta pressa? — Vou **aonde** precisam de mim.*

apagar (a.pa.**gar**) *verbo* **1.** Fazer desaparecer o que estava escrito ou desenhado: *A professora **apagou** as palavras do quadro.* **2.** Fazer o fogo sumir: *A chuva **apagou** a fogueira.* **3.** Fazer desaparecer a luz, a claridade de alguma coisa: *Marina **apagou** a lâmpada do abajur e foi dormir.* →

apaixonado (xo = cho) (a.pai.xo.**na**.do) *adjetivo* **1.** Que sente amor ou paixão: *Romeu e Julieta é a história de um casal **apaixonado** cujas famílias são inimigas.* **2.** Que gosta muito: *Alice é **apaixonada** por suco de laranja.*

apaixonar-se (xo = cho) (a.pai.xo.**nar**-se) *verbo* **1.** Sentir grande amor ou paixão: *O romance Iracema, de José de Alencar, conta a história de uma índia (Iracema) e de um português (Martim), que **se apaixonam**.* **2.** Gostar muito: ***Apaixonou-se** pelo brinquedo que recebeu dos avós.*

apanhar (a.pa.**nhar**) *verbo* **1.** Tirar flores ou frutos do pé; colher: *Rogério **apanhou** as mangas maduras.* **2.** Levantar do chão: *Joana **apanhou** o livro que tinha caído.*

aparecer (a.pa.re.**cer**) *verbo* **1.** Tornar-se visível; surgir: *A Lua **apareceu** entre as nuvens.* **2.** Ter existência; surgir: *A vida **apareceu** na Terra há muito tempo.* **3.** Ir a um lugar; comparecer: *— Amigos, **apareçam** na minha festa!*

aparelhar (a.pa.re.**lhar**) *verbo* Dar ou pôr o que é necessário (equipamentos, etc.) para melhorar, fazer funcionar, etc.

aparelho (rê) (a.pa.**re**.lho) *substantivo masculino* **1.** Conjunto de peças usado para realizar uma certa função. **2.** Aparelho (1) elétrico ou eletrônico; máquina: *Papai comprou um **aparelho** de ar condicionado.*

aparência (a.pa.**rên**.cia) *substantivo feminino* O modo como um ser vivo ou uma coisa se mostra à vista: *O doente melhorou e está com boa **aparência**.*

apartamento (a.par.ta.**men**.to) *substantivo masculino* Cada uma das habitações de um edifício: *Aquele prédio grande tem 50 **apartamentos**, alguns com dois quartos, sala, banheiro e cozinha, outros com três quartos.*

apelido (a.pe.**li**.do) *substantivo masculino* Nome ou diminutivo que se dá a alguém em lugar do seu próprio nome: *Bebel é o **apelido** de Isabel.*

apenas (a.**pe**.nas) *advérbio* Palavra que a gente usa para demonstrar um limite: a) para dizer que algo ou alguém não tem mais do que um certo número ou um tanto de certa coisa, de certo valor, etc.: *Ele tem **apenas** nove anos, mas é muito alto para a sua idade. Estou **apenas** com dois reais no bolso, não posso ir ao cinema.* b) para dizer que não existe ou não se trata de mais do que certo número de coisas, pessoas, etc.: *Dos filhotinhos que nasceram, **apenas** dois sobreviveram. Ele tem muitos livros, mas **apenas** duas revistas.* c) para falar de um tipo de coisa, com o sentido de 'não mais que isso': *Minha tia está de dieta, ela está se alimentando **apenas** de frutas e legumes.* [Também se diz: *só* e *somente*.]

apertar (a.per.**tar**) *verbo* **1.** Segurar, abraçar: *Mamãe **apertou**-me nos braços e me deu um beijo.* **2.** Espremer: *Luísa **apertou** a esponja para secá-la.* **3.** Fazer ficar menos largo ou menos frouxo: *A costureira **apertou** a saia que estava larga.*

apetite (a.pe.**ti**.te) *substantivo masculino* Vontade de comer: *Criança que tem saúde tem **apetite**.* [Aquilo que dá muita vontade de comer a gente chama de *apetitoso*.]

apito (a.**pi**.to) *substantivo masculino* Pequeno instrumento de metal, ou madeira, bambu, etc., que produz um som quando é soprado; assobio: *O árbitro usa um **apito** em jogos de vôlei, basquete e futebol.*

aplaudir (a.plau.**dir**) *verbo* **1.** Bater palmas: *Gustavo **aplaudiu** muito a apresentação do mágico.* **2.** Aprovar: *Meus pais **aplaudiram** a ideia que tive de ler um livro por semana.*

apodrecer (a.po.dre.**cer**) *verbo* Ficar podre: *Depois de muitos dias fora da geladeira, o mamão **apodreceu**.*

apoiar (a.poi.**ar**) *verbo* **1.** Segurar em alguma coisa para não cair: *O bebê deu os primeiros passos **apoiando**-se nos móveis da sala.* **2.** Ajudar uma pessoa para que ela possa resolver um problema ou vencer uma dificuldade: *Os amigos de Rui o **apoiaram** quando seu gatinho morreu, e isso o ajudou a superar a tristeza.*

apontador (dôr) (a.pon.ta.**dor**) *substantivo masculino* Aparelho que serve para apontar lápis. [Plural: *apontadores*.]

apontar[1] (a.pon.**tar**) *verbo* **1.** Fazer ponta em alguma coisa: *Marcelo **apontou** o lápis.* **2.** Mostrar, indicar com o dedo, ou com um gesto, um olhar, pessoa ou coisa: *Ricardo **apontou** um prédio e disse: — É ali que meu pai trabalha.*

apontar² ▶ aproximar

apontar² (a.pon.**tar**) *verbo* Dizer o que pode servir de exemplo para aquilo que se pergunta em prova, exame, etc.: *No teste, a professora pediu para a gente apontar, no texto, dois exemplos de animais selvagens.*

após (a.**pós**) *preposição* **1.** Depois de certa coisa acontecer: *Rafael e eu só saímos do shopping após a chuva.* **2.** Atrás de, em seguida a: *Saiu após o irmão.*

aposta (a.**pos**.ta) *substantivo feminino* Jogo entre duas ou mais pessoas, ou entre dois ou mais animais (nas fábulas), para ver quem faz melhor determinada coisa: *Os meninos fizeram uma aposta: ganharia aquele que fizesse sua pipa subir mais alto.*

apostar (a.pos.**tar**) *verbo* Fazer uma aposta: *Na fábula, o Coelho e a Tartaruga apostaram uma corrida.*

apreciado (a.pre.ci.**a**.do) *adjetivo* Diz-se daquilo que as pessoas gostam por acharem bom ou bonito ou gostoso: *A laranja é uma fruta muito apreciada.*

aprender (a.pren.**der**) *verbo* Ficar sabendo de alguma coisa, estudando, observando ou experimentando: *Isabel aprende a falar inglês. Sofia já aprendeu a andar de bicicleta.*

apresentação (a.pre.sen.ta.**ção**) *substantivo feminino* **1.** Ação ou resultado de apresentar. **2.** Exibição de um trabalho, de uma peça teatral, de um espetáculo musical, de mágica, etc.: *A nossa apresentação sobre a preservação do meio ambiente foi muito elogiada pela professora.* [Plural: *apresentações*.]

apresentar (a.pre.sen.**tar**) *verbo* Mostrar algo para alguém: *Papai quis apresentar a casa nova para a vovó.*

apressar (a.pres.**sar**) *verbo* **1.** Tornar mais rápido: *Rita apressou os passos para chegar à casa da avó antes da chuva.* **2.** Fazer alguém agir rápido ou mais rápido: *João apressou Pedro para não chegarem atrasados ao cinema.* **3.** Agir rápido ou mais rápido: *Ana apressou-se, pois queria chegar logo à escola.*

aprontar (a.pron.**tar**) *verbo* **1.** Vestir outra roupa, calçar sapatos, pentear os cabelos, etc., para sair de casa e ir a algum lugar: *Como sua mãe ia passear, Lia aprontou-se depressa e foi com ela.* [É o mesmo que *arrumar*.] **2.** Fazer bagunça: *— Meninos, comportem-se. Não aprontem enquanto eu estiver ausente.*

aprovar (a.pro.**var**) *verbo* **1.** Considerar bom: *Os jogadores aprovaram o novo gramado do estádio.* **2.** Votar, a maior parte das pessoas, a favor de alguma coisa: *Os deputados aprovaram um aumento de salário para os professores.*

aproveitar (a.pro.vei.**tar**) *verbo* Utilizar-se de alguma coisa para dela tirar vantagem: *Paulo aproveitou o final de semana para descansar.*

E você? Como aproveitou seu fim de semana? Registre aqui.

aproximar (xi = ssi) (a.pro.xi.**mar**) *verbo* **1.** Colocar perto: *Rute sentou-se e aproximou a cadeira da mesa.* **2.** Chegar junto de: *Carlos aproximou-se da professora e lhe mostrou o desenho.*

aquário (a.**quá**.rio) *substantivo masculino* Recipiente de vidro, cheio de água, no qual se põem ou se criam peixes e outros animais aquáticos.

aquático (a.**quá**.ti.co) *adjetivo* **1.** Que vive na água: *Os peixes são animais **aquáticos**.* **2.** Que vive perto da água ou sobre ela, e que se alimenta dos seres que nela vivem: *O pelicano é uma ave **aquática**.* **3.** Que se realiza na água: *Ari gosta muito de esportes **aquáticos**.*

aquecer (a.que.**cer**) *verbo* Tornar quente ou mais quente; esquentar: *Acendeu o fogo para **aquecer** a comida.*

aquela (ذاك) (a.**que**.la) *pronome* Indica objeto ou pessoa do sexo feminino distante de quem fala e de quem ouve: ***Aquela** menina que está de vestido rosa lá na esquina é Bruna.*

aquele (ذاك) (a.**que**.le) *pronome* Indica objeto ou pessoa do sexo masculino distante de quem fala e de quem ouve: ***Aquele** menino que está lá no pátio é o Fernando.* [Feminino: *aquela*.]

aqui (a.**qui**) *advérbio* Neste lugar: *Esta é a minha casa; é **aqui** que eu moro.*

aquilo (a.**qui**.lo) *pronome* Aquela coisa ou aquelas coisas: ***Aquilo** que você vê lá ao longe é a minha casa.*

ar (ar) *substantivo masculino* **1.** Os gases que formam a atmosfera da Terra e que respiramos. O ar é invisível, e não tem cheiro nem gosto. **2.** Vento: *Do mar, vinha um **ar** fresco.* **3.** Jeito; aparência: *Mariana está com um **ar** de quem fez travessura.* [Plural: *ares*.]

arame (a.**ra**.me) *substantivo masculino* Fio de metal, que pode ser dobrado, e que é usado para conduzir eletricidade, fazer tela, varal, etc.

aranha (a.**ra**.nha) *substantivo feminino* Animal invertebrado que tem quatro pares de patas. Algumas aranhas fazem uma teia para pegar os insetos de que se alimentam. **439**

arara (a.**ra**.ra) *substantivo feminino* Ave grande, de cauda longa e bico muito forte, e que tem, em geral, penas amarelas, vermelhas, azuis e verdes. Alimenta-se de frutas e de sementes. As araras são aves muito bonitas. Por isso, são muito procuradas e correm perigo de extinção. **439**

árbitro (**ár**.bi.tro) *substantivo masculino* Homem que observa o jogo com atenção, para marcar as faltas dos jogadores e os pontos conseguidos, de acordo com as regras do jogo: *O **árbitro** atuou tão bem durante o campeonato que ganhou o prêmio de melhor juiz de futebol do ano.*

arbusto (ar.**bus**.to) *substantivo masculino* Planta parecida com uma pequena árvore, com ramos desde o chão, e que, em geral, não é muito alta.

arco (**ar**.co) *substantivo masculino* **1.** Objeto, ou parte de um objeto, de forma curva: *Esta ponte de pedra tem dois **arcos**.* **2.** Arma com que se atiram flechas ou setas: *Alguns índios caçam com **arco** e flecha.*

arco-íris (**ar**.co-**í**.ris) *substantivo masculino* Fenômeno que ocorre quando a luz do Sol atravessa gotinhas de água da atmosfera. Aparece no céu como um conjunto de sete arcos coloridos: vermelho, alaranjado, amarelo, verde, azul, anil e roxo: *Quando a chuva diminuiu, apareceu um lindo **arco-íris**.*

ar-condicionado (**ar**-con.di.cio.**na**.do) *substantivo masculino* Aparelho usado para esfriar a temperatura de um ambiente: *Aqui em casa só ligamos o **ar-condicionado** em dias de muito calor.* [Existem aparelhos de ar condicionado que também podem esquentar o ambiente.] [Plural: ares-condicionados.]

arder (ar.**der**) *verbo* **1.** Doer, como se estivesse queimando: *Meus olhos **arderam** com a fumaça.* **2.** É o mesmo que *queimar*: *A fogueira era grande, e **ardeu** a noite toda.*

área (**á**.rea) *substantivo feminino* **1.** A medida de uma superfície: *Para sabermos a **área** desta sala, multiplicamos o comprimento dela pela sua largura.* **2.** Tamanho de um terreno: *Esta fazenda de gado ocupa uma grande **área**.*

areia (a.**rei**.a) *substantivo feminino* Grãos finos de rochas que se desfizeram e que formam as praias, os desertos, etc.

argila (ar.**gi**.la) *substantivo feminino* É o mesmo que *barro*: *Fernando quebrou o vaso de **argila** com a bola.*

aritmética (a.rit.**mé**.ti.ca) *substantivo feminino* É a parte da Matemática que estuda os números e as operações com os números (operações de somar, subtrair, multiplicar e dividir).

arma (**ar**.ma) *substantivo feminino* Qualquer objeto que serve para ataque ou para defesa: *O revólver e a espingarda são **armas** (armas de fogo).*

armação (ar.ma.**ção**) *substantivo feminino* **1.** Ação de armar: *A **armação** do novo guarda-roupa foi feita por um empregado da loja.* **2.** A estrutura que dá forma a um objeto: *A **armação** do guarda-chuva. A **armação** dos óculos.* [Plural: armações.]

armadilha (ar.ma.**di**.lha) *substantivo feminino* **1.** Qualquer aparelho para pegar animais: *A ratoeira é uma **armadilha** para ratos.* **2.** Plano para enganar alguém: *O assaltante caiu na **armadilha** da polícia e foi preso.*

armadura (ar.ma.**du**.ra) *substantivo feminino* Roupa de metal que protegia os antigos guerreiros.

armar (ar.**mar**) *verbo* Montar, juntar as peças de alguma coisa para que fique pronta, funcione, etc.: *Márcio começou a **armar** o castelo de brinquedo que ganhou no Natal.*

armarinho (ar.ma.**ri**.nho) *substantivo masculino* Loja em que se vendem botões, agulhas, tecidos, etc.: *A dona do **armarinho** da esquina é amiga de minha mãe.*

armário (ar.**má**.rio) *substantivo masculino* Móvel de madeira, metal, etc., com prateleiras e gavetas para guardar roupas, louças, papéis ou outros objetos: *O **armário** do meu quarto é azul e branco.*

armazém (ar.ma.**zém**) *substantivo masculino* **1.** Loja que vende comestíveis, bebidas, produtos de limpeza, etc. **2.** Construção em que se guarda grande quantidade de um produto: *O café colhido foi guardado em **armazéns**.* [Plural: *armazéns*.]

aro (**a**.ro) *substantivo masculino* Qualquer objeto, ou parte de um objeto, em forma de anel: *O **aro** dos óculos. O **aro** da roda da bicicleta.*

aroma (a.**ro**.ma) *substantivo masculino* Perfume ou cheiro agradável: *O **aroma** do café espalhou-se pela casa.*

arquibancada (ar.qui.ban.**ca**.da) *substantivo feminino* Conjunto de bancos um atrás do outro em estádio, circo, auditório, etc., nos quais as pessoas sentam para assistir a um jogo, um espetáculo, etc.: *A **arquibancada** do estádio estava lotada e eu não pude assistir ao jogo.*

arquipélago (ar.qui.**pé**.la.go) *substantivo masculino* Grupo de ilhas próximas umas das outras: *Nas férias, Mário viajou com os pais para o **arquipélago** de Fernando de Noronha.*

arquiteta (ar.qui.**te**.ta) *substantivo feminino* Mulher que estudou para poder fazer o plano de casas, edifícios, praças, etc., e depois verifica se sua construção está de acordo com o plano que fez.

arquiteto (ar.qui.**te**.to) *substantivo masculino* Homem que estudou para poder fazer o plano de casas, edifícios, praças, etc., e depois verifica se sua construção está de acordo com o plano que fez.

arquivo (ar.**qui**.vo) *substantivo masculino* **1.** Local ou móvel onde se guardam documentos. **2.** Conjunto de dados armazenados no computador, identificados por um nome: *No computador, João escreveu uma carta para seu amigo Pedro e gravou o **arquivo** com o nome de carta-pedro.*

arraia (ar.**rai**.a) *substantivo feminino* **1.** Peixe achatado, em forma de disco, que tem nadadeiras muito grandes, em forma de asa, e uma cauda comprida e fina, com ferrão: *As **arraias** gostam de viver no fundo do mar.* **2.** Em certas regiões do Brasil, é um papagaio (2), geralmente pequeno. [Outro nome para o peixe e para o brinquedo: *raia*.]

arrancar (ar.ran.**car**) *verbo* Tirar com força; fazer sair, puxando: *O dentista **arrancou** o dente que já estava mole. Luís ajudou sua mãe a **arrancar** o mato do jardim.*

arranhão (ar.ra.**nhão**) *substantivo masculino* Ferimento leve: *Antônio passou entre as roseiras e ficou com um **arranhão** no braço.* [Plural: *arranhões*.]

Aa arranhar ▶ artéria

arranhar (ar.ra.**nhar**) *verbo* **1.** Raspar ou riscar com as unhas ou com qualquer instrumento: *O gato **arranhou** o móvel e mamãe ficou zangada.* **2.** Ferir de leve: *Patrícia caiu da bicicleta e **arranhou** a perna.*

arranjar (ar.ran.**jar**) *verbo* É o mesmo que arrumar: *Mariana **arranjou** as toalhas no armário. O pai de Luís foi a São Paulo porque queria **arranjar** trabalho.*

arrastar (ar.ras.**tar**) *verbo* **1.** Puxar ou empurrar alguma coisa sem tirá-la do chão, etc.: *Flávia **arrastou** o sofá para o meio da sala.* **2.** Andar sem tirar os pés do chão: *Heitor levantou-se da cama e foi ao banheiro **arrastando** os chinelos.*

arredondado (ar.re.don.**da**.do) *adjetivo* Que é quase redondo.

arrepiar (ar.re.pi.**ar**) *verbo* **1.** Pôr de pé o cabelo, o pelo: *Meu irmão usa um creme para **arrepiar** o cabelo.* **2.** Ficar com o pelo ou o cabelo em pé: *O gatinho **arrepiou**-se ao ver o cachorro.* **3.** Tremer de frio, medo, etc.: *Marcos **arrepiou**-se com o vento gelado.*

arriscar (ar.ris.**car**) *verbo* **1.** Pôr em perigo: *O bombeiro **arriscou** sua vida e salvou o rapaz no incêndio.* **2.** Pôr-se em perigo: *Maria não nada bem, por isso ela não se **arrisca** na parte funda da piscina.*

arroz (ar.**roz**) *substantivo masculino* Planta semelhante ao capim, com pequenos grãos desse mesmo nome, que, descascados e cozidos, são muito usados na alimentação. O arroz é um cereal.

arrumação (ar.ru.ma.**ção**) *substantivo feminino* Atividade de arrumar, limpando ou enfeitando um local. [Plural: *arrumações*.]

arrumar (ar.ru.**mar**) *verbo* **1.** Pôr cada coisa em seu lugar: *Depois da brincadeira, Carolina **arrumou** o quarto.* **2.** Conseguir aquilo que deseja: *O irmão de Paulo **arrumou** um emprego.* **3.** É o mesmo que *aprontar*: *Juca se **arrumou** e foi ao cinema com o pai.* **4.** Dar jeito em algo; consertar: *Foi um encanador que **arrumou** a pia entupida.*

arte (**ar**.te) *substantivo feminino* **1.** Capacidade que uma pessoa tem de realizar atividades: *A **arte** de fazer potes, vasos e outros objetos com barro chama-se cerâmica.* **2.** Atividades, como a pintura, a escultura, a música, a dança, o desenho, o teatro e o cinema. **3.** Travessura: *Carlos ficou em casa sozinho e aproveitou para fazer muita **arte**.* [Menino que faz arte a gente diz que é *arteiro*.]

artéria (ar.**té**.ria) *substantivo feminino* Cada um dos dutos que levam o sangue do coração para todas as partes do corpo: *Aorta é o nome da maior **artéria** do corpo humano.*

artesã (ar.te.**sã**) *substantivo feminino* Mulher ou moça que se dedica a trabalhos manuais e pode trabalhar para alguém ou para si mesma. [Plural: *artesãs*.]

artesão (ar.te.**são**) *substantivo masculino* Homem ou rapaz que se dedica a trabalhos manuais e pode trabalhar para alguém ou ser seu próprio patrão. [Plural: *artesãos*. Feminino: *artesã*.]

artificial (ar.ti.fi.ci.**al**) *adjetivo de 2 gêneros* Que é feito ou transformado pelos seres humanos: *Não gosto de sorvete feito com sucos artificiais*. [Plural: *artificiais*.]

artigo (ar.**ti**.go) *substantivo masculino* **1.** Objeto posto à venda; mercadoria: *A loja do meu tio vende artigos de esporte.* **2.** Texto publicado em jornal ou revista sobre um assunto: *A professora leu um artigo sobre a vida dos anfíbios.* **3.** Palavra que vem antes do substantivo para indicar seu *gênero* (masculino e feminino: *o, a, um, uma*) e seu *número* (singular e plural: *o, a, os, as, um, uma, uns, umas*).

artilheira (ar.ti.**lhei**.ra) *substantivo feminino* É o feminino de *artilheiro*.

artilheiro (ar.ti.**lhei**.ro) *substantivo masculino* **1.** Jogador que sabe fazer gol. **2.** Jogador de futebol que faz o maior número de gols numa partida ou num campeonato: *O artilheiro receberá um prêmio.* [Feminino: *artilheira*.]

artista (ar.**tis**.ta) *substantivo de 2 gêneros* **1.** Pessoa que cria obras de arte, como o pintor ou a pintora, o escultor ou a escultora, ou que se dedica a uma atividade artística: *Os músicos e os dançarinos também são artistas. A artista. O artista.* **2.** Ator ou atriz de teatro, cinema ou televisão.

artístico (ar.**tís**.ti.co) *adjetivo* Que se refere a arte, ou a artista: *A Mona Lisa é uma obra artística muito famosa.*

árvore (**ár**.vo.re) *substantivo feminino* Planta de tamanho grande, que tem tronco e ramos bem acima do solo: *A árvore que dá frutos é chamada de árvore frutífera.*

asa (**a**.sa) *substantivo feminino* **1.** Cada um dos membros das aves, dos morcegos e dos insetos, usados para voar. **2.** Parte do avião que ajuda a mantê-lo no ar. **3.** Parte que fica em cada um dos lados ou em apenas um deles de certos objetos que serve para segurá-los: *A asa da xícara.*

asa-delta (**a**.sa-**del**.ta) *substantivo feminino* Aparelho voador, em forma de triângulo, feito de tubos de metal e uma cobertura de tecido especial, para uma ou duas pessoas: *Meu primo Antônio já voou de asa-delta.* [Plurais: *asas-deltas* e *asas-delta*.]

asfalto (as.**fal**.to) *substantivo masculino* Substância escura usada para cobrir ruas e estradas.

asiático (a.si.**á**.ti.co)
asiático • *adjetivo* Que é da Ásia, ou que nasceu na Ásia: *A população **asiática** é a mais numerosa do mundo.*
asiático • *substantivo masculino* Homem, rapaz ou menino que nasceu na Ásia.

asma (**as**.ma) *substantivo feminino* Doença em que a pessoa sente dificuldade de respirar, tosse muito, etc.

asno (**as**.no) *substantivo masculino* É o mesmo que *jumento*: *Na fábula, o **Asno** e a Raposa fizeram um acordo, em que um protegeria o outro dos perigos.* 442

aspecto (as.**pec**.to) *substantivo masculino* A forma exterior de um corpo; aparência externa de uma coisa ou de um ser: *A comida de mamãe tem sempre um bom **aspecto**.*

áspero (**ás**.pe.ro) *adjetivo* Que não é liso nem macio: *O elefante tem a pele **áspera**.*

aspirador (dôr) (as.pi.ra.**dor**) *substantivo masculino* Eletrodoméstico usado para limpar a casa, o carro, etc., aspirando poeira, restinho de lixo, etc.: *Papai limpou a sala com o **aspirador**.* [Plural: *aspiradores*.]

aspirar (as.pi.**rar**) *verbo* **1.** É o mesmo que *respirar*: *Maria **aspirou** o perfume da flor.* **2.** Puxar para dentro de si: *O elefante **aspirou** a água com a tromba.*

assadura (as.sa.**du**.ra) *substantivo feminino* Irritação da pele causada por calor ou por bactérias: *Heloísa comprou uma pomada para passar nas **assaduras** do seu bebê.*

assaltante (as.sal.**tan**.te) *substantivo de 2 gêneros* Pessoa que assalta, que rouba: *Os **assaltantes** da joalheria foram presos pela polícia. A **assaltante**. O **assaltante**.* [Outros nomes: *ladrão* e *ladra*.]

assalto (as.**sal**.to) *substantivo masculino* Ataque violento e de surpresa, geralmente para roubar alguma coisa: *O **assalto** ao banco durou duas horas.*

assar (as.**sar**) *verbo* Preparar o alimento em forno, na brasa, etc.: *A avó de Júlio **assou** um peru para a ceia do Natal.*

asseio (as.**sei**.o) *substantivo masculino* Limpeza, higiene: *O **asseio** é importante: lave as mãos depois de usar o banheiro ou antes de comer.*

assento (as.**sen**.to) *substantivo masculino* Lugar ou objeto em que sentamos: *Esta poltrona tem um **assento** muito macio.*

assíduo (as.**sí**.duo) *adjetivo* Que sempre comparece; que não falta: *Lucas é um aluno **assíduo**. Este ano só faltou à escola quando esteve doente.*

assim (as.**sim**) *advérbio* Da maneira como alguém diz ou mostra que deve ser; de um certo modo: *— Mamãe, não me olhe **assim** porque eu não gosto.* ◆ **Assim que.** No momento em que; tão logo: ***Assim que** saiu da sala, Eva lembrou-se de que tinha esquecido o casaco.*

assinalar ▶ astronomia

assinalar (as.si.na.**lar**) *verbo* Marcar com sinal; pôr sinal em: *Neste exercício, **assinale** com uma cruz as respostas certas.*

assinar (as.si.**nar**) *verbo* Escrever o próprio nome em carta, documento, etc.: *Já aprendi a **assinar** meu próprio nome.*

↑
assinatura (as.si.na.**tu**.ra) *substantivo feminino* O nome de uma pessoa escrito por ela mesma, em letra cursiva, ou seja, em letra escrita de modo rápido e corrente: *No final da carta, Maria pôs sua **assinatura**. Meu pai tem uma **assinatura** bonita.*

assistir (as.sis.**tir**) *verbo* Ver programa na televisão, filme no cinema, espetáculo, etc., ou presenciar um fato: *Da arquibancada, Pedro **assistiu** ao desfile das escolas de samba.*

assobiar (as.so.bi.**ar**) *verbo* Dar um assobio: *Marcos **assobia** forte e alto.* [Outra forma: *assoviar*.]

assobio (as.so.**bi**.o) *substantivo masculino* **1.** Som produzido pelo ar que se prende entre os lábios e se solta aos poucos: *Escutei um **assobio** na praia. Era meu pai me chamando.* **2.** É o mesmo que *apito*: *Paulo tirou o **assobio** do bolso e o soprou.* [Também se diz *assovio*.]

assumir (as.su.**mir**) *verbo* **1.** Dizer que é o responsável: *Sua mãe perguntou e Rui **assumiu** a culpa de ter quebrado o vaso com a bola.* **2.** Passar a ter, no trabalho, certa atividade ou função: *Tio Jorge **assumiu** a função de chefe na semana passada.*

assunto (as.**sun**.to) *substantivo masculino* Aquilo sobre o que se vai falar ou escrever: *A professora disse que o **assunto** da aula de hoje é importante. Ela vai falar sobre higiene.*

assustado (as.sus.**ta**.do) *adjetivo* Que levou um susto ou está com medo: *Meu cachorro ouviu o trovão e ficou **assustado**.*

astro (**as**.tro) *substantivo masculino* **1.** Nome que se dá a todos os corpos celestes, como estrelas, planetas, etc.: *A Lua é o **astro** que fica mais perto da Terra.* **2.** Ator ou cantor famoso: *Ele foi o **astro** do show de sábado à noite.*

astronauta (as.tro.**nau**.ta) *substantivo de 2 gêneros* Pessoa que viaja numa nave espacial: *Os **astronautas** passam por um longo período de preparação antes de viajarem para o espaço. A **astronauta**. O **astronauta**.* ↙

astronomia (as.tro.no.**mi**.a) *substantivo feminino* Ciência que estuda os astros e tudo o que existe no Universo: *Astrônomo é quem estuda **astronomia**; astronauta é quem viaja em nave espacial.*

Aa atabaque ▸ aterrissar

atabaque
  (a.ta.**ba**.que) *substantivo masculino* Tambor em que se bate com as mãos, e que é usado em danças religiosas e populares de origem africana: *As moças dançavam ao som dos* **atabaques**.

atacante (a.ta.**can**.te) *substantivo de 2 gêneros* A pessoa que, num time ou numa equipe, tem a função de marcar pontos ou fazer gols: *O técnico decidiu pôr dois* **atacantes** *no time. A* **atacante**. *O* **atacante**.

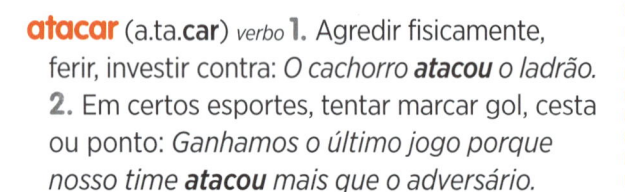

atacar (a.ta.**car**) *verbo* **1.** Agredir fisicamente, ferir, investir contra: *O cachorro* **atacou** *o ladrão*. **2.** Em certos esportes, tentar marcar gol, cesta ou ponto: *Ganhamos o último jogo porque nosso time* **atacou** *mais que o adversário*.

atalho (a.**ta**.lho) *substantivo masculino* **1.** Caminho mais curto: *Carlos estava atrasado para a escola e por isso seguiu por um* **atalho**. **2.** Ícone, geralmente na tela inicial do computador, que permite ter acesso mais rápido a um programa, etc.: *Rita clicou no* **atalho** *do dicionário e ele abriu*.

ataque (a.**ta**.que) *substantivo masculino* Ação de atacar: *O* **ataque** *do cachorro jogou o gato no chão. No futebol, diz-se que a melhor defesa é o* **ataque**.

atar (a.**tar**) *verbo* É o mesmo que amarrar: *Lucas calçou o tênis e* **atou** *os cadarços*.

atenção (a.ten.**ção**)
  atenção • *substantivo feminino* É o que acontece quando o pensamento da gente fica totalmente voltado para uma coisa só: *Quando estudamos com* **atenção**, *aprendemos depressa*. [Plural: *atenções*.]
  atenção • *interjeição* Palavra que serve para recomendar cuidado, pedir silêncio, etc.: *—* **Atenção**! *Não atravesse agora, pois o sinal abriu para os carros*. ◆ **Prestar atenção**. Ficar atento ao que alguém diz ou faz: *— Meninos,* **prestem atenção**, *por favor!*

atender (a.ten.**der**) *verbo* **1.** Ver quem está telefonando ou chamando: *Luísa correu para* **atender** *o telefone. Mamãe foi* **atender** *a porta. Era nossa vizinha.* **2.** É o mesmo que receber: *O médico* **atende** *as pessoas numa sala chamada consultório*.

atentamente (a.ten.ta.**men**.te) *advérbio* Com muito cuidado e atenção.

atento (a.**ten**.to) *adjetivo* Que presta atenção ao que vê, ao que escuta, ao que lê, etc.: *Como Lúcio é muito* **atento**, *contou de cor para os amigos a história que a professora leu na sala*.

aterrissar (a.ter.ris.**sar**) *verbo* Pousar em terra o avião, o helicóptero, etc.: *Os aviões* **aterrissam** *nos aeroportos*. [Outra forma: *aterrizar*.]

54

atirar (a.ti.**rar**) *verbo* **1.** Jogar: *Lia atirava pedrinhas no lago.* **2.** Disparar arma de fogo (revólver, espingarda, etc.); dar tiros: *O policial atirou para o ar para que o bandido desistisse de fugir.*

atitude (a.ti.**tu**.de) *substantivo feminino* Modo de agir, de se comportar: *Quando viu seu gatinho no alto da árvore, Raquel não soube que atitude tomar.*

atividade (a.ti.vi.**da**.de) *substantivo feminino* Qualquer ação ou trabalho: *Lúcio terminou suas atividades escolares e foi brincar.*

ativo (a.**ti**.vo) *adjetivo* Que está sempre fazendo alguma coisa; que não fica parado: *Luís é um menino muito ativo que gosta de estudar, jogar bola e sair com seus amigos.*

atleta (a.**tle**.ta) *substantivo de 2 gêneros* Pessoa que pratica esportes: *No Brasil o esporte que mais tem atletas é o futebol. A atleta. O atleta.*

atmosfera (at.mos.**fe**.ra) *substantivo feminino* Conjunto de gases que envolvem a Terra: *O oxigênio que respiramos é um dos gases da atmosfera.*

atmosférico (at.mos.**fé**.ri.co) *adjetivo* Que está ou fica na atmosfera.

ato (**a**.to) *substantivo masculino* Ação; aquilo que se fez ou que se está fazendo: *Escovar os dentes é um ato que se deve praticar pelo menos três vezes ao dia.*

ator (tôr) (a.**tor**) *substantivo masculino* Homem, rapaz ou menino que representa em peças de teatro, em cinema, em novelas de televisão e em outros espetáculos. [Plural: *atores*. Feminino: *atriz*.]

atração (a.tra.**ção**) *substantivo feminino* **1.** Ação de atrair. **2.** Cada um dos números de um espetáculo: *A trapezista era a atração seguinte, e os meninos esperavam ansiosos.* **3.** Força que faz com que um corpo, etc. se mantenha próximo ou junto a outro. [Plural: *atrações*.]

atraente (a.tra.**en**.te) *adjetivo de 2 gêneros* **1.** Que atrai, que desperta o desejo de beber, comer, etc.: *Mamãe faz uma comida muito atraente, cheirosa e colorida.* **2.** Diz-se de pessoa que a gente acha muito bonita.

atrair (a.tra.**ir**) *verbo* **1.** Fazer com que se aproxime, chamar para perto de si: *O passarinho atraiu a fêmea com seu canto.* **2.** Despertar o desejo de beber, comer, etc.: *Há frutas que atraem as pessoas pelo aspecto.*

atrapalhar (a.tra.pa.**lhar**) *verbo* Criar dificuldades que podem impedir que alguém faça alguma coisa: *A forte chuva atrapalhou o nosso passeio ao parque.*

atrás (a.**trás**) *advérbio* **1.** Na parte que vem ou está depois; detrás: *Pedro andava na frente e João vinha atrás.* **2.** Antes: *Fomos ao museu alguns dias atrás.* ◆ **Atrás de. 1.** Depois de (algo ou alguém). **2.** A gente usa para dizer que uma pessoa está à procura de uma outra pessoa, ou indo aos mesmos lugares a que ela vai (por vezes em perseguição): *Ele vive atrás de mim. A polícia está atrás do criminoso.*

atrasado (a.tra.**sa**.do) *adjetivo* **1.** Que acontece depois do tempo em que deveria acontecer: *O convite chegou atrasado e não pude ir à festa.* **2.** Diz-se do relógio que está errado porque não marca a hora certa, e sim uma hora que já aconteceu: *Chegou tarde porque seu relógio estava dez minutos atrasado.*

atrasar (a.tra.**sar**) *verbo* **1.** Pôr, voltar, para trás: *Ao terminar o horário de verão, devemos atrasar o relógio em uma hora.* **2.** Demorar a fazer alguma coisa; fazê-la mais tarde: *Papai este mês atrasou o pagamento da conta de luz.* **3.** Fazer alguma coisa com menos rapidez do que era de esperar: *Maria demorou a vestir-se e atrasou-se para o colégio.*

através (a.tra.**vés**) *advérbio* De lado. ◆ **Através de.** Por dentro de; de um lado para o outro; por: *A luz passou através do vidro da janela.*

atravessar (a.tra.ves.**sar**) *verbo* Passar de um lado para o outro: *César atravessou o rio nadando.*

atriz (a.**triz**) *substantivo feminino* Mulher, moça ou menina que representa em peças de teatro, em filmes, em novelas de televisão e em outros espetáculos. [Plural: *atrizes*.]

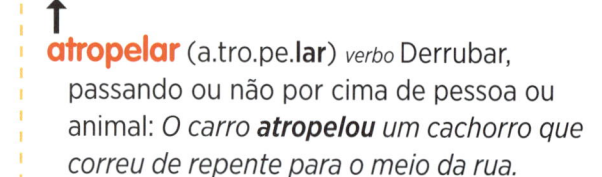

atropelar (a.tro.pe.**lar**) *verbo* Derrubar, passando ou não por cima de pessoa ou animal: *O carro atropelou um cachorro que correu de repente para o meio da rua.*

atual (a.tu.**al**) *adjetivo de 2 gêneros* Que é, existe ou acontece no tempo em que se está: *A atual capital do Brasil é Brasília.* [Plural: *atuais*.]

audição (au.di.**ção**) *substantivo feminino* O sentido por meio do qual ouvimos os sons: *A orelha é o órgão da audição.* [Plural: *audições*.]

auditório (au.di.**tó**.rio) *substantivo masculino* **1.** Sala para reuniões, concertos, etc. **2.** Público que ocupa essa sala: *O auditório aplaudiu de pé a pianista ao final do espetáculo.*

aula (**au**.la) *substantivo feminino* Lição dada por um professor a um ou mais alunos: *Temos aula de Matemática todos os dias. Minha aula de violão dura uma hora.*

aumentar (au.men.**tar**) *verbo* **1.** Tornar alguma coisa maior: *Ricardo comprou mais figurinhas para aumentar sua coleção.* **2.** Fazer parecer maior: *O binóculo aumenta muito o tamanho daquilo que a gente vê.*

aumentativo (au.men.ta.**ti**.vo) *substantivo masculino* Palavra que a gente usa para dizer que algo ou alguém é de tamanho maior do que o normal: *Casarão é aumentativo de casa. Rapagão é aumentativo de rapaz.*

ausência (au.**sên**.cia) *substantivo feminino* **1.** É a atitude de não comparecer a um lugar. **2.** É o nome que a gente usa para dizer que falta alguma coisa: *A calvície é a **ausência** de cabelo.* [Outro nome: *falta*.]

ausente (au.**sen**.te) *adjetivo de 2 gêneros* Que não está presente, que não compareceu: *Marcelo não respondeu à chamada porque estava **ausente**.*

autódromo (au.**tó**.dro.mo) *substantivo masculino* Conjunto de pistas e de edifícios construídos especialmente para corridas de automóveis. →

autógrafo (au.**tó**.gra.fo) *substantivo masculino* Assinatura do autor de um livro ou de um artista, um atleta, etc., em fotografia, camisa, papel, etc.: *O escritor de livros infantis me deu um **autógrafo**.*

automóvel (au.to.**mó**.vel) *substantivo masculino* Carro com um motor e quatro rodas, para transporte de poucas pessoas: *Papai cuida bem do motor de seu **automóvel** para que ele não polua muito o ar.* [Plural: *automóveis*.] **445**

autor (tôr) (au.**tor**) *substantivo masculino* **1.** Homem, rapaz ou menino que escreve um livro, uma história, uma canção, ou pinta um quadro, etc. **2.** Aquele que pratica uma ação: *Ninguém descobriu o **autor** da brincadeira.* [Plural: *autores*. Feminino: *autora*.]

autora (tô) (au.**to**.ra) *substantivo feminino* Mulher, moça ou menina que escreve um livro, uma história, uma canção, ou pinta um quadro, etc.

autorama (au.to.**ra**.ma) *substantivo masculino* É um brinquedo. O autorama é uma pista feita de plástico, onde carrinhos de pilha, etc., disputam corrida: *No **autorama**, o carrinho vermelho de Vítor estava uma volta na frente do carrinho azul de Hugo.*

autoridade (au.to.ri.**da**.de) *substantivo feminino* Poder de se fazer obedecer, de dar ordens, de agir, etc.: *Os pais têm **autoridade** sobre os filhos.*

autorização (au.to.ri.za.**ção**) *substantivo feminino* Licença, permissão: *Os alunos só podem ir à excursão com a **autorização** dos pais.* [Plural: *autorizações*.]

autorizar (au.to.ri.**zar**) *verbo* Dar licença para alguém fazer algo; permitir que se faça algo: *Papai me **autorizou** a ir ao cinema.*

auxiliar¹ (xi = ssi) (au.xi.li.**ar**)
auxiliar • *adjetivo de 2 gêneros* Que ajuda alguém a fazer alguma coisa.
auxiliar • *substantivo de 2 gêneros* Pessoa que trabalha ajudando alguém a fazer alguma coisa.
[Plural: *auxiliares*.]

auxiliar² (xi = ssi) (au.xi.li.**ar**) *verbo* **1.** Ajudar alguém a fazer um trabalho: *Ricardo **auxiliou** sua mãe a enfeitar a árvore de Natal.* **2.** Ajudar alguém, oferecendo-lhe alguma coisa de que necessita: *A moça **auxiliou** as vítimas da enchente, doando cobertores.*

Aa auxílio ▶ avestruz

auxílio (xi = ssi) (au.**xí**.lio) *substantivo masculino* Ação de auxiliar; ajuda: *Luzia conseguiu fazer o exercício de Matemática com o **auxílio** de Mariana.*

avaliação (a.va.li.a.**ção**) *substantivo feminino* **1.** Ação ou resultado de avaliar, isto é, de dizer qual é o valor de alguma coisa: *Meu tio perguntou se fizeram a **avaliação** da casa antes de vendê-la.* **2.** É também a ação ou o resultado de verificar o conhecimento de alguém sobre alguma coisa. Geralmente é feita por meio de perguntas, questões, problemas, redações, etc.: *Todo teste e todo exame são tipos de **avaliação**, que os professores passam para saber o quanto os alunos sabem sobre a matéria.* [Plural: *avaliações*.]

avançar (a.van.**çar**) *verbo* **1.** Andar para a frente: *Na fábula, a Tartaruga, **avançando** lentamente, ganhou a corrida.* **2.** É também não parar (o carro, a moto, etc.) quando o sinal está fechado: *O carro **avançou** o sinal e bateu em outro carro.*

ave (**a**.ve) *substantivo feminino* Animal vertebrado, coberto de penas, com duas asas, um bico e sem dentes. As aves põem ovos, dos quais nascem os filhotes. Quase todas as aves voam. Existem aves, como a galinha, que não podem voar, porque têm as asas muito pequenas para seu peso. As aves *aquáticas*, como o pinguim, alimentam-se de peixes. As aves *pernaltas*, como a cegonha, têm pernas longas.

aveia (a.**vei**.a) *substantivo feminino* Cereal usado na alimentação humana e também na de alguns animais, como o cavalo: *Minha irmã come banana amassada com **aveia** quase todo dia.*

avelã (a.ve.**lã**) *substantivo feminino* O fruto pequeno, de casca muito dura e semente comestível, de um arbusto chamado *aveleira*: — *Essa torta de **avelã** é muito gostosa.* [Plural: *avelãs*.]

avenida (a.ve.**ni**.da) *substantivo feminino* Nas cidades, rua mais larga do que as outras.

avental (a.ven.**tal**) *substantivo masculino* Peça do vestuário que as pessoas usam sobre a roupa para não sujá-la ou molhá-la: *Mamãe usa um **avental** ao cozinhar.* [Plural: *aventais*.]

aventura (a.ven.**tu**.ra) *substantivo feminino* Acontecimento que não é comum, que muitas vezes é cheio de dificuldades ou de perigos: *Neste livro de **aventuras**, os piratas escondem um tesouro numa ilha.*

Desenhe aqui uma aventura que você teve ou gostaria de ter.

avesso (vês) (a.**ves**.so) *substantivo masculino* O lado de dentro da roupa (que geralmente não é para a gente ver); o lado contrário de algo: *Marcos vestiu a camisa pelo **avesso**.*

avestruz (a.ves.**truz**) *substantivo feminino e masculino* Ave muito grande, de pernas compridas, pescoço comprido e pelado, cabeça pequena e penas macias. Tem origem na África, não voa e corre muito depressa. [Plural: *avestruzes*.] **439**

aviação ▶ azulejo

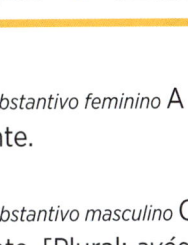

aviação (a.vi.a.**ção**) *substantivo feminino*
   1. Atividade ligada aos meios de transporte aéreo (aviões, helicópteros, etc.).
   2. Conjunto de aviões: ***Aviação** militar.*
   [Plural: *aviações*.]

aviador (dôr) (a.vi.a.**dor**) *substantivo masculino* Piloto de avião: *Quando eu crescer, quero ser **aviador** para conhecer muitos países.* [Plural: *aviadores*. Feminino: *aviadora*.]

aviadora (dô) (a.vi.a.**do**.ra) *substantivo feminino* Aquela que pilota avião.

avião (a.vi.**ão**) *substantivo masculino* Aparelho utilizado para o transporte aéreo de passageiros e mercadorias. É também chamado de *aeroplano* ou *aeronave*. O avião foi inventado pelo brasileiro Santos Dumont. [Plural: *aviões*.] **445**

aviário (a.vi.**á**.rio) *substantivo masculino* **1.** Viveiro de aves. **2.** Estabelecimento em que se vendem aves: *Dona Helena comprou um peru no **aviário**, para assar no Natal.*

avisar (a.vi.**sar**) *verbo* **1.** Informar alguém de alguma coisa, por escrito ou falando: *Fernando **avisou** à mãe que ia chegar tarde.*
   2. Aconselhar, prevenir: *Há um provérbio que diz: Quem **avisa** amigo é.*

aviso (a.**vi**.so) *substantivo masculino* Notícia, informação: *Recebi o **aviso** de que meu primo chegará no domingo.*

avó (a.**vó**) *substantivo feminino* A mãe do pai ou da mãe da gente.

avô (a.**vô**) *substantivo masculino* O pai do pai ou da mãe da gente. [Plural: *avós*. Feminino: *avó*.]

axila (xi = csi) (a.**xi**.la) *substantivo feminino* É o mesmo que *sovaco*. **432**

azar (a.**zar**) *substantivo masculino* Má sorte; desgraça: *Foi muito **azar** a árvore cair bem em cima do carro do meu tio.* [Plural: *azares*.]

azedo (zê) (a.**ze**.do) *adjetivo* Que tem gosto semelhante ao do suco do limão; ácido: *Muitas frutas **azedas** são saborosas.*

azeite (a.**zei**.te) *substantivo masculino* Óleo feito com azeitonas: *Mamãe gosta de pôr **azeite** na salada.*

azeitona (a.zei.**to**.na) *substantivo feminino* Pequeno fruto comestível com o qual se produz o azeite: *João gosta mais das **azeitonas** pretas que das **azeitonas** verdes.* **436**

azul (a.**zul**)
   azul • *adjetivo de 2 gêneros* Da cor do céu sem nuvens e com o Sol alto: *Comprei uma camisa **azul**. Mamãe ganhou uma saia e um vestido **azuis**.*
   azul • *substantivo masculino* A cor azul: *O **azul** é uma das cores da bandeira brasileira.* **431**
   [Plural: *azuis*.]

azulejo (lê) (a.zu.**le**.jo) *substantivo masculino* Placa de cerâmica, branca ou colorida, com ou sem desenhos, usada para revestir paredes, etc.: *Aquela igreja tem lindos **azulejos** portugueses. Papai colocou **azulejos** na cozinha até o teto.* [Outro nome: *ladrilho*.]

59

B

baba (**ba**.ba) *substantivo feminino* Saliva que, às vezes, escorre da boca do homem e de outros animais: *A mãe limpou a **baba** no canto da boca do neném.*

babá (ba.**bá**) *substantivo feminino* Mulher ou moça que trabalha cuidando de criança pequena: *A **babá** levou o bebê para passear no jardim.*

babador ▶ **bairro** — **Bb**

Uma visita a Alagoas

babador (dôr) (ba.ba.**dor**) *substantivo masculino* Peça de pano, papel, etc., que se prende ao pescoço da criança para que a baba ou a comida não lhe suje a roupa: *Minha irmãzinha está com um **babador** cor-de-rosa.* [Plural: *babadores*.]

bacia (ba.**ci**.a) *substantivo feminino* **1.** Vaso redondo e largo, de metal, de plástico, etc., usado para lavar o corpo, a roupa, etc.: *Marta trouxe uma **bacia** com água para vovó lavar os pés.* **2.** Conjunto de ossos que formam os quadris.

bactéria (bac.**té**.ria) *substantivo feminino* Ser vivo muito, muito pequeno, formado por uma única célula. Muitas bactérias são úteis e outras causam doenças.

bacuri (ba.cu.**ri**) *substantivo masculino* Fruto grande de polpa quase branca, comum no Norte do Brasil. É muito usado para fazer doce, sorvete, refresco, etc.: *Mamãe adora sorvete de **bacuri**.*

bagagem (ba.**ga**.gem) *substantivo feminino* Conjunto de objetos de uso pessoal que é carregado em mala, sacola, etc., por quem viaja: *Papai, quando viaja, não leva muita **bagagem**.* [Plural: *bagagens*.]

bagunça (ba.**gun**.ça) *substantivo feminino* **1.** Coisas misturadas, fora do lugar em que deveriam estar ou sem organização; confusão: *— Paulinho, seu quarto está uma **bagunça**. Arrume sua cama e ponha os brinquedos no lugar.* **2.** Bagunça também é o ato de falar alto, conversar, correr ou fazer gestos agitados em hora ou lugar em que não se deve fazer isso: *Não é permitido fazer **bagunça** na sala de aula.*

bagunçado (ba.gun.**ça**.do) *adjetivo* Que está fora do lugar, fora de ordem, etc.

baía (ba.**í**.a) *substantivo feminino* Parte do mar que avança pela costa e é cercada de terra pelos lados: *A **baía** de Guanabara fica no Rio de Janeiro, a **baía** de Todos-os-Santos fica na Bahia.*

bailarina (bai.la.**ri**.na) *substantivo feminino* Mulher, moça ou menina que dança balé.

bailarino (bai.la.**ri**.no) *substantivo masculino* Homem, rapaz ou menino que dança balé. [Feminino: *bailarina*.]

bairro (**bair**.ro) *substantivo masculino* Cada uma das partes em que uma cidade é dividida: *Botafogo é um dos **bairros** mais antigos do Rio de Janeiro.*

Bb baixar ▸ balé

baixar (xar = char) (bai.**xar**) *verbo* **1.** Fazer ficar mais baixo na altura; abaixar, descer: *André baixou a cabeça ao ouvir a bronca do pai.* **2.** Fazer ficar mais fraco ou mais baixo; abaixar: *Celso pediu que o filho baixasse o som da tevê para que ele pudesse ler.* **3.** Usar o computador para receber, pela Internet, um arquivo com música, foto, jogo, ou mensagem, etc.: *Júlio baixou um joguinho bem legal.*

baixo¹ (xo = cho) (bai.xo)
baixo • *adjetivo* **1.** De pequeno tamanho quando está em pé, na posição vertical: *Homem baixo.* **2.** Que a gente ouve com alguma dificuldade e que não incomoda o ouvido: *Som baixo.* **3.** Que fica a pouca altura do chão: *Pulou facilmente o muro baixo.*
baixo • *advérbio* Em voz baixa: *Papai pediu que a gente falasse baixo, pois ele estava ao telefone.*

baixo² (xo = cho) (bai.xo) *substantivo masculino* É o mesmo que *contrabaixo*. 434

bala (ba.la) *substantivo feminino* **1.** Doce pequeno e duro, geralmente redondo, feito com caldo ou polpa de frutas, leite, etc., misturados com açúcar: *Vovó faz uma bala de coco deliciosa.* **2.** Pequeno objeto de metal, redondo ou pontudo, próprio para ser disparado por arma de fogo: *Bala de revólver.*

Cole aqui a embalagem de sua bala preferida.

balança (ba.**lan**.ça) *substantivo feminino* Instrumento usado para pesar pessoas ou objetos.

balançar (ba.lan.**çar**) *verbo* **1.** Fazer ir de um lado para o outro ou para a frente e para trás: *Mamãe balança o berço de meu irmãozinho até ele dormir.* **2.** Brincar no balanço: *Balançava-se no quintal, quando a mãe o chamou.*

balanço (ba.**lan**.ço) *substantivo masculino* **1.** Brinquedo formado por um assento que fica preso a cordas ou correntes que o mantêm a uma certa altura, acima do chão. No balanço, a gente se move para a frente e para trás: *Rogério pendurou um balanço no galho da mangueira.* **2.** Ato de balançar: *O barco acompanha o balanço das ondas.*

balão (ba.**lão**) *substantivo masculino* **1.** Saco grande, cheio de gás, preso a uma espécie de cesta, que pode levar pessoas e coisas pelo ar: *Não pudemos andar de balão porque ventava muito.* 445 **2.** É o mesmo que *bola de encher*: *O local da festa estava enfeitado com balões de várias cores.* [Plural: *balões*.]

balde (**bal**.de) *substantivo masculino* Vaso de metal, de plástico ou de madeira, com alça, usado para tirar água de poço, lavar roupa, guardar água, etc.

balé (ba.**lé**) *substantivo masculino* Forma de dança, que muitas vezes conta uma história, na qual os bailarinos se movimentam usando passos e gestos que eles ensaiaram muito: *Isabela tem aula de balé desde os três anos de idade.*

baleia (ba.**lei**.a) *substantivo feminino* Animal marinho muito grande. A baleia é um mamífero. A maior de todas as baleias é a baleia-azul, que pode chegar a medir 30 metros de comprimento. No passado foram muito caçadas e quase levadas à extinção (isto quer dizer que elas quase deixaram de existir), principalmente por causa do seu óleo e da sua carne. Hoje a maioria dos países tem leis que proíbem a sua caça. 439

bambu (bam.**bu**) *substantivo masculino* Planta de caule oco, dividido em gomos, e que pode chegar a muitos metros de altura. O caule do bambu serve para fazer móveis, cestos, etc.

banana (ba.**na**.na) *substantivo feminino* Fruto de uma planta chamada *bananeira*. Ele é comprido, tem casca geralmente amarela quando maduro, dá em cachos e é saboroso e nutritivo. Há muitos tipos de banana: banana-prata, banana-d'água, banana-ouro, banana-maçã, banana-da-terra (esta geralmente comida frita, cozida ou assada, ou em forma de mingau), etc. 436

bananada (ba.na.**na**.da) *substantivo feminino* Doce de banana.

bananeira (ba.na.**nei**.ra) *substantivo feminino* Planta de folhas grandes que produz bananas em grandes cachos.

banca (**ban**.ca) *substantivo feminino* **1.** Nas feiras, estrutura parecida com uma mesa na qual se vendem frutas, legumes, etc. **2.** Lugar em que se vendem jornais, revistas, etc.: *Tio Mário todo sábado vai à **banca** da esquina comprar um gibi para mim.*

bancária (ban.**cá**.ria) *substantivo feminino* Mulher que trabalha em um banco².

bancário (ban.**cá**.rio) *substantivo masculino* Homem que trabalha em um banco². [Feminino: *bancária*.]

banco¹ (**ban**.co) *substantivo masculino* Móvel comprido, de madeira, ferro, pedra, etc., no qual as pessoas se sentam: *A praça tem um bonito jardim e, em volta dele, vários **bancos** de pedra.*

banco² (**ban**.co) *substantivo masculino* Estabelecimento onde as pessoas guardam dinheiro, fazem pagamentos, pedem dinheiro emprestado, etc.: *Papai trabalha num **banco**.*

banda (**ban**.da) *substantivo feminino* **1.** Grupo de pessoas que tocam instrumentos musicais, geralmente de percussão (bateria, tambor, prato, etc.) e de sopro, em desfile militar ou escolar: *No dia da Independência do Brasil, a **banda** da escola abriu o desfile.* **2.** Conjunto musical que toca *rock* ou outro tipo de música popular.

bandeira (ban.**dei**.ra) *substantivo feminino* Pedaço de pano, geralmente retangular, com uma ou mais cores, às vezes com desenhos ou com algo escrito, e que representa um país, um clube, etc.: *A **bandeira** brasileira é verde, amarela, azul e branca.*

bandeja (dê) (ban.**de**.ja) *substantivo feminino* Peça aberta e plana, de madeira, plástico ou metal, na qual transportamos copos, pratos, etc., ou levamos alimentos e bebidas para as outras pessoas: *O garçom escorregou e quase derrubou a **bandeja** cheia de copos.*

Bb bandido ▸ barata

bandido (ban.**di**.do) *substantivo masculino*
1. Homem ou rapaz que rouba ou que faz coisas que são ilegais: *Dois bandidos assaltaram o banco.* **2.** Homem ou rapaz que faz coisas ruins para as outras pessoas: *No final do filme, o mocinho derrotou o bandido e o levou para a prisão.*

bando (**ban**.do) *substantivo masculino* **1.** Grupo de pessoas ou de animais: *Havia um bando de gente na festa da Juju. Um bando de aves aquáticas.* **2.** Grupo de pessoas que fazem coisas más, coisas que prejudicam as outras pessoas: *Uma quadrilha é um bando de ladrões.*

bandolim (ban.do.**lim**) *substantivo masculino* Instrumento musical em forma de pera, com quatro pares de corda: *No chorinho, os instrumentos principais são o cavaquinho, o bandolim, a flauta e o violão de sete cordas.* [Plural: *bandolins*.] 434

banguela (ban.**gue**.la)
banguela • *adjetivo de 2 gêneros* Que está sem um ou mais dentes, principalmente na parte da frente da boca.
banguela • *substantivo de 2 gêneros* Pessoa sem um ou mais dentes, principalmente na parte da frente da boca.

Cole aqui uma foto sua em que você esteja banguela por causa da perda de dentes de leite.

banhar (ba.**nhar**) *verbo* **1.** Dar banho em alguém: *Banhar uma criança pequena.* **2.** Tomar banho: *Banhou-se antes de ir para a escola.*

banheira (ba.**nhei**.ra) *substantivo feminino* **1.** Peça de louça, plástico, fibra ou de outro material com espaço para que uma pessoa possa banhar-se sentada ou quase deitada. **2.** Peça móvel, geralmente de plástico, semelhante à banheira (1), própria para dar banho em criança de colo: *Ajudou a mãe a preparar a banheira para dar banho no irmãozinho.*

banheiro (ba.**nhei**.ro) *substantivo masculino* **1.** Parte da casa onde se toma banho e onde, geralmente, ficam o chuveiro (ou a banheira), o vaso sanitário e a pia. **2.** Local público ou privado com vaso sanitário.

banho (**ba**.nho) *substantivo masculino* **1.** Ação de lavar o corpo com água, para limpeza: *Paulo tomou um banho frio porque fazia muito calor.* **2.** A água do banho: *O banho do cãozinho está pronto.*

bar (bar) *substantivo masculino* Estabelecimento onde se servem bebidas, com ou sem álcool, e também sanduíches, etc.: *Nos bares, restaurantes, etc., as bebidas com álcool só podem ser vendidas a maiores de dezoito anos.* [Plural: *bares*.]

baralho (ba.**ra**.lho) *substantivo masculino* Coleção formada por 52 cartas de jogar, com quatro tipos diferentes (espadas, copas, ouros e paus). Algumas cartas têm figuras, e outras são numeradas de 2 a 10. A carta de baralho de número 1 tem o nome de *ás*.

barata (ba.**ra**.ta) *substantivo feminino* Inseto doméstico, de cor marrom, nocivo aos seres humanos: *Minha mãe tem medo de barata.* 439

64

barato (ba.**ra**.to) *adjetivo* Que custa pouco dinheiro; que tem preço baixo: *Gustavo comprou um sapato barato mas muito bonito.*

barba (**bar**.ba) *substantivo feminino* Pelos que nascem no rosto do homem e no queixo de alguns animais, como o bode: *Meu pai está com a barba grande. Ele está barbudo.* [O *barbeador* é um aparelho que serve para *barbear*, isto é, para tirar a barba.]

barbante (bar.**ban**.te) *substantivo masculino* Fio vegetal ou de outro material, não muito grosso, usado para amarrar ou prender uma coisa a outra. Com alguns barbantes a gente pode fazer tapetes e roupas.

barbeiro (bar.**bei**.ro) *substantivo masculino* **1.** Homem que tem como trabalho fazer a barba e cortar o cabelo de outros homens. **2.** Inseto que se alimenta do sangue de outros animais e que transmite a doença de Chagas. **3.** Motorista que dirige muito mal.

barco (**bar**.co) *substantivo masculino* **1.** Transporte pequeno que se move na água do mar, do rio, da lagoa, com ou sem cobertura. 445 **2.** Qualquer embarcação: *As caravelas são um tipo de barco usado no passado.*

barra (**bar**.ra) *substantivo feminino* **1.** Peça longa, reta e estreita de madeira, de ferro, etc.: *A porta está fechada com uma barra de madeira.* **2.** Produto de forma retangular: *Uma barra de sabão. Uma barra de chocolate.*

barraca (bar.**ra**.ca) *substantivo feminino* **1.** Abrigo desmontável, de lona ou de outro material leve. **2.** Guarda-sol de praia. **3.** Abrigo que serve para expor e vender mercadorias nas feiras; banca.

barraco (bar.**ra**.co) *substantivo masculino* Casa pobre, de tijolos ou tábuas: *Perto de minha casa há uma comunidade com muitos barracos.*

barriga (bar.**ri**.ga) *substantivo feminino* Parte do corpo do ser humano e de outros animais, na qual ficam o estômago, o fígado, os intestinos, os rins, etc. [Outro nome: *abdome*.] 432 ◆ **Barriga da perna.** É o mesmo que *panturrilha*. 432

barro (**bar**.ro) *substantivo masculino* Terra especial, também chamada de *argila*, a que se junta água para fazer a massa com que se fabricam tijolos, telhas, panelas, vasos, etc.

barulho (ba.**ru**.lho) *substantivo masculino* Som ou ruído, às vezes alto e desagradável: *O barulho da buzina acordou o bebê.*

base (**ba**.se) *substantivo feminino* Aquilo em que alguma coisa se apoia: *A base da estátua está rachada.*

basquete (bas.**que**.te) *substantivo masculino* Jogo com bola e cesta entre duas equipes de cinco participantes cada. Para marcar pontos no basquete, cada equipe deve fazer com que a bola passe pelo interior da cesta da outra, ganhando quem faz mais pontos.

bastante (bas.**tan**.te)
bastante • *adjetivo de 2 gêneros* Que é suficiente: *Há bastante refresco para todos.*
bastante • *advérbio* **1.** Em quantidade suficiente: *Você já comeu bastante.* **2.** Muito: *Carlos já brincou bastante.*

Bb batata ▸ beiço

batata (ba.**ta**.ta) *substantivo feminino* Tubérculo comestível que cresce embaixo da terra: *Paulo gosta muito de **batata** frita.* [Há muitos tipos de batata: batata-baroa, batata-doce, batata-inglesa, etc.]

bater (ba.**ter**) *verbo* **1.** Dar golpes ou pancadas repetidas em alguém ou em algum objeto: — *Por que você **bateu** na porta com tanta força?* **2.** Fechar, empurrando ou puxando com força: *Machucou o dedo quando **bateu** a porta do carro.* **3.** Chocar-se com alguma coisa: *O carro **bateu** no muro.* **4.** Fazer, o coração, o movimento de contrair-se e depois estender-se, sem parar: *Existe uma música que diz assim "**Bate**, **bate**, **bate**, coração, dentro desse velho peito", você a conhece?*

bateria (ba.te.**ri**.a) *substantivo feminino* **1.** Mecanismo elétrico usado em relógios, celulares, etc., e que faz com que eles funcionem. **2.** Conjunto de tambores e pratos (é um instrumento musical em forma de dois pratos) tocados com duas varetas por um só músico: *O tio de Alex toca **bateria**.* 434

batida (ba.**ti**.da) *substantivo feminino* **1.** Atividade de bater: — *Dê duas **batidas** na porta antes de entrar.* **2.** Choque de veículo(s): *O carro levou uma **batida** de um caminhão.* **3.** É o mesmo que *batimento*.

batimento (ba.ti.**men**.to) *substantivo masculino* É o movimento que o coração faz de contrair-se e voltar ao estado anterior, para fazer com que o sangue percorra, pelas veias e artérias, todo o corpo; batida: *O normal é termos de 70 a 100 **batimentos** cardíacos por minuto.*

batom (ba.**tom**) *substantivo masculino* Produto que serve para colorir os lábios. [Plural: *batons*.]

baunilha (bau.**ni**.lha) *substantivo feminino* Fruto de uma planta que também tem esse nome, e que é usado em doces e sorvetes.

bebê (be.**bê**) *substantivo masculino* Criança logo após nascer, ou com poucos meses de idade; criança de colo. [Outro nome: *neném*.]

Você já foi bebê! Cole aqui uma foto sua para ilustrar.

bebedouro (be.be.**dou**.ro) *substantivo masculino* **1.** Aparelho de onde sai água filtrada para beber. **2.** Lugar onde os animais bebem água.

beber (be.**ber**) *verbo* Tomar um líquido (água, café, chá, leite, suco, etc.): *Maria **bebe** leite e come pão todas as manhãs.*

bebida (be.**bi**.da) *substantivo feminino* Qualquer líquido que serve para beber: *A **bebida** que Diana serviu na festa foi limonada.*

bege (**be**.ge)
bege • *adjetivo de 2 gêneros* Da cor meio amarelada da lã antes de ser tingida: *Ganhei uma calça **bege**.*
bege • *substantivo masculino* A cor bege: *O **bege** é uma cor que não me agrada.* 431

beiço (**bei**.ço) *substantivo masculino* Lábio; cada uma das partes que formam o contorno da boca: *Quando viu o pudim de leite, Ana lambeu os **beiços**.*

beija-flor ▸ berinjela Bb

beija-flor (flôr) (**bei**.ja-**flor**) *substantivo masculino* Passarinho de cores geralmente brilhantes, bico comprido e voo muito rápido, que se alimenta do néctar das flores: *O **beija-flor** consegue voar para trás.* [Plural: *beija-flores*.] 439

beijo (**bei**.jo) *substantivo masculino* Ação de tocar com os lábios numa pessoa, num animal ou num objeto, para mostrar amor, carinho ou respeito. [*Beijar* é dar beijos em alguém ou em alguma coisa.]

beiju (**bei**.ju) *substantivo masculino* Bolinho achatado, geralmente feito com massa de tapioca: *Madu gosta muito de **beiju** com manteiga.*

beleza (lê) (be.**le**.za) *substantivo feminino* Aquilo que faz com que uma pessoa, uma coisa, um bicho ou um lugar sejam considerados belos: *Os estrangeiros sempre elogiam a **beleza** da floresta Amazônica.*

beliche (be.**li**.che) *substantivo masculino* Conjunto de duas ou mais camas, uma em cima da outra: *Em nosso quarto há um **beliche** onde dormimos eu e meu irmão.*

belo (**be**.lo) *adjetivo* Que é muito agradável de ver ou de ouvir: *Maria usava um **belo** vestido. Marininha cantou uma **bela** música.* [Também se diz: *bonito*.]

bem (bem)
bem • *substantivo masculino* **1.** Aquilo que é bom para alguém: *A mãe sempre quer o **bem** do filho.* **2.** Casa, apartamento, carro ou joia que pertence a alguém. [É mais usado no plural: *Meus avós possuem vários **bens**, que foram conquistados com muito trabalho.*]
bem • *advérbio* **1.** Muito; bastante: *A casa fica **bem** longe.* **2.** Com carinho, afeto: *Ana trata **bem** o irmão.* **3.** De modo correto: *Carlos toca **bem** piano e violão.*

bem-educado (**bem**-e.du.**ca**.do) *adjetivo* Que é uma pessoa que sabe tratar e respeitar as outras pessoas e que sabe se portar nos lugares aonde vai: *Júlio é um menino **bem-educado**.* [Plural: *bem-educados*.]

bem-te-vi (**bem**-te-**vi**) *substantivo masculino* Passarinho que tem a cabeça preta, uma mancha amarela na parte de cima e o corpo cinzento. Seu canto, que parece dizer "bem te vi!", Alimenta-se de insetos e bichinhos pequenos. [Plural: *bem-te-vis*.]

bênção (**bên**.ção) *substantivo feminino* Palavras ou gestos com os quais uma pessoa deseja coisas boas para alguém ou algo. [Plural: *bênçãos*.]

bengala (ben.**ga**.la) *substantivo feminino* Pedaço de madeira ou outro material, geralmente longo e fino, que serve de apoio para pessoas com dificuldade para andar.

berço (bêr) (**ber**.ço) *substantivo masculino* Pequena cama para bebê, com proteção para evitar que ele caia. Às vezes, o berço pode ser balançado.

bergamota (ber.ga.**mo**.ta) *substantivo feminino* Tangerina, mexerica. 438

berinjela (be.rin.**je**.la) *substantivo feminino* Legume comprido e arredondado, de casca geralmente roxa, lisa, e meio esverdeada por dentro. Com berinjela se fazem vários pratos: *A mãe de Rita fez **berinjela** com ovo no jantar.* 436

Bb bermuda ▸ bigode

bermuda (ber.**mu**.da) *substantivo feminino* Calça que vai somente até o joelho ou próximo dele.

berrar (ber.**rar**) *verbo* Dar berros; gritar: *O bebê não parava de **berrar**. Joana **berrou** o nome do filho, que brincava na calçada.*

berro (**ber**.ro) *substantivo masculino* **1.** Grito alto de uma pessoa: *O **berro** de Juca acordou o irmãozinho.* **2.** Grito de certos animais, como o boi e o carneiro.

besouro (be.**sou**.ro) *substantivo masculino* Inseto que tem duas asas finas, cobertas por duas asas grossas e duras como um casco. Alguns besouros são pragas dos vegetais, comendo suas folhas, seus grãos ou suas raízes. 439

beterraba (be.ter.**ra**.ba) *substantivo feminino* **1.** Planta de folhas e raiz comestíveis. **2.** A raiz dessa planta, de sabor doce, usada em salada, em sopa, etc.

bexiga (xi = chi) (be.**xi**.ga) *substantivo feminino* **1.** No nosso corpo e no de alguns animais (como o porco e o boi), espécie de saco em que a urina fica por algum tempo guardada, antes de ser lançada para fora do corpo. **2.** É o mesmo que *bola de encher*.

bezerro (zêr) (be.**zer**.ro) *substantivo masculino* Filhote do touro com a vaca.

biblioteca (bi.blio.**te**.ca) *substantivo feminino* Local, com muitos livros, aonde as pessoas vão para ler, fazer pesquisa, etc. Muitas bibliotecas emprestam livros. Você os lê e depois os devolve.

bica (**bi**.ca) *substantivo feminino* **1.** Tubo, pequeno canal ou telha por onde corre e cai água: *Quando não havia água encanada nas casas, as pessoas apanhavam água nas **bicas** da cidade.* **2.** É o mesmo que *torneira*: *— Menino, feche bem essa **bica**, não a deixe pingando.* →

bicharada (bi.cha.**ra**.da) *substantivo feminino* Grande número de bichos, geralmente de diferentes tipos.

bicho (**bi**.cho) *substantivo masculino* Qualquer animal: *Há **bichos** na floresta que só saem do seu esconderijo à noite.*

bicho-da-seda (sê) (**bi**.cho-da-**se**.da) *substantivo masculino* Inseto cujas larvas se criam dentro de um casulo de fios de seda fina, utilizado para se fazer tecido de seda. [Plural: *bichos-da-seda*.] 439

bicicleta (bi.ci.**cle**.ta) *substantivo feminino* Veículo de duas rodas, formado por tubos de metal com lugar para se sentar, e que é usado para lazer, transporte e também em atividades esportivas. O que faz a bicicleta andar é o movimento dos pedais, levado às rodas por meio de uma corrente. 445

bico (**bi**.co) *substantivo masculino* **1.** Parte saliente e dura da boca das aves e de alguns outros animais. **2.** Parte pontuda ou fina de muitos objetos: *O **bico** do sapato.* **3.** Parte de um objeto, em forma de tubo, por onde sai o que está dentro dele: *O **bico** do bule.*

bife (**bi**.fe) *substantivo masculino* Fatia de carne, de fígado, etc., frita ou grelhada: *João gosta muito de **bife** com batata frita.*

bigode (bi.**go**.de) *substantivo masculino* **1.** Conjunto de pelos que nascem acima do lábio superior dos homens. **2.** Conjunto de pelos mais compridos e duros que nascem no focinho de alguns animais: *O **bigode** do gato é muito sensível e serve para orientá-lo.*

bilhete ▸ → *blog* | **Bb**

bilhete (*lhê*) (bi.**lhe**.te) *substantivo masculino* **1.** Carta simples e curta. **2.** Papel ou cartão impresso que se compra para entrar em cinema, teatro, etc.; entrada, ingresso. **3.** Papel impresso ou cartão que se compra para viajar de ônibus, de trem, de avião, etc.; passagem.

binóculo (bi.**nó**.cu.lo) *substantivo masculino* Instrumento que possui lentes de aumento. A gente põe o binóculo na frente dos olhos para observar aquilo que está distante, porque suas lentes fazem parecer que o que vemos está mais próximo: *Luís levou o binóculo para ver melhor a corrida.*

biodiversidade (bio.di.ver.si.**da**.de) *substantivo feminino* É o nome que a gente dá para o fato de existirem muitas espécies diferentes de animais, vegetais e microrganismos numa região ou num ecossistema; e, também, de existirem muitas regiões diferentes, com outros animais, vegetais e microrganismos, que vivem em ambientes, também diferentes, etc.: *A variedade ou diversidade de seres vivos e de hábitats e ecossistemas, etc. a gente chama de biodiversidade.*

bióloga (bi.**ó**.lo.ga) *substantivo feminino* Mulher que se formou em Biologia.

biologia (bi.o.lo.**gi**.a) *substantivo feminino* Ciência que estuda os seres vivos: como eles são, como e onde vivem, como se alimentam, como se reproduzem, etc.

biológico (bi.o.**ló**.gi.co) *adjetivo* **1.** Da Biologia: *Joana é pesquisadora do Instituto Biológico.* **2.** Que participa da geração de um outro ser: *Tenho duas mães: uma biológica e outra adotiva. Ele é meu pai biológico, mas quem me criou foi meu pai adotivo.*

biólogo (bi.**ó**.lo.go) *substantivo masculino* Homem que se formou em Biologia: *André é biólogo e trabalha no zoológico.* [Feminino: *bióloga*.]

bípede (**bí**.pe.de)
bípede • *adjetivo de 2 gêneros* Que tem dois pés ou duas patas, ou que anda com dois pés ou com duas patas: *O canguru é um animal bípede.*
bípede • *substantivo masculino* Qualquer animal de duas patas, ou que, tendo quatro, ande com duas: *O ser humano e as aves são bípedes.*

biquíni (bi.**quí**.ni) *substantivo masculino* Roupa de banho, de duas peças, usada pelas mulheres e pelas meninas na praia ou na piscina.

bisavó (bi.sa.**vó**) *substantivo feminino* Mãe do avô ou da avó da gente.

bisavô (bi.sa.**vô**) *substantivo masculino* Pai do avô ou da avó da gente. [Feminino: *bisavó*.]

biscoito (bis.**coi**.to) *substantivo masculino* Alimento doce ou salgado, feito com farinha, ovos, etc., com formas variadas, e que pode ser assado ou frito.

bisneto (bis.**ne**.to) *substantivo masculino* Filho de neto ou de neta, em relação aos avós destes. [Feminino: *bisneta*.]

bispo (**bis**.po) *substantivo masculino* **1.** Em algumas religiões cristãs, o dirigente ou chefe espiritual de uma diocese, isto é, das igrejas que estão numa determinada região. **2.** Uma das peças do jogo de xadrez.

bloco (**blo**.co) *substantivo masculino* **1.** Reunião de folhas de papel presas num dos lados e que podem ser destacadas. **2.** Cada prédio de um conjunto de edifícios. **3.** Grupo de pessoas que, no carnaval, ao som de música, se divertem pelas ruas.

→ **blog** (*blógui*) [Inglês] *substantivo masculino* Espécie de diário que se pode ter na Internet: *Ana criou um blog há pouco tempo e já teve centenas de visitantes.*

blusa (**blu**.sa) *substantivo feminino* Peça de roupa que cobre o tronco do corpo das pessoas: *Ganhei uma blusa amarela muito bonita.*

bobagem (bo.**ba**.gem) *substantivo feminino* **1.** Aquilo que se diz ou se faz sem pensar direito e que acaba dando errado; tolice: *Fiz bobagem. Armei errado o avião de brinquedo e agora preciso fazer tudo de novo. A gente deve pensar bem antes de responder para não dizer uma bobagem.* **2.** Coisa sem valor ou sem importância: *Mário fica feliz com qualquer bobagem que ganhe de presente.* [Plural: *bobagens*.]

bobo (*bôbo*) (**bo**.bo) *adjetivo* **1.** Que diz ou faz coisas tolas; tolo. **2.** Que acredita em tudo o que os outros dizem (mesmo quando o que os outros dizem não é certo); tolo. **3.** Sem importância ou gravidade: *Joana caiu e machucou o joelho. Felizmente foi um machucado bobo.*

boca (*bô*) (**bo**.ca) *substantivo feminino* **1.** Abertura na face, pela qual o homem e outros animais se alimentam e emitem sons. 433 **2.** Lábios: *Maria tem uma linda boca.* **3.** Abertura inferior das calças, por onde passam os pés de quem as veste.

bocejar (bo.ce.**jar**) *verbo* Abrir a boca, sem querer, e respirar buscando o ar bem lá de dentro da gente. [*Bocejar* é geralmente um sinal de que a pessoa está com sono.] →

bochecha (*chê*) (bo.**che**.cha) *substantivo feminino* Cada uma das duas regiões mais cheias de carne do rosto, embaixo dos olhos e ao lado da boca e do nariz: *Clara deu um beijo na bochecha da mãe e foi dormir.* 433

bode (**bo**.de) *substantivo masculino* Animal de quatro patas, de tamanho médio, com chifres e barba. O bode é um mamífero que come capim. E que mastiga e mastiga, e engole, e volta a mastigar várias vezes o mesmo capim. [Feminino: *cabra*.] 439

boi (boi) *substantivo masculino* Animal de quatro patas, grande, que tem cascos nas patas e um par de chifres ocos. O boi é um mamífero, e sua carne é muito usada na alimentação. Ele também mastiga e mastiga, e engole, e volta a mastigar várias vezes o mesmo capim. 439

boia (*bói*) (**boi**.a) *substantivo feminino* **1.** Objeto que flutua na água, usado para vários fins: indicar perigo, mostrar os lugares onde um navio pode navegar, etc. **2.** Objeto que flutua e que se prende em alguém para impedir que afunde na água. **3.** Refeição, comida: *Mamãe avisou que a boia está na mesa.*

boiaçu (boi.a.**çu**) *substantivo feminino* É o mesmo que *sucuri*. 440

bola (**bo**.la) *substantivo feminino* **1.** Objeto em forma de esfera, feito de borracha, plástico ou outro material, usado como brinquedo ou na prática de diversos esportes. **2.** Esfera, círculo ou circunferência. ◆ **Bola de encher.** Bola de borracha bem fina, que a gente enche de ar ou de gás. Com cores e tamanhos variados, é muito usada em festas de aniversário. [Outros nomes: *balão* e *bexiga*.] **Bola de gude. 1.** Pequena bola, em geral de vidro, usada em jogo de gude. **2.** É o mesmo que *gude*. [Outro nome: *búrica*.] **Bola de meia.** Espécie de bola, de formato irregular, feita com meias. A bola de meia é geralmente usada por crianças que, sem bola para jogar, pegam meias velhas e fazem uma 'bola' para, assim, poder brincar.

boletim (bo.le.**tim**) *substantivo masculino* Documento impresso ou, às vezes, posto na Internet, que diz quais são as notas de um aluno e quantas vezes ele compareceu à aula. [Plural: *boletins*.]

bolo ▶ borboleta **Bb**

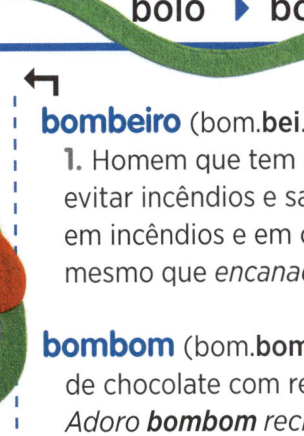

bolo (bô) (**bo**.lo) *substantivo masculino* Alimento feito geralmente de farinha, ovos, leite, ou suco, etc., açúcar e gordura, e assado em forno, numa fôrma: *Um **bolo** pequeno é um bolinho*.

Qual é seu bolo favorito?

bolsa (bôl) (**bol**.sa) *substantivo feminino* **1.** Sacola feminina com alça, de couro, plástico ou tecido, usada para guardar dinheiro, lenço, perfume, batom, etc.: *Maria ganhou da mãe uma **bolsa***. **2.** Aquilo que se parece com uma bolsa ou um bolso: *A mãe canguru tem uma **bolsa** na barriga na qual carrega os filhotes*.

bolso (bôl) (**bol**.so) *substantivo masculino* Pequeno saco de pano costurado na parte de dentro ou de fora da roupa ou de uma bolsa, para servir de enfeite ou para guardar objetos pequenos.

bom (bom) *adjetivo* **1.** Que só faz o bem: *É um menino **bom**, sempre ajuda as pessoas*. **2.** Que tem as qualidades necessárias para o seu uso: *Um **bom** carro*. **3.** Gostoso: *Este feijão está muito **bom***. [Plural: *bons*. Feminino: *boa*.]

bomba (**bom**.ba) *substantivo feminino* **1.** Arma explosiva que fere ou mata pessoas e animais, e que causa destruição: *Durante uma guerra, jogaram uma **bomba** sobre uma cidade*. **2.** Máquina para elevar líquidos e transportá-los pelas tubulações. **3.** Aparelho para encher de ar pneu de bicicletas, etc. **4.** Doce de massa leve recheado com chocolate ou creme, etc.

bombeiro (bom.**bei**.ro) *substantivo masculino* **1.** Homem que tem a função de apagar ou evitar incêndios e salvar pessoas ou animais em incêndios e em outros desastres. **2.** É o mesmo que *encanador*.

bombom (bom.**bom**) *substantivo masculino* Doce de chocolate com recheio de vários tipos: *Adoro **bombom** recheado com banana*. [Plural: *bombons*.]

bondade (bon.**da**.de) *substantivo feminino* Sentimento ou aquilo que faz uma pessoa ser boa, generosa, etc.

bondoso (dô) (bon.**do**.so) *adjetivo* Diz-se de alguém que só faz o bem: *Francisca é **bondosa** com os animais*.

boné (bo.**né**) *substantivo masculino* Peça de vestuário para a cabeça, geralmente feita de pano, e com uma aba de proteção para os olhos: *Meu irmão foi ao jogo com um **boné** verde e amarelo*.

boneca (bo.**ne**.ca) *substantivo feminino* Brinquedo feito de plástico, borracha, madeira, pano, etc., muito parecido com uma mulher ou com uma menina: *Isa adorou a **boneca** que ganhou no Natal*.

boneco (bo.**ne**.co) *substantivo masculino* **1.** Brinquedo feito de plástico, borracha, madeira, pano, etc., muito parecido com um homem ou com um menino. **2.** Brinquedo de borracha, plástico, etc. que imita um bicho ou outro ser do sexo masculino: *Ganhou um **boneco** que é um papagaio*.

bonito (bo.**ni**.to) *adjetivo* Diz-se daquilo que é agradável aos olhos; lindo, belo: *Maísa estava com um vestido **bonito***.

borboleta (lê) (bor.bo.**le**.ta) *substantivo feminino* Inseto com quatro asas coloridas, e que se vê durante o dia. As borboletas põem ovos, dos quais saem as suas larvas ou lagartas. As larvas se desenvolvem e se transformam em borboletas. 439

Bb bordado ▶ branco

bordado (bor.**da**.do) *substantivo masculino* Espécie de desenho que a gente faz, com linha ou fios de algodão, seda ou lã, sobre um pano, para torná-lo mais bonito. Num bordado podem ser representadas flores, bonecas, estrelas, círculos, etc.: *Vovó fez um lindo **bordado** no meu vestido.*

bordar (bor.**dar**) *verbo* Fazer bordado em: *Mamãe me ensina a **bordar**.*

borracha (bor.**ra**.cha) *substantivo feminino* **1.** Substância elástica fabricada com líquido retirado de diversas plantas, principalmente a seringueira, ou ainda feita de forma artificial. Com a borracha se fabricam brinquedos, pneus, etc. **2.** Objeto feito de borracha, que serve para apagar escritos ou desenhos de lápis ou de caneta.

borracheira (bor.ra.**chei**.ra) *substantivo feminino* Mulher que conserta ou vende pneus.

borracheiro (bor.ra.**chei**.ro) *substantivo masculino* Homem que conserta ou vende pneus. [Feminino: *borracheira*.]

bosque (**bos**.que) *substantivo masculino* Lugar em que crescem árvores e arbustos silvestres. Um bosque é menor que uma floresta: *Na história, a bruxa má morava no **bosque**.*

bota (**bo**.ta) *substantivo feminino* Calçado que cobre o pé e também uma parte da perna: *Rita ganhou uma **bota** vermelha, ou melhor, uma **botinha** (uma bota pequena).*

botânica (bo.**tâ**.ni.ca) *substantivo feminino* Parte da Biologia que estuda e classifica os vegetais (plantas, árvores, arbustos, etc.): *Meu irmão faz Biologia e diz que vai se especializar em **Botânica**.*

botão (bo.**tão**) *substantivo masculino* **1.** Cada um dos pequenos objetos costurados numa roupa que, ao serem colocados em suas casas (pequenas aberturas da camisa, do casaco, etc.), servem para fechá-la: *Maria tem uma blusa de **botões** vermelhos.* **2.** A flor ainda fechada: *Juca levou dois **botões** de rosa para a professora.* [Plural: *botões*.]

botar (bo.**tar**) *verbo* **1.** Pôr, colocar: *Papai **botou** o carro na garagem.* **2.** Pôr para fora do seu corpo: *A galinha **bota** ovo. Depois da queda, a moça **botou** sangue pelo nariz.* **3.** Arrumar, preparar: *Ajudei a **botar** a mesa para o almoço.*

botijão (bo.ti.**jão**) *substantivo masculino* Recipiente metálico, para transporte e uso de gás em domicílio: *O gás está acabando: já comprei outro **botijão**.* [Outro nome: *bujão*. Plural: *botijões*.]

braço (**bra**.ço) *substantivo masculino* **1.** Parte do corpo humano, e também dos gorilas, chimpanzés, micos, etc., que vai do ombro até a mão. **433** **2.** Parte do corpo humano que vai do ombro até o cotovelo: *A enfermeira aplicou uma injeção no **braço** do menino.* **432** **3.** Cada um dos dois lados das poltronas, dos sofás, etc.: *Laura tropeçou e, para não cair, apoiou as mãos no **braço** da poltrona.*

branco (**bran**.co)
branco • *adjetivo* **1.** Da cor do leite, da neve. **2.** Diz-se das coisas que têm a cor mais clara do que outras da mesma espécie: *O pão **branco**.* **3.** Que pertence à parte da população humana que tem a pele clara.
branco • *substantivo masculino* **1.** A cor branca: *O **branco** da neve.* **431** **2.** Homem, rapaz ou menino que tem a pele clara (mais clara que a de pessoa amarela, parda, indígena, mulata ou negra).

brasa (**bra**.sa) *substantivo feminino* Carvão com fogo: *Mamãe assou as batatas na* ***brasa***.

brasileiro (bra.si.**lei**.ro)
brasileiro • *adjetivo* Do Brasil: *Meu tio é aviador. Por isso, conhece todos os estados* ***brasileiros***.
brasileiro • *substantivo masculino* Homem, rapaz ou menino que nasceu no Brasil.

bravo (**bra**.vo) *adjetivo* **1.** Feroz: *Um cachorro* ***bravo*** *mora naquela casa.* **2.** Que está nervoso, furioso: *Mamãe ficou* ***brava*** *quando viu o livro riscado.*

brejo (**bre**.jo) *substantivo masculino* **1.** Terreno cheio de água parada, com lama: *— Ih! A vaca fugiu para o* ***brejo****!* **2.** No Nordeste, é também um terreno que fica boa parte do tempo cheio de água por causa de um rio que transborda em época de chuva. Esse tipo de terreno costuma ser muito fértil, com muita vida ao redor.

breve (**bre**.ve) *adjetivo de 2 gêneros* Que acontece em muito pouco tempo; que dura pouco: *Um* ***breve*** *passeio pela praia.* ◆ **Até breve.** Palavras com que a gente se despede de alguém, mas demonstra que não quer ficar longe por muito tempo. **Em breve.** Em pouco tempo: ***Em breve****, estaremos na casa nova.*

brigadeiro (bri.ga.**dei**.ro) *substantivo masculino* Doce de leite condensado e chocolate, geralmente em forma de bolinha.

brigar (bri.**gar**) *verbo* **1.** Lutar com alguém com tapas ou socos: *Os meninos não* ***brigaram****, resolveram tudo conversando.* **2.** Deixar de ser amigo de alguém: *Fernando* ***brigou*** *com Paulo, mas depois fizeram as pazes.* **3.** Zangar, repreender: *Mamãe* ***briga*** *comigo quando não escovo os dentes.*

brilhante (bri.**lhan**.te) *adjetivo de 2 gêneros* **1.** Que brilha: *O ouro é um metal* ***brilhante****.* **2.** Que é muito inteligente: *Newton foi um cientista* ***brilhante***.

brilhar (bri.**lhar**) *verbo* **1.** Ter ou refletir uma luz forte: *As estrelas* ***brilham***. **2.** Destacar-se: *O nosso time* ***brilhou*** *no campeonato da escola.*

brilho (**bri**.lho) *substantivo masculino* **1.** Luz forte que algumas coisas têm: *O* ***brilho*** *do Sol. O* ***brilho*** *das estrelas. O* ***brilho*** *do fogo.* **2.** Luz que sai de um corpo ou que por ele é refletida: *Lia lustrou o sapato até ele ganhar* ***brilho***.

brincadeira (brin.ca.**dei**.ra) *substantivo feminino* **1.** Divertimento, principalmente entre crianças: *Júlia gosta de* ***brincadeira*** *de correr.* **2.** Ação ou palavra que não se deve levar a sério: *— Meu primo fez uma* ***brincadeira*** *sem graça.* ◆ **Brincadeira de roda.** É toda brincadeira (1) popular em que as crianças formam uma roda e se movem cantando. Em tais brincadeiras, por vezes também há disputas de trava--línguas e outras atividades parecidas. **De brincadeira.** Sem ser a sério, sem ser para valer: *— Não se zangue, só disse isso* ***de brincadeira***.

brincar (brin.**car**) *verbo* **1.** Divertir-se como fazem as crianças: *Isabel tem 12 anos e ainda* ***brinca*** *com o irmãozinho.* **2.** Fazer ou dizer algo de brincadeira.

brinco (**brin**.co) *substantivo masculino* Enfeite que se coloca na orelha: *No seu aniversário, Luísa ganhou um **brinco** de presente, ou melhor, um **brinquinho** (um brinco pequeno).*

brinquedo (quê) (brin.**que**.do) *substantivo masculino* **1.** Objeto que serve para brincar. **2.** Jogo, distração: *Não gosto de **brinquedo** de pegar.*

brinquedoteca (brin.que.do.**te**.ca) *substantivo feminino* Lugar, em escola, prédio, etc., com brinquedos, jogos, material de pintura, fantasias e outras coisas para a diversão das crianças.

brisa (**bri**.sa) *substantivo feminino* Vento bem fraco: *A temperatura está agradável por causa desta **brisa** que vem do mar.*

bronca (**bron**.ca) *substantivo feminino* Aquilo que a gente diz para uma pessoa, quando acha que ela fez algo errado, algo que não devia ter feito: *Mamãe me deu uma **bronca** porque eu fiz bagunça no quarto que ela tinha acabado de arrumar.*

brônquios (**brôn**.quios) *substantivo masculino plural* Pequenos dutos que levam o ar aos pulmões.

bronquite (bron.**qui**.te) *substantivo feminino* Inflamação nos brônquios (pequenos dutos que levam o ar aos pulmões). Quem está com bronquite tem muita dificuldade de respirar e pode chegar a ter febre alta.

bronze (**bron**.ze) *substantivo masculino* Metal formado por outros dois metais que se fundem (se juntam formando um só): o cobre e o estanho. As primeiras armas e ferramentas de metal foram feitas de bronze. Várias outras coisas podem ser feitas de bronze: *Uma medalha de **bronze**. Uma estátua de **bronze**. Uma caneca de **bronze**.*

brotar (bro.**tar**) *verbo* **1.** Nascer; crescer: *O mato **brotou** no jardim da casa abandonada.* **2.** Surgir numa planta: *Muitas flores **brotam** na primavera.*

broto (brô) (**bro**.to) *substantivo masculino* **1.** É o iniciozinho de uma plantinha, que vai surgindo da semente que foi se transformando no meio da terra: *O **broto** de algumas plantas, como feijão e bambu, serve de alimento em diferentes países.* **2.** É também cada botãozinho que aparece no caule de uma planta, ou no tronco ou no ramo de uma árvore, e que dá origem a uma folha, flor ou fruto.

brotoeja (ê) (bro.to.**e**.ja) *substantivo feminino* Doença em que a pele da gente fica com umas feridinhas avermelhadas, por vezes com um pouquinho de líquido dentro. Não é grave e ataca principalmente as crianças pequenas. Geralmente a brotoeja causa muita coceira, mas não é bom coçar, pois pode irritar ainda mais a pele. →

bruto (**bru**.to) *adjetivo* **1.** Que está da forma como é encontrado na natureza: *Um mineral **bruto**.* **2.** Que não é gentil ao falar com as pessoas; que trata as pessoas mal: *Ela era um pouco **bruta** para pedir as coisas.* **3.** Que não consegue ser delicado ou cuidadoso ao agir ou ao fazer algo: *Ele é muito **bruto** para lavar pratos.*

bruxa (xa = cha) (**bru**.xa) *substantivo feminino* Mulher, moça ou menina, geralmente má e feia que, nas histórias infantis, tem poderes mágicos e costuma fazer coisas ruins: *A **bruxa** transformou o príncipe num sapo. Em algumas histórias as **bruxas** são boas.*

bruxo (xo = cho) (**bru**.xo) *substantivo masculino* Homem, rapaz ou menino, geralmente mau e feio que, nas histórias infantis, tem poderes mágicos e costuma fazer coisas ruins: *Em algumas histórias os **bruxos** são bons.*

bucal (bu.**cal**) *adjetivo de 2 gêneros* Que pertence à boca. [Plural: *bucais*.]

búfalo (**bú**.fa.lo) *substantivo masculino* Existem diferentes animais com esse mesmo nome, todos da família do boi (o búfalo é muito parecido com ele). Todos têm pelo curto e ralo, de cor escura ou meio marrom, e chifres achatados e meio redondos. No Brasil, o búfalo é manso e é criado geralmente em lugares pantanosos, como a Ilha de Marajó, por exemplo. Existem, porém, alguns búfalos que são selvagens e agressivos, como o *búfalo-africano*.

bugio (bu.**gi**.o) *substantivo masculino* Um dos maiores macacos do continente americano (entre 30 e 70 centímetros), o bugio se caracteriza por seu grito forte e por ter uma espécie de barba. No Brasil, habita a Mata Atlântica (da Bahia ao Rio Grande do Sul). [Outro nome: *guariba*.] **439**

bujão (bu.**jão**) *substantivo masculino* É o mesmo que *botijão*. [Plural: *bujões*.]

bulbo (**bul**.bo) *substantivo masculino* Caule, geralmente subterrâneo e com camadas, de plantas como a cebola e o alho.

bule (**bu**.le) *substantivo masculino* Recipiente com asa, tampa e bico para servir chá, café, etc.

bumbo (**bum**.bo) *substantivo masculino* Instrumento musical que é um tambor muito grande: *Um menino tocando bumbo*. **434**

bumbum (bum.**bum**) *substantivo masculino* É uma forma mais bonitinha para falar das *nádegas*. [Plural: *bumbuns*.] **432** e **433**

bunda (**bun**.da) *substantivo feminino* É o mesmo que *nádegas*. **432** e **433**

buraco (bu.**ra**.co) *substantivo masculino* **1.** Abertura ou cavidade natural ou artificial: *O rato escondeu-se no buraco*. **2.** Abertura que atravessa um objeto: *O buraco da agulha*.

búrica (**bú**.ri.ca) *substantivo feminino* **1.** É o mesmo que *bola de gude* (1 e 2). **2.** É também o buraco que se cava no chão para jogar gude.

buriti (bu.ri.**ti**) *substantivo masculino* Palmeira que dá um fruto castanho comestível que também tem esse nome.

burro (**bur**.ro) *substantivo masculino* É o mesmo que *jumento*. **442**

busca (**bus**.ca) *substantivo feminino* Atividade de buscar, de procurar por algo ou por alguém: *As buscas pelos turistas perdidos na floresta vão recomeçar amanhã*.

buscar (bus.**car**) *verbo* **1.** Trazer de algum lugar: *A mãe de Rita vai buscá-la todos os dias no colégio*. **2.** Trazer alguma coisa para alguém: *Paulo buscou na cozinha uma xícara de café para a tia*.

bússola (**bús**.so.la) *substantivo feminino* Instrumento usado para orientar marinheiros, aviadores, etc. É formado por uma caixa que contém uma agulha móvel, sempre voltada para a direção norte--sul: *A bússola foi inventada pelos chineses e levada para a Europa pelos árabes.* →

busto (**bus**.to) *substantivo masculino* Parte do corpo da gente que vai da cintura até o pescoço.

buzina (bu.**zi**.na) *substantivo feminino* Mecanismo presente nos veículos, que produz um som forte e que serve para dar sinal de aviso, de atenção: *Não se deve tocar a buzina perto de hospitais e escolas*.

C

cá (cá) *advérbio* Aqui; perto ou junto do lugar onde está a pessoa que fala: — *Venha para cá, Fernando, aí você vai pegar chuva.*

caatinga (ca.a.**tin**.ga) *substantivo feminino* Tipo de vegetação em que as plantas principais são árvores pequenas, geralmente com espinhos, que perdem as folhas na época da seca.

Uma visita ao Amapá

cabana (ca.**ba**.na) *substantivo feminino* Casa simples, geralmente feita de madeira, ou de madeira e barro, e, às vezes, coberta de palha.

cabeça (bê) (ca.**be**.ça) *substantivo feminino*
1. Parte do corpo onde estão a face e o crânio. Na face estão os olhos, o nariz, a boca, o queixo e as bochechas. Dentro do crânio fica o cérebro e, fora dele, os cabelos e as orelhas. 432 **2.** Parte de cima de certos objetos, como alfinetes, pregos, etc.

cabeçalho (ca.be.**ça**.lho) *substantivo masculino* Nas provas e nos trabalhos escolares, o nome do aluno, da escola e a data colocados no alto da página.

cabelo (bê) (ca.**be**.lo) *substantivo masculino*
1. Conjunto de pelos que nascem na parte de cima e de trás da cabeça de uma pessoa: *Aline penteou os cabelos e depois os prendeu com um elástico.* 433 **2.** É também o conjunto dos pelos que nascem nos braços, nas pernas, às vezes, nas costas, na barriga, etc.

caber (ca.**ber**) *verbo* Poder estar dentro de um determinado espaço; ser capaz de ocupar esse espaço: *Estes livros são grandes, não cabem na sacola.*

cabide (ca.**bi**.de) *substantivo masculino* Objeto que serve para pendurar roupa: *Depois de passar as camisas, mamãe pendurou-as no cabide para que não amassassem.*

cabine (ca.**bi**.ne) *substantivo feminino* Lugar do avião que é ocupado pelo piloto, ou do caminhão que é ocupado pelo motorista.

cabo (**ca**.bo) *substantivo masculino* Parte de alguns objetos ou ferramentas onde as pessoas seguram: *O cabo da faca. O cabo da panela.*

Cole aqui uma mecha do seu cabelo, cortada por um adulto.

Cc — cabra ▸ cadeado

cabra (**ca**.bra) *substantivo feminino* Fêmea do *bode* e mãe do cabrito. Seu leite é muito nutritivo e dá ótimo queijo. 439

cabra-cega (**ca**.bra-**ce**.ga) *substantivo feminino* Brincadeira de crianças em que uma delas, com os olhos cobertos, tenta segurar outra para ficar no seu lugar. [Plural: *cabras-cegas*.]

cabrito (ca.**bri**.to) *substantivo masculino* Filhote do bode com a cabra.

caburé (ca.bu.**ré**) *substantivo masculino* Coruja pequena que vive nas matas, em todo o Brasil. 440

caca (**ca**.ca) *substantivo feminino* É o mesmo que *cocô*. [Outra forma: *cacá*. Diminutivo: *caquinha*.] ◆ **Fazer caca**. É o mesmo que *fazer cocô*.

cacá (ca.**cá**) *substantivo feminino e masculino* É o mesmo que *caca*. [Diminutivo: *caquinha*.] ◆ **Fazer cacá**. É o mesmo que *fazer cocô*.

caçar (ca.**çar**) *verbo* Perseguir animais para matá-los ou capturá-los: *O índio caça para comer. A lagartixa caça insetos.* [Quem caça é chamado de *caçador* e o animal que é caçado é a *caça*. A ação de caçar é a *caçada*.]

cacau (ca.**cau**) *substantivo masculino* Fruto de uma árvore chamada *cacaueiro*. As sementes do cacau são usadas para fazer chocolate. [Plural: *cacaus*.] 436

cacho (**ca**.cho) *substantivo masculino* **1.** Grupo de flores ou de frutos que nascem juntos: *O cacho de uvas. O cacho de bananas.* **2.** Conjunto de fios de cabelos enrolados em forma de anel.

cachoeira (ca.cho.**ei**.ra) *substantivo feminino* Lugar onde a água de um rio cai de uma parte mais alta para uma parte mais baixa: *Gosto muito de tomar banho de cachoeira.*

cachorro (chôr) (ca.**chor**.ro) *substantivo masculino* Qualquer cão. 440

cachorro-quente (chôr) (ca.**chor**.ro-**quen**.te) *substantivo masculino* Sanduíche de salsicha quente, servido com ou sem molho, num pão comprido. [Plural: *cachorros-quentes*.]

cacique (ca.**ci**.que) *substantivo masculino* Chefe de grupo indígena brasileiro.

caco (**ca**.co) *substantivo masculino* Pedaço de louça, vidro, etc.: *Esbarrei no vaso de flores e ele se partiu em vários cacos.*

caçoar (ca.ço.**ar**) *verbo* É o mesmo que *zombar*: *Alguns meninos na escola têm a péssima mania de caçoar dos colegas.*

cacto (**cac**.to) *substantivo masculino* Planta sem folhas, que em geral tem espinhos e não precisa de muita água.

caçula (ca.**çu**.la) *substantivo de 2 gêneros* O filho mais novo ou a filha mais nova; o irmão mais novo ou a irmã mais nova: *Malu tem dois filhos e o caçula chama-se Francisco.*

cada (**ca**.da) *pronome* Palavra que a gente usa para: a) falar de uma pessoa ou coisa por vez (de um grupo de pessoas ou de um conjunto de coisas): *Cada aluno dessa turma tem o seu armário. Cada troféu que ganhamos tem um lugar na estante.* b) indicar um intervalo: *A cada dois meses, temos prova de Matemática na escola.*

cadarço (ca.**dar**.ço) *substantivo masculino* Cordão que serve para amarrar o calçado: *Nando aprendeu a amarrar o cadarço do tênis.*

cadê (ca.**dê**) *advérbio* Palavra que a gente usa para perguntar onde está algo ou alguém: *Cadê a bolsa que estava aqui?*

cadeado (ca.de.**a**.do) *substantivo masculino* Fechadura portátil, que a gente usa para unir elos que fecham uma corrente, argola, etc. O cadeado só pode ser aberto com chave ou segredo: *Pôs um cadeado no portão do jardim.*

cadeia ▸ caixa Cc

cadeia (ca.**dei**.a) *substantivo feminino* **1.** Lugar onde ficam as pessoas que são presas; prisão: *O guarda levou o assaltante para a cadeia.* **2.** Grupo ou conjunto de coisas próximas ou ligadas entre si, geralmente em sequência: *A serra do Mar é uma cadeia de montanhas.*

cadeira (ca.**dei**.ra) *substantivo feminino* Móvel com assento e encosto, para uma só pessoa sentar. Algumas cadeiras têm braços: *A mesa de jantar lá de casa tem seis cadeiras.* ◆ **Cadeira de rodas.** Cadeira especial com uma grande roda do lado esquerdo e outra do lado direito, própria para que cadeirantes ou pessoas que estão sem poder andar se locomovam.

cadeirante (ca.dei.**ran**.te) *substantivo de 2 gêneros* Pessoa que, por não poder andar, faz uso de uma cadeira de rodas para se locomover: *Há vagas reservadas para o carro de cadeirantes no estacionamento da escola.*

cadela (ca.**de**.la) *substantivo feminino* É a fêmea do *cão*.

caderno (ca.**der**.no) *substantivo masculino* Grupo de folhas de papel reunidas que formam um livro, para anotações, atividades escolares, etc.: *O caderno de Matemática é quadriculado.*

café (ca.**fé**) *substantivo masculino* **1.** O fruto, com pouca polpa e duas sementes, de uma árvore chamada *cafeeiro*: *O Brasil é um grande exportador de café.* 436 **2.** Pó feito com o grão (isto é, a semente) do café, depois de seco e torrado: *Preciso comprar café no mercado.* **3.** Bebida feita com o pó do café: *Mamãe não gosta de café forte.* **4.** Estabelecimento no qual são servidos lanches, café, bebidas, etc.: *Paramos num café para fazer um lanchinho.*

café da manhã (ca.**fé** da ma.**nhã**) *substantivo masculino* A primeira refeição do dia: *Hoje no café da manhã tomei café com leite e comi pão com manteiga.* [Plural: *cafés da manhã*.]

cafifa (ca.**fi**.fa) *substantivo feminino e masculino* É um papagaio (2), geralmente pequeno.

cágado (**cá**.ga.do) *substantivo masculino* Animal réptil parecido com o jabuti e a tartaruga. Vive em lugares próximos da água doce e alimenta-se de vermes, pequenos peixes e vegetais. 439

caído (ca.**í**.do) *adjetivo* Que caiu no chão, na terra, ou do alto de um lugar para outro mais baixo: *Folhas de amendoeira caídas no quintal.*

caipira (cai.**pi**.ra) *substantivo de 2 gêneros* Pessoa que mora no campo ou na roça.

cair (ca.**ir**) *verbo* **1.** Levar um tombo: *Miguel tropeçou numa pedra e caiu.* **2.** Ir ao chão: *Com o vento o vaso caiu.* **3.** Descer sobre o chão: *Ontem caiu uma chuva muito forte.* **4.** Baixar: *A temperatura caiu muito à noite.*

cais (cais) *substantivo masculino de 2 números* Lugar de um porto onde as pessoas, quando vão viajar, entram nos navios, e, quando chegam de viagem, saem deles. [Quem chega a gente diz que está *desembarcando* (ver *desembarcar*), quem vai viajar a gente diz que *está embarcando* (ver *embarcar*). As cargas que os navios transportam são *embarcadas* (colocadas no navio) e *desembarcadas* (retiradas do navio) no cais.]

caixa (xa = cha) (**cai**.xa) *substantivo feminino* **1.** Objeto feito de papelão, plástico, madeira ou metal que serve para guardar coisas: *Maria guarda seus brinquedos numa caixa.* **2.** Lugar no banco onde as pessoas pagam contas, recebem dinheiro, etc. **3.** Lugar no supermercado e em outras lojas onde as pessoas pagam aquilo que compraram. **4.** Pessoa que trabalha na caixa do banco, do supermercado, etc.

caixa-d'água (xa = cha) (**cai**.xa-**d'á**.gua) *substantivo feminino* Aquilo que fica no alto de uma casa ou de um prédio e que é próprio para guardar, por um certo tempo, a água que vai ser usada por quem trabalha, estuda, etc., ou mora ali. A caixa-d'água pode ser um lugar construído com tijolos e coberto com material que não deixa vazar água, ou ser um grande recipiente feito de material variado, mas que também não deixa vazar água. A água que vai para a caixa-d'água sobe por um cano e, quando se abre um chuveiro ou uma torneira ou quando se dá descarga, desce por outros canos. É importante não deixar a caixa-d'água aberta, para que o mosquito da dengue e outros insetos não coloquem suas larvas ali. É importante também manter a caixa-d'água limpa, com a sua água tratada com cloro. [Plural: *caixas-d'água*.]

caixão (xão = chão) (**cai**.**xão**) *substantivo masculino* Caixa de madeira com tampa em que a pessoa que morreu é enterrada ou cremada (isto é, feita em cinzas). [Plural: *caixões*.]

cajá (ca.**já**) *substantivo masculino* **1.** Fruto comestível de uma árvore chamada *cajazeiro* ou *cajazeira*. Ele dá um suco amarelado e meio azedo que é usado para fazer doces, sorvetes e refrescos. [Outros nomes: *cajá-mirim* e *taperebá*.] 436 **2.** É o mesmo que *cajá-manga*.

cajá-manga (ca.**já**-**man**.ga) *substantivo masculino* Fruto comestível de polpa perfumada, meio azeda, que é consumida ao natural, ou em doces, sorvetes, sucos e licores. [Plurais: *cajás-mangas* e *cajás-manga*.]

cajá-mirim (ca.**já**-mi.**rim**) *substantivo masculino* É o mesmo que *cajá*. [Plural: *cajás-mirins*.] 436

caju (ca.**ju**) *substantivo masculino* Parte mole e comestível que sustenta o fruto de uma árvore chamada *cajueiro*. O fruto do cajueiro é a castanha, que a gente come torrada. O caju também serve para fazer doces, sorvetes e refrescos. 436

cajuzinho (ca.ju.**zi**.nho) *substantivo masculino* Doce que tem a forma de um caju pequeno e é feito com amendoim torrado e moído, leite, açúcar e outros ingredientes.

calango (ca.**lan**.go) *substantivo masculino* Pequeno lagarto que se alimenta principalmente de insetos.

calar-se (ca.**lar**-se) *verbo* Deixar de falar, ficar em silêncio: *A turma calou-se quando a professora entrou na sala.*

calça (**cal**.ça) *substantivo feminino* Peça de roupa que geralmente cobre o corpo da cintura até o tornozelo. No alto da coxa, a calça se divide em duas partes, cada uma em forma de tubo, para cobrir as pernas.

calçada (cal.**ça**.da) *substantivo feminino* Parte da rua onde as pessoas devem andar. É geralmente mais alta que a parte da rua em que os carros circulam: *O guarda multou o carro que estava estacionado na calçada.*

calçado (cal.**ça**.do) *substantivo masculino* Peça do vestuário que serve para cobrir os pés. Pode ser de couro, de tecido, etc.: *O tênis é um calçado.*

calcanhar (cal.ca.**nhar**) *substantivo masculino* **1.** A parte de trás do pé. 432 **2.** A parte do sapato, da meia, que fica atrás: *O calcanhar da meia está furado.* [Plural: *calcanhares*.]

calção (cal.**ção**) *substantivo masculino* Calça curta que cobre parte da coxa. [Plural: *calções*.]

calçar (cal.**çar**) *verbo* Pôr sapato, chinelo, meia, etc. nos pés: *Maurício calçou as meias e, depois, calçou as botas.*

calcinha ▶ camada

calcinha (cal.ci.nha) *substantivo feminino* Peça de roupa curta que as meninas e as mulheres usam debaixo da calça, da saia, do vestido, etc. e que cobre o bumbum e a parte da frente do corpo.

calcular (cal.cu.lar) *verbo* **1.** Fazer contas de somar, subtrair, multiplicar ou dividir para determinar uma quantidade: *Para uma festa de 20 crianças, mamãe calculou que teria de comprar cinco pães de fôrma para fazer sanduíches.* **2.** Fazer ideia de alguma coisa, ou imaginá-la: *Saiu sem levar o guarda-chuva, pois não calculou que fosse chover.*

calda (cal.da) *substantivo feminino* Líquido um pouco grosso que é uma mistura de açúcar, água, ou suco de frutas, ou leite, e outros ingredientes: *Clarinha adora sorvete com calda de chocolate.*

caldo (cal.do) *substantivo masculino* **1.** Alimento líquido feito com água e temperos, no qual se cozinham legumes, ou peixe, ou carne, etc. **2.** O suco que se tira de uma fruta, ou de certas plantas: *O caldo de abacaxi. O caldo de cana.*

calendário (ca.len.dá.rio) *substantivo masculino* Folha ou grupo de folhas em que se indicam os dias e os meses do ano, os dias da semana, os feriados, etc.

Pensando na definição 2 de caligrafia, deixe registrada sua caligrafia aqui:

_____
_____
_____
_____

caligrafia (ca.li.gra.fi.a) *substantivo feminino* **1.** A arte de escrever à mão, desenhando as letras e os números de forma bonita e correta. **2.** A letra manuscrita: *A caligrafia de Ana é boa.*

calmo (cal.mo) *adjetivo* É o mesmo que tranquilo: *João é um menino calmo, não gosta de briga nem de discussão.*

calor (lôr) (ca.lor) *substantivo masculino* Aquilo que a gente sente na pele quando fica num ambiente aquecido pelo sol, pelo fogo, etc. ou quando a gente está com muita roupa e não está frio: *Ao entrar na sala fechada, sentiu calor.* [Uma pessoa que sente muito calor é uma pessoa *calorenta*.]

cama (ca.ma) *substantivo feminino* **1.** Móvel próprio para dormir ou descansar. A cama pode ser de madeira, de ferro ou de outro material resistente. Ela costuma ter um estrado, que segura o colchão: *Meu quarto tem duas camas.* **2.** Qualquer lugar em que pessoas ou animais se deitam ou dormem: *Paulo fez uma cama debaixo da escada para seu cão.*

camada (ca.ma.da) *substantivo feminino* Certa quantidade de uma substância que fica ou está sobre uma superfície ou sobre outra substância: *A cobertura de um bolo é um tipo de camada, que pode ser de chocolate, glacê (isto é, uma cobertura própria para bolo), etc.*

Cc camaleão ▶ caminhonete

camaleão (ca.ma.le.**ão**) *substantivo masculino* Lagarto que vive nas árvores e no meio de pedras e que muda de cor para ficar da mesma cor do lugar onde está. O camaleão pode esticar a língua a grande distância, para pegar os insetos de que se alimenta. O camaleão é um réptil que vive na África, na Ásia e na Europa. [Plural: *camaleões*.]

camarada (ca.ma.**ra**.da) *substantivo de 2 gêneros* É o mesmo que *companheiro*.

camarão (ca.ma.**rão**) *substantivo masculino* Animal do mar e dos rios, muito usado na alimentação. É um crustáceo de corpo comprido, coberto por uma casca fina. Tem cinco pares de patas e uma cauda que movimenta para nadar. O camarão que vive em água doce chama-se *pitu*. [Plural: *camarões*.] 439

cambalhota (cam.ba.**lho**.ta) *substantivo feminino* Movimento que se faz dando uma volta com o corpo sobre si mesmo e caindo na posição em que se estava antes: *As cambalhotas do palhaço divertem as crianças.*

cambucá (cam.bu.**cá**) *substantivo masculino* Fruto amarelo de polpa doce e macia, comum no Sul e no Sudeste. A árvore que produz o cambucá também se chama *cambucá* ou *cambucazeiro*.

camelo (mê) (ca.**me**.lo) *substantivo masculino* Animal com quatro patas e duas corcovas, que pode medir dois metros de altura. Vive nos desertos da África e da Ásia. É um mamífero que se alimenta de folhas e frutos e pode ficar até oito dias sem comer e sem beber. É usado para transportar cargas e pessoas. Há uma espécie de camelo que tem pescoço curto e só uma corcova: é o *dromedário*. 439

camelô (ca.me.**lô**) *substantivo masculino* Homem ou mulher que vende pequenas coisas, como meias, pilhas, canetas, camisetas, etc., numa barraca que pode ser desmontada, que é geralmente armada na rua ou na calçada.

câmera (**câ**.me.ra) *substantivo feminino* Aparelho de fotografar ou de filmar: *Minha tia é jornalista e tem uma câmera profissional.*

caminhão (ca.mi.**nhão**) *substantivo masculino* Veículo com motor, para transporte de cargas geralmente pesadas: *A soja foi levada para a fábrica em caminhões. Um caminhão de gás.* [Plural: *caminhões*.] 445

caminhar (ca.mi.**nhar**) *verbo* Percorrer um caminho a pé; andar: *Todas as manhãs, ele caminha até a escola.*

caminho (ca.**mi**.nho) *substantivo masculino* **1.** Lugar onde se caminha ou se anda. **2.** Estrada que serve para ligar um ponto a outro: *O caminho para a montanha é muito bonito.* **3.** Direção; rumo, para um lugar determinado: *— Não vá errar o caminho de casa!*

caminhoneira (ca.mi.nho.**nei**.ra) *substantivo feminino* Mulher que dirige caminhão.

caminhoneiro (ca.mi.nho.**nei**.ro) *substantivo masculino* Homem que dirige caminhão. [Feminino: *caminhoneira*.]

caminhonete (ca.mi.nho.**ne**.te) *substantivo feminino* Pequeno veículo usado para o transporte de carga de pouco peso e também de pessoas. 445

camisa (ca.**mi**.sa) *substantivo feminino* Peça do vestuário que vai do pescoço até as coxas. Algumas camisas são abertas e abotoadas na frente, e têm mangas, curtas ou compridas, e gola.

camiseta (ca.mi.**se**.ta) *substantivo feminino* Espécie de camisa curta, sem gola e, às vezes, sem mangas: *Geralmente os jogadores de basquete usam camisetas sem mangas.*

camisola (ca.mi.**so**.la) *substantivo feminino* Roupa de dormir, geralmente de tecido leve, usada pelas mulheres e pelas meninas. Há também camisolas de flanela de algodão ou de lã, que são usadas no inverno: *Marcela ganhou da avó uma bela camisola com enfeite de renda.*

campainha (cam.pa.**i**.nha) *substantivo feminino* **1.** Sino pequeno que se balança com a mão. **2.** Aparelho que se põe em porta de casa, telefone, despertador, etc., e que, ao ser tocado, produz som.

campeão (cam.pe.**ão**) *substantivo masculino* Atleta ou equipe que venceu uma competição ou um campeonato. [Plural: *campeões*. Feminino: *campeã*.]

campeonato (cam.pe.o.**na**.to) *substantivo masculino* Disputa esportiva em que o vencedor recebe o título de campeão.

campo (**cam**.po) *substantivo masculino* **1.** Grande terreno plantado: *Um campo de trigo.* **2.** Região fora da cidade onde geralmente as pessoas plantam ou criam animais. [O homem ou rapaz que mora ou trabalha no campo chama-se *camponês*.] **3.** Lugar especialmente preparado para a prática de certos esportes: *Um campo de futebol.*

cana (**ca**.na) *substantivo feminino* **1.** É o mesmo que *cana-de-açúcar*. **2.** É também o caule dessa planta: *Ele adora tomar caldo de cana.*

cana-de-açúcar (ca.na-de-a.**çú**.car) *substantivo feminino* Planta da mesma família do bambu. Seu caule tem suco, com o qual se fabricam o açúcar, o álcool e outros produtos. A plantação de cana-de-açúcar chama-se *canavial*. [Plural: *canas-de-açúcar*. Também se diz apenas: *cana*.]

canal (ca.**nal**) *substantivo masculino* **1.** Passagem na terra por onde corre água. **2.** Construção que liga dois mares, rios, etc. para servir à navegação: *O canal do Panamá liga o oceano Atlântico ao oceano Pacífico.* **3.** Empresa que faz e transmite programas de televisão: *Este canal sempre tem programas interessantes.* [Plural: *canais*.]

canário (ca.**ná**.rio) *substantivo masculino* É um passarinho de cor amarela que canta e encanta. As pessoas costumam gostar muito do seu canto.

canção (can.**ção**) *substantivo feminino* Conjunto de música e palavras: *Eu sei a canção que mamãe canta para o bebê.* [Plural: *canções*.]

candidato (can.di.**da**.to) *substantivo masculino* Aquele que se inscreve para concorrer, numa eleição, a cargo público (como o de vereador, deputado, prefeito, etc.): *Na minha escola, os candidatos a representante de turma participam de vários debates.*

caneca (ca.**ne**.ca) *substantivo feminino* Recipiente com asa para beber café, leite, chocolate, etc.: *Ganhei de meu pai uma caneca com bandeira do meu time.*

canela[1] (ca.**ne**.la) *substantivo feminino* Parte da perna entre o joelho e o pé: *Bati com a canela na quina da mesa e gritei: — Ai!*

canela[2] (ca.**ne**.la) *substantivo feminino* A casca muito cheirosa de uma árvore também chamada *canela* (ou *caneleira*). Essa casca é usada como tempero em doces, mingaus, etc., em pequenos pedaços ou em pó: *Meu irmão adora mingau de fubá com canela.*

Cc caneta ▶ canteiro

caneta (mê) (ca.**ne**.ta) *substantivo feminino* Objeto em forma de tubo com uma ponta e que tem tinta dentro. É usado para escrever ou para desenhar.

canguru (can.gu.**ru**) *substantivo masculino* Animal mamífero que vive na Austrália. Como suas patas traseiras são muito desenvolvidas, pode dar grandes saltos. As fêmeas têm bolsas que cobrem as tetas. Os filhotes mamam dentro da bolsa da mãe até os seis meses de idade. 439

canhão (ca.**nhão**) *substantivo masculino* Grande arma usada na guerra: *Visitamos um forte e lá havia um grande canhão.* [Plural: *canhões*.]

canhoto (mhô) (ca.**nho**.to) *adjetivo* Que usa mais a mão esquerda ou o pé esquerdo do que a mão direita ou o pé direito.

canivete (ca.ni.**ve**.te) *substantivo masculino* Pequena faca com uma lâmina que se dobra e se encaixa no cabo: *Mamãe sempre diz que criança não deve ter canivete.*

canja (**can**.ja) *substantivo feminino* Caldo de galinha com arroz e pedaços de carne dessa ave.

canjica (can.**ji**.ca) *substantivo feminino* **1.** Espécie de mingau feito com milho branco e leite de vaca, temperado com açúcar, canela e cravo. A canjica também pode levar leite de coco, coco ralado e amendoim. [Outro nome: *munguzá*.] **2.** É o mesmo que *curau*.

canjiquinha (can.ji.**qui**.nha) *substantivo feminino* **1.** É como a gente chama o milho em pedacinhos, que foi esmagado no pilão. **2.** É o mesmo que *curau*. **3.** Em Minas Gerais, é também uma comida salgada que é feita com canjiquinha (1) e costelinha ou linguiça de porco, e é servida, entre outras coisas, com couve picada.

cano (**ca**.no) *substantivo masculino* **1.** Tubo que conduz água. A água chega a nossa casa por meio de canos e, depois que a usamos, vai embora por meio de canos também. Numa casa, a cozinha, o banheiro e a área onde fica o tanque têm canos. **2.** Qualquer tubo que serve para a passagem de líquidos ou gases.

canoa (ca.**no**.a) *substantivo feminino* Embarcação que a gente faz com um casco de árvore grande ou pequeno: *Fui pescar com meu pai, bem cedo, numa canoa.* 445

cansaço (can.**sa**.ço) *substantivo masculino* Aquilo que uma pessoa sente quando está cansada, ou seja, sem energia, com poucas forças.

cansar (can.**sar**) *verbo* Ficar com pouca força devido a doença, trabalho, exercício físico, etc.: *A longa caminhada cansou a maioria dos alunos.* [Aquilo que cansa a gente diz que é *cansativo*.]

cantar (can.**tar**) *verbo* Produzir som musical com a voz: *Júlia canta bem. O passarinho canta.*

canteiro (can.**tei**.ro) *substantivo masculino* Pedaço de terra, geralmente um pouco alto, em que se plantam verduras e, também, flores: *O canteiro de alface foi atacado por formigas.*

cantiga (can.ti.ga) *substantivo feminino* Música com letra, feita em versos curtos e com rima. ◆ **Cantiga de ninar.** É a cantiga que a gente canta para fazer um neném ou uma criança dormir. Costuma ter um ritmo lento e ser cantada de modo suave (para fazer o bebê ficar tranquilo, tranquilo, até dormir). **Cantiga de roda.** É um tipo de canção popular que crianças e jovens cantam nas brincadeiras de roda.

canto[1] (can.to) *substantivo masculino* **1.** Ponto ou lugar onde duas linhas ou duas superfícies se encontram: *O canto da página. O canto da sala.* **2.** Local; lugar: *Lia não sabe em que canto deixou a boneca.*

canto[2] (can.to) *substantivo masculino* Som musical produzido pela voz do homem ou de outros animais: *O canto da mãe adormeceu o bebê. Gosto de ouvir o canto dos pássaros.*

cantor (tôr) (can.tor) *substantivo masculino* Homem, rapaz ou menino que canta: *Papai gosta muito desse cantor e tem todos os CDs dele.* [Plural: *cantores*. Feminino: *cantora*.]

cantora (tô) (can.to.ra) *substantivo feminino* Mulher, jovem ou menina que canta.

cão (cão) *substantivo masculino* Animal doméstico de quatro patas que, provavelmente, se originou do lobo. O cão é um mamífero carnívoro. Desde o tempo em que vivia em cavernas, o ser humano cria cães como animais domésticos. O cão costuma latir para espantar quem tenta entrar na casa sem ser convidado ou para avisar o seu dono de que tem alguém querendo entrar. Todo cãozinho gosta de brincar com seu dono. [Plural: *cães*. Feminino: *cadela*.] 440

capa (ca.pa) *substantivo feminino* **1.** Parte externa, de papelão, couro ou outro material, que protege e prende páginas de livro, revista, caderno, etc. **2.** Peça do vestuário que se usa sobre a roupa para protegê-la, ou proteger quem a veste, da chuva. **3.** Aquilo que serve para cobrir ou proteger: *A capa do sofá.*

capacete (ê) (ca.pa.ce.te) *substantivo masculino* Objeto que serve para proteger a cabeça: *Quem anda de motocicleta tem de usar capacete.*

capacho (ca.pa.cho) *substantivo masculino* Pequeno tapete que se coloca na entrada da porta para limpar os pés. →

capacidade (ca.pa.ci.da.de) *substantivo feminino* **1.** Número de pessoas que cabem num veículo, elevador, etc., ou a quantidade de coisas que podem caber num recipiente ou lugar: *Este ônibus tem capacidade para 30 pessoas. Esta caixa tem capacidade para 20 livros.* **2.** Capacidade é também o jeito certo que uma pessoa tem para realizar alguma coisa: *Maria já tem capacidade para ensinar a ler e escrever.*

capaz (ca.paz) *adjetivo de 2 gêneros* Que sabe fazer alguma coisa bem: *Júlio é capaz de imitar vários pássaros.* [Plural: *capazes*.]

capim (ca.pim) *substantivo masculino* Nome de várias plantas de folhas longas e finas. O capim é usado para alimentar o gado. [Plural: *capins*.]

capital (ca.pi.tal) *substantivo feminino* Cidade onde fica o governo de um país ou de um estado: *Brasília é a capital do Brasil. Belo Horizonte é a capital de Minas Gerais.* [Plural: *capitais*.]

capítulo (ca.pí.tu.lo) *substantivo masculino* Divisão de um livro, de uma novela, etc.: *Este livro não é muito grande, só tem seis capítulos.*

capivara (ca.pi.va.ra) *substantivo feminino* Animal mamífero com quatro pernas curtas, que é o maior dos animais roedores. Gosta de viver onde há capim, às margens dos rios, brejos e lagos, e perto das matas. Anda em grupos, sai em geral à noite e nada muito bem. 440

Cc capota ▸ carapaça

capota (ca.**po**.ta) *substantivo feminino* Parte de cima de um automóvel ou a cabine de um caminhão ou de outros veículos.

capotar (ca.po.**tar**) *verbo* Cair (o automóvel, o caminhão, etc.), girando sobre a capota, com as rodas para cima ou não: *Como a estrada estava cheia de lama, a caminhonete capotou.*

caprichoso (chô) (ca.pri.**cho**.so) *adjetivo* Que faz as coisas com todo o cuidado: *Marília é uma aluna caprichosa, cuida bem de seus cadernos e livros.*

capuz (ca.**puz**) *substantivo masculino* Parte da capa ou de agasalho que cobre a cabeça de quem os veste. [Plural: *capuzes*.]

caqui (ca.**qui**) *substantivo masculino* O fruto vermelho, ou alaranjado, e doce de uma árvore chamada *caquizeiro*. 436

caquinha (ca.**qui**.nha) *substantivo feminino* É o mesmo que *cocô*.

cara (**ca**.ra) *substantivo feminino* **1.** É o mesmo que *rosto*. **2.** A expressão que o rosto da gente faz ou como ele fica por alguma razão: *Uma cara engraçada. Uma cara de espanto. Uma cara de doente.*

caracol (ca.ra.**col**) *substantivo masculino* **1.** Animal de corpo mole coberto por uma concha meio redonda. O caracol é um molusco terrestre, que se alimenta de folhas. 440 **2.** Qualquer coisa com a forma da concha do caracol: *Na casa do meu avô há uma escada em caracol.* [Plural: *caracóis*.]

característica (ca.rac.te.**rís**.ti.ca) *substantivo feminino* Aquilo que é próprio de uma coisa, de um ser, de um lugar, etc. São as características de algo ou de alguém que fazem com que a gente saiba identificá-los, isto é, dizer o que eles são.

característico (ca.rac.te.**rís**.ti.co) *adjetivo* Que é próprio de uma coisa, de um ser, de um lugar, etc.: *Carne-seca com abóbora é um prato característico do Nordeste.*

carambola (ca.ram.**bo**.la) *substantivo feminino* O fruto amarelo e doce, quando maduro, de uma árvore chamada *caramboleira*. Quando cortada ao meio, a parte de dentro da carambola parece uma estrela de cinco pontas: *A avó de Laura faz um suco de carambola delicioso.*

caramelo (ca.ra.**me**.lo) *substantivo masculino* **1.** Calda de açúcar queimado, própria para cobrir alguns doces. **2.** Bala puxa-puxa (aquela que gruda na boca) feita com leite e açúcar derretido, por vezes com sabor de chocolate, morango, etc.

caramujo (ca.ra.**mu**.jo) *substantivo masculino* Animal de corpo mole coberto por uma concha meio pontuda. O caramujo é um molusco aquático. 440

caranguejo (guê) (ca.ran.**gue**.jo) *substantivo masculino* Animal de corpo redondo, coberto por uma casca grossa. O caranguejo é um crustáceo e, portanto, tem cinco pares de patas. As duas patas da frente são maiores e mais fortes do que as outras e têm uma pinça na ponta. Existem mais de quatro mil espécies de caranguejos que vivem na água salgada, na água doce ou em terra. O caranguejo é muito apreciado como alimento. 440

← **carapaça** (ca.ra.**pa**.ça) *substantivo feminino* Proteção que tartarugas, tatus, caranguejos, etc., possuem nas costas: *Quando viu a onça, a tartaruga enfiou a cabeça e as patas dentro da carapaça.* [Outro nome: *casco*.]

86

caratê (ca.ra.**tê**) *substantivo masculino* Luta de origem japonesa, para ataque e defesa pessoal, em que são usados, geralmente, as mãos e os pés: *Lucas é o campeão de **caratê** do nosso clube.*

caravela (ca.ra.**ve**.la) *substantivo feminino* Grande barco à vela usado nos séculos XV e XVI. As caravelas tinham em geral dois ou três mastros: *Pedro Álvares Cabral viajou de **caravela** para chegar ao Brasil.*

careca (ca.**re**.ca) *adjetivo de 2 gêneros* Que não tem ou está sem cabelos na cabeça: *O chefe de meu pai é **careca**.*

careta (rê) (ca.**re**.ta) *substantivo feminino* Cara feia ou engraçada que alguém faz: *Pedro fez uma **careta** e o irmãozinho riu.*

carga (**car**.ga) *substantivo feminino* Aquilo que é transportado ou levado por pessoa, animal ou veículo: *Os burrinhos levavam uma **carga** de lenha. O caminhão virou com o peso da **carga**.*

cárie (**cá**.rie) *substantivo feminino* Buraco no dente, causado por bactérias: *Para evitar **cáries** é preciso escovar os dentes após as refeições.*

carinho (ca.**ri**.nho) *substantivo masculino* **1.** Maneira de mostrar amor, simpatia ou amizade por alguém: *Manuel trata os filhos com muito **carinho**.* **2.** Sentimento bom e delicado que a gente sente por alguém: *Tenho um **carinho** grande por você, meu amigo.*

carinhoso (nhô) (ca.ri.**nho**.so) *adjetivo* **1.** Que trata os outros com carinho: *Marta é **carinhosa** até com os animais.* **2.** Que é feito com carinho: *Gesto **carinhoso**.*

carnaval (car.na.**val**) *substantivo masculino* Festa em que as pessoas geralmente se fantasiam e se divertem durante três dias: *Papai prometeu me levar a um baile de **carnaval** infantil.* [Plural: *carnavais*.]

carne (**car**.ne) *substantivo feminino* **1.** A parte do corpo humano formada por músculos, e que, em muitos lugares, cobre os ossos. **2.** A carne de alguns animais, usada como alimento: *Não gosto muito de **carne** de porco. Prefiro **carne** de galinha.* **3.** Nos frutos, é o mesmo que *polpa*.

carneiro (car.**nei**.ro) *substantivo masculino* Animal de quatro patas, que é criado principalmente por causa do pelo com que se faz a lã. O carneiro é um mamífero e sua carne é usada como alimento. [Feminino: *ovelha*.] **440**

carne-seca (sê) (**car**.ne-**se**.ca) *substantivo feminino* Carne de vaca ou boi, salgada e posta para secar. [Outros nomes: *charque* e *jabá*.] [Plural: *carnes-secas*.]

carnívoro (car.**ní**.vo.ro)
carnívoro • *adjetivo* Que se alimenta de carne: *As aves, os peixes, os répteis e até certas plantas podem ser **carnívoros**.*
carnívoro • *substantivo masculino* Qualquer animal mamífero que se alimenta de carne, como o leão, o cão, o urso, etc.: *Os **carnívoros** da mata caçam para se alimentar.*

caro (**ca**.ro) *adjetivo* **1.** Que custa um preço alto: *Antônia escolheu uma roupa cara, mas a mãe mostrou-lhe outra mais bonita e barata.* [Antônimo: *barato*.] **2.** Que é muito querido, amado: — *Meu caro amigo, que bom vê-lo de novo!*

caroço (rô) (ca.**ro**.ço) *substantivo masculino* É como a gente chama a semente, dura, de certos frutos, como a manga, o pêssego, etc., e também a semente do algodão, da azeitona, etc.: *Do caroço do algodão se extrai um óleo comestível.*

carpinteira (car.pin.**tei**.ra) *substantivo feminino* Mulher que faz trabalhos com madeira.

carpinteiro (car.pin.**tei**.ro) *substantivo masculino* Homem que faz trabalhos com madeira: *O teto do nosso quarto foi feito por um carpinteiro muito caprichoso.* [Feminino: *carpinteira*.]

carrapato (car.ra.**pa**.to) *substantivo masculino* Animal muito pequeno, que é parasita de animais domésticos e selvagens, e também de seres humanos. Prende-se à pele deles para chupar o sangue de que se alimenta.

carregar (car.re.**gar**) *verbo* **1.** Transportar ou levar alguém ou alguma coisa: *Isa carregou a irmãzinha nos braços.* **2.** Pôr carga em: *O motorista ajudou a carregar o caminhão.*

carro (**car**.ro) *substantivo masculino* Veículo de rodas, para o transporte de pessoas ou de carga. Pode ser movido por um motor, como os automóveis, ou puxado por animais, como o carro de boi, ou empurrado com as mãos, como o carrinho de bebê ou o carrinho do supermercado.

carroça (car.**ro**.ça) *substantivo feminino* Pequeno veículo de rodas, geralmente puxado por cavalo ou burro, e usado para transportar carga.

carro-pipa (**car**.ro-**pi**.pa) *substantivo masculino* Caminhão que tem um tanque grande para transportar água. [Plurais: *carros-pipas* e *carros-pipa*.]

carrossel (car.ros.**sel**) *substantivo masculino* Brinquedo de parque de diversões: é uma estrutura circular com cavalos ou carros ou aviões, etc., de madeira ou de outro material, que gira em torno de um eixo vertical: *Depois que os meninos sentaram nos cavalinhos do carrossel, ele começou a girar.* [Plural: *carrosséis*.]

carruagem (car.ru.**a**.gem) *substantivo feminino* Veículo usado para o transporte de pessoas, puxado por cavalos: *No conto da Gata Borralheira, a Fada transformou uma abóbora numa linda carruagem.* [Plural: *carruagens*.]

carta (**car**.ta) *substantivo feminino* **1.** Mensagem escrita para uma ou mais pessoas. As cartas devem ser colocadas num envelope com o nome e o endereço de quem vai recebê-las: *No mês do Natal, as crianças escrevem cartas para o Papai Noel.* **2.** Cada peça do baralho.

cartão (car.**tão**) *substantivo masculino* Folha de papel, inteira ou dobrada, um pouco grossa, que serve para escrever mensagens, recados, etc.: *Paulo fez num cartão um belo desenho para sua mãe.* [Os cartões que a gente compra na papelaria já vêm, geralmente, com uma mensagem escrita, do tipo *feliz aniversário*, *feliz Natal*, *feliz dia das mães*, etc.] [Plural: *cartões*.]

cartaz ▶ **casamento**

cartola (car.**to**.la) *substantivo feminino* Chapéu muito alto que ainda é usado por mágicos: *O menino quase não acreditou quando viu o coelho sair da cartola.*

cartolina (car.to.**li**.na) *substantivo feminino* Papelão fino: *Carla foi comprar cartolina para o trabalho escolar de Julinho.*

carvão (car.**vão**) *substantivo masculino* Pedaço de madeira queimada até ficar preta: *Mamãe comprou um saco de carvão e dois quilos de carne para fazer um churrasco.* [Plural: *carvões*.]

casa (**ca**.sa) *substantivo feminino* **1.** Local onde a gente mora: *Plantei uma linda árvore no quintal de minha casa.* **2.** Cada quadrado do tabuleiro do jogo de dama, xadrez, etc., ou cada quadrado do jogo de amarelinha. **3.** Abertura na camisa, na calça, etc., onde entra o botão.

casaco (ca.**sa**.co) *substantivo masculino* Peça de roupa, com mangas e abotoada na frente, que cobre o tronco e que é usada principalmente como agasalho: *Ivo esqueceu o casaco no cinema e voltou correndo para pegá-lo.*

casal (ca.**sal**) *substantivo masculino* **1.** Par formado por um homem e uma mulher ou por um macho e uma fêmea: *Meu tio José e minha tia Maria têm um casal de filhos. Meu padrinho me deu um casal de coelhos para eu criar.* **2.** Par de pessoas que têm uma relação amorosa. [Plural: *casais*.]

casamento (ca.sa.**men**.to) *substantivo masculino* **1.** União entre duas pessoas, geralmente por meio de registro legal (ou seja, aquele que a gente faz segundo as leis) ou atividade religiosa (ou seja, aquela em que um padre, ou um pastor, ou um rabino, etc. faz a união, segundo a fé das pessoas que estão se casando). **2.** A cerimônia em que se realiza essa união: *O casamento de Eduardo e Cláudia foi uma festa muito bonita.*

cartaz (car.**taz**) *substantivo masculino* **1.** Aviso ao público, em geral impresso e de tamanho grande, para anunciar um produto que se quer vender, um espetáculo, etc. **2.** É também a cartolina, o papel pardo, ou outro papel grande em que a gente escreve, pinta, desenha, ou cola figuras para mostrar o que aprendeu numa pesquisa. [Plural: *cartazes*.]

carteira[1] (car.**tei**.ra) *substantivo feminino* **1.** Móvel em sala de aula onde os alunos se sentam para estudar ou escrever: *Rita apoiou o caderno na carteira para escrever melhor.* **2.** Pequena bolsa com divisão para notas de dinheiro, cartões, etc.: *Sandra guardou o troco de 12 reais na carteira.*

carteira[2] (car.**tei**.ra) *substantivo feminino* Mulher que trabalha entregando cartas, telegramas, etc.

carteiro (car.**tei**.ro) *substantivo masculino* Homem que trabalha entregando cartas, telegramas e tudo o que é enviado pelo correio. [Feminino: *carteira*.]

cartilha (car.**ti**.lha) *substantivo feminino* Livro com letras, palavras e, por vezes, desenhos com que a professora ensina a gente a ler e a escrever.

Cc casar ▶ catapora

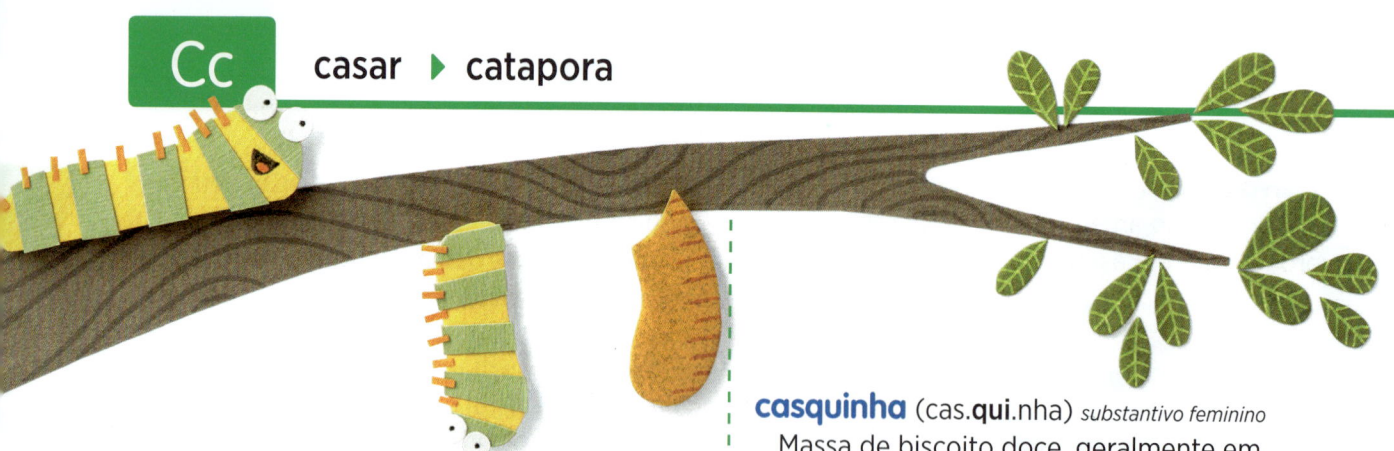

casar (ca.**sar**) *verbo* **1.** Unir-se a alguém por casamento: *Maria casou muito jovem. João e Aline casaram-se ontem.* [Há países em que, segundo a lei, só pode haver casamento de um homem com uma mulher. Há outros em que essa união pode ser realizada entre pessoas do mesmo sexo. Embora menos comum, há, também, lugares (na África e na Ásia, por exemplo) em que um homem pode casar com mais de uma mulher, ou em que uma mulher pode casar com mais de um homem.] **2.** É o mesmo que *combinar* (2): *A cor da saia não casa com a cor dessa blusa.*

casca (**cas**.ca) *substantivo feminino* **1.** Cobertura de certas partes dos vegetais, como o tronco, a raiz, o fruto, a semente, etc.: *A casca do abacaxi é grossa.* **435 2.** Parte mais dura que cobre e protege a carne de certos animais, como o camarão e a lagosta.

cascavel (cas.ca.**vel**) *substantivo feminino* Cobra venenosa de pele escura com riscos claros e uma espécie de chocalho na ponta da cauda. [Plural: *cascavéis*.]

casco (**cas**.co) *substantivo masculino* **1.** Unha de certos animais mamíferos, como o cavalo, o boi, o bode, etc. **2.** A parte externa do tronco de uma árvore. **435 3.** A parte externa da embarcação: *O casco do meu barco é pintado de azul.* **4.** É o mesmo que *carapaça*: *O casco da tartaruga.*

caso (**ca**.so) *substantivo masculino* Aquilo que acontece ou aconteceu; acontecimento, história: *Vovô gosta de contar casos de sua infância.*

casquinha (cas.**qui**.nha) *substantivo feminino* Massa de biscoito doce, geralmente em forma de cone, na qual se serve o sorvete.

castanha (cas.**ta**.nha) *substantivo feminino* O fruto de certas árvores, como o cajueiro.

castanho (cas.**ta**.nho)
castanho • *adjetivo* Da cor de algumas castanhas: *Meus olhos são castanhos.*
castanho • *substantivo masculino* A cor de algumas castanhas: *Seu cabelo é castanho.* **431**

castelo (cas.**te**.lo) *substantivo masculino* Residência de reis ou de pessoas da nobreza: *O castelo do príncipe era cercado por uma muralha e tinha várias torres.*

castigo (cas.**ti**.go) *substantivo masculino* Punição que sofre alguém que fez alguma coisa que não deveria ter feito: *Lia ficou de castigo para aprender a não brigar com a irmã.*

casulo (ca.**su**.lo) *substantivo masculino* Capa em forma de pequeno ovo que a larva do bicho-da-seda ou de outros insetos constrói em volta do próprio corpo, com os fios que produz.

catapora (ca.ta.**po**.ra) *substantivo feminino* Doença contagiosa, comum na infância. A pessoa com catapora fica com febre e com pequenas bolhas espalhadas pelo corpo.

catarro (ca.**tar**.ro) *substantivo masculino* Líquido grosso e meio amarelado que o nosso corpo produz quando estamos com resfriado ou com gripe.

cata-vento (**ca**.ta-**ven**.to) *substantivo masculino* Brinquedo formado por uma vara e uma hélice de plástico, papel, etc., que gira com o vento. [Plural: *cata-ventos*.]

cauda (**cau**.da) *substantivo feminino*
1. Prolongamento da parte de trás do corpo de alguns animais; rabo: *A **cauda** do elefante.*
2. Penas que crescem na parte de trás do corpo das aves; rabo: *A **cauda** do papagaio.*
3. A parte de trás ou o aquilo que vem no final de certas coisas: *A **cauda** do avião. A **cauda** do vestido da rainha.*

caule (**cau**.le) *substantivo masculino* Parte da planta que sustenta as folhas e é ligada à raiz: *Nas plantas, o **caule** fica entre a raiz e as folhas.* 435

causa (**cau**.sa) *substantivo feminino* Aquilo que provoca alguma coisa, que faz com que ela aconteça; razão, motivo: *A **causa** das chuvas é a evaporação das águas dos rios, dos mares, etc.*

causado (cau.**sa**.do) *adjetivo* Que aconteceu graças a alguma coisa ou a alguém: *Sentiu uma forte dor de cabeça, **causada** pela batida.*

cavalo (ca.**va**.lo) *substantivo masculino* **1.** Grande animal de quatro patas em que a gente pode montar, e que também é usado para puxar carros. O cavalo é um mamífero que, sem mexer a cabeça, pode enxergar dos lados, por causa da posição de seus olhos. [Feminino: *égua*.] 440 **2.** Peça do jogo de xadrez.

cavalo-marinho (ca.**va**.lo-ma.**ri**.nho) *substantivo masculino* Peixe de cerca de 15 centímetros de comprimento que tem a cabeça parecida com a do cavalo. [Plural: *cavalos-marinhos*.] 440

cavaquinho (ca.va.**qui**.nho) *substantivo masculino* Instrumento musical com quatro cordas que parece um violão pequeno. 434

cavar (ca.**var**) *verbo* Abrir buraco na terra com enxada, pá ou qualquer outro objeto: *Júlio **cavou** a terra e plantou uma árvore.*

caveira (ca.**vei**.ra) *substantivo feminino* Os ossos que formam a cabeça. São os ossos do crânio e os da face juntos, mas sem cabelo, sem pele e sem carne: *No filme, havia uma bandeira de pirata com o desenho de uma **caveira**.*

caverna (ca.**ver**.na) *substantivo feminino* Grande buraco no interior da terra ou na parte lateral das montanhas; gruta: *Antigamente, os seres humanos viviam em **cavernas**.*

cavidade (ca.vi.**da**.de) *substantivo feminino*
1. Parte oca ou mais profunda de um objeto ou superfície sólida: *Na montanha havia uma grande **cavidade** aberta pelos mineiros.* **2.** Parte oca no interior do corpo (da gente ou dos animais, etc.) ou de um dos seus órgãos: *O corpo humano tem várias **cavidades**.*

caxinguelê (xin = chin) (ca.xin.gue.**lê**) *substantivo masculino* Pequeno animal roedor, de rabo longo e peludo, que vive nas árvores; esquilo. O caxinguelê é um mamífero que se alimenta de sementes e pequenos frutos duros. 440

Cc   caxumba ▶ centavo

caxumba (xum = chum) (ca.**xum**.ba) *substantivo feminino* Doença contagiosa que ataca principalmente as crianças e que provoca febre e faz inchar o pescoço abaixo do ouvido.

- **CD** *substantivo masculino* Pequeno disco no qual se gravam música, imagem, texto, etc. Há um tipo de CD, o CD-ROM, no qual se gravam filmes, etc.

cebola (bô) (ce.**bo**.la) *substantivo feminino* Legume de gosto forte, muito usado em molho e como tempero ou na salada: *No jantar, a salada era de tomate, alface e cebola.* 436

cê-cê (cê-cê) *substantivo masculino* Cheiro ruim que sai do nosso corpo, geralmente quando estamos muito suados. [Plural: *cê-cês*.]

cedo (ê) (**ce**.do) *advérbio* **1.** Antes da hora: *Cheguei cedo ao encontro com meu amigo.* **2.** Nas primeiras horas da manhã: *Levantei-me cedo para ir pescar.*

cego (**ce**.go)
cego • *substantivo masculino* Aquele que não vê: *O menino ajudou o cego a atravessar a rua.*
cego • *adjetivo* **1.** Que não vê. **2.** Diz-se de faca, tesoura, etc., que não corta bem: *O facão ficou cego de tanto ser usado.*

cegonha (ce.**go**.nha) *substantivo feminino* Grande ave de plumas brancas ou de plumas brancas e asas pretas, de bico longo e pontudo e pernas compridas. Vive na Europa, na África e na Ásia: *A fábula da Raposa e da Cegonha nos ensina que não devemos fazer aos outros aquilo que não queremos que nos façam. Você conhece essa história? E a lenda que diz que as cegonhas trazem os bebês para as mamães você conhece?* 440

ceia (**cei**.a) *substantivo feminino* Refeição que é feita tarde da noite: *Na minha família, temos o costume de fazer a ceia de Natal e convidar muitos parentes.*

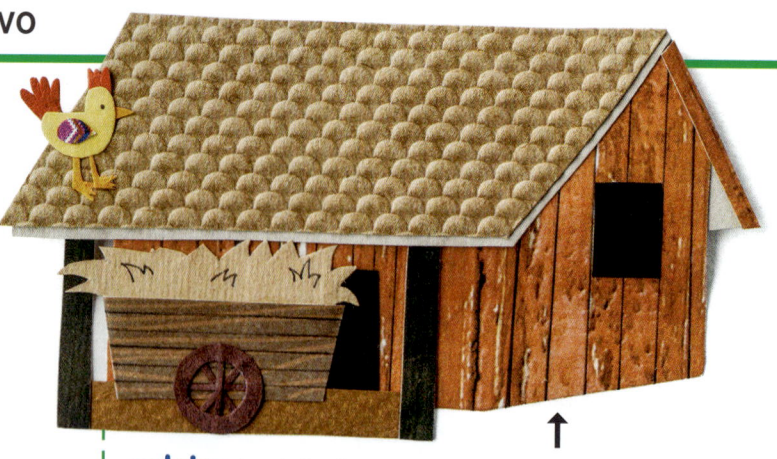

celeiro (ce.**lei**.ro) *substantivo masculino* Em fazendas, sítios, etc., construção em que se guardam cereais, plantas com que a gente alimenta o gado, e, por vezes, alguns pequenos animais, e várias outras coisas.

celeste (ce.**les**.te) *adjetivo de 2 gêneros* Que está no céu ou que se avista nele: *As estrelas e os planetas são astros celestes.*

célula (**cé**.lu.la) *substantivo feminino* Cada uma das unidades muito, muito pequenas que formam o organismo dos seres vivos: *Existem micróbios formados por apenas uma célula.*

celular (ce.lu.**lar**) *substantivo masculino* Telefone pequeno, que as pessoas levam para todo lugar: *Maria estava no ônibus quando o seu celular tocou.* [Plural: *celulares*.]

cemitério (ce.mi.**té**.rio) *substantivo masculino* Lugar onde se enterram ou se guardam as pessoas que já morreram.

cena (**ce**.na) *substantivo feminino* Cada uma das partes de um filme ou de uma peça de teatro em que algo é dito ou é feito, como, por exemplo, a chegada e a saída de um personagem.

cenoura (ce.**nou**.ra) *substantivo feminino* Legume comprido e de cor alaranjada, que se come cru ou cozido: *Gosto muito de cenoura na salada.* 436

centavo (cen.**ta**.vo) *substantivo masculino* Moeda que representa a centésima parte do real e das moedas de outros países: *Um real tem cem centavos.*

centena (cen.**te**.na) *substantivo feminino* Conjunto de cem; dez dezenas: *Um conjunto de cem alunos é o mesmo que uma **centena** de alunos.*

centímetro (cen.**tí**.me.tro) *substantivo masculino* Medida de comprimento igual à centésima parte do metro (ou seja, o metro dividido por cem): *A margem do meu caderno tem dois **centímetros**.* [Símbolo: *cm*]

central (cen.**tral**) *adjetivo de 2 gêneros* **1.** Do centro, ou nele situado: *A região **central** da cidade fica a uns cinco quilômetros daqui de casa.* **2.** Mais importante; principal: *Qual é a ideia **central** do texto?* [Plural: *centrais*.]

centro (**cen**.tro) *substantivo masculino* A parte que fica bem no meio de um corpo, de um objeto, de um lugar, etc.: *O jogo começou com a bola no **centro** do campo.*

centro-oeste (**cen**.tro-o.**es**.te) *substantivo masculino* Região que, no Brasil, compreende o Distrito Federal e os estados de Mato Grosso, Mato Grosso do Sul e Goiás. [A gente usa letra inicial maiúscula quando escreve sobre essa região.] [Plural: *centro-oestes*.]

cera (**ce**.ra) *substantivo feminino* Substância amarelada e mole fabricada pelas abelhas.

cerâmica (ce.**râ**.mi.ca) *substantivo feminino* Qualquer objeto feito com barro cozido, como tijolos, telhas, vasos, etc.: *Ganhei um belo vaso de **cerâmica**.*

cerca[1] (**cer**.ca) *substantivo feminino* Construção feita de pedaços de madeira, de ferro, de arame, ou de pedras, etc. ao redor de uma casa ou de um terreno para proteger ou guardar o lugar.

cerca[2] (**cer**.ca) *advérbio* É uma palavra usada na locução *cerca de*. ◆ **Cerca de.** Quer dizer "mais ou menos", e a gente usa para falar de quantidade, peso, altura ou idade que a gente não diz qual é exatamente, a gente só diz mais ou menos qual seja: *Essa árvore tem **cerca de** oito metros.*

cercar (cer.**car**) *verbo* **1.** Pôr cerca¹ ou muro em algum lugar: *Vovô **cerca** sua fazenda para o gado não fugir.* **2.** Estar ou ficar em volta de: *Muitas montanhas **cercam** este vale.*

cereal (ce.re.**al**) *substantivo masculino* **1.** Planta, como o arroz, o trigo, a aveia, o milho, etc., que tem grãos que servem para a alimentação dos seres humanos e de outros animais, e podem ser transformados em farinha. **2.** É também o nome que usamos para falar dos grãos dessas plantas. [Plural: *cereais*.]

cérebro (**cé**.re.bro) *substantivo masculino* O principal órgão do sistema nervoso. O cérebro fica na cabeça, dentro do crânio. É por meio dele que podemos pensar e sentir.

cereja (ce.**re**.ja) *substantivo feminino* O fruto vermelho, pequeno e doce de uma árvore chamada *cerejeira*.

cerimônia (ce.ri.**mô**.nia) *substantivo feminino* Reunião para comemorar um fato que pode ser alegre, triste, importante, etc.: *A **cerimônia** do casamento foi muito bonita. Na **cerimônia** do aniversário da Independência, muitos soldados desfilaram.*

cerrado (cer.**ra**.do) *substantivo masculino* Tipo de vegetação em que as plantas principais são árvores pequenas, que crescem umas longe das outras.

certeza (cer.**te**.za) *substantivo feminino* É o estar certo de que se sabe algo. A certeza é uma mistura de pensamento e sentimento, que resultam do conhecimento que a gente tem sobre alguma coisa, que a gente viu, ouviu, leu ou aprendeu, etc.

Cc — certo ▶ chateado

certo (**cer**.to)
certo • *adjetivo* Sem erro; correto, exato: *Como seu exercício estava todo **certo**, João recebeu elogios da professora.*
certo • *pronome* É uma palavra usada para falar de valor, quantia, peso, data, etc. que a gente não sabe bem qual é, ou que a gente sabe, mas não quer dizer; um, algum, determinado: ***Certa** manhã, abriu a janela e viu uma linda rosa.*
[Feminino: *certa*.]

cesta (**ces**.ta) *substantivo feminino* **1.** Objeto de palha trançada que serve para guardar ou transportar roupa, alimentos, etc. [É também chamado de *cesto*.] **2.** Rede sem fundo presa a um aro de ferro, usada no jogo de basquete.

cesto (**ces**.to) *substantivo masculino* É o mesmo que *cesta* (1).

céu (céu) *substantivo masculino* **1.** Espaço onde se movem os astros. **2.** Espaço acima de nossas cabeças, limitado pelo horizonte: *Hoje o **céu** está sem nuvens.* [Plural: *céus*.]

chá (chá) *substantivo masculino* Bebida feita com as folhas secas de algumas plantas e que pode ser tomada quente ou gelada: *Tia Clara adora **chá** com bolo de chocolate.*

chama (**cha**.ma) *substantivo feminino* Luz e calor produzidos pela madeira, pelo gás, ou por outro combustível, ao serem queimados: *A **chama** do fogão é azul, mas a **chama** da vela é amarela.*

chamada (cha.**ma**.da) *substantivo feminino* Ato de chamar as pessoas pelos nomes, para verificar se elas estão presentes numa sala de aula, etc.

chamar (cha.**mar**) *verbo* **1.** Dizer em voz alta o nome de uma pessoa, para que venha até onde estamos ou para verificar se ela está presente: *Vou **chamar** o Gui para tomar banho, pois está quase na hora de ele ir para a escola.* **2.** Convidar: *Vou **chamar** Lúcia para ir ao cinema.* **3.** Ter nome: *Meu pai se **chama** Roberto.*

chaminé (cha.mi.**né**) *substantivo feminino* Espécie de tubo largo que leva a fumaça de fogão, lareira, etc., do interior de uma casa para fora do telhado.

chance (**chan**.ce) *substantivo feminino* É o que ocorre quando a situação ou o momento são bons para que algo aconteça ou para que a gente faça algo: *— Que bom que ela teve a **chance** de estudar.* [Outro nome: *oportunidade*.]

chão (chão) *substantivo masculino* O lugar onde se anda, onde se constrói; o solo; a terra: *Mariana varre o **chão** do quintal de sua casa todas as manhãs.* [Plural: *chãos*.]

chapa (**cha**.pa) *substantivo feminino* É o mesmo que *placa* (1 e 2).

chapéu (cha.**péu**) *substantivo masculino* **1.** Objeto de palha, de pano, etc., usado para cobrir a cabeça. **2.** É o mesmo que *guarda-chuva*. [Plural: *chapéus*.]

charque (**char**.que) *substantivo masculino* É o mesmo que *carne-seca*.

chateado (cha.te.**a**.do) *adjetivo* Que não está contente com alguém ou com alguma coisa; que ficou aborrecido de verdade. Às vezes o sentimento de quem está chateado é de tristeza e às vezes é de aborrecimento: *Diana está **chateada** porque um amigo seu está doente.*

chatear (cha.te.**ar**) *verbo* É o mesmo que *aborrecer*.

chato (**cha**.to) *adjetivo* **1.** É o mesmo que *plano* (1): *O fundo do barco de meu tio é chato e liso.* **2.** Que não é agradável, que aborrece: *Carlos foi ao cinema e achou o filme chato.*

chave (**cha**.ve) *substantivo feminino* Peça de metal que serve para abrir e fechar porta, mala, etc.: *A pessoa que conserta ou faz chaves chama-se chaveiro.*

chefe (**che**.fe) *substantivo de 2 gêneros* Pessoa que dirige, que manda, ou que é o principal entre outros; líder: *Papai é o chefe do escritório onde trabalha. Ísis é a chefe de Filipe.*

chegada (che.**ga**.da) *substantivo feminino* Ação de chegar ou o momento em que a gente chega a algum lugar.

chegar (che.**gar**) *verbo* **1.** Terminar a viagem, a caminhada, etc. até o lugar aonde se quer ir: *Pedro chegou cedo à casa do amigo. Ontem meu irmão chegou tarde em casa.* **2.** Ter início: *que enfim chegaram as férias.* **3.** Ser suficiente; bastar: *Os doces chegam para todos.*

cheio (**chei**.o) *adjetivo* **1.** Que contém tudo o que pode caber: *Mamãe trouxe uma garrafa cheia de leite.* **2.** Com muito, com bastante: *Como os meninos estavam cheios de energia, brincaram até tarde.*

cheirar (chei.**rar**) *verbo* **1.** Sentir o cheiro de alguma coisa: *O gatinho cheirou a comida antes de comê-la.* **2.** Estar com determinado cheiro: *A cozinha cheirava a peixe.*

cheiro (**chei**.ro) *substantivo masculino* Aquilo que é percebido pelo nariz, pelo olfato: *Esta flor tem um cheiro bom, ela é muito cheirosa. O lixo tem mau cheiro porque nele há coisas estragadas.* [Quando o cheiro é bom, diz-se *perfume*; quando é mau, diz-se *fedor*.]

cheiroso (rô) (chei.**ro**.so) *adjetivo* Que tem perfume, que tem um cheiro agradável: — *Que lírio cheiroso! Minha irmã diz que adora uma casa cheirosa.*

chicote (chi.**co**.te) *substantivo masculino* Tira de couro com cabo, usada para bater: *É muito triste saber que existe gente que usa o chicote quando monta a cavalo.*

chifre (**chi**.fre) *substantivo masculino* Tipo de osso, geralmente pontudo, que cresce na cabeça de alguns animais: *O chifre do boi. O chifre do bode.*

chimarrão (chi.mar.**rão**) *substantivo masculino* É uma bebida feita de erva-mate moída, na qual se coloca água morna. Ela é bebida, geralmente, sem açúcar e é muito comum no Sul do país, onde é preparada e tomada numa cuia e sugada por meio de uma bomba. [Plural: *chimarrões*.] Veja na ilustração abaixo.

chimpanzé (chim.pan.**zé**) *substantivo masculino* Grande macaco da África, de corpo peludo, nariz largo e focinho comprido. Tem braços muito longos e alimenta-se principalmente de frutos, folhas e pequenos animais. O chimpanzé é um animal muito inteligente. **440**

Cc chinelo ▸ churrasco

chinelo (chi.**ne**.lo) *substantivo masculino* Calçado aberto, sem salto, preso ao pé por uma tira, e que se usa em casa, na praia, na piscina, etc.: *Mamãe matou a barata com um chinelo.*

chiqueiro (chi.**quei**.ro) *substantivo masculino* Local onde se criam porcos: *A fazenda de vovô tem um chiqueiro com mais de seis porcos.*

chocalho (cho.**ca**.lho) *substantivo masculino* **1.** Objeto que produz som ao ser agitado: *A cabra tinha um chocalho pendurado no pescoço.* **2.** Brinquedo infantil semelhante ao chocalho (1): *O bebê está brincando com um chocalho.*

chocar (cho.**car**) *verbo* Cobrir os ovos para aquecê-los com o corpo, a fim de que nasçam os filhotes que crescem dentro deles: *As galinhas chocam os ovos durante 21 dias.*

chocar-se (cho.**car**-se) *verbo* Ir um veículo, uma coisa, um ser, etc. (em movimento) de encontro a outro: *O ônibus e o automóvel se chocaram na esquina da rua.*

chocolate (cho.co.**la**.te) *substantivo masculino* **1.** Alimento em barra, pó ou pasta que é feito com semente de cacau, açúcar e outras substâncias com aroma: *Ganhei um bombom de chocolate com passa.* **2.** Bebida preparada com chocolate e leite.

choque (**cho**.que) *substantivo masculino* **1.** Encontro de dois ou mais objetos em que pelo menos um deles está em movimento, e geralmente com velocidade: *O choque entre o ônibus e o caminhão foi muito forte.* **2.** Sensação produzida por uma descarga elétrica: *Paulo foi trocar a lâmpada do abajur e levou um choque.*

chorar (cho.**rar**) *verbo* Ter lágrimas caindo dos olhos: *A emoção pode fazer as pessoas chorarem de alegria ou de tristeza.*

choro (chô) (**cho**.ro) *substantivo masculino* **1.** Ação de chorar: *O choro é uma linguagem do bebê.* **2.** Tipo de música que surgiu no Rio de Janeiro e é mais antigo que o samba: *Júlia aprendeu a tocar choro com seu bandolim.* [É também conhecido como *chorinho*.]

chover (cho.**ver**) *verbo* Cair chuva: *Choveu muito ontem à noite, a areia da praia ainda está molhada.*

chuchu (chu.**chu**) *substantivo masculino* Planta que dá um fruto verde também chamado *chuchu* e que se come cozido: *Mara gosta muito de camarão com chuchu.* 436

chulé (chu.**lé**) *substantivo masculino* Mau cheiro dos pés: *O chulé é causado por microrganismos que ficam no nosso pé, principalmente quando usamos sapato fechado ou tênis por muito tempo.*

chumbo (**chum**.bo) *substantivo masculino* Metal pesado, de cor cinza, que é usado para fazer canos, etc.

chupar (chu.**par**) *verbo* **1.** Tirar, com a boca, o suco de alguma fruta: *Chupar laranja.* **2.** Pôr na boca ou entre os lábios, sugando: *Minha irmãzinha gosta de chupar o dedo quando dorme.*

chupeta (pê) (chu.**pe**.ta) *substantivo feminino* Pequeno objeto com um bico de borracha que a criança chupa para dormir, etc.

churrascaria (chur.ras.ca.**ri**.a) *substantivo feminino* Restaurante cujo prato principal é o churrasco: *Comemoramos o aniversário de papai numa ótima churrascaria.*

← **churrasco** (chur.**ras**.co) *substantivo masculino* Carne de boi, ou de porco, etc., assada na brasa.

chute (**chu**.te) *substantivo masculino* **1.** Pontapé dado na bola, em jogo de futebol: *Apesar de canhoto, deu um **chute** com o pé direito.* **2.** Pontapé: *Deu um **chute** na porta, para abri-la.*

chuva (**chu**.va) *substantivo feminino* Água que cai das nuvens em forma de gotas: *Com a **chuva**, as sementes de alface brotaram com muita força.*

chuveiro (chu.**vei**.ro) *substantivo masculino* Peça ou aparelho com muitos furos, preso a um cano por onde sai água, e que se usa para tomar banho: *O **chuveiro** está pingando, mamãe vai chamar um bombeiro para consertá-lo.*

cicatriz (ci.ca.**triz**) *substantivo feminino* Marca que um machucado, um corte, etc., deixa na pele depois de sarar: *Joana ficou com uma **cicatriz** na barriga depois da operação.* [Plural: *cicatrizes*.]

ciclista (ci.**clis**.ta) *substantivo de 2 gêneros* Pessoa que anda de bicicleta: *Os **ciclistas** devem atravessar a estrada com todo o cuidado.*

cidade (ci.**da**.de) *substantivo feminino* Lugar habitado por muitas pessoas, com ruas, praças, casas, prédios, escolas, lojas, bancos e serviços de água, luz, esgoto, transportes, etc.: *A **cidade** de Salvador foi a primeira capital do Brasil.*

ciência (ci.**ên**.cia) *substantivo feminino* **1.** Atividade ou o conjunto de atividades que têm por base o estudo organizado e com método (ou seja, as pesquisas) sobre os fenômenos e ocorrências da natureza, etc., de modo a produzir conhecimento que pode ser comprovado e utilizado para algum fim: *Graças ao progresso da **ciência**, muitas doenças hoje têm cura.* **2.** É também o conhecimento, o saber, que resulta dessa atividade. **3.** O conjunto dos conhecimentos relativos a determinada matéria: *A Matemática é uma **ciência**.*

ciências (ci.**ên**.cias) *substantivo feminino plural* Conjunto das matérias em que se estuda a natureza.

cientista (ci.en.**tis**.ta) *substantivo de 2 gêneros* Pessoa que estuda muito (mas muito mesmo) e se dedica a uma ou mais ciências, tais como Física, Química, Biologia, etc.

cifrão (ci.**frão**) *substantivo masculino* Sinal ($) usado para representar dinheiro. Exemplo: *R$ 100,00 (cem reais).* [Plural: *cifrões*.]

cigarra (ci.**gar**.ra) *substantivo feminino* Inseto voador. As larvas da cigarra permanecem vários anos debaixo da terra. O macho produz um som forte, uma espécie de canto: *Na fábula, a **Cigarra** passou o verão cantando, enquanto a Formiga trabalhava, juntando alimento para o inverno.* 440

cilíndrico (ci.**lín**.dri.co) *adjetivo* Em forma de cilindro: *Os copos geralmente são **cilíndricos**.*

cilindro (ci.**lin**.dro) *substantivo masculino* É um objeto com duas bases e uma superfície curva: *Uma lata de refrigerante tem a forma de um **cilindro**.* 430

cílio (**cí**.lio) *substantivo masculino* Cada um dos pelos na pálpebra do olho; pestana. 433

cima (**ci**.ma) *substantivo feminino* O alto de alguma coisa ou de algum lugar. ◆ **Em cima de.** No alto ou na parte superior de alguma coisa ou de algum lugar: *Os livros estão **em cima da** mesa.*

cimento (ci.**men**.to) *substantivo masculino* Substância em pó usada em construção para ligar certos materiais. Acrescenta-se água ao cimento para umedecê-lo. Depois de seco, ele fica muito duro e resistente.

cinema (ci.**ne**.ma) *substantivo masculino* **1.** A arte de criar e compor imagens em movimento; a arte de fazer filmes. **2.** Sala de espetáculo onde se assiste a filmes.

Cc   cinto ▸ circular²

cinto (**cin**.to) *substantivo masculino* Faixa ou tira de tecido, couro, etc., que se usa em volta da cintura. Serve para prender a saia ou a calça, ou apenas como enfeite: *O vestido de Clara tem um **cinto** azul.*

cintura (cin.**tu**.ra) *substantivo feminino* A parte que fica no meio do tronco humano, mais ou menos na altura do umbigo: *Maria fica bonita de cinto porque tem **cintura** fina.* [433]

cinza (**cin**.za)
cinza • *substantivo feminino* O pó em que se transformam as coisas que se queimam.
cinza • *substantivo masculino* A cor cinza semelhante à cor desse pó em que se transformam as coisas que se queimam. [431]
cinza • *adjetivo de 2 gêneros e 2 números* É o mesmo que *cinzento*: *Ganhei duas camisetas **cinza**, de mangas curtas.*

cinzento (cin.**zen**.to) *adjetivo* Que tem a cor da cinza: *O céu, nos dias de chuva, fica **cinzento**.*

cipó (ci.**pó**) *substantivo masculino* Planta que se prende a uma árvore e nela fica pendurada, como uma corda: *Quando entrei na mata, vi um macaco que se balançava na ponta de um **cipó**.*

ciranda (ci.**ran**.da) *substantivo feminino* Dança de roda infantil.

circo (**cir**.co) *substantivo masculino* Espaço circular, coberto de lona, onde palhaços, acrobatas, trapezistas, etc., se apresentam para o público.

Desenhe aqui o que você mais gostou quando foi ao circo.

circulação (cir.cu.la.**ção**) *substantivo feminino* **1.** Movimento não interrompido de algo: *A **circulação** do ar.* **2.** O ir e vir dos veículos nas ruas: *A **circulação** de veículos no trânsito.* **3.** Função que transporta a todas as partes do corpo de um animal (pelo sangue ou por outro líquido) os nutrientes (ou seja, tudo aquilo que vai servir para alimentar, dar energia ao organismo) e o oxigênio de que ele precisa. **4.** Função que transporta a todas as partes de um vegetal (pela seiva) aquilo de que ele precisa para sobreviver. [Plural: *circulações*.]

circular¹ (cir.cu.**lar**) *adjetivo de 2 gêneros* Que tem forma de círculo: *O estádio do Maracanã, no Rio de Janeiro, é **circular**.* [Plural: *circulares*.]

circular² (cir.cu.**lar**) *verbo* **1.** Mover-se em ruas, estradas, etc.: *Em certas horas do dia os veículos **circulam** com dificuldade.* **2.** Correr nas veias e nas artérias e retornar aos pulmões e ao coração: *O sangue **circula** nas veias.*

círculo (**cír**.cu.lo) *substantivo masculino* **1.** É o nome que se costuma dar a uma linha curva fechada de forma redonda: *Uma bola de futebol é uma esfera, mas desenhada no papel tem a forma de um **círculo**.* 430 **2.** É também o nome técnico para a superfície plana que está no interior dessa linha curva fechada, delimitada, portanto, por ela. 430

circunferência (cir.cun.fe.**rên**.cia) *substantivo feminino* É o nome técnico para uma linha curva fechada de forma redonda, e que tem, portanto, sempre a mesma distância para o centro, de qualquer ponto que se meça. 430

ciscar (cis.**car**) *verbo* Mexer a galinha, o pombo ou outra ave a terra em que pisa, cavando-a com o bico e movendo-a com os pés, à procura de alimento: *As codornas **estavam ciscando** no quintal.*

cisco (**cis**.co) *substantivo masculino* Qualquer poeirinha que entra no olho da gente e fica incomodando.

cisne (**cis**.ne) *substantivo masculino* Ave parecida com o pato, porém maior do que ele e de pescoço comprido e bico mais fino: *A história do Patinho Feio é, na verdade, a história de um **cisne**.* 440

ciúme (ci.**ú**.me) *substantivo masculino* Sentimento de uma pessoa que não gosta de dividir com outra ou outras pessoas a atenção de quem ela gosta muito. [Também é muito usado no plural: *ciúmes*.]

clara (**cla**.ra) *substantivo feminino* Substância transparente que envolve a gema do ovo. Tem grande valor nutritivo: *Mamãe faz um pudim de **clara** que é uma delícia.*

claridade (cla.ri.**da**.de) *substantivo feminino* A propriedade de um corpo, ou de um lugar, de ser claro, luminoso, etc.

claro (**cla**.ro) *adjetivo* **1.** Que recebe luz; iluminado: *Uma sala **clara**.* **2.** Que tem cor menos escura: *Uma roupa **clara**.* **3.** Fácil de compreender, de entender: *Uma explicação **clara**.*

classe (**clas**.se) *substantivo feminino* **1.** Conjunto de alunos que têm o mesmo professor e estudam na mesma sala: *Nossa **classe** tem trinta alunos.* [Outro nome: *turma*.] **2.** Grupo de seres com certos elementos comuns: *A **classe** dos animais vertebrados.* **3.** Qualidade: *Arroz de primeira **classe**.*
◆ **Classe de palavras.** Cada um dos grupos aos quais a gente diz que as palavras pertencem, de acordo com o seu significado ou sentido ou as características gramaticais e de forma, etc. que apresentam, ou as funções que podem apresentar num enunciado, escrito ou falado: *Dez são as **classes de palavras**, no português: substantivo, verbo, artigo, adjetivo, pronome, numeral, advérbio, preposição, conjunção e interjeição.* [Outros nomes: *categoria gramatical* ou *categoria lexical*.]

classificação (clas.si.fi.ca.**ção**) *substantivo feminino* Ação ou resultado de separar um grupo de coisas ou seres, etc. em classes ou grupos específicos, segundo as suas características. [Plural: *classificações*.]

clicar (cli.**car**) *verbo* Apertar o botão do *mouse*, geralmente para abrir algo no computador: *Meu irmão mandou que eu **clicasse** numa página da Internet.*

Cc cliente ▸ cobra

cliente (cli.**en**.te) *substantivo de 2 gêneros* **1.** Pessoa que vai a uma loja para comprar alguma coisa. **2.** Pessoa que contrata o serviço de um advogado, etc. **3.** Pessoa que vai à clínica para consultar um médico ou um dentista: *Hoje o Dr. Paulo já atendeu 15 clientes.*

clima (**cli**.ma) *substantivo masculino* O tempo que faz num lugar, numa região, num país, em determinada época do ano: *A cidade onde moro tem clima quente. O clima do Sul do Brasil é mais frio que o do Norte.*

clínica (**clí**.ni.ca) *substantivo feminino* **1.** Lugar em que médicos, dentistas ou outros profissionais que cuidam da saúde das pessoas atendem seus clientes. **2.** Lugar em que veterinários cuidam de cães, gatos ou outros animais domésticos que precisam de tratamento.

clipe (**cli**.pe) *substantivo masculino* Pequena peça de metal ou de plástico para prender papéis.

cloro (clô) (**clo**.ro) *substantivo masculino* Substância de cor meio verde que é usada para tratar a água e torná-la própria para o nosso uso. O cloro elimina microrganismos que causam doenças.

clorofila (clo.ro.**fi**.la) *substantivo feminino* Substância que dá cor verde às plantas e que é necessária para a realização da fotossíntese.

clube (**clu**.be) *substantivo masculino* Lugar com salões, piscina, campos de esporte, etc., onde os sócios se encontram para conversar, praticar esportes, dançar, nadar, etc.: *Jogo pingue-pongue todos os sábados no clube da minha rua.*

■ **cm** Símbolo de *centímetro*.

coador (dôr) (co.a.**dor**) *substantivo masculino* Saco de pano, papel, etc., em que se filtra café, chá, etc. [Plural: *coadores*.]

coala (co.**a**.la) *substantivo masculino* Animal parecido com um ursinho (mas que não é um urso), com orelhas redondinhas. Vive na Austrália e tem uma bolsa como o canguru. 440

coberta (co.**ber**.ta) *substantivo feminino* Pano, geralmente não muito fino nem muito grosso, que a gente usa para se proteger do frio.

coberto (co.**ber**.to) *adjetivo* **1.** Que tem algo que o cobre, ou recebeu cobertura, proteção, ou tampa, etc.: *O corpo do gato é coberto de pelo.* **2.** Cheio de algo: *Por causa da enchente, chegou em casa coberto de lama.*

cobertor (tôr) (co.ber.**tor**) *substantivo masculino* Pano grosso, largo e comprido que serve para cobrir uma pessoa e, assim, evitar que ela sinta frio: *Em noites muito frias, preciso usar dois cobertores para dormir.* [Plural: *cobertores*.]

cobertura (co.ber.**tu**.ra) *substantivo feminino* **1.** Aquilo que serve para cobrir: *O bolo da festa de Aninha tinha cobertura de chocolate.* **2.** Apartamento construído sobre o último andar de um edifício: *Há uma piscina na cobertura deste edifício.*

cobra (**co**.bra) *substantivo feminino* Animal réptil de corpo comprido, em forma de tubo, e sem pés. Algumas cobras vivem no chão ou na água, outras nas árvores. As cobras alimentam-se geralmente de pequenos animais. 440

cobre (co.bre) *substantivo masculino* Metal de cor um tanto vermelha: *Os fios elétricos são feitos de cobre.*

cobrir (co.brir) *verbo* **1.** Pôr alguma coisa sobre outra para protegê-la, enfeitá-la, etc.: *O sol estava forte e João cobriu a cabeça com um boné. Eni cobriu a cama com uma colcha colorida.* **2.** Ficar por cima de alguma coisa: *A neve cobriu a rua.*

cocada (co.ca.da) *substantivo feminino* Doce de coco ralado e calda de açúcar. A cocada não costuma ser nem dura nem mole.

coçar (co.çar) *verbo* Esfregar com as unhas uma parte do corpo: *Pedi a minha mãe que me coçasse as costas.*

coceira (co.cei.ra) *substantivo feminino* Sensação desagradável na pele que faz a gente se coçar, para ver se passa (mas coçar muitas vezes só piora): *A coceira muitas vezes vem de uma alergia.*

cochilar (co.chi.lar) *verbo* Dormir um pouquinho e acordar, várias vezes: *Meu avô sentou-se no sofá para ver televisão, mas cochilou.*

coco (côco) (co.co) *substantivo masculino* O fruto de várias palmeiras. O do coqueiro-da-baía (que é uma palmeira muito comum no litoral do Brasil) é grande, e tem uma casca dura e grossa. Dentro dele há uma polpa branca que serve para comer, fazer doce, etc., e uma água boa de beber. 436

cocô (co.cô) *substantivo masculino* Tudo o que a gente come e não foi usado pelo nosso corpo e que é então eliminado por ele. [Outros nomes: *caca, cacá, caquinha* e *fezes.*] ◆ **Fazer cocô.** Eliminar o cocô do corpo, no vaso, no penico, etc.

codorna (co.dor.na) *substantivo feminino* Ave pequena, de carne apreciada, que vive nos campos, onde é caçada. Atualmente, há criação de codornas para a produção de carne e de ovos.

coelho (ê) (co.e.lho) *substantivo masculino* Pequeno animal mamífero, de pelo macio, orelhas compridas e cauda curta, que cava buracos e tem muitos filhotes. O coelho é um mamífero. 440

cofre (co.fre) *substantivo masculino* **1.** Caixa ou móvel para guardar dinheiro, joias, etc.: *Quando viaja, mamãe guarda suas joias no cofre do hotel.* **2.** Objeto em forma de porquinho, casinha, etc., com abertura para moedas.

cogumelo (co.gu.me.lo) *substantivo masculino* Ser vivo que não é um animal nem um vegetal, e que geralmente cresce em lugares úmidos e com pouca luz. Alguns cogumelos podem ser comidos; outros, não, porque são venenosos.

coisa (coi.sa) *substantivo feminino* **1.** Tudo o que existe ou que pode existir. **2.** Objeto inanimado: *Ao contrário das plantas e dos animais, as coisas não têm vida.*

cola (co.la) *substantivo feminino* Substância para ligar ou grudar papel, madeira ou outro material.

colar¹ (co.lar) *substantivo masculino* Enfeite para o pescoço: *Mamãe ganhou um lindo colar feito com sementes.* [Plural: *colares.*]

colar² (co.lar) *verbo* Unir com cola: *Colei um selo na carta antes de enviá-la.*

Cc colcha ▶ colher

colcha (col.cha) *substantivo feminino* Pano que se coloca estendido sobre a cama para enfeitá-la ou deixá-la arrumada: *Mamãe comprou uma colcha nova para a minha cama.*

colchão (col.chão) *substantivo masculino* Espécie de almofada grande que se coloca, em geral, sobre o estrado da cama (estrado é aquele retângulo feito de ripas de madeira ou de metal que segura o colchão no meio da cama). [Plural: *colchões*.]

coleção (co.le.ção) *substantivo feminino* Conjunto de objetos do mesmo tipo: *Pedro tem uma coleção de selos.* [Plural: *coleções*.]

colecionar (co.le.cio.nar) *verbo* Fazer coleção de: *Fernando coleciona figurinhas.* [Aquele que coleciona é chamado de *colecionador*.]

colega (co.le.ga) *substantivo de 2 gêneros* Pessoa que trabalha no mesmo lugar que outra, ou que estuda no mesmo colégio que outra: *Convidei meus colegas de sala para a minha festa de aniversário.*

colégio (co.lé.gio) *substantivo masculino* É o mesmo que *escola*: *Nando e Juca adoraram o novo colégio.*

coleira (co.lei.ra) *substantivo feminino* Tira, geralmente de couro, que se coloca no pescoço de alguns animais: *Júlia pôs a corrente na coleira do cachorro e saiu com ele para passear.*

coleta (co.le.ta) *substantivo feminino* **1.** Atividade de pegar alimentos na natureza, sem cultivar plantas: *Há indígenas que ainda vivem da coleta de frutas e raízes silvestres.* **2.** Atividade de recolher algo: *A escola está fazendo coleta de alimentos para os desabrigados.*

coletivo (co.le.ti.vo)
coletivo • *adjetivo* **1.** Que pertence a muitas pessoas, ou é utilizado por muitas pessoas: *O ônibus é um transporte coletivo.* **2.** Diz-se da palavra que dá nome a um conjunto de pessoas, animais ou coisas, como *rebanho*, *laranjal*, etc.
coletivo • *substantivo masculino* Palavra que dá nome a um conjunto de pessoas, animais ou coisas: *O coletivo de peixes é cardume.* [Veja na página 428 deste dicionário uma lista de substantivos com seus coletivos.]

colheita (co.lhei.ta) *substantivo feminino* **1.** Atividade de colher produtos agrícolas: *O fazendeiro precisa de mais empregados durante a colheita.* **2.** Conjunto dos produtos agrícolas colhidos em determinado período: *A colheita de uva no próximo ano deve ser muito boa.*

colher (co.lher) *substantivo feminino* **1.** Utensílio formado de uma concha rasa e de um cabo, e que serve para levar alimentos à boca, ou para misturar ou servir comida. **2.** O conteúdo de uma colher: *Marcelo tomou uma colher do remédio.* [Plural: *colheres*.]

colher (co.lher) *verbo* **1.** Tirar flores, frutos ou folhas de uma planta: *Diana colheu goiabas maduras. Fui à horta colher espinafre.* **2.** Sair em busca de informações sobre algo; procurar, pesquisar ou investigar: *O repórter colhe as notícias que vão aparecer nos jornais.*

colmeia (mêi ou méi) (col.**mei**.a) substantivo feminino **1.** Colônia (2) de abelhas. **2.** Lugar onde vivem as abelhas: *Temos de ter cuidado ao colher o mel na **colmeia**.*

colo (**co**.lo) substantivo masculino Espaço entre a cintura e os joelhos de uma pessoa sentada: *Pôs o filho no **colo**.* ◆ **No colo.** Se a gente fala que uma pessoa está *carregando* (ou *levando*) uma criança *no colo*, isso quer dizer que ela está sendo carregada por essa pessoa, nos braços, próxima ao seu peito, deitada, sentada ou apoiada no seu ombro.

colocar (co.lo.**car**) verbo Pôr em um lugar: *Paulo **colocou** os livros na estante. Mamãe **colocou** o bebê na cama.*

colônia (co.**lô**.nia) substantivo feminino **1.** Grupo de pessoas que vão viver em terra que não é aquela em que nasceram: *A **colônia** japonesa é muito grande em São Paulo.* **2.** Grupo de animais que vivem juntos: *As abelhas, os cupins e as formigas vivem em **colônias**.*

colorido (co.lo.**ri**.do)
colorido • adjetivo Que tem cor ou cores.
colorido • substantivo masculino Combinação de várias cores.

colorir (co.lo.**rir**) verbo Dar cor ou cores a alguma coisa; cobri-la de cor ou de cores; pintar: *Vou **colorir** o desenho com muito cuidado.*

coluna (co.**lu**.na) substantivo feminino **1.** Estrutura, geralmente vertical, que sustenta um prédio, uma construção: *Esta é a **coluna** principal do edifício.* **2.** Cada uma das divisões verticais de uma página de livro, jornal, revista, etc.: *Cada página deste dicionário tem duas **colunas**.* **3.** Artigo (2) de revista, jornal, blog, etc.: *Meu amigo escreve uma **coluna** no jornal do bairro.* ◆ **Coluna vertebral.** Na parte de trás do tronco, o conjunto das vértebras que formam uma estrutura feita de osso, parecida com uma coluna (1), que sustenta a cabeça.

com (com) preposição Palavra que liga uma palavra a outra, geralmente com as ideias de: a) 'relação': *Conversava **com** o amigo*; b) 'união': *Casou-se **com** uma prima distante*; c) 'companhia': *Saiu **com** o pai*; d) 'meio ou instrumento': *Segurou a panela quente **com** um pano*; e) 'comparação': *Ele não se parece **com** o irmão.*

combater (com.ba.**ter**) verbo **1.** Lutar contra alguém: *Na guerra, os soldados **combatem** os inimigos.* **2.** Agir contra alguma coisa: *Este remédio **combate** a gripe. Os bombeiros **combatem** incêndios.*

combinação (com.bi.na.**ção**) substantivo feminino Modo como várias coisas estão arrumadas ou combinadas: *Esta **combinação** de cores ficou muito bonita.* [Plural: *combinações*.]

combinar (com.bi.**nar**) verbo **1.** Fazer um acordo com alguém ou marcar um encontro em certo lugar: ***Combinou** com os primos que nas férias iriam passar uma semana no sítio dos avós.* **2.** Estar em harmonia: *Essa saia não **combina** com a camisa.*

combustível (com.bus.**tí**.vel) substantivo masculino Substância que se queima para produzir energia, a fim de movimentar certos tipos de motor: *A gasolina ainda é o **combustível** mais usado nos meios de transporte.* [Plural: *combustíveis*.]

começar (co.me.**çar**) verbo Iniciar; principiar: *A professora **começou** a aula às 11 horas. Ontem **começou** a chover no fim da tarde.*

começo (mê) (co.**me**.ço) *substantivo masculino* Os primeiros momentos da existência de alguma coisa, ou de alguma atividade; o princípio, o início: *No começo da primavera as árvores ganham novas folhas.*

comediante (co.me.di.**an**.te) *substantivo de 2 gêneros* É o mesmo que *humorista*: *O comediante. A comediante.*

comemorar (co.me.mo.**rar**) *verbo* Festejar: *Para comemorar meu aniversário, mamãe fez uma festa e convidou meus amigos.*

comer (co.**mer**) *verbo* Mastigar e engolir: *No café da manhã, Bernardo come pão com manteiga e bebe um copo de leite.*

comercial (co.mer.ci.**al**)
comercial • *adjetivo de 2 gêneros* **1.** Do comércio, ou a ele relacionado: *Minha mãe trabalha num escritório comercial.* **2.** Que vende muito, pois agrada a muito mais pessoas: *Aquela é uma música comercial.*
comercial • *substantivo masculino* Anúncio de televisão ou rádio que vai ao ar nos intervalos da programação.
[Plural: *comerciais*.]

comércio (co.**mér**.cio) *substantivo masculino* **1.** Compra e venda de mercadorias. [A pessoa que compra ou vende mercadorias chama-se *comerciante*.] **2.** Lugar onde se vendem mercadorias: *Meu amigo abriu um comércio no centro da cidade.* **3.** O conjunto das lojas, supermercados, etc. de um bairro, uma cidade, etc.: *Era feriado e por isso o comércio não abriu as portas.*

comestível (co.mes.**tí**.vel) *adjetivo de 2 gêneros* Que se come, que é bom para comer: *A maçã é um fruto comestível.* [Plural: *comestíveis*.]

comida (co.**mi**.da) *substantivo feminino* Tudo aquilo que alguém come para ter energia e continuar vivo: *No inverno só gosto de comida quente.*

comigo (co.**mi**.go) *pronome* Palavra que a pessoa que fala usa: a) para 'referir-se a si mesma': — *Comigo as coisas estão muito bem.* b) com a ideia de '(na minha) companhia': — *Você quer sair comigo?* c) com a ideia de 'nas minhas mãos, sob o meu poder ou responsabilidade': — *As chaves do carro não estão comigo.*

como (**co**.mo)
como • *advérbio* É uma palavra que a gente usa com a ideia de modo, para: a) perguntar de que maneira alguém faz algo ou de que modo algo acontece: *Como vocês conseguiram cinco entradas para o circo?* b) dar destaque a alguma coisa ou pessoa, dizendo que é muito bonita ou feia, ou boa ou má, etc.: *Como é colorida essa camisa!*
como • *conjunção* É uma palavra que a gente usa para comparar uma coisa (ou pessoa) com outra (coisa ou pessoa): *Ela é bonita como a mãe. Meu cachorro é grande como um bezerro.*

cômodo (**cô**.mo.do) *substantivo masculino* Cada uma das divisões de uma casa, como a sala, o quarto, o banheiro, a cozinha, etc.

companheiro (com.pa.**nhei**.ro) *substantivo masculino* Amigo; colega: *Somos companheiros desde os quatro anos de idade.*

companhia (com.pa.**nhi**.a) *substantivo feminino* **1.** Quem está ao nosso lado ou vai com a gente a um lugar: *Ela é a melhor companhia para ir a uma festa.* **2.** Presença de alguém junto da gente ou de outro alguém: *Ele disse que gosta muito da companhia dela.* **3.** Empresa, de muitas pessoas, que presta um serviço público, com permissão do governo: *A companhia de gás ainda não enviou a conta.*

comparação (com.pa.ra.**ção**) *substantivo feminino* Ação ou resultado de comparar uma coisa, pessoa, situação, etc. com outra: *A **comparação** que ele fez não agradou a ninguém.* [Plural: *comparações*.]

comparar (com.pa.**rar**) *verbo* Examinar, a fim de conhecer as diferenças, ou as semelhanças, ou as relações entre duas ou mais pessoas, objetos, etc.: *João **comparou** os dois livros e achou o primeiro melhor.*

comparecer (com.pa.re.**cer**) *verbo* Estar presente em determinado lugar: *No primeiro dia de aula, todos os alunos **compareceram**.*

compensar (com.pen.**sar**) *verbo* Fazer algo para tornar menor ou para fazer esquecer um pouco um dano ou um incômodo: *O encontro com minha avó **compensou** a viagem longa e cansativa.*

competição (com.pe.ti.**ção**) *substantivo feminino* Atividade em que pessoas ou equipes tentam conquistar o primeiro lugar numa disputa, que pode ser esportiva ou cultural: *No próximo domingo vou assistir a uma **competição** de remo na lagoa.* [Plural: *competições*.]

competir (com.pe.**tir**) *verbo* Esforçar-se para ter uma coisa ao mesmo tempo que outras pessoas também querem; concorrer: *Queria a medalha de ouro e **competiu** com os colegas.*

complemento (com.ple.**men**.to) *substantivo masculino* Aquilo que completa alguma coisa: *A tampa é o **complemento** da caixa.*

completar (com.ple.**tar**) *verbo* **1.** Tornar completo: *Papai **completou** sua coleção de selos de animais.* **2.** Terminar; concluir: *Preciso **completar** meu trabalho de Geografia.* **3.** Dar complemento a algo que já está, em parte, escrito: *Na prova, havia um exercício para **completarmos** as frases.*

completo (com.**ple**.to) *adjetivo* **1.** Que já tem tudo o que pode ou deve ter: *Rosa tem uma coleção **completa** de figurinhas.* **2.** Total: *As luzes se apagaram e a casa ficou em **completa** escuridão.*

complicado (com.pli.**ca**.do) *adjetivo* Diz-se daquilo que é difícil de fazer ou de resolver: *Para quem não estudou, a prova estava **complicada**.*

comportar-se (com.por.**tar**-se) *verbo* **1.** Agir de certo modo ou maneira: *O cachorro saiu para passear com o dono e **comportou-se** bem.* **2.** Agir de maneira correta; não fazer bagunça: *— **Comporte-se**, menino! Fique quieto. Seu pai está dormindo.*

compositor (tôr) (com.po.si.**tor**) *substantivo masculino* Homem que faz canções. [Plural: *compositores*. Feminino: *compositora*.]

compositora (tô) (com.po.si.**to**.ra) *substantivo feminino* Mulher que faz canções.

composto (pôs) (com.**pos**.to) *adjetivo* **1.** Que é formado por uma ou mais coisas, ou por uma ou mais pessoas, etc.: *Sua turma é composta de meninos e meninas entre oito e dez anos.* **2.** Diz-se de música, texto, etc. feitos por alguém: *A música foi composta por seu amigo.*

compra (**com**.pra) *substantivo feminino* Ação de comprar, de dar dinheiro para ter algo.

comprar (com.**prar**) *verbo* Dar dinheiro para ter algo: *Eduardo comprou uma camisa e um tênis.*

compreender (com.pre.en.**der**) *verbo* Conseguir perceber pela inteligência alguma coisa que se vê, se ouve ou se lê; entender: *Carlos compreendeu a explicação do professor.*

compreensão (com.pre.en.**são**) *substantivo feminino* **1.** A capacidade de entender alguma coisa: *Alice era muito pequena, por isso não tinha compreensão do que acontecia.* **2.** A capacidade ou o sentimento que faz com que a gente entenda o modo de uma outra pessoa sentir, agir ou pensar.

comprido (com.**pri**.do) *adjetivo* De grande extensão, no sentido de uma ponta à outra; que é bem longo: *A estrada que vai do Rio a Brasília é comprida.*

comprimento (com.pri.**men**.to) *substantivo masculino* Extensão de um objeto, ou seja, é o que existe dele ou o que a gente vê dele de uma ponta à outra: *O muro do jardim tem cinco metros de comprimento.*

comprimido (com.pri.**mi**.do) *substantivo masculino* Remédio em pequenos pedaços retangulares ou redondinhos e chatos: *Comprimido para dor de cabeça.*

computador (dôr) (com.pu.**ta**.dor) *substantivo masculino* Máquina que usamos, entre outras coisas, para escrever, desenhar, jogar *videogame*, ver filmes, mandar mensagens para os amigos ou fazer pesquisas na Internet. [Plural: *computadores*.]

comum (co.**mum**) *adjetivo de 2 gêneros* **1.** Que pertence a todos ou a muitos: *A biblioteca da escola é comum a todas as séries.* **2.** Que acontece sempre: *No Rio de Janeiro, é comum chover no verão.* **3.** Que é simples como a maioria das pessoas: *Na história, o Príncipe fugia do palácio porque queria ser um garoto comum.* [Plural: *comuns*.]

comunicação (co.mu.ni.ca.**ção**) *substantivo feminino* **1.** Informação, aviso: *A diretora da escola vai fazer uma comunicação importante.* **2.** Ato de transmitir e receber mensagens, falando ou escrevendo. **3.** Ligação, união: *Este túnel serve de comunicação entre dois bairros.* [Plural: *comunicações*.]

comunidade (co.mu.ni.**da**.de) *substantivo feminino* **1.** Grupo de pessoas que vivem num mesmo local. **2.** O local onde essas pessoas vivem: *Nossa comunidade vai melhorar muito com a limpeza das ruas.*

concerto (cêr) (con.**cer**.to) *substantivo masculino* Espetáculo em que se executam obras musicais.

concha (**con**.cha) *substantivo feminino* **1.** Cobertura muito dura da maioria dos moluscos, como a ostra. As conchas são usadas para fazer botões e outros objetos. **2.** Colher grande e funda: *João serviu a sopa com uma concha.*

conclusão ▶ confirmar   Cc

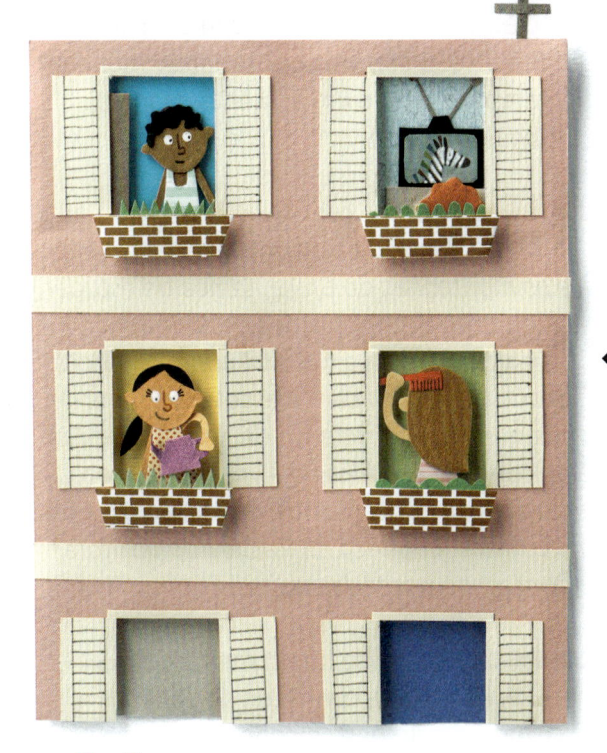

conclusão (con.clu.**são**) *substantivo feminino* Resultado a que se chega depois de muito pensar, ou de estudar, ou de ver, ou de examinar, etc.: *O médico examinou o menino e chegou à **conclusão** de que ele estava bem.* [Plural: *conclusões*.]

concordar (con.cor.**dar**) *verbo* Ter a mesma opinião ou ideia que outra pessoa: *Todos **concordaram** que o filme escolhido era bom.*

concreto (con.**cre**.to)
concreto • *substantivo masculino* Mistura de cimento, água, areia e pedrinhas, usada na construção de casas, pontes, etc.
concreto • *adjetivo* Que se vê, ou que existe em forma material: *Um livro é uma coisa **concreta**.*

condenar (con.de.**nar**) *verbo* **1.** Dizer (o juiz ou a juíza ou o júri) que alguém é culpado por um crime ou ato ilegal, e dizer (o juiz ou a juíza) a sua pena (se vai ficar preso, prestar serviços à comunidade, etc.) para reparar, corrigir a sua falta: *A juíza **condenou** o réu a dois anos de prisão.* **2.** Dizer ou acreditar que algo não é bom, que não deve ser feito: *Meu pai **condena** o uso de palavrão.*

condição (con.di.**ção**) *substantivo feminino* **1.** Aquilo que tem de acontecer para que alguma coisa se faça: *Minha irmã disse que me leva à festa, com a **condição** de ficarmos perto uma da outra.* **2.** É o modo ou o estado como alguém ou algo está num determinado momento; situação: *A **condição** de vida dele melhorou muito.* [Plural: *condições*.]

condomínio (con.do.**mí**.nio) *substantivo masculino* **1.** Um lugar grande, com muitas casas ou apartamentos (que pertencem a pessoas diferentes), mas com áreas que são de todos, que podem ser usadas por todos: *A piscina do **condomínio** em que moramos está sendo reformada.* **2.** Quantia que os moradores pagam mensalmente (isto é, uma vez a cada mês) para que o condomínio (1) tenha suas contas (de luz, água, etc.) pagas e que tenha também quem cuide de sua segurança (porteiro, vigia, etc.), de sua limpeza (faxineiro, etc.), entre outras coisas.

condução (con.du.**ção**) *substantivo feminino* Aquilo que serve para conduzir ou transportar; meio de transporte; veículo: *Fiquei sem **condução** e tive de vir a pé.* [Plural: *conduções*.]

conduzir (con.du.**zir**) *verbo* **1.** Ir junto a uma pessoa, guiando-a: *Um menino **conduziu** o cego.* **2.** Guiar, dirigir: ***Conduzir** um automóvel.* **3.** Levar ou trazer: *A professora **conduziu** os alunos à nova biblioteca.*

cone (**co**.ne) *substantivo masculino* É um objeto que tem uma base, uma superfície curva e um vértice: *Uma casquinha de sorvete é um **cone**.* 430

confessar (con.fes.**sar**) *verbo* Admitir que fez algo que não devia ter feito: *O ladrão **confessou** o roubo.*

confirmar (con.fir.**mar**) *verbo* Afirmar de modo que não deixe dúvida: *Sônia **confirmou** que chega amanhã.*

confundir ▶ conosco

confundir (con.fun.**dir**) *verbo* **1.** Achar que a gente pegou ou falou a coisa certa, quando na verdade pegou ou falou uma coisa diferente da que devia ou queria. **2.** Falar com uma pessoa por engano ou por pensar que ela é alguém que a gente conhece: *Os dois amigos são tão parecidos que algumas pessoas* ***confundem*** *os dois. Porque somos gêmeas, minha tia sempre me* ***confunde*** *com minha irmã.* **3.** Não fazer alguma coisa direito por não entender algo ou por estar distraído: *José se* ***confundiu*** *e deixou a resposta em branco. Ana se* ***confundiu*** *ao passar o endereço para o amigo.*

confusão (con.fu.**são**) *substantivo feminino* **1.** Aquilo que a gente faz quando pega uma coisa achando que é outra, quando fala com uma pessoa por engano (pensando que ela é outra pessoa), etc. **2.** Falta de ordem, de organização: *As roupas sujas estavam no cesto, misturadas: era uma* ***confusão*** *completa.* **3.** A movimentação e o barulho de várias pessoas que se mexem e falam ao mesmo tempo; tumulto: *Ao chegar, o professor encontrou grande* ***confusão*** *na sala.* [Plural: *confusões*.]

confuso (con.**fu**.so) *adjetivo* **1.** Que é difícil de entender: *Malu leu o livro e achou a história* ***confusa***. **2.** Que não sabe direito o que acontece: *Depois do tombo, Maria ficou um pouco* ***confusa***. **3.** Diz-se de lugar ou momento em que há muitas pessoas falando ao mesmo tempo.

congelar (con.ge.**lar**) *verbo* **1.** Virar gelo: *Com o frio a água* ***congelou***. **2.** Abaixar muito a temperatura de um alimento: *Mamãe* ***congelou*** *a torta.*

conhecer (co.nhe.**cer**) *verbo* **1.** Ter informação sobre alguma coisa: *Para* ***conhecer*** *os rios e as montanhas do Brasil, temos de estudar Geografia.* **2.** Ter relações de amizade, de coleguismo, com alguém: ***Conheço*** *Marcelo desde que entrei para a escola.* **3.** Saber quem é, sem ter relação de amizade: *— Sim, eu* ***conheço*** *sua filha, já a vi algumas vezes, mas nunca conversamos.* **4.** Saber onde é, e como é: ***Conheço*** *muitas praias do litoral nordestino por tê-las visitado.*

conhecimento (co.nhe.ci.**men**.to) *substantivo masculino* **1.** Ato de conhecer, de saber. **2.** Tudo aquilo que se conhece, que se sabe: *O* ***conhecimento*** *que ele tem da língua inglesa é muito bom, porque morou um ano na Inglaterra.*

conjunção (con.jun.**ção**) *substantivo feminino* Palavra que une duas ou mais frases que tenham no seu interior um verbo (isto é, que sejam orações): *A* ***conjunção*** *e traz a ideia de adição, de soma.* [Plural: *conjunções*.]

conjunto (con.**jun**.to) *substantivo masculino* **1.** Reunião de partes que formam um todo: *O* ***conjunto*** *dos ossos forma o esqueleto.* **2.** Grupo musical: *Meu irmão e uns amigos estão montando um* ***conjunto*** *de rock.* **3.** Coleção de elementos matemáticos (números, letras, figuras, etc.): *O conjunto que não tem nenhum elemento chama-se* ***conjunto*** *vazio.*

conosco (co.**nos**.co) *pronome* Palavra que a pessoa que fala usa: a) para 'referir-se a si mesma e a uma ou mais pessoas': *—* ***Conosco*** *as coisas estão muito bem.* b) com a ideia de '(na nossa) companhia': *— Você quer sair* ***conosco****?* c) com a ideia de 'nas nossas mãos, sob o nosso poder ou responsabilidade': *— O cachorrinho agora está* ***conosco****. Nós o adotamos.*

conseguir (con.se.**guir**) *verbo* Obter, alcançar: *Marta conseguiu o primeiro lugar na corrida.*

conselho (con.**se**.lho) *substantivo masculino* Aquilo que uma pessoa diz para outra com a intenção de ajudá-la a ficar bem, e a não correr risco ou perigo. É geralmente o que a pessoa pensa que será melhor para a outra: *Minha avó me deu vários conselhos na minha infância, um deles foi para eu sempre estudar muito. É sempre bom pedir conselho aos pais.*

consentimento (con.sen.ti.**men**.to) *substantivo masculino* Ação de deixar, de concordar que alguém faça alguma coisa; permissão: *Papai deu consentimento para sairmos.*

consentir (con.sen.**tir**) *verbo* Concordar com alguma coisa; permitir: *Mamãe consentiu que eu viaje nas férias com meus avós.*

consertar (con.ser.**tar**) *verbo* Pôr em bom estado o que estava enguiçado ou estragado: *Mandei consertar o meu relógio.*

conservar (con.ser.**var**) *verbo* Manter em bom estado, para não deixar que se estrague: *Papai sempre leva seu carro para a revisão porque quer conservá-lo bem.*

considerado (con.si.de.**ra**.do) *adjetivo* Diz-se algo ou de alguém que uma ou mais pessoas pensam ou acreditam que tem determinada característica, qualidade, valor, etc.: *Na Índia, as vacas são consideradas sagradas.*

consoante (con.so.**an**.te) *substantivo feminino* **1.** Som da fala que resulta de saída de ar que encontra obstáculos na sua passagem pela boca: *As consoantes só formam uma sílaba quando se juntam a uma vogal.* **2.** Letra que representa um desses sons. As letras *b, c, d, f, g, h, j, k, l, m, n, p, q, r, s, t, v, w, x* e *z* são consoantes. [Na língua portuguesa, a letra *h* não tem som próprio, o som do *h* é o da vogal que aparece junto dele ou o do dígrafo que ele forma (*ch*, *lh* ou *nh*).]

constelação (cons.te.la.**ção**) *substantivo feminino* Grupo de estrelas: *O Cruzeiro do Sul é uma constelação que vemos no céu do Brasil.* [Plural: *constelações*.]

constituir (cons.ti.tu.**ir**) *verbo* Ser parte de; formar: *Mais de 200 ossos constituem o corpo humano.*

construção (cons.tru.**ção**) *substantivo feminino* **1.** A arte ou o ato de construir e tudo aquilo que resulta dessa arte ou desse ato: *A construção do metrô da nossa cidade levou muitos anos.* **2.** Edifício, casa: *Há muitas construções novas na cidade.* [Plural: *construções*.]

construir (cons.tru.**ir**) *verbo* **1.** Fazer ou fabricar alguma coisa: *Construir um navio. Construir uma casa. Construir uma ponte.* **2.** Compor, formar: *Construa uma frase com a palavra alegria.*

consultar (con.sul.**tar**) *verbo* **1.** Pedir conselho ou opinião: *Consultou a mãe sobre o que devia fazer.* **2.** Procurar informar-se por meio de um livro especializado, de uma obra, etc.; ler, observar: *Consultou o dicionário para ver como se escrevia aquela palavra.* **3.** Ir ao médico, ao dentista, etc., para saber como está nossa saúde, como estão nossos dentes, etc.

consultório (con.sul.**tó**.rio) *substantivo masculino* Lugar onde se pode consultar um médico, um dentista, etc.

consumido (con.su.**mi**.do) *adjetivo* Que se comeu ou bebeu: *Certas frutas são **consumidas** ao natural, de outras são feitos doces e sucos.*

conta (**con**.ta) *substantivo feminino* **1.** Operação matemática: *Já aprendemos a fazer **contas** de somar, de diminuir, de multiplicar e de dividir.* **2.** Aquilo que se deve pagar por alguma coisa: *Paguei a **conta** de luz. A **conta** do nosso almoço foi R$ 50,00.* **3.** Bolinha, cubinho, etc. de vidro, madeira ou outro material, usada para fazer pulseira, colar, etc.

contagioso (ô.zo) (con.ta.gi.**o**.so) *adjetivo* Diz-se de doença que passa de uma pessoa para outra: *O resfriado é uma doença **contagiosa**.*

contar (con.**tar**) *verbo* **1.** Verificar o número, a quantidade de coisas ou de pessoas: *Duda **contou** seus livros e viu que faltavam dois.* **2.** Dizer, falando ou por escrito, como aconteceu um fato real ou inventado: *Em sua carta, Maria **contou** como foi a viagem. Mariana **conta** histórias muito bem.* **3.** Dizer os números na ordem correta: *Júlio já sabe **contar** até 100.*

contente (con.**ten**.te) *adjetivo de 2 gêneros* Alegre, satisfeito: *Paulo ficou **contente** porque tirou boa nota.*

conter (con.**ter**) *verbo* **1.** Ter em si; incluir: *Este livro **contém** todas as lições de Português.* **2.** Controlar-se: *Ele se **conteve** ao ganhar o prêmio.*

conteúdo (con.te.**ú**.do) *substantivo masculino* **1.** Aquilo que está dentro de um recipiente (garrafa, copo, colher, caixa, frasco, vasilha, panela, etc.), ou que ele é capaz de conter: *Qual é o **conteúdo** da garrafa?* **2.** Aquilo que está dito num texto: *O **conteúdo** de uma carta, de uma mensagem.*

contigo (con.**ti**.go) *pronome* Palavra que se usa no lugar da pessoa com quem se fala para dar a ideia de: a) 'com você': *— E **contigo**, as coisas vão bem?* b) '(na sua) companhia': *— Ele saiu **contigo**?* c) 'nas suas mãos, sob o seu poder ou responsabilidade': *— Meu caderno está **contigo**?*

continente (con.ti.**nen**.te) *substantivo masculino* **1.** Grande massa de terra cercada pelos oceanos: *O **continente** em que fica o Brasil chama-se América.* **2.** Cada uma das seis grandes divisões da Terra: Europa, Ásia, África, América, Oceania e Antártica.

continuar (con.ti.nu.**ar**) *verbo* **1.** Não interromper o que vinha fazendo: *A professora pediu silêncio, mas João **continuou** a falar.* **2.** Não se interromper: *Veio o sol, mas a chuva **continuou**.* **3.** Estender-se: *Esta rua **continua** até a praça.*

conto (**con**.to) *substantivo masculino* História não muito longa nem muito curta, que a gente ouve alguém contar ou que a gente lê ou escreve. ◆ **Conto de fadas.** História infantil que tem fadas, reis e rainhas, príncipes e princesas, monstros e heróis, etc. como personagens.

contra (**con**.tra) *preposição* Palavra que liga duas outras palavras, geralmente com as ideias de: a) 'em posição contrária a alguém ou a alguma coisa': *Há uma luta no nosso país **contra** a miséria*; b) 'de encontro a': *Luís bateu a cabeça **contra** a parede*; c) 'de combate a': *Comprei um xarope **contra** a tosse.*

contrabaixo (con.tra.**bai**.xo) *substantivo masculino* **1.** O maior e mais grave instrumento de cordas. Tem a forma de um grande violino: *O **contrabaixo** tem quatro e, às vezes, cinco cordas.* **2.** Instrumento musical, elétrico ou acústico, de quatro a seis cordas. [Outro nome, nas duas acepções: *baixo*.]

contrário (con.**trá**.rio) *adjetivo* Que é tão diferente que fica do outro lado ou em lado oposto [a gente pode falar do lado físico, material de algo, ou pode falar da ideia de algo, ou do sentido que uma palavra, por exemplo, tem, em relação a outra]: *O espelho está do lado **contrário**. Sim e não são palavras de sentido **contrário**.*

contribuir (con.tri.bu.**ir**) *verbo* **1.** Ajudar, junto com outras pessoas, para que algo aconteça ou seja realizado: *A turma do último ano **contribuiu** para a pintura do mural.* **2.** Ajudar com dinheiro ou outro bem material: *Nossa família **contribui** com alimentos para os pobres do abrigo.*

controlar (con.tro.**lar**) *verbo* **1.** Saber usar as mãos para fazer com que algo funcione, ou fique numa posição ou vá para certa direção: *Meu irmão ainda não sabe **controlar** o carrinho elétrico que ganhou.* **2.** Manter como a gente quer que fique: *Helena diz que o dinheiro chega até o final do mês porque sabe **controlar** os gastos.* **3.** Ter o comando de si mesmo, ou seja, daquilo que a gente diz ou faz: *Embora nervoso, João se **controlou** para não responder mal ao amigo.*

controle (trô) (con.**tro**.le) *substantivo masculino* **1.** Capacidade de controlar algo ou alguém. **2.** Objeto eletrônico com o qual a gente controla o funcionamento de uma televisão, um rádio, um brinquedo, etc. ◆ **Controle remoto.** É o mesmo que *controle* (2).

conversar (con.ver.**sar**) *verbo* Falar com alguém sobre alguma coisa: *Ana e Leila **conversavam** na varanda. **Conversou** com o colega sobre o jogo de basquete.*

convidar (con.vi.**dar**) *verbo* Pedir a alguém que vá a um lugar (pode ser para uma festa ou para um outro acontecimento ou apenas para uma visita): *Lúcia **convidou** os primos para a festa.*

copa (**co**.pa) *substantivo feminino* **1.** É o mesmo que *taça*. **2.** Campeonato em que se disputa uma copa: ***Copa** do Mundo de Futebol.* **3.** Parte da casa, ligada à cozinha, onde geralmente se toma o café da manhã.

cópia (**có**.pia) *substantivo feminino* **1.** Reprodução do que está escrito em outro lugar: *Fizemos a **cópia** da lição em nosso caderno.* **2.** Reprodução de uma obra de arte, de um filme, de uma fotografia, etc.: *O quadro feito por Álvaro é uma bela **cópia** de uma obra daquele famoso pintor.*

copiar (co.pi.**ar**) *verbo* **1.** Fazer a cópia de: ***Copiei** um belo poema no meu caderno.* **2.** Reproduzir: *Meu irmão está aprendendo a pintar e **copiou** um quadro que está no museu.* **3.** Imitar.

copo (**co**.po) *substantivo masculino* **1.** Recipiente usado para servir e beber líquido, sem asa e, em geral, de forma cilíndrica: *Minha tia comprou uma dúzia de **copos**.* **2.** Aquilo que está no copo: *Bebi um **copo** de refrigerante.*

coqueiro (co.**quei**.ro) *substantivo masculino* Nome das palmeiras que dão coco.

coqueluche (co.que.**lu**.che) *substantivo feminino* Doença contagiosa, comum na infância, que faz tossir muito.

cor (*cór*) (cor) *substantivo masculino* Palavra usada na locução *de cor*.
◆ **De cor.** De memória: *Mariana sabe **de cor** a canção que vai cantar na festa.*

cor (*côr*) (cor) *substantivo feminino* O colorido de tudo o que existe; o que mostra o modo como tudo o que existe recebe ou reflete a luz: *A **cor** do céu é azul. Algumas **cores** são resultado da combinação de outras: azul + vermelho dá a **cor** roxa; amarelo + azul dá a **cor** verde; amarelo + vermelho dá a **cor** alaranjada, etc.*

coração (co.ra.**ção**) *substantivo masculino* **1.** Órgão responsável pela circulação do sangue no corpo: *Quando corremos, o nosso **coração** bate mais rápido e, quando dormimos, ele bate mais devagar.* **2.** Desenho ou objeto de pano, plástico, borracha, etc. que representa esse órgão. **3.** Amor, afeto: *— Meu **coração** é seu, mamãe.* [Plural: *corações*.]

coragem (co.**ra**.gem) *substantivo feminino* A qualidade que tem uma pessoa que vence seu medo quando há perigo: *O bombeiro mostra **coragem** quando entra num prédio em chamas para salvar alguém.* [Quem tem coragem é chamado de *corajoso, bravo, valente*.] [Plural: *coragens*.]

corcova (cor.**co**.va) *substantivo feminino* Pequena elevação nas costas do camelo, do dromedário e de certa espécie de boi, o zebu. O camelo tem duas corcovas. O dromedário e o boi zebu, só uma.

corda (**cor**.da) *substantivo feminino* **1.** Peça de fios vegetais ou de outro material, enrolados uns nos outros: *O fazendeiro laçou o bezerro com uma **corda**.* **2.** Fio de seda, de náilon ou de outro material, que faz parte de alguns instrumentos musicais: *O violão é um instrumento musical de **cordas**.* **3.** Peça que faz trabalhar a máquina dos relógios e de alguns outros instrumentos: *O relógio parou porque a **corda** está quebrada.*

cordão (cor.**dão**) *substantivo masculino* **1.** Corda fina. **2.** Corrente de enfeite que se usa em volta do pescoço: *Ganhei um **cordão** de prata.* [Plural: *cordões*.]

cordeiro (cor.**dei**.ro) *substantivo masculino* Filhote do carneiro com a ovelha.

cor-de-rosa ▶ corresponder

cor-de-rosa (côr) (cor-de-ro.sa)
cor-de-rosa • *adjetivo de 2 gêneros e 2 números* Da cor vermelho-clara de certas rosas: *Sílvia deu a Isa uma linda camisola **cor-de-rosa**. Comprei duas blusas **cor-de-rosa**.*
cor-de-rosa • *substantivo masculino* A cor vermelho-clara de certas rosas. 431

corneta (mê) (cor.**ne**.ta) *substantivo feminino* Instrumento musical de sopro: *Todos os dias, nessa mesma hora, ouvia-se o toque de uma **corneta** no quartel ao lado.* 434

coroa (rô) (co.**ro**.a) *substantivo feminino* **1.** Enfeite circular, feito de ouro ou de outro metal, e geralmente com pedras preciosas, que se usa na cabeça como sinal de poder: *A rainha colocou a **coroa** de ouro.* **2.** Objeto feito de qualquer material e parecido com uma coroa: *Na Festa da Primavera, as meninas usavam **coroas** de flores. No Natal, enfeitou a porta de sua casa com uma **coroa** de flores silvestres.*

corpo (côr) (**cor**.po) *substantivo masculino* **1.** Conjunto dos órgãos que formam cada animal: *O **corpo** dos gorilas é maior que o dos chimpanzés.* **2.** A cabeça, o tronco e os membros do homem: *Guilherme ganhou um atlas do **corpo** humano.* 432 e 433 **3.** O tórax e o abdome do homem e, também, de alguns animais; o tronco: *O passarinho tinha o **corpo** de uma cor, e as asas e a cabeça de outra.* 432 e 433 **4.** Parte principal ou central de certos objetos, etc.: *O tronco forma o **corpo** da árvore.* ◆ **Corpo celeste.** Matéria encontrada no espaço: *As estrelas são **corpos** celestes.*

corredor (dôr) (cor.re.**dor**)
corredor • *adjetivo* Que corre muito: *José tem um bom cavalo **corredor**.*
corredor • *substantivo masculino* **1.** Atleta que participa de corrida: *Os **corredores** vão atravessar a ponte Rio-Niterói.* **2.** Passagem, geralmente estreita, que liga as partes de uma casa ou de um edifício: *O **corredor** vai da sala até a cozinha.*
[Plural: *corredores*. Feminino: *corredora*.]

correia (cor.**rei**.a) *substantivo feminino* Tira estreita, geralmente de couro, usada para prender: *Luísa levou o cachorro para passear preso a uma **correia**.*

correio (cor.**rei**.o) *substantivo masculino* **1.** Serviço público que se ocupa de receber e enviar cartas e outros objetos. **2.** Local onde se faz esse tipo de serviço público. ◆ **Correio eletrônico.** Troca de mensagens por meios eletrônicos, especialmente numa rede de computadores. O correio eletrônico trabalha com um endereço chamado *e-mail*.

corrente (cor.**ren**.te)
corrente • *substantivo feminino* **1.** Objeto feito com anéis de metal presos uns nos outros: *O cão está preso na **corrente**.* **2.** A direção em que correm as águas de um rio ou do mar; correnteza: *Nadar contra a **corrente** cansa muito.*
corrente • *adjetivo de 2 gêneros* Que corre ou escorre: *Lavou a roupa na água **corrente**.*

correnteza (tê) (cor.ren.**te**.za) *substantivo feminino* **1.** Corrente (2): *O atleta foi nadar no rio e, para não se cansar, seguiu a **correnteza**.* **2.** Intenso fluxo de água: *Tiago pôs o barco de papel na **correnteza** da chuva.*

correr (cor.**rer**) *verbo* **1.** Mover-se com passos muito mais rápidos do que os de andar: *Carlos **correu** para alcançar os amigos que iam na frente.* **2.** Mover-se com muita rapidez: *Este novo trem **corre** mais que os antigos.* **3.** Cair, escorrendo: *A água da chuva **corre** do telhado.* **4.** Participar de uma corrida.

corresponder (cor.res.pon.**der**) *verbo* Ser igual a algo ou ter o mesmo valor que algo; equivaler: *Um metro **corresponde** a cem centímetros.*

Cc   correto ▶ costume

correto (cor.**re**.to) *adjetivo* **1.** Sem erros. **2.** Certo, exato: *A resposta está correta.*

corrida (cor.**ri**.da) *substantivo feminino* **1.** Atividade de correr: *Vítor deu uma corrida pelo quintal.* **2.** Competição esportiva em que são percorridas determinadas distâncias: *Carlos participou da corrida de 100 metros. Nos autódromos, realizam-se corridas de automóveis.*

corrigir (cor.ri.**gir**) *verbo* Dizer a forma correta ou refazer de forma certa: *A professora corrigiu a operação matemática que estava errada.*

corrimão (cor.ri.**mão**) *substantivo masculino* Peça geralmente presa ao lado de uma escada, na qual a gente apoia a mão para não cair. [Plural: *corrimãos*.]

cortante (cor.**tan**.te) *adjetivo de 2 gêneros* **1.** Que corta; afiado: *A faca é um objeto cortante.* **2.** Diz-se do frio ou do vento muito forte: *Frio cortante.*

cortar (cor.**tar**) *verbo* **1.** Ferir com objeto cortante: *André cortou o dedo.* **2.** Dividir com instrumento cortante: *Cortou o tecido com a tesoura.* **3.** Interromper o fornecimento; fazer parar: *Não sei por que cortaram a luz desta rua.*

corte (cor.te) *substantivo masculino* Ferida ou abertura que é feita com um objeto cortante ou pontudo: *Ao fazer as unhas, mamãe deu um corte em seu próprio dedo.*

cortina (cor.**ti**.na) *substantivo feminino* Tecido ou outro material que se coloca pendurado na janela ou na porta como enfeite, proteção, etc.: *Mamãe comprou uma cortina de plástico para o banheiro.*

coruja (co.**ru**.ja) *substantivo feminino* Ave noturna. Tem bico curvo e olhos que lhe permitem enxergar no escuro. Alimenta-se de ratos e de outros animais pequenos. As corujas fazem ninho em buracos de troncos e junto a raízes de árvores. Existem corujas em todas as partes do mundo. 440

coser (co.**ser**) *verbo* É o mesmo que *costurar*.

cosmo (**cos**.mo) *substantivo masculino* O Universo: *Este telescópio explora o Cosmo e envia belas fotos para a Terra.* [Escreve-se geralmente com letra inicial maiúscula.]

costa (**cos**.ta) *substantivo feminino* Porção de terras junto ao mar: *O arquipélago de Fernando de Noronha fica próximo da costa de Pernambuco.*

costas (**cos**.tas) *substantivo feminino plural* **1.** A parte de trás do tronco humano. 432 **2.** A parte de cima dos animais quadrúpedes: *Este cão é branco, mas tem manchas pretas nas costas.* **3.** A parte de trás de vários objetos: *As costas da cadeira.*

costela (cos.**te**.la) *substantivo feminino* Cada um dos ossos longos e curvos que ajudam a formar o tórax do ser humano e de animais como o porco, o boi e o cavalo.

costume (cos.**tu**.me) *substantivo masculino* **1.** É tudo aquilo que as pessoas de um lugar (país ou região) ou de uma comunidade ou um povo fazem ao longo dos anos, como uma forma de tradição que se passa dos mais velhos para os mais jovens: *Os costumes brasileiros variam de Norte a Sul.* **2.** É também tudo que a gente sempre faz, geralmente com tempo e lugar certo para fazer: *Ana tem o costume de acordar cedo todos os dias.* **3.** É aquilo que leva a gente a fazer sempre as mesmas coisas no dia a dia: *Meu pai diz que o costume é um problema, que a gente se habitua a fazer algo e depois fica difícil de mudar.*

costurar ▶ **creche**

costurar (cos.tu.**rar**) *verbo* **1.** Juntar, usando agulha e linha, um pedaço de pano, de couro, etc., a outro; coser: *Mamãe costurou o tecido para fazer uma saia.* **2.** Ligar os dois lados de um corte com pontos.

costureira (cos.tu.**rei**.ra) *substantivo feminino* Mulher que faz ou conserta roupas.

costureiro (cos.tu.**rei**.ro) *substantivo masculino* Homem que faz ou conserta roupas. [Feminino: *costureira*.]

cotovelo (vê) (co.to.**ve**.lo) *substantivo masculino* A parte do corpo que está entre o braço e o antebraço: *Não se deve colocar o cotovelo sobre a mesa durante as refeições.* 433

couro (**cou**.ro) *substantivo masculino* **1.** Pele grossa de certos animais. **2.** A pele de certos animais já mortos, depois de tirada e preparada para não apodrecer: *Meu sapato é de couro de porco.*

couve (**cou**.ve) *substantivo feminino* Planta de folhas verdes que são, geralmente, comidas picadas e cozidas: *Couve combina com feijoada.* 436

couve-flor (flôr) (**cou**.ve-**flor**) *substantivo feminino* Planta semelhante a uma bola branca, formada por pequenas flores (que parecem pequenas árvores) cercadas de folhas verdes e muito usada na alimentação. [Plurais: *couves-flores* e *couves-flor*.] 437

covardia (co.var.**di**.a) *substantivo feminino* Falta de coragem. É aquilo que sente alguém que não vence o medo quando há perigo: *Quando o cão rosnou, o ladrão fugiu por covardia.* [Quem mostra covardia é chamado de *covarde*.]

coxa (cô .... xa = cha) (**co**.xa) *substantivo feminino* Parte da perna que vai do quadril ao joelho. 432

coxear (xe = che) (co.xe.**ar**) *verbo* É o mesmo que *mancar*.

coxinha (xi = chi) (co.**xi**.nha) *substantivo feminino* Salgadinho com massa que se frita e com recheio de frango desfiado, em forma de uma pequena coxa dessa ave.

cozido (co.**zi**.do)
cozido • *adjetivo* Preparado pela ação do fogo: *Arroz e feijão cozidos são a base da alimentação da maioria dos brasileiros. Os tijolos são feitos de barro cozido.*
cozido • *substantivo masculino* Comida preparada com verduras, legumes e carnes, cozidos juntos.

cozinha (co.**zi**.nha) *substantivo feminino* Parte da casa onde os alimentos são preparados.

cozinhar (co.zi.**nhar**) *verbo* Preparar alimentos pela ação do fogo: *Cozinhar o almoço.*

cozinheira (co.zi.**nhei**.ra) *substantivo feminino* **1.** Mulher que tem como profissão cozinhar. **2.** Mulher que cozinha muito bem.

cozinheiro (co.zi.**nhei**.ro) *substantivo masculino* **1.** Homem que tem como profissão cozinhar. **2.** Homem que cozinha muito bem. [Feminino: *cozinheira*.]

crânio (**crâ**.nio) *substantivo masculino* Parte da cabeça onde fica o cérebro. O crânio é formado de ossos bem fortes, colados uns aos outros.

creche (**cre**.che) *substantivo feminino* Lugar onde os bebês e as crianças pequenas ficam para serem cuidados no período do dia em que seus pais trabalham.

Cc — creme ▸ crosta

creme (**cre**.me) *substantivo masculino* **1.** Substância que se forma na superfície do leite e com a qual se faz a manteiga; nata. **2.** Alimento feito com leite e alguns cereais. **3.** Substância pastosa: *Um creme dental. Um creme para a pele.* **4.** A cor branca meio amarelada, semelhante à da nata do leite.

crença (**cren**.ça) *substantivo feminino* **1.** Sentimento de quem acredita de verdade em alguma coisa: *Mamãe diz que sua crença nas pessoas é muito grande.* **2.** Aquilo em que uma pessoa ou um grupo de pessoas acredita (pode ser de caráter religioso, filosófico, etc.): *Sua crença não lhe permite comer carne em certos dias.*

crer (crer) *verbo* É o mesmo que *acreditar*: *Ter fé é crer em alguma coisa.*

crescer (cres.**cer**) *verbo* Aumentar em número, em quantidade, em força, em tamanho, em idade, etc.: *A população do Brasil já não cresce tão rapidamente como antes. Juca diz que, quando crescer, vai estudar Medicina.*

crescimento (cres.ci.**men**.to) *substantivo masculino* Ação ou processo de crescer, de aumentar em tamanho, força, idade, etc. ou de se desenvolver: *Podemos observar, num terrário ou num jardim, o crescimento das plantas.*

crespo (*crês*) (**cres**.po) *adjetivo* **1.** Diz-se de tecido ou de outra coisa que tem a parte de cima áspera, com pequenas diferenças que a gente percebe ao tocar. **2.** Diz-se do cabelo que não é liso, e que cresce desde a raiz em cachos, de fios que embaraçam com muita facilidade.

criação (cri.a.**ção**) *substantivo feminino* **1.** Ação de criar: *Papai é químico, e está trabalhando na criação de um novo produto.* **2.** Aquilo que se criou: *A criação dele foi premiada no concurso de moda.* **3.** O conjunto dos animais domésticos que alguém cria num lugar: *No sítio do meu tio, há uma criação de porcos.* [Plural: *criações*.]

Cole aqui uma foto sua. Você é uma criança.

criança (cri.**an**.ça) *substantivo feminino* Pessoa de pouca idade, menino ou menina: *Crianças até sete anos não pagam ingresso neste jardim zoológico.*

criar (cri.**ar**) *verbo* **1.** Dar vida a; gerar: *A Bíblia conta que Deus criou o mundo em seis dias e no sétimo dia descansou.* **2.** Inventar; produzir: *O escritor Monteiro Lobato criou a boneca Emília.* **3.** Fazer com que se multipliquem: *Criar animais.* **4.** É o mesmo que *cultivar* (2): *Criar rosas.*

crime (**cri**.me) *substantivo masculino* Atividade que é contra a lei ou contra a justiça e que merece castigo: *Roubar é crime.*

criminoso (*mô*) (cri.mi.**no**.so) *substantivo masculino* Aquele que praticou crime: *A polícia prendeu o criminoso e seus companheiros.*

crista (**cris**.ta) *substantivo feminino* Pedaço de carne vermelha na cabeça de certas aves: *A crista do galo é maior que a da galinha.*

cristal (cris.**tal**) *substantivo masculino* Vidro muito fino e transparente, mais caro do que o vidro comum: *Mamãe ganhou de papai seis belos copos de cristal.* [Plural: *cristais*.]

croquete (cro.**que**.te) *substantivo masculino* Bolinho frito de carne, peixe, aipim, etc., moídos: *Mamãe serviu croquetes na festa.*

crosta (*crôs*) (**cros**.ta) *substantivo feminino* **1.** Camada de substância que se forma sobre um corpo. **2.** A cobertura ou a casca de certas coisas: *A crosta do pão.* ◆ **Crosta terrestre.** A parte externa e sólida da superfície da Terra.

cru ▶ cuidar

cru (cru) *adjetivo* **1.** Que não está cozido, que não está preparado: *Mamãe voltou com o arroz para o fogão, porque viu que ele ainda estava cru.* **2.** Diz-se de pessoa inexperiente: *Fernando aprendeu a dirigir há um mês. Ele ainda está muito cru para dirigir do Rio de Janeiro à Bahia.* [Feminino: *crua*.]

cruel (cru.el) *adjetivo de 2 gêneros* **1.** Que gosta de fazer mal: *A Bruxa cruel transformou o Príncipe em sapo.* **2.** Que causa sofrimento: *— Que dúvida cruel! Só posso convidar uma das minhas amigas para o passeio.* [Plural: *cruéis*.]

crustáceo (crus.tá.ceo) *substantivo masculino* Animal invertebrado que tem cinco pares de patas e o corpo coberto por uma casca que pode ser fina, como a dos camarões, ou grossa e dura, como a das lagostas. Vive no mar e em água doce. Camarão, lagosta, caranguejo e siri são crustáceos muito apreciados na alimentação.

cruz (cruz)
cruz • *substantivo feminino* **1.** Objeto ou sinal formado por duas peças ou duas linhas que se cruzam: *Há uma cruz nas torres de muitas igrejas cristãs.* **2.** Sinal em forma de cruz (+): *Marquei com uma cruz a resposta certa.*
cruz • *interjeição* Indica medo, susto, espanto, etc.: *— Cruzes, nunca vi um bicho tão feio na minha vida!* [Em geral, nesta acepção é mais usada no plural: *cruzes*.]
[Plural: *cruzes*.]

cruzamento (cru.za.men.to) *substantivo masculino* Ponto ou lugar em que dois caminhos, duas ruas, etc. se cruzam.

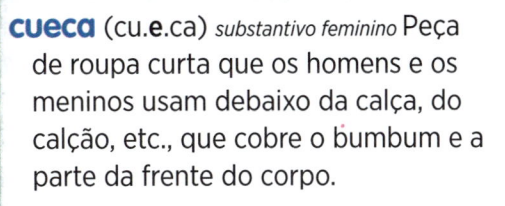

cruzar (cru.zar) *verbo* **1.** Formar uma cruz: *As duas estradas se cruzam mais adiante, junto ao rio.* **2.** Lançar a bola, geralmente sobre a grande área, para alguém do time da gente: *O lateral cruzou para o atacante marcar um belo gol de cabeça.* **3.** Pôr um braço sobre o outro, geralmente junto ao peito: *Chateado com o ocorrido, o menino coçou a cabeça e depois cruzou os braços, meio desanimado.* **4.** Acasalar (animais).

cubo (cu.bo) *substantivo masculino* Objeto que tem seis faces (isto é, lados quadrados): *O dado é um cubo.* 430

cueca (cu.e.ca) *substantivo feminino* Peça de roupa curta que os homens e os meninos usam debaixo da calça, do calção, etc., que cobre o bumbum e a parte da frente do corpo.

cuidado (cui.da.do)
cuidado • *substantivo masculino* **1.** Atenção para evitar que aconteça um mal a alguém ou a alguma coisa: *— Muito cuidado com esta criança, ela ainda não anda. — Lave este vaso com cuidado, porque ele é muito frágil.* **2.** Atenção: *Lúcia faz seus trabalhos com cuidado.*
cuidado • *interjeição* Tenha atenção: *— Cuidado! Não atravesse a rua agora.*

cuidadoso (dô) (cui.da.do.so) *adjetivo* **1.** Que tem cuidado; caprichoso: *Os meninos cuidadosos não estragam seus brinquedos.* **2.** Que é feito com cuidado: *Luciana fez uma pesquisa cuidadosa sobre a vida das formigas.*

cuidar (cui.dar) *verbo* Ter cuidado com alguém ou com alguma coisa: *Mariana cuida muito bem da irmã.*

Cc cujo ▶ cupim

cujo (cu.jo) *pronome* Palavra que a gente usa para indicar 'posse' daquilo (ou 'relação' com aquilo) que vem a seguir: *A estrela-do-mar é um animal **cujo** corpo tem forma de estrela.* [Feminino: *cuja*: *O bicho-da-seda é um inseto **cujas** larvas se criam dentro de um casulo.*]

culinária (cu.li.**ná**.ria) *substantivo feminino* **1.** Atividade ou arte de cozinhar, com técnica, de modo, geralmente, especial: *Minha irmã está tendo aulas de **culinária** na escola.* **2.** É também o conjunto dos pratos típicos de um país, região, etc.: *No Brasil, o yakisoba é uma das comidas mais conhecidas da **culinária** do Japão.*

culpa (**cul**.pa) *substantivo feminino* **1.** Falta ou qualquer outro ato que merece punição: *João ficou de castigo, mas disse que a **culpa** daquela desordem não era dele.* **2.** Sentimento de tristeza que a gente tem quando sabe que fez alguma coisa que não devia: *Maria comeu três fatias de bolo e depois sentiu muita **culpa**, pois ela está de dieta.*

culpado (cul.**pa**.do) *substantivo masculino* Aquele que tem culpa.

cultivar (cul.ti.**var**) *verbo* **1.** Tornar fértil (a terra) pelo trabalho: *Os lavradores **cultivam** os campos.* **2.** Plantar e dar os cuidados necessários para que se desenvolva bem: *Meu tio gosta muito de **cultivar** árvores frutíferas.*

cultura (cul.**tu**.ra) *substantivo feminino* **1.** Ação de cultivar: *A **cultura** da cana-de-açúcar no Brasil começou no Nordeste.* **2.** Conhecimentos que se adquirem pela leitura, pelo estudo, pela experiência, etc.: *Meu avô lê muito, por isso ele é um homem de grande **cultura**.*

cultural (cul.tu.**ral**) *adjetivo de 2 gêneros* Que pertence à cultura, geral ou de um povo, de um grupo, etc., ou que dele faz parte. [Plural: *culturais*.]

cume (**cu**.me) *substantivo masculino* O lugar mais alto de um monte, uma montanha, etc.: *Estamos quase chegando ao **cume** desta serra.*

cumprimentar (cum.pri.men.**tar**) *verbo* **1.** Dirigir gestos ou palavras de saudação a alguém: *— Bom dia, meninos! — **cumprimentou** a professora.* **2.** Dar os parabéns a alguém: *Vou **cumprimentar** Laura pelo seu aniversário.*

cumprimento (cum.pri.**men**.to) *substantivo masculino* **1.** Atividade de realizar, cumprir um dever, uma promessa. **2.** Atividade de cumprimentar; saudação; elogio: *Luís sorriu após meu **cumprimento**.*

cumprir (cum.**prir**) *verbo* Realizar um dever ou aquilo que julgamos ser um dever; executar: *Um bom soldado **cumpre** todas as ordens que recebe. Marta **cumpriu** a promessa que fez.*

cupim (cu.**pim**) *substantivo masculino* Inseto que vive em colônias chamadas *cupinzeiros* e come madeira e outras matérias vegetais. O cupim é o alimento preferido do tamanduá. [Plural: *cupins*.]

cupom (cu.pom) *substantivo masculino* Papel que dá direito a alguma coisa, como, por exemplo, um brinde. [Plural: *cupons*.]

cupuaçu (cu.pu.a.çu) *substantivo masculino* Fruto de uma árvore da Amazônia de igual nome. O cupuaçu é bom para fazer suco, doces, etc. 437

curativo (cu.ra.ti.vo) *substantivo masculino* **1.** A ação de limpar e cuidar de um machucado, de uma ferida. **2.** Tecido especial que se coloca sobre um machucado, uma ferida: *Papai pôs um curativo no meu joelho machucado.*

curau (cu.rau) *substantivo masculino* Papa cremosa feita de milho-verde ralado, leite de vaca ou de coco, açúcar e canela. [Outros nomes: *canjica, canjiquinha*.]

curica (cu.ri.ca) *substantivo feminino* **1.** No Norte e no Nordeste, é o mesmo que *papagaio* (1). 443 **2.** No Amazonas, no Pará e no Maranhão, é um pequeno papagaio (2) sem varetas.

curiosidade (cu.ri.o.si.da.de) *substantivo feminino* Desejo de ver ou conhecer coisas novas, ou de saber o que está acontecendo.

curioso (cu.ri.o.so) *adjetivo* Que tem curiosidade: *Ela é uma menina muito curiosa.*

curral (cur.ral) *substantivo masculino* Lugar cercado onde se junta e se recolhe o gado: *À noite, o gado da fazenda é levado para o curral.* [Plural: *currais*.]

curso (cur.so) *substantivo masculino* **1.** Movimento numa direção: *O curso das águas de um rio.* **2.** O conjunto das matérias ensinadas em escolas, que segue um programa adaptado ao nível dos alunos: *Curso de Ensino Fundamental. Curso de Medicina.*

curtir (cur.tir) *verbo* Gostar muito de algo ou de alguém: *Curtimos muito a viagem a Manaus.*

curto (cur.to) *adjetivo* **1.** De pequeno comprimento: *Alice usa cabelo curto por causa do calor.* **2.** De pouca duração: *O recreio hoje foi curto.*

curumim (cu.ru.mim) *susbtantivo masculino* **1.** Na língua indígena tupi, menino. **2.** No português, é usado com os sentidos de menino, indiozinho ou criança. [Plural: *curumins*.]

curva (cur.va) *substantivo feminino* **1.** Linha que tem forma semelhante à de um arco. **2.** Trecho em que uma estrada, um rio, uma rua, etc., mudam de direção: *Esta estrada é muito perigosa, é cheia de curvas.*

curvo (cur.vo) *adjetivo* Que muda de direção; que não é reto nem formado de linhas retas: *O anzol é curvo.*

cuscuz (cus.cuz) *substantivo masculino de 2 números* ou *substantivo masculino* **1.** No Nordeste e no Rio de Janeiro, espécie de bolo feito de farinha de tapioca ou de milho, embebido em leite e coberto com coco ralado. **2.** Alimento salgado, feito com farinha de milho cozida no vapor que, em São Paulo, em Minas Gerais e no Sul, leva peixe, camarão e legumes.

cuspir (cus.pir) *verbo* Lançar pela boca saliva (cuspe) ou outra substância: *O bebê cuspiu o leite porque estava muito quente.*

custar (cus.tar) *verbo* **1.** Ter determinado preço: *— Quanto custa esta caneta?* **2.** Ter dificuldade: *A aluna custou a entender a explicação da professora.* **3.** Demorar muito tempo: *Hoje, Ana custou a chegar da escola.*

cutia (cu.ti.a) *substantivo feminino* Animal mamífero roedor, quase sem cauda, de pelo curto, marrom-claro. Tem as patas da frente mais curtas que as de trás e unhas que parecem cascos. Mede cerca de meio metro de comprimento e pode ser domesticado. Alimenta-se de frutos e sementes caídos das árvores. Vive na América do Sul e na América Central.

Uma visita ao Amazonas

dado¹ (**da**.do) *substantivo masculino* Cubo de plástico, madeira, papel, etc., marcado em cada um dos lados com pontos de 1 a 6. É usado em vários jogos.

dado² (**da**.do) *substantivo masculino* Informação sobre um assunto: *Este livro tem muitos **dados** sobre a vida dos animais.*

damas ▶ data

damas (**da**.mas) *substantivo feminino plural* Jogo disputado por duas pessoas que movem 12 peças, cada uma, num tabuleiro de 64 casas de duas cores, com o objetivo de eliminar ou imobilizar as peças do adversário.

damasco (da.**mas**.co) *substantivo masculino* Fruto de polpa doce, de cor alaranjada, de uma árvore chamada *damasqueiro*: *A salada de frutas tinha maçã, manga, banana, uva e damasco.*

dança (**dan**.ça) *substantivo feminino* Série de movimentos feitos geralmente ao som de música: *O samba, o frevo e o tango são tipos diferentes de dança.*

dançar (dan.**çar**) *verbo* Movimentar o corpo com ritmo, geralmente ao som de música: *Na festa de aniversário de Ana, todas as crianças dançaram.*

dançarina (dan.ça.**ri**.na) *substantivo feminino* Mulher, moça ou menina que dança.

dançarino (dan.ça.**ri**.no) *substantivo masculino* Homem, rapaz ou menino que dança. [Feminino: *dançarina*.]

dano (**da**.no) *substantivo masculino* Mal causado a alguém ou a alguma coisa; prejuízo: *A inundação causou muitos danos à cidade.*

dar (dar) *verbo* **1.** Passar alguma coisa para alguém, que se torna o seu dono: *Maria deu vários de seus brinquedos para as crianças pobres* **2.** Oferecer um presente a alguém: *No aniversário de Alice, sua tia lhe deu uma boneca.* **3.** Dizer alguma coisa a alguém: *Antes de Rui sair de casa, sua mãe lhe deu muitos conselhos.* **4.** Indicar por meio de um som: *O relógio já deu as 11 horas.* **5.** Produzir: *As árvores dão frutos. A vaca dá leite.*

dardo (**dar**.do) *substantivo masculino* **1.** Lança pequena. **2.** Pau com uma ponta de metal que se atira com as mãos: *Fernando adora brincar de lançar dardos.*

data (**da**.ta) *substantivo feminino* Dia da semana, do mês ou do ano. A data é também o dia em que aconteceu ou acontecerá um fato: *Qual é a data do seu aniversário? Ainda não sabemos a data da nossa viagem de férias.*

Dd de ▸ defeito

de (de) *preposição* Palavra que liga uma palavra a outra, muitas vezes com as ideias de: a) 'lugar de onde se vem': *Voltamos **de** Pernambuco*; b) 'lugar em que está quem faz alguma coisa': *Ele me telefonou **de** casa*; c) 'algo que pertence a alguém': *O livro **de** meu colega está sobre a mesa*; d) 'o que está dentro de um copo, prato, etc.': *Um copo **de** água. Uma garrafa **de** suco de frutas*; e) 'algo que é feito de certo material': *Comprou uma cadeira **de** ferro*.

debaixo (xo = cho) (de.**bai**.xo) *advérbio* Em posição inferior a uma coisa que fica por cima: *Numa mesa, o tampo fica em cima e os pés ficam **debaixo***. ◆ **Debaixo de.** Embaixo de alguma coisa ou de algum lugar: *O anel de Maria caiu **debaixo da** mesa. Esperou **debaixo do** viaduto até a chuva passar*.

debate (de.**ba**.te) *substantivo masculino* **1.** Discussão sobre determinado assunto, na qual cada pessoa dá sua opinião: *Haverá um **debate** na escola sobre a reciclagem do lixo*. **2.** Discussão que ocorre entre candidatos em época de eleição.

decidir (de.ci.**dir**) *verbo* **1.** Resolver fazer alguma coisa: *Meu pai **decidiu** viajar hoje*. **2.** Dar preferência a: *Tendo de escolher entre várias frutas, **decidiu**-se pela melancia, que era a maior delas*.

decisão (de.ci.**são**) *substantivo feminino* Ação ou resultado de decidir: *Ela precisa tomar uma **decisão**: se vai ou não fazer o curso de Informática. A **decisão** do juiz foi a favor do réu*. [Plural: *decisões*.]

decolar (de.co.**lar**) *verbo* Levantar voo (o avião, o helicóptero, etc.): *Os dois aviões **decolaram** ao mesmo tempo*.

decomposição (de.com.po.si.**ção**) *substantivo feminino* Estado de um animal ou planta que, depois de morto, começa a se desfazer.

decoração (de.co.ra.**ção**) *substantivo feminino* Maneira como se arruma e se enfeita um ambiente: *Sílvia mudou a **decoração** de sua casa*. [Plural: *decorações*.]

decorar¹ (de.co.**rar**) *verbo* Aprender de cor, guardar na memória: *Patrícia **decorou** a música que teria de cantar na festa*.

decorar² (de.co.**rar**) *verbo* É o mesmo que enfeitar: *Tia Lúcia **decorou** a sala com flores*.

dedicar (de.di.**car**) *verbo* Dizer que a gente fez alguma coisa para mostrar o carinho e a admiração que sente por alguém: ***Dedicou** à namorada o poema que fez ontem à noite. Júlio cantou uma bela canção na festa da escola e a **dedicou** aos pais*.

dedo (dê) (**de**.do) *substantivo masculino* Cada uma das cinco partes em que terminam os pés e as mãos das pessoas e de alguns animais. 433

defeito (de.**fei**.to) *substantivo masculino* Aquilo que impede que uma máquina ou um aparelho funcione, ou que não o deixa funcionar bem: *Mamãe mandou consertar a geladeira, porque ela está com **defeito***.

defeituoso (ôso) (de.fei.tu.o.so) *adjetivo* Que tem defeito: *Isa comprou uma saia **defeituosa**, que tinha um lado maior do que o outro.*

defender (de.fen.der) *verbo* **1.** Agir para tentar impedir que uma pessoa, ou um animal, se machuque, ou que alguma coisa seja destruída durante um ataque ou uma agressão; proteger: *Ana **defendeu** seu gatinho do cachorro. Os soldados **defenderam** a cidade contra o ataque.* **2.** Rebater ataque ou agressão: *Bernardo se **defende** bem, porque teve aulas de caratê.* **3.** Falar em defesa de algo ou de alguém: *Ele gosta muito de Manuela. Sempre a **defende** quando alguém a critica.*

defesa (fê) (de.fe.sa) *substantivo feminino* **1.** Aquilo que a gente faz ou usa para defender ou proteger algo ou alguém. **2.** No futebol, basquete, vôlei, etc., a posição de quem tem a função de evitar que o adversário marque ponto.

deficiência (de.fi.ci.ên.cia) *substantivo feminino* Aquilo que falta a alguma coisa ou a alguém: *Ivo tem **deficiência** de vitaminas.*

deficiente (de.fi.ci.en.te) *substantivo de 2 gêneros* Pessoa com deficiência física ou mental.

definir (de.fi.nir) *verbo* Explicar o que uma palavra quer dizer: *— Veja como o seu dicionarinho **define** essa palavra.*

defumado (de.fu.ma.do) *adjetivo* Diz-se de alimento (peixe, carne de porco, salsichas, etc.) que, para conservar, a gente expõe à fumaça que sai da queima da serragem (isto é, de pequenos restos e pó de madeira) úmida.

degelar (de.ge.lar) *verbo* Perder o gelo; derreter-se: *Em regiões muito frias, há lagos e rios que congelam no inverno e só **degelam** quando chega a primavera.*

degrau (de.grau) *substantivo masculino* Numa escada, cada uma das peças ou partes em que se põe o pé para subir ou descer: *Em minha casa há uma escada com mais de vinte **degraus**.* [Plural: *degraus*.]

deitar (dei.tar) *verbo* **1.** Pôr alguém numa cama ou em outro lugar, de maneira que seu corpo fique estendido: ***Deitou** o bebê para lhe trocar a fralda.* **2.** Pôr o próprio corpo (cabeça, tronco e membros) numa cama ou em outro lugar para descansar ou dormir: *Mariana se **deita** às 9 horas.*

deixar (xar = char) (dei.xar) *verbo* **1.** Sair de algum lugar: *A aula terminou e os alunos **deixaram** a sala.* **2.** Dizer (a mãe, o pai, o avô, a avó, etc.) que a gente pode fazer alguma coisa; permitir, consentir: *A mãe **deixou** a filha ir à festa.* **3.** É o mesmo que *parar*: *Por que você **deixou** de estudar?*

dela (de.la) Palavra que é a união de duas outras palavras, *de* (ver) e *ela* (ver). A gente usa **dela** para dizer que alguma coisa pertence a uma mulher, moça ou menina. A gente também pode usar **dela** para falar de um bicho ou de um objeto de que a gente fala no feminino (por exemplo: *a zebra, a cama*): *Hoje conheci a nova aluna, mas já tinha ouvido falar **dela** na escola. A zebra é da mesma família que o cavalo, mas o corpo **dela** é menor e cheio de listras. Mamãe disse que minha cama ainda está boa, mas que o colchão **dela** precisa ser trocado.*

Dd   dele ▸ demorado

dele (dê) (**de**.le) Palavra que é a união de duas outras palavras, *de* (ver) e *ele* (ver). A gente usa **dele** para dizer que alguma coisa pertence a um homem, rapaz ou menino. A gente também pode usar **dele** para falar de um bicho ou de um objeto de que a gente fala no masculino (por exemplo: *o tamanduá, o guarda-chuva*): *João sujou-se na partida de futebol. A roupa dele ficou manchada de barro. O tamanduá tem uma língua bem comprida, mas a cauda dele também costuma ser muito grande. Levei meu guarda-chuva para o conserto, pois o cabo dele quebrou.*

delegacia (de.le.ga.**ci**.a) *substantivo feminino* Prédio da polícia onde as pessoas vão reclamar de alguma coisa, e para onde se leva quem é preso. [A pessoa responsável por uma delegacia é o *delegado*.]

deletar (de.le.**tar**) *verbo* Apagar, eliminar (de um computador): *Meu irmão sempre deleta os arquivos de que não precisa mais.*

delgado (del.**ga**.do) *adjetivo* É o mesmo que fino: *O colar foi feito com um metal muito delgado.*

delicadeza (dêza) (de.li.ca.**de**.za) *substantivo feminino* Atitude gentil, amável: *Maria é muito educada, trata os outros sempre com delicadeza.*

delicado (de.li.**ca**.do) *adjetivo* **1.** Que tem maneiras gentis; amável: *Ana é uma menina muito delicada.* **2.** É o mesmo que *frágil*: *Um copo delicado. Uma flor delicada.*

delícia (de.**lí**.cia) *substantivo feminino* **1.** Coisa que agrada muito: *As férias são uma delícia.* **2.** Coisa muito saborosa: *Este bolo está uma delícia.*

delicioso (ôso) (de.li.ci.**o**.so) *adjetivo* **1.** Que agrada muito: *O cheiro delicioso da rosa. Fizemos um passeio delicioso.* **2.** Que tem gosto muito bom: *Que fruta deliciosa!*

demais (de.**mais**) *advérbio* **1.** Além do que costuma ser: *De uns tempos pra cá, quando subo uma escada muito depressa, fico cansado demais.* **2.** Muito mesmo: *Ele é bonito demais.*

democracia (de.mo.cra.**ci**.a) *substantivo feminino* País ou lugar em que as pessoas têm o direito e a liberdade de votar em quem vai governar. Uma das características de uma democracia é a liberdade de expressão, isto é, o poder de dizer e escrever o que se pensa e de viver e agir de acordo com aquilo em que se acredita (desde que, é claro, não se faça mal ou cause prejuízo às pessoas).

demolir (de.mo.**lir**) *verbo* Pôr abaixo, derrubar: *Papai demoliu o velho galinheiro para fazer outro.*

demonstrar (de.mons.**trar**) *verbo* É o mesmo que *mostrar*: *As lágrimas da criança demonstravam sua tristeza.*

demorado (de.mo.**ra**.do) *adjetivo* Que leva muito tempo: *A viagem de carro até Brasília vai ser demorada.*

demorar ▶ dentro

demorar (de.mo.**rar**) *verbo* Levar muito tempo: *Paulo foi a pé para a escola e por isso **demorou** a chegar.*

dendê (den.**dê**) *substantivo masculino* **1.** Fruto do *dendezeiro*, uma palmeira. **437 2.** Óleo tirado desse fruto, que se usa em várias comidas: *Este prato é feito com camarão e **dendê**.*

dengue (**den**.gue) *substantivo masculino e feminino* Doença grave, em que o doente tem febre alta e dores nos músculos, transmitida por um mosquito chamado *Aedes aegypti*, que põe ovos em águas paradas: *Na minha casa, evitamos a **dengue** não deixando sem tampa as vasilhas com água.*

dentada (den.**ta**.da) *substantivo feminino* **1.** Ferimento feito com os dentes; mordida: *O cachorro bravo do vizinho deu uma **dentada** num gato.* **2.** Pedaço tirado com os dentes; mordida: *Isa deu uma **dentada** na maçã.*

dental (den.**tal**) *adjetivo de 2 gêneros* Dos dentes ou para eles: *Pasta **dental**. Fio **dental**.* [Plural: *dentais*.]

dente (**den**.te) *substantivo masculino* **1.** Pequena estrutura, parecida com um osso, que existe na boca do homem e de outros animais. Os dentes servem para morder e mastigar os alimentos: *O homem adulto tem 32 **dentes**.* **2.** O que se parece com esse objeto: *Mamãe colocou dois **dentes** de alho no feijão.* **3.** Cada uma das pontas de certos objetos: *Os **dentes** do pente.* ◆ **Dente de leite.** É cada um dos dentes que nascem nos bebês, geralmente entre os seis meses e os dois anos e meio de vida. Esses dentes ficam com a gente até por volta dos seis anos de idade; nessa idade eles começam a cair e a gente vai ficando banguela, mas tudo bem, porque outros dentes vão nascer e estes (se a gente cuidar deles direitinho e não sofrer nenhum acidente) ficarão com a gente por muitos e muitos anos.

dentição (den.ti.**ção**) *substantivo feminino* Formação e nascimento dos dentes. [Plural: *dentições*.] ◆ **Primeira dentição.** É aquela em que nascem os dentes de leite da criança (veja *dente de leite*). **Segunda dentição.** É aquela em que nascem os dentes chamados permanentes, isto é, aqueles que devem ficar com a gente por muitos e muitos anos. Essa dentição começa a surgir por volta dos seis anos. Até os quinze anos de idade nasce a maioria dos dentes, mas os quatro últimos vão nascer entre os 17 e os 21 anos.

dentista (den.**tis**.ta) *substantivo de 2 gêneros* Pessoa que tem como profissão cuidar dos dentes das pessoas: *Para ter bons dentes, devemos sempre ir ao **dentista**. A **dentista** de meu pai atende numa clínica dentária. O **dentista** de vovó é muito simpático.*

dentro (**den**.tro) *advérbio* Do lado interior; no interior: *Tio Augusto fechou o carro, mas esqueceu a chave **dentro**.* ◆ **Dentro de.** No interior de algo ou de algum lugar: *Minha bicicleta está **dentro da** garagem.* **Por dentro.** Do lado interno de algo ou de algum lugar: *O carro está sujo por fora, mas limpo **por dentro**.*

Quando seu dente de leite cair, cole-o aqui.

depender (de.pen.**der**) *verbo* **1.** Precisar da ajuda ou proteção de alguém para sobreviver: *Os filhos **dependem** dos pais pelo menos até o fim da adolescência.* **2.** Ser resultante de algo: *A nossa ida à praia vai **depender** de fazer sol.* **3.** Estar à espera da decisão de uma pessoa sobre um assunto, um acontecimento: *Perguntei ao papai se posso ir à casa do Zezinho, e ele disse que isso **depende** da mamãe e me mandou falar com ela.*

depois (de.**pois**) *advérbio* Em seguida: *Maio é o quinto mês do ano. Junho vem **depois**.* ◆ **Depois de.** Em seguida a: ***Depois da** escola, vou ao curso de Inglês. Ele entrou em sala **depois da** Carol.*

depósito (de.**pó**.si.to) *substantivo masculino* Lugar onde se guardam mercadorias: *O **depósito** daquele supermercado é muito grande.*

depressa (de.**pres**.sa) *advérbio* Com rapidez; em pouco tempo: *Devemos comer devagar e não **depressa**.*

deputada (de.pu.**ta**.da) *substantivo feminino* Mulher eleita pelo povo para fazer leis para todo o país (se for uma deputada federal) ou para um estado (se for uma deputada estadual).

deputado (de.pu.**ta**.do) *substantivo masculino* Homem eleito pelo povo para fazer leis para todo o país (se for um deputado federal) ou para um estado (se for um deputado estadual). [Feminino: *deputada*.]

derramar (der.ra.**mar**) *verbo* Fazer um líquido correr para fora de onde estava: *Luís esbarrou no copo e **derramou** a água.*

derreter (der.re.**ter**) *verbo* **1.** Tornar líquido: *A cozinheira **derreteu** a manteiga para fritar a banana.* **2.** Tornar-se líquido: *O gelo **derreteu**-se com o calor. João esperou o sorvete **derreter** para tomá-lo.*

derrotar (der.ro.**tar**) *verbo* É o mesmo que vencer: *Nosso time **derrotou** todos os outros e ganhou o campeonato.*

derrubar (der.ru.**bar**) *verbo* Fazer cair, jogar no chão: *O vento **derrubou** o vaso.*

desabar (de.sa.**bar**) *verbo* Cair no chão (o que estava preso, seguro ou construído no alto): *A velha figueira **desabou** com o temporal.*

desabotoar (de.sa.bo.to.**ar**) *verbo* Abrir, tirando os botões das casas: *Mateus estava com calor, por isso **desabotoou** o casaco para tirá-lo.*

desabrigado (de.sa.bri.**ga**.do)
desabrigado • *adjetivo* Que não tem casa ou que ficou sem ter onde morar.
desabrigado • *substantivo masculino* Aquele que não tem casa ou que ficou sem ter onde morar.

desafiar (de.sa.fi.**ar**) *verbo* Provocar alguém para fazê-lo entrar numa competição ou briga: ***Desafiei** meu primo para uma partida de totó.*

desagradável (de.sa.gra.**dá**.vel) *adjetivo de 2 gêneros* Que não é agradável: *Quando chove forte, é **desagradável** andar a pé.* [Plural: *desagradáveis*.]

desajeitado (de.sa.jei.**ta**.do) *adjetivo* **1.** Que não tem jeito para tarefas delicadas: *Maria se acha **desajeitada** para costurar.* **2.** Que deixa cair, derruba ou quebra coisas: *— Veja só, derramei o café, sou mesmo um **desajeitado**!* **3.** É o mesmo que *desarrumado* ou *bagunçado*: *Nesta foto, Lúcia está com o cabelo **desajeitado**.*

desamarrar (de.sa.mar.**rar**) *verbo* Soltar o que estava amarrado: *André **desamarrou** o cadarço do sapato.*

desanimado (de.sa.ni.**ma**.do) *adjetivo* Que está sem vontade de fazer qualquer coisa ou determinada coisa: *Desde que seu cão fugiu, João está triste, **desanimado**. Meu time está tão ruim que fiquei **desanimado** de ver o jogo.*

desaparecer (de.sa.pa.re.**cer**) *verbo* Deixar de ser visto; sumir: *A Lua **desapareceu** atrás da nuvem e a noite ficou mais escura.*

desarmar (de.sar.**mar**) *verbo* **1.** Tirar a arma de: *O guarda **desarmou** o ladrão.* **2.** Separar as peças que formam um brinquedo, um móvel, uma barraca, etc.; desmontar: *Pediu ao filho que **desarmasse** o autorama para guardá-lo.*

desarrumar (de.sar.ru.**mar**) *verbo* Fazer bagunça em; deixar sem ordem: *As crianças **desarrumaram** o quarto.*

desastre (de.**sas**.tre) *substantivo masculino* Acontecimento que não é esperado e que causa prejuízo ou destruição: *Naquela rua os veículos correm muito e por isso há muitos **desastres**. O temporal foi um **desastre** para a plantação.*

desatento (de.sa.**ten**.to) *adjetivo* Que não está prestando atenção; distraído: *Minha colega estava tão **desatenta** que não ouviu a professora chamar.*

desbotar (des.bo.**tar**) *verbo* Perder a cor: *Minha calça azul, de tanto lavar, **desbotou**.*

descalço (des.**cal**.ço) *adjetivo* Sem calçado: *Para não fazer barulho, andava com os pés **descalços**. Meu pai tem mania de andar **descalço** dentro de casa.*

descansar (des.can.**sar**) *verbo* **1.** Deixar de trabalhar para repousar, distrair-se, etc.: *Papai tirou férias para **descansar**.* **2.** Ficar em repouso, em sossego: ***Descansou** uma hora depois da ginástica.*

descarga (des.**car**.ga) *substantivo feminino* **1.** Atividade de descarregar. **2.** Mecanismo que controla a entrada de água no vaso sanitário: *A **descarga** do vaso sanitário está com defeito.*

descarregar (des.car.re.**gar**) *verbo* Tirar a carga de: *O caminhão **descarregou** a terra na horta.*

descascar (des.cas.**car**) *verbo* **1.** Tirar a casca de: ***Descascamos** a manga antes de comê-la.* **2.** Perder a pele queimada de sol: *Tomei muito sol e dias depois **descasquei**.*

descer (des.**cer**) *verbo* **1.** Fazer o caminho do alto para baixo: *Paulo **desceu** as escadas.* **2.** Sair de uma condução: *Vou **descer** do trem na próxima estação.*

Dd descida ▶ desejo

descida (des.**ci**.da) *substantivo feminino* **1.** Ação de descer, de ir para baixo. **2.** Momento em que se desce de um trem, ônibus, etc. **3.** Terreno inclinado, como o de uma ladeira, morro, montanha, etc., quando se desce.

descoberta (des.co.**ber**.ta) *substantivo feminino* Aquilo que se descobriu ou que se encontrou como resultado de pesquisa ou de invenção, ou mesmo por acaso: *A **descoberta** dessa vacina já salvou muitas vidas.*

descobrir (des.co.**brir**) *verbo* **1.** Tirar aquilo que cobre ou tampa alguma coisa: ***Descobriu** a panela para a sopa esfriar.* **2.** Encontrar, achar: *Guilherme **descobriu** ontem um caminho mais curto para a escola. **Descobri** a rua em que Mariana mora.*

descongelar (des.con.ge.**lar**) *verbo* **1.** É o mesmo que *derreter* (2): *Nos polos, há muitas geleiras **descongelando**.* **2.** Perder, um alimento, o gelo que o faz estar duro e frio: *Mamãe tirou a carne do* freezer *para que ela **descongelasse**.*

desconhecido (des.co.nhe.**ci**.do)
desconhecido • *adjetivo* Que não é conhecido; ignorado: *Colombo chegou a uma terra **desconhecida**. Meu pai sempre diz que não devemos conversar com gente **desconhecida**.*
desconhecido • *substantivo masculino* Alguém que a gente não conhece.

descrever (des.cre.**ver**) *verbo* **1.** Dizer a forma, a aparência ou outras características de uma pessoa, uma coisa, um lugar, etc.: *A vítima **descreveu** o assaltante para o policial.* **2.** Contar uma história, um acontecimento, etc., com detalhes: *Maria **descreveu** o passeio para os colegas de classe.*

descuidado (des.cui.**da**.do) *adjetivo* Que não tem cuidado; que não cuida de suas coisas: *Filipe é um menino **descuidado**.*

desculpa (des.**cul**.pa) *substantivo feminino* **1.** Ação de desculpar a si mesmo ou a outra pessoa, ou o resultado desta ação. **2.** Razão, motivo: *A **desculpa** que minha colega deu para o atraso não convenceu a professora.* ◆ **Pedir desculpa.** Pedir a alguém que desculpe algo que a gente disse ou fez.

desculpar (des.cul.**par**) *verbo* **1.** Perdoar a culpa ou a falha de (alguém) *João explicou por que tinha chegado tarde e a professora o **desculpou**.* **2.** Pedir desculpa, dizendo o motivo de algo ter acontecido: *Carlos **desculpou**-se por ter faltado à aula e não foi repreendido.*

desde (dēs) (**des**.de) *preposição* A partir de; a começar de: *Estudamos nesta escola **desde** o ano passado.*

desdentado (des.den.**ta**.do) *adjetivo* Sem dentes ou com poucos dentes (a gente diz de uma pessoa ou de um bicho, ou de um objeto que perdeu seus dentes, como, por exemplo, um pente).

desejar (de.se.**jar**) *verbo* **1.** Ter desejo ou vontade; querer: *Laura estuda muito porque **deseja** ser escritora.* **2.** Querer que algo aconteça: ***Desejo**-lhe um feliz Natal.*

desejo (de.**se**.jo) *substantivo masculino* Vontade: *O maior **desejo** de meu pai é pilotar um avião.*

desembaraçado ▸ deslizar

desembaraçado (de.sem.ba.ra.**ça**.do) *adjetivo* **1.** Que não está embaraçado: *Cabelo desembaraçado*. **2.** Que tem facilidade para se comunicar com as outras pessoas: *João é um menino muito desembaraçado*.

desembarcar (de.sem.bar.**car**) *verbo* Sair de um meio de transporte: *Os passageiros daquele navio já desembarcaram*.

desembrulhar (de.sem.bru.**lhar**) *verbo* Tirar o papel, plástico, etc. que cobre alguma coisa, como, por exemplo, um presente ou algo que se tenha comprado.

desempregado (de.sem.pre.**ga**.do) *adjetivo* Que está sem emprego, sem trabalho: *Eu tenho um tio desempregado*.

desenhar (de.se.**nhar**) *verbo* Fazer um desenho: *Carlos desenhou um navio*.

desenho (de.**se**.nho) *substantivo masculino* Representação de uma figura por meio de traços e, às vezes, cores: *O desenho do jardim com suas flores ficou muito bonito*.

desenterrar (de.sen.ter.**rar**) *verbo* Tirar alguma coisa que estava debaixo da terra: *O pirata desenterrou um tesouro muito valioso*.

desenvolver (de.sen.vol.**ver**) *verbo* **1.** Fazer crescer: *A luz do Sol desenvolve as plantas*. **2.** Tornar-se maior, mais forte: *Depois que passou a fazer natação todos os dias, Pedro se desenvolveu. A indústria desenvolveu-se muito no Brasil*.

deserto (de.**ser**.to)
deserto • *adjetivo* Onde não há gente: *De madrugada, esta rua fica deserta*.
deserto • *substantivo masculino* Região da Terra coberta de areia ou de pedras, muito seca, quase sem vegetação e onde a vida é muito difícil. No deserto, os dias são muito quentes e as noites são frias: *O maior deserto do mundo é o do Saara, na África*.

desfazer (des.fa.**zer**) *verbo* **1.** Fazer com que algo volte ao estado em que estava antes; desmanchar: *Mariana desfez o nó da corda*. **2.** Modificar o estado em que algo estava arrumado, organizado, feito, etc.; desmanchar: *A menina desfez o embrulho. Mamãe desfez o seu vestido azul, para fazer uma blusa para mim*. **3.** Dar fim a um compromisso, a um negócio, a um relacionamento, etc.; desmanchar: *João desfez o namoro com Maria. Papai desfez a sociedade com o amigo*.

desfilar (des.fi.**lar**) *verbo* **1.** Marchar em fila: *Os soldados desfilaram no dia 7 de setembro*. **2.** Andar, geralmente numa passarela (2), de um jeito especial, para exibir roupa, óculos, etc.

desidratação (de.si.dra.ta.**ção**) *substantivo feminino* Estado em que o corpo da gente fica com menos água do que deveria ter para fazer tudo o que precisa.

desligar (des.li.**gar**) *verbo* Fazer com que pare de funcionar (luz ou aparelho): *Maria desligou a televisão e foi brincar*.

deslizar (des.li.**zar**) *verbo* Escorregar de maneira suave: *Os esquiadores deslizam nas montanhas cobertas de neve*.

Dd deslocar ▶ desordem

deslocar (des.lo.**car**) *verbo* **1.** Fazer mudar de lugar: *Ao nadar, a baleia deslocha muita água.* **2.** Mover-se de um lugar para outro; movimentar-se: *As aves se deslocam no ar.*

desmaiar (des.mai.**ar**) *verbo* Ficar inconsciente por certo tempo: *O doente desmaiou porque estava muito fraco.*

desmanchar (des.man.**char**) *verbo* É o mesmo que *desfazer*: *Com a correria, acabou desmanchando o penteado. Ana e José desmancharam o namoro.*

⬑ **desmatamento** (des.ma.ta.**men**.to) *substantivo masculino* Ação de desmatar, de derrubar as árvores de uma floresta, de um cerrado, etc., ou o resultado dessa ação: *Na escola, fizemos vários cartazes contra o desmatamento da Amazônia.*

desmatar (des.ma.**tar**) *verbo* Derrubar muitas árvores de uma floresta, de um cerrado, etc.: *Antes de construir a estrada, foi preciso desmatar uma enorme área.*

desmontar (des.mon.**tar**) *verbo* **1.** Descer do cavalo, do burro, etc.: *O herói desmontou do cavalo para salvar a princesa.* **2.** É o mesmo que *desarmar* (2): *Desmontar um brinquedo. Desmontar um armário.*

desmontável (des.mon.**tá**.vel) *adjetivo de 2 gêneros* Que a gente pode desmontar, desarmar. [Plural: *desmontáveis*.]

desnecessário (des.ne.ces.**sá**.rio) *adjetivo* Que não é necessário, não é preciso: *É quase desnecessário dizer que não se pode deixar de escovar os dentes depois das refeições.*

desnutrido (des.nu.**tri**.do) *adjetivo* Que não está bem alimentado, que não tem uma alimentação rica em vitaminas, proteínas e sais minerais: *Criança desnutrida tem dificuldade em aprender.*

desobedecer (de.so.be.de.**cer**) *verbo* Não obedecer a alguém; não seguir uma ordem: *Na história, o ratinho desobedeceu aos pais e foi comido pelo gato.*

desobediente (de.so.be.di.**en**.te) *adjetivo de 2 gêneros* Que não obedece: *Artur é um menino desobediente.*

desodorante (de.so.do.**ran**.te) *substantivo masculino* Produto que a gente passa, geralmente debaixo do braço, para estar sempre cheiroso: *Papai sempre passa desodorante depois de tomar banho.*

desonesto (de.so.**nes**.to) *adjetivo* Que não é honesto: *Vimos na televisão uma reportagem sobre uma pessoa desonesta que enganou muita gente.*

desordem (de.**sor**.dem) *substantivo feminino* Falta de organização; bagunça: *Mamãe disse que o meu quarto está uma desordem.* [Plural: *desordens*.]

despedida (des.pe.**di**.da) *substantivo feminino* Ação de despedir-se, ou o resultado desta ação: *Na hora da **despedida** do filho que ia morar em São Paulo, a mãe de André o aconselhou a estudar muito.*

despedir-se (des.pe.**dir**-se) *verbo* Dizer adeus ou até breve, tchau, até logo, etc. antes de ir embora: *Júlia **despediu-se** de todos os colegas no último dia de aula.*

despenteado (des.pen.te.**a**.do) *adjetivo*
1. Diz-se do cabelo que não está penteado.
2. Diz-se de quem está com o cabelo desarrumado.

despentear (des.pen.te.**ar**) *verbo* 1. Desfazer o penteado de alguém: *O vento **despenteou** os cabelos da noiva.* 2. Ficar com os cabelos desarrumados: ***Despenteou**-se com a brincadeira.*

desperdiçar (des.per.di.**çar**) *verbo* Gastar ou usar mal: *Não se deve **desperdiçar** água.*

despertador (dôr) (des.per.ta.**dor**) *substantivo masculino* Relógio que se usa para acordar quem dorme ou para avisar que está na hora de fazer determinada coisa: *Meu pai começa a trabalhar às 8 horas e sempre põe o **despertador** para acordá-lo duas horas antes.* [Plural: *despertadores*.]

despertar (des.per.**tar**) *verbo* Acordar: *O barulho **despertou** Adriana.*

despesa (pê) (des.**pe**.sa) *substantivo feminino* A quantia que a gente tem de pagar pelo que gasta ou pelo que consome: *Não viajamos porque teríamos muita **despesa**. A **despesa** do hotel não foi grande.*

despir (des.**pir**) *verbo* Tirar a roupa de alguém ou a própria roupa: ***Despiu** o filho pequeno para dar-lhe banho. **Despiu**-se para tomar banho.* →

despoluir (des.po.lu.**ir**) *verbo* Acabar com a poluição de um rio, lago, etc.

desprotegido (des.pro.te.**gi**.do) *adjetivo* Que não está protegido: *Com a chuva forte, as crianças que brincavam na praça ficaram **desprotegidas**.*

desrespeito (des.res.**pei**.to) *substantivo masculino*
1. Falta de respeito; desobediência: *Avançar o sinal vermelho é um **desrespeito** à lei.*
2. Aquilo que a gente faz ou fala que ofende ou magoa alguém: *Papai diz que furar fila é um **desrespeito** às outras pessoas.*

destacar (des.ta.**car**) *verbo* 1. Marcar, separar: *O rapaz desempregado **destacou** no jornal os empregos que irá ver.* 2. É o mesmo que sobressair: *Os alunos que se **destacam** são sempre os que estudam muito.*

destampado (des.tam.**pa**.do) *adjetivo* Sem tampa ou tampo: *— Menino, não deixe a panela **destampada**, vai esfriar a comida — disse a mãe.*

destemido (des.te.**mi**.do) *adjetivo* Que não tem medo ou que é muito corajoso: *Juca é um menino **destemido**: quer ser domador de tigre.*

destinatário (des.ti.na.**tá**.rio) *substantivo masculino* Aquele a quem se envia uma carta ou uma encomenda, etc.

Dd destino ▸ detetive

destino (des.**ti**.no) *substantivo masculino* **1.** O fato de achar que a vida de uma pessoa já está toda planejada e que é independente da sua vontade: *Meus pais não acreditam em* ***destino***. **2.** Aquilo que acontecerá com uma pessoa no futuro: *Qual será o meu **destino**? Com quantos anos me casarei?* **3.** O lugar para onde se vai: *Meu **destino**, nas férias, será Minas Gerais, para visitar meus primos.*

destravar (des.tra.**var**) *verbo* Tirar aquilo que impede que uma porta, janela, etc. seja aberta.

destruição (des.tru.i.**ção**) *substantivo feminino* Ação de destruir, ou o resultado desta ação: *A chuva forte causou grande **destruição** na cidade.* [Plural: *destruições*.]

destruir (des.tru.**ir**) *verbo* **1.** Causar dano, pôr fim ao que estava construído: *O temporal **destruiu** muitas casas.* **2.** Pôr fim a algo: *O fogo **destruiu** boa parte da floresta.*

desvendar (des.ven.**dar**) *verbo* Encontrar a resposta ou a solução para algo que a gente não sabe; descobrir, esclarecer: ***Desvendar** um segredo.* ***Desvendar** um mistério.*

↳ **desviar** (des.vi.**ar**) *verbo* Mudar a direção de alguma coisa; deslocar: *Papai **desviou** o carro quando viu o buraco.*

desvirar (des.vi.**rar**) *verbo* Tornar a pôr como estava ou deveria estar: *O besouro caiu com as pernas para cima e o menino o **desvirou**.*

detalhe (de.**ta**.lhe) *substantivo masculino* Pequenas partes ou acontecimentos mínimos: *Quero que você me conte a história com todos os **detalhes**.*

detergente (de.ter.**gen**.te) *substantivo masculino* Substância, geralmente líquida, que serve para tirar gordura e sujeira: *Para limpar meus óculos basta uma gota de **detergente**.*

determinado (de.ter.mi.**na**.do)
determinado • *adjetivo* **1.** Que foi indicado ou estabelecido: *As férias começam no dia **determinado**.* **2.** Que já se decidiu: *Carlos está **determinado** a jogar futebol.*
determinado • *pronome* É uma palavra usada para falar de valor, quantia, peso, data, etc. que a gente não sabe bem qual é, ou que a gente sabe, mas não quer dizer; certo: *Ficaram conversando por muito tempo e, numa **determinada** hora, ela disse que precisava ir embora.*
[Feminino: *determinada*.]

determinar (de.ter.mi.**nar**) *verbo* **1.** Indicar de um modo exato: *Meu pai ainda não **determinou** o dia da nossa viagem.* **2.** Mandar; ordenar: *O chefe dos escoteiros **determinou** que todos fossem naquela direção.*

detestar (de.tes.**tar**) *verbo* É o mesmo que odiar: *Existem muitas pessoas que **detestam** acordar cedo.*

detetive (de.te.**ti**.ve) *substantivo de 2 gêneros* Pessoa que trabalha procurando informações e provas sobre um assalto, um assassinato, ou qualquer outro crime. O detetive pode ser um policial, e trabalhar para a polícia, mas também pode não ser, e trabalhar para uma pessoa que precise de ajuda para resolver um mistério, um segredo, etc.: *João contratou um **detetive** para descobrir onde está o irmão mais velho, que saiu de casa moço e nunca mais deu notícia.*

detrás (de.**trás**) *advérbio* Na parte posterior. ◆ **Detrás de.** Palavras que a gente usa para indicar que uma coisa ou pessoa fica ou está na parte de trás, nas costas, de outra, isto é, atrás de outra: *Estávamos brincando de esconde-esconde, e o Júnior estava escondido **detrás da** árvore.*

deus (deus) *substantivo masculino* Em religião, ser infinito, perfeito, que criou o Universo. [Escreve-se com letra inicial maiúscula.] [Plural: *deuses*.]

devagar (de.va.**gar**) *advérbio* Sem pressa; de modo lento: *Lucas andou **devagar** e perdeu o ônibus.*

dever (de.**ver**)
dever • *verbo* **1.** Ter obrigação de fazer alguma coisa: *Você **deve** estudar.* **2.** Ter de pagar: *Paguei os outros livros, mas ainda **devo** este.*
dever • *substantivo masculino* **1.** Obrigação: *É seu **dever** ir à escola para estudar.* **2.** Tarefa, trabalho. [Plural: *deveres*.] ◆ **Dever de casa.** Exercícios, pesquisa, ou redação, etc. que a professora passa para a gente fazer em casa. [Outras formas de dizer: *tarefa de casa, trabalho de casa, lição de casa, tema de casa* ou apenas *tema* (os dois últimos no Sul do Brasil).]

devolver (de.vol.**ver**) *verbo* Mandar ou dar de volta: *Emprestei o caderno a Pedro, mas ele já o **devolveu**.*

devorar (de.vo.**rar**) *verbo* Comer depressa e com muito apetite: *Luís **devorou** o prato de macarrão com molho de tomate.*

dezena (de.**ze**.na) *substantivo feminino* Conjunto de dez: *Já colei uma **dezena** de figurinhas no meu álbum, todas elas de pássaros.*

dia (**di**.a) *substantivo masculino* **1.** Espaço de tempo em que a Terra dá uma volta completa em torno de si mesma: *O **dia** tem 24 horas.* **2.** Espaço do dia que fica entre o nascer do Sol e o instante em que ele se põe, e a Terra está clara: *No inverno, o Sol se põe mais cedo e os **dias** são mais curtos.*

diabo (di.**a**.bo) *substantivo masculino* Em muitas religiões, um ser do mal.

diagonal (di.a.go.**nal**) *substantivo feminino* É uma linha reta inclinada. Para entender melhor: desenhe um quadrado ou um retângulo. Faça uma linha reta saindo do cantinho (chamado vértice) de cima do lado esquerdo até o cantinho debaixo do lado direito da figura: *Essa linha que você fez é uma **diagonal**.* [Plural: *diagonais*.]

diálogo (di.**á**.lo.go) *substantivo masculino* Conversa entre duas ou mais pessoas, ou entre animais (nas fábulas): *Paulo contou para a professora o **diálogo** que teve com os pais no dia anterior.*

diamante (di.a.**man**.te) *substantivo masculino* A mais dura e brilhante das pedras preciosas: *Minha avó tem um lindo broche com **diamantes**.* 430

diante (di.**an**.te) *advérbio* Na parte da frente de algo ou de alguém; em frente. ◆ **Diante de.** Palavras que a gente usa para indicar que uma coisa ou pessoa fica ou está na frente de outra: *Em nossa casa, o sofá fica **diante da** televisão.*

Dd dianteira ▶ dificuldade

dianteira (di.an.**tei**.ra) *substantivo feminino* A parte anterior de algo, a sua frente: *A batida acabou com a dianteira do carro.*

dianteiro (di.an.**tei**.ro) *adjetivo* Que está ou fica na parte anterior, na frente, de coisa, ser, veículo, etc.: *As patas dianteiras do meu cavalo são brancas e o seu corpo é marrom.*

diário (di.**á**.rio)
diário • *adjetivo* Que acontece todos os dias: *Tenho aulas diárias.*
diário • *substantivo masculino* Caderno no qual se descreve, quase todo dia, o que se faz, o que se pensa, o que se sente: *Em seu diário Mariana escreveu tudo o que fez nas férias.*

diarista (di.a.**ris**.ta) *substantivo de 2 gêneros* Pessoa que recebe pelo dia em que trabalha: *Na casa de meu tio, o jardineiro e a passadeira são diaristas.*

diarreia (réi) (di.ar.**rei**.a) *substantivo feminino* Eliminação, bem acima do normal, de fezes moles ou líquidas. [Outro nome: *disenteria*.]

dicionário (di.ci.o.**ná**.rio) *substantivo masculino* Livro que explica o significado das palavras de uma língua e mostra como elas devem ser escritas. Essas palavras estão arrumadas, dispostas em ordem alfabética: *O dicionário nos ensina a escrever de maneira correta.*

didático (di.**dá**.ti.co) *adjetivo* Relativo ao ensino ou à instrução: *Na escola, usamos livros didáticos, com eles aprendemos várias matérias.*

dieta (di.**e**.ta) *substantivo feminino* Tipo de alimentação que é, geralmente, receitado por médico para melhorar a saúde de alguém. A gente pode fazer dieta para perder ou para ganhar peso, mas é mais comum a gente falar em *dieta* para emagrecer do que em *dieta* para engordar: *Na próxima segunda-feira vou começar minha dieta para emagrecer.* [Outro nome: *regime*.]

diferença (di.fe.**ren**.ça) *substantivo feminino* **1.** Aquilo que torna diferentes duas pessoas, coisas, etc.: *São gêmeos, entre eles quase não se notam diferenças.* **2.** Resultado da subtração de dois números: *A diferença entre 7 e 3 é 4.*

diferente (di.fe.**ren**.te) *adjetivo de 2 gêneros* Que não é igual: *Eu e minha irmã temos gostos diferentes.*

difícil (di.**fí**.cil) *adjetivo de 2 gêneros* Que não é fácil de resolver ou de fazer; complicado: *Laura achou o exercício difícil.* [Plural: *difíceis*.]

dificuldade (di.fi.cul.**da**.de) *substantivo feminino* **1.** Aquilo que torna algo difícil de fazer, entender, etc.: *Sueli teve dificuldade em abrir a lata.* **2.** Coisa difícil, complicada: *Há muitas dificuldades nesta tarefa.*

digestão ▸ direito

digestão (di.ges.**tão**) *substantivo feminino*
Transformação dos alimentos que comemos em substâncias que são aproveitadas pelo organismo. [Plural: *digestões*.]

digital (di.gi.**tal**) *adjetivo de 2 gêneros* **1.** Relativo ao dedo ou às linhas que toda pessoa tem em cada dedo: *O ladrão deixou sua impressão digital no local do roubo.* **2.** Que é representado por meio de dígitos (números de 0 a 9): *Relógio digital é aquele que apresenta somente números.* [Plural: *digitais*.]

Deixe sua impressão digital aqui, usando tinta de carimbo.

digitar (di.gi.**tar**) *verbo* Colocar dados num computador por meio de toques no teclado: *Meu irmão já digitou o trabalho que tem de entregar na escola.*

dígito (**dí**.gi.to) *substantivo masculino* Cada um dos algarismos de 0 a 9: *Este número de telefone tem oito dígitos.*

diminuir (di.mi.nu.**ir**) *verbo* **1.** Tornar-se menor; ficar menor; reduzir: *Com as chuvas, o calor diminuiu.* **2.** Subtrair ou tirar um número de outro: *Se de 100 diminuímos 20, restam 80.*

diminutivo (di.mi.nu.**ti**.vo) *substantivo masculino* Palavra que dá ideia do que é menor, em comparação com a original: *Mesinha é o diminutivo de mesa.*

dinheiro (di.**nhei**.ro) *substantivo masculino* Qualquer moeda ou nota que se usa para comprar alguma coisa, pagar a quem trabalha, etc.: *Mamãe separou o dinheiro para comprar as entradas do cinema.*

dinossauro (di.nos.**sau**.ro) *substantivo masculino* Nome dos répteis terrestres que viveram há milhões de anos. Quando o homem apareceu na Terra, os dinossauros já tinham desaparecido havia muito tempo. Muitos dinossauros eram grandes e outros eram pequenos. Os que comiam carne andavam, geralmente, em duas patas, tinham braços curtos e garras e dentes afiados; os que comiam plantas andavam sobre quatro patas e podiam ser muito grandes.

direção (di.re.**ção**) *substantivo feminino*
1. Atividade de dirigir, comandar: *A direção da escola é de uma antiga professora.* **2.** Lado para o qual alguém ou alguma coisa vai ou deve ir: *Para chegar à praça, vá na direção daquela igreja. O trem corre na mesma direção do rio.* [Plural: *direções*.]

direita (di.**rei**.ta) *substantivo feminino* **1.** A mão direita: *Roberto só escreve com a direita.* **2.** O lado direito: *Para chegar à minha casa, vá sempre pela direita.*

direito (di.**rei**.to)
direito • *adjetivo* Que fica do lado do corpo oposto ao lado onde fica o coração: *Eu escrevo com a mão direita, mas Sílvia escreve com a esquerda.*
direito • *substantivo masculino* **1.** O poder que a lei dá às pessoas de fazer ou de dizer alguma coisa, ou de exigir alguma coisa de alguém ou de um governo; aquilo que é justo. **2.** O lado principal de um tecido, de uma roupa, ou de certos objetos. [É o contrário de *avesso*.]
direito • *advérbio* De maneira certa, correta: *Meu irmão estudou direito e fez boa prova.*

direto (di.**re**.to)
direto • *adjetivo* Que não para em nenhum lugar, entre a partida e a chegada: *Viajei em voo direto do Rio a Manaus.*
direto • *advérbio* Sem parar em lugar nenhum: *Vou direto para casa.*

diretor (tôr) (di.re.**tor**) *substantivo masculino* Homem que dirige ou administra alguma coisa: *O diretor do colégio. O diretor do filme.* [Plural: *diretores*. Feminino: *diretora*.]

diretora (tô) (di.re.**to**.ra) *substantivo feminino* Mulher que dirige ou administra alguma coisa: *A diretora da firma. A diretora do espetáculo.*

dirigir (di.ri.**gir**) *verbo* **1.** Ter o comando, o governo, a administração de alguma coisa: *Meu tio Lucas dirige uma fábrica.* **2.** Conduzir um carro, fazendo-o seguir em uma direção: *Luís dirige carros de corrida.* **3.** Ir em determinada direção ou em certo rumo: *Pela manhã, os alunos dirigem-se ao colégio.*

dirigível (di.ri.**gí**.vel) *substantivo masculino* Aeronave que é uma espécie de balão de gás dirigido por um piloto. [Plural: *dirigíveis*.] **445**

disciplina (dis.ci.**pli**.na) *substantivo feminino* **1.** Conjunto de regras de uma escola, ou de um clube, etc.: *A disciplina da escola onde estudo é muito dura.* **2.** Matéria que se estuda: *A disciplina de que mais gosto é Ciências.*

disco (**dis**.co) *substantivo masculino* Objeto ou figura chata e circular: *Um disco de madeira serve de roda para o meu carrinho.*

discordar (dis.cor.**dar**) *verbo* Não concordar com alguém: *Mamãe discordou de papai: não quer passar as férias na praia.*

discussão (dis.cus.**são**) *substantivo feminino* Troca de palavras em voz alta: *Maria odeia discussão.* [Plural: *discussões*.]

discutir (dis.cu.**tir**) *verbo* **1.** Falar aquilo que se pensa, trocando ideias: *Na reunião, os professores discutiram vários assuntos.* **2.** Falar alto e com raiva: *Não se deve discutir com os pais.*

disenteria (di.sen.te.**ri**.a) *substantivo feminino* É o mesmo que *diarreia*.

disfarçar (dis.far.**çar**) *verbo* **1.** Esconder o que se sente ou o que se sabe: *Cátia estava triste porque seu gatinho estava doente, mas ao ver a avó disfarçou sua dor e sorriu.* **2.** Vestir-se de modo que não seja reconhecido: *O cantor disfarçou-se de palhaço para escapar das fãs.*

disfarce (dis.**far**.ce) *substantivo masculino* Roupa que alguém veste para não ser reconhecido: *O ladrão conseguiu fugir graças ao disfarce de mulher.*

disparar (dis.pa.**rar**) *verbo* **1.** Dar tiros, atirar com arma de fogo: *Os soldados dispararam para o alto.* **2.** Correr com muita pressa ou velocidade: *Assustado com o apito do trem, meu cavalo disparou.*

dispensar (dis.pen.**sar**) *verbo* Não precisar de; não aceitar: *André fez o trabalho sozinho, dispensando a ajuda da mãe.*

disposição (dis.po.si.**ção**) *substantivo feminino* **1.** A posição em que se encontram as coisas de um lugar; a maneira como elas estão arrumadas. **2.** Estado de saúde. **3.** Vontade de fazer algo. [Plural: *disposições*.]

dispositivo ▶ **diverso**

dispositivo (dis.po.si.**ti**.vo) *substantivo masculino* Peça ou objeto feitos para um uso determinado: *Este ônibus tem um **dispositivo** que o impede de andar com a porta aberta.*

disputar (dis.pu.**tar**) *verbo* É o mesmo que *competir*: *Nosso time **disputou** o campeonato com muito entusiasmo.*

dissolver (dis.sol.**ver**) *verbo* Fazer com que algo (em pó ou que vira pó com facilidade, etc.) se misture a um líquido, passando a ser líquido também: *Para fazer gelatina, deve-se **dissolver** o pó ou a folha de gelatina em água quente.*

distância (dis.**tân**.cia) *substantivo feminino* Espaço entre duas coisas ou pessoas: *Não é muito grande a **distância** entre minha casa e a casa de meus avós.*

distante (dis.**tan**.te) *adjetivo de 2 gêneros* Que está muito longe: *No próximo ano minha tia vai visitar a China, um país muito **distante** do Brasil.*

distintivo (dis.tin.**ti**.vo) *substantivo masculino* Fita, medalha, etc., usada para mostrar que se pertence a um grupo ou a uma organização: *Gosto de usar o **distintivo** do meu clube.*

distração (dis.tra.**ção**) *substantivo feminino* **1.** Falta de atenção ou de cuidado: *Por **distração**, Paulo caiu no buraco.* **2.** É o mesmo que *diversão*: *Este parque oferece muitas **distrações** para as crianças.* [Plural: *distrações*.]

distraído (dis.tra.**í**.do) *adjetivo* É o mesmo que *desatento*: *João estava tão **distraído** ao atravessar a rua que quase foi atropelado por uma moto.*

distribuir (dis.tri.bu.**ir**) *verbo* Dar ou entregar a várias pessoas; repartir: *Fernando **distribuiu** as balas entre os amigos.*

ditado (di.**ta**.do) *substantivo masculino* Aquilo que se dita para que outra pessoa escreva: *Guilherme escreveu todas as palavras do **ditado** de modo correto.*

ditar (di.**tar**) *verbo* Dizer as palavras que alguém deve anotar ou escrever: *Vou **ditar** para você a letra desta música.*

diurno (di.**ur**.no) *adjetivo* **1.** Que se faz, ou que acontece durante o dia: *Mamãe me levou ao teatro na sessão **diurna**.* **2.** Diz-se do animal que se move e se alimenta durante o dia e, durante a noite, dorme: *O gavião é uma ave **diurna**.*

diversão (di.ver.**são**) *substantivo feminino* Tudo aquilo que serve para divertir; divertimento: *Cinema, teatro e futebol são as **diversões** preferidas do meu avô.* [Plural: *diversões*.]

diverso (di.**ver**.so) *adjetivo* Que não é o mesmo, não é igual, nem parecido; diferente: *Ana tem opinião **diversa** da que tem José sobre a venda da casa.*

Dd diversos ▸ dobro

diversos (di.**ver**.sos) *pronome* É usado para indicar uma quantidade incerta, porém grande, de pessoas, coisas, lugares, ideias, momentos, etc. (por vezes com a noção de variação): *Meu irmão tem **diversos** amigos e muitos colegas.* [Feminino: *diversas*: — *Ele já ligou **diversas** vezes e você não estava.*]

divertido (di.ver.**ti**.do) *adjetivo* **1.** Que diverte, distrai. **2.** Que é engraçado.

divertimento (di.ver.ti.**men**.to) *substantivo masculino* É o mesmo que *diversão*: *Ir ao cinema é um **divertimento**.*

divertir-se (di.ver.**tir**-se) *verbo* Brincar, passear ou ter qualquer outra atividade que nos dá alegria, prazer: *Nas férias todos devem **divertir-se**.*

dívida (**dí**.vi.da) *substantivo feminino* Aquilo que se deve: *Pedi R$ 5,00 emprestados ao meu irmão, e paguei a **dívida** quando recebi a mesada.*

dividir (di.vi.**dir**) *verbo* **1.** Partir ou separar em várias partes: *Vovó **dividiu** o bolo em oito pedaços.* **2.** Repartir com alguém: *Ana **dividiu** sua merenda comigo.* **3.** Separar: *Esta parede **divide** a sala em duas partes.* **4.** Fazer a conta de dividir ou de divisão: ***Dividi** oito por dois e deu quatro.*

divisão (di.vi.**são**) *substantivo feminino* **1.** Atividade de dividir: *Na **divisão** dos times, fiquei no time dos que jogariam com camisa.* **2.** Operação aritmética em que se divide um número por outro: *Fiz a **divisão** de 60 por 4 e deu 15.* **3.** O que divide ou separa uma coisa de outra: *Esta parede serve de **divisão** entre a sala e o quarto.* [Plural: *divisões*.]

divulgação (di.vul.ga.**ção**) *substantivo feminino* Atividade de tornar conhecido algum fato, de fazer com que muitas pessoas (ou um grupo delas) passem a saber da existência ou da ocorrência de algo: *A propaganda é uma forma de **divulgação**.* [Plural: *divulgações*.]

dizer (di.**zer**) *verbo* **1.** Informar, falando, uma coisa a alguém: *Isabela **disse** o nome de seus pais para a professora.* **2.** Fazer entender, contar alguma coisa, por meio de palavras; narrar: *Marta **disse** tudo o que viu.*

■ **DNA** *substantivo masculino* É algo que existe nas células do corpo e que guarda a informação que nos faz ser parecidos com nossos pais, avós, bisavós, etc. e com outros seres humanos. O DNA é o que faz com que os leões sejam leões, os ursos sejam ursos, os gansos sejam gansos, etc. É o que faz com que os seres sejam o que são. O DNA é formado por uma fileira de genes (ver). Esses genes ficam dentro das células, mas tudo muito, muito pequenininho mesmo: *O exame de **DNA** pode dizer, por exemplo, se um determinado homem é o pai de certa criança.*

doação (do.a.**ção**) *substantivo feminino* **1.** Ação de doar alguma coisa a alguém: *Na última enchente, foram feitas várias **doações**.* **2.** Aquilo que alguém doou. [Plural: *doações*.]

doar (do.**ar**) *verbo* Dar alguma coisa a alguém. Geralmente a gente doa algo de que alguém precisa: *Maria sempre **doa** sangue, pois sabe que muitas pessoas doentes ou que sofreram algum tipo de acidente precisam de transfusão de sangue.*

dobra (**do**.bra) *substantivo feminino* Parte de um material flexível, virada sobre si mesma: *Com algumas **dobras** no jornal, vovó fez um barco.*

dobrar (do.**brar**) *verbo* **1.** Tornar-se duas vezes maior: *A população de baleias **dobrou**.* **2.** Fazer dobras em alguma coisa: *Mamãe **dobrou** e guardou as toalhas.*

dobro (dô) (**do**.bro) *substantivo masculino* Quantidade duas vezes maior: *20 é o **dobro** de 10. O álbum de José tem 50 figurinhas. O meu já tem 100, o **dobro**.*

doce ▸ domadora

doce (dô) (do.ce)
doce • *substantivo masculino* Comida temperada com açúcar ou com mel: *Gosto muito de doce de caju.*
doce • *adjetivo de 2 gêneros* **1.** Que tem sabor semelhante ao do mel, ou do açúcar; que não é azedo, amargo ou salgado: *A manga é uma fruta doce.* **2.** Que não é salgado: *Esse peixe vive em água doce, ou seja, em rios.* **3.** Meigo, afetuoso: *Bebel tem um modo doce de falar.*

doceira (do.**cei**.ra) *substantivo feminino* Mulher que faz ou vende doces.

doceiro (do.**cei**.ro) *substantivo masculino* Homem que faz ou vende doces. [Feminino: *doceira*.]

documento (do.cu.**men**.to) *substantivo masculino* Papel em que está escrito aquilo que serve de prova, de informação de que um fato é verdadeiro: *Para viajar ao estrangeiro, é necessário levar um documento chamado passaporte.*

doença (do.**en**.ça) *substantivo feminino* Conjunto dos problemas causados por vírus, bactéria, etc., no corpo de uma pessoa, ou de um animal; falta de saúde: *A gripe é uma doença.*

doente (do.**en**.te)
doente • *adjetivo de 2 gêneros* Que tem doença: *Os alunos doentes não foram à escola.*
doente • *substantivo de 2 gêneros* Pessoa que está doente: *Os doentes deste hospital são bem tratados.*

doer (do.**er**) *verbo* Causar dor, sofrimento: *O ferimento da perna de Júlia ainda dói e ela não pode andar direito.*

doido (**doi**.do)
doido • *adjetivo* Que é louco.
doido • *substantivo masculino* Um indivíduo louco, maluco.

doído (do.**í**.do) *adjetivo* Que está doendo ou dói muito.

dois (dois) *numeral* É como a gente escreve com letras o número 2, que é igual a um mais um (1 + 1). A gente usa para dizer que está falando de 2 pessoas ou de 2 seres (reais ou imaginários) do sexo masculino, ou de 2 objetos que têm o nome no masculino, etc.: *Dois rapazes ficaram feridos no acidente de moto. Lúcia ganhou dois brinquedos do avô.* [Feminino: *duas*.]

dólar (**dó**.lar) *substantivo masculino* A moeda, o dinheiro dos Estados Unidos da América, do Canadá, da Austrália e de outros países: *Trocamos reais por dólares canadenses para nossa viagem ao Canadá.* [Plural: *dólares*.]

domador (dôr) (do.ma.**dor**) *substantivo masculino* Homem que doma animais: *Este filme é sobre um domador de cavalos.* [Plural: *domadores*. Feminino: *domadora*.]

domadora (dôra) (do.ma.**do**.ra) *substantivo feminino* Mulher que doma animais: *Luísa nasceu numa fazenda e virou domadora, igual a seus pais.*

Dd domar ▸ drogaria

domar (do.**mar**) *verbo* Fazer que fique manso; domesticar: *Domou o cavalo selvagem sem usar de violência*

doméstica (do.**més**.ti.ca) *substantivo feminino* Mulher que trabalha na casa de uma pessoa ou de uma família, na limpeza, arrumação, preparo de refeições, etc.: *Rosane é doméstica e trabalha com carteira assinada.*

domesticar (do.mes.ti.**car**) *verbo* É o mesmo que *domar*.

doméstico (do.**més**.ti.co) *adjetivo* **1.** Que se refere à casa, à família: *Laura gosta dos trabalhos domésticos.* **2.** Diz-se de animal que vive nas casas, ou daquele que é cuidado e alimentado por seu dono: *A barata é um inseto doméstico. O cão é um animal doméstico.*

dominó (do.mi.**nó**) *substantivo masculino* Jogo disputado por dois, três ou quatro parceiros, com 28 peças marcadas com pontos de 1 a 6. Quem participa desse jogo deve sempre colocar uma peça que tenha num de seus lados (ou nos dois lados) os números de pontos iguais aos de uma das duas peças que fecham as pontas do jogo.

dono (**do**.no) *substantivo masculino* Homem, rapaz ou menino que possui alguma coisa, que é seu proprietário: *O dono da casa em que moro é o meu pai. Não sei quem é o dono daquela bicicleta.*

dor (dôr) (dor) *substantivo feminino* Sensação desagradável, de sofrimento: *Maria foi ao dentista porque estava com dor de dente.* [Plural: *dores*.]

dorminhoco (nhô) (dor.mi.**nho**.co) *adjetivo* Que dorme muito: *Luís é um menino dorminhoco, não gosta de acordar antes das nove horas.*

dormir (dor.**mir**) *verbo* Passar ao estado de sono; pegar no sono: *Para termos boa saúde, precisamos dormir bem. As corujas e os morcegos dormem de dia.*

dormitório (dor.mi.**tó**.rio) *substantivo masculino* Local num prédio onde dormem muitas pessoas: *No quartel há um enorme dormitório.*

dose (**do**.se) *substantivo feminino* Quantidade de remédio que se deve tomar de cada vez: *As crianças já tomaram a dose da vacina.*

dourado (dou.**ra**.do)
dourado • *adjetivo* **1.** Da cor do ouro: *O trigo tem espigas douradas.* **2.** Coberto de ouro.
dourado • *substantivo masculino* Peixe de carne muito apreciada.

doutor (tôr) (dou.**tor**) *substantivo masculino* **1.** É o mesmo que *médico*: *O doutor André é pediatra.* **2.** É o mesmo que *dentista*. **3.** É o mesmo que *advogado*. [Plural: *doutores*. Feminino: *doutora*.]

doutora (tô) (dou.**to**.ra) *substantivo feminino* **1.** O mesmo que *médica*. **2.** A dentista. **3.** O mesmo que *advogada*.

dragão (dra.**gão**) *substantivo masculino* Monstro imaginário, em geral, com garras de leão, asas de águia, cauda de serpente, e que solta fogo pela boca. [Plural: *dragões*.]

driblar (dri.**blar**) *verbo* No futebol, no basquete, etc., enganar o adversário com movimentos das pernas ou do corpo a fim de passar por ele sem perder a bola.

drible (**dri**.ble) *substantivo masculino* Aquilo que faz quem dribla.

droga (**dro**.ga) *substantivo feminino* Medicamento ou substância que leva as pessoas a ficarem perturbadas, fazendo coisas que não costumam ou não devem fazer. As drogas agem sobre o cérebro e fazem muito mal à saúde: *O uso de drogas destrói a saúde e a vida.*

drogaria (dro.ga.**ri**.a) *substantivo feminino* Loja que vende remédios, produtos de higiene, etc.

dromedário (dro.me.**dá**.rio) *substantivo masculino* Animal parecido com o camelo, mas que tem uma corcova só. Vive na Ásia e na África.

duas (**du**.as) *numeral* É o feminino de *dois*. É usado para indicar 2 pessoas ou 2 seres (reais ou imaginários) do sexo feminino, ou 2 objetos que têm o nome no feminino, etc.: *A professora chamou a atenção das duas alunas por causa do atraso. Papai colocou duas mesas e oito cadeiras na varanda.*

duelo (du.**e**.lo) *substantivo masculino* Combate entre duas pessoas: *No duelo com o mocinho, o bandido levou a pior.*

duende (du.**en**.de) *substantivo masculino* Pequeno ser imaginário de orelhas pontudas que, nas histórias, aparece à noite para fazer travessuras.

duna (**du**.na) *substantivo feminino* Monte de areia formado pela ação do vento: *Fernando encantou-se com as dunas da praia.*

dupla (**du**.pla) *substantivo feminino* Duas pessoas que juntas fazem alguma coisa: *Pedro e Paulo formam uma dupla de cantores.*

duplicar (du.pli.**car**) *verbo* Dobrar; tornar duas vezes maior: *O forte calor duplicou o número de pessoas na praia.*

duração (du.ra.**ção**) *substantivo feminino* O tempo em que alguma coisa acontece ou é feita: *Uma partida de futebol tem noventa minutos de duração.*

durante (du.**ran**.te) *preposição* Palavra que a gente usa para ligar duas ou mais palavras, geralmente para dizer que: a) algo acontece (ou que a gente faz algo) enquanto outra coisa está ocorrendo: *Choveu durante todo o passeio.* b) algo acontece (ou que a gente faz algo) por um certo tempo: *No Sul, nevou durante a noite.*

durar (du.**rar**) *verbo* **1.** Levar certo tempo; demorar: *As férias duram dois meses. Cada aula durou uma hora.* **2.** Não se gastar depressa; resistir por muito tempo: *Sapato de sola grossa dura mais.*

duro (**du**.ro) *adjetivo* **1.** Que não é mole, nem macio; firme: *Dormir em colchão duro é bom para a saúde.* **2.** Difícil de penetrar, de riscar, de quebrar: *As rochas são pedras duras.* **3.** Severo, rigoroso: *Na minha escola a disciplina é muito dura.*

duto (**du**.to) *substantivo masculino* **1.** Tubo para conduzir gás, água, etc. **2.** Canal que, no organismo do homem e de outros animais, serve para a passagem de líquido, etc.: *A uretra é o duto por onde o corpo da gente elimina o xixi.*

dúvida (**dú**.vi.da) *substantivo feminino* Falta de certeza sobre algum fato, sobre alguma coisa: *Como não ouvi bem, tenho dúvidas sobre a explicação do professor.*

duvidar (du.vi.**dar**) *verbo* Não acreditar; não ter certeza de que uma coisa aconteceu ou vai acontecer: *Eu duvido que você possa correr mais que o José, que é nosso campeão.*

dúzia (**dú**.zia) *substantivo feminino* Conjunto de doze objetos em geral da mesma natureza: *Comprei uma dúzia de xícaras. Ali na mesa, há uma dúzia de objetos para venda.*

■ **DVD** *substantivo masculino* Disco em que são armazenadas grandes quantidades de imagens unidas a sons: *Já vi este DVD. O filme é muito bom.*

Uma visita à Bahia

E

e (e) *conjunção* Serve para unir duas palavras ou dois grupos de palavras: *Comprei livros* **e** *cadernos. Pedro estuda* **e** *Fernando lê.*

eclipse ▶ editora

eclipse (e.**clip**.se) *substantivo masculino*
Escurecimento ou desaparecimento, total ou não, do Sol, quando a sombra da Lua cruza a superfície da Terra. Eclipse também é o escurecimento ou o desaparecimento, total ou em partes, da Lua, quando a Lua entra na sombra da Terra: *Quando há* ***eclipse*** *total do Sol, a Terra fica no escuro.*

eco (**e**.co) *substantivo masculino* Som que se ouve de novo. Se alguém grita numa caverna ou numa montanha, depois de um tempo ouve-se o eco, porque o som do grito bate nas paredes da caverna ou da montanha e volta.

ecologia (e.co.lo.**gi**.a) *substantivo feminino* Estudo da relação entre os seres vivos (animais, plantas e microrganismos) e da relação deles com o ambiente em que vivem.

econômico (e.co.**nô**.mi.co) *adjetivo* **1.** Que só gasta dinheiro quando é necessário: *José é um menino* ***econômico****: sempre consegue guardar parte da sua mesada.* **2.** Que anda muito, gastando menos combustível do que a maioria dos automóveis: *Este carro é muito* ***econômico****.*

economizar (e.co.no.mi.**zar**) *verbo* **1.** Guardar parte do dinheiro que ganha; poupar: *Papai* ***economizou*** *para comprar um carro novo.* **2.** Gastar em pequena quantidade, para que dure mais: *Quando há seca, é preciso* ***economizar*** *água.*

ecossistema (e.cos.sis.**te**.ma) *substantivo masculino* Os seres vivos (animais, plantas e microrganismos) de um lugar e o ambiente que aí existe e os rodeia e a relação que há entre eles: *O fogo prejudicou o* ***ecossistema*** *da floresta.*

edifício (e.di.**fí**.cio) *substantivo masculino*
1. Construção onde as pessoas moram ou trabalham: *Moro num* ***edifício*** *com muitos apartamentos. O escritório em que Eva trabalha fica neste* ***edifício****.* **2.** Qualquer construção, casa ou prédio: *O* ***edifício*** *da fábrica é muito antigo.*

editora (tô) (e.di.**to**.ra) *substantivo feminino* Empresa que publica livros, revistas, etc.: *Esta* ***editora*** *só publica livros infantis.*

Ee educação ▸ eletricista

educação (e.du.ca.**ção**) *substantivo feminino*
1. Maneira como uma pessoa na escola, em casa, etc., aprende e passa a saber mais coisas: *A educação das crianças é muito importante para o futuro do Brasil.* **2.** Boas maneiras, bom comportamento: *Jonas tem boa educação, é delicado com as pessoas.*

educar (e.du.**car**) *verbo* Ocupar-se com a educação de uma pessoa; ensinar: *Os professores educam os alunos.*

egoísta (e.go.**ís**.ta) *adjetivo de 2 gêneros* Diz-se da pessoa que não sabe dividir, que quer tudo para si: *Ana leu a história do gigante egoísta, que não deixava nenhuma criança brincar no seu jardim.*

égua (**é**.gua) *substantivo feminino* A fêmea do cavalo. 440

ela (é) (**e**.la) *pronome* Palavra que a gente usa no lugar do nome: a) de uma mulher, de uma moça ou de uma menina: *Mariana teve neném há pouco tempo. Ela teve uma menina chamada Sofia.* b) de um objeto, lugar, etc. que tem como nome uma palavra no feminino: *Ganhei uma cadeira para pôr no quarto. Ela é muito bonita.* [Ver *dela*.]

elástico (e.**lás**.ti.co)
elástico • *substantivo masculino* Tira feita de pano e borracha, usada em roupa, etc., que serve para segurar ou fechar: *O elástico do meu calção está frouxo.*
elástico • *adjetivo* Diz-se daquilo que se pode esticar, apertar ou curvar sem quebrar: *A borracha é elástica.*

ele (ê) (**e**.le) *pronome* Palavra que a gente usa no lugar do nome: a) de um homem, de um rapaz ou de um menino: *A filha de André teve criança há pouco tempo. Ele agora é vovô.* b) de um objeto, lugar, etc. que tem como nome uma palavra no masculino: *Comprei um carro novinho. Ele é pequeno e cabe na minha garagem.* [Feminino: *ela*. Ver *dele*.]

elefante (e.le.**fan**.te) *substantivo masculino* Animal muito grande, de pele grossa, com orelhas enormes e moles, patas com unhas e dois dentes muito compridos. Tem também uma tromba comprida e se alimenta de vegetais. O elefante é um mamífero. [Feminino: *elefanta*.] 440

eleger (e.le.**ger**) *verbo* Escolher numa eleição: *O povo elegeu o Presidente.* [Aquele que elege é o *eleitor*.]

eleição (e.lei.**ção**) *substantivo feminino* Maneira de escolher uma pessoa ou uma coisa por meio de votos: *O zoológico fez uma eleição para escolher o nome do novo macaco.* [Plural: *eleições*.]

elemento (e.le.**men**.to) *substantivo masculino*
1. Tudo que entra na formação de alguma coisa: *A água é formada por dois elementos: o oxigênio e o hidrogênio.* **2.** Cada uma das partes de um conjunto ou de um todo: *Este conjunto tem doze elementos.*

eletricidade (e.le.tri.ci.**da**.de) *substantivo feminino* Forma de energia. As lâmpadas, a geladeira, a televisão, o computador, por exemplo, só funcionam por causa da eletricidade. No Brasil, a eletricidade vem quase toda das usinas que ficam em rios (as hidrelétricas).

eletricista (e.le.tri.**cis**.ta) *substantivo de 2 gêneros* Pessoa que trabalha com eletricidade e conserta e instala aparelhos elétricos: *O eletricista trocou o chuveiro elétrico que estava com defeito. A eletricista que fez a instalação do ar-condicionado lá de casa é gaúcha, isto é, ela nasceu no Rio Grande do Sul.*

elétrico (e.**lé**.tri.co) *adjetivo* Que funciona movido por eletricidade: *O metrô é um trem elétrico.*

eletrodoméstico (e.le.tro.do.**més**.ti.co) *substantivo masculino* Aparelho elétrico de uso doméstico, como a geladeira e a televisão.

eletrônica (e.le.**trô**.ni.ca) *substantivo feminino* Ciência que estuda a transmissão da energia elétrica e seu uso, por meio de componentes especiais (transistores, etc.), em aparelhos como o rádio, a televisão, o computador, etc.

eletrônico (e.le.**trô**.ni.co) *adjetivo* Que funciona com base na eletrônica: *A televisão e o computador são aparelhos eletrônicos com modelos cada vez mais modernos.*

elevador (dôr) (e.le.va.**dor**) *substantivo masculino* Máquina que, em muitos edifícios, é usada para transportar pessoas ou coisas de um andar para outro. A gente entra no elevador, aperta o botão, a porta se fecha, e o elevador sobe ou desce: *Antônio entrou no elevador e saltou no último andar.* [Plural: *elevadores*.]

eliminação (e.li.mi.na.**ção**) *substantivo feminino* **1.** Saída de determinadas substâncias do organismo: *Pela urina é feita a eliminação de várias substâncias nocivas.* **2.** Ato de eliminar algo ou alguém, ou de ser eliminado: *Ficamos muito tristes com a eliminação do Brasil na última Copa do Mundo.* [Plural: *eliminações*.]

eliminar (e.li.mi.**nar**) *verbo* **1.** Fazer sair ou expulsar do organismo: *O xarope ajudou a eliminar o catarro.* **2.** Fazer sair; tirar: *O nosso time perdeu, e o resultado o eliminou do campeonato.*

elogiar (e.lo.gi.**ar**) *verbo* Falar bem de uma pessoa ou de alguma coisa que essa pessoa fez, ganhou, etc.: *Diana gosta de ajudar os colegas, por isso todos a elogiam. Todos elogiaram o belo relógio que Luís ganhou do tio.*

elogio (e.lo.**gi**.o) *substantivo masculino* Palavras agradáveis que uma pessoa diz e que mostra que ela gostou de alguma coisa que viu, leu, etc., ou de alguma coisa que alguém fez: *Cecília e sua poesia receberam muitos elogios.*

em (em) *preposição* Palavra que liga uma palavra a outra, muitas vezes com as ideias de: a) 'lugar onde se está': *Meu irmão está morando em Nova Iorque*; b) 'quando algo acontece': *As férias de meu pai são em setembro*; c) 'o tempo em que se faz algo': *Vou acabar este dever de casa em meia hora*; d) 'modo ou maneira': *Na minha casa, cães e gatos vivem em paz. O carro partiu em alta velocidade.*

ema (e.ma) *substantivo feminino* Ave grande, parecida com o avestruz, encontrada nos campos brasileiros. Tem pernas compridas e penas cinzentas. O macho é que choca os ovos, postos por várias fêmeas: *Os ovos da ema são muito grandes.* 441

emagrecer (e.ma.gre.**cer**) *verbo* Perder peso; tornar-se magro ou mais magro: *Carlos ficou doente e emagreceu dois quilos. Minha tia acha que está gorda e quer emagrecer.*

Ee → *e-mail* ▸ emergência

→ **e-mail** (i-mêil) [Inglês] *substantivo masculino*
1. É o mesmo que *correio eletrônico*: *O* **e-mail** *é o meio de comunicação preferido de meu pai.* **2.** A mensagem que alguém escreve no computador e envia, pela Internet, para o computador de outra pessoa: *Abel mandou um* **e-mail** *para Ivo falando da sua viagem.* **3.** O endereço de alguém, que lhe permite enviar e receber mensagens (e-mails): — *Escreva para mim, meu* **e-mail** *é: tata@tatu.com.br.* [Plural: *e-mails*.]

embaixo (xo = cho) (em.**bai**.xo) *advérbio*
Na parte inferior: *Maria pegou o elevador* **embaixo**, *na portaria, e subiu até o oitavo andar.* ◆ **Embaixo de.** Por baixo de alguma coisa ou de algum lugar: *O gatinho se escondeu* **embaixo da** *cama.*

embalagem (em.ba.**la**.gem) *substantivo feminino*
Caixa, pacote, papel, etc., usado para guardar ou embalar uma mercadoria (roupa, livro, brinquedo, etc.): *Maria tirou o presente de sua* **embalagem**. [Plural: *embalagens*.]

embalar¹ (em.ba.**lar**) *verbo* Balançar a criança, para adormecê-la: *A mãe* **embalava** *o filho com muito carinho.*

embalar² (em.ba.**lar**) *verbo* Embrulhar mercadorias ou objetos para protegê-los ou para facilitar o seu transporte; embrulhar: *Emília* **embalou** *bem os copos.*

embarcação (em.bar.ca.**ção**) *substantivo feminino*
Nome dado a qualquer meio de transporte que anda na água: *Os navios, as caravelas, as barcas, as jangadas e os submarinos são* **embarcações**. [Plural: *embarcações*.] 445

embarcar (em.bar.**car**) *verbo* Entrar em embarcação, trem, avião, etc., para viajar: *Os passageiros* **embarcaram** *e o trem partiu.*

embarque (em.**bar**.que) *substantivo masculino*
Entrada de uma pessoa em embarcação, trem, avião, etc., para viajar: *O* **embarque** *dos passageiros já vai começar.*

embrulhar (em.bru.**lhar**) *verbo* Enrolar um objeto ou uma mercadoria com papel, etc., fazendo um pacote ou um embrulho; empacotar: *João* **embrulhou** *o livro que vai dar de presente de aniversário.*

embrulho (em.**bru**.lho) *substantivo masculino*
Aquilo que se embrulhou: — *Você pode me dizer o que há neste* **embrulho**?

emendar (e.men.**dar**) *verbo* Juntar o que estava separado: *Júlio* **emendou** *a linha partida da pipa.*

emergência (e.mer.**gên**.cia) *substantivo feminino*
1. Situação que precisa ser resolvida de modo rápido: *Os bombeiros só devem ser chamados em caso de* **emergência**. **2.** Num hospital, o lugar em que só são atendidas as pessoas que sofreram algum acidente e estão feridas, ou que estão passando muito mal.

emitir ▶ empresária

emitir (e.mi.**tir**) *verbo* **1.** Lançar fora de si: *O Sol emite luz e calor.* **2.** Soltar, lançar: *O passarinho canta, emitindo sons agradáveis.*

emoção (e.mo.**ção**) *substantivo feminino* Cada um dos diferentes tipos de sentimento, como a alegria, o amor, a tristeza, a raiva, que uma pessoa é capaz de ter: *A alegria e a tristeza são emoções opostas.* [Plural: *emoções*.]

emocionar-se (e.mo.cio.**nar**-se) *verbo* Sentir emoção. É, por exemplo, ficar alegre quando uma coisa boa acontece ou ficar triste quando acontece uma coisa ruim.

empacotar (em.pa.co.**tar**) *verbo* É o mesmo que *embrulhar*: *Marcelo empacotou os brinquedos que vai dar para as crianças pobres.*

empada (em.**pa**.da) *substantivo feminino* Comida feita de massa de farinha de trigo e recheio de carne, queijo, camarão, etc., assada no forno: *Joana gosta muito de empada de frango com palmito.* [Outro nome: *empadinha*.]

↑ **empadinha** (em.pa.**di**.nha) *substantivo feminino* É o mesmo que *empada*.

empatar (em.pa.**tar**) *verbo* Chegar ao fim de uma competição, de um jogo, sem que haja vencedor: *Nosso time empatou a partida no último minuto.*

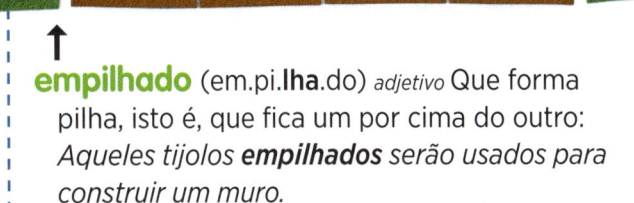

empilhado (em.pi.**lha**.do) *adjetivo* Que forma pilha, isto é, que fica um por cima do outro: *Aqueles tijolos empilhados serão usados para construir um muro.*

empregada (em.pre.**ga**.da) *substantivo feminino* Mulher que trabalha para outra pessoa, ou para uma instituição (fábrica, banco, escola, etc.) em troca de pagamento; funcionária: *Mara é a empregada mais antiga da loja.*
◆ **Empregada doméstica**. Mulher que trabalha numa casa, lavando, cozinhando, limpando, etc., em troca de pagamento: *Rosa trabalha como empregada doméstica há muitos anos.*

empregado (em.pre.**ga**.do) *substantivo masculino* Homem que trabalha para outra pessoa, ou para uma instituição (fábrica, banco, escola, etc.) em troca de pagamento; funcionário: *Nélson é o empregado mais antigo da fábrica.*

emprego (prê) (em.**pre**.go) *substantivo masculino* **1.** Situação de uma pessoa que está trabalhando em troca de pagamento: *Meu tio arranjou um emprego de professor.* **2.** É o mesmo que *uso* (1).

empresa (prê) (em.**pre**.sa) *substantivo feminino* Organização que produz alguma coisa para vendê-la, ou que oferece os seus serviços, etc.: *Paulo trabalha nesta empresa há muitos anos.*

empresária (em.pre.**sá**.ria) *substantivo feminino* Mulher que é dona de uma empresa: *Dona Mercedes é empresária do ramo de turismo.*

empresário (em.pre.**sá**.rio) *substantivo masculino* Homem que é dono de uma empresa: *Manuel é um pequeno **empresário** do ramo de calçados.*

emprestar (em.pres.**tar**) *verbo* Deixar objeto, dinheiro, etc., com uma pessoa, com a condição de que ela depois o devolva: *Gustavo **emprestou** livros a Henrique. Amélia me **emprestou** cinco reais.*

empurrar (em.pur.**rar**) *verbo* Forçar com as mãos, com o corpo, etc., uma coisa ou uma pessoa para fazê-la sair do lugar onde está: ***Empurrei** a mesa para o canto da sala. O jogador fez falta: ele **empurrou** o adversário para ficar com a bola.*

encadernar (en.ca.der.**nar**) *verbo* Juntar as folhas de um livro ou de uma revista e cobri-las com capa de papel, couro, etc.

encaixar (xar = char) (en.cai.**xar**) *verbo* Ligar uma coisa a outra de um modo especial: *Mário **encaixou** as peças e montou o carrinho.*

encanado (en.ca.**na**.do) *adjetivo* Que é levado ou fornecido por cano: *Todas as casas da rua têm água **encanada**.*

encanador (dôr) (en.ca.na.**dor**) *substantivo masculino* Homem que conserta ou coloca os canos de um prédio, de uma casa, etc. [Plural: *encanadores*. Feminino: *encanadora*.]

encanadora (dô) (en.ca.na.**do**.ra) *substantivo feminino* Mulher que conserta ou coloca os canos de um prédio, de uma casa, etc.

encantado (en.can.**ta**.do) *adjetivo* **1.** Que tem mágica, ou foi transformado por mágica: *Na história, o Cisne **encantado** era na verdade uma Princesa.* **2.** Que está com um sentimento bom de se ter, que é uma mistura de admiração e satisfação por algo: *Ana voltou **encantada** da viagem que fez ao Ceará.*

encapar (en.ca.**par**) *verbo* Cobrir, proteger livro ou caderno com capa: ***Encapei** meus cadernos com papel azul.*

enchente (en.**chen**.te) *substantivo feminino* Depois de muita chuva, grande quantidade de água nas estradas e nas ruas, muitas vezes vinda do aumento dos rios, e que pode chegar até as casas: *Muitas pessoas tiveram de deixar suas casas por causa da **enchente**.*

encher (en.**cher**) *verbo* **1.** Pôr alguma coisa dentro de um recipiente (copo, caixa, etc.) até que fique cheio: *Laura **encheu** o prato com macarrão.* **2.** Ficar cheio com muitas pessoas: *A sala **encheu**-se de gente por causa da festa.*

enciclopédia (en.ci.clo.**pé**.dia) *substantivo feminino* Livro ou conjunto de livros que contêm informações sobre vários e vários assuntos: *Rui consultou uma **enciclopédia** da biblioteca para fazer o trabalho sobre insetos.*

encolher (en.co.**lher**) *verbo* Diminuir de tamanho; encurtar: *O vestido **encolheu** ao ser lavado.*

encontrar (en.con.**trar**) *verbo* **1.** Ver onde está uma coisa sem tê-la procurado; achar: *Encontrei um guarda-chuva no ônibus.* **2.** Descobrir onde está algo que se procura; achar: *Floriano encontrou o lápis que havia perdido.* **3.** Ter a ideia de algo que se procurava saber; achar: *Manuela pensou muito e encontrou o resultado da conta.* **4.** Estar com alguém: *Vou me encontrar com Lúcia no cinema. Encontraram-se na saída do colégio.*

encostar (en.cos.**tar**) *verbo* **1.** Apoiar; firmar: *Papai encostou a escada na parede.* **2.** Pôr, colocar: *Filipe encostou a cabeça no travesseiro e logo adormeceu.*

encurtar (en.cur.**tar**) *verbo* Tornar curto ou mais curto; diminuir: *Mamãe encurtou minha saia.*

endereço (en.de.**re**.ço) *substantivo masculino* **1.** Escrito com o nome e o lugar da residência de alguém em carta, bilhete, etc.: *No envelope, há um lugar para o endereço.* **2.** Residência de alguém, ou lugar onde fica uma loja, etc.: *Minha tia mudou de endereço.*

endireitar (en.di.rei.**tar**) *verbo* **1.** Pôr direito ou reto (o que estava torto ou dobrado): *Papai sempre me diz: — Endireite o corpo, menino!* **2.** Fazer direito; consertar: *Como o trabalho não ficou bom, o pedreiro precisou endireitá-lo.*

energia (e.ner.**gi**.a) *substantivo feminino* **1.** Aquilo que é capaz de produzir trabalho, isto é, que é capaz de movimentar as coisas, iluminar, aquecer, etc.: *A luz, o calor e a eletricidade são formas de energia.* **2.** É o mesmo que força: *Vovô ainda tem muita energia.*

enfeitar (en.fei.**tar**) *verbo* **1.** Pôr enfeite em alguma coisa: *Rita enfeitou a mesa com flores.* **2.** Pôr uma roupa bonita e outros enfeites: *Júlia enfeitou-se para ir à festa da amiga.*

enfeite (en.**fei**.te) *substantivo masculino* Aquilo que uma pessoa coloca em si mesma, em alguém ou em alguma coisa para ficar ou deixar mais bonito: *Maria pôs no cabelo uma flor como enfeite. Este tapete colorido é um belo enfeite na entrada de casa.*

enfermeira (en.fer.**mei**.ra) *substantivo feminino* Mulher que cuida de pessoas doentes, dando-lhes remédio, alimento, banho, etc.: *Dona Sara é enfermeira neste hospital há muitos anos.*

enfermeiro (en.fer.**mei**.ro) *substantivo masculino* Homem que cuida de pessoas doentes, dando-lhes remédio, alimento, banho, etc.: *Carlos está doente e há um enfermeiro cuidando dele.* [Feminino: *enfermeira*.]

enferrujar (en.fer.ru.**jar**) *verbo* Ficar uma lata, um portão, etc. com ferrugem: *A grade da janela enferrujou de tanto pegar chuva.*

enfiar (en.fi.**ar**) *verbo* **1.** Colocar um fio num buraco pequeno: *Marta enfiou a linha na agulha.* **2.** Pôr, colocar: *Raquel enfiou a roupa na mala.*

enfrentar (en.fren.**tar**) *verbo* **1.** Lutar com alguém: *Na história, o gatinho, em vez de fugir, enfrentou o cão.* **2.** Jogar um time ou uma equipe com outro time ou outra equipe: *O Vasco enfrentou o Palmeiras pelo Campeonato Brasileiro. As duas equipes enfrentaram-se no último sábado.*

enganar (en.ga.**nar**) *verbo* **1.** Fazer uma pessoa acreditar em uma coisa que não é verdadeira: *Meu tio não me engana com suas histórias de pescaria.* **2.** Cometer um erro: *Patrícia enganou-se com as horas e chegou atrasada.*

engarrafamento (en.gar.ra.fa.**men**.to) *substantivo masculino* Dificuldade no trânsito de veículos, que ficam parados ou andam muito devagar: *O acidente causou um enorme engarrafamento.*

Ee engasgar ▸ ensaboar

engasgar (en.gas.gar) *verbo* Ficar com dificuldade para respirar ao comer alguma coisa, etc.: *Lucas se engasgou com a farinha. Rute engasga com muita frequência.* [A gente se engasga quando come alguma coisa e essa coisa não desce direito pela garganta, e é por isso que a gente fica com falta de ar.]

engatinhar (en.ga.ti.nhar) *verbo* Andar com as mãos e os joelhos apoiados no chão: *O bebê já engatinha pela casa.*

engenheira (en.ge.nhei.ra) *substantivo feminino* Mulher que estudou para saber dirigir certos trabalhos, como a construção de prédios, pontes, etc., ou para participar da criação de novos produtos, como aviões, navios, eletrodomésticos, etc.

engenheiro (en.ge.nhei.ro) *substantivo masculino* Homem que estudou para saber dirigir certos trabalhos, como a construção de prédios, pontes, etc., ou para participar da criação de novos produtos, como aviões, navios, eletrodomésticos, etc. [Feminino: *engenheira*.]

engolir (en.go.lir) *verbo* Fazer passar alimento, ou bebida, da boca para o estômago: *Miguel mastiga bem os alimentos antes de engoli-los.*

engordar (en.gor.dar) *verbo* Ganhar peso; ficar gordo ou mais gordo: *Elisa engordou de tanto comer chocolate.*

engraçado (en.gra.ça.do) *adjetivo* **1.** Diz-se daquilo que tem graça; divertido: *Paula conta histórias engraçadas.* **2.** Diz-se daquele que faz rir: *No circo, havia um palhaço muito engraçado.*

enguiçado (en.gui.ça.do) *adjetivo* Que parou de funcionar por causa de um defeito; escangalhado: *Rafael levou a televisão enguiçada para consertar.*

enguiçar (en.gui.çar) *verbo* Parar de funcionar por causa de um defeito: *O automóvel enguiçou no meio da rua.*

enjoar (en.jo.ar) *verbo* **1.** Sentir enjoo: *Rodrigo enjoou ao andar de barco.* **2.** Cansar-se de alguma coisa: *Mariana enjoou das férias e não vê a hora de voltar para a escola.*

enjoo (jô) (en.jo.o) *substantivo masculino* Sensação ruim no estômago e, às vezes, acompanhada da vontade de vomitar: *Joaquim tomou um remédio para acabar com o seu enjoo.*

enorme (e.nor.me) *adjetivo de 2 gêneros* Que é muito grande: *A girafa tem um pescoço enorme. Estou com uma vontade enorme de beber água.*

enquanto (en.quan.to) *conjunção* Durante o tempo em que: *Enquanto eu almoçava, meu irmão fazia o dever de casa.* ◆ **Por enquanto.** Por agora; nesse momento: *Por enquanto, não se pode fazer nada. É preciso esperar que consertem o aparelho.*

enriquecer (en.ri.que.cer) *verbo* Ficar rico: *João ganhou na loteria e enriqueceu.*

enrolar (en.ro.lar) *verbo* **1.** Embrulhar; embalar: *Antônia enrolou o presente num papel.* **2.** Pôr em volta: *Luzia enrolou o lenço no pescoço.* **3.** Dar voltas em alguma coisa, formando rolo: *Mamãe enrolou a linha para guardá-la.*

ensaboar (en.sa.bo.ar) *verbo* Lavar alguma coisa ou o próprio corpo com sabão ou sabonete: *A lavadeira ensaboa bem a roupa para tirar a sujeira. Ensaboei-me antes de tornar a abrir o chuveiro.*

ensaiar ▶ entornar

ensaiar (en.sai.**ar**) *verbo* Praticar antes alguma coisa para, numa apresentação, fazê-la da melhor maneira; treinar: *Paulo **ensaiou** a música para tocá-la na festa.*

ensinar (en.si.**nar**) *verbo* Passar a uma pessoa conhecimentos ou informações que são úteis à educação dela; instruir: *Esta professora **ensina** há muitos anos.*

ensino (en.**si**.no) *substantivo masculino* Aquilo que se faz quando se ensina, ao passar conhecimentos, informações; instrução: *O **ensino** é obrigatório para as crianças a partir de seis anos de idade.* ◆ **Ensino fundamental.** Parte da educação escolar no Brasil, obrigatória para crianças (e adolescentes) de 6 a 14 anos, com duas divisões (ou ciclos): a primeira, do primeiro ao quinto ano, e a segunda, do sexto ao nono ano.

ensopado (en.so.**pa**.do)
ensopado • *adjetivo* Muito molhado: *Choveu e Raul voltou para casa **ensopado**.*
ensopado • *substantivo masculino* Comida preparada com carne, geralmente picada, e legumes, que são temperados e cozidos num molho.

então (en.**tão**) *advérbio* Nesse ou naquele tempo ou momento: *Passei de ano e foi **então** que pude me matricular para o próximo ano escolar.*

enteado (en.te.**a**.do) *substantivo masculino* Filho que o marido ou a mulher tem de um casamento anterior: *Jorge é meu padrasto e eu sou seu **enteado**.* [Feminino: *enteada*.]

entender (en.ten.**der**) *verbo* **1.** Saber alguma coisa, conhecê-la bem: *João **entende** muito de música.* **2.** Ouvir bem, escutar; compreender: *Ana falou muito rápido, por isso Maria não **entendeu** o que ela disse.*

enterrar (en.ter.**rar**) *verbo* Pôr debaixo da terra: *Os homens, desde tempos muito antigos, **enterram** as pessoas que morreram.*

entornar (en.tor.**nar**) *verbo* Fazer líquido, sal, açúcar, grãos, etc. sair do recipiente onde está: *Pedro esbarrou na xícara e **entornou** o café.*

151

Ee entrada ▸ enviar

entrada (en.**tra**.da) *substantivo feminino* **1.** Lugar por onde se entra: *Os meninos chegaram à entrada da caverna.* **2.** Bilhete que permite entrar em cinema, teatro, etc.; ingresso: *Comprei duas entradas para o jogo de futebol.* **3.** Início de um pagamento: *Papai comprou uma televisão e deu R$ 100,00 de entrada.* **4.** O primeiro prato de uma refeição: *Salada é uma ótima entrada.*

entrar (en.**trar**) *verbo* **1.** Passar de fora para dentro: *Ivone limpa os pés no tapete antes de entrar em casa.* **2.** Passar a fazer parte de uma escola, um clube, etc.: *Carlota entrou para a escola aos seis anos.*

entre (en.tre) *preposição* Indica o espaço ou o tempo que separa dois ou mais lugares, duas ou mais pessoas, ou duas ou mais coisas: *Sentou-se entre o pai e a mãe. Irei a sua casa entre as duas e as três horas da tarde. Leonardo passeava entre as árvores do parque.*

entregador (dôr) (en.tre.ga.**dor**) *substantivo masculino* Homem ou rapaz que trabalha em loja, supermercado, farmácia, padaria, etc., entregando mercadorias nas casas dos clientes. [Plural: *entregadores*. Feminino: *entregadora*.]

entregadora (dô) (en.tre.ga.**do**.ra) *substantivo feminino* Mulher ou moça que trabalha em loja, supermercado, farmácia, padaria, etc., entregando mercadorias nas casas dos clientes.

entregar (en.tre.**gar**) *verbo* **1.** Passar para alguém; dar: *Ciro entregou o livro à professora.* **2.** Devolver: *O menino entregou a carteira a seu dono.*

entristecer (en.tris.te.**cer**) *verbo* **1.** Tornar triste: *A derrota da sua turma na decisão do campeonato da escola entristeceu Juca e todos os seus colegas.* **2.** Ficar triste: *Mariana entristeceu-se com a morte do seu gatinho.*

entupido (en.tu.**pi**.do) *adjetivo* **1.** Que se entupiu: *A pia da cozinha está entupida.* **2.** Muito cheio: *Perto do Natal as lojas ficam entupidas de gente.*

entupir (en.tu.**pir**) *verbo* Haver alguma coisa parada em cano, tubo, etc., impedindo a passagem de um líquido: *A pia da cozinha entupiu e por enquanto não pode ser usada.*

envelhecer (en.ve.lhe.**cer**) *verbo* **1.** Ficar velho: *Todo mundo envelhece.* **2.** Tornar velho: *A doença envelheceu muito minha amiga Maria.*

envelope (en.ve.**lo**.pe) *substantivo masculino* Pedaço de papel dobrado e colado, com um dos lados aberto, que serve para guardar papel, documento, fotografia, etc., ou em que se põe carta para ser enviada pelo correio: *O envelope tem uma parte que serve para fechá-lo.*

envergonhado (en.ver.go.**nha**.do) *adjetivo* **1.** Que ficou com vergonha: *Na fábula, o Coelho perde a corrida para a Tartaruga e fica envergonhado.* **2.** Que é tímido: *Lia é uma menina muito envergonhada.*

envergonhar-se (en.ver.go.**nhar**-se) *verbo* Ficar com vergonha; ficar tímido: *Quando chegou a sua vez, Tomás envergonhou-se e não quis cantar.*

enviar (en.vi.**ar**) *verbo* Mandar uma coisa, etc., para alguém ou para algum lugar: *Daniela me enviou um e-mail contando a viagem. Enviou uma carta para a Argentina.*

enxada ▶ erosão

enxada (xa = cha) (en.**xa**.da) *substantivo feminino* Ferramenta usada para cavar a terra e tirar o mato, e que é formada por um cabo e uma chapa larga de ferro: *O jardineiro tirou o mato do jardim com uma enxada.*

enxergar (xer = cher) (en.xer.**gar**) *verbo* Perceber com os olhos; ver: *Mariano precisa usar óculos porque não enxerga bem.*

enxotar (xo = cho) (en.xo.**tar**) *verbo* Fazer fugir, espantar: *Rogério enxotou os patos e as galinhas que invadiram a horta do seu sítio.*

enxugar (xu = chu) (en.xu.**gar**) *verbo* Secar com pano, papel, etc., aquilo que está molhado: *Márcia enxugou as mãos na toalha nova.*

enxurrada (xur = chur) (en.xur.**ra**.da) *substantivo feminino* Quantidade grande de água que corre com força, quando há uma chuva muito forte: *A enxurrada fez um buraco na estrada.*

episódio (e.pi.**só**.dio) *substantivo masculino* Cada uma das partes em que a história de determinados filmes, programas de televisão, etc., é dividida: *Fui ver no cinema o filme que é o último episódio da história de um bruxinho.*

época (**é**.po.ca) *substantivo feminino* **1.** Período em que acontece ou aconteceu determinado fato: *Isto ocorreu na época em que meu avô era menino.* **2.** Tempo: *Esta história não é da nossa época.*

equador (dôr) (e.qua.**dor**) *substantivo masculino* Círculo imaginário que divide a Terra em duas metades iguais: o hemisfério norte e o hemisfério sul. [É uma palavra que fala de uma coisa da qual só existe uma, por isso não tem plural.] Veja a ilustração no verbete *hemisfério*.

equilibrar (e.qui.li.**brar**) *verbo* Pôr ou deixar em equilíbrio: *O malabarista equilibrou pratos na ponta de uma vara.*

equilíbrio (e.qui.**lí**.brio) *substantivo masculino* Posição em que uma coisa, ou alguém, está sem tombar ou cair: *Mateus perdeu o equilíbrio na bicicleta e caiu.*

equipamento (e.qui.pa.**men**.to) *substantivo masculino* O conjunto de coisas necessárias para realizar um trabalho, praticar um esporte, etc.: *O atleta trazia seu equipamento numa mochila.*

equipe (e.**qui**.pe) *substantivo feminino* Grupo de duas ou mais pessoas que, juntas, fazem um trabalho, participam de uma competição, etc.: *Gosto muito de trabalhar em equipe. Cada equipe da gincana era formada por cinco pessoas.*

era (**e**.ra) *substantivo feminino* Período geralmente longo, que começa com um fato importante ou com um fato que traz mudanças: *A era espacial começou quando os russos lançaram o satélite artificial chamado Sputnik.*

erguer (er.**guer**) *verbo* É o mesmo que *levantar*: *Ernesto ergueu o filho nos braços.*

erosão (e.ro.**são**) *substantivo feminino* Destruição no solo causada pelo vento, pela chuva, etc.: *A erosão prejudica a agricultura.* [Plural: *erosões*.]

errar (er.**rar**) *verbo* **1.** Não acertar alguma coisa; enganar-se em alguma coisa: *João e Maria erraram o caminho de casa.* **2.** Não acertar em: *Luís lançou o dardo, mas errou o alvo.*

erro (ê̱r) (**er**.ro) *substantivo masculino* Engano, falha: *Há um erro neste problema, a soma não está correta.*

erupção (e.rup.**ção**) *substantivo feminino* Saída violenta e rápida de fumaça, cinza e lava de um vulcão: *A erupção do vulcão Vesúvio destruiu a cidade de Pompeia muitos séculos atrás.* [Plural: *erupções*.]

erva (**er**.va) *substantivo feminino* **1.** Planta pequena de caule macio e que nasce sem ninguém plantar: *Bruna arrancou as ervas que nasceram entre as flores.* [Quando essa planta prejudica as plantas cultivadas, a gente a chama de *erva daninha*.] **2.** Planta cujas folhas são usadas como alimento ou para fazer remédios: *As hortaliças são ervas que plantamos para comer. A hortelã é uma erva que se usa como tempero e também como remédio.*

erva-mate (**er**.va-**ma**.te) *substantivo feminino* Planta cujas folhas são usadas para fazer um chá muito apreciado; mate: *Nesta fazenda há uma grande plantação de erva-mate.* [Plurais: *ervas-mates* e *ervas-mate*.]

ervilha (er.**vi**.lha) *substantivo feminino* Planta que dá um legume também chamado ervilha, com grãos verdes e redondos: *Tomei ontem uma deliciosa sopa de ervilha.* 437

esbarrar (es.bar.**rar**) *verbo* Chocar-se com alguma coisa ou com alguém: *André tropeçou e esbarrou na mesa, derrubando o vaso. Renato driblou um adversário, mas esbarrou em outro.*

esburacado (es.bu.ra.**ca**.do) *adjetivo* Cheio de buracos: *Depois da tempestade, a estrada ficou esburacada e com muita lama.*

escada (es.**ca**.da) *substantivo feminino* **1.** Série de degraus por onde a gente sobe ou desce. Pode ser feita de tijolos, de pedra, de madeira, etc.: *Esta escada tem vinte degraus.* **2.** Utensílio formado por duas peças de madeira ou de metal, onde ficam presos os degraus: *O pintor usa uma escada de madeira.*

escama (es.**ca**.ma) *substantivo feminino* Cada uma das pequenas placas que cobrem o corpo de muitos peixes e de alguns répteis: *Este peixe tem escamas brilhantes.*

escangalhado (es.can.ga.**lha**.do) *adjetivo* **1.** Com defeito; enguiçado: *Com o computador lá de casa escangalhado, eu não posso pesquisar nada na Internet.* **2.** Quebrado, partido: *Luís pisou sem querer em seu carrinho e ele ficou escangalhado.*

escapar (es.ca.**par**) *verbo* **1.** Livrar-se, salvar-se de perigo: *O rato correu e escapou de ser comido pelo gato.* **2.** É o mesmo que *fugir*: *O ladrão escapou da prisão.*

escassez (ês) (es.cas.**sez**) *substantivo feminino* Falta: *A escassez de água é um problema.*

escavar (es.ca.**var**) *verbo* Fazer buraco no solo, etc., com picareta, enxada, etc.: *O tatu escava sua toca com as patas.*

esclarecimento (es.cla.re.ci.**men**.to) *substantivo masculino* É o mesmo que *explicação*: *Com o esclarecimento da professora já sei fazer o exercício.*

escoamento (es.co.a.**men**.to) *substantivo masculino* Ação de escoar.

escoar (es.co.**ar**) *verbo* **1.** Fazer passar líquido, areia, grãos, etc., por uma abertura: *Luísa pôs o arroz lavado na peneira para escoar a água.* **2.** Correr um líquido, areia, grãos, etc., por uma abertura: *Uma parte do milho escoou pelo buraco no pacote.* **3.** Ser transportado: *É por esta ferrovia que escoa uma parte da nossa produção agrícola.*

escola ▶ escorrega

Faça aqui um desenho de sua escola.

escola (es.**co**.la) *substantivo feminino* É o lugar aonde a gente vai para aprender. É onde os professores ensinam muitas coisas importantes, como ler e escrever, contar, fazer contas (somar, diminuir, multiplicar e dividir), a história do país da gente, das pessoas, o que é bom para a saúde, o que não é, e muito, muito mais. É onde, também, a gente faz amigos e, na hora do recreio, conversa, brinca, troca figurinhas, vai à biblioteca pegar um livro emprestado (ou devolver o que pegou). A escola é um lugar que todas as pessoas devem frequentar dos 6 aos 17 anos, obrigatoriamente (ou seja, existe uma lei que diz que os responsáveis pelas crianças têm de fazer com que elas estudem na escola). Mas, se um jovem ou adulto perdeu sua chance, quando era criança, pode, se quiser, voltar a estudar numa escola, mesmo que seja bem velhinho: *A minha **escola** tem muitas salas de aula e um pátio onde brincamos.*

escolar (es.co.**lar**) *adjetivo de 2 gêneros* **1.** Da escola, ou feito para a escola: *Na minha escola há merenda **escolar**.* **2.** Próprio para ser usado na escola: *Flávia cuida bem do seu material **escolar**.* [Plural: *escolares*.]

escolher (es.co.**lher**) *verbo* Decidir-se por uma coisa, ou por uma pessoa, e não por outra; preferir; optar: *Papai **escolheu** o lugar mais bonito do sítio para construir a casa. O povo **escolheu** o novo Presidente do país.*

esconde-esconde (es.**con**.de-es.**con**.de) *substantivo masculino* Brincadeira, geralmente com várias crianças, na qual todas se escondem, menos uma, que deve encontrar as que se esconderam: *Os meninos brincavam de **esconde-esconde**: Sérgio fechou os olhos, contou até dez e foi procurar os amigos.* [Outro nome: *pique-esconde*.]

esconder (es.con.**der**) *verbo* **1.** Pôr alguma coisa em lugar onde não possa ser vista: *Mário **escondeu** seu brinquedo novo.* **2.** Deixar de contar: *Luciana não **esconde** nada de sua mãe.* **3.** Ficar em lugar onde não possa ser visto: *O rato **escondeu**-se no buraco.*

esconderijo (es.con.de.**ri**.jo) *substantivo masculino* Lugar onde pessoas ou animais se escondem: *A polícia descobriu o **esconderijo** dos ladrões. O **esconderijo** do tatu é uma toca.*

escorpião (es.cor.pi.**ão**) *substantivo masculino* Animal invertebrado, pequeno, de cauda comprida, terminada em ferrão, com o qual pica animais e pessoas. Gosta de viver em lugares quentes e secos, e sua picada é venenosa, podendo até causar a morte. [Plural: *escorpiões*.] 441

escorrega (es.cor.**re**.ga) *substantivo masculino* É o mesmo que *escorregador*.

escorregador (dôr) (es.cor.re.ga.**dor**) *substantivo masculino* Tábua ou peça de metal que tem uma das extremidades colocada sobre um suporte mais alto, ficando a outra inclinada quase até o chão, para as crianças escorregarem: *Neste parque há três brinquedos: gangorra, escorregador e balanço.* [É também chamado de *escorrega*. Plural: *escorregadores*.] →

escorregar (es.cor.re.**gar**) *verbo* **1.** Deslizar, perdendo o equilíbrio, em superfície muito lisa, molhada, etc.: *Marcos escorregou na calçada.* **2.** Deslizar, brincando, em escorregador, etc.: *Lucas escorregou primeiro, Maria viu que era fácil e escorregou também.*

escorrer (es.cor.**rer**) *verbo* **1.** Correr em fio ou em gotas: *A água desta fonte escorre pelas pedras. As lágrimas escorriam pelo rosto de Laura.* **2.** Retirar o líquido de algo: *Marta lavou as verduras e as colocou na peneira para escorrer.*

escoteiro (es.co.**tei**.ro) *substantivo masculino* Membro de uma organização na qual crianças ou jovens aprendem a viver e a trabalhar em equipe e a cumprir com suas obrigações: *Os escoteiros respeitam a natureza.*

escova (cô) (es.**co**.va) *substantivo feminino* Objeto usado para limpar (como a escova de dentes e a de lavar roupa), dar brilho (como a escova de engraxar sapato), arrumar (como a escova de pentear os cabelos), etc. As escovas são formadas por uma placa a que estão presos fios de náilon ou de outro material, e podem ter um cabo (como as escovas de dentes têm): *Devemos trocar nossa escova de dentes a cada três meses.*

escovar (es.co.**var**) *verbo* **1.** Limpar ou dar brilho com escova: *Sempre escovo os dentes depois das refeições. Luciano escovou os sapatos antes de sair.* **2.** Arrumar os cabelos, ajeitando-lhe os fios com uma escova ou com um pente.

escrava (es.**cra**.va) *substantivo feminino* Pessoa do sexo feminino que, antigamente, pertencia a outra pessoa, trabalhava sem receber pagamento, e muitas vezes era castigada.

escravo (es.**cra**.vo) *substantivo masculino* Pessoa do sexo masculino que, antigamente, pertencia a outra pessoa, trabalhava sem receber pagamento, e muitas vezes era castigada: *A luta no Brasil para que os negros não fossem mais escravos foi muito grande.* [Feminino: *escrava*.] [Felizmente, hoje, segundo as leis do nosso país, ter escravo é crime, que pode ser punido com prisão.]

escrever (es.cre.**ver**) *verbo* Representar ideias e palavras por meio de letras ou de sinais: *Lúcio escreve lindas histórias.*

escrita (es.**cri**.ta) *substantivo feminino* Maneira de representar as palavras e as ideias por meio de sinais: *A escrita foi inventada pelos homens há cerca de cinco mil anos.*

escritor (tôr) (es.cri.**tor**) *substantivo masculino* Aquele que escreve histórias, etc.: *Para ser um bom escritor, tenho de estudar muito a nossa língua.* [Plural: *escritores*. Feminino: *escritora*.]

escritora (tô) (es.cri.**to**.ra) *substantivo feminino* Aquela que escreve histórias, etc.: *A tia de Paula é escritora de livros infantis.*

escritório (es.cri.**tó**.rio) *substantivo masculino* Local onde trabalham os empregados de algumas empresas: *Meu irmão trabalha num escritório no centro da cidade.*

escudo (es.**cu**.do) *substantivo masculino* **1.** Objeto com que uma pessoa se defende de golpes de espada, lança ou de flechas e pedras. O escudo é feito de metal ou de outro material muito resistente: *No filme, o guerreiro trazia numa das mãos um escudo e na outra uma espada.* **2.** Desenho ou imagem em forma de escudo (1) que representam um clube, um time de futebol, etc.: *Rafael tem um escudo do Flamengo na parede do seu quarto.*

escultor (tôr) (es.cul.**tor**) *substantivo masculino* O artista que faz escultura: *Este escultor trabalha com ferro e madeira.* [Plural: *escultores*. Feminino: *escultora*.]

escultora (tô) (es.cul.**to**.ra) *substantivo feminino* A artista que faz escultura.

escultura (es.cul.**tu**.ra) *substantivo feminino* Obra de madeira, pedra, metal, etc., que geralmente se pode ver de todos os lados, representando algo ou alguém: *O italiano Miguel Ângelo fez lindas esculturas.*

escurecer (es.cu.re.**cer**) *verbo* **1.** Tornar escuro: *A falta de luz escureceu a cidade.* **2.** Ficar escuro: *São seis horas da tarde e já escureceu.*

escuridão (es.cu.ri.**dão**) *substantivo feminino* Estado do que é escuro; escuro: *— Que escuridão! Vou acender a luz.* [Plural: *escuridões*.]

escuro (es.**cu**.ro)
escuro • *adjetivo* **1.** Que tem pouca ou nenhuma luz; que não é claro: *Não posso escrever nesta sala escura.* **2.** Diz-se da cor que não é clara, que é próxima do marrom ou do preto.
escuro • *substantivo masculino* Escuridão: *Isa não gosta de dormir no escuro.*

escutar (es.cu.**tar**) *verbo* Estar ou ficar atento para ouvir bem; prestar atenção para ouvir sons, ruídos, palavras, etc.: *— Escutem bem o que a diretora vai dizer.*

esfera (es.**fe**.ra) *substantivo feminino* Qualquer objeto redondo; bola; globo: *O Sol tem a forma de uma esfera.* 430

esfirra (es.**fir**.ra) *substantivo feminino* Salgado feito com massa de farinha de trigo e recheio de carne, ou queijo, ou verdura, etc., e que tem, geralmente, a forma de um triângulo ou de um círculo: *Luísa comeu na lanchonete uma esfirra de queijo e tomou um suco de graviola.*

esforçar-se (es.for.**çar**-se) *verbo* Fazer esforço para realizar alguma coisa: *Esforcei-me muito, mas não consegui chegar na hora.*

esforço (fôr) (es.**for**.ço) *substantivo masculino* Uso de força física ou mental para fazer, ou conseguir, determinada coisa: *Leonel fez muito esforço para mudar a mesa de lugar. Marlene teve de fazer esforço para tirar nota boa em todas as matérias.*

esfregar (es.fre.**gar**) *verbo* Passar várias vezes a mão ou um objeto na superfície de alguma coisa ou na pele de alguém: *Eva esfregou a panela para deixá-la bem limpa. Henrique esfregou as pernas com uma esponja.*

esfriar (es.fri.**ar**) *verbo* **1.** Fazer ficar frio: *Marcela soprou a sopa para **esfriá**-la.* **2.** Tornar-se frio: *O meu café **esfriou**.*

esgoto (gô) (es.**go**.to) *substantivo masculino* **1.** Cano ou estrutura que transporta a água das chuvas e a que é utilizada nas casas. **2.** As fezes e outras porcarias que passam por esses canos: *Quando o **esgoto** cai direto no rio ou no mar, polui o meio ambiente.*

esmagar (es.ma.**gar**) *verbo* Quebrar até reduzir a pó ou fazer em pedaços bem pequenos; esmigalhar: *A pedra caiu e **esmagou** a casa de boneca.*

esmalte (es.**mal**.te) *substantivo masculino* **1.** Substância de diversos tipos que se põe sobre metais, unhas ou porcelanas: *Minha tia pinta as unhas com **esmalte** vermelho.* **2.** Substância que reveste os dentes: *As bactérias destroem o **esmalte** dos dentes, causando a cárie.*

esmeralda (es.me.**ral**.da) *substantivo feminino* Pedra preciosa, geralmente verde: *Mamãe tem um anel com uma **esmeralda**.* 430

esmigalhar (es.mi.ga.**lhar**) *verbo* Fazer em pedacinhos: *Marli **esmigalhou** o cogumelo com o garfo antes de comê-lo.*

esmola (es.**mo**.la) *substantivo feminino* Dinheiro que a gente dá para um mendigo.

esôfago (e.**sô**.fa.go) *substantivo masculino* Órgão que fica entre a faringe e o estômago, no corpo humano.

espacial (es.pa.ci.**al**) *adjetivo de 2 gêneros* Relativo ao espaço, ou que nele acontece: *Eu gostaria de fazer uma viagem **espacial**.* [Plural: *espaciais*.]

espaço (es.**pa**.ço) *substantivo masculino* **1.** Distância entre dois pontos ou seres: *O **espaço** entre as duas árvores é pequeno.* **2.** Lugar onde cabe alguma coisa: *O armário tem **espaço** suficiente para guardar toda a louça.* **3.** É onde ficam as estrelas, as galáxias, o Sistema Solar, etc.; o Universo.

espada (es.**pa**.da) *substantivo feminino* Arma formada por uma lâmina comprida, cortante e pontuda, ligada a um cabo que se segura com uma das mãos: *Na história, havia uma **espada** enfiada numa pedra.*

espaguete (es.pa.**gue**.te) *substantivo masculino* Macarrão formado por fios longos e finos e que geralmente se come com molho de tomate, etc.

espalhar (es.pa.**lhar**) *verbo* Lançar em diferentes lados: *O vento **espalhou** as folhas pelo chão.*

espantalho (es.pan.**ta**.lho) *substantivo masculino* Boneco que se põe no campo ou na horta para afastar pássaros ou outros animais que vêm comer as verduras, as sementes, as frutas, etc.: *De longe, o **espantalho** parecia uma pessoa.*

espantar (es.pan.**tar**) *verbo* **1.** Causar susto ou medo: *O barulho dos foguetes **espantou** todos os presentes.* **2.** Ficar surpreso, admirado: *Maria **espantou**-se ao ver João todo sujo de barro.* **3.** Pôr em fuga: *Camila deu um grito para **espantar** os coelhos que comiam os morangos da sua horta.*

esparadrapo (es.pa.ra.**dra**.po) *substantivo masculino* Tira adesiva usada para manter um curativo no lugar: *Pôs um curativo com esparadrapo no joelho machucado do filho.*

especial (es.pe.ci.**al**) *adjetivo de 2 gêneros* Fora do comum; diferente: *Ver uma baleia tão de perto foi uma coisa especial.* [Plural: *especiais*.]

especialmente (es.pe.ci.al.**men**.te) *advérbio* **1.** De modo particular: *Como Pedro correu muito, hoje ele está especialmente cansado.* **2.** Com um objetivo certo: *Joana comprou um vestido novo especialmente para ir à festa.*

espécie (es.**pé**.cie) *substantivo feminino* **1.** Grupo de seres vivos que têm características físicas comuns e que se reproduzem entre si: *Chimpanzés e gorilas pertencem a espécies diferentes, embora sejam da mesma família.* **2.** Aquilo que se compara com outra coisa, por não se saber exatamente o que é: *Este livro tem uma capa dura, feita de uma espécie de papelão.*

espectador (dôr) (es.pec.ta.**dor**) *substantivo masculino* Aquele que assiste a um espetáculo de música, teatro, cinema, circo, dança, etc. [Aquele que assiste a programas de televisão a gente chama de *telespectador*.] [Plural: *espectadores*. Feminino: *espectadora*.]

espelho (pê) (es.**pe**.lho) *substantivo masculino* Objeto que reflete a figura de pessoas e de objetos que estão à sua frente. Em geral, é feito de uma lâmina de vidro, com a parte de trás coberta por uma tinta que tem metal: *Minha irmã gosta muito de se olhar no espelho.*

esperança (es.pe.**ran**.ça) *substantivo feminino* Sentimento em que a gente espera que alguma coisa se torne realidade: *Tenho esperança de que este ano meu time ganhe o campeonato.*

esperar (es.pe.**rar**) *verbo* **1.** Ficar aguardando alguém ou algo: *José esperou a mãe na porta da escola. Esperei o ônibus por quase uma hora.* **2.** Desejar que alguma coisa se realize: *Espero fazer boas provas.*

esperto (es.**per**.to) *adjetivo* Inteligente, vivo: *Manuel é um menino esperto.*

espetáculo (es.pe.**tá**.cu.lo) *substantivo masculino* **1.** Tudo o que nos chama a atenção: *Os foguetes na festa de ano-novo foram um lindo espetáculo.* **2.** Apresentação pública de canto, dança, circo, peça de teatro, filme, etc.: *O espetáculo agradou a todos os meninos, que riram muito do palhaço.*

espetar (es.pe.**tar**) *verbo* **1.** Prender ou furar com objeto pontudo: *Patrícia espetou o bilhete no quadro com um alfinete. Mamãe espetou os pedaços de carne com o garfo.* **2.** Machucar-se com espinho, prego, alfinete ou outro objeto pontudo: *Cinira espetou o dedo na agulha.*

espiar (es.pi.**ar**) *verbo* Observar com atenção, tentando, geralmente, não ser visto: *O treinador do nosso time foi espiar o treino do adversário. Muito curioso, Tadeu subiu no muro para espiar o que estava acontecendo no quintal do vizinho.*

espiga (es.**pi**.ga) *substantivo feminino* Parte de plantas, como o milho, o trigo e o arroz, que segura os grãos: *Ana pôs na panela as espigas de milho.* 435

espinafre (es.pi.**na**.fre) *substantivo masculino* Planta de folhas comestíveis, rica em vitaminas: *Eni faz um prato muito gostoso com peixe, batatas e espinafre.* 437

espinha (es.**pi**.nha) *substantivo feminino* **1.** É o mesmo que *coluna vertebral*. **2.** Cada um dos ossos finos dos peixes: *Antes de comer o peixe, Fernando tirou as espinhas com cuidado.* **3.** Pontinhos vermelhos e inchados que aparecem na pele, principalmente na do rosto, e que podem ter diversas causas: *Papai diz que não devemos espremer as espinhas.*

Ee espinho ▶ espuma

espinho (es.**pi**.nho) *substantivo masculino* **1.** Parte dura e pontuda que existe em algumas plantas: *Certas roseiras têm muitos espinhos*. 435 **2.** Pelo duro e pontudo de animais como o ouriço-cacheiro.

espiral (es.pi.**ral**) *substantivo feminino* Linha curva que circula um ponto: *A mola tem a forma de uma espiral*. [Plural: *espirais*.]

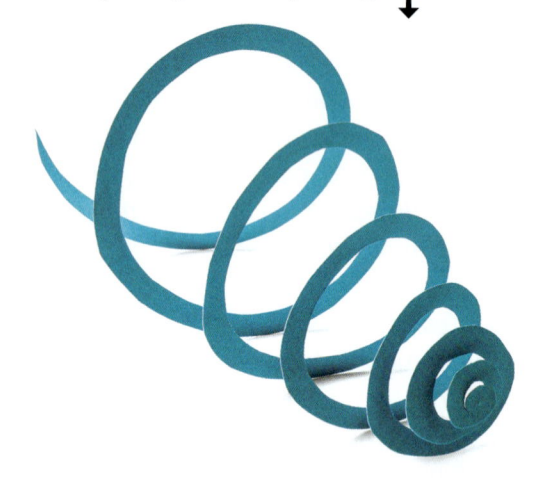

espírito (es.**pí**.ri.to) *substantivo masculino* Ser que não tem corpo físico: *Os fantasmas são espíritos*.

espiritual (es.pi.ri.tu.**al**) *adjetivo de 2 gêneros* Do espírito. [Plural: *espirituais*.]

espirrar (es.pir.**rar**) *verbo* Dar espirros: *Rita cheirou a flor e teve vontade de espirrar*.

espirro (es.**pir**.ro) *substantivo masculino* Saída muito rápida do ar pelo nariz e pela boca: *Ao abrir a janela, Gustavo deu vários espirros*.

esponja (es.**pon**.ja) *substantivo feminino* **1.** Animal marinho ou de água doce que tem o corpo cheio de poros. 441 **2.** Objeto de aspecto semelhante ao da esponja, que tem diversos usos: *Tomo banho com uma esponja de borracha*.

esporte (es.**por**.te) *substantivo masculino* Prática de exercícios físicos. O esporte pode ser individual, como a natação, ou praticado em equipe, como o futebol: *Praticar esporte faz bem à saúde*.

esportista (es.por.**tis**.ta) *substantivo de 2 gêneros* Pessoa que pratica esporte com frequência: *A esportista. O esportista*.

esposa (pô) (es.**po**.sa) *substantivo feminino* Mulher em relação ao homem com o qual é casada: *Minha mãe é a esposa de meu pai*.

esposo (pô) (es.**po**.so) *substantivo masculino* Homem em relação à mulher com a qual é casado: *Meu pai é o esposo de minha mãe*. [Feminino: *esposa*.]

espremer (es.pre.**mer**) *verbo* **1.** Apertar para fazer sair suco ou líquido: *Juca espremeu o limão para fazer um refresco*. **2.** Apertar: *O ônibus parou de repente e os que estavam em pé, atrás, espremeram os que estavam na frente*.

espuma (es.**pu**.ma) *substantivo feminino* **1.** Bolhas que se formam na água à qual se misturou sabão: *Lavei a roupa na água com muita espuma*. **2.** Bolhas que às vezes se formam na superfície de um líquido: *A espuma das ondas do mar vem até a praia*. **3.** Material produzido em fábricas, com o qual se fazem assentos para sofás e cadeiras, e, também, colchões, almofadas, etc.

Registre aqui qual é seu esporte favorito.

esquecer (es.que.cer) *verbo* **1.** Sair da memória: *Raquel esqueceu o aniversário do irmão. Sara nunca se esquece de comprar o que a irmã lhe pede.* **2.** Deixar alguma coisa num lugar, sem perceber: *Mariana esqueceu o livro na casa de Isabel.*

esqueite (es.**quei**.te) *substantivo masculino* Forma em português da palavra inglesa *skate*.

esqueleto (lê) (es.que.**le**.to) *substantivo masculino* Estrutura formada por ossos ou por outro tecido (cartilagem), que sustenta o corpo dos animais vertebrados: *No esqueleto dos seres humanos, há mais de 200 ossos.*

esquentar (es.quen.**tar**) *verbo* **1.** Fazer ficar quente; aquecer: *Eliana esquentou a água para o banho do bebê.* **2.** Fazer-se quente; aquecer: *O gatinho esquentava-se ao sol.*

esquerda (quêr) (es.**quer**.da) *substantivo feminino* **1.** Lado oposto ao lado direito: *Vá pela esquerda para chegar à praça.* **2.** A mão esquerda: *Escrevo melhor com a esquerda.*

esquerdo (quêr) (es.**quer**.do) *adjetivo* Que está do lado oposto ao direito: *Minha casa fica do lado esquerdo do rio.*

esqui (es.**qui**) *substantivo masculino* Cada uma de duas pranchas longas (uma para cada pé), não muito largas, de madeira ou de outro material, próprias para deslizar sobre a neve ou sobre a água: *Esquiador é aquele que anda de esquis.* [O *esqui* é diferente da prancha de surfe; nele, há, por exemplo, um lugar para prender o pé.]

esquiar (es.qui.**ar**) *verbo* Deslizar com esquis sobre a neve ou sobre a água.

esquilo (es.**qui**.lo) *substantivo masculino* Pequeno animal mamífero roedor, de rabo comprido e peludo; caxinguelê. Alimenta-se de castanhas e de insetos. Alguns esquilos vivem em árvores, outros vivem no chão.

esquimó (es.qui.**mó**) *substantivo masculino* Indivíduo dos esquimós, povo que vive em terras geladas no extremo norte da América. Alimenta-se da caça e da pesca, e veste-se com pele de animal. Vive em casas chamadas iglus, feitas com blocos de gelo.

esquina (es.**qui**.na) *substantivo feminino* Qualquer dos cantos formados por ruas que se cruzam: *Minha casa fica ali na esquina.*

esquisito (es.qui.**si**.to) *adjetivo* Fora do comum; estranho: *Minha tia acha esquisitas as roupas que eu e meu primo usamos.*

Ee essa ▸ estado

essa (ês) (es.sa) *pronome* É usado para indicar pessoa ou coisa, do gênero feminino, próxima daquela com quem se fala, a quem se escreve, etc.: *De onde você conhece essa menina? Eu já li essa revista?*

esse (ês) (es.se) *pronome* É usado para indicar pessoa ou coisa, do gênero masculino, próxima daquela com quem se fala, a quem se escreve, etc.: *De onde você conhece esse menino? Eu já li esse livro?* [Feminino: essa.]

esta (ês) (es.ta) *pronome* É usado para indicar pessoa ou coisa, do gênero feminino, presente e próxima de quem fala: *— Ivo, quero que você conheça esta menina. — Colhi hoje estas belas flores que trago para você.*

estabanado (es.ta.ba.na.do) *adjetivo* Diz-se de quem se move ou faz as coisas depressa, sem jeito e sem cuidado: *Vovó diz que eu sou muito estabanado.*

estabelecimento (es.ta.be.le.ci.men.to) *substantivo masculino* **1.** Uma loja, um supermercado, uma livraria, um restaurante, ou seja, qualquer casa comercial: *Preciso ir ao shopping para procurar um estabelecimento que venda créditos para meu celular.* **2.** Instituição pública ou particular: *As escolas e os bancos são estabelecimentos muito importantes.*

estábulo (es.tá.bu.lo) *substantivo masculino* Local coberto que serve de abrigo para cavalos, bois, etc.: *Na fazenda do Roberto, os cavalos passam o dia no pasto, mas, à noite, são recolhidos para o estábulo.*

estação (es.ta.ção) *substantivo feminino* **1.** Lugar de parada de ônibus, trem, metrô, etc.: *Estão construindo novas estações de metrô.* **2.** Cada um dos quatro períodos, de três meses, em que o ano se divide. São eles: primavera, verão, outono e inverno. **3.** Lugar onde se transmitem programas de rádio ou televisão: *Meu pai trabalha numa estação de rádio.* [Plural: estações.]

estacionamento (es.ta.cio.na.men.to) *substantivo masculino* **1.** Aquilo que a gente faz ao estacionar um veículo: *É proibido o estacionamento em frente a uma garagem.* **2.** Local próprio para estacionar veículos: *Neste estacionamento cabem vinte automóveis.*

estacionar (es.ta.cio.nar) *verbo* Fazer parar um veículo em determinado local, por certo tempo: *Papai estacionou o carro em frente ao supermercado.*

estadia (es.ta.di.a) *substantivo feminino* Ação de ficar por certo tempo em um lugar ou esse tempo: *Nossa estadia na pousada foi muito agradável.*

estádio (es.tá.dio) *substantivo masculino* Local em que há um campo ou uma quadra, com assentos, nas laterais ou ao redor, para o público: *Fui domingo com meu pai ao estádio do Maracanã.* [Pode ser um estádio de futebol (e aí tem um campo) ou um estádio poliesportivo (e aí tem uma quadra). No estádio poliesportivo, a quadra pode servir a diferentes jogos, como vôlei, basquete, tênis, etc. Por vezes, também são realizados *shows* e outros eventos nos estádios.]

estado (es.ta.do) *substantivo masculino* **1.** Situação em que se acham as pessoas ou coisas: *O estado de saúde de Luísa é muito bom. Aquela cortina está em péssimo estado.* **2.** Divisão do território de certos países: *O Brasil tem 26 estados.*

estante (es.**tan**.te) *substantivo feminino* Móvel, aberto ou fechado, com prateleiras, no qual se colocam livros, etc.: *João arrumou os dicionários na estante.*

estar (es.**tar**) *verbo* **1.** Achar-se ou encontrar-se em certo estado; ser durante algum tempo: *Cláudia está doente, mas logo ficará boa.* **2.** Ficar em algum lugar durante algum tempo: *Ricardo está na praia.* **3.** Ficar na companhia de: *Carla está com sua tia.*

estátua (es.**tá**.tua) *substantivo feminino* Peça de escultura que representa uma pessoa, um animal, etc.: *Neste parque há uma estátua de leão.* [Quando brinca de estátua, a gente não pode se mexer, não pode nem mesmo piscar. Se quem comanda a brincadeira grita "Estátua!", a gente tem que parar e ficar na posição em que estiver. Ah! E também não pode rir!!!]

estatura (es.ta.**tu**.ra) *substantivo feminino* Medida, da cabeça aos pés, de uma pessoa na posição vertical: *Alberto é um rapaz de estatura alta.*

este (ês) (**es**.te) *pronome* É usado para indicar pessoa ou coisa, do gênero masculino, presente e próxima de quem fala: — *Joana, quero que você conheça este menino.* — *Colhi hoje estes frutos que trago para você.* [Feminino: *esta*.]

esteira (es.**tei**.ra) *substantivo feminino* Espécie de tapete feito de palha ou de outro vegetal seco: *Estendi uma esteira no chão ao lado da minha cama.*

estender (es.**ten**.der) *verbo* **1.** Abrir, esticar: *Ana estendeu os braços para abraçar a amiga.* **2.** Pôr-se deitado: *Ao chegar à praia, Lúcia estendeu-se na areia.* **3.** Espalhar-se: *A floresta se estende por todo o vale.* **4.** Esticar um fio ou uma corda entre dois pontos: *Rita estendeu uma corda para pendurar a roupa.* **5.** Pôr deitado no chão, na cama, etc. ao comprido: *Estendi o tapete no chão.*

esticar (es.ti.**car**) *verbo* **1.** Puxar, segurando com força: *André e Paulo esticaram a corda.* **2.** Estender: *O camaleão estica a língua para pegar insetos.*

estojo (tô) (es.**to**.jo) *substantivo masculino* Caixa ou bolsa onde se guarda alguma coisa: lápis, caneta, borracha, etc.: *Lia acabou de escrever e guardou a caneta no estojo.*

estômago (es.**tô**.ma.go) *substantivo masculino* Órgão em que ocorre parte da digestão dos alimentos. O estômago fica na parte superior do abdome: *Papai foi ao médico porque estava com dor no estômago.*

estourar (es.tou.**rar**) *verbo* Explodir; arrebentar: *A bola estourou e fez muito barulho. O cão se assustou quando os foguetes estouraram.*

estrada (es.**tra**.da) *substantivo feminino* Caminho, geralmente largo, por onde passam veículos, etc.: *Esta estrada passa por várias cidades.* ◆ Estrada de ferro. Ferrovia.

estrado (es.**tra**.do) *substantivo masculino* Parte da cama sobre a qual se coloca o colchão: *Os netos de D. Helena quebraram o estrado de madeira de tanto pular sobre o colchão.*

estragado (es.tra.**ga**.do) *adjetivo* **1.** Que está podre: *Luciana jogou fora a laranja estragada.* **2.** Que está com defeito: *Papai levou o relógio estragado para consertar.*

Ee estragar ▸ estudante

estragar (es.tra.gar) *verbo* **1.** Produzir dano em alguma coisa; quebrar: *Júlio estragou o brinquedo novo.* **2.** Ficar com defeito; quebrar: *A nossa televisão estragou.* **3.** Ficar podre; apodrecer: *Algumas frutas se estragaram com o calor.*

estrangeiro (es.tran.gei.ro)
estrangeiro • *adjetivo* Que é de outro país; que é de país diferente do nosso: *Tenho dois amigos estrangeiros.*
estrangeiro • *substantivo masculino* Qualquer país diferente do nosso: *Meu irmão sonha em viajar ao estrangeiro.*

estranho (es.tra.nho) *adjetivo* **1.** Que não é normal; fora do comum; esquisito: *Apareceu um objeto estranho no céu.* **2.** Desconhecido: *Papai diz que eu não devo falar com pessoas estranhas.*

estreia (tréi) (es.trei.a) *substantivo feminino* A primeira apresentação de um espetáculo de música, de teatro, de dança, ou de um filme no cinema, etc.

estreito (es.trei.to) *adjetivo* Que tem pouca largura: *A rua onde moro é estreita. Esta fita é larga, mas aquela é estreita.*

estrela (trê) (es.tre.la) *substantivo feminino* **1.** Astro que tem luz e calor próprios. À noite, podemos ver a luz de milhares de estrelas. O Sol é a estrela mais próxima da Terra. **2.** Atriz ou cantora famosa: *Ela é uma das estrelas da nossa música.*

estrela-do-mar (trê) (es.tre.la-do-mar) *substantivo feminino* Animal marinho cujo corpo tem forma de estrela: *Bernardo viu na praia uma estrela-do-mar.* [Plural: *estrelas-do-mar*.] 441

estripulia (es.tri.pu.li.a) *substantivo feminino* É o mesmo que *travessura*.

estrutura (es.tru.tu.ra) *substantivo feminino* Maneira como as partes de um objeto, de um corpo, são constituídas ou estão arranjadas: *A estrutura da ponte era fraca e, com a chuva forte, foi levada pelas águas. Maria se alimenta bem e por isso tem boa estrutura óssea.*

estudante (es.tu.dan.te) *substantivo de 2 gêneros* Pessoa que estuda: *Muitos estudantes já usam computadores nas escolas. A estudante. O estudante.*

Cole aqui a fotografia dos estudantes de sua sala de aula.

estudar (es.tu.**dar**) *verbo* **1.** Usar a inteligência para aprender coisas novas: *Nina estuda muito. Ela é estudiosa, está sempre com um livro nas mãos.* **2.** Observar com atenção: *Carlos estudou o objeto para ver se descobria o que era.*

estudo (es.**tu**.do) *substantivo masculino* **1.** O esforço que a gente faz para aprender alguma coisa, seja prestando atenção naquilo que a professora ou o professor ensina, seja lendo um texto, seja fazendo exercícios, etc. **2.** Aquilo que a gente faz quando analisa uma coisa: *Depois do estudo feito na água da mina, viu-se que ela era boa para beber.*

estúpido (es.**tú**.pi.do) *adjetivo* Que não é gentil, delicado: *O menino arrependeu-se de seu comportamento estúpido e pediu desculpas à irmã.*

esvaziar (es.va.zi.**ar**) *verbo* Tornar vazio, tirando ou fazendo sair o que havia dentro: *Beatriz esvaziou o armário para arrumá-lo.*

etário (e.**tá**.ri.o) *adjetivo* Relativo à idade de uma ou mais pessoas: *A faixa etária da minha turma é de sete anos.*

■ **etc.** Abreviatura de *et cetera* (latim), que significa "e outras coisas mais": *Sílvia comprou muitas roupas: blusas, saias, calças, etc.*

etiqueta (أميقة) (e.ti.**que**.ta) *substantivo feminino* **1.** Pedacinho de pano ou de papel, geralmente com o tamanho da roupa, ou o nome da fábrica, etc. Existem dois tipos de etiqueta: um tem o nome da fábrica ou loja e é costurado na roupa; outro, geralmente de papel, vem preso à roupa nova e deve ser retirado antes de a gente usá-la: *Cortei a etiqueta da minha camisa.* **2.** Conjunto de normas usadas em sociedade: *Segundo a etiqueta, não devemos comer com o cotovelo apoiado na mesa.*

eu (eu) *pronome* Palavra que a gente usa para falar da gente: a) quando faz alguma coisa: *Eu fui à praia. Eu e Márcia vamos viajar pelo Nordeste;* b) para informar algo sobre a gente: *Eu adoro sorvete. Eu estou cansado. Eu sou mais alto que o Zezinho.*

euro (**eu**.ro) *substantivo masculino* A moeda, o dinheiro de vários países da Europa.

europeu (eu.ro.**peu**)
europeu • *adjetivo* Que é da Europa: *Portugal é um país europeu.*
europeu • *substantivo masculino* Aquele que nasceu na Europa: *Meu amigo Gino é europeu. Ele nasceu na Itália.*
[Plural: *europeus*. Feminino: *europeia*.]

evacuação (e.va.cu.a.**ção**) *substantivo feminino* **1.** Aquilo que se faz quando se retiram as pessoas de algum lugar: *Por causa da enchente foi preciso fazer a evacuação de parte dos moradores da cidade.* **2.** Saída de fezes pelo ânus. [Plural: *evacuações*.]

evaporação (e.va.po.ra.**ção**) *substantivo feminino* Aquilo que acontece com um líquido que se transforma em vapor: *A evaporação das águas dos lagos, rios e mares é maior no verão que no inverno.* [Plural: *evaporações*.]

evaporar (e.va.po.**rar**) *verbo* Transformar-se um líquido em vapor: *As águas dos lagos, rios e mares evaporam e formam as nuvens.*

evitar (e.vi.**tar**) *verbo* **1.** Fugir de coisa nociva ou perigosa: *Lá em casa, evitamos comer muito sal. À noite, devemos evitar as ruas desertas.* **2.** Impedir: *A polícia evitou que o ladrão roubasse o banco.*

exalar (xa = za) (e.xa.**lar**) *verbo* Lançar, ou soltar, de si: *As rosas exalam um perfume suave.*

Ee exame ▶ exemplar

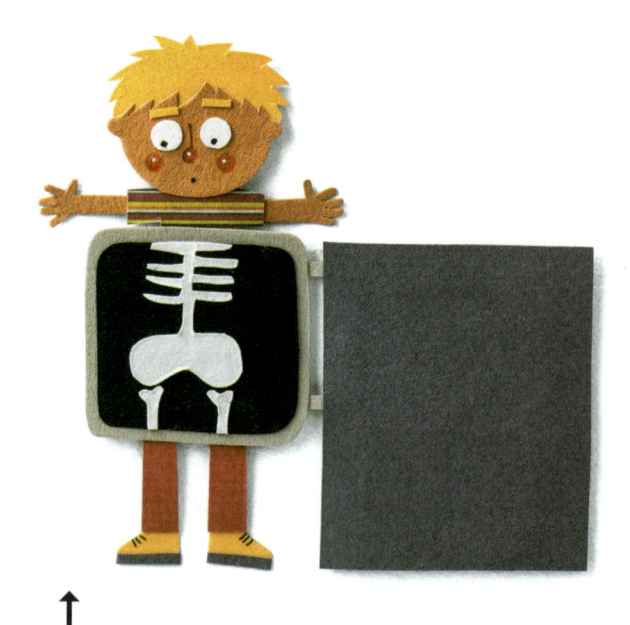

exame (xa = za) (e.**xa**.me) *substantivo masculino* **1.** Aquilo que se faz ao examinar alguém: *Pelo exame, o médico descobriu que o menino estava doente.* **2.** Avaliação para medir se os alunos, etc., aprenderam o que lhes foi ensinado: *Amanhã, farei exame de Matemática.*

examinar (xa = za) (e.xa.mi.**nar**) *verbo* Analisar, estudar com atenção; fazer o exame de alguém ou de alguma coisa: *Vou examinar o livro para ver se é bom. O médico examinou o doente.*

exato (xa = za) (e.**xa**.to) *adjetivo* Certo, correto: *A pergunta era difícil, mas Alice deu a resposta exata.*

exceção (ex = es) (ex.ce.**ção**) *substantivo feminino* Aquilo ou aquele que está ou ficou de fora: *Todos da família vieram à minha festa, Clara foi a única exceção.* [Plural: *exceções*.]

excelente (ex = es) (ex.ce.**len**.te) *adjetivo de 2 gêneros* Que é muito bom; ótimo: *Guilherme fez uma prova excelente.*

excesso (ex = es) (ex.**ces**.so) *substantivo masculino* Aquilo que ultrapassa o permitido, o normal, etc.: *O excesso de sal faz mal à saúde.*

exceto (ex = es) (ex.**ce**.to) *preposição* Fora, menos: *Fomos todos ao cinema, exceto Lia.*

excursão (ex = es) (ex.cur.**são**) *substantivo feminino* Passeio organizado em grupo: *Na excursão ao Nordeste, conheceremos o rio São Francisco.* [Plural: *excursões*.]

executar (xe = ze) (e.xe.cu.**tar**) *verbo* **1.** Fazer, realizar: *O pedreiro executou a obra muito bem.* **2.** Matar, assassinar: *Na história, o Rei manda executar o Dragão, mas ele é salvo pela Princesa.* **3.** Tocar música: *Gabriela executou várias músicas ao violão.*

exemplar (xem = zem) (e.xem.**plar**)
exemplar • *adjetivo de 2 gêneros* Que é tão bom que serve de exemplo, de modelo.
exemplar • *substantivo masculino* Cada livro ou revista de uma mesma edição.
[Plural: *exemplares*.]

exemplo (xem = zem) (e.**xem**.plo) *substantivo masculino* **1.** Tudo o que pode ou deve ser imitado: *Davi quer seguir o **exemplo** do pai, ser bombeiro.* **2.** Fato com o qual se aprende alguma coisa; modelo: *A delicadeza de Eva serve de **exemplo** para todos.* **3.** Frase num dicionário que ajuda a entender uma definição: *Este dicionário tem muitos **exemplos**.*

exercício (xer = zer) (e.xer.**cí**.cio) *substantivo masculino* **1.** Atividade física: *Fazer **exercício** é bom para a saúde.* **2.** Trabalho escolar que ajuda a aprender uma matéria, uma ciência: *Fazemos **exercícios** de Matemática todos os dias.*

exercitar (xer = zer) (e.xer.ci.**tar**) *verbo* **1.** Fazer exercícios físicos, como andar, correr, nadar, fazer ginástica, etc.: *Meu irmão **se exercita** todas as manhãs.* **2.** Pôr em exercício (1): *Foi caminhar para **exercitar** as pernas.*

exército (xér = zér) (e.**xér**.ci.to) *substantivo masculino* Parte das forças armadas que protege o território de um país: *O **Exército** brasileiro ajuda a cuidar de nossas fronteiras.* [Escreve-se com letra inicial maiúscula.]

exibição (xi = zi) (e.xi.bi.**ção**) *substantivo feminino* Aquilo que se faz ao exibir alguma coisa: *A chuva adiou a **exibição** do filme na praça.* [Plural: *exibições*.] →

exibir (xi = zi) (e.xi.**bir**) *verbo* **1.** Mostrar, dar: *Ao ver a avó, Madu **exibiu** um sorriso.* **2.** Mostrar alguma coisa para alguém: *O dentista **exibiu** para as crianças um filme sobre como cuidar dos dentes.*

exigente (xi = zi) (e.xi.**gen**.te) *adjetivo de 2 gêneros* **1.** Que quer tudo direito, perfeito: *Minha mãe é muito **exigente** com a limpeza da casa.* **2.** Que é difícil de agradar: *— Menina, deixe de ser **exigente**. A comida está ótima!*

exigir (xi = zi) (e.xi.**gir**) *verbo* Ordenar, mandar: *Mamãe **exigiu** que os meninos ficassem quietos porque o bebê estava dormindo.*

existência (xis = zis) (e.xis.**tên**.cia) *substantivo feminino* **1.** Vida: *Isa tem oito anos de **existência**.* **2.** O fato de uma coisa existir: *A **existência** de vida na Terra é uma coisa maravilhosa.*

existir (xis = zis) (e.xis.**tir**) *verbo* **1.** Ter existência; viver: *Os dinossauros **existiram** na Terra há milhões de anos.* **2.** Haver: ***Existem** muitas maneiras de demonstrar afeto.*

experiência (ex = es) (ex.pe.ri.**ên**.cia) *substantivo feminino* **1.** Processo de experimentar alguma coisa para ver se dá certo: *Mamãe gosta de fazer **experiências** na cozinha.* **2.** Prática que se ganha com o passar do tempo: *O meu professor tem muita **experiência**, ensina há mais de vinte anos.*

experimentar (ex = es) (ex.pe.ri.men.**tar**) *verbo* **1.** Procurar conhecer alguma coisa, para verificar sua qualidade, seu bom funcionamento, etc.: *Os médicos vão **experimentar** um novo remédio contra a gripe.* **2.** Sentir, conhecer: *A sensação que se **experimenta** pelo olfato é o cheiro.* **3.** Vestir uma roupa, ou calçar um sapato, etc., para ver se ficam bem: *Eunice **experimentou** a blusa e achou que estava apertada.*

explicação (ex = es) (ex.pli.ca.**ção**) *substantivo feminino* **1.** Aquilo que torna clara alguma coisa: *Depois da explicação da professora, os alunos entenderam o exercício.* **2.** Conhecimento que explica alguma coisa, transmitido por pessoa, obra, etc.: *Este livro tem uma ótima explicação para o eclipse solar.* **3.** Aquilo que alguém diz para explicar um fato, um acontecimento: *Filipe deu uma boa explicação para o seu atraso.* [Plural: *explicações*.]

explicar (ex = es) (ex.pli.**car**) *verbo* Tornar claro o que é ou parece ser complicado: *O mecânico explicou o defeito do carro, e meu tio entendeu.*

explicativo (ex = es) (ex.pli.ca.**ti**.vo) *adjetivo* Que explica, que mostra como se faz: *O jogo que Rodrigo ganhou veio com um texto explicativo.*

explodir (ex = es) (ex.plo.**dir**) *verbo* Estourar, fazendo barulho: *Alguns foguetes, quando explodem, formam desenhos no céu.*

explorar (ex = es) (ex.plo.**rar**) *verbo* **1.** Pesquisar, estudar, percorrendo: *Os meninos exploravam a mata, observando os passarinhos.* **2.** Tirar o que é útil; fazer produzir: *Explorar uma mina de ouro.*

explosivo (ex = es) (ex.plo.**si**.vo) *substantivo masculino* Aquilo que é capaz de explodir: *Os homens usaram muitos explosivos para demolir a ponte velha.*

expor (ex = es) (ex.**por**) *verbo* **1.** Mostrar; apresentar, exibir: *O museu expôs objetos feitos pelos indígenas.* **2.** Contar, narrar: *Expôs a história para a turma.*

exposição (ex = es) (ex.po.si.**ção**) *substantivo feminino* **1.** Apresentação de um trabalho, de um assunto, etc.: *A professora pediu a cada aluno que se levantasse e fizesse uma pequena exposição do que fez nas férias.* **2.** Exibição ao público de pinturas, desenhos, esculturas e outras formas de arte: *Maria foi com os amigos ao museu ver uma exposição de fotografias antigas.* **3.** Exibição ao público de determinados produtos, ou de animais, etc.: *Uma exposição de carros antigos. Uma exposição de gado.* [Plural: *exposições*.]

expressão (ex = es) (ex.pres.**são**) *substantivo feminino* Aquilo que fazemos com o corpo (geralmente com o rosto), e que mostra o que estamos sentindo ou pensando. [Plural: *expressões*.]

expressar (ex = es) (ex.pres.**sar**) *verbo* Dizer por meio de palavras ou gestos: *Alba se expressa bem. Ela escreve e fala de forma muito clara. O beijo que Luís deu na mãe expressava todo o carinho que ele sentia por ela.*

expulsar ▶ extrovertido

expulsar (ex = es) (ex.pul.**sar**) *verbo* **1.** Fazer sair do lugar onde estava: *O filhote de chupim* (o passarinho)*, depois que nasce,* **expulsa** *os ovos que já estavam no ninho quando a mamãe chupim colocou os seus ovos.* **2.** Lançar fora de si: *O vulcão em atividade* **expulsa** *lava, cinza e fumaça.*

extensão (ex = es) (ex.ten.**são**) *substantivo feminino* **1.** Local por onde se estendem ou se espalham terras, águas, etc.: *O mar é uma grande* **extensão** *de água salgada. As fazendas são* **extensões** *de terra.* **2.** Tamanho: *Qual é a* **extensão** *do Brasil?* [Plural: *extensões*.]

exterior (ex = es .... ôr) (ex.te.ri.**or**)
exterior • *adjetivo de 2 gêneros* É o mesmo que *externo*: *O lado* **exterior** *do coco é muito duro.*
exterior • *substantivo masculino* **1.** A parte de fora; o lado de fora: *Esta caixa tem o interior branco e o* **exterior** *vermelho.* **2.** Lugar fora do país: *Jorge viajou para o* **exterior**. [Plural: *exteriores*.]

externo (ex = es) (ex.**ter**.no) *adjetivo* Que está por fora; exterior: *O lado* **externo** *da casa foi pintado de azul.*

extinção (ex = es) (ex.tin.**ção**) *substantivo feminino* Desaparecimento; destruição: *Muitos animais estão em perigo de* **extinção**. [Plural: *extinções*.]

extinto (ex = es) (ex.**tin**.to) *adjetivo* Que não existe mais: *Os dinossauros são animais* **extintos**.

extrair (ex = es) (ex.tra.**ir**) *verbo* **1.** Tirar de dentro de onde estava: *— Você sabe como se chama o homem que cria abelha e* **extrai** *mel das colmeias? — Sei. É o apicultor.* **2.** Tirar, arrancar: *O dentista* **extraiu** *um de meus dentes.*

extraordinário (ex = es) (ex.tra.or.di.**ná**.rio) *adjetivo* **1.** Fora do comum; que não é normal: *O herói tinha uma força* **extraordinária**. **2.** Muito bom: *Este filme é* **extraordinário**.

extraterrestre (ex = es) (ex.tra.ter.**res**.tre) *substantivo de 2 gêneros* Ser que nasceu ou foi criado em outro planeta; ser que não é da Terra: *Este filme é sobre um* **extraterrestre** *que foi enviado de seu planeta para a Terra.*

extremidade (ex = es) (ex.tre.mi.**da**.de) *substantivo feminino* **1.** Ponta; limite: *As unhas ficam na* **extremidade** *dos dedos.* **2.** Fim: *Caminhou até a* **extremidade** *da rua.*

extremo (ex = es) (ex.**tre**.mo) *adjetivo* **1.** Que está no ponto mais afastado, distante: *O* **extremo** *sul do país.* **2.** Que atingiu um nível máximo: *Ao ver a avó, que retornava de uma longa viagem, minha prima sentiu uma alegria* **extrema**.

extrovertido (ex = es) (ex.tro.ver.**ti**.do) *adjetivo* Que faz amigos facilmente, já que fala com todo mundo: *Vítor é um menino* **extrovertido**.

Uma visita ao Ceará

fã (fã) *substantivo de 2 gêneros* Pessoa que admira muito um artista ou outra figura pública: *Minha mãe é fã de uma grande cantora de samba.* [Plural: fãs.]

fábrica ▶ facilmente   Ff

fábrica (**fá**.bri.ca) *substantivo feminino* Lugar onde se fazem produtos como roupas, máquinas, automóveis, alguns tipos de alimento, etc.: *Mamãe trabalha numa **fábrica** de brinquedos.*

fabricação (fa.bri.ca.**ção**) *substantivo feminino* Ação, processo ou resultado de fabricar algo: *Hoje em dia, graças à tecnologia, a **fabricação** de automóveis é algo bem mais rápido do que era antigamente.* [Plural: *fabricações*.]

fabricar (fa.bri.**car**) *verbo* **1.** Produzir em fábrica; fazer em série e com o auxílio de máquinas: *O Brasil **fabrica** aviões de vários tipos.* **2.** Fazer, construir, produzir: *Eu mesma **fabriquei** este brinquedo. As abelhas **fabricam** mel.*

fábula (**fá**.bu.la) *substantivo feminino* História curta em que os animais falam e que termina com uma lição: *Na **fábula** A Cigarra e a Formiga, a Formiga trabalha durante o verão para guardar comida, enquanto a Cigarra canta. Vem o inverno, e a Cigarra, sem ter o que comer, morre. A lição é: devemos pensar no futuro.*

faca (**fa**.ca) *substantivo feminino* Instrumento para cortar, formado de lâmina e cabo. [Uma faca grande chama-se *facão*.]

face (**fa**.ce) *substantivo feminino* **1.** A parte do rosto que vai da testa ao queixo. Na face estão os olhos, o nariz e a boca. 432 **2.** A parte lateral do rosto: *Dei um beijo na **face** de minha tia.*

fácil (**fá**.cil) *adjetivo de 2 gêneros* Que se faz ou se consegue sem esforço, sem dificuldade: *Ana achou o exercício **fácil**.* [Plural: *fáceis*.]

facilidade (fa.ci.li.**da**.de) *substantivo feminino* A capacidade que alguma coisa tem de ser feita sem a gente ter de pensar ou de se esforçar muito: *Ele teve **facilidade** para montar o quebra-cabeça. Marta fez o dever de casa com **facilidade**.*

facilmente (fa.cil.**men**.te) *advérbio* De maneira fácil, simples, sem dificuldades: *André resolveu os problemas tão **facilmente** que ficou surpreso.*

Ff fada ▶ familiar

fada (**fa**.da) *substantivo feminino* Nas histórias infantis, mulher com poderes mágicos e bom coração: *A **fada** transformou o sapo em um lindo príncipe.*

faixa (xa = cha) (**fai**.xa) *substantivo feminino* **1.** Tira de pano, de couro, etc., que se amarra na cintura: *O vestido de Maria tem uma linda **faixa** de seda.* **2.** Tudo aquilo que parece uma faixa: *Os alunos trouxeram uma **faixa** em que se lia: "Parabéns, professora!".* **3.** Nas ruas, lugar marcado para as pessoas atravessarem com segurança: *Devemos sempre atravessar a rua na **faixa**.* [É também chamada de *faixa de pedestres*.]
◆ **Faixa de pedestres.** É o mesmo que *faixa* (3): *Atravessou na **faixa** de pedestres.*

fala (**fa**.la) *substantivo feminino* **1.** Ação ou capacidade de falar: *A **fala** é própria dos seres humanos.* **2.** O som que resulta dessa ação. **3.** O modo de falar de uma pessoa ou de um grupo.

falar (fa.**lar**) *verbo* **1.** Dizer palavras; fazer-se entender por meio de palavras: *Meu irmão só começou a **falar** com dois anos.* **2.** Conversar a respeito de alguém ou de alguma coisa: *Mamãe **falou** comigo sobre a viagem.* **3.** Dizer: *Ana **falou** a verdade.* **4.** Ser capaz de expressar-se numa língua estrangeira: *Margarida **fala** alemão muito bem.*

falcão (fal.**cão**) *substantivo masculino* Ave de bico e garras fortes que voa com muita rapidez para caçar pequenos animais: *Ao contrário da coruja, o **falcão** caça durante o dia.* [Plural: *falcões*.] 441

falha (**fa**.lha) *substantivo feminino* Defeito; erro: *Este trabalho ainda tem muitas **falhas**.*

falso (**fal**.so) *adjetivo* **1.** Que não é verdadeiro, original: *Meu pai achou uma nota **falsa** de cem reais no meio da rua.* **2.** Que não é sincero, honesto ou leal: *Na fábula, a Raposa **falsa** dizia ser amiga do Galo.*

falta (**fal**.ta) *substantivo feminino* **1.** Ação de faltar, ou o resultado desta ação: *Minha **falta** à escola foi por estar doente. O jogo ficou parado durante meia hora por **falta** de luz.* **2.** Coisa errada que o jogador faz durante o jogo de futebol, basquete, etc. e que pode ser punida: *O juiz expulsou o jogador porque ele fez várias **faltas**.*

faltar (fal.**tar**) *verbo* **1.** Não haver ou deixar de haver: *Na chamada, **faltou** o nome do João. **Faltam** recursos para acabar a obra.* **2.** Ser necessário para que se complete um número, um todo: ***Faltam** 15 dias para o meu aniversário.* **3.** Não ir a algum lugar; não comparecer: *Paulo **faltou** ao colégio hoje.* **4.** Ter seu fornecimento interrompido: *Ontem **faltou** água em minha casa.*

família (fa.**mí**.lia) *substantivo feminino* **1.** Pessoas que são parentes e que vivem, em geral, na mesma casa, em particular o pai, a mãe e os filhos: *A **família** de Carlos é pequena, tem apenas o pai, a mãe e um irmão.* **2.** Pessoas do mesmo sangue: *A **família** Silva é formada por mais de 100 pessoas.* **3.** Grupo de animais e vegetais parecidos uns com os outros.

familiar (fa.mi.li.**ar**) *adjetivo de 2 gêneros* Da família, que é próprio da família; doméstico: *Um ambiente **familiar**. Uma festa **familiar**.* [Plural: *familiares*.]

faminto (fa.**min**.to) *adjetivo* Que está com muita fome: *Os meninos estavam **famintos** porque brincaram a manhã inteira.*

famoso (mô) (fa.**mo**.so) *adjetivo* Que muitas pessoas conhecem; que é muito falado: *Aos vinte anos minha prima já é uma atriz **famosa**.*

fantasia (fan.ta.**si**.a) *substantivo feminino* **1.** Coisa ou obra criada na imaginação: *As fadas são **fantasias** de quem inventa histórias infantis. Essa história é pura **fantasia**.* **2.** Roupa usada no carnaval ou em certas festas: *A **fantasia** de Carlos é de monstro, a de Ana é de bailarina.*

fantasiado (fan.ta.si.**a**.do) *adjetivo* Que está vestido com uma fantasia: *Mais novo, desfilei no carnaval **fantasiado** de pirata.*

fantasma (fan.**tas**.ma) *substantivo masculino* Figura imaginária que é uma pessoa morta que volta ao mundo dos vivos: *Dizem que há um **fantasma** na casa abandonada.*

fantástico (fan.**tás**.ti.co) *adjetivo* **1.** Que só existe na imaginação, que não é real: *A Cuca e o Saci são seres **fantásticos**.* **2.** Fora do comum; extraordinário: *Aquele menino tem uma imaginação **fantástica**.*

fantoche (fan.**to**.che) *substantivo masculino* **1.** Boneco que tem a cabeça de massa de papel ou de outro material e o corpo formado por roupa. As pessoas enfiam a mão por dentro da roupa do boneco para movimentá-lo. **2.** Qualquer boneco do teatro de fantoches: *Os **fantoches** representaram a história de João e Maria.*

farda (**far**.da) *substantivo feminino* É o mesmo que uniforme: *O policial deixou a **farda** no quartel.*

faringe (fa.**rin**.ge) *substantivo feminino* No corpo humano, espécie de tubo de fibras e músculos, que leva o alimento em direção ao esôfago e o ar em direção à laringe.

farinha (fa.**ri**.nha) *substantivo feminino* Pó feito de certos cereais, raízes, etc., moídos: ***Farinha** de trigo, de mandioca, de milho.*

farmacêutica (far.ma.**cêu**.ti.ca) *substantivo feminino* É o feminino de *farmacêutico*.

farmacêutico (far.ma.**cêu**.ti.co) *substantivo masculino* Aquele que se formou em farmácia (1). [Feminino: *farmacêutica*.]

farmácia (far.**má**.cia) *substantivo feminino* **1.** Ciência e prática do preparo de medicamentos. **2.** Local onde se vendem remédios, fraldas, etc.: *Mamãe entrou na **farmácia** para comprar um xarope.*

faro (**fa**.ro) *substantivo masculino* O olfato dos animais: *Os cães têm ótimo **faro**.*

farofa (fa.**ro**.fa) *substantivo feminino* Farinha de mandioca, frita em gordura, à qual às vezes se acrescentam ovos, azeitonas, etc.

farol (fa.**rol**) *substantivo masculino* **1.** Torre junto ao mar, com uma luz forte na parte superior, para orientar quem está viajando de barco ou navio: *Na entrada do porto de Salvador, fica o **Farol** da Barra.* **2.** Lanterna dianteira e de luz forte de automóvel, caminhão, etc.: *É obrigatório acender o **farol** dentro de um túnel.* **3.** Em São Paulo e em outros lugares do país, é o mesmo que *sinal de trânsito*. [Plural: *faróis*.]

fase (**fa**.se) *substantivo feminino* Cada período do desenvolvimento de um ser, de uma vida, etc.: *Na primeira **fase** da vida, a criança precisa de muitos cuidados.*

fatia (fa.**ti**.a) *substantivo feminino* Pedaço fino de pão, queijo, doce, fruta, etc.: *O sanduíche tinha uma **fatia** de queijo.*

fatiar (fa.ti.**ar**) *verbo* Cortar em fatias: *A mãe **fatiou** o bolo e deu um pedaço para cada filho.*

fato (**fa**.to) *substantivo masculino* É o mesmo que *acontecimento*: *Papai gosta de ler o jornal para se informar dos **fatos** do dia.*

fauna (**fau**.na) *substantivo feminino* O conjunto dos animais próprios de uma região: *A **fauna** da Amazônia é muito rica.*

fava (**fa**.va) *substantivo feminino* Planta de até 1 metro e 20 centímetros, semelhante ao pé de feijão, que dá uma vagem geralmente verde, com grãos de vários tamanhos e cores.

favela (fa.**ve**.la) *substantivo feminino* Comunidade formada por casas populares, muitas vezes com problemas na rede de esgoto, de água, etc. Muitas favelas são construídas em lugares altos (morros): *A **favela** onde moro ganhou uma biblioteca.*

favo (**fa**.vo) *substantivo masculino* Parte da colmeia com pequenas divisões feitas de cera, nas quais as abelhas guardam o mel. Favo também é cada uma dessas pequenas divisões.

favor (vôr) (fa.**vor**) *substantivo masculino* Aquilo que se faz para alguém de graça: *André fez o **favor** de lavar a louça para sua vizinha.* [Plural: *favores*.] ◆ **Por favor.** Palavras que a gente usa para pedir (ou, por vezes, sugerir) alguma coisa a alguém com delicadeza: — ***Por favor**, o senhor pode me dar uma informação?* — *Feche a porta, **por favor**.* — *Sente-se, **por favor**.*

favorável (fa.vo.**rá**.vel) *adjetivo de 2 gêneros* **1.** Que está a favor de que algo aconteça ou de que alguém faça algo. **2.** Que serve de ajuda para que algo aconteça: *Estamos num momento **favorável** para os estudos.* [Plural: *favoráveis*.]

favorito (fa.vo.**ri**.to) *adjetivo* Diz-se de quem ou da coisa que alguém prefere entre outras pessoas ou coisas: *João Pedro é meu amigo **favorito**. Este é meu vestido **favorito**.*

faxina (xi = chi) (fa.**xi**.na) *substantivo feminino* Limpeza e arrumação que a gente faz em todos (ou quase todos) os lugares e objetos de uma casa, de um escritório, etc.

faxineira (xi = chi) (fa.xi.**nei**.ra) *substantivo feminino* Mulher que trabalha fazendo faxina.

faxineiro (xi = chi) (fa.xi.**nei**.ro) *substantivo masculino* Homem que trabalha fazendo faxina: *Ari, o **faxineiro** da nossa escola, é querido por todos.* [Feminino: *faxineira*.]

faz de conta (**faz** de **con**.ta) *substantivo masculino* Imaginação, fantasia: *Luís é um sonhador, vive no mundo do **faz de conta**.*

fazenda (fa.**zen**.da) *substantivo feminino* **1.** Grande pedaço de terra onde há casas para os moradores e os trabalhadores, e onde se fazem as plantações que fornecem alimentos para as cidades e onde também se criam animais que dão carne, leite, ovos, etc.: *Uma **fazenda** de gado.* **2.** Tecido, pano: *Qual é a cor desta **fazenda**?*

fazendeira (fa.zen.**dei**.ra) *substantivo feminino* É o feminino de *fazendeiro*.

fazendeiro (fa.zen.**dei**.ro) *substantivo masculino* Dono de fazenda: *O **fazendeiro** plantou milho e feijão em sua propriedade.* [Feminino: *fazendeira*.]

fazer ▸ **feio**

fazer (fa.**zer**) *verbo* **1.** Realizar: *Juca já fez seus deveres de casa.* **2.** É o mesmo que construir: *Papai fez uma casa na praia. Eu fiz um castelo de areia.* **3.** Costurar: *Vovó fez um lindo casaco.* **4.** Cozinhar: *Ione faz um bolo de aipim delicioso.* **5.** Escrever: *Tiago fez um poema para Ana.* **6.** Compor: *Paula e eu fizemos uma linda canção de ninar.* **7.** Pintar: *Cândido fez lindos quadros.* **8.** Praticar: *O médico me mandou fazer esportes.* **9.** Causar ou produzir determinado efeito: *Muito sal e muito açúcar fazem mal à saúde.* **10.** Pôr em ordem; arrumar: *Mamãe me pediu que fizesse a cama.* **11.** Comer: *Vamos fazer um lanche?* **12.** Ter passado certo tempo: *Faz duas horas que ele está estudando no quarto.* **13.** Completar (certa idade): *Ísis vai fazer doze anos.* **14.** Pôr para fora do corpo: *Fazer cocô. Fazer xixi.* **15.** Estar o tempo, o clima, de certa forma: *Ontem fez um frio terrível. Hoje faz sol. Faça chuva ou faça sol, nós vamos viajar.*

fé (fé) *substantivo feminino* Sentimento que faz a gente acreditar em algo ou em alguém: *Tenho fé na vitória do meu time.*

febre (**fe**.bre) *substantivo feminino* Temperatura do corpo mais alta do que a normal, geralmente causada por doença. Nos seres humanos, acima de 37 graus: *Bernardo não foi à escola porque estava com febre.*

fechado (fe.**cha**.do) *adjetivo* **1.** Que se fechou; que não está aberto: *Seus olhos estão fechados, ele está descansando. Viajamos com as janelas fechadas, por causa do ar-condicionado ligado.* **2.** Com tampa, fecho, etc.: *Deixou a caixa fechada.* **3.** Que está abotoado: *Estava com o casaco todo fechado.* **4.** Que não está em funcionamento: *Hoje, a padaria está fechada.*

fechadura (fe.cha.**du**.ra) *substantivo feminino* Peça de metal, movimentada por meio de chave, que abre ou fecha portas, malas, gavetas, etc.: *A fechadura do cofre está com defeito.*

fechar (fe.**char**) *verbo* **1.** Fazer com que pare de sair água, etc.: *Após o banho, fechamos a torneira.* **2.** Unir ou juntar dois lados ou partes que estavam separados: *Fechei a porta do quarto. Carlos fechou a boca e os olhos.* **3.** Impedir o trânsito, a passagem: *Fecharam a rua para obras.* **4.** Deixar de funcionar: *A loja fechou às 19 horas.*

fecho (fê) (**fe**.cho) *substantivo masculino* Qualquer peça que serve para fechar: *Lúcia esqueceu o fecho da bolsa aberto.* ◆ **Fecho ecler.** É o mesmo que *zíper*.

federação (fe.de.ra.**ção**) *substantivo feminino* É um conjunto de estados ligados e submetidos a um poder central; no Brasil, esse poder é chamado governo federal: *O nome do Brasil é República Federativa do Brasil porque ele é uma federação.* [Plural: *federações*.]

federal (fe.de.**ral**) *adjetivo de 2 gêneros* Que pertence a uma federação: *A polícia federal prendeu vários bandidos.* [Plural: *federais*.]

federativo (fe.de.ra.**ti**.vo) *adjetivo* Que pertence a, ou que forma uma federação: *República Federativa do Brasil.*

fedor (dôr) (fe.**dor**) *substantivo masculino* Cheiro ruim: *Com o calor, o fedor do lixo aumentou.* [Plural: *fedores*.]

feijão (fei.**jão**) *substantivo masculino* **1.** A semente de uma planta chamada *feijoeiro*. Há muitos tipos de feijão: feijão-preto, feijão-branco, feijão-mulatinho, etc. **437** **2.** O feijão cozido, um dos principais pratos da comida brasileira: *Gosto de feijão com farinha.* [Plural: *feijões*.]

feijoada (fei.jo.**a**.da) *substantivo feminino* Prato típico do Brasil, feito com feijão, carne-seca, carnes de porco salgadas, linguiças, etc., e que se serve com farofa, couve e laranja.

feio (**fei**.o) *adjetivo* Diz-se daquilo que não é bonito, que é desagradável de ver ou de ouvir: *Maria achou aquele quadro feio.*

Ff feira ▸ férias

feira (fei.ra) *substantivo feminino* Local público onde se vendem mercadorias num certo dia da semana ou numa data determinada: *Mamãe foi à feira e comprou frutas e verduras.*

feirante (fei.ran.te) *substantivo de 2 gêneros* Pessoa que vende suas mercadorias ou produtos numa feira, especialmente quem vende legumes, frutas, etc. em feiras de rua: *Minha tia e meu tio são feirantes.*

feiticeira (fei.ti.cei.ra) *substantivo feminino* É o mesmo que *bruxa*: *Na história, a feiticeira transformou os meninos em cisnes.*

feiura (fei.u.ra) *substantivo feminino* Aquilo que faz com que algo seja feio: *O cão, muito magro e coberto de lama, era uma feiura só.*

felicidade (fe.li.ci.da.de) *substantivo feminino* Sentimento de quem é ou está feliz; alegria: *Foi com felicidade que os meninos receberam a visita da avó.*

felino (fe.li.no) *substantivo masculino* Animal da família do gato, do leão, do tigre, etc.

feliz (fe.liz) *adjetivo de 2 gêneros* **1.** Que tem boa sorte, é alegre, vive contente: *O Menino Maluquinho era uma criança feliz.* **2.** Em que há felicidade, alegria: *Hoje foi um dia feliz.* [Plural: *felizes*.]

fêmea (fê.mea) *substantivo feminino* Qualquer animal do sexo feminino: *A égua é a fêmea do cavalo.*

feminino (fe.mi.ni.no)
feminino • *adjetivo* **1.** Que é próprio das mulheres ou dos animais que não são machos. **2.** Diz-se das palavras que se referem aos seres femininos ou das que são do gênero feminino: *A palavra margarida é um substantivo feminino.*
feminino • *substantivo masculino* O gênero feminino: *O feminino da palavra homem é mulher.*

fêmur (fê.mur) *substantivo masculino* Osso único da coxa. O fêmur é o maior osso do corpo humano. [Plural: *fêmures*.]

fenômeno (fe.nô.me.no) *substantivo masculino* **1.** Tudo o que se observa de diferente daquilo que a gente sempre vê acontecer no ar, no céu e no mar: *O eclipse é um fenômeno em que um astro deixa de ser visto total ou parcialmente.* **2.** Pessoa com um talento muito especial, fora do comum: *Aquele jogador é um fenômeno do futebol.*

fera (fe.ra) *substantivo feminino* Animal selvagem e carnívoro: *A onça é a maior fera de nossas matas.*

feriado (fe.ri.a.do) *substantivo masculino* Dia em que a maioria das pessoas não trabalha e em que os alunos não têm aula: *No feriado de Primeiro de Maio, comemoramos o Dia do Trabalho.*

férias (fé.rias) *substantivo feminino plural* Dias seguidos em que os empregados, professores, estudantes, etc., descansam, após certo período de trabalho, estudo, etc.: *Em dezembro, papai terá um mês de férias. Vamos passar as férias de julho no sítio de meu avô.*

Cole aqui uma fotografia de suas férias.

ferida (fe.**ri**.da) *substantivo feminino* Corte ou queimadura na pele; ferimento: *O caco de vidro fez uma ferida no pé de Joana.*

ferimento (fe.ri.**men**.to) *substantivo masculino* É o mesmo que *ferida*.

ferir (fe.**rir**) *verbo* Machucar; cortar: *Paulo feriu a mão com a faca. Diana caiu e feriu-se.*

fermento (fer.**men**.to) *substantivo masculino* Aquilo que se coloca no pão, no bolo, etc. que faz com que eles cresçam e fiquem macios: *O bolo ficou duro porque mamãe se esqueceu de pôr fermento. Existe fermento em pó e, também, em pequenas barras.*

feroz (fe.**roz**) *adjetivo de 2 gêneros* Que tem a qualidade das feras; que é bravo, selvagem: *O lobo é um animal feroz.* [Plural: *ferozes*.]

ferradura (fer.ra.**du**.ra) *substantivo feminino* Peça de metal, com a forma da letra U, que se prende embaixo dos cascos do cavalo, do jumento, etc., e que serve para protegê-los quando eles andam: *O cavalo não sente dor quando pregam a ferradura nele.*

ferramenta (fer.ra.**men**.ta) *substantivo feminino* Objeto de metal usado para fazer certos trabalhos manuais ou mecânicos: *A enxada é uma ferramenta que serve para cavar a terra.*

ferrão (fer.**rão**) *substantivo masculino* Órgão com que alguns insetos, e certos animais como o escorpião e a arraia, dão picadas: *A abelha, depois de picar, perde o ferrão e morre.* [Plural: *ferrões*.]

ferreira (fer.**rei**.ra) *substantivo feminino* Mulher que trabalha com ferro, aquecendo-o bem e martelando-o, para dar-lhe forma.

ferreiro (fer.**rei**.ro) *substantivo masculino* Homem que trabalha com ferro, aquecendo-o bem e martelando-o, para dar-lhe forma. [Feminino: *ferreira*.]

ferro (**fer**.ro) *substantivo masculino* **1.** Metal que tem um grande uso na indústria: *O ferro é usado pelos homens desde tempos muito antigos.* **2.** Aparelho, elétrico ou não, com o qual se passa roupa.

ferroada (fer.ro.**a**.da) *substantivo feminino* Picada de animal que tem ferrão.

ferrovia (fer.ro.**vi**.a) *substantivo feminino* Estrada com trilhos de ferro sobre os quais correm os trens; estrada de ferro: *Algumas cidades do Brasil são ligadas por ferrovias.*

ferroviária (fer.ro.vi.**á**.ria) *substantivo feminino* Mulher que trabalha em ferrovia.

ferroviário (fer.ro.vi.**á**.rio) *ferroviário* • *adjetivo* **1.** Da ferrovia, do trem: *Desceu na primeira estação ferroviária.* **2.** Por meio de trem: *Transporte ferroviário.*
ferroviário • *substantivo masculino* Homem que trabalha em ferrovia. [Feminino: *ferroviária*.]

ferrugem (fer.**ru**.gem) *substantivo feminino* Substância que se forma sobre o ferro e alguns metais que ficam expostos ao vapor de água que existe no ar, em lugares úmidos ou próximos do mar: *Papai usou um produto para tirar a ferrugem do portão.* [Plural: *ferrugens*.]

Ff — fértil ▶ figurinha

fértil (fér.til) *adjetivo de 2 gêneros* Que produz muito: *As terras desta fazenda são férteis.* [Plural: *férteis*.]

ferver (fer.ver) *verbo* Formar (um líquido) bolhas por estar muito quente: *Quando a água ferveu, mamãe fez o café.*

fervido (fer.vi.do) *adjetivo* Que ferveu: *Aqui em casa só bebemos água filtrada ou fervida.*

festa (fes.ta) *substantivo feminino* Reunião alegre para comemorar um acontecimento: *A festa do aniversário de Lúcia foi no clube.*

feto (fe.to) *substantivo masculino* Ser humano a partir do terceiro mês de vida dentro do útero da mãe.

fezes (fe.zes) *substantivo feminino plural* Matéria sólida que os homens e os animais lançam para fora do organismo pelo ânus. [*Fezes* é outro nome de *cocô*.]

fiação (fi.a.ção) *substantivo feminino* O conjunto de fios (de uma instalação elétrica, de um tear, etc.): *Papai vai ter de gastar um bom dinheiro para trocar toda a fiação de nossa casa.* [Plural: *fiações*.]

fibra (fi.bra) *substantivo feminino* Cada um dos fios bem fininhos que formam os tecidos dos corpos do homem e dos animais e dos vegetais: *Os músculos são formados de fibras.*

Cole aqui uma figurinha de que você gosta.

ficar (fi.car) *verbo* **1.** Não sair de um lugar: *Maria está doente e hoje vai ficar em casa.* **2.** Estar numa rua, num bairro, numa cidade ou num país, etc.: *Minha casa fica no centro da cidade.* **3.** Tornar-se; fazer-se: *Isabela ficou alegre com o nascimento da irmãzinha.*

ficção (fic.ção) *substantivo feminino* História inventada, criada pela imaginação. [Plural: *ficções*.]

ficha (fi.cha) *substantivo feminino* **1.** Pequena peça de metal, plástico ou papelão usada em atividades diversas, como, por exemplo, em brinquedos, jogos, etc. **2.** Documento de papel ou posto em arquivo de computador, com dados ou informações sobre alguém: *A diretora pediu à secretária que pegasse a ficha do aluno.*

fiel (fi.el) *adjetivo de 2 gêneros* **1.** Em que se pode confiar: *O cão é um amigo fiel.* **2.** Que não é capaz de trair ou que não trai outra pessoa, etc., seja como amigo, seja como namorado, etc. [Plural: *fiéis*.]

fígado (fí.ga.do) *substantivo masculino* Órgão que fica dentro do abdome, muito importante para a digestão dos alimentos.

figo (fi.go) *substantivo masculino* Fruto comestível de uma árvore chamada *figueira*. Tem carne meio vermelha e é usado também em doces e geleias.

figura (fi.gu.ra) *substantivo feminino* **1.** A forma exterior de um corpo: *O triângulo é uma figura que tem três lados.* **2.** Representação de algo por meio de desenho, ilustração, etc.: *Este livro tem lindas figuras de animais.*

figurinha (fi.gu.ri.nha) *substantivo feminino* Pequeno pedaço de papel com desenho ou fotografia, que a gente compra geralmente em pacotinhos e cola num álbum: *Meu pai me disse que, na minha idade, tinha um belo álbum com figurinhas de animais do mundo inteiro.*

fila ▶ final

fila (**fi**.la) *substantivo feminino* Grupo de pessoas que se colocam umas atrás das outras, geralmente para entrar em um lugar ou para comprar (ou receber) algo, de acordo com a ordem de chegada ou segundo o que fora determinado: *Mariana entrou na **fila** para comprar pão.*

filamento (fi.la.**men**.to) *substantivo masculino* Fio muito, muito fino: *Acendi a lâmpada e vi o **filamento** dela brilhar.*

filé (fi.**lé**) *substantivo masculino* Fatia fina de peixe ou carne: *Hoje almocei **filé** de peito de frango com legumes.*

fileira (fi.**lei**.ra) *substantivo feminino* Sequência ou ordem de coisas ou pessoas dispostas uma atrás da outra (ou uma do lado da outra): *O sargento mandou que a tropa formasse duas **fileiras**.*

filha (**fi**.lha) *substantivo feminino* Mulher, moça ou menina em relação aos pais: *Carolina é **filha** de Cristiano e Sílvia.*

filho (**fi**.lho) *substantivo masculino* Homem, rapaz ou menino em relação aos pais: *João é **filho** de Mário e Célia.* [Feminino: *filha*.]

filhote (fi.**lho**.te) *substantivo masculino* Filho, ainda novo, de animal: *Minha gata teve cinco **filhotes**.*

filmar (fil.**mar**) *verbo* Registrar imagens com uma câmera especial: *Meu pai **filmou** a nossa viagem à Amazônia.*

filme (**fil**.me) *substantivo masculino* O conjunto de imagens de determinada história que se veem, em certa ordem, numa tela: *Ontem ficamos vendo **filme** até tarde.*

filtrado (fil.**tra**.do) *adjetivo* Que passou por filtro: *Só se deve beber água **filtrada** ou fervida.*

filtrar (fil.**trar**) *verbo* Fazer passar, ou deixar passar, um líquido por um filtro, para limpá-lo: *É preciso **filtrar** bem a água que se vai beber.*

filtro (**fil**.tro) *substantivo masculino* **1.** Aparelho que torna limpa a água ou outro líquido: *A água filtrada é aquela que passou por um **filtro**.* **2.** Pano ou papel especial para coar um líquido.

fim (fim) *substantivo masculino* **1.** A última parte de uma coisa ou de uma atividade: *O dia chegou ao **fim**. Já estou chegando ao **fim** do trabalho.* **2.** Lugar onde uma coisa acaba: *A casa fica no **fim** da rua.* [Outro nome: *final*.] [Plural: *fins*.]

final (fi.**nal**)

final • *adjetivo de 2 gêneros* Que está ou que acontece no fim; último: *Na Copa do Mundo de 2002 o Brasil ganhou a partida **final** contra a Alemanha.*

final • *substantivo masculino* É o mesmo que *fim* (1 e 2): *Papai marcou nossa viagem para o **final** do ano.*

final • *substantivo feminino* Última prova ou partida de um campeonato: *Minha prima classificou-se para a **final** de salto em altura. Nossa escola ganhou a **final** do torneio de tênis.*
[Plural: *finais*.]

finalidade (fi.na.li.**da**.de) *substantivo feminino*
1. É o motivo de se fazer alguma coisa; é o objetivo que a gente quer alcançar ao fazer algo: — *Qual é a* **finalidade** *do estudo?* **2.** A ação ou o resultado esperado: — *Qual é a* **finalidade** *desse remédio?* — *minha mãe perguntou ao médico.*

finalizar (fi.na.li.**zar**) *verbo* Terminar; levar ao fim, à conclusão: *Meu grupo está quase* **finalizando** *o trabalho de Português.*

fingir (fin.**gir**) *verbo* Fazer de conta que uma coisa é verdade: *No teatrinho da escola, João* **fingiu** *que era médico.*

fino (**fi**.no) *adjetivo* **1.** Que não é grosso: *A árvore tinha um tronco* **fino**. **2.** Delicado: *Luciana tem maneiras* **finas**. **3.** De boa qualidade: *Esta loja só vende produtos* **finos**.

fio (**fi**.o) *substantivo masculino* **1.** Linha feita com fibras vegetais, ou com lã, seda ou náilon. **2.** Qualquer coisa em forma de uma linha fina. **3.** Parte cortante de certos objetos: *Esta faca tem um bom* **fio**. **4.** Metal esticado em forma de fio: *O* **fio** *de arame.*

firma (**fir**.ma) *substantivo feminino* É o mesmo que empresa.

firme (**fir**.me) *adjetivo de 2 gêneros* **1.** Bem pregado; seguro: *André consertou a cadeira e agora ela está* **firme**. **2.** Que demonstra força ou segurança: *Ele teve uma atitude* **firme** *ao reclamar com o primo sobre o ocorrido.*

firmeza (mê) (fir.**me**.za) *substantivo feminino* **1.** É a característica do que é ou está firme. **2.** É também a certeza que se tem sobre aquilo que se diz, ou sobre o que se acredita ser verdade: *Demonstrou* **firmeza** *ao responder ao amigo.*

fiscalizar (fis.ca.li.**zar**) *verbo* Verificar se algo está sendo feito da maneira que se quer ou como a lei diz que deve ser.

físico (**fí**.si.co)
físico • *adjetivo* Relativo ao corpo, à matéria.
físico • *substantivo masculino* **1.** O que é feito de matéria. **2.** O corpo.

fita (**fi**.ta) *substantivo feminino* Tecido fino e comprido que se usa para amarrar, enfeitar, etc.: *Luísa amarrou os cabelos com uma* **fita** *de seda.* ◆ **Fita adesiva.** Tira fina e estreita de papel, plástico, etc., enrolada, que tem cola numa das superfícies: *Mamãe embrulhou o presente com papel colorido e* **fita adesiva**.

fixar (xar = csar) (fi.**xar**) *verbo* Tornar fixo: *O carpinteiro* **fixou** *a estante na parede.*

fixo (xo = cso) (**fi**.xo) *adjetivo* **1.** Que está unido e preso a um lugar: *Como a estante está* **fixa**, *já podemos arrumar os livros.* **2.** Que não se move: *Os olhos de Guilherme estavam* **fixos** *no livro.* **3.** Que não varia: *Todos os produtos desta loja têm o preço* **fixo** *de 20 reais.*

flanela (fla.**ne**.la) *substantivo feminino* Tecido macio, feito de algodão, usado para fazer pijama, camisa, etc.: *José gosta de vestir seu pijama de* **flanela** *no tempo frio.*

flauta (**flau**.ta) *substantivo feminino* Instrumento musical de sopro, formado por um tubo comprido e fino. Algumas flautas têm uma fileira de buraquinhos, sobre os quais colocamos a ponta dos dedos para produzir certo som. Outras, feitas de metal (ou, antigamente, de madeira), também têm uma fileira de buraquinhos e um conjunto de 'chaves' (é o nome de umas pecinhas que fecham ou abrem os furinhos para produzir som): *Paulo tem uma* **flauta** *de bambu.* 434

flecha (**fle**.cha) *substantivo feminino* Pedaço reto e fino de madeira ou de metal, geralmente comprido e de ponta mais fina, que se atira com o arco; seta.

flexível ▶ focinho

flexível (xi = csi) (fle.**xí**.vel) *adjetivo de 2 gêneros* **1.** Que se dobra, ou se curva, sem quebrar: *Juca fez o papagaio com papel, cola, linha e uma vara **flexível**.* **2.** Que se curva, se abaixa, se estica, etc., com facilidade: *Os bons bailarinos são muito **flexíveis**.* [Plural: *flexíveis*.]

floco (**flo**.co) *substantivo masculino* Pedacinho ou montinho de algo muito leve, como o algodão, a neve, etc.

flor (flôr) (flor) *substantivo feminino* Parte da planta, em geral colorida e perfumada, que contém os órgãos que vão produzir novas plantas. [Plural: *flores*.] 435

> Escolha uma flor, coloque-a entre dois pedaços de jornal e deixe-a secando dentro deste livro. Quando ela secar, cole-a aqui. Tente descobrir o nome da flor.

flora (**flo**.ra) *substantivo feminino* O conjunto de plantas de um país, de uma região: *A **flora** brasileira é uma das mais ricas do mundo.*

floresta (flo.**res**.ta) *substantivo feminino* Área de terra muito grande, coberta de árvores e de outras plantas. Na floresta vivem muitos animais: *A **floresta** amazônica.*

florido (flo.**ri**.do) *adjetivo* Cheio de flores (de verdade ou não): *O canteiro estava todo **florido**. Vesti um roupão **florido**.*

flúor (**flú**.or) *substantivo masculino* Substância química presente, numa quantidade certa, em pastas de dente, na água que consumimos, etc., e que ajuda a evitar a cárie: *Cláudia só compra pasta de dente com **flúor** para os filhos.*

flutuar (flu.tu.**ar**) *verbo* **1.** Ficar sobre um líquido sem afundar; boiar: *O barco **flutuava** nas águas do lago.* **2.** Ficar equilibrado no ar, parado ou em movimento: *Os balões **flutuam**.*

fluvial (flu.vi.**al**) *adjetivo de 2 gêneros* **1.** Próprio dos rios: *O barco é um transporte **fluvial**.* **2.** Que vive, ou fica, nos rios: *Peixes **fluviais**. A ilha do Bananal é a maior ilha **fluvial** do mundo.* [Plural: *fluviais*.]

foca (**fo**.ca) *substantivo feminino* Animal carnívoro marinho dos mares frios. A foca é um mamífero que usa as patas traseiras para nadar e, em terra, caminha saltando sobre a barriga. Alimenta-se principalmente de peixes. 441

focinho (fo.**ci**.nho) *substantivo masculino* Parte da cabeça de certos animais, como o cão e o urso, formada pelo nariz e pela boca: *O **focinho** dos cães está sempre gelado.*

Ff fofo ▸ força

fofo (fôfo) (**fo**.fo) *adjetivo* Leve, macio e que afunda facilmente quando apertado: *Fiz uma caminha **fofa** para o cachorro. Gosto de bolos **fofos**.*

fogão (fo.**gão**) *substantivo masculino* Aparelho usado para cozinhar: *Mamãe acendeu o **fogão** e pôs a panela no fogo.* [Plural: *fogões*.]

fogo (fô) (**fo**.go) *substantivo masculino* **1.** O calor, a luz e a chama produzidos pela queima de madeira, carvão, óleo, etc.: *Papai acendeu o **fogo** para assar o churrasco.* **2.** Incêndio: *Os bombeiros apagaram o **fogo** no mato.* [Plural: *fogos* (ó).] ◆ **Fogo de artifício.** É o mesmo que *foguete* (1). [Mais usado no plural.]

fogueira (fo.**guei**.ra) *substantivo feminino* Pedaços empilhados de lenha ou de outro material nos quais se põe fogo: *Na fazenda, fazemos **fogueira** na festa de São João.*

foguete (guê) (fo.**gue**.te) *substantivo masculino* **1.** Tubo de papelão cheio de pólvora, que estoura quando nele se põe fogo, fazendo barulho: *Na passagem do ano, uma multidão assistia ao espetáculo dos **foguetes** coloridos no céu.* [Também se diz: *fogo de artifício*.] **2.** Veículo espacial: *Os astronautas viajaram num **foguete** até a Lua.* 445

folclore (fol.**clo**.re) *substantivo masculino* Conjunto de lendas, danças, festas, canções populares, etc., de um país ou de uma região: *O carnaval é uma das festas do **folclore** brasileiro.*

folha (fô) (**fo**.lha) *substantivo feminino* **1.** Parte da planta que cresce nos galhos. A folha fabrica o alimento das plantas com a água que a raiz tira da terra e com a ajuda da luz do Sol. Quase todas as plantas têm folhas verdes. 435 **2.** Pedaço maior ou menor de papel cortado: *A **folha** de papel de embrulho. A **folha** de caderno. A **folha** de livro.*

fome (**fo**.me) *substantivo feminino* **1.** Grande vontade de comer: *Ao acordar, sinto **fome**.* **2.** Falta de comida; miséria: *Há muita **fome** no mundo.*

fonte (**fon**.te) *substantivo feminino* **1.** Nascente de água; lugar onde a água brota da terra: *A água da **fonte** era fresca.* **2.** Torneira pública de onde corre água: *Esta cidade tem uma **fonte** no meio da praça.* **3.** Ponto em que algo surge ou é produzido; origem: *Uma **fonte** de energia. Uma **fonte** de luz.*

fora (**fo**.ra) *advérbio* **1.** Na parte exterior: *Ana está dentro da sala, mas Pedro está **fora**, no pátio.* **2.** Em outro lugar que não em sua casa ou em sua cidade: *Fomos almoçar **fora**.*

força (fôr) (**for**.ça) *substantivo feminino* **1.** Saúde, boa disposição: *A doença me deixou sem **forças**.* **2.** Energia física, que permite a uma pessoa carregar peso, mover coisas, etc.: *João tem muita **força** nos braços.* **3.** Aquilo que faz mover algo ou alguém: *A **força** do vento levantou os telhados das casas.* **4.** Poder de fazer com que algo aconteça.

Escolha uma folha seca em um jardim e cole-a aqui. Tente descobrir de que planta ela veio.

forma (fôr) (for.ma) *substantivo feminino* A parte de fora de um corpo e que lhe dá determinada figura: *A laranja tem a **forma** de uma bola.*

fôrma (fôr.ma) *substantivo feminino* **1.** Vasilha para assar bolos, pudins, etc. **2.** Vasilha com divisões, na qual se faz gelo, picolé, etc. **3.** Modelo oco em que se põe metal derretido, material plástico, ou qualquer líquido que, quando endurece, fica com o formato da fôrma utilizada.

formar (for.mar) *verbo* **1.** Ter a forma de: *As nuvens **formaram** uma figura de carneiro.* **2.** Terminar um curso: *Meu irmão **formou**-se em Medicina.* **3.** Dar forma a algo; criar, fazer: *Com três riscos, **formou** um triângulo.*

formiga (for.mi.ga) *substantivo feminino* Inseto de vários tamanhos que vive em colônias chamadas *formigueiros*, que ficam, geralmente, debaixo da terra. Cada formigueiro tem milhares de formigas e apenas uma rainha, a única que põe ovos. A picada de certas formigas dói muito: *Marcela gosta de ler sobre os insetos, especialmente sobre as **formigas**.* 441

fornecer (for.ne.cer) *verbo* Dar, oferecer: *Os rebanhos da fazenda **fornecem** carne e leite à cidade.*

forno (fôr) (for.no) *substantivo masculino* **1.** A parte do fogão onde se assam os alimentos: *Este bolo deve ficar 20 minutos no **forno**.* **2.** Construção feita para assar carne, pão, etc., e cozinhar telhas, tijolos, etc. [Plural: *fornos* (ó).]

forrar (for.rar) *verbo* Colocar tecido, papel ou plástico no fundo ou na superfície de um recipiente ou móvel, ou envolver um objeto, uma caixa, etc. com um desses materiais: *Papai sempre **forra** os meus cadernos.*

fortalecer (for.ta.le.cer) *verbo* Tornar forte ou mais forte: *Fazer esportes **fortalece** os músculos.*

fortaleza (lê) (for.ta.le.za) *substantivo feminino* Construção com muralha, fosso, torre, etc., para proteção e defesa de uma cidade, um reino, etc.; forte.

forte (for.te)
forte • *adjetivo de 2 gêneros* **1.** Que tem força: *Juca tem mãos **fortes**.* **2.** Que tem muita força, muito poder; poderoso. **3.** Que está além do normal (muito quente, muito frio, etc.): *O sol está **forte**.*
forte • *substantivo masculino* Construção feita para proteger uma cidade; fortaleza: *O **forte** dos Três Reis Magos fica no Nordeste.*

fortuna (for.tu.na) *substantivo feminino* Muito dinheiro ou muitos bens, como imóveis, joias, pedras preciosas, etc.

fósforo (fós.fo.ro) *substantivo masculino* Palito com uma ponta de material inflamável usado para acender fogo.

fóssil (fós.sil) *substantivo masculino* Os restos de animais e plantas que habitaram a Terra há milhões de anos, transformados em pedra. [Plural: *fósseis*.]

Ff foto ▸ fralda

foto (**fo**.to) *substantivo feminino* É o mesmo que *fotografia* (2): *Eu emprestei meu álbum de fotos das férias de verão para minha professora olhar.*

fotografar (fo.to.gra.**far**) *verbo* Tirar fotografia: *Maria Helena fotografa seu gato.* [Aquele que gosta muito de fotografar ou trabalha fotografando é chamado de *fotógrafo*.]

fotografia (fo.to.gra.**fi**.a) *substantivo feminino* **1.** Processo de fixar qualquer imagem com o uso de uma máquina especial. **2.** A imagem obtida por esse processo: *Ela tirou uma fotografia do gato.*

Cole aqui uma fotografia especial para você.

fotossíntese (fo.tos.**sín**.te.se) *substantivo feminino* Processo pelo qual as plantas, com a luz do Sol, fabricam seu alimento.

foz (foz) *substantivo feminino* Lugar onde um rio ou um riacho termina, jogando suas águas num mar, num lago ou em outro rio: *A foz do rio São Francisco fica entre os estados de Alagoas e Sergipe.* [Plural: *fozes*.]

fração (fra.**ção**) *susbtantivo feminino* **1.** Parte de um todo: *Por causa do temporal só uma pequena fração de alunos compareceu à aula.* **2.** É também o nome que a gente dá aos números que representam parte de um todo, tais como 1/4 (um quarto), 2/5 (dois quintos), 3/4 (três quartos), etc.: *Numa fração, o número de cima é o numerador e o de baixo é o denominador.* [Exemplo: Maria partiu o chocolate em 3 pedaços, ficou com 2/3 (dois pedaços) e deu 1/3 (um pedaço) para José.] [Plural: *frações*.]

fraco (**fra**.co) *adjetivo* **1.** Sem força: *Paulo esteve doente e ficou fraco.* **2.** Que se quebra ou se parte com facilidade: *Esta linha é fraca, não serve para costurar.* **3.** Pouco preparado nos estudos, em determinado assunto, etc.: *Preciso estudar mais, pois estou fraco em Ciências.* **4.** Que tem pouca luminosidade: *Esta lâmpada é fraca.*

frágil (**frá**.gil) *adjetivo de 2 gêneros* **1.** Que se quebra, parte ou estraga facilmente: *Um copo frágil. Uma flor frágil.* **2.** Que não é forte: *Meu amigo tem a saúde frágil.* [Outro nome: *delicado*. Plural: *frágeis*.]

fralda (**fral**.da) *substantivo feminino* Retângulo de pano ou de outro material que se põe em bebês, etc., para que eles façam ali xixi ou cocô: *Eu ajudo minha mãe a trocar as fraldas das minhas irmãzinhas gêmeas que só têm 3 meses de vida.*

framboesa ▸ **frio**

framboesa (â) (fram.bo.**e**.sa) *substantivo feminino*
Fruto pequeno e vermelho, de sabor doce, usado também em doces e geleias.

frango (**fran**.go) *substantivo masculino* **1.** Galo ainda novo. **2.** No futebol, bola fácil de defender, mas que o goleiro deixa entrar no gol.

franja (**fran**.ja) *substantivo feminino* Cabelos que se penteiam para a testa, a fim de cobri-la parcialmente: *Maria usa franja porque tem testa grande.*

frasco (**fras**.co) *substantivo masculino* Pequena garrafa com tampa, geralmente usada para perfume.

frase (**fra**.se) *substantivo feminino* Reunião de palavras que formam sentido completo e que, na escrita, começam com uma letra maiúscula e terminam com um ponto. Exemplos: *Não, obrigada. Coitado! Chegamos? Lúcia mora numa cidade pequena.* [Ver *oração*.]

frear (fre.**ar**) *verbo* Diminuir a velocidade usando o freio: *Ao ver um cavalo atravessando a estrada, papai freou o carro e conseguiu evitar um acidente. Eva não conseguiu frear a bicicleta e bateu no poste.*

➔ **freezer** (*frízer*) [Inglês] *substantivo masculino* Parte da geladeira, ou móvel com gavetas, em que se congelam alimentos.

freio (**frei**.o) *substantivo masculino* Conjunto de peças que fazem parar ou diminuir o movimento de um veículo.

frente (**fren**.te) *substantivo feminino* Parte anterior ou dianteira de qualquer coisa: *A frente do carro está amassada. A frente do vestido está curta.*

frequente (*qüem*) (fre.**quen**.te) *adjetivo de 2 gêneros* Que acontece repetidas vezes ou de tempos em tempos: *As visitas de minha mãe à casa de minha avó são frequentes.*

fresco (*frês*) (**fres**.co) *adjetivo* **1.** Não muito frio: *Um dia fresco.* **2.** De pouco tempo; recente: *Tinta fresca.* **3.** Que foi colhido ou feito há pouco tempo: *Comprei verduras frescas. Gosto de tomar o café da manhã com pão fresco.*

frevo (*frê*) (**fre**.vo) *substantivo masculino* Música e dança de carnaval em que os dançarinos, segurando um guarda-chuva, dobram e esticam rapidamente as pernas.

frigideira (fri.gi.**dei**.ra) *substantivo feminino* Panela rasa de cabo comprido usada para fritar alimentos.

frio (**fri**.o)
frio • *adjetivo* Que não tem calor; que perdeu calor: *Não gosto de café frio.*
frio • *substantivo masculino* É aquilo que a gente sente na pele num ambiente que não é aquecido pelo Sol, nem pelo fogo, ou quando está com muito pouca roupa num ambiente em que não há calor: *O frio deste ano foi forte no Sul do Brasil.* [Quem sente muito frio, principalmente quando não está tão frio assim, a gente chama de *friorento*.]

Ff   fritar ▶ fundar

fritar (fri.**tar**) *verbo* Preparar carne, peixe, ovo, legume, etc., em óleo, azeite ou na manteiga bem quentes, e geralmente sem o acréscimo de água.

frito (**fri**.to) *adjetivo* Diz-se da comida que se fritou: *Papai gosta muito de peixe **frito**.*

fronha (**fro**.nha) *substantivo feminino* Capa para o travesseiro: *Na minha cama, a **fronha** e o lençol são azuis.*

fronteira (fron.**tei**.ra) *substantivo feminino* Limite: *João nasceu na **fronteira** do Brasil com o Paraguai.*

frouxo (xo = cho) (**frou**.xo) *adjetivo* Pouco apertado: *O cinto está **frouxo**, não segura a calça.*

fruta (**fru**.ta) *substantivo feminino* Fruto comestível, doce ou ácido; fruto. 435

fruta-de-conde (**fru**.ta-de-**con**.de) *substantivo feminino* Pequena árvore que é muito cultivada por causa do seu fruto doce, de polpa branca, com mais de 40 sementes, de igual nome. [Outra forma: *fruta-do-conde*. Outros nomes: *ata* e *pinha*.] [Plural: *frutas-de-conde*.] 437

fruta-pão (**fru**.ta-**pão**) *substantivo feminino* Fruto de polpa doce e cheirosa, do tamanho de um melão pequeno, que se come assada ou cozida. [Plurais: *frutas-pães* e *frutas-pão*.]

frutífero (fru.**tí**.fe.ro) *adjetivo* Que dá frutos: *Árvore **frutífera**.*

fruto (**fru**.to) *substantivo masculino* 1. A parte da planta que vem da flor e que contém a semente. 2. É o mesmo que *fruta*. 435

fubá (fu.**bá**) *substantivo masculino* Farinha de milho ou de arroz que a gente usa para fazer bolos, pães, mingaus, doces, etc.

fugir (fu.**gir**) *verbo* 1. Sair depressa, para escapar de alguém ou de algum perigo: *O veado **fugiu** da onça.* 2. Sair, libertando-se: *O sabiá **fugiu** da gaiola.*

fumaça (fu.**ma**.ça) *substantivo feminino* Vapor que sobe dos corpos que estão queimando ou que estão muito quentes: *Via-se ao longe a **fumaça** branca que saía de uma chaminé.*

fumar (fu.**mar**) *verbo* Aspirar pela boca a fumaça do tabaco: ***Fumar** faz mal à saúde.*

fumo (**fu**.mo) *substantivo masculino* As folhas do tabaco preparadas para serem fumadas.

função (fun.**ção**) *substantivo feminino* 1. Ação natural de um órgão, de um aparelho ou de uma máquina: *A digestão é uma das **funções** do intestino.* 2. Atividade, serviço: *A função da cozinheira é cozinhar.* [Plural: *funções*.]

funcionamento (fun.ci.o.na.**men**.to) *substantivo masculino* Ação de fazer funcionar: *Qual é o horário de **funcionamento** do banco?*

funcionar (fun.ci.o.**nar**) *verbo* Estar em exercício, em atividade; exercer sua função: *Em dezembro, as lojas **funcionam** até tarde. A velha máquina de costura de minha avó ainda **funciona**.*

funcionária (fun.ci.o.**ná**.ria) *substantivo feminino* É o mesmo que *empregada*.

funcionário (fun.ci.o.**ná**.rio) *substantivo masculino* É o mesmo que *empregado*. [Feminino: *funcionária*.]

fundar (fun.**dar**) *verbo* 1. Estabelecer, criar: ***Fundar** um clube.* 2. Iniciar a construção de: *Estácio de Sá **fundou** a cidade do Rio de Janeiro.*

fundir (fun.**dir**) *verbo* **1.** Derreter metal, geralmente a uma temperatura muito, muito alta: *Fundiu a barra de ouro e fez um belo colar.* **2.** Tornar-se líquido (gelo, neve, etc.): *O gelo se fundiu com o calor.* **3.** Derreter dois metais e uni-los a uma temperatura muito, muito alta: *Quando o cobre e o estanho se fundem, formam o bronze.*

fundo (fun.do)
fundo • *substantivo masculino* **1.** Num buraco ou numa vasilha, a parte que fica mais longe da abertura: *O fundo do poço.* **2.** A parte mais baixa e sólida em que repousam ou correm as águas: *O fundo do mar.*
fundo • *adjetivo* Que tem o fundo (ou o final) bem abaixo da superfície: *Cavei um buraco fundo.*

fungo (fun.go) *substantivo masculino* Ser vivo que não é nem animal nem vegetal. Há fungos comestíveis, como, por exemplo, alguns cogumelos, e outros que são usados na fabricação de remédios, etc., mas há também muitos outros que fazem mal à saúde.

furacão (fu.ra.**cão**) *substantivo masculino* Chuva e vento muito fortes (mais de 120 quilômetros por hora), que causam muita destruição. [Plural: *furacões*.]

furadeira (fu.ra.**dei**.ra) *substantivo feminino* Ferramenta que serve para fazer furos em parede, madeira, etc.: *Meu pai usou uma furadeira para prender a televisão na parede.*

furado (fu.**ra**.do) *adjetivo* Que tem furo ou buraco: *Mamãe costurou minha camisa furada.*

furar (fu.**rar**) *verbo* Abrir ou fazer furo em; esburacar: *O prego furou a parede.*

furioso (fu.ri.**o**.so) *adjetivo* Cheio de raiva: *Ficou furioso porque perdeu o jogo.*

furo (**fu**.ro) *substantivo masculino* Abertura feita em alguma coisa; buraco: *Minha calça tem um furo numa das pernas.*

furtar (fur.**tar**) *verbo* Pegar algo que não é seu, sem ser percebido ou sem fazer uso de violência: *O ladrão furtou o dinheiro da moça.*

fuso (**fu**.so) *substantivo masculino* Instrumento em forma de rolo, usado, junto com a roca, para fiar, no qual se formam os fios da lã ou do algodão.

futebol (fu.te.**bol**) *substantivo masculino* Jogo esportivo de bola entre dois times de onze jogadores cada um. Ganha o time que fizer mais gols no adversário. No futebol, apenas o goleiro pode usar as mãos para tocar na bola (e somente dentro da grande área). [Plural: *futebóis*.] ◆ **Futebol de botão.** Jogo que imita o futebol, mas é jogado com botões, que representam os jogadores de dois times. Nesse jogo, os botões são movidos por uma palheta e a bola também é um pequeno botão (ou uma pequena esfera de cortiça). [Outro nome: *jogo de botão*.]

futuro (fu.**tu**.ro) *substantivo masculino* **1.** Tempo que há de vir: *Vamos deixar a viagem para o futuro.* **2.** Sorte futura; destino: *Carlos, bom aluno, terá um belo futuro.*

Uma visita ao Espírito Santo

G

■ **g** Símbolo de *grama*².

gado (**ga**.do) *substantivo masculino* Qualquer dos animais quadrúpedes (bois, cabras, ovelhas, etc.) criados pelo homem para fornecer carne, leite, lã ou outros produtos: *O fazendeiro planta capim para alimentar o* **gado**.

gafanhoto ▸ galho

gafanhoto (nhô) (ga.fa.**nho**.to) *substantivo masculino* Inseto que tem as patas de trás mais compridas que as outras e por isso salta com facilidade. Alimenta-se de vários tipos de plantas. Quando milhares de gafanhotos atacam uma plantação, causam grande prejuízo. 441

gago (**ga**.go)
gago • *adjetivo* Que gagueja: *Paulo tem um tio* **gago**. *Quando os dois conversam, Paulo espera, com calma, que ele termine as frases.*
gago • *substantivo masculino* Aquele que gagueja.

gaguejar (ga.gue.**jar**) *verbo* Falar repetindo as letras ou as sílabas das palavras: *— Quem quebrou o vidro da janela? — Fu-ui e-eu — gaguejou Luís, escondendo a bola.*

gaiola (gai.**o**.la) *substantivo feminino* Espécie de casinha feita com grades de bambu ou fios de metal, para aves vivas ou bichos pequenos: *Meu pai não gosta de ver pássaros em* **gaiola**.

gaita (**gai**.ta) *substantivo feminino* Instrumento musical, com vários furos, que se toca com a boca: *João ganhou uma* **gaita** *de presente de aniversário.* 434

gaivota (gai.**vo**.ta) *substantivo feminino* **1.** Ave que vive perto do mar. Alimenta-se de peixes que pega nas águas rasas, e de outros pequenos animais e plantinhas da praia. Algumas gaivotas têm cor cinzenta, outras são brancas com asas cinzentas ou negras. **2.** Brinquedo de papel que imita a forma de uma gaivota.

galáxia (xia = csia) (ga.**lá**.xia) *substantivo feminino* Grupo de grande quantidade de estrelas que giram em torno de um mesmo ponto do Universo. O Universo é formado pelo conjunto de todas as galáxias: *A* **galáxia** *em que estão o Sol, a Terra e os outros planetas do Sistema Solar chama-se Via Láctea.*

galera (ga.**le**.ra) *substantivo feminino* **1.** Grupo de amigos: *Nesta foto estamos eu e a minha* **galera**. **2.** Grupo de pessoas: *Toda a* **galera** *da escola foi ao passeio.*

galho (**ga**.lho) *substantivo masculino* É o mesmo que *ramo* (1): *O bem-te-vi estava pousado no* **galho** *da goiabeira.* 435

Gg galinha ▸ garçom

galinha (ga.**li**.nha) *substantivo feminino* A fêmea do *galo*. A galinha fornece aos seres humanos carne e ovos: *Na casa dos meus avós há um galinheiro com dez galinhas e um galo.* 441

galinha-d'angola (ga.**li**.nha-d'an.**go**.la) *substantivo feminino* Ave de penas cinza ou pretas com pintas brancas, criada pelo homem por causa de sua carne e de seus ovos, e que, quando canta, parece dizer 'estou fraca, estou fraca'. [Plural: *galinhas-d'angola*.]

galinheiro (ga.li.**nhei**.ro) *substantivo masculino* Lugar cercado onde se criam galinhas, galos e outras aves: *O galinheiro da casa dos meus avós não é muito grande.*

galo (**ga**.lo) *substantivo masculino* **1.** Ave doméstica que é o macho da *galinha*. Tem asas curtas e largas, que só lhe permitem voar próximo ao chão. Alimenta-se de milho, ração, pequenos insetos, etc.: *Meu avô acorda cedo com o canto do galo.* 441 **2.** Inchaço na testa ou na cabeça: *Madu bateu a testa na porta e ali cresceu um galo.*

gambá (gam.**bá**) *substantivo masculino* Animal de vida noturna, que tem uma bolsa na barriga, dentro da qual ficam os filhotes. O gambá é um mamífero que come de tudo, mas gosta principalmente de ovo e galinha. O gambá, quando atacado, defende-se soltando um cheiro muito ruim: *Minha avó expulsou um gambá do galinheiro com a vassoura.* 441

gancho (**gan**.cho) *substantivo masculino* Peça de metal, plástico, etc., que tem forma curva, e é usada para suspender pesos, pendurar objetos, etc. O anzol é um tipo de gancho.

gangorra (gôr) (gan.**gor**.ra) *substantivo feminino* Brinquedo formado de uma tábua apoiada num ponto central, sobre o qual balança. Uma pessoa monta numa das pontas da tábua e outra pessoa na outra ponta, e elas, então, ficam subindo e descendo, uma de cada vez: *No parque, enquanto papai lê o jornal, eu e meu irmão brincamos na gangorra.*

ganhar (ga.**nhar**) *verbo* **1.** Receber presente, prêmio, etc.: *Mara quer ganhar uma boneca no Natal. Meu tio já ganhou na loteria.* **2.** Ser vencedor numa competição, num jogo, ou num campeonato: *Foi a tartaruga que ganhou a corrida. Nosso time ganhou o jogo, mas não ganhou o campeonato.* **3.** Receber dinheiro por um trabalho: *O pai de Rui ganha bem na empresa onde trabalha.* **4.** Passar a ter: *Na primavera, muitas árvores ganham folhas e flores.*

ganso (**gan**.so) *substantivo masculino* Ave semelhante ao pato, porém maior e com o pescoço mais longo. Os gansos selvagens voam em bando por grandes distâncias. Os gansos domésticos podem ser usados como animais de guarda, pois fazem muito barulho quando veem pessoas desconhecidas.

garagem (ga.**ra**.gem) *substantivo feminino* Parte de uma casa, de um prédio, etc., onde se guardam veículos: *Na garagem da casa de Eva cabem dois carros.* [Plural: *garagens*.]

garça (**gar**.ça) *substantivo feminino* Ave de pernas longas, pescoço comprido e, em geral, branca. Vive em bandos, junto à água. Alimenta-se de peixes e moluscos: *No parque, Isa observa as garças na beira do lago.*

garçom (gar.**çom**) *substantivo masculino* Homem ou rapaz que trabalha em restaurante, lanchonete, etc., servindo as pessoas: *O pai de Pedro é garçom neste restaurante há muitos anos.* [Plural: *garçons*. Feminino: *garçonete*.]

garçonete ▸ gás

garçonete (gar.ço.**ne**.te) *substantivo feminino* Mulher ou moça que trabalha em restaurante, lanchonete, etc., servindo as pessoas: *Lúcia é uma ótima garçonete. Todos os clientes gostam dela.*

garfo (**gar**.fo) *substantivo masculino* Objeto de metal, plástico, etc., com três ou quatro pontas, chamadas dentes, que serve para levar comidas sólidas à boca: *Paulo tomava a sopa com a colher enquanto Maria comia os legumes com o garfo.*

gargalhada (gar.ga.**lha**.da) *substantivo feminino* Risada alta, que faz barulho e chama a atenção.

garganta (gar.**gan**.ta) *substantivo feminino* A parte do corpo que se estende do final da boca até o final da faringe. Os alimentos que engolimos passam pela garganta para chegar ao esôfago e, depois, ao estômago. O ar que respiramos passa também pela garganta, para chegar aos pulmões: *Maria não foi à aula porque está com dor de garganta e febre.*

gari (ga.**ri**) *substantivo de 2 gêneros* É o mesmo que lixeiro: *Todos os dias um gari varre a nossa rua.*

garimpo (ga.**rim**.po) *substantivo masculino* Lugar onde se explora a terra em busca de pedras preciosas como o diamante e a esmeralda, ou metais preciosos como o ouro e a prata. Aquele que procura metais e pedras preciosas nos garimpos é o *garimpeiro*: *O tio de André já trabalhou num garimpo.*

garota (rô) (ga.**ro**.ta) *substantivo feminino* Moça muito jovem; menina: *Qual o nome daquela garota que nós vimos na praça?*

garotada (ga.ro.**ta**.da) *substantivo feminino* Grupo de garotos e/ou garotas.

garoto (rô) (ga.**ro**.to) *substantivo masculino* Rapaz muito jovem; menino: *Papai diz que tem saudade do seu tempo de garoto.*

garra (**gar**.ra) *substantivo feminino* Unha pontuda, curva e afiada de animais como o gato e a onça, e de aves como o gavião e a águia: *O gatinho subiu na árvore, prendendo-se ao tronco com suas garras.*

garrafa (gar.**ra**.fa) *substantivo feminino* Vaso, em geral de vidro ou plástico e com abertura estreita, que serve para guardar líquidos: *Como estava com sede, Bernardo abriu a geladeira e pegou a garrafa de água.*

gás (gás) *substantivo masculino* Qualquer substância de estado semelhante ao do ar: *O ar é formado por uma mistura de gases. O oxigênio é um gás que se encontra no ar e que é essencial à vida.* [No nosso dia a dia, fazemos uso de dois tipos de gases derivados do petróleo: o primeiro é o gás de cozinha, que chega às nossas casas em botijões ou pelo encanamento, para ser usado, geralmente, no fogão; o segundo é o gás natural veicular (ou seja, para carros), que serve como combustível para muitos automóveis. É preciso ter cuidado no manuseio desses gases, pois eles pegam fogo e explodem muito facilmente.] [Plural: *gases*.] ◆ **Gás carbônico.** É um gás sem cor e sem cheiro que faz parte do ar que respiramos. Ele é muito importante na realização da fotossíntese pelas plantas: *Muitos cientistas acreditam que a grande produção de gás carbônico pelo homem, ao queimar lenha, petróleo, etc., é responsável pelo aquecimento global, ou seja, pelo aumento anormal da temperatura na Terra.*

Gg   gasolina ▶ gema

gasolina (ga.so.**li**.na) *substantivo feminino* Líquido inflamável (isto é, que pega fogo facilmente) usado para movimentar veículos, etc.: *O automóvel de meu pai funciona com dois combustíveis: álcool e gasoline.*

gasoso (gazô) (ga.**so**.so) *adjetivo* Que é constituído de gás: *Júpiter, o maior planeta do Sistema Solar, é um planeta gasoso.*

gastar (gas.**tar**) *verbo* **1.** Estragar alguma coisa, por usá-la muito: *José usou tanto o sapato que o gastou.* **2.** Fazer uso de dinheiro: *Papai gastou uma grande quantia para comprar esta casa.* **3.** Fazer uso de tempo: *Gastei mais de uma hora para chegar até aqui.*

gato (**ga**.to) *substantivo masculino* Pequeno animal mamífero carnívoro, da mesma família do leão, da onça e do tigre, que vive junto do homem desde tempos muito antigos. É um bom caçador de ratos: *Meu gato é branco e preto e tem pelo comprido.* 441

gaveta (vê) (ga.**ve**.ta) *substantivo feminino* Parte de certos móveis como armários, mesas, etc. É uma caixa sem tampa, que a gente abre puxando e fecha empurrando, e que serve para guardar diversas coisas: *Luciano abriu a gaveta, pegou uma camisa e depois a fechou.*

gavião (ga.vi.**ão**) *substantivo masculino* Ave diurna, de asas longas, garras fortes e voo rápido, que se alimenta de pequenos animais. [Plural: *gaviões.*]

gaze (**ga**.ze) *substantivo feminino* Tecido fino, com furinhos, pelo qual passa o ar, que é usado em curativos.

geladeira (ge.la.**dei**.ra) *substantivo feminino* Eletrodoméstico onde se guarda comida, para que não se estrague, ou água, refresco, etc., para que fiquem gelados: *Mamãe não gosta quando abro a porta da geladeira só para ver o que há nela.* [Outro nome: *refrigerador.*]

gelado (ge.**la**.do) *adjetivo* Que é muito frio: *Isabel gosta de beber água gelada no verão.*

gelatina (ge.la.**ti**.na) *substantivo feminino* Comida doce, feita com uma substância dissolvida em água, que se come gelada, pois só fica firme depois de algum tempo na geladeira: *Hoje tivemos de sobremesa gelatina de limão e de abacaxi.*

geleia (léi) (ge.**lei**.a) *substantivo feminino* Doce de fruta em pasta geralmente usado para passar em pão, torrada, biscoito, etc.: *Carlos gosta de geleia de morango na torrada.*

gelo (gê) (ge.lo) *substantivo masculino* **1.** Água em estado sólido. A água se transforma em gelo quando a temperatura está muito baixa: *Lucas pôs três cubos de gelo no refresco.* **2.** Frio muito forte: *Não vou sair, pois lá fora está um gelo.*

gema (**ge**.ma) *substantivo feminino* A parte amarela do ovo, rodeada pela clara: *Gosto muito de ovo frito. Como primeiro a clara e depois a gema.*

gêmeo ▶ geral

gêmeo (gê.meo)
gêmeo • *adjetivo* Diz-se de cada uma de duas crianças nascidas do mesmo parto: *André e Luís são irmãos **gêmeos**.*
gêmeo • *substantivo masculino* Cada uma das crianças nascidas de um mesmo parto: *Os **gêmeos** estavam vestidos do mesmo modo.*

gemido (ge.**mi**.do) *substantivo masculino*
1. Barulho que a gente faz ou palavras que a gente diz (como *ai* e *ui*) quando sente dor, etc.: *Ao ouvir os **gemidos** do filho, Ana olhou para ele preocupada.* **2.** Som que um animal solta quando sente dor, etc.: *Papai acordou com os **gemidos** do nosso cachorro.*

gene (**ge**.ne) *substantivo masculino* Parte muito, muito pequena das células dos seres vivos, que é responsável por transmitir as características dos pais para os filhos. Uma sequência de genes forma o que a gente chama de DNA (ver): *Maria tem mesmo os **genes** de seus pais: como é parecida com eles!*

gênero (**gê**.ne.ro) *substantivo masculino* Indicação do sexo (masculino ou feminino) a que alguma coisa ou alguém pertence, ou que consideramos que pertence: *Menino é um ser do **gênero** masculino e livro é uma palavra do **gênero** masculino. Menina é um ser do **gênero** feminino e flor é uma palavra do **gênero** feminino.*

generoso (nô) (ge.ne.**ro**.so) *adjetivo* Que é muito bom e que é capaz de dar atenção, carinho ou bens materiais, etc. para as outras pessoas, especialmente para as que precisam de ajuda: *Minha tia é uma pessoa **generosa**: está sempre buscando ser útil às outras pessoas.*

gengiva (gen.**gi**.va) *substantivo feminino* Tecido, no interior da boca, que cobre as raízes dos dentes e o osso onde elas estão presas: *Esta escova não machuca a **gengiva** porque é macia.*

gênio (**gê**.nio) *substantivo masculino* **1.** Pessoa capaz de criar obras muito, muito importantes: *Mozart foi um **gênio** da música.* **2.** Ser imaginário com poderes mágicos: *Leu para o filho a história de um **gênio** que vivia dentro de uma garrafa.*

gente (**gen**.te) *substantivo feminino* **1.** Grupo de pessoas: *Havia pouca **gente** no cinema.* **2.** Pessoa: *Não gosto de **gente** mentirosa.*
◆ **A gente.** As pessoas que falam, ou as pessoas em geral: ***A gente** precisa comer vegetais para ter saúde.*

gentil (gen.**til**) *adjetivo de 2 gêneros* Diz-se de quem ou daquilo que é amável: *Simone é uma menina **gentil**, todos gostam dela. Eva disse muitas palavras **gentis** para Clara.* [Plural: *gentis*.]

gentileza (lê) (gen.ti.**le**.za) *substantivo feminino* Tudo aquilo de agradável, de bom, que uma pessoa faz para outra: *Ajudei uma senhora idosa a entrar no ônibus e ela agradeceu a **gentileza**.*

geografia (geo.gra.**fi**.a) *substantivo feminino* Ciência que estuda a Terra (as montanhas, as planícies, os rios, etc., os climas, os solos, a vegetação, e até o modo de vida das pessoas de seus diferentes lugares): *Estudando **Geografia**, aprendi que o Brasil fica na América do Sul.*

geração (ge.ra.**ção**) *substantivo feminino* Conjunto de indivíduos nascidos numa mesma época: *Eu, meu pai e meu avô somos de três **gerações** diferentes.* [Plural: *gerações*.]

gerador (dôr) (ge.ra.**dor**) *substantivo masculino* Aparelho que gera energia elétrica a partir de outros tipos de energia. [Plural: *geradores*.]

geral (ge.**ral**) *adjetivo de 2 gêneros* **1.** Que é comum a muitas pessoas: *A opinião **geral** da sala é que devemos ir ao zoológico.* **2.** Completo; total: *Com a forte chuva, a desordem no trânsito foi **geral**.* [Plural: *gerais*.]

Gg geralmente ▶ ginástica

geralmente (ge.ral.**men**.te) *advérbio* **1.** Na maioria das vezes, ou quase todas as vezes: *Geralmente almoçamos juntos às quartas-feiras.* **2.** Pela maior parte das pessoas: *Ele é geralmente visto como um grande escritor.*

gerente (ge.**ren**.te) *substantivo de 2 gêneros* Pessoa que administra, que dirige alguma coisa: *O gerente da loja. A gerente do banco.*

germe (**ger**.me) *substantivo masculino* É o mesmo que *micróbio*: *Quando lavamos as mãos antes de comer, evitamos germes e doenças.*

germinar (ger.mi.**nar**) *verbo* Começar a semente a se desenvolver; nascer: *Os grãos de milho germinaram depressa.*

gesto (**ges**.to) *substantivo masculino* Movimento do corpo, principalmente da cabeça e das mãos, que a gente usa ou no lugar das palavras ou para reforçar aquilo que diz: *O gesto de balançar a cabeça de um lado para o outro quer dizer "não". Carolina disse que ia à festa e fez o gesto de positivo com o polegar.*

Qual é seu gibi predileto? Registre o nome dele aqui.

_____

_____

gibi (gi.**bi**) *substantivo masculino* Revista com histórias em quadrinhos: *Júlio tem uma coleção de gibis raros.*

giganta (gi.**gan**.ta) *substantivo feminino* É o feminino de *gigante*: *Naquele desenho animado, a heroína era uma garota que virava uma giganta.*

gigante (gi.**gan**.te) *substantivo masculino* **1.** Figura imaginária que aparece nas histórias infantis e que é um homem enorme, às vezes com vários metros de altura: *O gigante tinha uma galinha que botava ovos de ouro.* **2.** Homem muito alto: *O rapaz era um gigante de dois metros de altura.* [Feminino: *giganta.*]

gigantesco (tês) (gi.gan.**tes**.co) *adjetivo* Que é muito grande; enorme: *Hoje em dia existem navios gigantescos, com vários andares.*

ginásio (gi.**ná**.sio) *substantivo masculino* Local próprio para se fazer ginástica, praticar certos esportes, etc.: *Os meninos jogavam basquete no ginásio da escola.*

ginasta (gi.**nas**.ta) *substantivo de 2 gêneros* Pessoa que tem como esporte a ginástica, especialmente a ginástica artística: *Duas ginastas da equipe olímpica feminina daquele país ganharam medalha de ouro.*

ginástica (gi.**nás**.ti.ca) *substantivo feminino* Atividade de exercitar o corpo para torná-lo forte, ágil e mais saudável: *Meu pai faz ginástica antes de ir para o trabalho.*

gincana ▶ gnu

gincana (gin.**ca**.na) *substantivo feminino* Competição esportiva, cultural, artística, etc., entre duas ou mais equipes: *A turma de Leonardo ganhou a gincana que houve na escola.*

girafa (gi.**ra**.fa) *substantivo feminino* Animal mamífero de pernas e pescoço muito compridos, natural da África. Tem o pelo amarelo com manchas escuras e se alimenta de vegetais. A girafa é o animal mais alto que existe: *No zoológico, João só viu a cabeça da girafa quando olhou para cima.*

girar (gi.**rar**) *verbo* Dar voltas ao redor de alguma coisa ou mover-se em círculos: *A Terra gira ao redor do Sol. O menino pôs o pião para girar.*

girassol (gi.ras.**sol**) *substantivo masculino* Planta que dá flores grandes, de pétalas amarelas, com o centro geralmente marrom ou laranja: *O girassol tem esse nome porque segue a posição do Sol no céu.* [Plural: *girassóis*.]

giratório (gi.ra.**tó**.rio) *adjetivo* Que gira: *Há na entrada do banco uma porta giratória.*

girino (gi.**ri**.no) *substantivo masculino* Sapo ou rã muito jovem. Vive na água, passando por várias transformações, até se tornar adulto: *Naquele lago há muitos filhotes de peixe e muitos girinos.*

giz (giz) *substantivo masculino* Peça que lembra um pequeno lápis, feito de material branco ou colorido, que se usa para escrever no quadro-negro ou na lousa: *Os meninos copiaram o que a professora escreveu com giz no quadro.* [Plural: *gizes*.]

glândula (**glân**.du.la) *substantivo feminino* Conjunto de células do corpo que produzem determinadas substâncias: *As fêmeas dos mamíferos têm glândulas que produzem leite para alimentar os filhos. As glândulas que produzem a saliva são chamadas de glândulas salivares e são órgãos do sistema digestório.*

glicose (gli.**co**.se) *substantivo feminino* Espécie de açúcar encontrado no sangue e em muitas plantas: *Minha avó precisa fazer dieta porque a glicose dela está alta.*

globo (glô) (**glo**.bo) *substantivo masculino* **1.** Objeto redondo, parecido com uma bola; esfera: *Luísa ganhou um globo que tem dentro um boneco na neve.* **2.** O globo terrestre; a Terra: *Ao Brasil vem gente de toda a parte do globo para visitar suas praias.*

gnomo (**gno**.mo) *substantivo masculino* Ser imaginário, um anão com poderes mágicos que vive no interior da Terra: *Leu para o filho a história de um gnomo que ajudava os animais.*

gnu (gnu) *substantivo masculino* Animal mamífero da África, da família do boi, que vive em manadas, pode pesar até 250 quilos e corre muito, muito rápido para tentar fugir dos leopardos, leões, etc., seus predadores.

goiaba (goi.a.ba) *substantivo feminino* Fruta de casca fina verde, e amarela quando madura, muito usada em doces, e que também se come crua. Há goiabas de polpa vermelha e de polpa branca. **437**

goiabada (goi.a.**ba**.da) *substantivo feminino* Doce em pasta que se faz com goiaba.

goiabeira (goi.a.**bei**.ra) *substantivo feminino* Árvore que dá a goiaba: *José amarrou o balanço na velha **goiabeira**.*

gol (gôl) (gol) *substantivo masculino* **1.** Cada ponto marcado no jogo de futebol: *Nosso time jogou no sábado, e eu fiz um **gol**.* **2.** Linha formada por três traves, entre as quais a bola deve passar, para que se faça o gol: *O jogador chutou forte e a bola entrou no **gol**.* [Em português, o plural de gol seria *gois*, mas a gente usa a forma *gols*, do inglês.]

gola (go.la) *substantivo feminino* Parte da camisa, do vestido, do casaco, etc. que fica junto ao pescoço ou em volta dele.

gole (go.le) *substantivo masculino* **1.** Porção de líquido que se engole de uma vez: *Júlia bebeu o copo de refresco em pequenos **goles**.* **2.** Pequena quantidade de uma bebida: *Vou tomar um **gole** de café.*

goleira (go.**lei**.ra) *substantivo feminino* É o feminino de *goleiro*.

goleiro (go.**lei**.ro) *substantivo masculino* Em esportes como o futebol, o handebol, etc., o jogador que defende o gol. No futebol, o goleiro é o único jogador que pode tocar a bola com a mão durante o jogo, mas sempre dentro da sua área: *O **goleiro** saltou, agarrou a bola e impediu o gol.* [Feminino: *goleira*.]

golfinho (gol.**fi**.nho) *substantivo masculino* Animal mamífero marinho, que nada com velocidade e que se alimenta principalmente de peixes: *Os **golfinhos** são considerados animais muito inteligentes.* **441**

golpe (gol.pe) *substantivo masculino* **1.** Pancada com a mão, com o pé, etc.: *Fernando sabe que os **golpes** do caratê são para defesa e não para ataque.* **2.** Choque entre duas pessoas, entre dois objetos, ou entre um objeto e uma pessoa: *Ana estava distraída, não viu o galho da árvore e levou um **golpe** na cabeça.*

goma (go.ma) *substantivo feminino* **1.** Líquido que sai ou é retirado de alguns vegetais. **2.** Substância que se tira da mandioca, da qual se pode fazer alimento. **3.** Massa feita com farinha de trigo, etc. e água, que é usada para colar papel.

gomo (go.mo) *substantivo masculino* Divisão natural da polpa de certos frutos: *A laranja tem vários **gomos**.* **435**

gordo (gôr) (gor.do) *adjetivo* Que tem muita gordura no corpo: *Júlio está **gordo**, por isso passou a comer mais legumes e verduras e menos doces.*

gordura ▸ graça **Gg**

gordura (gor.**du**.ra) *substantivo feminino* No corpo do homem e dos animais, a camada de tecido que fica logo abaixo da pele e pode ser mais ou menos desenvolvida: *Meu avô tem pouca gordura no corpo: é um homem magro.*

gorila (go.**ri**.la) *substantivo masculino* O maior de todos os macacos. O macho chega a ter 1 metro e 80 centímetros de altura e 200 quilos, e é muito forte. Vive mais no chão, mas as fêmeas sobem em árvores com os filhotes. Anda em grupos e se alimenta de folhas e frutos. Habita algumas florestas da África. 441

gorjeta (jê) (gor.**je**.ta) *substantivo feminino* Dinheiro a mais que se dá a alguém por um serviço: *Mamãe deu uma gorjeta ao entregador.*

gorro (gôr) (**gor**.ro) *substantivo masculino* Peça do vestuário para a cabeça, geralmente feita de lã, e que serve para proteger do frio: *Como estava muito frio, Sandra vestiu um gorro de lã.*

gostar (gos.**tar**) *verbo* **1.** Achar bom o gosto ou o sabor de alguma coisa: *Gosto muito de laranja.* **2.** Ter prazer com alguma coisa: *Diana gosta de ouvir o barulho da chuva na janela.* **3.** Ter carinho, amizade, amor a alguém: *Gosto de meus colegas.*

gosto (gôs) (**gos**.to) *substantivo masculino* **1.** O sentido que usamos para saber o sabor que os alimentos e as outras coisas têm; paladar: *Meu gosto hoje não está bom, tudo que como parece papel.* **2.** Sabor: *Esta bala tem gosto de limão.* **3.** Prazer, satisfação: *Lúcia faz o seu trabalho com muito gosto.*

gostoso (tô) (gos.**to**.so) *adjetivo* Que tem gosto bom; saboroso: *Vovó fez um bolo gostoso.*

gota (gô) (**go**.ta) *substantivo feminino* Um tantinho muito pequeno de um líquido que cai em forma de pingo: *Mamãe pôs no copo de água cinco gotas de remédio para eu tomar.*

goteira (go.**tei**.ra) *substantivo feminino* Buraco no telhado de onde cai água dentro de casa quando chove: *Por causa de uma goteira, Isa tirou sua cama do lugar onde estava.*

governador (dôr) (go.ver.na.**dor**) *substantivo masculino* Homem que governa um dos estados de um país: *O governador do estado do Rio Grande do Sul foi a Brasília.* [Plural: governadores. Feminino: governadora.]

governadora (dô) (go.ver.na.**do**.ra) *substantivo feminino* Mulher que governa um dos estados de um país: *A governadora do estado do Rio Grande do Norte fez uma viagem ao Sul do país.*

governar (go.ver.**nar**) *verbo* Dar ordens, procurar fazer com que as coisas funcionem: *O Presidente da República e seus auxiliares governam o país.*

governo (vên) (go.**ver**.no) *substantivo masculino* Grupo de pessoas que governam um país, um estado, etc.: *O governo quer acabar com a fome no país.*

graça (**gra**.ça) *substantivo feminino* Coisa engraçada, divertida: *O palhaço fez muitas graças e as crianças se divertiram muito.*
◆ **Graças a.** A gente usa para dizer que uma coisa se deve, ou acontece por causa de outra, ou por participação de uma pessoa: *Ele estuda naquela escola graças à bolsa de estudos que conseguiu.* **De graça. 1.** Sem pagamento; grátis: *No Dia das Crianças o cinema será de graça.* **2.** Sem ter uma razão especial; sem que se tenha feito algo para que uma coisa acontecesse: *Ela disse que gosta de mim de graça.*

grade (**gra**.de) *substantivo feminino* Conjunto de peças de metal, de madeira, etc., colocadas a certa distância umas das outras, que serve para cercar um lugar: *Na frente da casa havia uma grade de metal muito bonita. Como mora num andar alto e tem um filho pequeno, Cláudia mandou pôr grades nas janelas.*

gráfico (**grá**.fi.co) *substantivo masculino* Desenho formado por linhas ou curvas, etc., com algum tipo de informação: *Neste jornal há um gráfico que mostra a quantidade de homens e de mulheres que vivem no Brasil.*

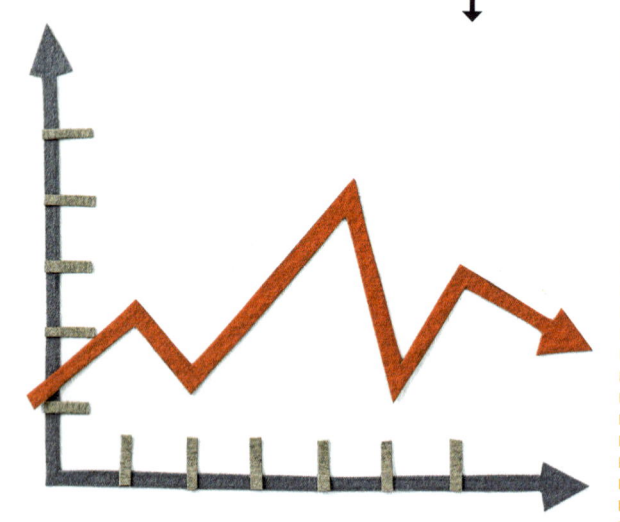

grafite (gra.**fi**.te) *substantivo masculino* **1.** Material usado em lápis e lapiseira e que serve para escrever ou desenhar: *Lápis com grafite macio é bom para desenhar.* **2.** Desenho, rabisco ou palavra em muros ou casas: *O rapaz fez no muro um grafite muito colorido.*

grama¹ (**gra**.ma) *substantivo feminino* Nome comum a vários tipos de plantas que cobrem um terreno, deixando-o como um tapete verde: *O aviso no parque dizia: É proibido pisar na grama.*

grama² (**gra**.ma) *substantivo masculino* Uma das unidades de medida. *Mil gramas é o mesmo que um quilo: Mamãe comprou duzentos gramas de queijo.* [Símbolo: *g*]

gramado (gra.**ma**.do) *substantivo masculino* Terreno coberto de grama: *Os jogadores elogiaram muito o gramado do estádio.*

gramática (gra.**má**.ti.ca) *substantivo feminino* **1.** O conjunto das regras para falar e escrever bem uma língua: *Meu irmão passou a tarde toda estudando gramática, pois terá prova de Português na próxima semana.* **2.** O livro com esse conjunto de regras.

grande (**gran**.de) *adjetivo de 2 gêneros* **1.** De tamanho, volume, valor, etc., acima do normal: *Este limão é tão grande que parece uma laranja.* **2.** Crescido; desenvolvido: *— Como você está grande, Juca!*

granja (**gran**.ja) *substantivo feminino* Sítio onde se criam aves e pequenos animais como coelhos, e se cultivam hortaliças: *No domingo, fomos passear numa granja.*

grão (grão) *substantivo masculino* **1.** Semente de cereais e de algumas outras plantas: *Meu pai plantou na terra três grãos de milho em cada buraco.* **435** **2.** Cada um dos pedacinhos bem pequeninos de areia, sal, etc.: *Mariana saiu da praia com as pernas cheias de grãos de areia.* [Plural: *grãos*.]

grátis (**grá**.tis) *adjetivo de 2 gêneros* É o mesmo que de graça: *O show do mágico era grátis e o teatro ficou cheio.*

gratuito (gra.**tui**.to) *adjetivo* Pelo qual não se precisa pagar; de graça; grátis: *Meu irmão tomou hoje uma vacina gratuita.*

grau (grau) *substantivo masculino* **1.** Unidade de medida de temperatura: *Apesar de ser verão, hoje fez 13 graus em Curitiba.* **2.** Unidade de medida de ângulo: *Os ponteiros do relógio às 15 horas formam um ângulo de 90 graus.*

gravação (gra.va.**ção**) *substantivo feminino* Aquilo que a gente faz quando grava alguma coisa. [Plural: *gravações*.]

gravador (dôr) (gra.va.**dor**) *substantivo masculino* Aparelho ou dispositivo em celular, computador, etc. que faz gravações. [Plural: *gravadores*.]

gravar (gra.**var**) *verbo* **1.** Guardar na cabeça, na memória: *Maria já gravou o nome de seus novos colegas da escola.* **2.** Registrar som ou imagem em CD, DVD, filme, etc.: *Aquela cantora de quem você é fã gravou um novo CD.* **3.** Guardar em um CD, *pen drive*, computador, etc.: *José digitou o trabalho e depois o gravou.*

gravata (gra.**va**.ta) *substantivo feminino* Faixa de tecido que se pendura no pescoço e que é usada geralmente pelos homens: *O pai de Tiago usava um paletó preto e uma gravata azul com bolinhas.*

grave (gra.ve) *adjetivo de 2 gêneros* **1.** Que pode ter resultado sério; que precisa de cuidado: *O avô daquele menino tem uma doença grave.* **2.** Diz-se do som baixo e forte: *Este cantor tem voz grave.*

grávida (**grá**.vi.da) *substantivo feminino* Mulher que espera um bebê: *As grávidas têm preferência para sentar neste banco do metrô.*

gravidez (dêz) (gra.vi.**dez**) *substantivo feminino* Situação da mulher que espera um bebê, ou das fêmeas dos animais que esperam um filhote: *A gravidez das mulheres dura cerca de nove meses.* [Plural: *gravidezes*.]

graviola (gra.vi.**o**.la) *substantivo feminino* Árvore de flores amareladas que dá um fruto também chamado graviola, usado para fazer doces, sucos e sorvetes: *Maria gosta muito de iogurte de graviola.* **437**

gravura (gra.**vu**.ra) *substantivo feminino* Desenho impresso num papel, etc.: *Este livro tem belas gravuras.*

grelha (gré) (**gre**.lha) *substantivo feminino* Peça formada por barras de ferro sobre a qual se assam alimentos, sem precisar usar óleo ou outro tipo de gordura. [No Sul do Brasil e em algumas cidades do Sudeste, as pessoas falam *grelha* com ê.]

grifar (gri.**far**) *verbo* Sublinhar ou marcar de alguma forma: *No exercício, a professora pediu para grifarmos as palavras de gênero feminino.*

grilo (**gri**.lo) *substantivo masculino* Inseto saltador que vive nas árvores ou à beira da água. O grilo come de tudo. O macho faz um ruído especial para chamar as fêmeas: *Um grilo cantava no jardim.* **441**

gripado (gri.**pa**.do) *adjetivo* Que está com gripe: *O menino está muito gripado, disse o médico.*

gripe (**gri**.pe) *substantivo feminino* Doença parecida com o resfriado, só que mais forte. Quem tem gripe está *gripado*: *Marcos não foi à aula porque está com gripe.*

gritar (gri.**tar**) *verbo* **1.** Dar gritos; berrar: *Joana gritou quando viu a cobra.* **2.** Falar muito alto: *Rui estava longe e gritei para ele me ouvir.*

gritaria (gri.ta.**ri**.a) *substantivo feminino* Uma série de gritos ou de muitas vozes ao mesmo tempo: *A gritaria das crianças acordou o bebê.*

grito (**gri**.to) *substantivo masculino* Voz muito alta, que pode ser ouvida de longe: *André deu um grito para chamar os amigos que iam na frente.*

grosseiro (gros.**sei**.ro) *adjetivo* **1.** Que não tem boa qualidade: *Este pano grosseiro não serve para fazer minha camisa.* **2.** Que não é gentil; indelicado: *— Menino, não seja grosseiro. Peça desculpas a sua avó.*

grosso (grôs) (**gros**.so) *adjetivo* **1.** Que não é fino: *Este papel é grosso demais para fazer uma pipa.* **2.** De grande circunferência: *Um tronco de árvore grosso.*

grudar (gru.**dar**) *verbo* Colar uma coisa em outra: *Carlos grudou as fotos de seus primos no álbum.*

grupo (**gru**.po) *substantivo masculino* Conjunto de pessoas ou de coisas: *A professora dividiu os alunos em cinco grupos. Uva, laranja e pera estão no grupo das minhas frutas preferidas.*

gruta (**gru**.ta) *substantivo feminino* Caverna natural ou artificial: *Luís visitou as* **grutas** *de Maquiné, em Minas Gerais.*

guache (**gua**.che) *substantivo masculino* Tinta bem fraca, porém mais forte que a aquarela, usada em pintura (também chamada *guache*) sobre papel ou cartão: *Hilda pintou com* **guache** *azul, verde, amarelo e marrom uma linda paisagem.*

guaiamu (guai.a.**mu**) *substantivo masculino* Caranguejo de casca azul, com cerca de 10 centímetros, que habita lugares com muita lama e próximos ao mar, da Flórida (nos Estados Unidos) até o Sudeste brasileiro. 441

guará (gua.**rá**) *substantivo masculino* É o mesmo que *lobo-guará*. 442

guaraná (gua.ra.**ná**) *substantivo masculino* **1.** Planta natural da Amazônia. Dá frutos (também chamados *guaraná*) que, depois de torrados e moídos, são usados por alguns indígenas como alimento. Com esses frutos é feita também uma bebida usada como refresco ou como remédio. **2.** Refresco ou refrigerante feito com guaraná: *Célia comprou na lanchonete um pastel e um* **guaraná**.

guarda (**guar**.da)
guarda • *substantivo feminino* Atividade de guardar: *A* **guarda** *do palácio é feita por soldados.*
guarda • *substantivo de 2 gêneros* Pessoa que trabalha guardando ou vigiando alguma coisa; vigia: *Em algumas cidades, uma das funções dos* **guardas** *municipais é cuidar do trânsito.*

guarda-chuva (**guar**.da-**chu**.va) *substantivo masculino* Objeto com um cabo e uma armação de varas móveis, coberta por um material que não deixa passar a água, e que é usado para proteger as pessoas contra a chuva ou o sol forte: *Começou a chover e meu tio abriu logo o* **guarda-chuva**. [Plural: *guarda-chuvas*.]

guardar (guar.**dar**) *verbo* **1.** Vigiar com o objetivo de proteger: *Este cão* **guarda** *a minha casa.* **2.** Pôr em determinado lugar para que não se perca, estrague, etc.: *Luísa* **guardou** *a boneca na gaveta.* **3.** Não falar para ninguém: *Paulo* **guardou** *o segredo que lhe contei.*

guarda-roupa (**guar**.da-**rou**.pa) *substantivo masculino* Armário onde se guarda roupa: *Pedro pendurou suas calças e camisas no* **guarda-roupa**. [Plural: *guarda-roupas*.]

guarda-sol (**guar**.da-**sol**) *substantivo masculino* Espécie de guarda-chuva muito grande que, nas praias, piscinas, etc., serve para proteger as pessoas do sol: *Quando vou à praia, fico muito tempo debaixo do* **guarda-sol**. [Plural: *guarda-sóis*.]

guariba (gua.**ri**.ba) *substantivo masculino e feminino* É o mesmo que *bugio*. 439

gude (**gu**.de) *substantivo masculino* Jogo infantil com bolinhas de gude, em que duas ou mais crianças disputam para ver quem consegue 'matar' mais bolinhas do adversário. Há mais de uma forma de jogar: numa dessas formas, procura-se fazer com que as bolinhas entrem em três buracos pequenos cavados no chão; em outra, tenta-se fazer com que uma das bolinhas atinja a bolinha do adversário de maneira que ela saia de dentro do círculo, ou da metade do círculo, desenhado no chão. [Outros nomes: *búraca* e *búrica*.]

guelra ▶ guria **Gg**

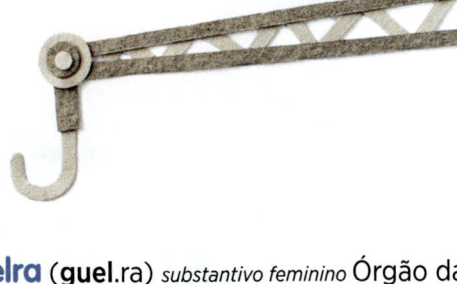

guelra (**guel**.ra) *substantivo feminino* Órgão da respiração de muitos animais que vivem na água. É também chamado de *brânquia*: *Os peixes respiram pelas guelras, e os mamíferos respiram pelos pulmões.*

guerra (**guer**.ra) *substantivo feminino* **1.** Luta com armas entre nações ou entre grupos de pessoas de ideias diferentes: *Houve uma guerra entre a França e a Inglaterra que durou 100 anos.* **2.** Combate, luta: *A guerra contra o fumo pode salvar muitas vidas.*

guerreiro (guer.**rei**.ro)
guerreiro • *adjetivo* **1.** Da guerra, ou relativo a ela. **2.** Que luta, combate. **3.** Que tem a coragem e a força de um guerreiro.
guerreiro • *substantivo masculino* Aquele que luta, que combate nas guerras: *No desenho animado Os Cavaleiros do Zodíaco, os personagens principais são jovens guerreiros.*

guia (**gui**.a)
guia • *substantivo de 2 gêneros* Pessoa que acompanha viajantes para mostrar-lhes o caminho e dar-lhes informações sobre os lugares visitados: *O guia mostrou aos turistas os lugares mais bonitos da cidade.*
guia • *substantivo masculino* Livro ou revista que indica os lugares interessantes de uma cidade: *Comprei um guia da cidade de João Pessoa.*

guidom (gui.**dom**) *substantivo masculino* Barra na bicicleta e na motocicleta em que se seguram o ciclista e o motoqueiro ao dirigi-las. Guidom também é a barra em que segura quem anda de patinete: *Minha bicicleta tem uma buzina no guidom.* [Plural: *guidons*.]

guindaste (guin.**das**.te) *substantivo masculino* Máquina usada para levantar coisas pesadas: *Foi preciso um guindaste para erguer a enorme pedra que rolou para a estrada.*

guitarra (gui.**tar**.ra) *substantivo feminino* Instrumento musical de cordas: *O irmão de André toca guitarra. Ele é guitarrista.* **434**

guloseima (gu.lo.**sei**.ma) *substantivo feminino* Doce ou outra comida gostosa: *Na festa havia várias guloseimas, cada uma melhor do que a outra.*

guloso (lô) (gu.**lo**.so) *adjetivo* Que gosta muito de doces e comidas gostosas; que come muito: *Carlos é um menino guloso.*

guri (gu.**ri**) *substantivo masculino* Menino: *Este guri joga bola muito bem.* [Feminino: *guria*.]

guria (gu.**ri**.a) *substantivo feminino* Menina: *— Que guria simpática!*

habilidade (ha.bi.li.**da**.de) *substantivo feminino*
 1. Facilidade de trabalhar com alguma coisa: *Mamãe tem muita **habilidade** com as mãos, ela faz lindos bordados.* **2.** Facilidade de mexer ou de brincar com alguma coisa: *Paulo tem muita **habilidade** com a bola.*

habitação (ha.bi.ta.**ção**) *substantivo feminino*
 O lugar ou a casa onde se mora; residência; moradia: *Há, nesta rua, algumas **habitações** de madeira.* [Plural: *habitações*.]

habitante ▶ harmonia **Hh**

Uma visita a Goiás

habitante (ha.bi.**tan**.te) *substantivo de 2 gêneros* Morador de um lugar: *Cidades grandes, como São Paulo e Rio de Janeiro, têm milhões de* **habitantes**.

habitar (ha.bi.**tar**) *verbo* Morar; viver: *Nós* **habitamos** *no planeta Terra. Os gorilas* **habitam** *algumas florestas da África.*

hábitat (**há**.bi.tat) *substantivo masculino* É um lugar na natureza com condições especiais que tornam possível a uma espécie de bicho ou de planta viver ali.

hábito (**há**.bi.to) *substantivo masculino* Alguma coisa que a gente faz sempre: *Luísa tem o bom* **hábito** *de lavar as mãos antes das refeições.*

hálito (**há**.li.to) *substantivo masculino* **1.** Ar que se expira. **2.** O cheiro que sai da boca das pessoas: *João tem bom* **hálito** *porque nunca se esquece de escovar os dentes.*

hambúrguer (ham.**búr**.guer) *substantivo masculino* Bife de carne moída e temperada com sal, cebola, etc., e que se come, geralmente, dentro de um pão redondo: *Aos sábados, meu pai faz* **hambúguer** *ou pizza para o lanche.* [Plural: *hambúrgueres*.]

→ **hamster** (*rêmister ou râmister*) [Inglês] *substantivo masculino* Pequeno animal mamífero, roedor, de cauda curta e pelo macio: *Carolina cuida do seu* **hamster** *com carinho.*

handebol (han.de.**bol**) *substantivo masculino* Esporte de bola jogado em quadra parecida com a de futebol de salão, no qual o objetivo é fazer gols, mas com as mãos: *No jogo de* **handebol** *com meus amigos, eu fui o goleiro.*

harmonia (har.mo.**ni**.a) *substantivo feminino* **1.** Combinação entre coisas diferentes: *Há muita* **harmonia** *entre o azul do céu e o verde da floresta.* **2.** Paz: *Na história, os bichos mais diferentes viviam em* **harmonia**.

Hh haste ▶ heroína

haste (**has**.te) *substantivo feminino* **1.** Peça fina, de madeira, plástico, metal, etc.: *Uma das hastes dos óculos de papai quebrou.* **2.** É o mesmo que *caule*: *A rosa que Luzia pôs no jarro tem a haste comprida.* 435

haver (ha.**ver**) *verbo* **1.** Existir: *Havia muitas árvores no pomar.* **2.** Acontecer: *Ontem houve uma festa na cidade.* **3.** Fazer; passar-se (um tempo): *Há dois dias não te vejo. Havia quase um mês que não chovia.*

hélice (**hé**.li.ce) *substantivo feminino* Peça formada por duas ou mais pás unidas a um ponto em torno do qual elas giram. A hélice, ao girar, pode pôr em movimento aviões, navios, helicópteros, etc.: *— Menino, não ponha a mão na hélice do ventilador. Você vai se machucar!*

helicóptero (he.li.**cóp**.te.ro) *substantivo masculino* Aeronave que se sustenta no ar por meio de grandes hélices que ficam em sua parte superior. O helicóptero se eleva e pousa sem ter de percorrer uma pista, ele apenas sobe ou desce, onde estiver. Pode se deslocar para a frente, para trás e para os lados: *O helicóptero parado sobre o parque fazia um enorme barulho.* 446

hemisfério (he.mis.**fé**.rio) *substantivo masculino* Cada uma das metades da Terra, dividida pelo equador: *O Brasil é um país do hemisfério sul, e o Canadá é um país do hemisfério norte.*

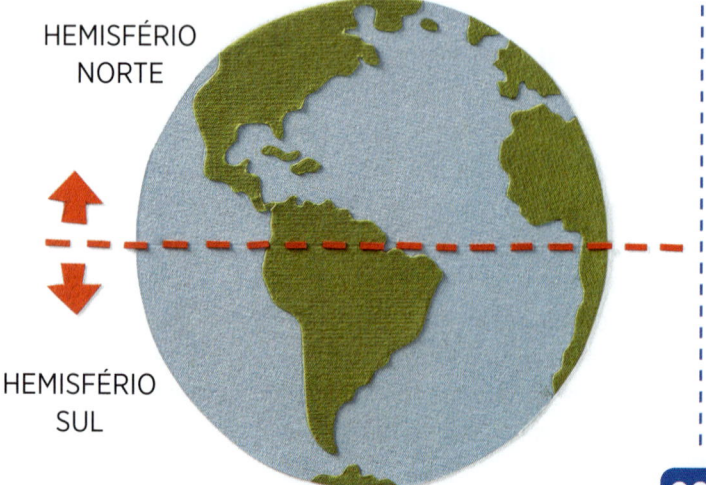

HEMISFÉRIO NORTE

HEMISFÉRIO SUL

hemorragia (he.mor.ra.**gi**.a) *substantivo feminino* Perda de sangue causada por ferimento, doença, etc.: *Minha amiga arrancou um dente e teve uma pequena hemorragia.*

hepatite (he.pa.**ti**.te) *substantivo feminino* Inflamação do fígado: *Meu tio teve hepatite, mas agora está curado.*

herança (he.**ran**.ça) *substantivo feminino* Dinheiro ou outros bens que alguém deixa, ao morrer, para outra pessoa: *Minha avó deixou suas joias como herança para minha mãe.*

herbívoro (her.**bí**.vo.ro) *adjetivo* Diz-se de animal que se alimenta de vegetais: *O boi é um animal herbívoro.*

herdar (her.**dar**) *verbo* **1.** Tornar-se dono por herança: *Dona Ana herdou uma casa da mãe.* **2.** Tornar-se dono de alguma coisa que era de outra pessoa: *João sempre herda as calças do seu irmão mais velho.*

herói (he.**rói**) *substantivo masculino* **1.** Homem, rapaz ou menino que é conhecido por sua coragem ou pelas coisas incríveis que fez: *O bombeiro foi um herói. Salvou vidas no terrível incêndio.* **2.** O personagem principal de um romance, uma peça teatral, uma novela, etc. O herói a gente chama geralmente de *mocinho*: *O herói da história é um indígena muito valente.* [Feminino: *heroína*.]

heroína (he.ro.**í**.na) *substantivo feminino* **1.** Mulher, moça ou menina que é conhecida por sua coragem ou pelas coisas incríveis que fez: *Ana Néri, Joana Angélica, Maria Quitéria, Anita Garibaldi e Elza Cansanção Medeiros são algumas das heroínas brasileiras.* **2.** A personagem feminina principal de um romance, uma peça teatral, uma novela, etc. A heroína a gente chama geralmente de *mocinha*: *A heroína do filme é uma menina que canta e dança.*

hidratante (hi.dra.**tan**.te) *substantivo masculino* Produto que a gente passa na pele ou nos cabelos para que eles não fiquem muito secos: *Rita passou um hidratante no corpo depois do banho.*

hidrelétrica (hi.dre.**lé**.tri.ca) *substantivo feminino* Conjunto de construções feitas num rio e que tem por objetivo aproveitar a força da água para gerar energia elétrica: *A hidrelétrica de Itaipu fica no rio Paraná na fronteira do Brasil com o Paraguai.* [Também se diz *hidroelétrica*.]

hiena (hi.**e**.na) *substantivo feminino* Animal carnívoro, da África e do sul da Ásia, que caça em bando e se alimenta também dos restos de animais em decomposição: *A hiena produz um som que parece uma risada.* 441

hífen (**hí**.fen) *substantivo masculino* Sinal de escrita que é uma espécie de traço curtinho que a gente usa, por exemplo: a) para no fim da linha separar uma palavra em duas partes: *sorve-te*; b) para separar as sílabas de uma palavra: *ca-der-no*; c) no meio de uma palavra, que é formada por outras duas palavras: *cachorro-quente*; d) num vocábulo formado por três ou mais palavras: *tigre-de-dentes-de-sabre, açafrão-da-terra*; e) no início de uma palavra que é formada por um início de palavra (que a gente chama de prefixo) e por uma palavra mesmo: *anti-higiênico*. [Plural: *hifens*.]

higiene (hi.gi.**e**.ne) *substantivo feminino* A limpeza e o cuidado do próprio corpo, da casa em que se mora, dos alimentos, etc.; asseio: *Bons hábitos de higiene ajudam a ter boa saúde.*

higiênico (hi.gi.**ê**.ni.co) *adjetivo* **1.** Que se preocupa com a higiene, como, por exemplo, lavar as mãos antes das refeições e depois de ir ao banheiro: *Filipe é um menino higiênico, fez xixi e depois lavou as mãos.* **2.** Que se usa para higiene: *Um rolo de papel higiênico.*

hino (**hi**.no) *substantivo masculino* Música que fala de um país, um time de futebol, etc., com admiração: *Antes do início da partida os jogadores brasileiros cantaram o hino nacional.*

hipopótamo (hi.po.**pó**.ta.mo) *substantivo masculino* Animal herbívoro, muito grande e pesado, de pernas curtas. Vive em rios e lagos da África ou às suas margens. O hipopótamo é um mamífero que tem o couro duro e liso, sem pelos. Passa muito mais tempo na água do que em terra: *Fomos ao zoológico e vimos um filhote de hipopótamo nadando em companhia da mãe.* 442

história (his.**tó**.ria) *substantivo feminino* **1.** Tudo aquilo que acontece na vida dos personagens de um livro, etc.: *Gosto de ler histórias de aventuras.* **2.** Aquilo que se conta, nas aulas, nos livros, nos programas, nas conversas (com quem sabe um pouco mais), etc. que aconteceu com os seres humanos que viveram em diferentes épocas e lugares: *O pai de Ivo deu uma aula sobre a história do Brasil para as crianças da rua.* **3.** Tudo aquilo que pertence a uma ciência ou a uma arte: *A história da aviação, da música, etc.* **4.** A matéria em que a gente estuda a história (2): *Meu irmão ontem teve aula de História.* ◆ **História em quadrinhos.** Série de desenhos em quadrados, retângulos, etc., que contam uma história na qual os personagens têm suas falas e seus pensamentos escritos em espaços chamados balões: *Bruno adora ler histórias em quadrinhos.* [Há histórias em quadrinhos só com desenhos, sem nada escrito.]

historiador (dôr) (his.to.ri.a.**dor**) *substantivo masculino* Aquele que estuda tudo aquilo que os homens fizeram e o que aconteceu com eles ou com o mundo, ao longo do tempo: *Rafael é historiador e dá aula de História numa escola.* [Plural: *historiadores*. Feminino: *historiadora*.]

Hh historiadora ▸ hortaliça

historiadora (dô) (his.to.ri.a.do.ra) *substantivo feminino* Aquela que estuda tudo aquilo que os homens fizeram e o que aconteceu com eles ou com o mundo, ao longo do tempo.

histórico (his.tó.ri.co) *adjetivo* Da história do mundo, de um país, de um povo, de uma época: *A professora me indicou os livros em que eu poderia pesquisar os dados históricos do trabalho.*

hoje (ho.je) *advérbio* **1.** No dia em que estamos: *Hoje está chovendo.* **2.** No tempo em que estamos; atualmente: *Hoje os automóveis são muito mais velozes do que antigamente.*

homem (ho.mem) *substantivo masculino* **1.** Qualquer ser humano: *O homem ouve menos que o cachorro e enxerga menos que a águia.* **2.** A humanidade: *A história do homem é muito antiga.* **3.** Ser humano do sexo masculino: *Somos cinco irmãos: três mulheres e dois homens.* [Plural: *homens*.]

honestidade (ho.nes.ti.da.de) *substantivo feminino* Característica própria de uma pessoa honesta: *Minha mãe sempre me diz que devemos agir com honestidade.*

honesto (ho.nes.to) *adjetivo* Que age de acordo com aquilo que é certo, correto: *Uma pessoa honesta não rouba e não engana os outros.*

hora (ho.ra) *substantivo feminino* **1.** Período de 60 minutos: *A Terra leva 24 horas para dar uma volta completa sobre si mesma. Um dia tem, então, 24 horas.* **2.** Momento, ocasião: *Está muito tarde, não é hora de sair.*

horário (ho.rá.rio) *substantivo masculino* **1.** A hora que uma pessoa combina com outra para fazerem algo juntas: *Marquei um encontro com Luís no cinema, mas não cheguei no horário.* **2.** Período de funcionamento de loja, banco, etc.: *O horário do supermercado do meu bairro é das 8 às 20 horas.*

horizontal (ho.ri.zon.tal) *adjetivo de 2 gêneros* Que tem o mesmo sentido da linha do horizonte: *Quando deitamos na cama, ficamos na posição horizontal.* [Plural: *horizontais*.]

horizonte (ho.ri.zon.te) *substantivo masculino* Lugar que fica lá longe (até onde o nosso olhar alcança), no qual parece que a terra (ou o mar) e o céu se encontram: *Desta janela vejo o mar e lá longe, no horizonte, um navio.*

horrível (hor.rí.vel) *adjetivo de 2 gêneros* **1.** Que é tão feio que causa medo: *Esta máscara horrível vai assustar as crianças.* **2.** Muito ruim; péssimo: *A estrada ficou horrível por causa da chuva. Achei o filme horrível.* [Plural: *horríveis*.]

horror (rôr) (hor.ror) *substantivo masculino* **1.** É o mesmo que *terror* (1 e 2). **2.** Coisa muito feia ou muito ruim: *Este vestido está um horror. Esta comida está um horror.* [Plural: *horrores*.]

horta (hor.ta) *substantivo feminino* Lugar onde se cultivam legumes e hortaliças: *Tia Laura plantou couve e jiló na horta que há no quintal.*

hortaliça (hor.ta.li.ça) *substantivo feminino* Nome comum a diversas plantas comestíveis, com que se fazem saladas e outras comidas: *A alface, o quiabo e o espinafre são hortaliças.*

hortelã (hor.te.**lã**) *substantivo feminino* Planta usada como tempero e também em salada, da qual se tira um óleo que serve para fazer balas, etc.: *Mário gosta muito de suco de abacaxi com* **hortelã**. [Outro nome: *menta*.] [Plural: *hortelãs*.]

hóspede (**hós**.pe.de) *substantivo de 2 gêneros* **1.** Pessoa que mora por algum tempo em casa de outra: *João é* **hóspede** *em casa de Marta*. **2.** Pessoa que mora por certo tempo em hotel: *Os* **hóspedes** *deixam a chave do quarto no hotel, quando saem*.

hospital (hos.pi.**tal**) *substantivo masculino* Lugar no qual se internam e se tratam pessoas doentes e feridas: *Nos* **hospitais**, *ou mesmo perto deles, é proibido fazer barulho*. [Plural: *hospitais*.]

hotel (ho.**tel**) *substantivo masculino* Lugar onde se alugam quartos com móveis (cama, armário, etc., às vezes com tevê, geladeira, etc.), para a gente passar um ou mais dias. Em alguns hotéis se servem refeições: *Nas férias, ficaremos num* **hotel** *próximo à praia*. [Plural: *hotéis*.]

humanidade (hu.ma.ni.**da**.de) *substantivo feminino* O conjunto de todos os seres humanos: *A* **humanidade** *precisa acabar com as guerras para sempre*.

humano (hu.**ma**.no) *adjetivo* **1.** Que é próprio do homem: *O corpo* **humano** *é formado de cabeça, tronco e membros*. **2.** Que tem bom coração; bondoso: *Paulo é muito* **humano**, *fica triste quando vê alguém sofrendo*.

humildade (hu.mil.**da**.de) *substantivo feminino* **1.** Sentimento de quem não demonstra vaidade nem orgulho ao falar, agir, etc. **2.** Jeito de agir e de falar de quem é simples. **3.** Condição ou situação de quem não tem dinheiro para quase nada.

humilde (hu.**mil**.de) *adjetivo de 2 gêneros* **1.** Que não tem muito dinheiro; pobre: *Na história, o alfaiate* **humilde** *casou com a moça rica*. **2.** Que é simples, sem luxo ou enfeite: *João mora numa casa* **humilde**. **3.** Que tem humildade (1).

humo (**hu**.mo) *substantivo masculino* Produto que há no solo e que é o resultado da decomposição de folhas, galhos, insetos, etc., e que serve de alimento para as plantas: *Esta terra tem muito* **humo**, *vai dar uma bela horta*. [Outra forma: *húmus*.]

humor (môr) (hu.**mor**) *substantivo masculino* **1.** Capacidade de apreciar ou de dizer coisas divertidas, engraçadas; graça: *Álvaro conta histórias sempre com muito* **humor**. **2.** O modo como alguém está se sentindo. Se está alegre, satisfeito, dizemos que está com bom humor, ou bem-humorado, se está triste ou zangado, dizemos que está com mau humor, ou mal-humorado. [Plural: *humores*.]

humorista (hu.mo.**ris**.ta) *substantivo de 2 gêneros* **1.** Pessoa que fala ou escreve coisas divertidas, engraçadas: *O* **humorista** *diz coisas engraçadas*. **2.** Ator ou atriz que faz peças teatrais ou programas que fazem rir. [Outro nome: *comediante*.]

iate (i.**a**.te) *substantivo masculino* Embarcação à vela ou a motor, usada para passear ou competir. 446

■ IBGE ▶ idêntico

■ **IBGE** Sigla de *Fundação Instituto Brasileiro de Geografia e Estatística*. O IBGE é um órgão da administração pública federal que tem a função de produzir (com pesquisas, coletas, etc.) dados de diferentes tipos (quantos somos, quem somos, onde moramos, o que fazemos, como vivemos, o que produzimos, o que consumimos, etc.) e analisar as informações obtidas, de modo que essas informações e dados ajudem o governo federal e os governos estaduais e municipais, e também empresas e instituições, entre outras coisas, a conhecer e a entender a nossa realidade social, econômica, cultural, etc.: *É possível ter acesso a muitas informações no site do **IBGE**: www.ibge.gov.br.*

➔ **iceberg** (aicibérgui) [Inglês] *substantivo masculino* Grande bloco de gelo que flutua no oceano: *O navio quase se chocou com o **iceberg**.*

ícone (í.co.ne) *substantivo masculino* Nos programas, na tela do computador, figura que representa um objeto, um arquivo, etc.: *O **ícone** do e-mail é o desenho de um envelope.*

ida (i.da) *substantivo feminino* **1.** Movimento de ir a um lugar ou de caminhar para ele: *Na **ida** para a escola, encontrei o João.* **2.** Viagem: *A primeira **ida** do homem à Lua foi em 1969.*

idade (i.**da**.de) *substantivo feminino* **1.** Número de anos de vida de uma pessoa ou de um animal, ou número de anos de existência de alguma coisa: *Eduardo tem quatro anos de **idade**. Não sei a **idade** desta igreja.* **2.** Época ou fase da vida: *Mariana já está na **idade** de ir à escola.* **3.** Período da história da humanidade: *Na **Idade** da Pedra os homens moravam em cavernas.*

ideal (i.de.**al**) *adjetivo de 2 gêneros* Diz-se daquilo que é tão bom que geralmente só existe na ideia (3) da gente. [Plural: *ideais*.]

ideia (déi) (i.**dei**.a) *substantivo feminino* **1.** Invenção, criação: *Este novo brinquedo foi **ideia** do Paulo.* **2.** Plano, projeto: *Estou com a **ideia** de viajar nas férias.* **3.** Pensamento: *Esta história triste não me sai da **ideia**.*

idêntico (i.**dên**.ti.co) *adjetivo* Que é igual: *Os dois vasos eram **idênticos**.*

Uma visita ao Maranhão

209

identidade (i.den.ti.**da**.de) *substantivo feminino*
1. É a característica do que é semelhante, do que é igual: *A **identidade** dos nossos sentimentos uniu a todos nós, naquela hora de alegria: É campeão! O Brasil é campeão!*
2. É também aquilo que diz quem somos, que nos caracteriza, nos diferencia dos demais. A *identidade* é o conjunto de todas as nossas características. Cada pessoa tem a sua. Cada família, cada comunidade, cada estado, cada país, cada povo, etc. tem sua própria identidade. Tem seu modo de falar, de pensar, de crer, de comer, de sentir, de vestir, etc., e de viver, por ser quem é. **3.** É o documento que diz quem a gente é, quantos anos tem, quem são os pais da gente, onde a gente nasceu: *Meu pai levou o meu irmão de doze anos para tirar a **identidade**.* [Também se diz nessa acepção *carteira de identidade*.]

identificar (i.den.ti.fi.**car**) *verbo* **1.** Saber dizer o que ou quem é; reconhecer: *Não teve problemas para **identificar** a sua mala na esteira do aeroporto, porque amarrou nela uma fita azul.* **2.** Apresentar-se, por meio de documento ou não: *Antes de entrar, **identificou**-se para o porteiro.* **3.** Perceber as semelhanças existentes entre a gente e uma outra pessoa: *Ana se **identificou** com o novo colega logo que se conheceram.*

idioma (i.di.**o**.ma) *substantivo masculino* Língua falada em um país ou em uma região: *O nosso **idioma** é o português. Lúcia fala dois **idiomas**: português e inglês.*

idoso (dô) (i.**do**.so)
idoso • *adjetivo* Que tem muitos anos de vida: *Meus quatro avós são **idosos**. Segundo o Estatuto do Idoso, a pessoa é **idosa** quando tem 60 anos ou mais.*
idoso • *substantivo masculino* Homem idoso. [Feminino: *idosa* (dó).]

igarapé (i.ga.ra.**pé**) *substantivo masculino* Pequeno rio da Amazônia, em que, geralmente, se pode navegar.

iglu (i.**glu**) *substantivo masculino* Casa dos esquimós, feita com blocos de gelo. Tem a forma da metade de uma laranja com a parte mais larga voltada para baixo.

ignorar (ig.no.**rar**) *verbo* Não saber: *Os meninos ainda **ignoravam** onde seria a festa*

igual (i.**gual**) *adjetivo de 2 gêneros* **1.** Que tem a mesma forma externa: *Esta casa é muito bonita, quero ter uma **igual** a ela.* **2.** Que tem o mesmo valor ou a mesma quantidade: *Gustavo dividiu o bolo em quatro partes **iguais**.* [Plural: *iguais*.]

ilegal (i.le.**gal**) *adjetivo de 2 gêneros* Que não está de acordo com o que as leis dizem que é certo ou que pode ser feito: *Avançar o sinal vermelho é **ilegal**.* [Plural: *ilegais*.]

ilegível (i.le.**gí**.vel) *adjetivo de 2 gêneros* Que não se pode ler: *O bilhete de Rosa era **ilegível**.* [Plural: *ilegíveis*.]

ilha (i.lha) *substantivo feminino* Massa de terra firme, de extensão variada, cercada de água por todos os lados: *A maior **ilha** do Brasil e de toda a América do Sul é a **ilha** de Marajó.*

iluminação (i.lu.mi.na.**ção**) *substantivo feminino*
1. Quantidade de luz que chega a um lugar: *A caverna tinha pouca **iluminação**.* **2.** O conjunto dos equipamentos que servem para iluminar: *A prefeitura trocou toda a **iluminação** da rua.* [Plural: *iluminações*.]

iluminar ▶ imortal

iluminar (i.lu.mi.**nar**) *verbo* Encher de luz; tornar claro: *Acendi a lâmpada para **iluminar** o jardim. O luar **ilumina** a floresta.*

ilustração (i.lus.tra.**ção**) *substantivo feminino* Imagem, desenho ou figura: *Este livro tem belas **ilustrações**.* [Plural: *ilustrações*.]

ilustrador (dôr) (i.lus.tra.**dor**) *substantivo masculino* Homem ou rapaz que faz ilustrações para livros, revistas, etc. [Plural: *ilustradores*. Feminino: *ilustradora*.]

ilustradora (dô) (i.lus.tra.**do**.ra) *substantivo feminino* Mulher ou moça que faz ilustrações para livros, revistas, etc.

ímã (**í**.mã) *substantivo masculino* Objeto metálico capaz de atrair outros corpos metálicos, ou que se prende a eles: *Mamãe comprou vários **ímãs** com enfeites para pôr na porta da geladeira.* [Plural: *ímãs*.]

imagem (i.**ma**.gem) *substantivo feminino* **1.** Representação de pessoa, coisa, etc., por meio de desenho, fotografia, etc. **2.** Representação de um santo ou de um deus: *Meu avô trouxe da Grécia uma **imagem** da deusa Atena.* **3.** Reflexo de pessoa ou de coisa no espelho, ou em outra superfície que reflete: *Ana viu sua **imagem** nas águas do lago.* **4.** Aquilo que se vê numa tela de televisão ou de cinema: *Nossa televisão nova tem ótima **imagem**.* [Plural: *imagens*.]

imaginação (i.ma.gi.na.**ção**) *substantivo feminino* **1.** Representação de imagens no pensamento; fantasia: *Em sua **imaginação**, José se viu passeando na Lua.* **2.** Capacidade de criar, de inventar: *Emília tem muita **imaginação**, diverte as amigas com suas histórias.* [Plural: *imaginações*.]

imaginar (i.ma.gi.**nar**) *verbo* Criar por meio da imaginação; fantasiar, inventar: *Diana **imaginou** que viajava pelo espaço. Os escritores **imaginam** as histórias que escrevem.*

imaginário (i.ma.gi.**ná**.rio) *adjetivo* Que só existe na imaginação: *As fadas são seres **imaginários**.*

imbu (im.**bu**) *substantivo masculino* É o mesmo que *umbu*. **438**

imediatamente (i.me.di.a.ta.**men**.te) *advérbio* Sem demora; logo: *Com a chegada do professor, os alunos se calaram **imediatamente**.*

imenso (i.**men**.so) *adjetivo* Muito grande; enorme: *Esta casa é **imensa**, tem 8 quartos.*

imigrante (i.mi.**gran**.te) *substantivo de 2 gêneros* Pessoa que imigra: *No Brasil, há **imigrantes** de várias partes do mundo. Os filhos e os netos dos **imigrantes** nascidos aqui são brasileiros.*

imigrar (i.mi.**grar**) *verbo* Entrar num país estrangeiro para nele viver: *Meu avô **imigrou** para o Brasil quando tinha 9 anos.*

imitação (i.mi.ta.**ção**) *substantivo feminino* Aquilo que alguém faz ao imitar pessoa ou animal: *A **imitação** que Luís faz do canto do canário é perfeita.* [Plural: *imitações*.]

imitador (dôr) (i.mi.ta.**dor**) *adjetivo* Que imita algo ou alguém. [Plural: *imitadores*. Feminino: *imitadora*.]

imitar (i.mi.**tar**) *verbo* Fazer, ou procurar fazer, exatamente o que faz uma pessoa ou um animal, um robô, etc.: *Meu irmãozinho pôs os óculos para **imitar** papai.*

imobilizar (i.mo.bi.li.**zar**) *verbo* Fazer ficar imóvel; tirar os movimentos de uma pessoa, animal, etc.: *Mário venceu Carlos no judô porque o **imobilizou** com um golpe.*

imortal (i.mor.**tal**) *adjetivo de 2 gêneros* Que não morre; eterno: *No filme, o vampiro vivia há muitos séculos, mas não era **imortal**.* [Plural: *imortais*.]

Ii   imóvel ▶ imundo

imóvel (i.**mó**.vel)
imóvel • *adjetivo de 2 gêneros* Sem movimento; parado: *Escondeu-se e ficou **imóvel** para que não o vissem.*
imóvel • *substantivo masculino* Casa, prédio, propriedade, etc.: *Meu tio trabalha alugando e vendendo **imóveis**.*
[Plural: *imóveis*.]

impaciente (im.pa.ci.**en**.te) *adjetivo de 2 gêneros* Sem paciência: *Os pais não devem ser **impacientes** com os filhos.*

ímpar (**ím**.par) *adjetivo de 2 gêneros* Diz-se do número 1, do 3, do 5, do 7, do 9, do 11, do 13, do 15, do 17, do 19, do 21, etc.: *Sete é um número **ímpar**. — Quanto é sete dividido por dois?* [Plural: *ímpares*.]

impedir (im.pe.**dir**) *verbo* **1.** Não deixar que alguma coisa aconteça: *A chuva **impediu** nosso passeio ao zoológico.* **2.** Não permitir; proibir: *Mamãe **impediu**-me de ir à praia porque eu estava resfriado.*

imperador (dôr) (im.pe.ra.**dor**) *substantivo masculino* Aquele que governa um império: *Dom Pedro II foi o último imperador do Brasil.* [Plural: *imperadores*. Feminino: *imperatriz*.]

imperatriz (im.pe.ra.**triz**) *substantivo feminino* **1.** Aquela que governa um império. **2.** Esposa do imperador. [Plural: *imperatrizes*.]

império (im.**pé**.rio) *substantivo masculino* Nação governada por um imperador ou por uma imperatriz: *O Brasil foi um **império** de 1822 a 1889, ano em que Deodoro da Fonseca proclamou a República.*

implorar (im.plo.**rar**) *verbo* Pedir muito: *Na fábula, o Cordeiro **implorou** ao Lobo que não o comesse.*

importância (im.por.**tân**.cia) *substantivo feminino* O grande valor ou a grande utilidade: *Li sobre a **importância** do ar puro para a saúde.*

importante (im.por.**tan**.te) *adjetivo de 2 gêneros* **1.** Que tem grande valor: *O ferro é **importante** para a indústria.* **2.** Útil; necessário: *As plantas são **importantes** para a vida.*

impossível (im.pos.**sí**.vel) *adjetivo de 2 gêneros* Que não é possível; que não se pode fazer ou realizar: *Para o tamanduá, que não tem asas, é **impossível** voar.* [Plural: *impossíveis*.]

imprensa (im.**pren**.sa) *substantivo feminino* Conjunto dos jornais e revistas, e também outros meios de comunicação: rádio e televisão.

impressão (im.pres.**são**) *substantivo feminino* **1.** Ação ou atividade de imprimir. **2.** Marca ou sinal deixado pelo peso de um corpo sobre outro: *Joana deixou a **impressão** dos seus pés (sua pegada) na areia.* **3.** A percepção que temos de algo. [Plural: *impressões*.]

impresso (im.**pres**.so) *adjetivo* Que se imprimiu: *Papai prefere ler o jornal **impresso**. Ele não gosta de ler o jornal no computador.*

impressora (sô) (im.pres.**so**.ra) *substantivo feminino* Máquina usada para imprimir: *Júlia usa muito a **impressora** do seu computador.*

imprimir (im.pri.**mir**) *verbo* **1.** Fixar letras, desenhos, etc., em páginas de livro, revista, jornal, etc. **2.** Passar para o papel (aquilo que se digitou, copiou da Internet, etc.) por meio de uma impressora: *Marcela digitou um texto e depois o **imprimiu**.*

imundo (i.**mun**.do) *adjetivo* Muito sujo: *Beto brincou na lama e ficou **imundo**.*

inaugurar (i.nau.gu.**rar**) *verbo* Usar ou pôr em uso pela primeira vez: *O grupo João Teimoso **inaugurou** o teatro com uma peça infantil. Vamos **inaugurar** o novo campo de esportes da escola.*

incendiar (in.cen.di.**ar**) *verbo* Pôr fogo em; fazer queimar: *É proibido soltar balão, porque ao cair o balão pode **incendiar** a mata ou a casa de alguém.*

incêndio (in.**cên**.dio) *substantivo masculino* Fogo muito forte que se espalha com rapidez e queima, geralmente, o que não devia ser queimado: *O **incêndio** na floresta durou vários dias.*

inchaço (in.**cha**.ço) *substantivo masculino* Aumento do volume de uma parte do corpo, geralmente provocado por doença, mordida de inseto, pancada, etc.

inchar (in.**char**) *verbo* Aumentar de volume: *O joelho machucado de Carlos **inchou**.*

inclinar (in.cli.**nar**) *verbo* Desviar da linha reta, horizontal ou vertical: *Esta porta é muito baixa, **incline** a cabeça para passar.*

incolor (lôr) (in.co.**lor**) *adjetivo de 2 gêneros* Que não tem cor: *A água limpa é **incolor**.* [Plural: *incolores*.]

incomodar (in.co.mo.**dar**) *verbo* Tirar o sossego, a tranquilidade de alguém: *Pernilongo é um inseto que **incomoda** muito a gente.*

inconsciente (in.cons.ci.**en**.te) *adjetivo de 2 gêneros* Sem conhecimento do que ocorre a seu redor: *Paulo bateu a cabeça e desmaiou, ficando **inconsciente**.*

incorreto (in.cor.**re**.to) *adjetivo* Que não está correto; errado: *A professora disse que a conta estava **incorreta**.*

incrível (in.**crí**.vel) *adjetivo de 2 gêneros* **1.** Difícil de acreditar: *Lúcio contou uma história **incrível** a respeito de uma pescaria.* **2.** Diferente, fora do comum: *Flávia inventou uma brincadeira **incrível**.* [Plural: *incríveis*.]

indelicado (in.de.li.**ca**.do) *adjetivo* Que não é delicado; grosseiro: *É **indelicado** falar com a boca cheia de comida.*

independência (in.de.pen.**dên**.cia) *substantivo feminino* Liberdade para agir e decidir: *Tia Lúcia diz que só teve **independência** quando começou a trabalhar.*

independente (in.de.pen.**den**.te) *adjetivo de 2 gêneros* **1.** Que não depende de ninguém, que é livre: *Ricardo ficou **independente** quando foi morar sozinho.* **2.** Que não precisa da ajuda de ninguém: *Bernardo é um menino **independente**, já cuida de si mesmo.*

indicador (dôr) (in.di.ca.**dor**) *substantivo masculino* O dedo da mão que fica entre o polegar e o médio, também chamado de *fura-bolo*. [Plural: *indicadores*.]

indicar (in.di.**car**) *verbo* **1.** Mostrar com o dedo ou com outro sinal; apontar: *Pode me **indicar** onde fica a porta de saída?* **2.** Ensinar; mostrar: *O guarda **indicou** o caminho ao motorista.*

índice (**ín**.di.ce) *substantivo masculino* **1.** Lista de assuntos ou capítulos de um livro, uma revista, etc., com o número da página em que cada um começa: *Segundo o **índice**, a história do Gato de Botas começa na página 10.* **2.** Relação que mede alguma coisa: *O **índice** de acidentes de carros é muito alto no Brasil.*

Ii — indígena ▶ infância

indígena (in.**dí**.ge.na)
indígena • adjetivo de 2 gêneros Que pertence a um dos povos que já habitavam o Brasil, e as Américas, antes da chegada dos europeus: *Os guaranis são povos **indígenas** do Brasil e de países vizinhos.*
indígena • substantivo de 2 gêneros Pessoa que pertence a um dos povos indígenas; nativo. [Geralmente, os indígenas apresentam um tom de pele marrom-claro, meio avermelhado (isto é, um tanto vermelho). Outro nome: *índio*.]

índio (**ín**.dio) substantivo masculino Homem, rapaz ou menino que pertence a um povo indígena. [Feminino: *índia*.]

indisciplina (in.dis.ci.**pli**.na) substantivo feminino Comportamento ou ato contrário à disciplina: *O diretor da escola não aceita **indisciplina**.*

indisciplinado (in.dis.ci.pli.**na**.do) adjetivo Diz-se daquele que não obedece, que não respeita as regras: *Carlos é um menino inteligente mas um pouco **indisciplinado**.*

indispensável (in.dis.pen.**sá**.vel) adjetivo de 2 gêneros Que é mesmo necessário; que não se pode dispensar: *O oxigênio é **indispensável** à vida.* [Plural: *indispensáveis*.]

individual (in.di.vi.du.**al**) adjetivo de 2 gêneros Que é de um só indivíduo; para um só indivíduo: *A escova de dentes é um objeto de uso **individual**.* [Plural: *individuais*.]

indivíduo (in.di.**ví**.duo) substantivo masculino **1.** O ser humano, pensado como cada pessoa que faz parte de um grupo de pessoas, de um grupo social, de uma sociedade: *Todos os **indivíduos** têm direito à educação.* **2.** Pessoa desconhecida: *Um **indivíduo** se aproximou de mim para pedir uma informação.* **3.** Cada animal ou planta que faz parte de um grupo de animais ou de plantas que têm as mesmas características.

indústria (in.**dús**.tria) substantivo feminino **1.** Conjunto de atividades destinadas a fabricar produtos, produzir energia, extrair minerais, etc.: *A **indústria** brasileira é muito variada.* **2.** Lugar em que se fabrica alguma coisa; fábrica.

industrial (in.dus.tri.**al**) adjetivo de 2 gêneros Da indústria, ou produzido por ela: *O açúcar é um produto alimentar de fabricação **industrial**.* [Plural: *industriais*.]

inesquecível (i.nes.que.**cí**.vel) adjetivo de 2 gêneros Que não pode ser esquecido; que fica para sempre na lembrança: *A viagem que fiz ao Amazonas é **inesquecível**.* [Plural: *inesquecíveis*.]

infância (in.**fân**.cia) substantivo feminino O período da vida do ser humano que vai do nascimento ao início da adolescência: *Maria gosta muito do campo, pois passou a **infância** numa fazenda.*

Faça uma lista de coisas boas de sua infância.

- _____
- _____
- _____
- _____
- _____

infantil (in.fan.til) *adjetivo de 2 gêneros* **1.** Da infância ou relativo a ela. **2.** Próprio para crianças: *No meu bairro, há uma biblioteca infantil.* [Plural: *infantis*.]

infecção (in.fec.ção) *substantivo feminino* Doença causada pela ação de certos micróbios no organismo: *Marta está doente, ela tem uma infecção na garganta.* [Plural: *infecções*.]

infeliz (in.fe.liz) *adjetivo de 2 gêneros* Que não é feliz; triste: *Lina ficou infeliz porque seu gatinho fugiu de casa.* [Plural: *infelizes*.]

inferior (ôr) (in.fe.ri.or) *adjetivo de 2 gêneros* **1.** Que está abaixo, por baixo ou mais baixo: *As pernas são os nossos membros inferiores.* **2.** Que está abaixo de outro em qualidade: *Este livro é inferior ao que li antes.* [Plural: *inferiores*.]

infinito (in.fi.ni.to)
infinito • *adjetivo* Sem fim ou limite: *O conjunto dos números é infinito.*
infinito • *substantivo masculino* O céu; o firmamento: *As estrelas brilham no infinito.*

inflamação (in.fla.ma.ção) *substantivo feminino* Reação numa parte do corpo, com inchaço, dor, etc., por causa de doença, picada de inseto, etc.: *O atleta está com uma inflamação no joelho.* [Plural: *inflamações*.]

inflamar (in.fla.mar) *verbo* Produzir ou sofrer inflamação: *Juca pisou num prego e seu pé inflamou.*

inflamável (in.fla.má.vel) *adjetivo de 2 gêneros* Que pega fogo com facilidade: *A gasolina é uma substância inflamável.* [Plural: *inflamáveis*.]

informação (in.for.ma.ção) *substantivo feminino* **1.** Tudo aquilo que a gente diz ou escreve sobre uma pessoa, um animal, uma coisa ou um lugar para mostrar como é, onde fica, o que faz, etc.: *Para fazer a viagem, preciso de informações sobre as estradas.* **2.** Notícia trazida ao conhecimento de uma pessoa ou do público: *Os jornais dão informações sobre o que acontece.* [Plural: *informações*.]

informar (in.for.mar) *verbo* Passar para outras pessoas notícias ou conhecimentos: *A polícia informou que o ladrão já está preso.*

informática (in.for.má.ti.ca) *substantivo feminino* Ciência que se ocupa de trabalhar dados por meio de computadores e de outros equipamentos eletrônicos: *A Informática está nas casas, nas escolas e nos locais de trabalho.*

ingerir (in.ge.rir) *verbo* Engolir alimento ou bebida: *Ana é muito alérgica e por isso não pode ingerir certos alimentos.*

← **ingrediente** (in.gre.di.en.te) *substantivo masculino* Cada uma das coisas comestíveis que fazem parte da receita de uma comida: *Mamãe misturou os ingredientes para fazer um bolo.*

ingresso (in.gres.so) *substantivo masculino* Bilhete de entrada para jogos, espetáculos, etc.: *Comprei ingressos para o cinema.*

Cole aqui o ingresso usado no cinema, no teatro, no circo ou em qualquer espetáculo legal que você tenha ido.

inhambuapé (i.nham.bu.a.**pé**) *substantivo masculino e feminino* É um dos nomes da *perdiz*, no Nordeste. 443

inhame (i.**nha**.me) *substantivo masculino* Planta de folhas grandes e largas, muito comum em todo o Brasil. Produz tubérculos nutritivos, que se comem cozidos.

inicial (i.ni.ci.**al**)
inicial • *adjetivo de 2 gêneros* Que inicia: *Há uma ilustração na página inicial do livro.*
inicial • *substantivo feminino* Primeira letra de uma palavra, de um nome: *Vovó bordou as iniciais do meu nome na minha toalha.*
[Plural: *iniciais*.]

iniciar (i.ni.ci.**ar**) *verbo* **1.** Ter início; começar, principiar: *A primavera inicia-se em setembro.* **2.** Dar início a; começar, principiar: *Eles iniciaram a obra depois do prazo.*

início (i.**ní**.cio) *substantivo masculino* Princípio, começo: *O início das aulas é em fevereiro.*

inimigo (i.ni.**mi**.go)
inimigo • *adjetivo* Que luta do lado oposto, numa guerra, num conflito, etc.: *Os soldados brasileiros capturaram muitos soldados inimigos.*
inimigo • *substantivo masculino* **1.** Aquele (homem ou país) que luta do lado oposto, numa guerra, num conflito, etc.: *O Paraguai já foi inimigo do Brasil há mais de cem anos, hoje é uma nação amiga.* **2.** Aquele que quer mal a alguém: *Na história, o rei tinha muitos inimigos.* **3.** Aquilo que é prejudicial: *O fumo é um inimigo da saúde.*

injeção (in.je.**ção**) *substantivo feminino* Maneira pela qual se introduz no organismo um líquido que, geralmente, contém remédio, por meio de uma peça (a *seringa*) que, numa das extremidades, tem uma agulha oca. [Plural: *injeções*.] →

injustiça (in.jus.**ti**.ça) *substantivo feminino* Falta de justiça: *Condenar um inocente é uma injustiça.*

injusto (in.**jus**.to) *adjetivo* Em que não há justiça: *Foi um resultado injusto, pois o time que jogou melhor não ganhou.*

inocente (i.no.**cen**.te) *adjetivo de 2 gêneros* Que não tem culpa: *José é inocente, não foi ele que quebrou o relógio.*

inquieto (in.qui.**e**.to) *adjetivo* Que não para quieto: *Ivo é um menino inquieto, mas também muito esperto.*

inscrição (ins.cri.**ção**) *substantivo feminino* Ação de pôr o nome da gente ou de alguém para participar de alguma coisa (aula, curso, concurso, etc.). [Plural: *inscrições*.]

inseticida (in.se.ti.**ci**.da) *substantivo masculino* Substância que serve para matar insetos, como barata, pulga e mosquito.

inseto (in.**se**.to) *substantivo masculino* Animal invertebrado cujo corpo se divide em cabeça, tórax e abdome. Possui três pares de patas. Os insetos nascem de ovos, e a maior parte deles, como as moscas, os besouros, os mosquitos, as abelhas e as borboletas, possui asas: *Alguns insetos podem transmitir doenças.*

insistir ▶ **instrumental**

insistir (in.sis.**tir**) *verbo* **1.** Fazer um pedido várias vezes ou falar o tempo todo sobre algo que se quer conseguir: *Ana insistia com a mãe para ir ao cinema.* **2.** Não desistir de algo. **3.** Passar muito tempo procurando resolver um problema: *Papai insistiu muito até conseguir consertar o carro.*

insônia (in.**sô**.nia) *substantivo feminino* Dificuldade para dormir: *Quando está com insônia, meu pai toma um copo de leite morno.*

inspirar (ins.pi.**rar**) *verbo* **1.** Fazer o ar entrar nos pulmões: *Passeamos pela floresta para inspirar ar puro.* **2.** Fazer aparecer uma ideia; fazer surgir na imaginação: *O canto dos pássaros inspirou esta canção. A natureza inspirou muitos pintores famosos.*

instalação (ins.ta.la.**ção**) *substantivo feminino* Ação de instalar, ou o resultado desta ação: *Instalação elétrica.* [Plural: *instalações*.]

instalar (ins.ta.**lar**) *verbo* **1.** Colocar peça, aparelho, etc. num lugar, de maneira que possa ser usado: *A prefeitura instalou em nossa rua os postes da nova iluminação.* **2.** Pôr alguém num lugar, de certa forma: *A enfermeira instalou o doente no leito do hospital. Mamãe instalou a visita no quarto principal da casa.* **3.** Passar a morar em país, estado, cidade, etc.: *Meus primos instalaram-se na capital da República com todo o conforto.* **4.** Colocar um programa no computador: *Guilherme quer instalar o novo dicionário.*

instante (ins.**tan**.te) *substantivo masculino* É o mesmo que *momento*: *Rodrigo chegou no instante em que a aula ia começar.*

instinto (ins.**tin**.to) *substantivo masculino* Força natural dos seres humanos e dos animais, que os leva a fazer certas coisas sem saber por que e sem que precisem aprender: *O gato caça o rato por instinto. Os bebês nascem sabendo mamar por instinto.*

instituição (ins.ti.tu.i.**ção**) *substantivo feminino* É, geralmente, um lugar em que se trabalha por coisas importantes para a vida de muitos ou de um grupo de pessoas, por vezes de maneira muito séria, por vezes de maneira mais simples, mas também com muita responsabilidade e atenção. Uma escola, por exemplo, é uma instituição de ensino: nela existem pessoas que trabalham para que outras pessoas (crianças, jovens ou não) aprendam coisas que podem ser úteis para o seu dia a dia ou para o seu futuro. [Plural: *instituições*.]

instrução (ins.tru.**ção**) *substantivo feminino* **1.** Conhecimentos que uma pessoa alcançou: *Júlia estuda muito, por isso tem boa instrução.* **2.** Explicação: *Este jogo tem um manual de instruções.* **3.** Orientação ou ordem para fazer algo de uma determinada forma que deve ser seguida. [Plural: *instruções*.]

instruir (ins.tru.**ir**) *verbo* Transmitir conhecimentos a alguém: *Os professores nos instruem e nos educam.*

instrumental (ins.tru.men.**tal**) *adjetivo de 2 gêneros* **1.** De instrumento. **2.** Que a gente usa para fazer algo. [Plural: *instrumentais*.]

Ii   instrumento ▶ interrogar

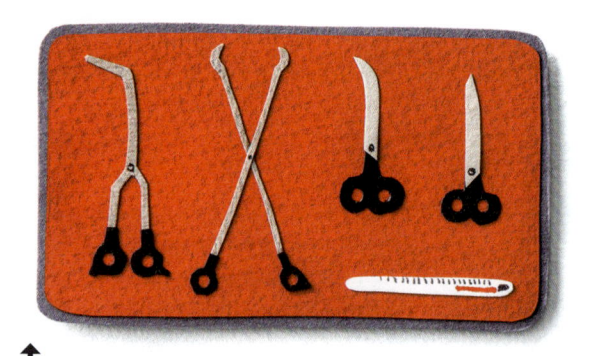

instrumento (ins.tru.**men**.to) *substantivo masculino* **1.** O objeto, ou os objetos, com que alguém faz um trabalho: *O pincel e a tinta são* **instrumentos** *do pintor.* **2.** Objeto que produz sons musicais: *O piano e o violão são meus* **instrumentos** *preferidos.*

insuficiente (in.su.fi.ci.**en**.te) *adjetivo de 2 gêneros* Que não é o suficiente, que não é o bastante: *O bolo foi* **insuficiente** *para tantas crianças.*

inteiro (in.**tei**.ro) *adjetivo* **1.** Em toda a sua extensão; todo: *Li o livro* **inteiro** *e gostei muito.* **2.** Que tem todas as suas partes: *Este jogo de xícaras está* **inteiro***, nenhuma peça se quebrou.* **3.** Todo; completo: *O bairro* **inteiro** *ficou sabendo da notícia.*

inteligência (in.te.li.**gên**.cia) *substantivo feminino* Capacidade ou poder de aprender, de compreender as coisas: *O estudo ajuda a desenvolver a* **inteligência***.*

inteligente (in.te.li.**gen**.te) *adjetivo de 2 gêneros* Que tem ou mostra inteligência: *O policial* **inteligente** *resolveu logo o mistério.*

intenção (in.ten.**ção**) *substantivo feminino* Aquilo que a gente pensa em fazer ou que tem vontade de fazer, e que pode ser num futuro próximo ou distante: *Mariana tem* **intenção** *de viajar a Manaus nas férias. Júlio tem seis anos e sua* **intenção** *é ser bombeiro.* [Plural: *intenções*.]

interessante (in.te.res.**san**.te) *adjetivo de 2 gêneros* Que desperta o interesse, que prende a atenção: *Vovô conta histórias* **interessantes***. Júlia, na viagem, viu coisas* **interessantes***.*

interesse (rês) (in.te.**res**.se) *substantivo masculino* Sentimento de preocupação por alguém ou alguma coisa, ou desejo de informar-se sobre alguém ou alguma coisa: *Laura tem* **interesse** *por música.*

interior (ôr) (in.te.ri.**or**)
interior • *adjetivo de 2 gêneros* Que está dentro.
interior • *substantivo masculino* **1.** Aquilo que está dentro: *O estômago fica no* **interior** *do abdome.* **2.** Região fora das capitais: *Meu tio tem um sítio no* **interior** *de Minas Gerais.* [Plural: *interiores*.]

interjeição (in.ter.jei.**ção**) *substantivo feminino* Palavra que a gente usa para indicar ou expressar dor, surpresa, alegria, medo, etc.: *Ai!, ui! e oh! são* **interjeições***.* [Plural: *interjeições*.]

internet (in.ter.**net**) *substantivo feminino* Rede mundial de computadores por meio da qual podemos trocar mensagens e obter informações do mundo inteiro: *Nando usa muito a* **Internet** *para enviar e-mails aos amigos. Aninha pesquisou sobre as abelhas na* **Internet***.* [Escreve-se com letra inicial maiúscula.]

interno (in.**ter**.no)
interno • *adjetivo* Que está, ou fica, dentro: *O cérebro fica na parte* **interna** *do crânio.*
interno • *substantivo masculino* Aluno que mora no colégio em que estuda: *Os* **internos** *do colégio só saem aos domingos.*

interrogar (in.ter.ro.**gar**) *verbo* **1.** É o mesmo que *perguntar.* **2.** É também fazer perguntas, de modo muito sério, para saber sobre um crime, etc.: *O juiz* **interrogou** *o acusado.*

218

interromper (in.ter.rom.**per**) *verbo* **1.** Parar de fazer uma coisa: *Luísa interrompeu o passeio por causa da chuva.* **2.** Fazer parar alguma coisa: *O acidente interrompeu o trânsito.*

interruptor (tôr) (in.ter.rup.**tor**) *substantivo masculino* Dispositivo que serve para acender e apagar a luz: *Maria apertou o interruptor e acendeu o abajur.* [Plural: *interruptores*.]

intervalo (in.ter.**va**.lo) *substantivo masculino* Período de tempo entre dois acontecimentos, entre as aulas, etc.: *Jonas sempre lancha na escola, durante o intervalo.*

intestino (in.tes.**ti**.no) *substantivo masculino* Órgão em forma de tubo, enrolado, que fica dentro do abdome e vai do estômago ao ânus. O intestino absorve a parte nutritiva dos alimentos e elimina o que não pode ser aproveitado.

introdução (in.tro.du.**ção**) *substantivo feminino* **1.** É a atividade em que a gente coloca uma coisa dentro de outra. **2.** Pode ser também aquilo que a gente escreve ou fala para explicar sobre o que a gente vai falar numa redação, numa aula, num livro, etc. [Plural: *introduções*.]

introduzir (in.tro.du.**zir**) *verbo* Fazer entrar; levar para dentro: *Pela respiração, introduzimos o ar nos pulmões.*

inúmeros (i.**nú**.me.ros) *pronome* É o mesmo que vários: *Na Amazônia são inúmeros os insetos ainda desconhecidos.* [Feminino: *inúmeras*: *Inúmeras fãs estavam na fila para conseguir um autógrafo do seu autor preferido.*]

inundação (i.nun.da.**ção**) *substantivo feminino* **1.** Ação de inundar. **2.** É o mesmo que enchente: *Toda a cidade parou por causa da inundação.* [Plural: *inundações*.]

inundar (i.nun.**dar**) *verbo* Cobrir ou quase cobrir de água; alagar: *A enchente do rio inundou muitas casas.*

inútil (i.**nú**.til) *adjetivo de 2 gêneros* **1.** Que não é útil; que não tem utilidade, não serve para nada: *Mamãe não me deixa comprar coisas inúteis.* **2.** Que não deu resultado: *Tentei consertar a jarra quebrada, mas foi um trabalho inútil.* [Plural: *inúteis*.]

inveja (in.**ve**.ja) *substantivo feminino* Sentimento de quem deseja aquilo que outra pessoa tem: *Ana com o seu cabelo liso tinha inveja do cabelo ondulado de Leila.*

invejoso (jô) (in.ve.**jo**.so) *adjetivo* Que tem ou sente inveja: *Na história, Cinderela tinha duas irmãs invejosas.*

invenção (in.ven.**ção**) *substantivo feminino* **1.** Ação de inventar. **2.** Aquilo que se inventou. [Plural: *invenções*.]

invencível (in.ven.**cí**.vel) *adjetivo de 2 gêneros* Que não pode ser vencido: *O meu super-herói favorito é muito forte, voa e é praticamente invencível.* [Plural: *invencíveis*.]

inventar (in.ven.**tar**) *verbo* **1.** Ter ideia de fazer uma coisa que ninguém fez antes; criar: *Santos Dumont inventou o avião.* **2.** Criar na imaginação; imaginar: *Isabela inventou a história que contou à irmãzinha.*

Ii inverno ▸ irmão

inverno (in.**ver**.no) *substantivo masculino* Estação mais fria do ano. Vem depois do outono e antes da primavera. No Brasil, o inverno começa em junho e termina em setembro: *O **inverno** é mais frio no Sul do Brasil do que no Norte.*

invertebrado (in.ver.te.**bra**.do)
invertebrado • *adjetivo* Diz-se de animal que não tem coluna vertebral: *O polvo é um animal **invertebrado**.*
invertebrado • *substantivo masculino* Animal invertebrado: *É possível encontrar vários **invertebrados** no jardim: minhocas, joaninhas, caracóis, etc.*

invisível (in.vi.**sí**.vel) *adjetivo de 2 gêneros* Que não se pode ver: *Os micróbios são seres **invisíveis** sem o auxílio de um microscópio.* [Plural: *invisíveis*.]

ioga (ô ou ó) (i.**o**.ga) *substantivo feminino* Exercício físico que utiliza técnicas respiratórias para atingir o desenvolvimento do ser humano. A meditação, um tipo de exercício mental, também faz parte da ioga. A ioga surgiu na Índia: *Minha tia está mais saudável desde que começou a praticar **ioga**.*

iogurte (io.**gur**.te) *substantivo masculino* Leite bastante grosso por causa de um fermento especial, e que pode ser misturado com frutas, mel, etc.: *João gosta muito de **iogurte** de morango.*

ioiô (io.**iô**) *substantivo masculino* Brinquedo formado por dois pequenos discos presos entre si, com um cordão amarrado entre os dois. A gente faz o ioiô subir e descer, puxando o cordão e fazendo com que ele se enrole entre os discos.

ir (ir) *verbo* **1.** Mover-se ou deslocar-se de um lugar para outro: *Mamãe viaja amanhã e eu também **vou**. Nós **vamos** a Manaus.* **2.** Retirar-se, partir: *Os convidados já **foram*** (ou: *Os convidados já se **foram***). **3.** Ser mandado ou enviado: *A carta **foi** ontem.* **4.** Estar, passar (de saúde): *Como **vai** você?* **5.** Andar por; percorrer: *Mauro **ia** pela rua, quando o vi.*

irmã (ir.**mã**) *substantivo feminino* Filha do mesmo pai e da mesma mãe, ou só do mesmo pai ou só da mesma mãe, em relação aos outros filhos. [Plural: *irmãs*.]

irmão (ir.**mão**) *substantivo masculino* Filho do mesmo pai e da mesma mãe, ou só do mesmo pai ou só da mesma mãe, em relação aos outros filhos. [Plural: *irmãos*. Feminino: *irmã*.]

> Você tem irmão ou irmã? Se tiver, cole uma foto dele ou dela aqui. Se tiver os dois ou mais de um deles, cole uma foto com todos.

irregular (ir.re.gu.**lar**) *adjetivo de 2 gêneros* **1.** Que não tem sempre o mesmo tamanho, a mesma forma, o mesmo ritmo, etc.: *O piso do jardim era irregular*. **2.** Que não está respeitando a lei ou a um regulamento: *Raul não comprou a passagem do trem e por isso estava viajando de maneira irregular*. [Plural: *irregulares*.]

irritação (ir.ri.ta.**ção**) *substantivo feminino* **1.** É o estado em que fica quem está nervoso, chateado, insatisfeito. Pode ser porque algo que queria muito não aconteceu (ou porque aconteceu algo que não queria) ou porque alguém disse ou fez algo que o deixou meio zangado. **2.** É também uma reação na pele, na garganta, etc. causada por alguma coisa com a qual entrou em contato e que não lhe fez bem. [Plural: *irritações*.]

irritado (ir.ri.**ta**.do) *adjetivo* Que está com raiva, ou chateado: *Paulo está irritado porque seu time perdeu*.

irritar (ir.ri.**tar**) *verbo* Fazer alguém ficar com raiva, chateado: *Meu pai é muito calmo, poucas coisas conseguem irritá-lo*.

isca (**is**.ca) *substantivo feminino* Aquilo que o pescador coloca no anzol, como uma minhoca, um pedaço de pão, de carne, etc., e que serve para atrair o peixe.

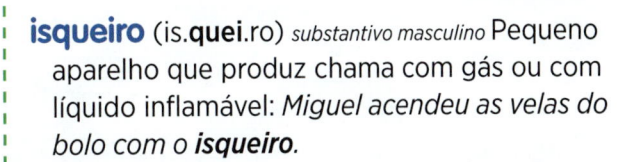

isqueiro (is.**quei**.ro) *substantivo masculino* Pequeno aparelho que produz chama com gás ou com líquido inflamável: *Miguel acendeu as velas do bolo com o isqueiro*.

isso (**is**.so) *pronome* Palavra que a gente usa no lugar de algo (às vezes como se estivesse apontando): a) que está afastado ou distante de quem fala e mais próximo de quem está ouvindo: — *Deixe-me ver isso que você tem aí?* — disse a mãe do menino. b) que aconteceu há algum tempo: *Isso era assim antigamente. Hoje em dia ninguém mais faz essas coisas.* c) que foi falado há pouco, ou que está escrito um pouco antes: *Que você faça uma boa prova: é isso que espero.* — *Ele é um bom cozinheiro*, disse Maria. — *Eu não concordo com isso*, respondeu José.

isto (**is**.to) *pronome* Palavra que a gente usa no lugar de algo (às vezes como se estivesse apontando): a) que está mais perto de quem fala e mais afastado de quem está ouvindo: — *Tome isto. Você vai se sentir melhor.* b) que aconteceu há algum tempo: *Isto foi ontem. Hoje você está melhor, já pode ir à escola.* c) que se refere ao que vai ser falado um pouco adiante, ou ao que vai aparecer escrito depois: — *Eu te desejo isto: que você se case e seja feliz. Isto não tem nada a ver com o nosso trabalho.* ◆ **Isto é.** Palavras que a gente usa: a) para indicar que vai explicar, logo a seguir, algo que acabou de dizer: *A gente deve usar letra maiúscula no início de nomes próprios, isto é, nos nomes de pessoas, de lugares, de livros, etc.* b) para corrigir algo que se disse antes: *Seus olhos eram cinzentos, isto é, eram uma mistura de cinza e verde.* [Também se diz: *ou seja*.]

já (já) *advérbio* **1.** Neste momento, agora: *A festa da Rita já está começando.* **2.** Sem demora; imediatamente: *Faça este trabalho já.* **3.** Em algum tempo ou em qualquer tempo passado: *Gustavo já estudou a lição.*

jabá (ja.bá) *substantivo masculino e feminino* Nome da carne-seca no Nordeste brasileiro: *Mariana experimentou jabá com jerimum em Natal e adorou.*

jaburu ▸ jaleco **Jj**

Uma visita a Mato Grosso

jaburu (ja.bu.ru) substantivo masculino Ave de pernas compridas, que vive à beira de lagoas, etc., e que se alimenta principalmente de peixes. É branca, de pescoço preto, comprido e pelado: *Um jaburu apareceu no lago do parque.*

jabuti (ja.bu.ti) substantivo masculino Animal réptil que vive na terra e é muito parecido com a tartaruga e com o cágado: *O jabuti, ao ver a onça, escondeu as patas e a cabeça no casco.* [Feminino: *jabota.*] 442

jabuticaba (ja.bu.ti.ca.ba) substantivo feminino Pequeno fruto redondo, de casca preta e polpa mole, branca e doce. É o fruto da *jabuticabeira*: *Geleia de jabuticaba.* 437

jabuticabeira (ja.bu.ti.ca.bei.ra) substantivo feminino Árvore muito alta (de até 12 metros) que dá a jabuticaba. A jabuticabeira é muito comum no Brasil.

jaca (ja.ca) substantivo feminino Fruto grande que tem a casca grossa e cheia de pontinhas. Existem no seu interior várias polpas quase amarelas, às vezes duras, às vezes um tanto moles, geralmente bem doces, que envolvem as sementes. É o fruto da *jaqueira*: *Hoje, no almoço, comemos jaca de sobremesa.* 437

jacarandá (ja.ca.ran.dá) substantivo masculino Árvore grande, que fornece madeira útil para a fabricação de móveis e outros objetos. A árvore está desaparecendo de nossas matas, por ser muito usada para fazer móveis e outras coisas: *Este jacarandá bonito e alto foi plantado pela minha avó quando ela era bem jovem.*

jacaré (ja.ca.ré) substantivo masculino Animal selvagem: um réptil de rabo comprido e boca grande, com muitos dentes, que vive à beira dos rios e lagos. Nada rápido, mas é lento para se movimentar em terra. Alimenta-se de peixes e de animais pequenos: *Pedro desenhou um jacaré no caderno.* 442

jade (ja.de) substantivo masculino Mineral esverdeado ou branco que é usado para fazer joias, pequenas estátuas, etc. 430

jaleco (ja.le.co) substantivo masculino Roupa de trabalho ou de escola, geralmente branca, que médicos, enfermeiros, dentistas, professores, estudantes, etc., usam sobre a roupa para conservá-la limpa ou então para não contaminar o ambiente: *O jaleco da professora estava coberto de pó de giz.*

Jj   jamais ▸ jardineira

jamais (ja.**mais**) *advérbio* Em tempo nenhum; nunca: *Muitas pessoas dizem que jamais viram um país tão bonito como o Brasil.*

jambeiro (jam.**bei**.ro) *substantivo masculino* Árvore que dá um fruto comestível, o jambo, e que é muito usada para enfeitar os jardins das casas e outros lugares ou para protegê-los do sol. [Outro nome: *jambo*.]

jambo (**jam**.bo) *substantivo masculino* **1.** Fruto de casca geralmente vermelha ou amarela e de sabor adocicado do jambeiro. **2.** É o mesmo que *jambeiro*.

jamelão (ja.me.**lão**) *substantivo masculino* Fruto comestível de uma árvore de igual nome, que tem casca escura e polpa meio vermelha e meio roxa, de sabor um tanto doce. [Plural: *jamelões*.]

janela (ja.**ne**.la) *substantivo feminino* **1.** Abertura na parede de um cômodo de uma casa, de um apartamento, etc., para deixar entrar luz e ar: *Esta sala é muito clara porque tem uma grande janela*. **2.** Abertura na lateral de um veículo, para deixar entrar luz e ar: *Sempre que saio de carro com papai, vou no banco de trás e na janela*. **3.** Área retangular na tela do computador onde as informações de um arquivo, de um programa, são mostradas: *Luís clicou no ícone do jogo e uma janela se abriu.*

jangada (jan.**ga**.da) *substantivo feminino* Embarcação à vela, comum no Nordeste brasileiro, que é usada para a pesca no mar. As mais tradicionais são simples, feitas de troncos e paus amarrados: *Os pescadores saíram na jangada antes do nascer do Sol.* 446

jantar (jan.**tar**)
  jantar • *verbo* Comer o jantar (= a refeição): *Lá em casa jantamos às 19 horas.*
  jantar • *substantivo masculino* Refeição que se faz à noite: *Depois do jantar, brinco um pouco e vou dormir.* [Plural: *jantares*.]

jaqueira (ja.**quei**.ra) *substantivo feminino* Árvore alta de folhas verde-escuras que dá um grande fruto comestível, a *jaca*. As sementes desse fruto também são comestíveis depois de cozidas: *A jaqueira atrás da minha casa está cheia de frutos.*

jaqueta (جاكيت) (ja.**que**.ta) *substantivo feminino* Casaco de *jeans*, de couro ou de material parecido, que geralmente só chega até a cintura.

jararaca (ja.ra.**ra**.ca) *substantivo feminino* Cobra venenosa, com cabeça triangular e mais de um metro de comprimento.

jardim (jar.**dim**) *substantivo masculino* Terreno no qual se cultivam flores e outras plantas. Aquele que trata das plantas é o *jardineiro*: *Mamãe rega o jardim todos os dias.* [Plural: *jardins*.]

jardineira (jar.di.**nei**.ra) *substantivo feminino* **1.** Caixa onde se cultivam flores ou outras plantas pequenas: *Na janela do quarto de Ana há duas jardineiras com margaridas.* **2.** Roupa formada por calça, *short* ou saia, ligada a uma peça que cobre também parte do tórax e do abdome, com alças presas atrás, que se cruzam ou não: *Maria estava muito bonita com a sua jardineira azul e branca.* **3.** Mulher que trabalha cuidando de um ou mais jardins.

jardineiro ▸ **joaninha**

jardineiro (jar.di.**nei**.ro) *substantivo masculino* Homem que trabalha cuidando de um ou mais jardins. [Feminino: *jardineira*.]

jarra (**jar**.ra) *substantivo feminino* É o mesmo que *jarro*: *Papai sempre pede ao garçom uma jarra de suco de laranja, quando vamos almoçar fora. Mamãe foi buscar uma jarra para colocar as flores que ganhou da minha avó.*

jarro (**jar**.ro) *substantivo masculino* **1.** Vaso com ou sem asa para se segurar e bico para deixar escorrer o líquido que há dentro dele: *Durante as refeições, temos um jarro de água na mesa.* **2.** Vaso onde se colocam flores: *Júlia pôs as rosas que ganhou no jarro.* [Outro nome: *jarra*.]

jasmim (jas.**mim**) *substantivo masculino* Planta que dá uma flor, também chamada *jasmim*, branca e muito cheirosa: *As flores do jasmim perfumavam toda a casa.* [Plural: *jasmins*.] ➡

jato (**ja**.to) *substantivo masculino* Saída forte de um líquido ou de um gás: *Os bombeiros jogaram jatos de água sobre o fogo.*

jaula (**jau**.la) *substantivo feminino* Prisão para animais ferozes, feita com barras de ferro: *No zoológico da nossa cidade, os leões não ficam em jaulas e sim numa grande área cercada.*

javali (ja.va.**li**) *substantivo masculino* Porco selvagem de pelo grosso e dentes grandes que vive nas matas e bosques da Europa, da Ásia e do norte da África. Alimenta-se principalmente de raízes: *Na história o rei foi ferido por um grande javali.* [Feminino: *javalina*.]

➡ **jeans** (djinz) [Inglês] *substantivo masculino de 2 números* Tecido muito resistente, geralmente de cor azul, que é usado para fazer calças, jaquetas, saias, etc.

jegue (**je**.gue) *substantivo masculino* Jumento, burro ou asno. 442

jeito (**jei**.to) *substantivo masculino* **1.** Modo; maneira: *Manuel tentou de todo jeito, mas não conseguiu consertar o brinquedo.* **2.** Modo de ser, de agir, de tratar as pessoas, etc.: *Mariana tem um jeito delicado de falar com as pessoas.* **3.** Facilidade para fazer uma coisa: *Guilherme tem jeito para desenho.*

jejum (je.**jum**) *substantivo masculino* Estado de quem fica muito tempo sem comer e beber: *Minha mãe está de jejum, porque vai ao hospital fazer um exame.* [Plural: *jejuns*.]

jerimum (je.ri.**mum**) *substantivo masculino* É o mesmo que *abóbora*: *Marta gosta muito de jerimum com camarão.* [Plural: *jerimuns*.] 436

jiboia (bói) (ji.**boi**.a) *substantivo feminino* Cobra muito grande, não venenosa, que sufoca suas vítimas (roedores, aves, etc.) e depois as engole inteiras. É muito comum no Brasil e vive nas florestas e nos campos: *A jiboia come e depois fica muito tempo sem se mexer.* 442

jiló (ji.**ló**) *substantivo masculino* Legume de sabor amargo que se come cozido ou frito: *Ensopado de jiló com quiabo é uma delícia.* 437

jiu-jítsu (jiu-**jít**.su) *substantivo masculino* Espécie de luta em que não se usam armas e sim golpes que permitem imobilizar e vencer o adversário, mesmo que ele seja mais forte: *Meu irmão diz que o jiu-jítsu não tem por objetivo machucar o adversário.*

joaninha (jo.a.**ni**.nha) *substantivo feminino* Pequeno inseto, geralmente de asas vermelhas com pintinhas pretas, e que se alimenta de insetos bem, bem pequenos, muitos deles pragas da agricultura.

Jj joelho ▶ juba

joelho (ô) (jo.e.lho) *substantivo masculino* **1.** Parte do membro inferior onde os ossos da perna e da coxa se juntam: *Carlos caiu e machucou o joelho.* **432** **2.** Salgado com massa parecida com a de pão, e recheio de queijo e presunto: *João comprou um joelho na lanchonete.*

jogador (dôr) (jo.ga.dor) *substantivo masculino* Aquele que joga num time de futebol, basquete, vôlei, etc.: *Um time de futebol tem onze jogadores.* [Plural: *jogadores*. Feminino: *jogadora*.]

jogadora (dô) (jo.ga.do.ra) *substantivo feminino* Aquela que joga num time de futebol, basquete, vôlei, etc.

jogar (jo.gar) *verbo* **1.** Tomar parte em um jogo: *Henrique joga futebol todos os domingos.* **2.** Lançar em alguma direção; atirar: *As crianças jogavam pedrinhas na lagoa.*

jogo (jô) (jo.go) *substantivo masculino* **1.** Atividade em que se exercita o corpo ou se faz uso da inteligência, e que obedece a regras: *Jogo de futebol. Jogo de xadrez. Jogo de cartas.* **2.** Brincadeira; passatempo: *Nas férias, Duda aprendeu novos jogos.* **3.** Conjunto de objetos que formam uma coleção: *Mamãe ganhou um jogo de copos.* ◆ **Jogo da velha.** Jogo para duas pessoas: duas linhas horizontais sobre duas verticais, formando nove casas. Ganha aquela que primeiro consegue fazer três sinais iguais em linha reta, diagonal ou perpendicular: *Das dez partidas de jogo da velha, ganhei quatro e João ganhou seis.* **Jogo de botão.** É o mesmo que *futebol de botão*. **Jogo de damas.** É o mesmo que *damas*. **Jogo de gude.** É o mesmo que *gude*.

joia (jói) (joi.a) *substantivo feminino* Objeto de metal, pedras preciosas, etc., que se usa como enfeite: *Este anel de ouro com esmeralda e esta pulseira de brilhantes são joias muito caras.*

jornal (jor.nal) *substantivo masculino* **1.** Publicação diária, etc., em folhas impressas ou na Internet, que dá notícias do que está acontecendo: *Papai lê o jornal todas as manhãs.* **2.** As notícias dadas em rádio, televisão, etc.: *Lá em casa, todos nós assistimos ao jornal da televisão.* [Plural: *jornais*.]

jornaleira (jor.na.lei.ra) *substantivo feminino* Mulher ou moça que vende ou entrega jornais, revistas, etc.

jornaleiro (jor.na.lei.ro) *substantivo masculino* Homem ou rapaz que vende ou entrega jornais, revistas, etc.: *Rui é jornaleiro. Ele acorda muito cedo para entregar os jornais.* [Feminino: *jornaleira*.]

jornalista (jor.na.lis.ta) *substantivo de 2 gêneros* Pessoa que trabalha num jornal, escrevendo as notícias, fotografando, fazendo reportagens, etc.: *Os jornalistas costumam trabalhar de noite, para dar as últimas notícias do dia. Duas jornalistas da nossa cidade ganharam o prêmio de melhor reportagem. O jornalista quase deixou cair o microfone durante a entrevista.*

jovem (jo.vem)
jovem • *adjetivo de 2 gêneros* Que é moço, que tem pouca idade: *Meu pai é um homem jovem.*
jovem • *substantivo de 2 gêneros* Pessoa jovem: *Minha professora diz que os jovens devem ler muito.*
[Plural: *jovens*.]

juba (ju.ba) *substantivo feminino* Os pelos compridos na cabeça do leão, que deixam de fora as orelhas e a cara do animal. A *leoa* (fêmea do *leão*) não tem juba: *Se o leão é o rei dos animais, a juba é a sua coroa.*

judô (ju.**dô**) *substantivo masculino* Esporte que é um tipo de luta na qual o atleta usa uma roupa especial (o quimono) e tem de ser muito ágil. Surgiu no Japão, tendo como modelo o jiu-jítsu: *Marcelo tem aula de **judô** aos sábados.*

judoca (ju.**do**.ca) *substantivo de 2 gêneros* É quem pratica judô, como esporte ou profissão.

juiz (ju.**iz**) *substantivo masculino* **1.** Homem que tem o poder de julgar e de fazer com que a lei seja obedecida: *O **juiz** mandou soltar o preso porque ele era inocente.* **2.** É o mesmo que *árbitro*: *O **juiz** soprou o apito e o jogo começou.* [Plural: *juízes*. Feminino: *juíza*.]

juíza (ju.**í**.za) *substantivo feminino* **1.** Mulher que tem o poder de julgar e de fazer com que a lei seja obedecida: *A **juíza** mandou prender o réu porque ele era culpado.* **2.** Numa competição ou partida, a mulher ou a jovem que faz com que sejam respeitadas as regras do jogo ou do esporte que se pratica.

jujuba (ju.**ju**.ba) *substantivo feminino* Bala macia e de várias cores, muito apreciada: *Júlia comeu as **jujubas** e depois foi escovar os dentes.*

julgamento (jul.ga.**men**.to) *substantivo masculino* Ação de julgar.

julgar (jul.**gar**) *verbo* **1.** Decidir como juiz: *O juiz **julgou** ontem o caso do assalto ao banco.* **2.** Achar, pensar: *Vovó **julga** que era mais difícil estudar em sua época de menina.*

jumento (ju.**men**.to) *substantivo masculino* Animal parecido com o cavalo e que é utilizado desde os tempos antigos para transportar carga e puxar carroça: *É triste ver um **jumento** carregar tanto peso.* [É também chamado de *burro*, *asno* e *jegue*.] **442**

juntar (jun.**tar**) *verbo* Pôr junto; aproximar; unir; reunir: *Luís **juntou** os dois bancos para deitar-se.*

junto (**jun**.to)
junto • *adjetivo* Unido; próximo; pegado; reunido: *Lúcia sentou-se com os joelhos **juntos**.*
junto • *advérbio* Ao lado; perto: *Maria sentou-se ao meu lado, Ana sentou-se **junto**.* ◆ **Junto a. 1.** Ao lado de: *A farmácia do tio Marcos fica **junto a** um açougue.* **2.** Na companhia de alguém: *Na festa, ele só quis ficar **junto ao** irmão.* **Junto de.** É o mesmo que *junto a*.

jurado (ju.**ra**.do) *substantivo masculino* Membro de um júri: *Os **jurados** decidiram que o réu era inocente.*

jurar (ju.**rar**) *verbo* Dizer com certeza; afirmar: *Márcio **jurou** que estava falando a verdade.*

júri (**jú**.ri) *substantivo masculino* Grupo de indivíduos (chamados *jurados*) que se reúnem para examinar ou avaliar pessoas ou coisas: *O **júri** tomou a decisão correta.*

justiça (jus.**ti**.ça) *substantivo feminino* **1.** Conjunto de órgãos e pessoas que têm o trabalho de julgar alguém ou alguma coisa de forma justa e honesta: *Meu pai sempre diz que a gente deve confiar na **justiça**.* **2.** Respeito ao que é justo, ao que está dentro da lei: *Todos os homens devem agir com **justiça**.*

justificar (jus.ti.fi.**car**) *verbo* Dizer a razão ou o motivo de a gente dizer, pensar ou fazer algo; explicar o porquê de alguma coisa: *No teste, havia uma questão pedindo para a gente **justificar** a resposta anterior. Eduarda **justificou** a falta para a professora.*

justo (**jus**.to) *adjetivo* **1.** De acordo com a justiça: *A pena do criminoso foi **justa**.* **2.** Correto, exato: *Este é o momento **justo** para fazer o pedido.* **3.** Diz-se de peça de roupa muito apertada: *Ganhei uma calça muito **justa**.*

juventude (ju.ven.**tu**.de) *substantivo feminino* **1.** Tempo em que a gente é jovem; mocidade: *Esta é a casa onde vovô passou a **juventude**.* **2.** As pessoas jovens: *Toda a **juventude** da cidade compareceu à festa.*

K

→ **karaoke** ▶ ■ **km**

K k

→ **karaoke** (caraoquê) [Japonês] *substantivo masculino* Tipo de diversão em que alguém canta acompanhando uma melodia. A pessoa que canta não precisa saber a letra da música, já que ela aparece escrita numa tela: *Na festa havia um **karaoke** e todos se divertiram cantando.*

→ **kart** (cárti) [Inglês] *substantivo masculino* Pequeno automóvel, sem capota, usado em corridas e como divertimento em pistas próprias para isso: *Carlos adorou dirigir um **kart**.*

→ **ketchup** (quétchup) [Inglês] *substantivo masculino* Molho grosso, e um pouco doce, de tomate com temperos: *Rodrigo gosta de batata frita com muito **ketchup**.*

■ **kg** Símbolo de *quilograma*: *Mamãe comprou 2**kg** de carne.*

→ **kit** (quíti) [Inglês] *substantivo masculino* Conjunto de coisas ou de ferramentas que vêm juntas e servem para a gente fazer um trabalho: *Papai ganhou de aniversário um **kit** de pedreiro.*

■ **km** Símbolo de *quilômetro*: *Esta estrada tem 90**km**.*

Uma visita a Mato Grosso do Sul

229

■ **l** Símbolo de *litro*.

lá (lá) *advérbio* Palavra que serve para mostrar um lugar longe da pessoa que fala e da pessoa que escuta: *Eu moro no Rio, mas Zeca mora **lá** em Brasília. Como Joaquim ficou à minha espera na esquina, daqui a pouco vou até **lá**.*

lã ▶ lagarta **Ll**

Uma visita a Minas Gerais

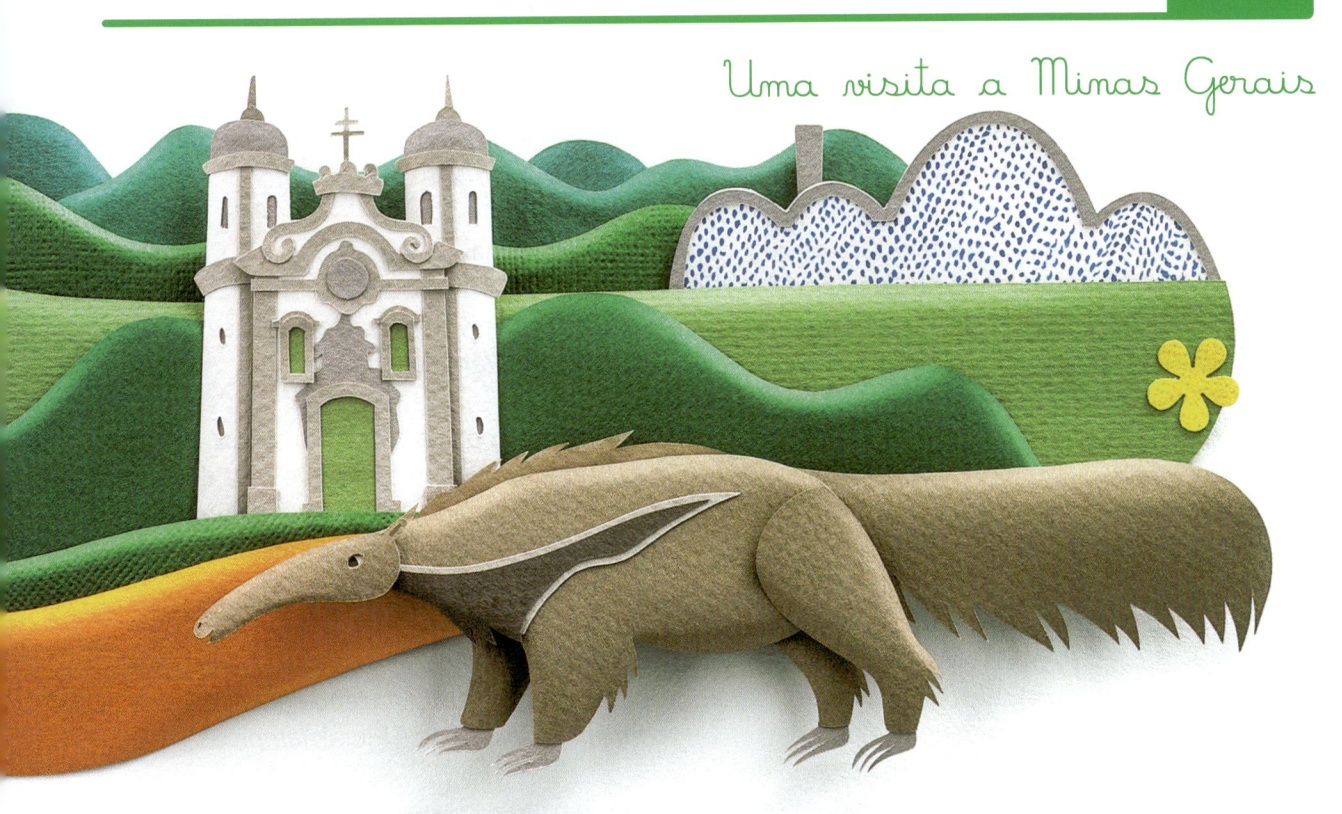

lã (lã) *substantivo feminino* **1.** Pelo que cobre o corpo de certos animais, como o carneiro e a ovelha: *No verão, a lã das ovelhas é cortada por causa do calor.* **2.** Tecido feito com esse pelo: *Comprei um casaco de lã para me aquecer no inverno.* [Plural: *lãs.*]

lábio (**lá**.bio) *substantivo masculino* Cada uma das partes de fora da boca, uma em cima e outra embaixo. Os lábios são aquilo que a gente vê da boca, quando ela está fechada: *A moça pintou os lábios com batom rosa.* 433

laboratório (la.bo.ra.**tó**.rio) *substantivo masculino* Lugar onde os cientistas trabalham fazendo pesquisas, etc.

laçar (la.**çar**) *verbo* Prender com laço: *Rafael laçou o cavalo em que desejava montar.*

laço (**la**.ço) *substantivo masculino* **1.** Nó que se desata sem esforço e que tem uma, duas ou mais alças: *Lia tem um vestido com um laço de fita vermelho.* **2.** Espécie de nó usado por vaqueiro ou caçador, para pegar animais: *O vaqueiro jogou o laço e pegou o boi.* **3.** Sentimento que une pessoas: *Paulo e Maria têm um forte laço de amizade.*

ladeira (la.**dei**.ra) *substantivo feminino* Rua inclinada, difícil de subir, mas fácil de descer: *Ouro Preto é uma cidade com muitas ladeiras.*

lado (**la**.do) *substantivo masculino* **1.** Cada uma de duas partes de alguma coisa, que não é nem a parte de cima, nem a de baixo, nem a da frente, nem a de trás dela: *Este lado da casa ainda não foi pintado.* **2.** Lugar situado à direita ou à esquerda de alguém ou de alguma coisa: *Carlos virou a cabeça para o lado.* **3.** Cada uma das superfícies de um objeto: *Os lados de um dado.* **4.** Cada linha que limita uma figura: *O quadrado tem quatro lados.* **5.** Direção: *Ana foi para aquele lado.*

ladrão (la.**drão**) *substantivo masculino* Aquele que rouba: *Esta grade protege a casa contra ladrões.* [Plural: *ladrões.* Femininos: *ladra* e *ladrona.*]

ladrilho (la.**dri**.lho) *substantivo masculino* É o mesmo que *azulejo.*

lagarta (la.**gar**.ta) *substantivo feminino* Nome dado às larvas das borboletas e das mariposas. As lagartas têm o corpo comprido e mole, às vezes coberto de pelos.

231

LI — lagarta-de-fogo ▸ lancha

lagarta-de-fogo (la.**gar**.ta-de-**fo**.go) *substantivo feminino* É o mesmo que *tatarana*. [Plural: *lagartas-de-fogo*.] 444

lagartixa (xa = cha) (la.gar.**ti**.xa) *substantivo feminino* Lagarto pequeno que pode subir pelas paredes e que come insetos: *Pedro viu uma lagartixa no teto do seu quarto.* [Outros nomes: *osga* e *taruíra*.] 442

lagarto (la.**gar**.to) *substantivo masculino* Animal réptil que vive na terra, geralmente em lugares onde há pedra. Tem a ponta da língua, que usa para apanhar alimentos, dividida em duas partes.

lago (**la**.go) *substantivo masculino* **1.** Num lugar geralmente da natureza, uma parte mais baixa que é cheia de água e que é cercada de terra por todos os lados. Os lagos podem ser naturais (feitos pela natureza) ou artificiais (feitos pelo homem). **2.** Tanque grande construído em jardim, em parque, etc.: *No meio deste jardim há um lago com peixinhos.*

lagoa (gô) (la.**go**.a) *substantivo feminino* **1.** Lago pequeno. No Brasil, é comum chamar qualquer lago de *lagoa*. **2.** Porção de água parada: *À noite, os sapos coaxam à beira das lagoas.*

lagosta (gôs) (la.**gos**.ta) *substantivo feminino* Animal marinho, com cinco pares de patas, coberto por um tecido duro que o protege, e que tem a carne muito usada como alimento. A lagosta é um crustáceo. 442

lágrima (**lá**.gri.ma) *substantivo feminino* Cada gota do líquido salgado que mantém úmidos os olhos e a parte interna das pálpebras: *Quando choramos, as lágrimas escorrem pelo nosso rosto.*

lama (**la**.ma) *substantivo feminino* Mistura mole de terra ou barro e água: *Esta estrada fica cheia de lama sempre que chove.*

lamber (lam.**ber**) *verbo* Passar a língua sobre: *O gato lambe seu pelo para limpá-lo.*

lambuzar (lam.bu.**zar**) *verbo* Sujar, principalmente com comida: *Luís lambuzou a camisa com sorvete de chocolate.*

lâmina (**lâ**.mi.na) *substantivo feminino* **1.** Chapa fina de metal ou de outro material. **2.** A parte da faca, do canivete, etc., com que se corta: *Esta faca tem lâmina afiada.*

lâmpada (**lâm**.pa.da) *substantivo feminino* **1.** Qualquer aparelho que serve para iluminar: *No sítio, vovô acende, à noite, uma lâmpada de óleo.* **2.** Fonte de luz que funciona por meio de eletricidade.

lampião (lam.pi.**ão**) *substantivo masculino* Espécie de lanterna grande: *A fazenda era iluminada com lampiões a óleo.* [Plural: *lampiões*.]

lança (**lan**.ça) *substantivo feminino* Arma formada de uma haste comprida com uma ponta de ferro ou de outro metal.

lançamento (lan.ça.**men**.to) *substantivo masculino* **1.** Ação ou resultado de lançar: *O lançamento que o jogador fez para o artilheiro foi perfeito.* **2.** Evento em que um livro, CD, filme, etc. é apresentado ao público pela primeira vez: *Marina foi ao lançamento da revista de Pedro.*

lançar (lan.**çar**) *verbo* **1.** Atirar ou jogar: *Os antigos guerreiros lançavam pedras contra os inimigos.* **2.** Chutar de maneira que a bola vá bem longe, na direção do gol adversário, para que um companheiro de time continue a jogada: *Pedro lançou com o pé a bola para Luís.* **3.** Apresentar ao público pela primeira vez: *A cantora vai lançar seu mais novo CD, no sábado.* **4.** Soltar no ar, ou em rio, córrego, mar, etc.: *Aquela indústria ainda está lançando muita fumaça no ar.*

lancha (**lan**.cha) *substantivo feminino* Embarcação a motor, menor do que um navio, usada para navegação perto da costa ou para outros serviços: *A lancha levou os passageiros do cais até o navio.* 446

lanchar ▸ laranjeira **Ll**

lanchar (lan.char) *verbo* Comer o lanche: *Luísa lanchava sentada no banco do recreio.*

lanche (lan.che) *substantivo masculino* **1.** Pequena refeição que se faz geralmente à tarde, entre o almoço e o jantar. **2.** Merenda: *Maria trouxe um sanduíche e uma laranja para a hora do lanche.*

lancheira (lan.chei.ra) *substantivo feminino* É o mesmo que *merendeira* (1).

lanchonete (lan.cho.ne.te) *substantivo feminino* Local onde se vendem sucos, refrescos, salgados, doces, etc.

lanterna (lan.ter.na) *substantivo feminino* **1.** Pequena caixa de vidro ou de outro material transparente, que tem dentro uma fonte de luz protegida do vento. **2.** Lâmpada elétrica portátil que funciona com pilhas: *No acampamento, usamos lanterna durante a noite.* **3.** Pequena lâmpada protegida por material transparente, colocada na parte de trás e da frente de automóveis, caminhões, etc.

lápis (lá.pis) *substantivo masculino de 2 números* Objeto usado para escrever e desenhar. É formado de uma vareta de grafite ou de material colorido, coberta de madeira ou outro material: *Ganhei uma caixa com doze lápis de cor.* ◆ **Lápis de cera.** Pequeno bastão de cera colorida que a gente usa para desenhar, colorir ou escrever: *Fiz um belo desenho com lápis de cera.*

lapiseira (la.pi.sei.ra) *substantivo feminino* Objeto semelhante a um lápis e a uma caneta, mas com uma peça que permite esconder ou mostrar o grafite, com o qual a gente escreve. O bom da lapiseira é que ela pode durar anos, pois, quando o grafite acaba, a gente pode colocar mais e, assim, continuar usando.

lar (lar) *substantivo masculino* A casa ou o apartamento onde se mora: *No meu lar, moramos mamãe, papai e eu.* [Plural: *lares*.]

laranja (la.ran.ja)
laranja • *substantivo feminino* **1.** O fruto da laranjeira. É redondo, coberto por uma casca, com a parte interna comestível, dividida em gomos. A laranja é rica em vitamina. Há muitos tipos de laranja: laranja-lima, laranja-pera, laranja-seleta, laranja-da-terra, etc. **437** **2.** Cor amarela um tanto avermelhada, às vezes mais clara, às vezes mais escura, que as laranjas e as tangerinas têm. **431**
laranja • *adjetivo de 2 gêneros e 2 números* Da cor da casca ou da polpa da laranja: *Mamãe comprou duas cortinas laranja.*

laranjada (la.ran.ja.da) *substantivo feminino* Bebida feita com suco de laranja, água e açúcar ou adoçante.

laranjal (la.ran.jal) *substantivo masculino* Plantação de laranjeiras. [Plural: *laranjais*.]

laranjeira (la.ran.jei.ra) *substantivo feminino* Árvore que dá a laranja: *O pomar da fazenda de meu avô tem muitas laranjeiras.*

Ll

lareira (la.**rei**.ra) *substantivo feminino* Construção dentro de casa, onde se pode acender fogo, geralmente usada para aquecer o ambiente em lugar onde faz muito frio.

largar (lar.**gar**) *verbo* Soltar o que se segura: *Mamãe segurou minha mão e só a largou do outro lado da rua. Quando a polícia chegou, o ladrão largou o que tinha nas mãos.*

largo (**lar**.go)
largo • *adjetivo* **1.** Que se estende muito para os lados: *A avenida é uma rua mais larga que as outras.* **2.** Que não é estreito ou apertado: *Papai emagreceu e a roupa dele ficou larga.*
largo • *substantivo masculino* Pequena praça: *Perto da escola, há um largo onde sempre brincamos.*

largura (lar.**gu**.ra) *substantivo feminino* **1.** Qualidade de largo. **2.** A menor das duas medidas de uma superfície plana, horizontal: *Esta mesa tem um metro de comprimento por 50 centímetros de largura.*

laringe (la.**rin**.ge) *substantivo feminino* Órgão do sistema respiratório, espécie de tubo situado acima da traqueia e abaixo da raiz da língua, e que interfere no mecanismo da fala.

larva (**lar**.va) *substantivo feminino* Inseto na primeira fase da vida, depois que sai do ovo: *As larvas de mosquito desenvolvem-se em água parada.*

lata (**la**.ta) *substantivo feminino* Recipiente feito de lâmina de metal, para guardar alimentos, óleos, produtos de limpeza, etc.: *Uma lata de leite em pó. Uma lata de cera.*

lateral (la.te.**ral**)
lateral • *adjetivo de 2 gêneros* Relativo ao lado; do lado: *Esta porta lateral da casa dá para o jardim.*
lateral • *substantivo feminino* Linha que representa o comprimento do campo ou da quadra, ou a área junto dela: *O jogador correu pela lateral e lançou a bola.*
[Plural: *laterais*.]

látex (tex = tecs) (**lá**.tex) *substantivo masculino de 2 números* Líquido um pouquinho grosso, quase sempre branco, que escorre do caule ou do tronco de muitas plantas, quando feridos: *A borracha natural é feita, principalmente, com o látex da seringueira.*

laticínio (la.ti.**cí**.nio) *substantivo masculino* Produto comestível feito, em sua maior parte, de leite: *A manteiga e o queijo são laticínios.*

lava (**la**.va) *substantivo feminino* Massa pastosa, escura e muito, muito quente, que é expelida pelos vulcões em atividade.

lavadeira (la.va.**dei**.ra) *substantivo feminino* **1.** Mulher que lava roupa como profissão. **2.** É o mesmo que *libélula*. 442

lavar (la.**var**) *verbo* Limpar alguma coisa com água e, geralmente, com sabão, sabonete, detergente, etc.: *Lavar a roupa. Lavar o corpo. Lavar a louça.*

lavoura (la.**vou**.ra) *substantivo feminino* **1.** A preparação da terra para as plantações: *Muitos brasileiros trabalham na lavoura.* **2.** Extensão de terra onde há plantação; terra que se cultiva: *Na fazenda do meu tio, há uma lavoura de café.*

lavrador (dôr) (la.vra.**dor**) *substantivo masculino* Aquele que trabalha na lavoura. [Plural: *lavradores*. Feminino: *lavradora*.]

lavradora ▶ **lenço** Ll

lavradora (dô) (la.vra.**do**.ra) *substantivo feminino* Aquela que trabalha na lavoura.

lazer (zêr) (la.**zer**) *substantivo masculino* **1.** O tempo em que a gente não tem nenhum trabalho, nem estudo, nem algo de responsabilidade para fazer. É o tempo que a gente pode usar para se divertir, para passear, conversar com os amigos, jogar bola, ir ao cinema ou, simplesmente, ficar sem fazer nada. **2.** Qualquer atividade que se faz nesse tempo: *A cidade precisa de mais áreas de lazer.*

leão (le.**ão**) *substantivo masculino* Animal mamífero carnívoro, que chega a pesar cerca de 200 quilos. Sua cor varia do amarelo cor de laranja ao cinza, e só o macho tem juba. Atualmente, é encontrado apenas na África. [Plural: *leões*. Feminino: *leoa*.] 442

legal (le.**gal**) *adjetivo de 2 gêneros* **1.** Diz-se daquilo que a lei permite fazer: *Não é legal tomar bebida alcoólica e dirigir.* **2.** Que é bom, agradável: *O passeio ao zoológico foi legal. Paulo é um menino muito legal.* [Plural: *legais*.]

legume (le.**gu**.me) *substantivo masculino* **1.** O fruto de certas plantas, como o chuchu e o jiló. **2.** Nome que se dá a algumas partes de certas plantas comestíveis, como a cenoura, a couve-flor e a beterraba. Os legumes são geralmente cultivados em hortas.

lei (lei) *substantivo feminino* Cada uma das regras a que a população de uma cidade, de um estado ou de um país deve obedecer, e que, no Brasil, são feitas pelos vereadores, deputados (estaduais e federais) e senadores: *A constituição reúne as principais leis de um país.*

leitão (lei.**tão**) *substantivo masculino* Porco que ainda mama. [Plural: *leitões*. Feminino: *leitoa*.]

leite (**lei**.te) *substantivo masculino* Líquido branco produzido pelas fêmeas dos animais mamíferos para alimentar os filhotes. O leite materno é o melhor alimento para os bebês. O leite de vaca, de ovelha e de cabra é usado pelos seres humanos como alimento.

leiteira (lei.**tei**.ra) *substantivo feminino* Recipiente para ferver e servir o leite.

leito (**lei**.to) *substantivo masculino* **1.** Cama. **2.** Terreno mais ou menos profundo por onde correm as águas de um rio, riacho, etc.: *Com a enchente, as águas do rio saíram do leito.*

leitor (tôr) (lei.**tor**) *substantivo masculino* Aquele que lê livros, jornais, revistas, etc. [Plural: *leitores*. Feminino: *leitora*.]

leitura (lei.**tu**.ra) *substantivo feminino* Atividade de ler: *Meu pai sempre diz que a leitura ajuda a entender melhor o mundo.*

lembrança (lem.**bran**.ça) *substantivo feminino* **1.** Ato de lembrar. **2.** Coisa ou fato lembrado; recordação: *Mamãe me contou lembranças da sua infância.* **3.** Presente: *No meu aniversário, ganhei muitas lembranças.*

lembrar (lem.**brar**) *verbo* **1.** Trazer à memória; fazer recordar: *Esta praia lembra um pouco a de Copacabana.* **2.** Recordar-se: *Vovô gosta de se lembrar do seu tempo de criança.*

leme (**le**.me) *substantivo masculino* Peça que fica na parte traseira da embarcação ou da aeronave e que serve para dar-lhe direção: *O marinheiro virou o leme com cuidado, evitando os rochedos.*

lenço (**len**.ço) *substantivo masculino* **1.** Pedaço quadrado ou retangular de tecido que se põe na cabeça, ou no pescoço, como enfeite ou agasalho. **2.** Pedaço quadrado de tecido, ou de papel, usado para limpar o nariz.

Ll lençol ▶ lhama

lençol (len.**çol**) *substantivo masculino* Pano que se põe na cama sobre toda a superfície do colchão, para que se durma sobre ele: *A cama de Maria estava coberta com um **lençol** azul.* [Plural: *lençóis*.]

lenda (**len**.da) *substantivo feminino* Narração de fatos criados pela imaginação do povo, e que vão sendo modificados através dos tempos: *A **lenda** do Negrinho do Pastoreio é muito conhecida no Rio Grande do Sul.*

lenha (**le**.nha) *substantivo feminino* Pedaço de tronco e de galho de árvore usado para alimentar fogão, fogueira, etc.: *A **lenha** que não está bem seca produz muita fumaça.*

lente (**len**.te) *substantivo feminino* Objeto feito de vidro transparente, ou de outro material também transparente, que aumenta ou diminui o tamanho dos corpos vistos através dele. As lentes de aumento são usadas em óculos, em microscópios, etc.

lento (**len**.to) *adjetivo* Que demora para fazer alguma coisa; vagaroso: *O jacaré é um animal **lento** para andar em terra e veloz para nadar.*

leopardo (leo.**par**.do) *substantivo masculino* Animal mamífero, carnívoro, parecido com a onça, que vive na África e na Ásia. Seu pelo é amarelo, com manchas pretas.

leque (**le**.que) *substantivo masculino* Objeto que a gente usa para se abanar, para fazer ventinho e, assim, se refrescar.

ler (ler) *verbo* Percorrer com a vista palavras escritas, compreendendo o que elas querem dizer. Pode-se ler em voz alta ou em silêncio: *Antônia gosta de **ler** livros de aventura.*

lesma (*lês*) (**les**.ma) *substantivo feminino* Pequeno animal terrestre de corpo mole, que gosta de lugares úmidos e anda muito, muito devagar. A lesma é um molusco.

leste (**les**.te) *substantivo masculino* **1.** Ponto cardeal situado à direita da pessoa que está de frente para o norte: *O oceano Atlântico fica a **leste** do Brasil. O Sol nasce no **leste**.* **2.** Região ou regiões situadas a leste.

letra (*lê*) (**le**.tra) *substantivo feminino* **1.** Cada um dos sinais que usamos para escrever os sons da fala e formar palavras escritas: *A **letra** A é a primeira letra do nosso alfabeto.* [O conjunto das letras de uma língua nós chamamos de *alfabeto* (ver). Às vezes uma letra é usada para mais de um som da fala (exemplo, a letra *x*: em *xarope* ela tem um som, em *exame* ela tem outro, e em *oxigênio* ela tem dois sons ao mesmo tempo = cs), mas às vezes usamos duas letras para um único som (exemplo, as letras *ch*, em *chinelo*, em *chocalho*).] **2.** Caligrafia: *Maria tem boa **letra**.* **3.** Os versos de uma música: *Vinícius de Morais escreveu belas **letras** para músicas infantis.*

levantar (le.van.**tar**) *verbo* **1.** Pôr para cima; elevar: *Rita **levantou** o braço e apanhou a goiaba.* **2.** Suspender: *Gustavo **levantou** o irmão que havia caído.* **3.** Pôr-se de pé: *Minha avó **levantou**-se lentamente da cadeira.*

levar (le.**var**) *verbo* **1.** Fazer passar de um lugar para outro; transportar, carregar: *Paulo **levou** as malas para o carro.* **2.** É o mesmo que acompanhar: *José **levou** a mãe ao aeroporto.* **3.** Ter como ingrediente: *Esse prato não **leva** cebola.*

leve (**le**.ve) *adjetivo de 2 gêneros* Que tem pouco peso: *A mala está **leve**, eu consigo carregá-la.*

lhama (**lha**.ma) *substantivo feminino e masculino* Animal mamífero, da família do camelo. Vive no Peru, no Equador, na Bolívia e no noroeste da Argentina. A lhama é usada para transportar carga. Seu pelo dá ótima lã e sua carne é usada como alimento. A lhama, assim como o boi, o camelo e a girafa, é um ruminante. 442

libélula ▶ limonada   Ll

libélula (li.**bé**.lu.la) *substantivo feminino* Inseto de corpo estreito e comprido, com dois pares de asas transparentes. Vive à beira da água, onde põe os ovos e onde crescem as suas larvas. É também chamada de *lavadeira*.

liberdade (li.ber.**da**.de) *substantivo feminino* **1.** Poder de fazer as coisas de acordo com a própria vontade: *Guilherme tem liberdade para escolher os seus amigos.* **2.** Estado ou condição de pessoa livre: *Com a Lei Áurea, todos os escravos obtiveram a liberdade.*

libertar (li.ber.**tar**) *verbo* Dar liberdade a; tornar ou tornar-se livre: *Tiradentes queria libertar o Brasil.*

lição (li.**ção**) *substantivo feminino* Matéria ou assunto explicado ou ensinado pelo professor ao aluno: *Na lição de hoje, aprendemos o que é eclipse.* [Plural: *lições*.]

licença (li.**cen**.ça) *substantivo feminino* **1.** Consentimento, permissão: *Ana pediu licença para sair mais cedo do colégio.* **2.** Dispensa temporária de um serviço que se executa normalmente: *Meu pai pediu licença no trabalho para tratar da saúde.*

líder (**lí**.der) *substantivo de 2 gêneros* **1.** Chefe; guia: *Marcos tem muita iniciativa, é o líder da sua turma.* **2.** Pessoa que se encontra à frente numa competição, etc.: *O líder da prova é o atleta brasileiro.* [Plural: *líderes*.]

ligação (li.ga.**ção**) *substantivo feminino* **1.** Ação de ligar, ou o seu resultado: *Ligação elétrica. Esta ponte faz a ligação entre duas cidades.* **2.** Comunicação telefônica: *Júlio fez uma ligação para o primo.* [Plural: *ligações*.]

ligar (li.**gar**) *verbo* **1.** Juntar o que estava separado: *Papai ligou vários fios para pôr lâmpadas no jardim.* **2.** Fazer comunicação entre dois pontos: *Esta estrada liga o Rio a São Paulo.* **3.** Pôr em funcionamento (lâmpada elétrica ou qualquer aparelho elétrico, ou a gás, etc.): *Mamãe ligou o ferro para passar a roupa.*

ligeiro (li.**gei**.ro) *adjetivo* Rápido, veloz: *O tubarão é um peixe ligeiro.*

lilás (li.**lás**)
lilás • *substantivo masculino* **1.** Flor perfumada, de cor roxa bem clara ou branca, de um arbusto de igual nome. **2.** A cor dessa flor, que tem um tom de roxo clarinho.
lilás • *adjetivo de 2 gêneros* Da cor dessa flor, que é de um tom de roxo clarinho. [Plural: *lilases*.]

limão (li.**mão**) *substantivo masculino* Fruto do *limoeiro*. Seu suco, muito azedo, é usado para fazer limonada, temperar alimentos, etc. É rico em vitamina C. [Plural: *limões*.]

limite (li.**mi**.te) *substantivo masculino* **1.** Linha que separa uma coisa de outra: *A bola caiu bem no limite do campo.* **2.** Linha que separa dois terrenos ou territórios vizinhos; fronteira: *O rio fica no limite entre os dois países.* **3.** Fim, término: *O motorista foi até o limite da rua.*

limoeiro (li.mo.**ei**.ro) *substantivo masculino* Árvore que dá o limão: *O limoeiro que plantei com meu pai já está com flores.*

limonada (li.mo.**na**.da) *substantivo feminino* Bebida feita com suco de limão, água e açúcar ou adoçante.

Ll limpar ▸ listra

limpar (lim.**par**) *verbo* **1.** Tornar limpo: *Carlos varreu o quintal para **limpá**-lo.* **2.** Tornar puro: *Este produto serve para **limpar** a água.* **3.** Tirar o mato, o capim de: *O jardineiro **limpou** o terreno para plantar flores.*

limpeza (pê) (lim.**pe**.za) *substantivo feminino* **1.** Atividade de deixar alguma coisa limpa. **2.** Estado daquilo que está limpo.

limpo (lim.po) *adjetivo* **1.** Sem mancha, sem sujeira: *Após o banho, vesti uma roupa **limpa**.* **2.** Puro, sem poluição: *A água deste bebedouro é **limpa**.* →

lindo (lin.do) *adjetivo* Diz-se de pessoa do sexo masculino, bicho, planta, objeto, lugar, etc., muito bonito: *Os meninos acharam o pavão **lindo**.*

língua (lín.gua) *substantivo feminino* **1.** Órgão muscular móvel, situado no interior da boca. A língua nos ajuda a engolir, a sentir o gosto dos alimentos e a falar. 📖 433 **2.** Conjunto de palavras que, combinadas, permitem a comunicação entre as pessoas, especialmente de um povo, de um país; idioma: ***Língua** portuguesa. **Língua** inglesa. **Línguas** indígenas.*

língua de sogra (lín.gua de so.gra) *substantivo feminino* Tira dupla de papel colado enrolada sobre si mesma, a qual, ao ser soprada, se desenrola, produzindo um assobio. [Plural: *línguas de sogra*.]

linguagem (lin.**gua**.gem) *substantivo feminino* O uso que fazemos das palavras escritas ou faladas, ou de certos gestos para a comunicação com outras pessoas. [Plural: *linguagens*.]

linguiça (giii) (lin.**gui**.ça) *substantivo feminino* Espécie de tripa recheada de carne de porco, boi ou frango, picada ou moída e temperada, que se come frita, cozida ou assada.

linha (li.nha) *substantivo feminino* **1.** Fio usado para costurar, etc.: *Maria enfiou a **linha** na agulha.* **2.** Fio com anzol para pescar. **3.** É o mesmo que *risco*: *Jorge gosta de escrever em cadernos com **linhas**.* **4.** Fileira de palavras de texto, etc.: *Estava nas últimas **linhas** da história quando a mãe o chamou.*

liquidificador (giii .... dôr) (li.qui.di.fi.ca.**dor**) *substantivo masculino* Aparelho eletrodoméstico próprio para misturar líquidos, com ou sem frutas, cereais, etc., ou misturar massas leves (como a de panquecas), etc.: *Jonas usa o **liquidificador** para fazer vitaminas e sucos.* [Plural: *liquidificadores*.]

líquido (lí.qui.do)
líquido • *adjetivo* Diz-se de substância que corre, tomando sempre a forma dos recipientes em que se encontra: *A sopa é um alimento **líquido**.*
líquido • *substantivo masculino* Substância líquida: *A água é um **líquido** indispensável à vida.*

lírio (lí.rio) *substantivo masculino* Planta que produz uma flor perfumada, que tem esse mesmo nome.

liso (li.so) *adjetivo* **1.** Que não é áspero: *A jabuticaba tem casca **lisa**.* **2.** Diz-se de cabelo que não é ondulado nem crespo: *Os indígenas brasileiros têm o cabelo **liso**.*

lista (lis.ta) *substantivo feminino* Relação de nomes de pessoas ou de coisas: *Uma **lista** telefônica. Mamãe fez uma **lista** de compras.*

listra (lis.tra) *substantivo feminino* Num tecido, na pele de certos animais, etc., linha ou faixa de cor diferente: *— A zebra é branca com **listras** pretas ou é preta com **listras** brancas?*

litoral ▸ logo

litoral (li.to.ral) *substantivo masculino* Região perto do mar; praia: *Lucas passou as férias no litoral.* [Plural: *litorais.*]

litro (li.tro) *substantivo masculino* **1.** Unidade de medida de capacidade. [Símbolo: *l*] **2.** Vasilha ou garrafa de um litro. **3.** O conteúdo dessa vasilha ou garrafa: *Estava com tanta sede que bebi quase um litro de água.*

livrar (li.vrar) *verbo* **1.** Libertar; soltar: *Abri a porta da gaiola e livrei o passarinho.* **2.** Fugir, escapar: *Carlos livrou-se do cão, subindo na árvore.*

livraria (li.vra.ri.a) *substantivo feminino* Estabelecimento onde se vendem livros.

livre (li.vre) *adjetivo de 2 gêneros* **1.** Que tem liberdade; que não é escravo: *Com a Lei Áurea, todos os escravos se tornaram homens livres.* **2.** Que não está preso: *O passarinho fugiu da gaiola, agora está livre.* **3.** Que não é proibido: *Naquele parque a entrada é livre.*

livro (li.vro) *substantivo masculino* Reunião de folhas de papel, geralmente impressas, arrumadas em ordem, costuradas ou coladas, e depois cobertas por uma capa de papelão, couro, etc.: *A biblioteca do meu colégio tem mais de mil livros.*

lixeira (*xei* = *chei*) (li.xei.ra) *substantivo feminino* **1.** Feminino de *lixeiro*. **2.** Recipiente onde se coloca lixo.

lixeiro (*xei* = *chei*) (li.xei.ro) *substantivo masculino* Homem ou rapaz que trabalha recolhendo o lixo ou varrendo as ruas, as praças, as praias, os parques, etc.: *Os lixeiros são trabalhadores muito importantes para uma cidade.* [Feminino: *lixeira*.]

lixo (*xo* = *cho*) (li.xo) *substantivo masculino* **1.** Aquilo que se varre da casa, do jardim, da rua, e que se joga fora: *Todos os dias, os lixeiros recolhem lixo na minha rua.* **2.** Tudo o que não serve mais e que se joga fora.

lobo (lô) (lo.bo) *substantivo masculino* Animal mamífero carnívoro, semelhante ao cão e muito peludo. Vive, quase sempre, em grupo. 442

lobo-guará (lô) (lo.bo-gua.rá) *substantivo masculino* Animal mamífero carnívoro, da família dos cães e dos lobos, de pelo avermelhado, patas pretas e cauda mais clara, que habita certas regiões do Brasil e de outros países da América do Sul. [Plurais: *lobos-guarás* e *lobos-guará*.] 442

local (lo.cal) *substantivo masculino* Um lugar determinado, geralmente em que algo acontece, é realizado ou construído: *Neste local vão construir uma praça. Qual foi o local do encontro?* [Plural: *locais*.]

locomotiva (lo.co.mo.ti.va) *substantivo feminino* Máquina que puxa os vagões nas ferrovias. O conjunto constituído pela locomotiva e pelos vagões chama-se trem.

lodo (lô) (lo.do) *substantivo masculino* Lama mole do fundo de rios, lagoas, mares, etc. O lodo é uma mistura de terra, água e material orgânico (restos de animais e plantas).

logo (lo.go) *advérbio* **1.** Imediatamente; já: *— Venha logo para casa, Juca, é hora do almoço.* **2.** Daqui a pouco; mais tarde: *— Não chore, Carol, mamãe vai chegar logo.*

Ll   loja ▶ louco

loja (**lo**.ja) *substantivo feminino* Casa em que se vendem coisas; estabelecimento comercial: *Loja de sapatos. A loja onde se vendem pães chama-se padaria.* →

lojista (lo.**jis**.ta) *substantivo de 2 gêneros* Pessoa que trabalha numa loja. →

lombriga (lom.**bri**.ga) *substantivo feminino* Verme comprido que é um parasita que vive no intestino do homem. Pode se pegar ascaridíase (infecção por lombrigas) pelo contato com fezes, água e alimentos contaminados com ovos de lombriga.

lona (**lo**.na) *substantivo feminino* Tecido muito forte, de algodão grosso ou de outro material, com o qual se fazem velas de embarcação, tendas, etc.: *O circo é cercado e coberto de lona.*

longe (**lon**.ge)
longe • *adjetivo de 2 gêneros* Muito distante: *Moro num lugar longe.*
longe • *advérbio* A uma grande distância, no espaço ou no tempo; longe de: *Vovó mora longe, lá no interior de Minas. O dia em que terminam as férias ainda está longe.*
◆ **Longe de.** A uma grande distância de: *A escola onde estudo fica longe de minha casa.*

longo (**lon**.go) *adjetivo* **1.** Que se estende no comprimento; comprido: *Mamãe usou um vestido longo para ir à festa.* **2.** Que leva muito tempo; demorado: *O professor deu uma aula muito longa, de quase duas horas.*

losango (lo.**san**.go) *substantivo masculino* Figura fechada que tem os quatro lados iguais e que, ao ser dividida ao meio, forma dois triângulos iguais: *A bandeira do Brasil tem um losango amarelo.* 430

lotado (lo.**ta**.do) *adjetivo* **1.** Diz-se de meio de transporte, etc. que está muito cheio; com gente demais: *Todo dia, ele pega o trem lotado para ir ao trabalho.* **2.** Que está com o número máximo de pessoas: *O elevador está lotado, vamos ter de esperar o próximo.* **3.** Cheio, repleto: *O dia está lindo e o céu lotado de pipas de todas as cores.*

loteria (lo.te.**ri**.a) *substantivo feminino* Toda espécie de jogo em que se sorteiam prêmios aos quais correspondem bilhetes numerados: *Ganhar na loteria é muito, muito difícil.*

louça (**lou**.ça) *substantivo feminino* Cada uma das peças de barro, cerâmica, porcelana, etc., que se usa como recipiente para alimentos: *A louça de jantar é o conjunto dos pratos e vasilhas onde se servem os alimentos.*

louco (**lou**.co)
louco • *adjetivo* **1.** Diz-se de quem tem uma doença mental, que o faz não ter controle de suas ações, suas palavras e seus pensamentos e se comportar, por isso, de maneira diferente das outras pessoas; doido, maluco. **2.** Próprio de louco.
louco • *substantivo masculino* Pessoa do sexo masculino que tem uma doença mental, que o faz não ter controle de suas ações, suas palavras e seus pensamentos e se comportar, por isso, de maneira diferente das outras pessoas; doido, maluco.

louro (lou.ro)
louro • *adjetivo* Diz-se de quem tem o cabelo amarelado.
louro • *substantivo masculino* Homem, rapaz ou menino que tem o cabelo amarelado.

lousa (lou.sa) *substantivo feminino* É o mesmo que *quadro* (1).

lua (lu.a) *substantivo feminino* Satélite natural que gira em torno da Terra e que também não tem luz própria. A Lua só brilha porque reflete a luz do Sol. [Escreve-se com letra inicial maiúscula.]

luar (lu.ar) *substantivo masculino* A luz da Lua: *Nas noites de luar, o jardim fica iluminado.* [Plural: *luares*.]

lucro (lu.cro) *substantivo masculino* Ganho ou vantagem que se obtém de alguma coisa ou com uma atividade: *Papai obteve lucro com a venda da fazenda.*

lugar (lu.gar) *substantivo masculino* **1.** Espaço: *A casa da fazenda fica num lugar à beira do rio.* **2.** Espaço próprio para se colocar uma coisa ou para uma pessoa ficar: *Maísa guardou os brinquedos no lugar. Meu lugar à mesa é ao lado de mamãe.* [Plural: *lugares*.]

lula (lu.la) *substantivo feminino* Animal marinho, semelhante ao polvo e de corpo alongado. A lula é um molusco de carne muito apreciada.

luminária (lu.mi.ná.ria) *substantivo feminino* Objeto destinado à iluminação: *A luminária da sala tem uma luz fraca.*

luminosidade (lu.mi.no.si.da.de) *substantivo feminino* Luz, claridade.

luminoso (mô) (lu.mi.no.so) *adjetivo* **1.** Que produz luz; que tem luz própria: *As estrelas são astros luminosos.* **2.** Brilhante; que brilha: *As águas do lago ficam luminosas quando refletem a luz do Sol.*

luta (lu.ta) *substantivo feminino* **1.** Combate sem armas entre dois atletas no qual se observam certas regras: *Luta livre. A capoeira é uma luta brasileira criada pelos escravos.* **2.** Qualquer combate corpo a corpo: *Na luta, os dois rolaram pelo chão.* **3.** Esforço para conseguir uma coisa: *André dormiu tarde e foi uma luta acordar cedo.* **4.** É o mesmo que *guerra*.

lutador (dôr) (lu.ta.dor) *substantivo masculino* **1.** Aquele que pratica algum tipo de luta (1). **2.** Homem que enfrenta as dificuldades, que não desiste diante dos problemas. [Plural: *lutadores*. Feminino: *lutadora*.]

lutadora (dô) (lu.ta.do.ra) *substantivo feminino* É o feminino de *lutador*.

luva (lu.va) *substantivo feminino* Peça de roupa que cobre a mão e os dedos, e que é usada como enfeite, ou para proteger do frio ou para fazer certos trabalhos: *Como estava muito frio, Marcelo foi para a escola de casaco, gorro e luvas.*

luxo (xo = cho) (lu.xo) *substantivo masculino* Maneira de viver em que alguém se cerca de coisas muito caras e que muitas vezes não são necessárias: *Na história, o rei vivia no luxo e o povo na miséria.*

luz (luz) *substantivo feminino* Claridade produzida pelos astros, pelo fogo, pelas lâmpadas, etc.; luminosidade: *A luz do Sol ilumina a Terra.* [Plural: *luzes*.] ◆ **Dar à luz.** Ter neném ou ter filhote: *Minha prima vai dar à luz uma menina. A cadela de meu tio deu à luz seis cachorrinhos.*

M

■ **m** Símbolo de *metro*.

maca (**ma**.ca) *substantivo feminino* Cama sem pés ou com pés que podem ser dobrados, para transportar doentes ou feridos: *O jogador machucou-se e saiu do campo de* **maca**.

Uma visita ao Pará

maçã ▶ macaxeira

maçã (ma.**çã**) *substantivo feminino* Fruto da *macieira*. A maçã é redonda, tem a casca lisa e fina, que pode ser vermelha, amarela ou verde. Por dentro é branca e seu gosto pode ser doce ou um pouco azedo: *Mamãe sempre come uma **maçã** no café da manhã*. [Plural: *maçãs*.] 437

macacão (ma.ca.**cão**) *substantivo masculino* Roupa que é uma calça comprida e uma blusa costurados juntos. É usada por crianças e adultos e também por trabalhadores, pilotos de corrida, etc.: *O mecânico estava com o **macacão** sujo de óleo*. [Plural: *macacões*.]

macaco (ma.**ca**.co) *substantivo masculino* **1.** Animal que mais se parece com o homem. Os macacos podem ser grandes, como os chimpanzés e os gorilas, ou pequenos, como os micos e os saguis. Alguns têm cauda, outros não, e a maioria vive em regiões quentes: *Os **macacos** são animais simpáticos e inteligentes*. 442 **2.** Aparelho usado para levantar coisas muito pesadas: *Papai levantou o carro com um **macaco** para trocar o pneu*.

maçaneta (mê) (ma.ça.**ne**.ta) *substantivo feminino* Espécie de puxador, geralmente redondo ou retangular, que a gente move para destravar ou puxa para movimentar uma porta, um portão, etc.

macarrão (ma.car.**rão**) *substantivo masculino* Massa de farinha de trigo cortada em tiras, ou em forma de canudinhos, etc., com a qual a gente faz vários tipos de comida: *Mariana fez com **macarrão** e molho de tomate uma macarronada muito gostosa*. [Plural: *macarrões*.]

macarronada (ma.car.ro.**na**.da) *substantivo feminino* Comida feita com macarrão cozido, com molho de tomate ou qualquer outro molho, na qual geralmente se põe queijo ralado.

macaxeira (xei = chei) (ma.ca.**xei**.ra) *substantivo feminino* É o mesmo que *mandioca*: *Naquele sítio há uma plantação de **macaxeira***. [Outra forma: *macaxera*.] 437

Mm machado ▸ mãe

machado (ma.**cha**.do) *substantivo masculino* Ferramenta formada por uma peça de ferro com uma lâmina, presa a um cabo, geralmente usada para cortar madeira: *João cortou a lenha com um machado.*

macho (**ma**.cho) *substantivo masculino* Qualquer animal do sexo masculino: *O macho da abelha se chama zangão.*

machucado (ma.chu.**ca**.do) *substantivo masculino* Aquilo que acontece no corpo de uma pessoa, ou de um animal, quando cai, se corta, se fere, etc.: *— Ai! Este machucado no meu joelho está doendo muito.*

machucar (ma.chu.**car**) *verbo* É o mesmo que ferir: *Rita machucou a mão na roseira.*

maciço (ma.**ci**.ço) *adjetivo* Que não é oco: *As pedras são maciças.*

macieira (ma.ci.**ei**.ra) *substantivo feminino* Árvore que dá a maçã: *No quintal da casa da minha tia há uma macieira cheia de frutos.*

macio (ma.**ci**.o) *adjetivo* **1.** Suave, agradável ao tato; liso: *Os bebês têm a pele macia.* **2.** Que não é duro nem áspero; fofo: *Meu colchão é macio.*

madeira (ma.**dei**.ra) *substantivo feminino* **1.** Substância dura de que o tronco, os ramos e as raízes das árvores são feitos. **2.** Tronco de árvore cortado que é usado para fazer móveis, ou em construções, ou como lenha, etc.: *Este banco foi feito com quatro pedaços de madeira.*

madrasta (ma.**dras**.ta) *substantivo feminino* Mulher do pai em relação aos filhos dele com outra mulher: *A madrasta da Branca de Neve é uma personagem infantil muito famosa.* [Masculino: *padrasto*.]

madrinha (ma.**dri**.nha) *substantivo feminino* Mulher que, em certas ocasiões especiais, como um casamento, um nascimento, etc., serve de testemunha: *Minha mãe é madrinha de casamento da minha prima.* [Masculino: *padrinho*.]

← **madrugada** (ma.dru.**ga**.da) *substantivo feminino* Período entre a meia-noite e o amanhecer: *Ainda era madrugada quando o galo cantou.*

madurar (ma.du.**rar**) *verbo* É o mesmo que amadurecer.

maduro (ma.**du**.ro) *adjetivo* Diz-se do fruto que está pronto para ser colhido e comido: *Os morangos maduros são bem vermelhos e macios.*

mãe (mãe) *substantivo feminino* **1.** Mulher ou qualquer fêmea que deu à luz um ou mais filhos: *André fez um poema para sua mãe.* **2.** Mulher que faz o papel de mãe de alguém, cuidando desse alguém: *Ana é o nome de minha mãe, ela me adotou quando eu era bem pequeno.* [Plural: *mães*.]

Cole aqui uma foto de sua mãe.

244

maestrina (ma.es.**tri**.na) *substantivo feminino* É o feminino de *maestro*.

maestro (ma.**es**.tro) *substantivo masculino* Músico que rege uma orquestra ou um coro (conjunto de pessoas que cantam juntas). O maestro sabe tanto, mas tanto de música que tem condições de fazer com que todos os músicos de uma orquestra toquem juntos, ou que todas as pessoas de um coro (ou coral) cantem ao mesmo tempo, mas para isso é preciso que todos estudem e ensaiem muito: *O sonho de Lucas é ser um grande **maestro**.* [Feminino: *maestrina*.]

mágica (**má**.gi.ca) *substantivo feminino* A realização de coisas incríveis, como tirar um coelho de uma cartola vazia, ou então o poder de transformar uma abóbora em carruagem, um príncipe em sapo, como acontece em muitas histórias: *Paulo sabe uma **mágica**: ele faz uma moeda sumir e aparecer novamente em sua mão.*

mágico (**má**.gi.co)
mágico • *adjetivo* Que faz mágica: *Com a varinha **mágica**, a fada transformou a menina num passarinho.*
mágico • *substantivo masculino* Aquele que faz mágica: *O **mágico** tirou um coelho da sua cartola.*

magro (**ma**.gro) *adjetivo* **1.** Que tem pouca gordura; que não é gordo: *Camila é alta e **magra**.* **2.** Que é pouco; que não é suficiente: *Papai diz que ganha um salário **magro**.*

maiô (mai.**ô**) *substantivo masculino* Roupa de banho, de uma só peça, usada pelas mulheres e pelas meninas na praia ou na piscina: *Luísa vai ganhar um novo **maiô**, pois o atual está pequeno.*

maionese (mai.o.**ne**.se) *substantivo feminino* **1.** Molho frio feito de gema de ovo e azeite ou outro óleo vegetal. **2.** Salada de batatas ou de legumes, preparada com a maionese (1).

maior (mai.**or**)
maior • *adjetivo de 2 gêneros* Que é superior a outro em tamanho, importância, etc.: *Como cresci muito, mamãe comprou para mim uma camisa **maior**. Monteiro Lobato é um dos **maiores** escritores brasileiros.*
maior • *substantivo de 2 gêneros* Pessoa que tem mais de dezoito anos: *Este filme é só para **maiores**.*
[Plural: *maiores*.]

maioria (mai.o.**ri**.a) *substantivo feminino* O maior número (pode ser de pessoas, de coisas, de animais, de palavras, etc.); a maior parte: *A **maioria** das aves é capaz de voar.*

mais (mais)
mais • *advérbio* Indica aumento, superioridade, comparação: *Juca, você está muito magro, precisa comer **mais**. É **mais** fácil falar do que fazer.*
mais • *substantivo masculino* Sinal de adição (+).

maiúscula (mai.**ús**.cu.la) *substantivo feminino* Letra maiúscula; letra grande, usada em começo de frase, de nomes próprios (isto é, os nomes de pessoas, de lugares, de obras, etc.), etc.: *Os nomes de países, estados, cidades, pessoas, etc. se escrevem com **maiúscula**: Brasil, Alagoas, Manaus; Pedro, Maria.*

mal[1] (mal) *substantivo masculino* Tudo o que é nocivo, que prejudica ou fere os seres vivos, a natureza: *O fumo é um **mal**, prejudica a saúde.* [Plural: *males*.]

mal[2] (mal) *advérbio* **1.** De modo incorreto ou imperfeito: *Meu pai sempre diz que quem lê pouco escreve **mal**.* **2.** Menos do que deveria; pouco: *Estou muito cansada porque dormi **mal**.* **3.** Muito doente: *O menino esteve **mal**, mas já melhorou.*

mala (**ma**.la) *substantivo feminino* Espécie de caixa de couro, lona ou outro material, com alça, para levar roupas e outros objetos: *Carlos já arrumou a **mala**. Ele vai viajar amanhã.*

Mm malabarista ▶ malvado

malabarista (ma.la.ba.**ris**.ta) *substantivo de 2 gêneros* Artista capaz de jogar para o alto vários objetos ao mesmo tempo e pegá-los de volta, sem os deixar cair, ou de equilibrar pratos e outros objetos na ponta de uma vara, etc.: *Os meninos gostaram muito do show do **malabarista**.*

malcriação (mal.cri.a.**ção**) *substantivo feminino* Aquilo que uma pessoa diz ou faz de maneira agressiva ou indelicada para outra, muitas vezes como resposta a uma pergunta, a um conselho, a uma ordem, etc. [Outra forma: *má-criação*. Plural: *malcriações*.]

malcriado (mal.cri.**a**.do) *adjetivo* Que não é delicado; que responde mal às pessoas; grosseiro: *Leonardo foi **malcriado** e ficou de castigo, sem poder ver televisão.*

maldade (mal.**da**.de) *substantivo feminino* Coisa má, ruim, que uma pessoa faz com outra ou com outro ser: *Nas histórias, as bruxas quase sempre fazem **maldades**. Prender passarinhos é uma **maldade**.*

mal-estar (**mal**-es.**tar**) *substantivo masculino* Sensação física desagradável, que uma pessoa pode ter de um momento para outro: *Marta sentiu um pequeno **mal-estar** por causa do calor.* [Plural: *mal-estares*.]

malfeito (mal.**fei**.to) *adjetivo* Que foi feito sem cuidado, sem perfeição: *O pedreiro refez o trabalho **malfeito**.*

malha (**ma**.lha) *substantivo feminino* **1.** Tecido elástico feito de fios de lã, algodão, etc., entrelaçados, geralmente por meio de máquina. **2.** Tipo de roupa de uma só peça, feita com esse tecido, e que serve, geralmente, para a prática de ginástica, balé, etc.

malhar (ma.**lhar**) *verbo* **1.** Fazer exercício físico, ginástica, para fortalecer os músculos e ficar mais saudável: *Ele **malha** duas vezes na semana no clube.* **2.** Falar mal de alguém ou de alguma coisa: *Ana vive **malhando** o trânsito das cidades grandes.*

mal-humorado (**mal**-hu.mo.**ra**.do) *adjetivo* **1.** Que está sempre irritado, com mau humor: *Meu primo Carlos é muito **mal-humorado**.* **2.** Diz-se do aspecto nada feliz do rosto de alguém que mostra que ele está zangado: *O motorista fez uma cara **mal-humorada** quando viu que foi multado.* [Plural: *mal-humorados*.]

maltratar (mal.tra.**tar**) *verbo* Tratar mal, fazer maldade com pessoa ou bicho: *Não devemos **maltratar** os animais.*

maluco (ma.**lu**.co)
maluco • *adjetivo* Que é louco, doido.
maluco • *substantivo masculino* Indivíduo doido, louco.

malvado (mal.**va**.do) *adjetivo* Que faz maldades; mau: *O gigante da história era muito **malvado**.*

246

mama ▸ mandar

mama (**ma**.ma) *substantivo feminino* Órgão dos animais mamíferos que, nas fêmeas, produz leite para alimentar os filhos ou os filhotes: *O gatinho largou a mama de sua mãe e foi brincar.*

mamadeira (ma.ma.**dei**.ra) *substantivo feminino* Pequena garrafa com um bico de borracha na qual se coloca leite, suco, etc., para alimentar as crianças pequenas: *Filipe tem um ano e toma leite na mamadeira.*

mamãe (ma.**mãe**) *substantivo feminino* Nome carinhoso com o qual os filhos chamam a mãe ou a ela se referem: *Mamãe faz aniversário em março.* [Plural: *mamães*.]

mamão (ma.**mão**) *substantivo masculino* O fruto de uma planta chamada *mamoeiro*. Tem polpa amarela, macia e doce, e vários caroços pretos, pequenos: *Juliana gosta muito de vitamina de mamão.* [Plural: *mamões*.] 437

mamar (ma.**mar**) *verbo* Sugar ou chupar o leite na mama ou na mamadeira: *O bebê mamou e logo depois dormiu.*

mamífero (ma.**mí**.fe.ro)
    mamífero • *substantivo masculino* Animal, de um grupo de animais vertebrados, que têm, geralmente, pelos e glândulas mamárias. As fêmeas dos mamíferos dão de mamar às suas crias: *O homem é um mamífero.*
    mamífero • *adjetivo* Diz-se do animal que é mamífero: *As baleias e os golfinhos são animais mamíferos que vivem na água.*

mamilo (ma.**mi**.lo) *substantivo masculino* O bico da mama: *É pelo mamilo que sai o leite das fêmeas dos mamíferos.*

manada (ma.**na**.da) *substantivo feminino*
    1. Rebanho de bois, de cavalos ou de burros.
    2. Grupo de animais selvagens, como elefantes, cavalos, zebras, gnus, búfalos, etc., que vivem, se alimentam e vão de um lugar para outro, sempre juntos. ↴

mancar (man.**car**) *verbo* Caminhar com dificuldade, apoiando-se mais numa das pernas (pode ser porque a pessoa tem um problema físico que a faz andar assim ou porque ela se machucou e não consegue pisar direito): *Ele está mancando porque machucou o pé ao tropeçar numa pedra.*

mancha (**man**.cha) *substantivo feminino* **1.** Sinal (de cor escura ou clara) que um líquido colorido, ou uma comida gordurosa, ou um produto químico (como água sanitária), etc. deixa em roupa, papel, madeira, etc., quando cai ali: *Uma mancha de tinta.* **2.** Cada um dos sinais de cor diferente na pele dos animais: *O pelo da onça é amarelo com manchas pretas.*

manchar (man.**char**) *verbo* Fazer mancha em; sujar com mancha: *A tinta da caneta manchou a minha camisa.*

mandar (man.**dar**) *verbo* **1.** Ordenar que se faça alguma coisa: *O guarda mandou que todos saíssem.* **2.** É o mesmo que *enviar*: *Pedro mandou flores para Laura.*

Mm mandioca ▶ manso

mandioca (man.di.o.ca) *substantivo feminino* Raiz de uma planta também chamada *macaxeira* ou *aipim*. É branca ou amarela por dentro e marrom por fora. Com ela podemos fazer farinha, bolo, etc., ou podemos comê-la cozida, ou cozida e depois frita: *Os meninos comeram todo o bolo de mandioca*. 437

maneira (ma.nei.ra) *substantivo feminino* Jeito ou modo de fazer determinada coisa: *Fez o doce da maneira que estava na receita*.

manga¹ (man.ga) *substantivo feminino* A parte da camisa, do casaco, do vestido, da blusa, do terno, da jaqueta, etc., onde se enfia o braço: *José dobrou as mangas do casaco antes de lavar as mãos*.

manga² (man.ga) *substantivo feminino* O fruto de uma árvore chamada *mangueira*. Tem polpa macia e doce, em geral amarela, e caroço grande. Há muitos tipos de manga, como a manga-espada, a manga-rosa, etc.: *Márcia ofereceu um suco de manga para a amiga*. 437

mangaba (man.ga.ba) *substantivo feminino* O fruto de uma árvore chamada *mangabeira*. Tem casca amarela com manchas vermelhas e polpa branca, comestível. É também usado para fazer doces e sorvetes: *Mário bebeu na lanchonete um delicioso suco de mangaba*.

mangue (man.gue) *substantivo masculino* É o mesmo que *manguezal*.

mangueira (man.guei.ra) *substantivo feminino* Árvore que produz a manga.

manguezal (man.gue.zal) *substantivo masculino* Área junto ao mar, sempre inundada pelas marés, com vegetação característica, que cresce em solo que é uma lama escura, rica em nutrientes. O manguezal serve como local de abrigo e de reprodução para muitas espécies de crustáceos, peixes, moluscos, aves, etc. [Outro nome: *mangue*. Plural: *manguezais*.]

manhã (ma.nhã) *substantivo feminino* **1.** Parte do dia que vai do nascer do Sol ao meio-dia: *Levanto-me às oito horas da manhã*. **2.** É o mesmo que *madrugada*: *Meu pai trabalhou até a uma hora da manhã*. [Plural: *manhãs*.]

manifestar (ma.ni.fes.tar) *verbo* Dar sinais de; expressar: *Marta está feliz e seu sorriso manifesta alegria*.

manobrista (ma.no.bris.ta) *substantivo de 2 gêneros* Pessoa que trabalha estacionando automóveis: *Meu primo Lucas é manobrista num shopping*.

manso (man.so) *adjetivo* **1.** Tranquilo; sossegado: *O mar está manso, com poucas ondas*. **2.** Que ficou manso porque foi treinado, ensinado: — *O cavalo agora está manso, você pode montá-lo*. **3.** Que não é bravo ou feroz: *O meu cachorro não morde, é manso*.

manta ▶ mapa

manta (man.ta) *substantivo feminino* Espécie de cobertor feito geralmente de lã: *Como estava muito frio, Lia cobriu-se com sua* **manta** *azul.*

manteiga (man.tei.ga) *substantivo feminino* Produto feito com a nata do leite e que se passa no pão, e também se usa para fazer bolo, etc.: *A* **manteiga** *que tio Luís traz da fazenda é deliciosa.*

manter (man.ter) *verbo* **1.** Fornecer aquilo que é necessário: *Dona Inês trabalha e* **mantém** *sua família.* **2.** Fazer permanecer ou ficar do mesmo jeito: ***Manteve*** *a cabeça baixa enquanto a tia o repreendia por causa da bagunça.* **3.** Fazer com que algo continue igual ou parecido ao que era antes; conservar: *Papai pintou a casa, mas* **manteve** *a cor azul.*

manual (ma.nu.al)
manual • *substantivo masculino* Livro que ensina a fazer determinada coisa: ***Este*** **manual** *ensina a montar o avião de brinquedo.*
manual • *adjetivo de 2 gêneros* **1.** Relativo às mãos; que se faz com elas: *Diana gosta de trabalhos* **manuais**, *como costurar e pintar.* **2.** Movimentado com as mãos: *Vovó tem uma máquina de costura* **manual**. [Plural: *manuais*.]

manuscrito (ma.nus.cri.to) *adjetivo* Que foi escrito à mão: *Letra* **manuscrita**. *Carta* **manuscrita**.

manuseio (ma.nu.sei.o) *substantivo masculino* Uso que a gente faz das mãos para mover, controlar ou utilizar alguma coisa.

Deixe aqui o registro de sua mão. Use tinta guache.

mão (mão) *substantivo feminino* **1.** Parte do corpo humano, do punho à ponta dos dedos: *A* **mão** *do homem tem cinco dedos e serve para tocar e segurar as coisas.* **432 2.** Cada uma das extremidades dos membros da frente dos macacos, dos cavalos, dos bois, etc. **3.** Direção em que o veículo deve andar: *Quando um veículo não está na* **mão** *certa, ele está na contramão.* [Plural: *mãos*.] ◆ **De segunda mão.** A gente usa para falar de algo que já foi usado: *Papai comprou um carro* **de segunda mão**. **Em mão(s).** A gente usa para dizer que algo (carta, convite, etc.) foi entregue nas mãos de alguém pela gente ou por alguém de confiança. **Pedir a mão de alguém.** É pedir que alguém se case com a gente.

mapa (ma.pa) *substantivo masculino* Desenho, gravura ou pintura que representa uma região, um país, um continente, etc.: *Na nossa sala de aula, há um* **mapa** *do Brasil.*

Mm maquiagem ▶ maremoto

maquiagem (ma.qui.a.gem) *substantivo feminino*
Produtos usados, geralmente pelas mulheres, no rosto, e que servem para enfeitar: *Minha mãe não gosta de usar maquiagem.* [Plural: *maquiagens.*] →

máquina (**má**.qui.na) *substantivo feminino*
Aparelho ou instrumento inventado para fazer determinado trabalho: *Dona Laura comprou uma máquina de lavar roupa. O automóvel é uma máquina.*

maquinista (ma.qui.**nis**.ta) *substantivo de 2 gêneros*
Pessoa que dirige ou faz funcionar uma máquina: *O maquinista puxou o freio e o trem parou. Alice é maquinista dos trens da Central do Brasil.*

mar (mar) *substantivo masculino* Quantidade muito, muito grande de água salgada que chega até a areia da praia em forma de ondas, grandes ou pequenas. O mar é uma parte do oceano: *O mar de Copacabana é muito bonito.* [Plural: *mares.*]

maracujá (ma.ra.cu.**já**) *substantivo masculino*
Fruto redondo ou oval de uma planta, o *maracujazeiro.* Tem uma polpa mole e cheia de sementes, com a qual se fazem refrescos e sorvetes: *Tomei um refresco de maracujá delicioso.* 437

maravilhoso (lhô) (ma.ra.vi.**lho**.so) *adjetivo*
1. Que é muito bonito, que causa admiração: *A vista da cidade aqui do alto é maravilhosa.* **2.** Que é muito bom: *O nosso passeio ao zoológico foi maravilhoso.*

marca (**mar**.ca) *substantivo feminino* **1.** Sinal que se faz em um objeto para torná-lo diferente de outros: *Ana pôs uma marca em seu estojo de lápis.* **2.** Nome que tem determinado produto: *Lá em casa gostamos muito dessa marca de feijão: é muito boa.*

marcar (mar.**car**) *verbo* **1.** Pôr marca ou sinal em: *Mamãe marcou a minha roupa.* **2.** É o mesmo que *indicar*: *O relógio marca as horas.* **3.** Combinar um encontro ou um compromisso: *Marquei com Rita em frente ao cinema.* **4.** Num jogo, fazer ponto (gol ou cesta, etc.): *Bernardo marcou três dos cinco gols do seu time.*

marceneira (mar.ce.**nei**.ra) *substantivo feminino*
← Mulher que trabalha fazendo móveis.

marceneiro (mar.ce.**nei**.ro) *substantivo masculino*
← Homem que trabalha fazendo móveis: *Este armário foi feito por um bom marceneiro.* [Feminino: *marceneira.*]

marchar (mar.**char**) *verbo* Caminhar com ritmo militar: *Na festa de 7 de setembro, dia da Independência do Brasil, os soldados marcharam com muito orgulho.*

maré (ma.**ré**) *substantivo feminino* Movimento de subida ou descida das águas do mar que ocorre duas vezes por dia. As marés são causadas pela atração que a Lua e o Sol exercem sobre as águas do mar: *Com a maré alta, o mar cobriu metade da praia.*

maremoto (ma.re.**mo**.to) *substantivo masculino*
Terremoto que ocorre no fundo do mar, provocando ondas muito grandes que causam muita destruição: *No maremoto do Japão as ondas chegaram a 12 metros de altura.*

marfim ▶ **marmelo**

marfim (mar.**fim**) *substantivo masculino* A parte branca e dura das presas dos elefantes e de outros animais: *Para proteger os elefantes, é preciso acabar com o comércio do **marfim**.* [Plural: *marfins*.]

margarida (mar.ga.**ri**.da) *substantivo feminino* Planta cujas flores têm pétalas brancas e miolo amarelo: *No jardim de Mariana há **margaridas** e rosas.*

margarina (mar.ga.**ri**.na) *substantivo feminino* Creme parecido com a manteiga, mas que é fabricado com óleos vegetais: *Gosto muito de pão com **margarina**.*

margem (**mar**.gem) *substantivo feminino* **1.** Parte, geralmente em branco, ao redor das folhas de livros, cadernos, etc.: *Marcela desenhou um gato na **margem** do caderno.* **2.** Terreno que fica de cada lado de um rio ou de uma estrada, em volta de um lago, etc.; beira: *Há muitas árvores nas **margens** deste rio.* [Plural: *margens*.]

maria-chiquinha (ma.**ri**.a-chi.**qui**.nha) *substantivo feminino* Penteado em que se divide o cabelo ao meio, amarrando cada lado com fita, etc.: *Rita fez uma **maria-chiquinha** e foi passear com as amigas.* [Plural: *marias-chiquinhas*.] →

marido (ma.**ri**.do) *substantivo masculino* Homem em relação à mulher com a qual é casado: *A tia de Márcia reclama que seu **marido** trabalha muito e ganha pouco.* [Outro nome: *esposo*.]

marimbondo (ma.rim.**bon**.do) *substantivo masculino* Nome comum a determinados insetos da família das vespas. O marimbondo faz sua casa pendurada em galho de árvore, em telhados de casa, etc., e sua picada dói muito: *— Cuidado, menino, há uma casa de **marimbondos** nesta goiabeira!*

marinha (ma.**ri**.nha) *substantivo feminino* Parte das forças armadas que protege os mares: *A **Marinha**, o Exército e a Aeronáutica formam as forças armadas do Brasil.* [Escreve-se com letra inicial maiúscula.]

marinheiro (ma.ri.**nhei**.ro) *substantivo masculino* Homem que viaja em navio, trabalhando: *Meu tio Carlos é **marinheiro** e conhece muitos países.*

marinho (ma.**ri**.nho) *adjetivo* Que é do mar; que vive no mar: *A baleia, o polvo e a estrela-do-mar são animais **marinhos**.*

mariposa (pô) (ma.ri.**po**.sa) *substantivo feminino* Inseto parecido com a borboleta, mas que voa à noite: *A **mariposa** voa em volta das lâmpadas.*

marisco (ma.**ris**.co) *substantivo masculino* Nome comum a todos os animais invertebrados, marinhos, que servem de alimento ao homem. A lagosta, o camarão, o mexilhão e a ostra são mariscos: *Manuel gosta de arroz com **mariscos**.*

marítimo (ma.**rí**.ti.mo) *adjetivo* **1.** É o mesmo que *marinho*: *As algas são plantas **marítimas**.* **2.** Que ocorre no mar ou se faz pelo mar: *Rui fez uma viagem **marítima** do Rio de Janeiro ao Ceará.* **3.** Que está próximo ao mar: *Santos é uma cidade **marítima**.*

marmelada (mar.me.**la**.da) *substantivo feminino* Doce feito com marmelo: *Gosto muito de **marmelada**.* →

marmelo (mar.**me**.lo) *substantivo masculino* O fruto grande, amarelo quando maduro, e azedo de uma árvore chamada *marmeleiro*, que é muito usado para fazer doce: *Mamãe comprou **marmelos** na feira.* →

251

Mm   mármore ▶ mata

mármore (**már**.mo.re) *substantivo masculino* Rocha de várias cores que é usada em pisos e paredes, para fazer estátuas, etc.: *Este prédio tem belas escadas de mármore.* 430

marreco (mar.**re**.co) *substantivo masculino* Ave aquática, de bico largo, que é parecida com o pato, porém menor que ele. Vive em bandos e se alimenta de grãos, pequenos animais invertebrados, como insetos, etc.: *Mário fotografou os marrecos do lago.*

marrom (mar.**rom**)
marrom • *adjetivo de 2 gêneros* Da cor da castanha, da terra, etc.: *Meu pai me deu um sapato marrom.*
marrom • *substantivo masculino* A cor marrom: *O marrom é uma cor de que mamãe não gosta muito.* 431
[Plural: *marrons*.]

martelo (mar.**te**.lo) *substantivo masculino* Ferramenta formada por uma peça de ferro presa a um cabo de madeira. O martelo é usado geralmente para pregar pregos: *Lúcio pregou o prego na parede com um martelo.*

máscara (**más**.ca.ra) *substantivo feminino* Objeto que alguém coloca no rosto para não ser reconhecido ou para fingir que é outra pessoa: *Gustavo ganhou no Natal a máscara de seu super-herói preferido.*

masculino (mas.cu.**li**.no)
masculino • *adjetivo* **1.** Que é do sexo dos animais machos: *Neste aquário há peixes masculinos e peixes femininos.* **2.** Do gênero das palavras que se referem aos seres masculinos, ou que são considerados masculinos: *A palavra martelo é um substantivo masculino.*
masculino • *substantivo masculino* O gênero masculino: *O masculino da palavra mulher é homem.*

massa (**mas**.sa) *substantivo feminino* **1.** Mistura de farinha com água ou outro líquido: *A massa do pão está pronta para ser assada.* [Pode ter também outros ingredientes, como ovos, açúcar ou sal, etc.] **2.** Macarrão ou outra pasta semelhante: *Esta massa está muito gostosa.* **3.** Qualquer mistura mole e pastosa: *O pedreiro preparou a massa com areia, cimento e água.*

mastigar (mas.ti.**gar**) *verbo* Reduzir a pequenos pedaços com os dentes: *É preciso mastigar bem os alimentos antes de engolir.*

mata (**ma**.ta) *substantivo feminino* Terreno em que há muitas e muitas árvores; bosque, mato: *Os meninos acamparam na mata.*

matar (ma.**tar**) *verbo* Tirar a vida de um ser humano, de um animal ou de um vegetal: *O soldado matou o inimigo. A seca matou muitos animais. A erva daninha mata as outras plantas.*

matemática (ma.te.**má**.ti.ca) *substantivo feminino* **1.** É uma ciência que estuda os números e as figuras (o triângulo, o quadrado, o losango, etc.) e a ligação entre eles: *A Aritmética é uma das partes da Matemática.* **2.** Na escola, é também a disciplina em que aprendemos sobre esses números e figuras que a Matemática (1) estuda: *Aprendi o que é tabuada na aula de Matemática.*

matemático (ma.te.**má**.ti.co) *adjetivo* Da Matemática, ou que a tem por base: *Cálculo matemático.*

matéria (ma.**té**.ria) *substantivo feminino* **1.** Qualquer substância sólida, líquida ou gasosa que ocupa lugar no espaço: *Toda matéria é feita de pedacinhos muito, muito pequenininhos chamados átomos.* **2.** É tudo aquilo que a gente estuda a respeito de um assunto, como, por exemplo, Português, Matemática, etc.: *A matéria de que mais gosto é Geografia.*

material (ma.te.ri.**al**) *substantivo masculino* **1.** Conjunto de coisas com que se faz um trabalho, ou se realiza uma atividade: *Minha mãe já comprou o material para fazer o vestido. Os meninos já estão com o material de que vão precisar na aula de Ciências.* **2.** Substância de que se faz alguma coisa: *De que material é feito este brinquedo?* [Plural: *materiais*.]

maternal (ma.ter.**nal**)
maternal • *adjetivo de 2 gêneros* É o mesmo que *materno*: *Sua tia tem um sentimento maternal por você.*
maternal • *substantivo masculino* Escola para crianças de menos de quatro anos de idade: *Júlia é professora do maternal.* [Plural: *maternais*.]

materno (ma.**ter**.no) *adjetivo* **1.** Próprio de mãe; da mãe; maternal: *O leite materno é o melhor alimento para o bebê.* **2.** Diz-se de parentesco do lado da mãe: *Meu avô materno é cearense (do Ceará).*

mato (**ma**.to) *substantivo masculino* **1.** Terreno com muitas plantas silvestres; mata: *Os meninos fizeram um acampamento no mato.* **2.** Plantas daninhas em canteiro, jardim, etc.: *Maria tira o mato que está entre as flores.*

matrícula (ma.**trí**.cu.la) *substantivo feminino* Inscrição que se faz para frequentar uma escola, um curso, etc.: *Papai já fez a minha matrícula na escola. Paulo fez sua matrícula num curso de Inglês.*

← **mau** (mau) *adjetivo* **1.** Que causa prejuízo ou dano: *A falta de chuva foi um mau acontecimento para as plantas.* **2.** De má qualidade: *O pedreiro fez um mau trabalho.* **3.** É o mesmo que *malvado*: *Esta é a história do Lobo Mau e dos Três Porquinhos.* **4.** Em que há muita chuva, muito vento, etc.: *Hoje está fazendo um mau tempo.* [Plural: *maus*. Feminino: *má*.]

Mm máximo ▶ medo

máximo (xi = ssi) (**má**.xi.mo) *adjetivo* Que é o maior possível: *José conseguiu a nota **máxima** na prova de Matemática.*

maxixe (xixe = chiche) (ma.**xi**.xe) *substantivo masculino* Fruto de uma planta chamada *maxixeiro* e que é usado como legume: *A mãe de Júlia fez feijão e cozinhou nele alguns **maxixes**.*

mecânica (me.**câ**.ni.ca) *substantivo feminino* **1.** Oficina de carros. **2.** Feminino de *mecânico*.

mecânico (me.**câ**.ni.co) *substantivo masculino* Profissional que conserta automóveis, caminhões, etc.: *Nosso carro estragou e papai o levou ao **mecânico**.* [Feminino: *mecânica*.]

mecanismo (me.ca.**nis**.mo) *substantivo masculino* Aquilo que faz funcionar uma máquina ou um aparelho: *O **mecanismo** deste relógio é muito complicado.*

medalha (me.**da**.lha) *substantivo feminino* **1.** Peça de metal (ouro, prata, bronze, cobre, etc.) geralmente com imagem ou algum escrito, que alguém ganha ou porque foi muito bem numa competição esportiva ou cultural, ou porque fez alguma coisa muito, muito importante para muitas pessoas. **2.** Peça semelhante à medalha (1) usada como enfeite.

médica (**mé**.di.ca) *substantivo feminino* Mulher que pratica a medicina: *Lúcia é **médica** de crianças. Ela é uma pediatra.*

medicamento (me.di.ca.**men**.to) *substantivo masculino* Qualquer remédio que um médico indica para alguém que está doente, para que ele o use e fique bom.

medicina (me.di.**ci**.na) *substantivo feminino* A ciência e a arte de evitar e tratar as doenças e restabelecer a saúde: *Ana estuda **medicina**.*

médico (**mé**.di.co) *substantivo masculino* Homem que pratica a medicina: *Gustavo é **médico** e passa várias horas do dia num hospital.*

medida (me.**di**.da) *substantivo feminino* O resultado que se tem depois de medir alguma coisa: *As **medidas** desta mesa são um metro de comprimento e 50 centímetros de largura.*

médio (**mé**.dio)
médio • *adjetivo* **1.** De tamanho, volume, valor, etc. dentro do normal ou do esperado. **2.** Que não é grande nem pequeno, isto é, que é maior que algo pequeno e menor que algo grande: *Eu uso camisa de tamanho pequeno e meu irmão usa camisa de tamanho **médio**.*
médio • *substantivo masculino* O maior dedo da mão, que fica entre o indicador e o anular, também chamado de *pai de todos*.

medir (me.**dir**) *verbo* **1.** Verificar o tamanho de: *Mamãe **mediu** a sala antes de comprar o novo sofá.* **2.** Ter certo tamanho: *Papai **mede** um metro e oitenta, eu **meço** um metro e vinte.*

meditação (me.di.ta.**ção**) *substantivo feminino* É um tipo de exercício mental, muito comum em certas religiões ou práticas orientais. [Plural: *meditações*.]

medo (mê) (**me**.do) *substantivo masculino* Sensação desagradável que tem uma pessoa, ou um animal, quando está em perigo ou acha que está: *O fazendeiro sentiu **medo** quando a onça apareceu.*

medroso (drô) (me.**dro**.so) *adjetivo* Que tem ou sente medo: *Leu para o filho a história de um ratinho muito **medroso**.* →

medula (me.**du**.la) *substantivo feminino* A parte mais central de certos órgãos ou estruturas.
◆ **Medula espinhal.** A parte do sistema nervoso que fica no interior da coluna vertebral.

meia (**mei**.a) *substantivo feminino* Peça de roupa feita de lã, algodão, náilon, etc., que se usa para cobrir o pé, podendo também cobrir a perna ou parte dela.

meia-noite (**mei**.a-**noi**.te) *substantivo feminino* O instante final de um dia e o começo de outro; o mesmo que as 24 horas: *Nesta cidade o metrô funciona até a **meia-noite**.* [Plural: *meias-noites*.]

meigo (**mei**.go) *adjetivo* Que é terno, delicado, carinhoso, doce: *Luciana tem um jeito **meigo**.*

meio (**mei**.o)
meio • *substantivo masculino* **1.** Ponto que está à mesma distância, ou quase à mesma distância, do começo e do final; metade: *Este é o **meio** da corda. Minha casa fica no **meio** desta rua.* **2.** Posição entre dois seres ou dois objetos: *Neste retrato, Joca é o que está no **meio**.* **3.** Posição entre vários seres ou vários objetos: *Raul se escondeu no **meio** das árvores.* **4.** É o mesmo que *centro*: *A mesa fica no **meio** da sala.*
meio • *numeral* Metade de um; metade da unidade: *Andei **meio** quilômetro.*
meio • *advérbio* Um pouco: *Carlota é **meio** preguiçosa.*

meio-dia (**mei**.o-**di**.a) *substantivo masculino* Instante que é a metade do dia; o mesmo que as 12 horas: *Meu pai gosta de almoçar ao **meio-dia**.* [Plural: *meios-dias*.]

mel (mel) *substantivo masculino* Substância doce, amarelada (cor de mel), fabricada pelas abelhas com o néctar das flores: *O **mel** é ótimo alimento.* [Plurais: *meles* e *méis*.]

melado (me.**la**.do) *substantivo masculino* **1.** Calda grossa feita de açúcar. **2.** O caldo de cana depois de cozido.

melancia (me.lan.**ci**.a) *substantivo feminino* Fruta muito grande, de casca verde dura e polpa vermelha macia e doce, com muitas sementes pretas: *Magali gosta muito de **melancia**.* 437

melão (me.**lão**) *substantivo masculino* Fruta de casca dura, geralmente amarela ou verde, e polpa doce, muito usada para sucos: *Adriano comeu uma maçã e uma fatia de **melão**.* [Plural: *melões*.]

meleca (me.**le**.ca) *substantivo feminino* Aquela coisa (meio nojenta) que fica dentro do nariz da gente. A meleca é uma mistura de muco (que é um líquido que o nosso corpo produz, no nariz, na garganta, etc.), com poeira, microrganismos, etc.

melhor (me.**lhor**)
melhor • *adjetivo de 2 gêneros* Que é mais do que bom: *Este brinquedo é bom, mas aquele é **melhor**.* [Plural: *melhores*.]
melhor • *advérbio* **1.** Mais bem; com mais cuidado: *Maria vestiu-se **melhor** para ir à festa.* **2.** Com mais saúde: *Raquel está **melhor**.*
melhor • *substantivo masculino* **1.** Aquilo que é certo, que é bom que se faça: *O **melhor** é irmos embora, porque já vai chover.* **2.** O que é superior em qualidade: *Este perfume é o **melhor**.* [Plural: *melhores*.]

Mm membro ▶ mensagem

membro (**mem**.bro) *substantivo masculino* **1.** Cada um dos braços e cada uma das pernas dos seres humanos e dos animais: *Os* **membros** *inferiores dos seres humanos são os pés e as pernas, e os superiores são os braços e as mãos.* 432 **2.** Pessoa que faz parte de um clube, de uma família, etc.: *Carlos é* **membro** *do nosso clube. No almoço estavam todos os* **membros** *da família.*

memória (me.**mó**.ria) *substantivo feminino* Capacidade de guardar as coisas que aprendemos, de lembrar as coisas que vimos: *Maria tem boa* **memória***. Ela sabe várias poesias de cor.*

mendigo (men.**di**.go) *substantivo masculino* Homem, rapaz ou menino muito pobre que vive nas ruas, já que não tem casa para morar: *Um* **mendigo** *e uma mendiga estavam dormindo na calçada.*

menina (me.**ni**.na) *substantivo feminino* Criança do sexo feminino: *Minha sala tem 25 alunos: treze meninos e doze* **meninas***.*

menino (me.**ni**.no) *substantivo masculino* Criança do sexo masculino: *Minha sala tem 25 alunos: treze* **meninos** *e doze meninas.* [Feminino: *menina*.]

Deixe aqui uma mensagem para você ler no futuro.

menor (me.**nor**)
menor • *adjetivo de 2 gêneros* **1.** Que é inferior a outro em tamanho, quantidade, etc.: *Nossa casa é* **menor** *do que a sua.* **2.** Mais moço: *Meu irmão* **menor** *entrou para a escola.*
menor • *substantivo masculino* Pessoa que tem menos de dezoito anos: *A cantora fez um show permitido para* **menores***.*
[Plural: *menores*.]

menos (me.**nos**)
menos • *advérbio* Em menor número, quantidade ou intensidade: *A roseira floriu* **menos** *que antes.*
menos • *substantivo masculino* Sinal de subtração (−); sinal negativo.
menos • *preposição* Fora, exceto: *Fomos todos ao cinema,* **menos** *o Ivã.*

mensageiro (men.sa.**gei**.ro) *substantivo masculino* Aquele que traz e leva mensagens ou encomendas: *Mamãe chamou um* **mensageiro** *para levar flores para a minha amiga.*

mensagem (men.**sa**.gem) *substantivo feminino* Comunicação ou recado que se diz ou que se escreve: *Telefonei para o Fernando e deixei uma* **mensagem** *no seu celular.*
[Plural: *mensagens*.]

mensal ▶ **mergulhar**

mensal (men.**sal**) *adjetivo de 2 gêneros* **1.** Relativo a mês; por mês: *Meu pai recebe um salário mensal.* **2.** Que se faz ou que ocorre todos os meses: *Na escola temos provas mensais.* [Plural: *mensais*.]

menta (**men**.ta) *substantivo feminino* É o mesmo que *hortelã*: *Tia Helena gosta de tomar chá de menta bem quente nos dias muito frios.*

mental (men.**tal**) *adjetivo de 2 gêneros* **1.** Que se faz de cabeça, sem dizer ou escrever: *Leitura mental. Cálculo mental.* **2.** Da mente: *Distúrbio mental.* [Plural: *mentais*.]

mente (**men**.te) *substantivo feminino* É a parte da gente que pensa, que raciocina, que se lembra das coisas, etc.: *Dizem que a mente é a sede da inteligência ou do pensamento da gente.*

mentir (men.**tir**) *verbo* Dizer coisa que sabe não ser verdadeira; dizer mentira: *Ninguém acredita no que ele diz, porque mente muito.*

mentira (men.**ti**.ra) *substantivo feminino* Aquilo que se diz (ou se escreve) e que não é verdade: *Paulo contou uma mentira quando disse que pescou um peixe muito grande.* [Quem diz mentira é *mentiroso*.]

mercado (mer.**ca**.do) *substantivo masculino* Local onde se vendem alimentos e várias outras mercadorias: *José gosta de ir ao mercado com seu pai.*

mercadoria (mer.ca.do.**ri**.a) *substantivo feminino* Tudo aquilo que se põe para vender: *As mercadorias desta loja são muito caras, e por isso pouca gente compra nela.*

mercearia (mer.ce.a.**ri**.a) *substantivo feminino* Pequeno mercado; venda.

merecer (me.re.**cer**) *verbo* **1.** Conseguir alguma coisa porque trabalhou ou se esforçou muito: *Ivo merece descansar. Ele já terminou suas tarefas da escola.* **2.** Receber algo como recompensa ou como punição: *Um dos réus mereceu ser solto, pois é inocente, mas o outro mereceu o castigo, pois é culpado.*

merenda (me.**ren**.da) *substantivo feminino* **1.** É a refeição que a gente come na escola, pode ser apenas um lanche ou a comida que as merendeiras fazem: *Na hora do recreio, Pedro e André conversavam e comiam a merenda.* **2.** É também o lanche que alguém leva para o trabalho.

merendeira (me.ren.**dei**.ra) *substantivo feminino* **1.** Espécie de bolsa ou de pequena mala própria para a gente levar a merenda para a escola, o lanche para o trabalho, etc.; lancheira: *A merendeira de Maria é amarela e a de Rodrigo é azul.* **2.** Mulher que, nas escolas, etc., prepara e serve a merenda: *As merendeiras são funcionárias muito importantes numa escola.*

mergulhar (mer.gu.**lhar**) *verbo* **1.** Entrar na água até ficar coberto por ela: *André vai à praia e mergulha nas ondas.* [Aquele que mergulha, geralmente no mar, num rio ou num lago, por lazer ou por trabalho, nós chamamos de *mergulhador*.] **2.** Pôr dentro de água ou de outro líquido: *Ana mergulhou a colher na sopa.*

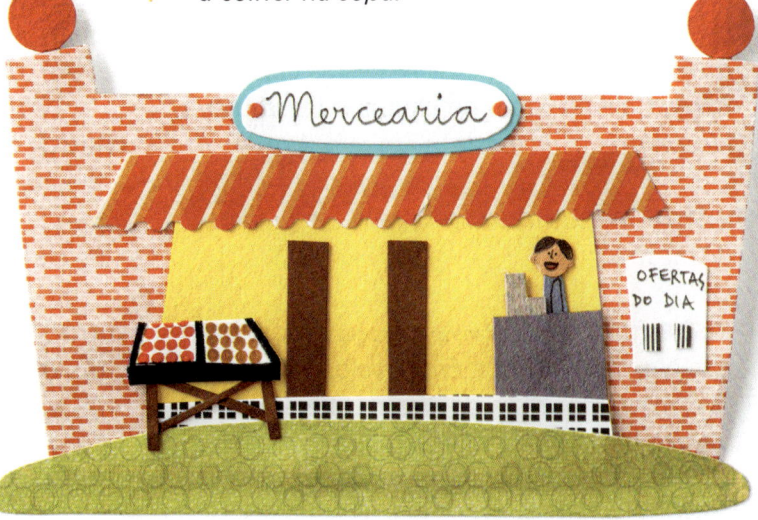

Mm mergulho ▶ metrô

mergulho (mer.**gu**.lho) *substantivo masculino* Aquilo que se faz quando se entra na água do mar, da piscina, do rio, do lago, etc.: *Como estava muito quente, os meninos foram dar um **mergulho** na piscina.*

mês (mês) *substantivo masculino* Cada uma das 12 divisões do ano: sete com 31 dias, quatro com 30 dias e um (fevereiro) com 28 ou 29 dias: *O ano tem 12 **meses**.* [Plural: *meses*.]

mesa (mê) (**me**.sa) *substantivo feminino* Móvel sobre o qual a gente come, escreve, trabalha, joga, e faz muitas outras coisas: *Perto da **mesa** de jantar há sempre várias cadeiras.*

mesada (me.**sa**.da) *substantivo feminino* Quantia que se dá ou que se recebe em cada mês: *Mamãe dá R$ 20,00 de **mesada** a cada filho.*

mesmo (mês) (**mes**.mo)
mesmo • *adjetivo* Igual; idêntico: *Estas duas camisas têm a **mesma** cor.*
mesmo • *substantivo masculino* A mesma coisa: *Bernardo e Mariana compraram o **mesmo** que eu compraria: um pastel e um refresco.*

mestra (**mes**.tra) *substantivo feminino* É o feminino de *mestre*.

mestre (**mes**.tre) *substantivo masculino* **1.** Homem que ensina; professor: *Em 15 de outubro comemoramos o dia do **mestre**.* [Feminino: *mestra*.] **2.** Homem que conhece muito uma ciência ou uma arte: *Heitor Vila-Lobos é um **mestre** da música.*

metade (me.**ta**.de) *substantivo feminino* **1.** Cada uma das duas partes iguais em que se divide alguma coisa: *A **metade** de uma laranja. A **metade** de 26 é 13.* **2.** É o mesmo que *meio* (1): *Fomos até a **metade** do caminho para a casa de Ana. Quero a **metade** de uma laranja e a **metade** de uma maçã.*

metal (me.**tal**) *substantivo masculino* Qualquer substância como o ouro, a prata, o ferro, o aço, etc., que é, em geral, sólida, tem aparência brilhante e transporta bem o calor e a eletricidade: *As moedas são feitas de **metal**. O trombone é um instrumento feito de **metal**.* [Plural: *metais*.]

meter (me.**ter**) *verbo* **1.** Pôr uma coisa dentro de outra ou dentro de um lugar: *Raul estava distraído e **meteu** o pé na lama.* **2.** Causar: *Vimos um filme de **meter** medo.* **3.** Ir para um lugar para ficar longe das outras pessoas: *De vez em quando, **metia**-se no quarto para ler ou brincar e não saía de lá por nada.*

metro (**me**.tro) *substantivo masculino* Unidade de medida que é igual a 100 centímetros: *Esta mesa tem um **metro** de largura e dois **metros** de comprimento.* [Símbolo: *m*]

metrô (me.**trô**) *substantivo masculino* Trem rápido que anda em túneis debaixo da terra, e, em certas cidades, também por cima da terra, e que pode transportar muitas pessoas: *Papai vai de **metrô** para o trabalho.* 446

258

meu (meu) *pronome* Palavra que se usa para dizer que: a) alguma coisa que tem o nome no masculino pertence à gente (quando é a gente que está falando): *Meu chinelo é preto. Meu casaco é azul. Meu pijama é verde. Meu carro é de brinquedo.* b) um homem, um rapaz ou um menino tem alguma relação (que pode ser de sangue, de amizade, de trabalho, etc.) com a gente (quando é a gente que está falando): *Meu irmão é professor de Espanhol.* [Feminino: *minha*.]

mexer (xer = cher) (me.**xer**) *verbo* **1.** Tocar (com os dedos, a mão, o pé ou alguma coisa) em algo ou alguém, fazendo geralmente com que saia do lugar ou se mova: *Mexeu no cabelo da irmã para ajeitá-lo.* **2.** Misturar, geralmente com uma colher, uma comida ou um líquido, dentro de uma panela, prato, copo ou outro recipiente: *Tia Célia me pediu que mexesse o mingau.*

mexerica (xe = che) (me.xe.**ri**.ca) *substantivo feminino* É o mesmo que *tangerina*: *Mamãe comprou três quilos de mexerica, a minha fruta favorita.* 438

mexilhão (xi = chi) (me.xi.**lhão**) *substantivo masculino* Molusco comestível, de concha oval: *Malu gosta muito de arroz com mexilhão.* [Plural: *mexilhões*.]

miçanga (mi.**çan**.ga) *substantivo feminino* Conta (3) pequena, de vidro ou plástico: *Colar de miçangas coloridas.*

mico (**mi**.co) *substantivo masculino* Nome comum a vários macacos de tamanho pequeno: *Na volta da escola vi três micos numa árvore.* 442

micróbio (mi.**cró**.bio) *substantivo masculino* Ser de corpo muito, muito, mas muito pequeno, que pode causar doenças. Os micróbios só podem ser vistos com a ajuda de um microscópio: *Vera lava bem as mãos antes de comer, para eliminar os micróbios.*

micro-ondas (**mi**.cro-**on**.das) *substantivo masculino* Tipo de forno elétrico que esquenta ou cozinha os alimentos com rapidez: *Mamãe prefere fazer pipoca no micro-ondas.*

microrganismo (mi.cror.ga.**nis**.mo) *substantivo masculino* Qualquer organismo muito pequeno como as bactérias e os vírus: *Há muitos microrganismos que causam doenças.* [Outra forma: *micro-organismo*.]

microscópio (mi.cros.**có**.pio) *substantivo masculino* Instrumento que serve para observar e estudar os seres e as coisas muito, muito pequenos: *É incrível ver uma formiga ao microscópio.*

migalha (mi.**ga**.lha) *substantivo feminino* Pedaço muito pequeno de pão, bolo, etc.: *Na história, João e Maria espalham migalhas de pão no caminho da floresta.*

milho (**mi**.lho) *substantivo masculino* Grão ou espiga de uma planta que a gente chama de *pé de milho*. O milho serve de alimento para pessoas e animais: *Leandro deu milho às galinhas.* 438

milímetro (mi.**lí**.me.tro) *substantivo masculino* Medida de comprimento igual à milésima parte do metro (ou seja, o metro dividido por mil): *Esta borracha tem 30 milímetros de comprimento.* [Símbolo: *mm*]

Mm militar ▶ minuto

militar (mi.li.**tar**)
militar • *adjetivo de 2 gêneros* Relativo à guerra, aos soldados ou às forças armadas (ou seja, Marinha, Exército e Aeronáutica): *Meu irmão estuda numa escola militar.*
militar • *substantivo masculino* É o mesmo que soldado: *Os militares defendem a pátria.*
[Plural: *militares*.]

mina (**mi**.na) *substantivo feminino* **1.** Buraco que se cava na terra para a exploração de minerais, como ouro, ferro, etc.: *Meu tio Júlio trabalha numa mina de carvão muito profunda.* **2.** Lugar onde a água brota da terra: *A água que usamos lá em casa vem de uma mina.*

mineira (mi.**nei**.ra) *substantivo feminino* Mulher que trabalha em mina, explorando ou separando minerais: *Em Santa Catarina, mineiras trabalhavam na separação do carvão.*

mineiro (mi.**nei**.ro) *substantivo masculino* Homem que trabalha em mina, explorando ou separando minerais: *Meu tio Júlio é mineiro.*
[Feminino: *mineira*.]

mineral (mi.ne.**ral**)
mineral • *adjetivo de 2 gêneros* Dos minerais; relativo aos minerais: *As pedras e os metais pertencem ao reino mineral.*
mineral • *substantivo masculino* Substância que ocorre naturalmente na crosta terrestre, e que é formada de modo diferente daquele dos vegetais e dos animais: *O diamante é um mineral muito duro e brilhante. A água é um mineral importante para a vida.*
[Plural: *minerais*.]

mingau (min.**gau**) *substantivo masculino* Comida pastosa, feita geralmente de leite, açúcar e um pó (farinha, fubá, etc.): *Marcos gosta muito de mingau quente nos dias frios.*

minha (**mi**.nha) *pronome* Palavra que se usa para dizer que: a) a gente (quando é a gente que fala) tem alguma coisa que tem o nome no feminino: *Minha bicicleta está quebrada. — Ana, não se esqueça de trazer minha revista.* b) a gente (quando é a gente que fala) tem alguma relação (que pode ser de sangue, de amizade, de trabalho, etc.) com alguém do sexo feminino: *A minha irmã é professora. A minha professora é bonita.*

minhoca (mi.**nho**.ca) *substantivo feminino* Verme de corpo comprido e cor marrom meio vermelha que vive dentro da terra. 442

mínimo (**mí**.ni.mo)
mínimo • *adjetivo* Que é muito pequeno: *Este sapato custou um preço mínimo.*
mínimo • *substantivo masculino* **1.** A menor quantidade possível: *Como estou com pouco dinheiro, procuro gastar o mínimo.* **2.** O menor dedo da mão, também chamado de *auricular* ou *mindinho*.

minúscula (mi.**nús**.cu.la) *substantivo feminino* Letra minúscula; letra pequena: *No nome Maria, a primeira letra é maiúscula e as outras são minúsculas.*

minúsculo (mi.**nús**.cu.lo) *adjetivo* Muito pequeno: *As borboletas põem ovos minúsculos.*

minuto (mi.**nu**.to) *substantivo masculino* **1.** Medida de tempo: *Uma hora tem 60 minutos.* **2.** Intervalo de tempo muito curto; instante: *Eu estou perto, chego aí em um minuto.*

miolo (mi.o.lo) *substantivo masculino* A parte de dentro, do meio de algo: *O miolo da margarida é amarelo.*

míope (mí.o.pe) *substantivo de 2 gêneros* Pessoa que não enxerga bem os objetos e os seres que estão distantes.

mirim (mi.rim) *adjetivo de 2 gêneros* **1.** De tamanho pequeno: *Mamãe comprou um bonsai, uma árvore mirim plantada numa bandeja.* **2.** De criança; infantil: *Meu primo Rui joga num time mirim de basquete.* [Plural: *mirins*.]

miséria (mi.sé.ria) *substantivo feminino* Situação de quem vive com muito pouco ou nenhum dinheiro, quase não tendo o que comer: *Muitas pessoas no mundo ainda vivem na miséria.*

mistério (mis.té.rio) *substantivo masculino* Aquilo que não tem explicação: *A morte de tantos peixes na lagoa ainda é um mistério.*

misto (mis.to) *substantivo masculino* Sanduíche de queijo e presunto que é aquecido na chapa ou comido frio.

mistura (mis.tu.ra) *substantivo feminino* Conjunto de coisas que estão juntas de um jeito que se confundem ou formam uma coisa só: *O ar é formado por uma mistura de gases.*

misturar (mis.tu.rar) *verbo* Juntar coisas diferentes: *Misturou farinha, ovos e açúcar para fazer o bolo.*

mito (mi.to) *substantivo masculino* **1.** História imaginária que passa de geração a geração: *O Minotauro, monstro com cabeça de touro e corpo de homem, é um dos personagens de um mito da Grécia antiga.* **2.** É o mesmo que lenda: *Saci e Curupira são mitos brasileiros.*

miúdo (mi.ú.do) *adjetivo* De tamanho pequeno: *O piolho é um bicho miúdo que se alimenta de sangue e vive na cabeça das pessoas.*

■ **mm** Símbolo de *milímetro*.

mobília (mo.bí.lia) *substantivo feminino* Conjunto dos móveis de uma casa ou de parte de uma casa, de um escritório, etc.: *A mobília do meu quarto é composta por uma cama, uma cadeira e um armário.*

moça (mo.ça) *substantivo feminino* Jovem do sexo feminino: *A namorada de João é uma moça muito bonita.*

moçarela (mo.ça.re.la) *substantivo feminino* Tipo de queijo feito de leite de vaca ou de búfala (a fêmea do *búfalo*). [Outra forma: *mozarela*.]

mochila (mo.chi.la) *substantivo feminino* **1.** Espécie de saco que soldados, estudantes, escoteiros, etc. levam às costas, para carregar roupas, livros, etc.: *Alice arruma sua mochila antes de ir para a escola.* **2.** Saco de viagem: *André não leva mochila pesada em suas viagens.*

mocinho (mo.ci.nho) *substantivo masculino* Nas histórias dos livros, nos filmes e desenhos, homem ou rapaz que procura fazer o bem para as pessoas. O mocinho geralmente luta com o bandido para que ele seja preso e pare de fazer maldades: *No final do filme, o mocinho casou com sua namorada.* [Feminino: *mocinha*.]

moço (mo.ço)
moço • *adjetivo* Novo em idade; jovem: *Papai ainda é um homem moço.*
moço • *substantivo masculino* Jovem do sexo masculino; rapaz: *O irmão de Joana é um moço bonito.*
[Feminino: *moça*.]

Mm moda ▶ molhado

moda (**mo**.da) *substantivo feminino* Maneira de se vestir, de cortar ou pentear os cabelos, etc.: *Para esta revista, vestido longo está na moda. A moda agora é cabelo curto.*

modelar (mo.de.**lar**) *verbo* É o mesmo que *moldar*: *João modelou uma girafa com uma massa amarela.*

modelo (dê) (mo.**de**.lo) *substantivo masculino* **1.** Pessoa ou objeto, de que se faz uma cópia, pintando, desenhando, etc.: *Ana usou a mãe como modelo para fazer o desenho.* **2.** Pessoa que desfila, ou se deixa fotografar, exibindo roupas, joias ou outros objetos: *Luísa assistiu ao desfile e achou os modelos muito magrinhos.* **3.** Cada tipo diferente de certos produtos (televisão, computador, etc.): *Nossa televisão é de um modelo bem antigo.*

moderno (mo.**der**.no) *adjetivo* Que é do nosso tempo, dos dias de hoje: *O celular é um meio de comunicação moderno.*

modificação (mo.di.fi.ca.**ção**) *substantivo feminino* Nova forma de arrumar ou deixar alguma coisa: *Júlio fez algumas modificações em seu quarto: mudou a cama e a mesa de lugar.* [Outro nome: *mudança*.] [Plural: *modificações*.]

modificar (mo.di.fi.**car**) *verbo* Mudar a forma de: *A construção de vários prédios modificou o aspecto do bairro.*

modo (**mo**.do) *substantivo masculino* Jeito ou maneira como a gente faz ou diz alguma coisa: *Ele tem um modo estranho de falar.*

moeda (mo.**e**.da) *substantivo feminino* Dinheiro em forma de pequenas placas redondas de metal: *A moeda de maior valor no Brasil é a de um real.*

moer (mo.**er**) *verbo* **1.** Transformar em pó: *Vovó mói os grãos de café numa máquina.* **2.** Transformar em pedaços muito pequenos: *O açougueiro moeu a carne para a freguesa.*

moinho (mo.**i**.nho) *substantivo masculino* Aparelho movido pelo vento, pela água, por animais ou por motor, e que serve para moer cereais, etc.: *A Holanda é um país famoso por seus moinhos.*

mola (**mo**.la) *substantivo feminino* Peça elástica de metal, plástico, etc., que tem forma de espiral: *Meus pais dormem num colchão de molas, isto é, num colchão que tem molas por dentro.*

moldar (mol.**dar**) *verbo* Dar forma a: *Júlia moldou um vaso com o barro.* [Outra forma: *modelar*.]

moldura (mol.**du**.ra) *substantivo feminino* Peça que se põe em volta de quadro, fotografia, espelho, etc.: *O quadro ficou mais bonito com a nova moldura dourada.*

mole (**mo**.le) *adjetivo de 2 gêneros* **1.** Que é macio, fofo: *Não gosto de dormir em colchão mole.* **2.** Lento, vagaroso: *— Mariana, não seja mole. Vamos chegar atrasadas à festa.*

moleque (mo.**le**.que) *substantivo masculino* **1.** Menino, guri: *Meu avô gosta de contar histórias do seu tempo de moleque criado em fazenda.* **2.** Menino que costuma fazer travessuras. [Feminino: *moleca*.]

molhado (mo.**lha**.do) *adjetivo* Que está coberto de água ou de outro líquido: *— Menino, tire essa toalha molhada de cima do sofá.*

molhar ▶ morder

molhar (mo.lhar) *verbo* **1.** Mergulhar em líquido: *Lúcia molhou o pão no leite.* **2.** Jogar líquido em: *Clara molhou as plantas.* **3.** Receber líquido sobre si: *Carlos saiu na chuva e molhou-se.*

molho (mô) (mo.lho) *substantivo masculino* Líquido ou creme que se põe sobre alimentos frios ou quentes, para dar-lhes mais sabor ou um sabor especial: *Molho de tomate.*

molusco (mo.lus.co) *substantivo masculino* Animal invertebrado, de corpo mole, que vive no mar, nos rios ou na terra. A maior parte dos moluscos tem o corpo coberto por uma concha dura, como as ostras, os mexilhões e os caramujos: *O polvo é um molusco que não tem concha. A lula é um molusco que tem uma concha interna.*

momento (mo.men.to) *substantivo masculino* Espaço pequeno, mas não determinado, de tempo; instante: *João entrou em casa no momento em que começou a chover.*

mono-carvoeiro (mo.no-car.vo.ei.ro) *substantivo masculino* É o mesmo que *muriqui.* [Plural: *monos-carvoeiros.*] **442**

monstro (mons.tro) *substantivo masculino* Ser fantástico, de forma estranha e feia, que aparece em lendas e histórias: *Era uma vez um monstro que vivia num lago.*

montanha (mon.ta.nha) *substantivo feminino* É um monte (1) bem grande: *O Rio de Janeiro é uma cidade com muitas montanhas.*

montanha-russa (mon.ta.nha-rus.sa) *substantivo feminino* Rede de trilhos, existente em parques de diversões, com subidas, descidas e curvas, percorrida por vagões em alta velocidade: *Andei com a mamãe na montanha-russa e ela ficou com muito medo.* [Plural: *montanhas-russas.*] ➡

montanhoso (mõ) (mon.ta.nho.so) *adjetivo* Em que há muitas montanhas: *Moro numa cidade montanhosa.*

montar (mon.tar) *verbo* **1.** Pôr-se em cima de: *Montamos nos cavalos para passear pelo campo.* **2.** Juntar as peças de; armar: *Luís montou o barco e o levou para a banheira.*

monte (mon.te) *substantivo masculino* **1.** Grande elevação de terreno: *A casa fica em um monte de onde se vê o mar.* **2.** Coisas juntadas em forma de monte: *Carlos varreu as folhas secas e fez um monte.* **3.** Grande quantidade: *Comprei um monte de figurinhas no jornaleiro.*

morador (dôr) (mo.ra.dor) *substantivo masculino* Aquele que mora numa rua, numa casa, num apartamento, etc.: *Os moradores desta casa estão viajando.* [Plural: *moradores.* Feminino: *moradora.*]

morango (mo.ran.go) *substantivo masculino* Pequeno fruto vermelho, muito usado em torta, sorvete, suco, etc.: *José gosta de sorvete de morango.* **438**

morar (mo.rar) *verbo* Ter residência: *Nós moramos na cidade, mas meus primos moram no campo.*

morcego (ê) (mor.ce.go) *substantivo masculino* É um animal mamífero que tem asas, e o único que voa. É um animal de vida noturna e que não gosta de claridade. A maioria dos morcegos come insetos e frutas, mas algumas espécies se alimentam do sangue de outros animais: *Os morcegos dormem pendurados de cabeça para baixo.* **442**

morder (mor.der) *verbo* Dar dentada em: *Pedro mordeu a goiaba.* — *Não tenha medo, Aninha, este cão não morde.*

Mm moreno ▶ motor

moreno (mo.**re**.no)
moreno • *adjetivo* Diz-se de quem tem o cabelo preto ou castanho e a pele um pouco escura.
moreno • *substantivo masculino* Homem, rapaz ou menino que tem o cabelo preto ou castanho e a pele morena (isto é, um pouco escura), seja porque nasceu assim, ou então, porque está queimado de sol.

morno (môr) (**mor**.no) *adjetivo* Que não está quente, mas também não está frio: *Filipe gosta de leite morno com biscoitos.*

morrer (mor.**rer**) *verbo* **1.** Perder a vida: *Seu papagaio morreu com mais de 30 anos.* **2.** Acabar, terminar: *Quando a tarde morre, chega a noite.*

morro (môr) (**mor**.ro) *substantivo masculino* É um monte (1) que não é muito grande.

mortadela (mor.ta.**de**.la) *substantivo feminino* Alimento redondo e largo, feito de uma mistura de carne de porco e de boi, que geralmente se corta em fatias finas e se come em sanduíche.

morte (**mor**.te) *substantivo feminino* O fim da vida: *Isa ficou muito triste com a morte do seu gato.*

morto (môr) (**mor**.to)
morto • *adjetivo* Que perdeu a vida: *Chorou muito quando viu seu passarinho morto.*
morto • *substantivo masculino* Aquele que perdeu a vida.

mosca (môs) (**mos**.ca) *substantivo feminino* Inseto de duas asas. Há vários tipos de mosca. A mosca comum pousa em todos os lugares e carrega nas patas micróbios que vai espalhando por onde pousa, transmitindo doenças: *Mamãe não gosta de moscas dentro de casa.*

mosquito (mos.**qui**.to) *substantivo masculino* Pequeno inseto de duas asas e pernas longas, que põe seus ovos na água, onde se desenvolvem as larvas. Pode transmitir muitas doenças: *Só as fêmeas dos mosquitos picam os homens e outros animais.*

mostrar (mos.**trar**) *verbo* **1.** Apresentar para alguém: *Gustavo mostrou seu álbum de selos ao amigo.* **2.** É o mesmo que *provar*: *O réu conseguiu mostrar que era inocente.*

motivo (mo.**ti**.vo) *substantivo masculino* Aquilo que dá origem a alguma coisa: *A forte chuva foi o motivo da enchente na cidade.*

moto (**mo**.to) *substantivo feminino* É o mesmo que *motocicleta*: *Meu primo Marcelo tem uma moto verde.* 446

motobói (mo.to.**bói**) *substantivo masculino* Motociclista que trabalha transportando documentos, mercadorias, etc.: *Marcelo trabalha como motobói numa empresa.*

motocicleta (mo.to.ci.**cle**.ta) *substantivo feminino* Veículo de duas rodas com motor: *Minha tia Clara quer que Marcelo venda sua motocicleta.* [Também se diz apenas: *moto*.] 446

motociclista (mo.to.ci.**clis**.ta) *substantivo de 2 gêneros* Pessoa que dirige motocicleta: *Tia Clara fica preocupada quando lhe falam de um acidente com um motociclista.* [Outro nome: *motoqueiro*.]

motoqueiro (mo.to.**quei**.ro) *substantivo masculino* É o mesmo que *motociclista*: *Marcelo disse para a mãe que é um ótimo motoqueiro.*

motor (tôr) (mo.**tor**) *substantivo masculino* Mecanismo que dá movimento a certas máquinas e aparelhos: *Tio Alfredo mandou consertar o motor do seu carro. O motor da geladeira é elétrico.* [Plural: *motores*.]

motorista (mo.to.**ris**.ta) *substantivo de 2 gêneros* Qualquer pessoa que dirige um carro, um caminhão, um táxi, um ônibus, etc.: *Meu pai sempre diz que um **motorista** deve ser responsável. A **motorista** de ônibus. O **motorista** de táxi.*

→ **mouse** (máusi) [Inglês] *substantivo masculino* Aparelho que a gente move com a mão e que permite fazer muitas coisas na tela de um computador: *Mouse em inglês significa rato, e alguns **mouses** lembram mesmo um ratinho.*

móvel (**mó**.vel)
móvel • *adjetivo de 2 gêneros* Que se pode mover ou mudar de lugar: *As peças deste brinquedo são **móveis**.*
móvel • *substantivo masculino* Peça de mobília: *A cadeira, a mesa, a cama, o armário e o sofá são **móveis** de uma casa.*
[Plural: *móveis*.]

mover (mo.**ver**) *verbo* **1.** Pôr em movimento: *O pedal **move** as rodas da bicicleta.* **2.** Pôr-se em movimento: *O trem **moveu**-se devagar.*

movimentar (mo.vi.men.**tar**) *verbo* É o mesmo que *mover*.

movimento (mo.vi.**men**.to) *substantivo masculino* **1.** Modificação na posição de um corpo ou de um objeto: *Ana fez um **movimento** com a mão para chamar a amiga. O vento pôs as folhas em **movimento**.* **2.** Ida e vinda de pessoas: *Nesta época do ano, o **movimento** nas lojas é grande.*

mozarela (mo.za.**re**.la) *substantivo feminino* É o mesmo que *moçarela*.

muco (**mu**.co) *substantivo masculino* Líquido que se forma no interior do nariz, da garganta, etc. e que tem a função de protegê-los, mantendo-os sempre úmidos.

muda (**mu**.da) *substantivo feminino* Planta de viveiro que depois é plantada num lugar no qual ela vai ficar: *Depois que as **mudas** de alface cresceram um pouco, Mauro as plantou em outro canteiro.*

mudança (mu.**dan**.ça) *substantivo feminino* **1.** É o mesmo que *modificação*: *Mamãe fez algumas **mudanças** no meu vestido e ele ficou ótimo.* **2.** Os móveis, os eletrodomésticos, as roupas, etc. das pessoas que se mudam: *Vamos morar numa casa nova e a **mudança** já está no caminhão.*

mudar (mu.**dar**) *verbo* **1.** Pôr em outro lugar: *João **mudou** o armário para perto da porta.* **2.** É o mesmo que *trocar*: *Vou **mudar** a roupa para sair.* **3.** Fazer passar para outro lugar: *Em 1960, o governo **mudou** a capital do país para Brasília.* **4.** Deixar o lugar onde vivia: *Nós nos **mudamos** de Curitiba para o Rio de Janeiro.* **5.** É o mesmo que *transformar*: *A construção da represa **mudou** a vida dos moradores da região.*

mudo (**mu**.do)
mudo • *adjetivo* **1.** Que não fala ou quase não fala: *Na nossa escola estudam alguns alunos **mudos**.* **2.** Que não está funcionando: *O telefone lá de casa está **mudo**.*
mudo • *substantivo masculino* Homem, rapaz ou menino que não fala ou quase não fala.

Mm muito ▶ mural

muito (**mui**.to)
muito • *adjetivo* Que é em grande número, em grande quantidade: *Esta sala tem **muitos** alunos. Caiu **muita** chuva ontem.*
muito • *advérbio* Com excesso; mais do que o normal: *Papai é **muito** alto. Ontem choveu **muito**.*

mula (**mu**.la) *substantivo feminino* A fêmea do mulo: *Por que será que a gente diz a uma pessoa que ela é teimosa como uma **mula**?*

mulato (mu.**la**.to)
mulato • *adjetivo* Que tem a mãe branca e o pai negro ou a mãe negra e o pai branco, ou, então, que é filho de mulatos.
mulato • *substantivo masculino* Homem, rapaz ou menino que tem a pele um pouco escura, de cor quase marrom (mais clara que a de pessoa negra, porém mais escura, geralmente, que a de pessoa indígena, parda, amarela e branca), e é descendente de branco com negro.

mulher (mu.**lher**) *substantivo feminino* **1.** Ser humano do sexo feminino: *No mundo, há mais **mulheres** do que homens.* **2.** É o mesmo que esposa: *A **mulher** de meu tio é minha tia.* [Plural: *mulheres*.]

mulo (**mu**.lo) *substantivo masculino* Animal que é filho do jumento com a égua, ou do cavalo com a jumenta: *O **mulo** é um animal estéril, isto é, ele não consegue se reproduzir.*

multidão (mul.ti.**dão**) *substantivo feminino* Grande quantidade de pessoas ou de coisas: *Havia uma **multidão** de gente no estádio. Tem uma **multidão** de palavras que não sei o que querem dizer.* [Plural: *multidões*.]

multiplicação (mul.ti.pli.ca.**ção**) *substantivo feminino* Operação matemática que é a adição de duas ou mais parcelas iguais: *A **multiplicação** de 4 x 2 = 8 (quatro vezes dois é igual a oito) é o mesmo que a adição de quatro parcelas de 2, isto é, 2 + 2 + 2 + 2 = 8.* [Plural: *multiplicações*.]

multiplicar (mul.ti.pli.**car**) *verbo* **1.** Realizar a multiplicação de: *Se **multiplicarmos** 3 por 2, teremos como resultado 6.* **2.** É o mesmo que aumentar: *Com seu trabalho, os agricultores conseguiram **multiplicar** a produção de milho.*

múmia (**mú**.mia) *substantivo feminino* Corpo embalsamado, isto é, que foi tratado para não apodrecer: *Em sua visita ao museu, Paulo ficou admirado com a **múmia** egípcia.* →

mundial (mun.di.**al**)
mundial • *adjetivo de 2 gêneros* Relativo ao mundo: *Esta música fala da paz **mundial**.*
mundial • *substantivo masculino* Campeonato mundial: *O Brasil já ganhou cinco vezes o **mundial** de futebol.* [Plural: *mundiais*.]

mundo (**mun**.do) *substantivo masculino* **1.** O globo terrestre; a Terra: *Nem todos os países do **mundo** são ricos.* **2.** Qualquer corpo celeste: *Será que há vida em outros **mundos**?*

municipal (mu.ni.ci.**pal**) *adjetivo de 2 gêneros* Relativo ao município, do município: *Ana estuda numa escola **municipal**, chamada Walt Disney, no bairro de Ramos.* [Plural: *municipais*.]

município (mu.ni.**cí**.pio) *substantivo masculino* Cada uma das divisões de um estado, e que é governada por um prefeito: *Minas Gerais é o estado brasileiro que tem mais **municípios**.* [Outro nome: *cidade*.]

mural (mu.**ral**) *substantivo masculino* Quadro feito de cortiça, de pano, etc., onde se colocam fotografias, recortes de revista, desenhos, textos, etc.: *A professora fixou as poesias dos alunos no **mural** da sala.* [Plural: *murais*.]

murici (mu.ri.**ci**) *substantivo masculino* Árvore baixa de folhas largas e duras que dá um fruto comestível, amarelo quando maduro, também chamado *murici*: *Clara experimentou o suco de **murici** e gostou.* [Outra forma: *muruci*.]

muriqui (mu.ri.**qui**) *substantivo masculino* O maior macaco das Américas (com até quinze quilos), nativo da Mata Atlântica brasileira. Alimenta-se de frutas, sementes, folhas, etc., e está em perigo de extinção; mono-carvoeiro. 442

muro (**mu**.ro) *substantivo masculino* Parede que serve para cercar um terreno ou separar duas propriedades: *A casa era cercada por um **muro** alto.*

muruci (mu.ru.**ci**) *substantivo masculino* É o mesmo que *murici*.

muscular (mus.cu.**lar**) *adjetivo de 2 gêneros* De um ou mais músculos: *Dor **muscular**.* [Plural: *musculares*.]

músculo (**mús**.cu.lo) *substantivo masculino* Tecido animal que se contrai e se relaxa para realizar movimentos: *No corpo humano há três tipos de **músculos**.*

musculoso (lô) (mus.cu.**lo**.so) *adjetivo* Que tem músculos desenvolvidos: *Minha irmã faz muita ginástica, por isso é uma moça **musculosa**.*

museu (mu.**seu**) *substantivo masculino* Lugar onde se guardam, se estudam ou se expõem quadros ou objetos de grande valor histórico, artístico ou científico: *Fomos ao **museu** e vimos diferentes tipos de répteis e insetos.*

música¹ (**mú**.si.ca) *substantivo feminino* Arte de combinar os sons de modo agradável à audição. Pode ser cantada, usando-se para isso a voz humana, ou executada por meio de instrumentos musicais: *Papai reclama quando escuto **música** muito alto.*

música² (**mú**.si.ca) *substantivo feminino* É o feminino de *músico*.

musical (mu.si.**cal**)
musical • *adjetivo de 2 gêneros* De música: *Fizemos uma apresentação **musical** na escola, no último sábado.*
musical • *substantivo masculino* Espetáculo ou filme no qual, muitas vezes, em vez de falar, os personagens cantam: *Os Saltimbancos é um **musical** infantil que, no Brasil, foi traduzido e adaptado pelo compositor Chico Buarque.* [Plural: *musicais*.]

musicista (mu.si.**cis**.ta) *substantivo de 2 gêneros* Homem ou mulher, rapaz ou moça, menino ou menina que estudou (e ainda estuda) para saber cantar, fazer canções ou tocar um instrumento.

músico (**mú**.si.co) *substantivo masculino* Homem, rapaz ou menino que sabe cantar, fazer canções ou tocar um instrumento: *Geraldo aprende a tocar violão. Ele quer ser **músico**.* [Outro nome: *musicista*. Feminino: *música*.]

N

nabo (**na**.bo) *substantivo masculino* Planta de raiz e folhas comestíveis: *Tia Clara prepara uma deliciosa salada de **nabo** ralado com cenoura e cebola.* 438

nação (na.**ção**) *substantivo feminino* O país, o governo desse país e o seu povo: *A França é uma **nação** amiga do Brasil. Toda a **nação** aplaudiu os soldados vitoriosos.* [Plural: *nações*.]

nacional ▶ namorado **Nn**

Uma visita à Paraíba

nacional (na.cio.**nal**) *adjetivo de 2 gêneros* **1.** Que pertence ou é relativo a uma nação: *O ferro é um mineral importante para a indústria nacional. Nossa bandeira nacional é verde, amarela, azul e branca.* **2.** Que é produzido em uma nação: *Os automóveis nacionais são exportados para muitos países.* [Plural: *nacionais*.]

nada (**na**.da) *pronome* Nenhuma coisa; coisa alguma: *O menino não fez boa prova porque não estudou nada. Minha irmã passou o dia inteiro sem fazer nada.*

nadadeira (na.da.**dei**.ra) *substantivo feminino* Órgão fino e chato dos peixes e de outros animais aquáticos, como a baleia, o golfinho e a foca, e que lhes permite nadar: *O siri tem nadadeiras no último par de patas.*

nadador (dôr) (na.da.**dor**)
nadador • *adjetivo* Que nada, ou que é próprio para nadar.
nadador • *substantivo masculino* Aquele que pratica natação, por esporte ou por profissão. [Plural: *nadadores*. Feminino: *nadadora*.]

nadadora (dô) (na.da.**do**.ra) *substantivo feminino* Aquela que pratica natação, por esporte ou por profissão.

nadar (na.**dar**) *verbo* **1.** Mover-se na água (animal que nela vive): *Os golfinhos nadam com muita rapidez.* **2.** Mover-se na água movimentando os braços e as pernas: *Carlos nadou na piscina do clube.*

nádega (**ná**.de.ga) *substantivo feminino* Cada uma das duas partes de trás do corpo, abaixo das costas, sobre as quais a gente se senta: *Luís tomou uma injeção na nádega porque estava muito gripado.* 432 e 433

náilon (**nái**.lon) *substantivo masculino* É uma fibra artificial que serve para fabricar roupas, etc.: *José vestiu uma camisa branca e uma bermuda de náilon azul.* [Essa palavra é a forma na língua portuguesa de uma palavra da língua inglesa: *nylon*. *Nylon* é uma marca registrada. Isso quer dizer que uma empresa fez o registro dessa fibra com esse nome, porque foi ela que a inventou.]

namorada (na.mo.**ra**.da) *substantivo feminino* É aquela com quem alguém namora: *Sua namorada estuda na mesma escola que você?*

namorado (na.mo.**ra**.do) *substantivo masculino* É aquele com quem alguém namora: *Em que bairro mora o seu namorado?*

269

Nn namorar ▶ nascer

namorar (na.mo.**rar**) *verbo* Ter uma relação de namoro com alguém (de quem a gente geralmente gosta muito): *Eles **namoram** há dois anos.*

namoro (mô) (na.**mo**.ro) *substantivo masculino* Relacionamento amoroso entre duas pessoas que gostam de estar juntas, de se abraçar e de dar beijinhos uma na outra, de passear de mãos dadas, etc. Quando a gente pede para namorar alguém, está pedindo para essa pessoa ser especial para a gente. Um namoro pode durar um bom tempo ou não: *O **namoro** é algo mais sério do que o ficar, mas é menos sério do que ficar noivo ou se casar.*

não (não) *advérbio* Palavra que exprime negação. Palavra com a qual a gente nega alguma coisa: *Maria **não** gosta de sair, por isso **não** foi ao passeio.*

narigão (na.ri.**gão**) *substantivo masculino* Nariz muito grande. [Plural: *narigões*.]

narina (na.**ri**.na) *substantivo feminino* Cada um dos dois orifícios do órgão do olfato, nos seres humanos e em alguns animais, como o coelho, o boi e o cavalo: *O cheiro delicioso do bolo chegou às minhas **narinas**.* 433

nariz (na.**riz**) *substantivo masculino* Órgão abaixo dos olhos e sobre a boca, com que sentimos os cheiros e respiramos: *Ana aproximou o **nariz** da flor para sentir melhor o seu perfume.* [Plural: *narizes*.] 433

narração (nar.ra.**ção**) *substantivo feminino* Atividade de narrar, de contar um fato ou uma história, por escrito ou falando. [Plural: *narrações*.]

narrador (dôr) (nar.ra.**dor**) *substantivo masculino* Homem, rapaz ou menino que narra uma história ou um acontecimento. [Plural: *narradores*. Feminino: *narradora*.]

narrar (nar.**rar**) *verbo* Contar, dizer: *Ao chegar, João **narrou** todas as aventuras da viagem.* [Aquele que conta um fato ou uma história é o *narrador*.]

nascedouro (nas.ce.**dou**.ro) *substantivo masculino* O lugar em que é comum nascer um bicho, uma planta, etc.: *O Pantanal é o **nascedouro** do tuiuiú.*

nascença (nas.**cen**.ça) *substantivo feminino* É o mesmo que *nascimento*: *Ela tem um sinal de **nascença**.*

nascente (nas.**cen**.te)
nascente • *adjetivo de 2 gêneros* Que nasce, que começa a aparecer: *O Sol **nascente** iluminou a mata.*
nascente • *substantivo masculino* O lugar onde o Sol nasce; leste, oriente: *A janela do meu quarto dá para o **nascente**.*
nascente • *substantivo feminino* **1.** Lugar onde um rio, um riacho, etc., nasce: *A **nascente** do rio Amazonas fica no Peru.* **2.** Lugar onde a água nasce: *A água desta **nascente** é muito limpa.*

nascer (nas.**cer**) *verbo* **1.** Vir ao mundo; sair de dentro da barriga da mãe, de dentro do ovo, etc.: *Ontem, **nasceu** o meu irmãozinho. Muitos peixes **nascem** de ovos.* **2.** Aparecer, surgir: *Quando o Sol **nasce**, ilumina a mata.* **3.** Principiar, começar: *A cidade do Rio de Janeiro **nasceu** junto ao morro Cara de Cão.* **4.** Ter origem ou formação. **5.** Crescer (uma planta, etc.): *O alecrim é uma planta que **nasce** no campo.*

nascimento ▶ navegável

nascimento (nas.ci.**men**.to) *substantivo masculino* Momento em que um ser surge no mundo. Para o ser humano, é a hora em que ele sai de dentro da barriga da mãe. Para os outros animais mamíferos também é assim. Mas, para um passarinho ou para uma tartaruga, é quando eles saem de dentro do ovo: *Vovó fez um delicioso bolo de chocolate para comemorar o **nascimento** de mais uma neta.*

nata (**na**.ta) *substantivo feminino* Camada de gordura que se forma na superfície do leite e que serve para fazer manteiga: *Meu primo Eduardo diz sempre para minha tia que só toma leite se ela tirar toda a **nata**.*

natação (na.ta.**ção**) *substantivo feminino* **1.** Atividade ou esporte de nadar. **2.** Meio pelo qual os animais que vivem na água se deslocam. [Plural: *natações*.]

natal (na.**tal**)
natal • *adjetivo de 2 gêneros* Diz-se do lugar onde alguém nasceu: *Recife é a cidade **natal** de João.*
natal • *substantivo masculino* Dia em que se comemora o nascimento de Jesus Cristo (25 de dezembro): *As famílias cristãs sempre se reúnem no **Natal**.* [Com este sentido, escreve-se com letra inicial maiúscula.] [Plural: *natais*.]

nativo (na.**ti**.vo)
nativo • *adjetivo* Que nasce; que tem origem: *O cajueiro é uma árvore **nativa** do Brasil.*
nativo • *substantivo masculino* Homem que nasce numa terra, que não é estrangeiro nessa terra; natural: *Os **nativos** da África chamam-se africanos.*

natural (na.tu.**ral**)
natural • *adjetivo de 2 gêneros* Que é da natureza ou produzido por ela; que não é feito pela mão do homem: *O Rio de Janeiro tem muitas belezas **naturais**.*
natural • *substantivo de 2 gêneros* **1.** Pessoa que nasce numa terra; nativo: *Os **naturais** do Espírito Santo são chamados de capixabas.* **2.** Indígena.
[Plural: *naturais*.]

natureza (nû) (na.tu.**re**.za) *substantivo feminino* Os animais, as plantas, as montanhas, os rios, os mares, etc., ou seja, tudo aquilo que não foi feito pelo homem: *Devemos proteger a **natureza**.*

naufragar (nau.fra.**gar**) *verbo* **1.** Afundar (uma embarcação): *O navio **naufragou** porque bateu em um recife.* **2.** Afundar-se nas águas em que navega: *O navio Titanic **naufragou** em 1912.*

nave (**na**.ve) *substantivo feminino* É o mesmo que *navio*. 446 ◆ **Nave espacial**. Veículo que viaja pelo espaço. 446

navegação (na.ve.ga.**ção**) *substantivo feminino* Atividade de navegar: *A **navegação** aérea é feita em aviões; a **navegação** marítima é feita em navios.* [Plural: *navegações*.]

navegar (na.ve.**gar**) *verbo* **1.** Percorrer o mar, o rio, o lago, etc., em uma embarcação: ***Navegamos** o dia inteiro para chegar a Angra dos Reis.* **2.** Percorrer a atmosfera em avião, helicóptero, etc. **3.** Percorrer o espaço em nave espacial: *Os astronautas **navegaram** durante 21 dias.* **4.** Visitar várias páginas da Internet, uma logo depois da outra.

navegável (na.ve.**gá**.vel) *adjetivo de 2 gêneros* Em que se pode navegar: *Nem todo rio é **navegável**. Alguns são **navegáveis** apenas em certos trechos.* [Plural: *navegáveis*.]

Nn navio ▶ nenhuma

navio (na.**vi**.o) *substantivo masculino* Embarcação grande que navega no mar ou em rios largos e fundos: *Viajei de **navio** pelo rio Amazonas.* 446

neblina (ne.**bli**.na) *substantivo feminino* É o mesmo que *nevoeiro*.

nebulização (ne.bu.li.za.**ção**) *substantivo feminino* Atividade de respirar um medicamento líquido que o nebulizador transformou em gotículas mais leves que o ar para ajudar a melhorar a respiração: *Quando está com bronquite, faz duas ou mais **nebulizações** por dia.* [Plural: *nebulizações*.]

nebulizador (dôr) (ne.bu.li.za.**dor**) *substantivo masculino* Aparelho com que se faz nebulização. [Plural: *nebulizadores*.]

necessário (ne.ces.**sá**.rio) *adjetivo* De que a gente precisa para algo; que não se pode dispensar; que faz falta; útil: *A água é **necessária** à vida.*

necessidade (ne.ces.si.**da**.de) *substantivo feminino* Aquilo de que precisamos; aquilo que não podemos dispensar: *Para viver, temos **necessidade** de água e de ar.*

necessitar (ne.ces.si.**tar**) *verbo* Ter necessidade de; precisar: *José **necessitou** de ajuda para fazer o dever de casa.*

néctar (**néc**.tar) *substantivo masculino* Líquido doce que há nas flores e que é utilizado pelas abelhas para fazer o mel. [Plural: *néctares*.]

negação (ne.ga.**ção**) *substantivo feminino* Ação de negar, de dizer não. [Plural: *negações*.]

negar (ne.**gar**) *verbo* **1.** Dizer que não é verdade; afirmar que não: *Disseram que aquele homem é culpado, mas ele **negou** todas as acusações.* **2.** Recusar; deixar de dar: *Dona Helena é uma avó que não consegue **negar** nada aos netos.*

negativo (ne.ga.**ti**.vo) *adjetivo* **1.** Que nega, que diz não: *Pedro fez um gesto **negativo** quando lhe perguntei se queria brincar.* **2.** Que é prejudicial. **3.** Que é menor que zero: *Nesta madrugada, a temperatura ficou **negativa** na minha cidade.*

negócio (ne.**gó**.cio) *substantivo masculino* Atividade em que duas pessoas ou duas empresas trocam, vendem ou compram, etc. bens uma da outra.

negro (mê) (**ne**.gro)
negro • *adjetivo* **1.** De cor preta: *Olhos **negros**.* **2.** Que pertence à parte da população humana que tem a pele escura.
negro • *substantivo masculino* Homem, rapaz ou menino que tem a pele escura (mais escura que a de pessoa mulata, indígena, parda, amarela ou branca).

↑
neném (ne.**ném**) *substantivo de 2 gêneros* É o mesmo que *bebê*. [Plural: *nenéns*.]

nenhum (ne.**nhum**) *pronome* Nem um só: *Eu quero comprar um livro, mas **nenhum** destes serve.* [Plural: *nenhuns*. Feminino: *nenhuma*.]

nenhuma (ne.**nhu**.ma) *pronome* Nem uma só: *Ela quer comprar uma calça, mas não gostou de **nenhuma** destas.*

→ **nerd** (mérdi) [Inglês] *substantivo de 2 gêneros* Pessoa muito inteligente, que gosta de estudar, de ler, de aprender coisas novas e, principalmente, de computadores.

nervo (mêr) (**ner**.vo) *substantivo masculino* Fio ou conjunto de fios, no corpo dos seres humanos e dos animais, que liga cada parte do corpo ao cérebro e à medula espinhal.

nervoso (vô) (ner.**vo**.so) *adjetivo* **1.** Que está preocupado com alguma coisa: *Minha irmã está muito nervosa: vai fazer prova amanhã e ainda não estudou toda a matéria.* **2.** Que está com raiva: *Os dois senhores estavam nervosos por causa do engarrafamento.*

nêspera (**nês**.pe.ra) *substantivo feminino* Fruto de casca amarela e polpa doce, de uma árvore chamada *nespereira*.

neta (**ne**.ta) *substantivo feminino* É o feminino de *neto*.

neto (**ne**.to) *substantivo masculino* Filho do filho ou da filha de uma pessoa, em relação a essa pessoa: *Meu neto mais velho chama-se Bernardo e é filho de uma de minhas filhas.* [Feminino: *neta*.]

nevar (ne.**var**) *verbo* Cair neve: *Fez tanto frio que nevou em algumas cidades do Sul.*

neve (**ne**.ve) *substantivo feminino* Gotinhas bem pequeninas de água que estão no ar, lá no alto do céu, que em países, ou regiões, onde faz muito, muito frio, viram gelo e caem em forma de flocos, deixando o chão, as montanhas, as árvores, as casas, os carros e tudo o mais branquinho, branquinho: *A primeira vez que Ana viu neve foi numa cidade no Sul do Brasil.*

névoa (**né**.voa) *substantivo feminino* Espécie de nuvem que fica próxima ao solo: *Vovô ligou o farol do carro por causa da névoa.*

nevoeiro (ne.vo.**ei**.ro) *substantivo masculino* Espécie de nuvem que se forma próxima ao solo e que, por ser formada por muitas gotículas de água, torna difícil enxergar o que está à frente, ao redor, etc. [Outro nome: *neblina*.]

nhoque (**nho**.que) *substantivo masculino* Massa feita de farinha, batata, ovos, etc. que se cozinha na água fervendo e depois se serve com molho de tomate, ou de carne, queijo, etc.

ninar (ni.**nar**) *verbo* Fazer com que durma, cantando baixinho e de maneira suave: *Sílvia ninou a filha balançando o berço.*

ninguém (nin.**guém**) *pronome* Palavra que a gente usa para dizer que não há quem faça certa coisa, quem esteja em certo lugar, quem seja assim ou assado ou igual a alguém, etc. Tem, portanto, o sentido de "nenhuma pessoa": *Ninguém respondeu à pergunta da professora. Ele chegou e não falou com ninguém. Não havia ninguém dentro da sala de aula, quando eu cheguei.* [Às vezes, muda de sentido e quer dizer "todo mundo, ou qualquer pessoa": *Ela, mais que ninguém, sabe que estou dizendo a verdade, pois era a única que estava comigo na hora do acidente.*]

ninhada (ni.**nha**.da) *substantivo feminino* O conjunto de filhotes de um animal que nascem quase ao mesmo tempo: *A galinha e sua ninhada procuravam alimento.*

ninharia (ni.nha.**ri**.a) *substantivo feminino* **1.** Qualquer coisa muito pequena ou sem valor. **2.** Quantia sem importância; pequena quantia: *André disse que a revista custou uma ninharia.*

Nn ninho ▶ noite

ninho (**ni**.nho) *substantivo masculino* **1.** Construção feita pelas aves, e por alguns répteis ou peixes, com capim, gravetos, folhas, etc., onde eles põem e, às vezes, chocam os ovos e criam os filhotes; chama-se ninho também o abrigo feito por alguns insetos e até por certos animais mamíferos: *A andorinha fez **ninho** no telhado*. **2.** Lugar onde os animais se recolhem e dormem: *Encontrei um **ninho** de ratos na garagem*.

ninja (**nin**.ja) *substantivo de 2 gêneros* Pessoa que pode ser, ou não, um agente secreto japonês e que pratica lutas e movimentos que exigem grande agilidade. Costuma vestir uma roupa especial, que é um disfarce, e cobrir a cabeça: *Vestiu-se de **ninja** no carnaval*.

nissei (nis.**sei**)
nissei • *adjetivo de 2 gêneros* Diz-se de filho de japoneses que nasceu no Brasil, depois que sua mãe ou que seus pais vieram morar aqui.
nissei • *substantivo de 2 gêneros* Essa pessoa que é filha de japoneses e que nasceu no Brasil.

nível (**ní**.vel) *substantivo masculino* **1.** Altura até a qual se eleva um líquido em relação a um ponto considerado normal: *Em 2012, o **nível** das águas do rio Amazonas chegou a um **nível** jamais alcançado. Meu pai sempre verifica o **nível** de óleo do motor de seu carro*. **2.** Padrão, qualidade: *Meu primo estuda numa escola de alto **nível***. [Plural: *níveis*.]

nó (nó) *substantivo masculino* Espécie de laço em corda, fita, linha, etc., ou ainda espécie de laço que liga dois pedaços de corda, fita, linha, etc.: *Júlio amarrou a corda na árvore com um **nó***.

nobre (**no**.bre)
nobre • *substantivo de 2 gêneros* Pessoa que tem título de nobreza (título de nobreza é um nome especial que algumas pessoas têm desde que nascem ou passam a ter porque fizeram algo especial, geralmente em países em que há rei ou imperador, rainha ou imperatriz, príncipes, etc.): *O rei, a rainha e os outros **nobres** estavam na festa*.
nobre • *adjetivo de 2 gêneros* **1.** Que tem título de nobreza: *Dom Pedro foi um **nobre** príncipe português*. **2.** Generoso: *Maria é uma pessoa **nobre**, ajuda todos os colegas*.

nobreza (brê) (no.**bre**.za) *substantivo feminino* O conjunto das famílias que têm títulos como príncipe, duque, conde, etc.

noção (no.**ção**) *substantivo feminino* **1.** Conhecimento não muito profundo de uma certa matéria, etc.: *César comprou um livro de **noções** de música*. **2.** É um tipo de conhecimento que se tem, mas que não é ligado à razão e pode não estar ligado à experiência: *Flávia perguntou se Rita sabe o que é responsabilidade; ela respondeu que tem uma certa **noção***. **3.** É um tipo de ideia, de significado: *A palavra de tem uma **noção** diferente da palavra para*. [Plural: *noções*.]

nocivo (no.**ci**.vo) *adjetivo* Que causa dano; prejudicial; que faz mal: *As moscas são insetos **nocivos**. O fumo é **nocivo** à saúde*.

noite (**noi**.te) *substantivo feminino* **1.** Espaço de tempo em que o Sol está abaixo do horizonte. Começa quando o Sol se põe e vai até o amanhecer: *Quando não há Lua, as **noites** são muito escuras*. **2.** A duração de uma noite; o espaço de uma noite; escuridão: *Passei a **noite** acordado*.

noiva (**noi**.va) *substantivo feminino* Mulher que vai casar, ou que prometeu casar: *A **noiva** estava linda no dia do seu casamento.* →

noivo (**noi**.vo) *substantivo masculino* Homem que vai casar, ou que prometeu casar. →

nojento (no.**jen**.to) *adjetivo* Que causa nojo, vontade de vomitar.

nojo (nô) (**no**.jo) *substantivo masculino* Sentimento que algumas pessoas têm quando veem alguma coisa que acham nojenta, como uma barata, um bicho gosmento, algo muito sujo, etc.

nômade (**nô**.ma.de)
nômade • *adjetivo de 2 gêneros* Diz-se de pessoa que faz parte de um povo (ou deste povo) que sempre se muda de um lugar para outro, em busca de alimentos, pastagens, etc.
nômade • *substantivo de 2 gêneros* Pessoa de um povo que sempre se muda de um lugar para outro, em busca de alimentos, pastagens, etc.

nome (**no**.me) *substantivo masculino* **1.** Palavra com que se dá a conhecer pessoa, animal ou coisa: *Cadeira, lápis e mesa são **nomes** de coisas.* **2.** O nome que uma pessoa recebe ao nascer: *O meu **nome** é Laís e o da minha irmã é Luísa.* ↓

Registre aqui seu nome.
_____

nordeste (nor.**des**.te) *substantivo masculino* **1.** Ponto que fica entre o norte e o leste. **2.** Região no Brasil formada pelos estados do Maranhão, do Piauí, do Ceará, do Rio Grande do Norte, da Paraíba, de Pernambuco, de Alagoas, de Sergipe e da Bahia. [A gente usa letra inicial maiúscula quando escreve sobre essa região.]

normal (nor.**mal**) *adjetivo de 2 gêneros* **1.** Que nada tem de diferente: *Meu dia hoje foi **normal**, não fiz nada de mais.* **2.** Que se faz, ou que ocorre quase sempre; comum: *É **normal** chover muito no verão.* [Plural: *normais*.]

normalmente (nor.mal.**men**.te) *advérbio* **1.** Na maioria das vezes: ***Normalmente**, ele sai de casa às sete horas para ir à escola.* **2.** Como de costume: *Algum tempo depois da queda, ele voltou a andar **normalmente**.*

noroeste (no.ro.**es**.te) *substantivo masculino* Ponto que fica entre o norte e o oeste.

norte (**nor**.te) *substantivo masculino* **1.** Ponto cardeal que fica à esquerda da pessoa que está de frente para o leste; do lado oposto ao sul. **2.** A parte de um país, estado, etc., que está ao norte. **3.** Região no Brasil formada pelos estados do Acre, do Amazonas, do Pará, de Roraima, do Amapá, de Rondônia e do Tocantins. [A gente usa letra inicial maiúscula quando escreve sobre essa região.] **4.** Direção, rumo: *Na história, o Príncipe ficou perdido na floresta, andando sem **norte**.*

nós (nós) *pronome* Palavra que a gente usa para falar da gente e de mais alguém, quando faz alguma coisa: ***Nós** fomos à praia. Eu e Maria vamos viajar à Alemanha, mas **nós** duas não falamos alemão. Papai e eu gostamos de sorvete, **nós** sempre pedimos o mesmo sabor.*

nossa (**nos**.sa) *pronome* Palavra que a gente usa para dizer que: a) alguma coisa que tem o nome no feminino pertence à gente (quando é a gente que está falando) e a mais alguém: *Esta bola é **nossa**, minha e de meu irmão*; b) uma mulher, uma moça ou uma menina tem alguma relação (que pode ser de sangue, de amizade, de trabalho, etc.) com a gente (quando é a gente que está falando) e mais alguém: ***Nossa** tia é dona de uma padaria. **Nossa** pediatra (minha e de meu irmão) é muito bonita.*

nosso (**nos**.so) *pronome* Palavra que se usa para dizer que: a) alguma coisa que tem o nome no masculino pertence à gente (quando é a gente que está falando) e a mais alguém: ***Nosso** cachorro já tem nove anos. **Nosso** apartamento (isto é, o de nossa família) é bem grande*; b) um homem, um rapaz ou um menino tem alguma relação (que pode ser de sangue, de amizade, de trabalho, etc.) com a gente (quando é a gente que está falando) e mais alguém: ***Nosso** pai é motorista de táxi. **Nosso** professor (meu e de meu colega) é muito sério.* [Feminino: *nossa*.]

nota (**no**.ta) *substantivo feminino* **1.** Número, letra ou outro sinal que indica se um aluno se saiu bem ou mal, ou mais ou menos, ao fazer um trabalho, um teste, uma prova, etc.: *O professor deu **nota** 8 ao exercício de Carlos.* **2.** Conta de despesa que se faz em restaurante, em loja, etc.: *Papai pediu a **nota** do jantar.* **3.** Dinheiro em papel: *Uma **nota** de R$ 10,00.* **4.** Em música, sinal que representa um som: *As **notas** musicais são dó, ré, mi, fá, sol, lá, si.*

notícia (no.**tí**.cia) *substantivo feminino* **1.** Informação sobre alguém ou alguma coisa: *Não tive **notícia** da festa.* **2.** Resumo do que aconteceu; novidade: *O jornal traz as **notícias** do dia.*

noturno (no.**tur**.no) *adjetivo* **1.** Que acontece à noite ou que se faz à noite: *Não posso ir a festas **noturnas**. O avião fez um voo **noturno**.* **2.** Que aparece ou que age à noite; que fica acordado durante a noite: *A coruja é uma ave **noturna**.*

novamente (no.va.**men**.te) *advérbio* Outra vez; de novo: *Quando vamos brincar **novamente**?*

novelo (nʋê) (no.**ve**.lo) *substantivo masculino* Bola feita de fio enrolado: *Na figura o gatinho brinca com um **novelo** de lã.*

novidade (no.vi.**da**.de) *substantivo feminino* Aquilo que é novo; coisa nova; acontecimento novo: *A patinação no gelo é uma **novidade** em nosso clube. O jornal, hoje, está cheio de **novidades**.*

novo (mô) (**no**.vo) *adjetivo* **1.** Que existe há pouco tempo; moderno: *Temos um **novo** jornal na escola.* **2.** Que tem pouca idade: *Mamãe disse que eu sou muito **nova** para sair sozinha.* **3.** De pouco tempo: *Mariana tem um **novo** amigo.* **4.** Que tem pouco tempo de uso: *Os cadernos de Julinha ainda são **novos**.*

noz (noz) *substantivo feminino* O fruto de casca muito dura e polpa comestível, de uma árvore chamada *nogueira*. [Plural: *nozes*.]

nu (nu) *adjetivo* Que está sem roupa; pelado: *A mãe deixou o bebê **nu** para lhe dar banho.* [Feminino: *nua*.]

nublado (nu.**bla**.do) *adjetivo* Cheio de nuvens; coberto de nuvens: *Céu **nublado** é sinal de chuva.*

nuca (**nu**.ca) *substantivo feminino* A parte posterior do pescoço: *Ana cortou o cabelo na altura da **nuca**.*

numeração (nu.me.ra.**ção**) *substantivo feminino* Maneira de representar os números ou modo de contar: ***Numeração** decimal.* [Plural: *numerações*.]

numeral (nu.me.**ral**) *substantivo masculino* **1.** A representação de um número: *VIII é um **numeral** que representa o número oito no sistema de numeração romana.* **2.** Classe de palavras que indica uma quantidade exata de pessoas ou de coisas, ou o lugar que ocupam numa série, etc.: *Na frase "Oito meninos participaram da corrida e Carlos ficou em terceiro lugar", as palavras "oito" e "terceiro" são **numerais**.* [Plural: *numerais*.]

número (**nú**.me.ro) *substantivo masculino* **1.** Quantidade de elementos existentes em um conjunto: *O **número** 6 equivale a um conjunto de 6 pessoas ou coisas.* **2.** Palavra ou símbolo que representa uma quantidade: *O **número** do apartamento do meu tio é 801.* **3.** Cada uma das partes da apresentação de um espetáculo: *O **número** dos palhaços foi o melhor de todos.*

numeroso (nô) (nu.me.**ro**.so) *adjetivo* Que existe em grande número, em grande quantidade: *Os mosquitos são muito mais **numerosos** no verão.*

nunca (**nun**.ca) *advérbio* Em nenhum tempo; jamais: *Marta **nunca** foi ao cinema, porque mora numa fazenda.*

núpcias (**núp**.cias) *substantivo feminino plural* É o mesmo que *casamento*: *Leonardo e Ana dançaram até o amanhecer na festa em que comemoravam as suas **núpcias**.*

nutrição (nu.tri.**ção**) *substantivo feminino* Ação de nutrir: *O leite materno é muito importante para a **nutrição** do bebê.* [Plural: *nutrições*.]

nutriente (nu.tri.**en**.te) *substantivo masculino* Tudo aquilo de nutritivo que um alimento tem: *A aveia é rica em **nutrientes**.*

nutrir (nu.**trir**) *verbo* Servir de alimento; alimentar: *Feijão e arroz são alimentos que **nutrem** a maioria dos brasileiros.*

nutritivo (nu.tri.**ti**.vo) *adjetivo* Que nutre, que alimenta, que faz bem à saúde: *Os legumes e as frutas são alimentos **nutritivos** e saudáveis.*

nuvem (**nu**.vem) *substantivo feminino* **1.** Aquela coisa de cor branca ou cinza que parece algodão e que flutua bem alto no céu. As nuvens são formadas de pequenas gotas de água ou cristais de gelo. **2.** Qualquer conjunto de partículas de pó, fumaça, gases, etc., que parece uma nuvem: *O carro levantou uma **nuvem** de poeira.* **3.** Grande porção de insetos voando: *Uma **nuvem** de gafanhotos atacou a plantação de milho.* [Plural: *nuvens*.]

Uma visita ao Paraná

O

o (O) *artigo* Palavra que a gente usa na frente de outra palavra no masculino, e essa palavra é sempre o nome de um ser (vivo ou imaginário), de uma pessoa, de uma coisa, de um lugar, de um sentimento, de uma doença, de um acontecimento, etc.: **O** cachorro da minha irmã late muito. **O** dragão da história soltava fogo pela boca. **Os** meninos encontraram **o** cão. **O** carro de Ana é novo. Ontem, **o** morro pegou fogo. **O** amor que sinto por ela é bem grande. **O** sarampo é uma doença causada por vírus. [Plural: *os*. Feminino: *a*.]

oásis ▶ obrigado

oásis (o.á.sis) *substantivo masculino de 2 números* Num deserto, lugar onde há água e vegetação o ano inteiro: *Os viajantes pararam no oásis para descansar.*

obedecer (o.be.de.cer) *verbo* **1.** Fazer o que alguém manda; cumprir ordens de alguém: *Os soldados obedecem ao comandante, que é o seu chefe.* **2.** Cumprir; respeitar: *Todos devem obedecer às leis.*

obediente (o.be.di.en.te) *adjetivo de 2 gêneros* Que obedece: *Luís é obediente, faz sempre o que os pais lhe ordenam.*

objetivo (ob.je.ti.vo) *substantivo masculino* Aquilo que se deseja alcançar ou obter: *O objetivo de Rafael é um dia ser médico.*

objeto (ob.je.to) *substantivo masculino* Tudo o que pode ser visto, tocado, etc.: *Nossos livros e brinquedos são alguns dos inúmeros objetos que existem à nossa volta.*

obra (o.bra) *substantivo feminino* **1.** Aquilo que é o resultado de um trabalho: *Uma enciclopédia é uma obra feita por muitas pessoas.* **2.** Trabalho que se faz consertando ou construindo uma casa, um edifício, etc.: *A obra que Ivo fez em sua casa ficou boa.*
◆ **Obra de arte.** O trabalho de um artista, principalmente aquele trabalho que é muito bom: *Este museu tem belas obras de arte.*

obrigação (o.bri.ga.ção) *substantivo feminino* Aquilo que devemos fazer, que é nosso dever: *A obrigação do professor é ensinar e a obrigação do aluno é estudar para aprender.* [Plural: *obrigações*.]

obrigado (o.bri.ga.do) *adjetivo* Agradecido. [É usado geralmente como maneira de agradecer: "— Como vai? — Vou bem, *obrigado*." "*Obrigado* pelo presente." O feminino de obrigado é *obrigada*: *Maria agradeceu a sua tia Mirtes o presente de aniversário*: *— Muito obrigada, titia!*]

Oo obrigar ▶ ocorrer

obrigar (o.bri.**gar**) *verbo* Forçar alguém a fazer alguma coisa: *Carlos é muito preguiçoso e o pai tem de obrigá-lo a estudar.*

obrigatório (o.bri.ga.**tó**.rio) *adjetivo* Diz-se de uma obrigação, de algo que se tem de fazer: *Em minha casa, é obrigatório comer nas horas certas.*

observador (dôr) (ob.ser.va.**dor**)
observador • *adjetivo* Que observa, que repara em alguma coisa: *Como Júlio é observador, viu logo que havia mais dois peixinhos no aquário.*
observador • *substantivo masculino* Aquele que observa, que presta atenção, como, por exemplo, o observador de pássaros que fica parado num local vendo as aves nas copas das árvores.
[Plural: *observadores*. Feminino: *observadora*.]

observar (ob.ser.**var**) *verbo* **1.** Olhar com atenção: *Para estudar como crescem as plantas, observo todos os dias as verduras que plantei.* **2.** Cumprir, respeitar: *Procurem observar as regras da escola.*

obstáculo (obs.**tá**.cu.lo) *substantivo masculino* Aquilo que atrapalha, que cria dificuldades, e impede que se faça alguma coisa: *Só depois que tiraram o obstáculo da rua, uma árvore caída, é que os carros puderam passar.*

obter (ob.**ter**) *verbo* Conseguir aquilo que se deseja: *João obtém tudo o que quer, porque tem um jeito delicado de pedir.*

oca (ó) (**o**.ca) *substantivo feminino* Cabana indígena de palha e madeira: *A aldeia dos indígenas é formada de muitas ocas.*

ocasião (o.ca.si.**ão**) *substantivo feminino* **1.** Oportunidade para fazer alguma coisa: *Nas férias, terei ocasião de passear.* **2.** Momento, instante: *Em certas ocasiões é melhor ficar calado.* **3.** Tempo em que alguma coisa acontece: *Entrei para a escola. Foi naquela ocasião que ganhei meu cachorrinho.* [Plural: *ocasiões*.]

oceano (o.ce.**a**.no) *substantivo masculino* É um mar tão grande, mas tão grande, que a gente chama de oceano. Os oceanos banham os continentes: *Pacífico, Atlântico, Índico, Ártico e Antártico são os nomes dos oceanos.*

ocidental (o.ci.den.**tal**)
ocidental • *adjetivo de 2 gêneros* **1.** Que é relativo ao ocidente. **2.** Que está localizado no Ocidente ou é originário dele: *O Brasil é um país ocidental. Meu pai tem um livro que se chama A História da Literatura Ocidental.*
ocidental • *substantivo de 2 gêneros* Pessoa que nasceu ou que mora em um país do Ocidente.
[Plural: *ocidentais*.]

ocidente (o.ci.**den**.te) *substantivo masculino* **1.** O lado onde o Sol desaparece todos os dias; oeste. **2.** A região da Terra que fica a oeste. [Com inicial maiúscula nesta acepção.]

oco (ô) (**o**.co) *adjetivo* Que não contém nada; vazio: *A coruja fez seu ninho no tronco oco da árvore.*

ocorrência (o.cor.**rên**.cia) *substantivo feminino* Aquilo que ocorre; acontecimento, fato: *O dia escureceu durante a ocorrência do eclipse do Sol.*

ocorrer (o.cor.**rer**) *verbo* **1.** Acontecer; realizar-se: *Em janeiro, ocorreu uma chuva que causou muitos estragos.* **2.** Vir ao pensamento: *Vendo a revista, ocorreu-me uma ideia para um brinquedo.*

óculos ▶ oleoso

óculos (ó.cu.los) *substantivo masculino plural* Objeto formado por duas lentes e uma armação, o qual se usa na frente dos olhos e sobre o nariz, para enxergar melhor. Os óculos com lentes escuras servem para proteger do excesso de claridade e são chamados *óculos de sol*.

oculto (o.cul.to) *adjetivo* Que está escondido: *A Lua hoje está oculta pelas nuvens.*

ocupação (o.cu.pa.ção) *substantivo feminino* **1.** Aquilo com que alguém se ocupa: *Minha ocupação durante as férias será tomar conta da minha irmã menor.* **2.** Trabalho, serviço: *Pedreiro é a ocupação de meu pai.* [Plural: ocupações.]

ocupado (o.cu.pa.do)
ocupado • *adjetivo* **1.** Que está fazendo alguma tarefa, dando uma consulta, etc.: *— Papai não pode atendê-lo agora porque está ocupado.* **2.** Que não está livre ou vazio: *Todas as cadeiras do cinema estão ocupadas.* **3.** Que está sendo usado: *O banheiro está ocupado.*
ocupado • *substantivo masculino* Som que indica que a linha telefônica está sendo utilizada: *O telefone de papai só dá ocupado.*

ocupar (o.cu.par) *verbo* **1.** Tomar ou encher (um lugar no espaço): *Os oceanos ocupam a maior parte da superfície do planeta Terra.* **2.** Prolongar-se no tempo; durar: *Minhas aulas ocupam toda a manhã.* **3.** Fazer uso de (tempo); gastar: *Pedro ocupou sua tarde estudando.* **4.** Exercer uma atividade: *Os professores ocupam-se em ensinar.*

odiar (o.di.ar) *verbo* Ter ódio; não gostar de: *Ana odeia que maltratem os animais.*

ódio (ó.dio) *substantivo masculino* Sentimento de muita raiva de alguém ou de alguma coisa: *O ódio é um sentimento negativo que devemos evitar.*

odor (dôr) (o.dor) *substantivo masculino* Aquilo que o sentido do olfato nos faz sentir; cheiro: *Estas flores têm um bom odor.* [Plural: odores.]

oeste (o.es.te) *substantivo masculino* **1.** Ponto cardeal onde o Sol desaparece ao entardecer; ocidente. **2.** Região ou regiões situadas a oeste.

ofender (o.fen.der) *verbo* Dizer ou fazer, por querer ou sem querer, algo que desrespeita ou humilha alguém.

oferecer (o.fe.re.cer) *verbo* **1.** Dar como presente ou recompensa: *Cláudia ofereceu um livro a seu sogro.* **2.** Dizer a uma pessoa que pode fazer algo por ela, se ela quiser: *Eduardo ofereceu-se para levar a carta ao correio.*

oficina (o.fi.ci.na) *substantivo feminino* **1.** Local aonde a gente leva um veículo para ser consertado: *Tio Antônio levou seu carro para a oficina.* **2.** Curso onde se aprende, ou se desenvolve, uma atividade artística: *Ana se matriculou numa oficina de pintura.*

oi (oi) *interjeição* Palavra que se usa para cumprimentar uma pessoa conhecida, ao encontrá-la em algum lugar ou ao escrever para ela: *— Oi, Silvinha! Que bom te encontrar!*

oiti (oi.ti) *substantivo masculino* Fruto comestível de uma árvore nativa do Brasil, chamada *oiti* ou *oitizeiro*, que pode chegar a dez metros de altura. 438

olá (o.lá) *interjeição* Palavra que se usa para cumprimentar uma pessoa conhecida, ao encontrá-la em algum lugar ou ao escrever para ela: *— Olá, João! Há quanto tempo eu não o vejo!*

óleo (ó.leo) *substantivo masculino* Nome das substâncias gordurosas, líquidas, inflamáveis, de origem vegetal, animal ou mineral: *O óleo de milho. O óleo extraído do petróleo.*

oleoso (ôso) (o.le.o.so) *adjetivo* Que tem óleo ou que é gorduroso como o óleo: *Vou lavar meu cabelo porque ele está oleoso. A pele da minha irmã é muito oleosa.*

Oo olfato ▸ ônibus

olfato (ol.**fa**.to) *substantivo masculino* Sentido pelo qual os seres humanos e os animais percebem os cheiros: *O nariz é o órgão do **olfato**.*

olhar (o.lhar)
olhar • *verbo* **1.** Pôr os olhos ou a vista em alguém ou em alguma coisa: *Olhei para o céu e vi o avião.* **2.** Tomar conta de alguém ou de alguma coisa; observar: *Maria olha as crianças quando mamãe sai.* **3.** Ver-se: *Olhou-se no espelho para se pentear.*
olhar • *substantivo masculino* O modo de olhar: *Pelo olhar de Lia, vi que ela estava assustada.* [Plural: olhares.]

olho (ô) (o.lho) *substantivo masculino* Cada um dos dois órgãos com que as pessoas e os animais enxergam: *Ana tem olhos bonitos, mas não enxerga bem sem óculos.* 432

olimpíadas (o.lim.**pí**.a.das) *substantivo feminino plural* Jogos realizados de quatro em quatro anos, cada vez numa cidade de um país diferente, em que atletas de várias nações se enfrentam em vários tipos de esporte: *Nas Olimpíadas de Pequim, na China, o Brasil ganhou 15 medalhas (3 de ouro, 4 de prata e 8 de bronze).* [Com letra inicial maiúscula.]

ombro (**om**.bro) *substantivo masculino* Região em que a parte superior do braço se une ao tórax: *Pendurei a bolsa no ombro machucado.* 432

omelete (o.me.**le**.te) *substantivo feminino e masculino* Alimento feito de ovos batidos e fritos, que pode levar queijo, presunto, etc.: *Mamãe faz uma omelete de carne moída que é uma delícia. Joana comeu um omelete de queijo feito por sua avó Maria.*

onça (**on**.ça) *substantivo feminino* Animal carnívoro que parece um gato muito grande, de pelo amarelado com pequenas manchas pretas ou de pelo preto com pequenas manchas também pretas. A onça é um mamífero que vive nas florestas, tem hábitos noturnos, caça sozinha e nada muito bem: *A onça no Brasil está em perigo de extinção.* 442

onda (**on**.da) *substantivo feminino* Porção de água do mar, de lago ou de rio, que se eleva e depois vai baixando, geralmente em direção à praia, à areia; ondulação: *Da praia, podemos ver o movimento das ondas.*

onde (**on**.de)
onde • *advérbio* Em que lugar: *Vou perguntar ao guarda onde fica a entrada do zoológico.*
onde • *pronome* Em que; no qual ou na qual: *Gosto da escola onde estudo.*

ondulação (on.du.la.**ção**) *substantivo feminino* **1.** Movimento de alguma coisa que sobe e desce, várias vezes, formando ondas: *A ondulação do mar.* **2.** Aquilo que tem a forma de uma ondulação (1): *Minha irmã foi ao salão e fez uma ondulação nos cabelos.* [Plural: ondulações.]

ondulado (on.du.**la**.do) *adjetivo* Que tem ondas, ou uma forma que pareça a das ondas: *Maria tem cabelos ondulados.*

ônibus (**ô**.ni.bus) *substantivo masculino de 2 números* Veículo com motor, usado para o transporte de muitas pessoas; veículo de transporte coletivo: *Neste ônibus cabem 40 pessoas. Ontem, no cruzamento da avenida, houve uma batida entre dois ônibus.* 446

onívoro ▶ **ordenar**

onívoro (o.**ní**.vo.ro) *adjetivo* Que se alimenta de plantas e de animais e seus produtos (ovos, leite, mel, etc.): *O urso é um animal onívoro.*

ontem (**on**.tem) *advérbio* No dia que vem antes do dia em que a gente está, isto é, do dia de hoje: *Hoje é dia 16, ontem foi dia 15.*

operação (o.pe.ra.**ção**) *substantivo feminino* **1.** Cálculo matemático: *A adição, a subtração, a multiplicação e a divisão são operações que a gente precisa aprender.* **2.** Cirurgia, ou seja, atividade em que um médico, com as mãos e fazendo uso de instrumentos, trata de órgãos internos ou externos que estão doentes ou que não são normais. [Plural: *operações*.]

operária (o.pe.**rá**.ria) *substantivo feminino* **1.** Mulher que trabalha em fábrica, em oficina, na construção de edifícios, estradas, etc., e que recebe um salário: *Há muitas operárias trabalhando na fábrica de tecidos.* **2.** Numa colônia de insetos, a abelha, a formiga, a vespa, etc. que trabalham, mas não se reproduzem.

operário (o.pe.**rá**.rio) *substantivo masculino* Homem que trabalha em fábrica, em oficina, na construção de edifícios, estradas, etc., e que recebe um salário: *Há muitos operários trabalhando na construção da ponte.* [Feminino: *operária*.]

opinião (o.pi.ni.**ão**) *substantivo feminino* Modo de pensar: *Na minha opinião, a roda-gigante é o brinquedo mais interessante do parque.* [Plural: *opiniões*.]

opor-se (o.**por**-se) *verbo* **1.** Estar defronte de: *O norte é o ponto cardeal que se opõe ao sul.* **2.** Ser contrário ou agir de modo contrário: *Eu queria ir à festa, mas papai se opôs à minha ida.*

oportunidade (o.por.tu.ni.**da**.de) *substantivo feminino* Possibilidade de fazer alguma coisa; ocasião: *Na viagem, terei oportunidade de conhecer muitos lugares.*

oposto (pôs) (o.**pos**.to) *adjetivo* Que se opõe; contrário: *Você seguirá na direção do norte e eu na direção oposta, isto é, na direção do sul.*

oração (o.ra.**ção**) *substantivo feminino* **1.** As palavras com que se reza; prece: *Minha avó faz sempre uma oração antes de dormir.* **2.** Frase que tem um verbo (como, por exemplo, *comer, correr, ser, estar, fazer, ficar, dormir, acordar*, etc.) no seu interior. [Plural: *orações*.]

orangotango (o.ran.go.**tan**.go) *substantivo masculino* Grande macaco da Ásia, de pelo marrom-avermelhado e braços compridos. **442**

órbita (**ór**.bi.ta) *substantivo feminino* Trajeto, caminho que um astro ou um satélite artificial percorre em volta de outro astro: *A Lua leva 28 dias para completar sua órbita ao redor da Terra.*

ordem (**or**.dem) *substantivo feminino* **1.** Maneira de arrumar que obedece a certas condições: *Arrumei os livros em ordem alfabética. Os alunos fizeram fila por ordem de altura.* **2.** Boa arrumação: *Deixei a casa em ordem.* **3.** Aquilo que uma pessoa manda que se faça: *A professora deu ordem para deixarem esta porta fechada.* [Plural: *ordens*.]

ordenar (or.de.**nar**) *verbo* **1.** Pôr em determinada ordem: *Ana ordenou suas bonecas por tamanho.* **2.** Mandar que se faça; dar ordens: *O rei ordenou que os soldados parassem de lutar.*

Oo ordenhar ▸ orgulho

ordenhar (or.de.**nhar**) *verbo* Espremer as tetas de vaca, ovelha, cabra, etc., para tirar leite: *Paulo foi a uma fazenda e lá aprendeu a **ordenhar** uma vaca.*

ordinal (or.di.**nal**)
ordinal • *adjetivo de 2 gêneros* Referente ao numeral que indica posição numa série ou ordem: *Primeiro é o numeral **ordinal** que corresponde a um.*
ordinal • *substantivo masculino* Numeral ordinal. [Plural: *ordinais*.]

orégano (o.**ré**.ga.no) *substantivo masculino* Nome de uma erva cujas folhas são usadas como tempero, e que também se chama orégano: *O cheiro do **orégano** que vinha da pizza aumentou a fome dos meninos.* [Outra forma: *orégão*.]

orelha (rã) (o.**re**.lha) *substantivo feminino* **1.** Órgão pelo qual percebemos os sons e que também ajuda a manter o nosso equilíbrio. **2.** Cada uma das duas partes da orelha (1), situadas uma de cada lado da cabeça: *Maria tinha nas **orelhas** um belo par de brincos.* 433

órfão (**ór**.fão)
órfão • *adjetivo* Que não tem mãe ou pai vivo, ou ambos: *Tenho uma amiga **órfã** de pai e mãe.*
órfão • *substantivo masculino* Aquele que não tem mãe ou pai vivo, ou ambos: *Os **órfãos** são agora filhos adotivos da dona Maria e do senhor José.*
[Plural: *órfãos*. Feminino: *órfã*.]

orgânico (or.**gâ**.ni.co) *adjetivo* **1.** Que é relativo aos órgãos do corpo humano e aos órgãos de outros animais: *A poluição provoca muitos problemas **orgânicos**.* **2.** Diz-se dos alimentos cultivados sem o uso de agrotóxicos e de fertilizantes que não são naturais: *Mamãe agora só compra frutas, legumes e verduras **orgânicos**.* **3.** Diz-se da agricultura que produz alimentos orgânicos.

organismo (or.ga.**nis**.mo) *substantivo masculino* **1.** Conjunto dos órgãos dos seres vivos: *O **organismo** das plantas é diferente do **organismo** dos animais.* **2.** O corpo humano: *Para termos boa saúde, devemos cuidar bem do nosso **organismo**.*

organização (or.ga.ni.za.**ção**) *substantivo feminino* **1.** Atividade de organizar, planejamento: *Minha mãe ficou encarregada da **organização** da nossa viagem.* **2.** Aquilo que se organiza para determinado fim: *A ONU (Organização das Nações Unidas) é uma **organização** que reúne quase todos os países do mundo.* [Plural: *organizações*.]

organizar (or.ga.ni.**zar**) *verbo* **1.** Pôr as coisas em ordem para que elas funcionem bem ou para que a gente possa fazer bom uso delas: *João **organizou** os livros da estante para encontrá-los com facilidade.* **2.** Formar: *Vamos **organizar** um time de futebol na escola.* **3.** Planejar a realização de alguma coisa: *Foi mamãe que **organizou** minha festa de aniversário.*

órgão (**ór**.gão) *substantivo masculino* **1.** Parte do corpo que efetua uma ou mais funções especiais: *A pele é o maior **órgão** do corpo humano.* **2.** Instrumento musical: *Minha tia toca **órgão** na igreja.* 434 [Plural: *órgãos*.]

orgulho (or.**gu**.lho) *substantivo masculino* **1.** Sentimento que uma pessoa tem de se achar melhor do que as outras: *Na história, a princesa, por causa do seu **orgulho**, terminou sozinha e infeliz.* **2.** Sentimento de prazer que alguma coisa ou alguém nos dá: *Mamãe tem muito **orgulho** do seu jardim. Júlio venceu a corrida e seu pai olhava para ele com **orgulho**.*

orgulhoso ▶ ornamental

oriente (o.ri.**en**.te) *substantivo masculino* **1.** O lado onde aparece o Sol; leste. **2.** A região da Terra que fica a leste. [Com letra inicial maiúscula nesta acepção.]

orifício (o.ri.**fí**.cio) *substantivo masculino* **1.** Buraquinho. **2.** Abertura pequena: *Os seres humanos e muitos outros animais possuem dois **orifícios** no nariz pelos quais respiram e sentem cheiro.*

origem (o.**ri**.gem) *substantivo feminino* **1.** Princípio, início, começo: *Na biblioteca, há muitos livros sobre a **origem** da Terra.* **2.** Motivo, causa: *A polícia ainda não sabe a **origem** do incêndio na floresta.* [Plural: *origens*.]

original (o.ri.gi.**nal**) *adjetivo de 2 gêneros* Diz-se daquilo que não é cópia: *Meu pai sempre está com seus documentos **originais**.* [Plural: *originais*.]

originar (o.ri.gi.**nar**) *verbo* **1.** Dar origem a; provocar: *Ao cair, o balão **originou** o incêndio.* **2.** Ter origem; nascer: *A amizade entre os dois colegas se **originou** do fato de ambos gostarem muito de nadar.*

originário (o.ri.gi.**ná**.rio) *adjetivo* Que tem origem em certo lugar: *A jabuticaba é **originária** do Brasil.*

ornamental (or.na.men.**tal**) *adjetivo de 2 gêneros* Que enfeita o ambiente: *As rosas são flores **ornamentais**. Teresa tem um aquário com vários peixes **ornamentais**.* [Plural: *ornamentais*.]

orgulhoso (lhô) (or.gu.**lho**.so) *adjetivo* Que tem ou sente orgulho: *Minha tia estava **orgulhosa** do belo tapete que teceu.*

orientação (o.ri.en.ta.**ção**) *substantivo feminino* **1.** Ação de orientar alguém ou a si mesmo. **2.** É também aquilo que alguém diz para a gente sobre como fazer alguma coisa ou sobre como a gente deve se comportar numa certa situação: *Segui a **orientação** da professora e leio agora um livro por semana.* [Plural: *orientações*.]

oriental (o.ri.en.**tal**)
oriental • *adjetivo de 2 gêneros* **1.** Que é relativo ao oriente. **2.** Que está localizado no Oriente ou é originário dele: *A China é um país **oriental**. O judô é um esporte **oriental** que se espalhou por todo o mundo.*
oriental • *substantivo de 2 gêneros* Pessoa que nasceu ou que mora em um país do Oriente. [Plural: *orientais*.]

orientar (o.ri.en.**tar**) *verbo* **1.** Determinar a posição de um lugar em relação aos pontos cardeais: *Para não se perder, o viajante se **orientava** pelas estrelas.* **2.** Indicar a alguém aquilo que ele deve fazer e também o que ele não deve fazer: *Dona Maria **orienta** o filho para tomar cuidado na Internet.* **3.** Indicar a alguém o rumo de um lugar: ***Orientei** o turista que não sabia ir ao centro da cidade.*

285

Oo orquestra ▶ ouro

orquestra (or.**ques**.tra) *substantivo feminino* Conjunto de músicos que tocam juntos, cada um com o seu instrumento, uma mesma música. Numa orquestra há vários instrumentos diferentes e para que o som fique bonito, além de ensaiar muito, os músicos também são orientados por um maestro, que diz, com os gestos das mãos e a batuta (aquela varinha), quando, como (se depressa ou não, etc.) e o que cada músico tem de tocar: *A orquestra tocou somente músicas de compositores brasileiros.*

orquídea (or.**quí**.de.a) *substantivo feminino* Planta que dá flores com três pétalas, uma delas maior do que as outras: *No aniversário de mamãe, papai lhe deu um vaso com uma orquídea de flores brancas.*

ortografia (or.to.gra.**fi**.a) *substantivo feminino* A maneira correta de escrever as palavras.

orvalho (or.**va**.lho) *substantivo masculino* Conjunto de pequenas gotas de água que surgem à noite sobre a vegetação, etc.

osga (**os**.ga) *substantivo feminino* Nome da lagartixa em alguns lugares do Brasil, como, por exemplo, no Pará. 442

osso (ô) (**os**.so) *substantivo masculino* Cada uma das partes duras que forma o esqueleto dos vertebrados e que tem a função de sustentar músculos e proteger órgãos importantes, como, por exemplo, o cérebro: *O esqueleto humano tem mais de 200 ossos.*

ostra (ô) (**os**.tra) *substantivo feminino* Animal de concha dura que vive no mar preso a pedras ou agarrado a outros moluscos da mesma espécie. Algumas espécies são criadas para a produção de pérolas.

ótica (**ó**.ti.ca) *substantivo feminino* Loja ou fábrica de óculos.

ótimo (**ó**.ti.mo) *adjetivo* **1.** Muito bom; excelente: *O dia hoje está ótimo para um passeio.* **2.** Que é o melhor possível: *Para você, que não estudou, esta nota é ótima.*

ouriço-cacheiro (ou.**ri**.ço-ca.**chei**.ro) *substantivo masculino* Animal roedor coberto de espinhos compridos que se soltam quando é atacado. É um mamífero com cerca de 40 centímetros de comprimento que vive em árvores das florestas da América do Sul e se alimenta principalmente de insetos. [Plural: *ouriços-cacheiros*.]

ouriço-do-mar (ou.**ri**.ço-do-**mar**) *substantivo masculino* Animal marinho e invertebrado. Tem o corpo coberto de uma casca dura, em forma de bola, coberta de espinhos. [Plural: *ouriços-do-mar*.]

ouro (**ou**.ro) *substantivo masculino* Metal precioso, de cor amarela muito brilhante. É encontrado na natureza, puro ou misturado com pedras, em minas que são, às vezes, muito profundas. Existe também misturado à areia do fundo dos rios. É muito usado em joias.

outono (ou.to.no) *substantivo masculino* Uma das quatro estações do ano. O outono vem depois do verão e antes do inverno. Em geral, é a estação em que as folhas das árvores caem. No Brasil, começa em março e termina em junho.

outro (ou.tro) *pronome* Palavra que a gente usa: a) para referir-se a uma pessoa (do sexo masculino) diferente daquela de que a gente falou em primeiro lugar: *Tenho dois amigos: um é o José, o outro é o Mário.* b) para indicar que uma coisa é ou deve ser diferente daquela a que a gente se refere: *Não quero este bolo, prefiro outro mais macio.* c) para indicar pessoa ou coisa diferente: *Amanhã será outro dia.* d) com o sentido de 'mais um': *Meus pais me disseram que querem ter outro filho.* [Feminino: *outra*.]

ouvido (ou.vi.do) *substantivo masculino* Nome antigo do órgão da audição, atualmente chamado *orelha*.

ouvinte (ou.vin.te) *substantivo de 2 gêneros* Pessoa que ouve aquilo que alguém diz: *Papai não gosta muito de falar, mas é um bom ouvinte.*

ouvir (ou.vir) *verbo* **1.** Perceber os sons pelo sentido da audição: *Como Paulo estava no fundo da sala, não pôde ouvir o que o professor disse. Lúcia ouve e enxerga muito bem.* **2.** Prestar atenção às palavras de alguém; escutar: *Luís ouviu com atenção as explicações do professor antes de começar a prova.*

oval (o.val) *adjetivo de 2 gêneros* Que tem forma meio redonda, menos larga de um dos lados, como a forma de um ovo. [Plural: *ovais*.] 430

ovelha (o.ve.lha) *substantivo feminino* A fêmea do *carneiro*: *Nesta fazenda há muitas ovelhas.* 443

ovíparo (o.ví.pa.ro) *adjetivo* Diz-se de animal que põe ovos e se reproduz por meio deles: *As aves e a maioria dos peixes, répteis e insetos são animais ovíparos.*

ovo (o.vo) *substantivo masculino* **1.** Corpo de forma um pouco redonda, que tem uma casca mais ou menos dura e do qual nascem os filhotes dos animais ovíparos: *A tartaruga enterra seus ovos na areia.* **2.** O ovo da galinha e de outras aves, como a codorna, que tem dentro a clara e a gema, usado como alimento: *Este doce é feito com ovos.*

oxigênio (o.xi.gê.nio) *substantivo masculino* Gás sem cor, cheiro ou sabor, e que existe no ar, misturado a outros gases. É indispensável à vida tanto dos animais como dos vegetais. Na água, também há oxigênio.

pá (pá) *substantivo feminino* Ferramenta larga, com cabo, usada para apanhar terra, lixo, etc.

paca (pa.ca) *substantivo feminino* Animal mamífero roedor, menor do que a capivara, com cerca de 70 centímetros de comprimento. Tem o pelo marrom com listras brancas, orelhas curtas e cauda também curta. Gosta de viver perto da água. 443

paciência ▸ pagamento Pp

Uma visita a Pernambuco

paciência (pa.ci.**ên**.cia) *substantivo feminino* Capacidade que a gente tem de fazer uma coisa chata ou difícil, ou de aguentar alguém aborrecendo a gente, sem ficar triste ou com raiva: *Gustavo foi com sua mãe ao supermercado e esperou com **paciência** que ela fizesse as compras.*

pacote (pa.**co**.te) *substantivo masculino* Aquilo que foi embrulhado em papel, plástico, etc., e amarrado com barbante ou preso com fita colante, etc.: *Fiz um **pacote** de livros para enviar pelo correio.*

padaria (pa.da.**ri**.a) *substantivo feminino* Lugar onde se fabricam e se vendem pães, biscoitos, bolos, etc: *Na **padaria** de seu Antônio, tem pão quentinho de manhã, de tarde e de noite.*

padeira (pa.**dei**.ra) *substantivo feminino* Mulher que fabrica, vende ou entrega pães.

padeiro (pa.**dei**.ro) *substantivo masculino* Homem que fabrica, vende ou entrega pães. [Feminino: *padeira*.]

padrão (pa.**drão**) *substantivo masculino* Aquilo que serve de modelo, de exemplo (dentro de um grupo de coisas ou de pessoas): *Meu tio diz que as pessoas não devem se prender a **padrões** de beleza. O **padrão** de qualidade da fábrica em que meu irmão trabalha é bem alto.* [Plural: *padrões*.]

padrasto (pa.**dras**.to) *substantivo masculino* Marido da mãe em relação aos filhos dela com outro homem: *Minha família tem quatro pessoas: minha mãe, meu **padrasto**, meu irmão e eu.* [Feminino: *madrasta*.]

padrinho (pa.**dri**.nho) *substantivo masculino* Homem que serve de testemunha em certas ocasiões especiais (nascimento, casamento, formatura, etc.): *Tio Paulo é **padrinho** da minha irmã mais nova.* [Feminino: *madrinha*.]

pagamento (pa.ga.**men**.to) *substantivo masculino* **1.** Ação de pagar: *Tia Ana foi ao banco e fez o **pagamento** da conta de luz.* **2.** Aquilo que se dá ou se recebe em troca de um serviço: *Papai recebeu seu **pagamento** e já fez as compras para a nossa casa.*

pagar (pa.**gar**) *verbo* **1.** Dar dinheiro em troca de trabalho: *Todos os sábados, vovô paga aos homens que estão consertando o telhado de sua casa.* **2.** Dar dinheiro em troca de mercadoria: *Paguei R$ 25,00 por este livro.* **3.** Dar dinheiro para acabar com uma dívida, uma conta: *Já paguei os R$ 10,00 que devia a Paulo.*

página (**pá**.gi.na) *substantivo feminino* **1.** Cada um dos dois lados da folha de livro, caderno, etc.: *Este dicionário tem mais de 200 páginas.* **2.** O conjunto de informações que aparecem de cada vez na tela do computador quando se faz uma pesquisa na Internet: *Nesta página da Internet há fotos de aviões de brinquedo que parecem verdadeiros.*

pai (pai) *substantivo masculino* Homem ou qualquer outro animal macho que tem filhos: *Meu pai trabalha muito. O meu cachorrinho tem pai de uma raça e mãe de outra.* [Feminino: mãe.]

Cole aqui uma foto do seu pai.

país (pa.**ís**) *substantivo masculino* **1.** Pedaço de terra geralmente muito grande, que é habitado por um povo e tem fronteiras que geralmente o separam de outros países: *O Brasil é o maior país da América do Sul.* **2.** É o mesmo que *pátria*. [Plural: *países*.]

paisagem (pai.**sa**.gem) *substantivo feminino* É tudo que a gente vê quando olha adiante ou ao redor, em direção a um terreno, um lugar aberto, do qual é possível ter uma visão ampla: *Do alto daquele morro, a paisagem é linda.* [Plural: *paisagens*.]

paixão (pai.**xão**) *substantivo feminino* **1.** Sentimento de amor muito forte: *Meu irmão diz que tem paixão por sua namorada.* **2.** Forte emoção que se tem por alguma coisa de que se gosta muito: *Sandro tem paixão por futebol.* [Plural: *paixões*.]

pajé (pa.**jé**) *substantivo masculino* Em muitas tribos indígenas, é aquele que faz uso de ervas, raízes, folhas, etc. para curar os demais membros da tribo. É ele quem, dentro da cultura indígena, faz rituais e desempenha o papel de líder espiritual: *Na história, o cacique e o pajé se reuniram com o conselho dos anciãos (isto é, com os índios mais velhos).*

palaciano (pa.la.ci.**a**.no) *adjetivo* **1.** De palácio. **2.** Diz-se de quem vive no palácio.

palácio (pa.**lá**.cio) *substantivo masculino* Construção grande e luxuosa, que geralmente é a casa ou o local de trabalho de um presidente da República, um rei, um governador, um chefe de Igreja, etc.: *O Presidente do Brasil trabalha no palácio do Planalto.*

paladar (pa.la.**dar**) *substantivo masculino* Um dos nossos cinco sentidos. É o paladar que nos permite perceber o gosto ou o sabor das coisas.

palavra (pa.**la**.vra) *substantivo feminino* **1.** Som ou conjunto de sons falados que têm um significado: *Nosso professor explicou a lição com palavras fáceis de entender.* **2.** A escrita, por meio de letras, da palavra (1): *A palavra "dicionário" é formada por dez letras.*

palco (**pal**.co) *substantivo masculino* Em teatros, casas de espetáculos ou em local aberto, construção acima do chão, geralmente de madeira, metal, etc., em que uma ou mais pessoas fazem ou participam de alguma apresentação (peça de teatro, *show*, etc.) ou cerimônia, etc.: *Muito tímido, não quis subir ao palco para receber o prêmio de melhor aluno do ano.*

paleta (lê) (pa.**le**.ta) *substantivo feminino* Placa fina, oval ou retangular, de madeira ou plástico, com um furo para o dedo polegar passar, usada por quem pinta quadros ou telas para misturar a tinta; palheta.

paletó (pa.le.**tó**) *substantivo masculino* Casaco, geralmente, com bolsos: *Como estava com calor, meu irmão tirou o paletó.*

palha (pa.lha) *substantivo feminino* Caule seco de capim ou de cereais, sem os grãos, e que é utilizado para muitas coisas e também na alimentação do gado: *Na história, um dos porquinhos fez sua casa com palha.*

palhaço (pa.**lha**.ço) *substantivo masculino* Artista que se apresenta de maneira engraçada, geralmente com roupa muito colorida e muito larga, sapatos enormes, o rosto pintado, uma bolinha vermelha sobre o nariz, e que faz brincadeiras para divertir o público.

palheta (lhê) (pa.**lhe**.ta) *substantivo feminino* **1.** É o mesmo que *paleta*. **2.** Pequena lâmina de plástico, que a gente usa no jogo de botão para, pressionando, mover a peça que deve tocar na bola.

palmas (**pal**.mas) *substantivo feminino plural* O ato de bater a parte interna de uma das mãos na outra para chamar alguém, para mostrar que gostou de alguma coisa, etc.: *Ao final do número do mágico, os meninos bateram muitas palmas.*

palmeira (pal.**mei**.ra) *substantivo feminino* Planta de tronco liso e folhas muito grandes, que ficam no alto dela: *O coqueiro-da-baía é um tipo de palmeira.*

palmito (pal.**mi**.to) *substantivo masculino* Alimento branco e geralmente macio, muito usado em salada e em salgados, que se retira do caule de algumas palmeiras: *Retirar palmito de maneira ilegal é um crime contra a natureza.*

pálpebra (**pál**.pe.bra) *substantivo feminino* Cada uma das partes móveis, uma superior e outra inferior, que protege cada olho. 433

palpite (pal.**pi**.te) *substantivo masculino* **1.** Ideia que uma pessoa tem sobre alguma coisa do futuro: *Tenho um palpite de que nosso time vai ganhar o próximo jogo.* **2.** É o mesmo que *opinião*: *Mamãe não gosta de ouvir palpites sobre como deve educar seus filhos.*

pampa (**pam**.pa) *substantivo masculino* Região muito plana, com vegetação baixa, no Rio Grande do Sul, no Uruguai e na Argentina.

pança (**pan**.ça) *substantivo feminino* É o mesmo que *barriga*: *João encheu a pança de sorvete e agora não quer almoçar.* 432

pancada (pan.**ca**.da) *substantivo feminino* Batida, choque: *Marcos levou uma pancada na perna e não pode andar direito.*

pandeiro (pan.**dei**.ro) *substantivo masculino* Instrumento musical redondo, com uma pele esticada em sua superfície, e que geralmente se toca batendo com a mão. 434

Pp pandorga ▸ papagaio

pandorga (pan.**dor**.ga) *substantivo feminino* Em alguns lugares do Brasil, como o Rio Grande do Sul e Santa Catarina, é o mesmo que um *papagaio* (2), geralmente pequeno.

panela (pa.**ne**.la) *substantivo feminino* Vasilha de metal, de barro, ou de outro material, usada para cozinhar alimentos.

pano (**pa**.no) *substantivo masculino* Qualquer tecido: *Este **pano** dará um bonito vestido.*

panqueca (pan.**que**.ca) *substantivo feminino* Massa fina feita com farinha de trigo, leite e ovos, e que, depois de frita, se serve enrolada com recheio de carne, frango, etc., ou aberta com cobertura de mel, chocolate, etc.

pantanal (pan.ta.**nal**) *substantivo masculino* Grande extensão de terreno coberta de pântanos. [Plural: *pantanais*.]

pântano (**pân**.ta.no) *substantivo masculino* Lugar coberto por águas paradas: *A fazenda tinha um grande **pântano** onde havia muitos jacarés.*

panturrilha (pan.tur.**ri**.lha) *substantivo feminino* Região arredondada na parte de trás da perna, entre o joelho e o calcanhar; barriga da perna: *Luciana correu tanto que ficou com a **panturrilha** doendo.* 432

pão (pão) *substantivo masculino* Alimento feito de massa de farinha de trigo ou de outros cereais, e assado no forno. O pão é um dos mais antigos alimentos do ser humano: *Existem vários tipos de **pão**: **pão** árabe, **pão** francês, **pão** italiano, **pão** integral, **pão** de fôrma, etc.* [Plural: *pães*.]

papa (**pa**.pa) *substantivo feminino* **1.** Creme feito de farinha cozida em água ou leite. **2.** Creme feito com legumes cozidos, às vezes com carne, e triturados: *O bebê já comeu toda a **papa** de cenoura.* **3.** Qualquer creme feito de frutas, cozidas ou não: ***Papa** de maçã.*

papagaio (pa.pa.**gai**.o) *substantivo masculino* **1.** Ave de penas verdes com cores variadas na cabeça e de bico curvo e forte, que consegue imitar a voz humana. [Outro nome, no Amazonas, Pará e Maranhão: *curica*.] 443 **2.** Brinquedo feito com papel fino, ou plástico, etc., e, por vezes, varinhas de bambu, etc., que é amarrado a uma linha muito, muito comprida, enrolada num carretel, ou numa lata, etc. Por ser muito leve, com a ajuda do vento, pode subir bem alto no céu, e depois ser puxado de volta pela linha que o amarra. [Outros nomes deste brinquedo, com formas e tamanhos diferentes, em vários lugares do Brasil: *arraia, cafifa, curica, pandorga, pepeta, pipa, quadrado* e *raia*.]

papai (pa.**pai**) *substantivo masculino* Modo carinhoso com que os filhos chamam o pai.

papar (pa.**par**) *verbo* É o mesmo que *comer*: *Meu cachorro papou toda a ração da vasilha e depois me olhou com olhos de que queria mais.*

papel (pa.**pel**) *substantivo masculino* **1.** Material feito principalmente da madeira, e que, depois de ser transformado em folhas, serve para a gente escrever, imprimir, embrulhar, etc. **2.** É o mesmo que *personagem*: *Na peça que fizemos na escola, eu fiz o papel de médica, Maria fez o papel de enfermeira e André fez o papel de doente.* [Plural: *papéis*.]

papelão (pa.pe.**lão**) *substantivo masculino* Papel muito grosso e duro: *Os sapatos que Pedro comprou vieram numa caixa de papelão.* [Plural: *papelões*.]

papelaria (pa.pe.la.**ri**.a) *substantivo feminino* Loja onde se vendem artigos para escola ou escritório, como papel, lápis, caneta, borracha, etc.: *Mamãe comprou todo o meu material escolar numa papelaria do centro da cidade.*

par (par)
par • *substantivo masculino* **1.** Conjunto de dois objetos iguais: *Um par de sapatos. Um par de brincos.* **2.** O conjunto de duas pessoas ou de dois animais: *Papai e mamãe formam um par. Vi um par de borboletas voando.*
par • *adjetivo de 2 gêneros* Diz-se do número 2, do 4, do 6, do 8, do 10, do 12, do 14, do 16, do 18, do 20, do 22, etc.: *Oito é um número par, porque oito dividido por dois é igual a quatro.* [Plural: *pares*.]

para (pa.ra) *preposição* Palavra que liga uma palavra a outra, muitas vezes com as ideias de: a) 'lugar para onde se vai, principalmente quando se quer ficar um bom tempo por lá': *Vamos para o Paraná, onde meu pai comprou uma casa*; b) 'direção': *Nas férias, viajaremos para o Sul*; c) 'fim, objetivo': *Mamãe sai para trabalhar todas as manhãs às oito horas*; d) 'certo tempo': *Eu vou ao supermercado toda segunda-feira e compro comida para o resto da semana.*

parabéns (pa.ra.**béns**) *substantivo masculino plural* Palavra usada para cumprimentar alguém que faz anos, que se casa ou que fez alguma coisa que merece elogio: — *Parabéns pelo seu aniversário, Manuela.*

paralelepípedo (pa.ra.le.le.**pí**.pe.do) *substantivo masculino* **1.** É um objeto com seis faces retangulares, paralelas duas a duas, com oito vértices e doze arestas: *Alguns tijolos são paralelepípedos.* 430 **2.** Pedra, em forma de paralelepípedo (1), usada no revestimento do chão das ruas, por onde passam os carros, os ônibus, etc.

paralelo (pa.ra.**le**.lo) *adjetivo* Diz-se de linhas ou superfícies que ficam lado a lado, isto é, na mesma distância, em toda a sua extensão: *Os trilhos das ferrovias são paralelos.*

parar (pa.**rar**) *verbo* **1.** Deixar de mover-se, de andar: *O ônibus parou no ponto e duas mulheres desceram.* **2.** Não continuar; deixar: *Parou de chover.* **3.** Interromper o movimento de alguma coisa: *Marília parou o carro no sinal.*

parasita (pa.ra.**si**.ta) *substantivo masculino* **1.** Animal que prejudica outro, alimentando-se do sangue dele, etc.: *A pulga é um parasita de muitos animais.* **2.** Planta que sobrevive graças à seiva de outra planta. [Outra forma: *parasito*.]

parceiro (par.**cei**.ro) *substantivo masculino* É o mesmo que *companheiro*: *Meu primo Paulo e meu irmão André são parceiros de pescaria.*

parcialmente (par.ci.al.**men**.te) *advérbio* Em parte; não totalmente: *O eclipse não foi total: o Sol pôde ser visto **parcialmente**.*

pardal (par.**dal**) *substantivo masculino* Passarinho marrom, comum nas cidades. [Plural: *pardais*.]

pardo (**par**.do)
pardo • *adjetivo* **1.** Diz-se da cor que fica entre o amarelo e o marrom. **2.** Diz-se de tom da pele entre o amarelo e o marrom.
pardo • *substantivo masculino* **1.** Homem, rapaz ou menino que tem a pele parda (mais clara que a de pessoa negra, mulata ou indígena, porém mais escura que a de pessoa amarela ou branca), e que em geral é descendente de branco com mulato, etc. **2.** É o mesmo que *mulato*.

parecer (pa.re.**cer**) *verbo* **1.** Ter semelhança com alguém ou com alguma coisa: *Juca se **parece** com o pai. O rio Amazonas é tão largo que **parece** um mar.* **2.** Ser provável que aconteça: *Hoje **parece** que vai chover.*

parede (rê) (pa.**re**.de) *substantivo feminino* Construção de tijolos ou de outro material, que fecha os lados de fora de uma casa, de um apartamento, etc., e separa quarto, sala, banheiro, cozinha, etc.: *Gustavo tem um retrato de seus pais pendurado numa das **paredes** de seu quarto.*

Desenhe aqui alguns de seus parentes.

parente (pa.**ren**.te) *substantivo de 2 gêneros* Pessoa que pertence à mesma família que outra, por sangue, afinidade ou adoção: pai, mãe, irmãos, enteados, tios, primos, avós, etc.: *Vovô Joaquim é o meu **parente** mais velho e Sofia é a minha **parente** mais nova.* [Também existe o feminino *parenta*.]

parentesco (tês) (pa.ren.**tes**.co) *substantivo masculino* É o laço que existe entre as pessoas que pertencem a uma mesma família: — *Qual é o **parentesco** entre João e Maria?* — *Eles são primos.*

parlenda (par.**len**.da) *substantivo feminino* Rimas infantis que divertem e são usadas também em brincadeiras. Exemplos: *Serra, serra, serrador! Quantas tábuas já serrou?...; Um, dois, feijão com arroz. Três, quatro, feijão no prato...*

parque (**par**.que) *substantivo masculino* Local com muitas árvores, grama, bancos, e às vezes um lago, onde a gente passeia, brinca ou descansa. ◆ **Parque de diversões.** Local com brinquedos e equipamentos para a diversão de crianças e adultos: *Ontem fui ao **parque de diversões** e andei na roda-gigante.*

parreira (par.**rei**.ra) *substantivo feminino* É o mesmo que *videira*: *Na fábula, uma Raposa com fome viu uma **parreira** com uvas maduras, com os cachos bem lá no alto. Ela pulou, pulou, mas não conseguiu pegar as uvas. Cansada, ela disse: — Ah! Essas uvas estão verdes.*

parte ▸ passar

parte (**par**.te) *substantivo feminino* Cada pedaço em que algo é dividido: *Minha casa só ocupa uma parte deste terreno. Os braços e as pernas são partes do corpo.*

participar (par.ti.ci.**par**) *verbo* Estar, junto com outras pessoas, fazendo alguma coisa: *Todos os meninos da sala participaram do passeio.*

partícula (par.**tí**.cu.la) *substantivo feminino* Coisa muito, muito pequena: *Esta água está suja, cheia de partículas de pó.*

particular (par.ti.cu.**lar**) *adjetivo de 2 gêneros* **1.** Que tem dono, que não é para o uso de todos: *Na frente do sítio havia uma placa: Não entre, propriedade particular.* **2.** Que é pago, que não é público: *Meu primo Lúcio estuda numa escola particular.* [Plural: *particulares*.]

particularidade (par.ti.cu.la.ri.**da**.de) *substantivo feminino* Aquilo que é próprio de um lugar, de uma região, etc.: *Uma das particularidades do deserto é ter poucas plantas.*

partida (par.**ti**.da) *substantivo feminino* **1.** Ato de ir embora, de partir; saída: *Maria acordou cedo. Ela queria ver o pai antes da partida dele para o Nordeste.* **2.** Jogo de futebol, de vôlei, de basquete, de tênis, etc., ou de xadrez, de damas, etc.: *Os dois times fizeram poucas faltas na partida final do campeonato de futebol.*

partir (par.**tir**) *verbo* **1.** Dividir em partes: *Mamãe partiu o bolo.* **2.** Ir embora; sair: *O trem para São Paulo parte às 10 horas.* **3.** Fazer-se em pedaços; quebrar-se: *A xícara caiu no chão e partiu-se.*

páscoa (**pás**.coa) *substantivo feminino* **1.** Para os judeus, tempo em que se comemora a saída do seu povo do Egito. **2.** Para os cristãos, tempo em que se comemora a volta à vida de Jesus Cristo. [Com letra inicial maiúscula.]

← **passa** (**pas**.sa) *substantivo feminino* Fruta seca: pode ser uva, banana, figo, etc.: *Este bolo com passas de uva está muito gostoso.*

passado (pas.**sa**.do)
passado • *adjetivo* Que passou: *Fui a Brasília no ano passado.*
passado • *substantivo masculino* O tempo que passou: *Vovô e vovó gostam de lembrar-se do passado.*

passageiro (pas.sa.**gei**.ro)
passageiro • *substantivo masculino* Aquele que viaja num veículo: *Os passageiros de um ônibus, de um avião, etc.*
passageiro • *adjetivo* Que não dura muito tempo: *Nas tardes de verão, há chuvas passageiras.*

passagem (pas.**sa**.gem) *substantivo feminino* **1.** Lugar por onde se passa: *Esta rua é passagem obrigatória para se chegar à escola.* **2.** Dinheiro que uma pessoa paga para andar num ônibus, num trem, num metrô, numa barca, etc.: *As passagens de ônibus estão mais caras.* **3.** Trecho de livro, filme, etc.: *Essa passagem da história é muito engraçada.* [Plural: *passagens*.]

passar (pas.**sar**) *verbo* **1.** Percorrer de um lado para outro; atravessar: *Pedro passou a ponte para ir ao outro lado do rio.* **2.** Deixar para trás: *Na estrada, meu pai passou vários caminhões.* **3.** Dar alguma coisa para alguém: *Manuel passou ao João os brinquedos que não queria mais.* **4.** Pedir ou dizer que se faça uma tarefa: *A professora passou muitas atividades.* **5.** Ser aprovado: *Cristina passou para o terceiro ano.* **6.** Alisar uma roupa com ferro: *Lá em casa, passamos roupa uma vez por semana.* **7.** Acontecer, ocorrer: *O filme a que assistimos ontem se passa numa floresta.*

passarela (pas.sa.**re**.la) *substantivo feminino* Ponte por onde só passam pedestres: *Para não serem atropeladas, as pessoas devem usar a **passarela** ao atravessar a avenida.*

passarinho (pas.sa.**ri**.nho) *substantivo masculino* Pequeno pássaro: *A andorinha é um **passarinho** muito simpático.*

pássaro (**pás**.sa.ro) *substantivo masculino* Nome que se dá às aves de tamanho pequeno ou médio, que têm o pé com três dedos para a frente e um para trás: *Há milhares de espécies de **pássaros**, a maioria deles com penas coloridas.*

passatempo (pas.sa.**tem**.po) *substantivo masculino* Atividade que a gente faz com prazer, para se divertir: *O **passatempo** preferido do meu avô é conversar com seus amigos.*

passear (pas.se.**ar**) *verbo* Andar a pé ou em qualquer veículo, para se divertir ou para conhecer ou visitar outros lugares: ***Passeio** no parque todas as manhãs. Júlio **passeia** de bicicleta.*

passeio (pas.**sei**.o) *substantivo masculino* Aquilo que a gente faz quando passeia: *O nosso **passeio** à fazenda foi muito interessante. Foi a primeira vez que vi um boi de perto.*

passo (**pas**.so) *substantivo masculino* **1.** Movimento que se faz com os pés, no chão, para se andar: *Meu irmãozinho já começou a dar os primeiros **passos**.* **2.** Cada uma das diferentes posições dos pés na dança, junto com os movimentos das pernas, das mãos, dos braços, do corpo e da cabeça: *Esta dança tem **passos** difíceis.*

pasta (**pas**.ta) *substantivo feminino* **1.** Substância mole que, geralmente, é uma mistura de sólido e líquido: *Escovo os dentes várias vezes ao dia com uma **pasta** de dentes de menta.* **2.** Espécie de bolsa retangular que serve para transportar papéis, livros, cadernos, etc.: *Ganhei uma **pasta** nova para levar à escola.*

pastar (pas.**tar**) *verbo* Andar (o gado) pelo campo e parar, aqui, ali e acolá, para comer o capim: *Os bois **pastavam** no alto do morro da fazenda.*

pastel (pas.**tel**) *substantivo masculino* Salgado feito com massa de farinha de trigo, que tem dentro carne, queijo, etc., e que depois é frito ou assado. [Plural: *pastéis*.]

pastilha (pas.**ti**.lha) *substantivo feminino* Bala redonda, quadrada, etc., um pouco fina: *Ana gosta muito de **pastilha** de hortelã.* [Pastilha é também o remédio com forma e gosto de pastilha.]

pasto (**pas**.to) *substantivo masculino* Terreno coberto de capim onde o gado pasta: *O pasto ficou bem verde com a chuva da última semana.*

pastoso (tô) (pas.**to**.so) *adjetivo* Em forma de pasta (ou de papa); que é meio líquido e meio sólido: *Minha mãe está se recuperando da operação e só pode comer alimento líquido ou pastoso.*

pata¹ (**pa**.ta) *substantivo feminino* A fêmea do pato.

pata² (**pa**.ta) *substantivo feminino* Pé de animal: *O cachorro abriu o trinco da porta com a pata.*

patê (pa.**tê**) *substantivo masculino* Pasta feita de fígado, de carne (de boi, porco, frango ou peixe) ou de um legume (como berinjela, etc.) cozidos, com bastante tempero, e que se come fria: *Os meninos estavam famintos e o prato de pão com patê acabou logo.*

paterno (pa.**ter**.no) *adjetivo* **1.** Próprio de pai; do pai: *Carinho paterno é tão bom quanto carinho de mãe.* **2.** Diz-se de parentesco do lado do pai: *Meu avô paterno é gaúcho (do Rio Grande do Sul).*

patim (pa.**tim**) *substantivo masculino* Calçado que tem na sola uma lâmina para deslizar no gelo ou rodinhas para andar em chão liso: *José ganhou um par de patins no Natal.* [Plural: *patins*.]

patinação (pa.ti.na.**ção**) *substantivo feminino* Ação de andar de patins: *Ana faz patinação artística.*

patinete (pa.ti.**ne**.te) *substantivo feminino e masculino* Brinquedo formado por uma peça vertical, com guidom, presa a outra peça horizontal, com rodas.

pátio (**pá**.tio) *substantivo masculino* Lugar coberto ou descoberto, cercado por muro, grade, etc., que fica junto a um edifício, a uma casa, etc.: *As crianças lancham e brincam no pátio da escola durante o recreio.*

pato (**pa**.to) *substantivo masculino* Ave que vive próxima a uma lagoa, a um lago, etc., no qual ela pode nadar ou buscar alimento. O pato tem bico largo e pernas curtas, e os dedos dos pés ligados por uma pele: *Há patos domésticos e patos selvagens. Vimos dois patinhos* (filhotes de pato) *na lagoa.*

patrão (pa.**trão**) *substantivo masculino* Dono de empresa, ou de casa, em relação aos empregados: *O patrão de meu pai se chama Raul.* [Plural: *patrões*. Feminino: *patroa*.]

297

pátria (**pá**.tria) *substantivo feminino* O país onde a gente nasce: *Minha* **pátria** *é o Brasil, eu sou brasileira.*

patriota (pa.tri.**o**.ta) *substantivo de 2 gêneros* Pessoa que ama a pátria e procura ser útil a ela: *Tiradentes foi um grande* **patriota**. *A* **patriota**. *O* **patriota**.

patroa (pa.**tro**.a) *substantivo feminino* É o feminino de *patrão*.

pau (pau) *substantivo masculino* É o mesmo que *madeira*: *Rogério apanhou a goiaba com um pedaço de* **pau**.

pau-brasil (**pau**-bra.**sil**) *substantivo masculino* Árvore de madeira vermelha e dura. O nome do nosso país, Brasil, vem do nome dessa árvore: *O* **pau-brasil** *foi muito explorado e está em perigo de extinção.* [Plurais: *paus-brasis* e *paus-brasil*.]

pavão (pa.**vão**) *substantivo masculino* Grande ave da mesma família da galinha. A cauda do macho tem penas brilhantes, verdes e azuis, e se abre em forma de um grande leque: *Este parque tem um* **pavão** *e três* **pavoas**. [Plural: *pavões*. Feminino: *pavoa*.]

pavimento (pa.vi.**men**.to) *substantivo masculino* **1.** Cada um dos andares de um prédio, edifício, etc.; piso: *Meu colega mora no* **pavimento** *de cima*. **2.** É o mesmo que *piso* (3): *O* **pavimento** *na entrada do hotel onde ficamos durante a viagem é de mármore.*

pavio (pa.**vi**.o) *substantivo masculino* Cordão que fica no meio da vela, etc., e no qual a gente põe fogo para acendê-la.

pavor (vôr) (pa.**vor**) *substantivo masculino* Grande medo: *Mamãe sempre diz que tem* **pavor** *de cobra e de escorpião.* [Plural: *pavores*.]

paz (paz) *substantivo feminino* Estado de tranquilidade, de sossego, de calma, de quando não há guerra, briga, confusão ou outro tipo de violência: *Na minha rua todos os vizinhos vivem em* **paz**. [Plural: *pazes*.]
◆ **Fazer as pazes.** Parar de brigar; tornar-se amigo novamente: *Eduardo e Paulo* **fizeram as pazes** *e agora vão juntos para a escola.*

pé (pé) *substantivo masculino* **1.** Em cada perna do corpo humano ou de certos animais, a parte que se apoia no chão e serve para andar: *O homem é um animal bípede, isto é, tem dois* **pés**. [No ser humano, cada pé tem, geralmente, cinco dedos.] **2.** A parte inferior de um objeto no qual ele se apoia: *Um dos* **pés** *desta cadeira está quebrado.* **3.** Cada exemplar de uma planta: *Um* **pé** *de laranja. Um* **pé** *de couve.*

peão (pe.**ão**) *substantivo masculino* **1.** Homem que trabalha no campo cuidando de cavalos, bois, etc.: *Meu pai é* **peão** *em uma fazenda de gado*. **2.** Auxiliar de pedreiro: *Meu pai é mestre de obras, ele tem uma equipe com 5* **peões**. [Plural: *peões*. Feminino: *peoa*.]

pebolim (pe.bo.**lim**) *substantivo masculino* É o mesmo que *totó* (2): *Eu e meus amigos faremos um campeonato de* **pebolim** *no final desta semana.* [Plural: *pebolins*.]

peça ▶ pegada

peça (pe.ça) *substantivo feminino* **1.** Aquilo que faz parte de um conjunto, de uma máquina, etc.: *Uma peça de roupa. É esta peça do computador que está com defeito.* **2.** Obra ou representação teatral: *Pluft, o Fantasminha é uma peça de teatro.* **3.** Pedra ou figura em jogos de tabuleiro: *O xadrez tem 32 peças.*

pecuária (pe.cu.á.ria) *substantivo feminino* Criação de gado: *No Brasil, a pecuária é muito desenvolvida.* [Quem cria gado chama-se *pecuarista*.]

pedaço (pe.da.ço) *substantivo masculino* Parte de qualquer coisa, separada ou não dela; porção: *Este pedaço da mesa está molhado. Comi um pedaço do bolo de chocolate.*

pedal (pe.dal) *substantivo masculino* Peça de veículo, instrumento ou máquina, que é movida pelo pé: *O pedal da bicicleta.* [Plural: *pedais*.]

pedalar (pe.da.lar) *verbo* Mover o pedal de bicicleta, etc.: *Para fugir do cachorro bravo, Patrícia pedalou rápido e não olhou para trás.*

pé de moleque (pé de mo.le.que) *substantivo masculino* Doce feito com açúcar ou rapadura derretidos e amendoim torrado. [Plural: *pés de moleque*.]

pedestre (pe.des.tre) *substantivo de 2 gêneros* Pessoa que anda a pé: *Assim que o sinal ficou verde para os pedestres, Joana atravessou a rua. A pedestre. O pedestre.*

pediatra (pe.di.a.tra) *substantivo de 2 gêneros* Médico ou médica que trata de criança: *O pediatra. A pediatra.*

Qual é o nome de seu pediatra? _____

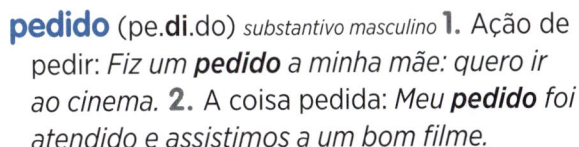

pedido (pe.di.do) *substantivo masculino* **1.** Ação de pedir: *Fiz um pedido a minha mãe: quero ir ao cinema.* **2.** A coisa pedida: *Meu pedido foi atendido e assistimos a um bom filme.*

pedir (pe.dir) *verbo* Dizer a uma pessoa o que gostaríamos que ela nos desse ou fizesse: *Mariana pediu à mãe um novo vestido. Pedro pediu ao pai que o levasse ao cinema no domingo.*

pedra (pe.dra) *substantivo feminino* **1.** Substância mineral dura e sólida, encontrada na natureza: *As pedras preciosas são usadas para fazer joias.* **2.** Pedaço de substância dura e sólida: *Leonardo pôs no suco uma pedra de gelo.*

pedreira[1] (pe.drei.ra) *substantivo feminino* Local onde se extrai pedra.

pedreira[2] (pe.drei.ra) *substantivo feminino* Mulher que trabalha construindo muro, casa, prédio, etc.

pedreiro (pe.drei.ro) *substantivo masculino* Homem que trabalha construindo muro, casa, prédio, etc.: *Juvenal é pedreiro e já ajudou a construir muitas casas.* [Feminino: *pedreira*.]

pegada (pe.ga.da) *substantivo feminino* Marca que o pé deixa no solo: *A água apagou as pegadas que deixamos na areia da praia.*

299

pegar (pe.gar) *verbo* **1.** Agarrar, segurar: *Elisa pegou a mão do irmãozinho para ajudá-lo a atravessar a rua*. **2.** É o mesmo que *buscar*: *Mamãe saiu para pegar meu pai no trabalho*. **3.** Entrar em um veículo: *Carlos já pegou o ônibus*. **4.** Ficar doente: *Não vou à escola, porque peguei um resfriado*. **5.** Ficar exposto a chuva, sol, etc.: *Não se deve pegar sol depois das dez horas da manhã*.

peito (pei.to) *substantivo masculino* **1.** A parte do tronco onde ficam os pulmões e o coração; tórax: *Este exercício é bom para fortalecer o peito*. **433** **2.** A parte da frente do tórax das aves: *Bernardo gosta muito de bife de peito de frango com legumes*. **3.** É o mesmo que *mama* (2): *Meu irmãozinho tem sete meses e mama no peito*.

peixe (xe = che) (pei.xe) *substantivo masculino* Animal vertebrado que vive e respira dentro da água. A maior parte dos peixes tem o corpo coberto de escamas. Em todas as partes do mundo é muito usado como alimento.

pelado¹ (pe.la.do) *adjetivo* Sem pelos ou penas: *O urubu tem a cabeça e o pescoço pelados*.

pelado² (pe.la.do) *adjetivo* Sem roupa; nu: *Sozinho, o menino ficou pelado e mergulhou no rio*.

pele (pe.le) *substantivo feminino* Órgão que é uma camada fina e protetora que cobre pelo lado de fora o corpo do homem e de outros animais: *A pele tem pequeninos buraquinhos que se chamam poros*.

pelicano (pe.li.ca.no) *substantivo masculino* Ave aquática, de pernas curtas e asas compridas e largas. Tem uma espécie de bolsa na parte inferior do bico para guardar peixes.

pelo (pe.lo) Palavra que é a união de duas outras palavras. A gente usa *pelo* geralmente para indicar as noções de: a) 'quem fez ou faz alguma coisa': *O chinelo do meu pai foi comido pelo meu cachorro. Ganhei roupa nova: a blusa foi dada pelo meu tio e a saia, pela minha avó*. b) 'ao longo de um lugar; em': *No domingo, fomos passear pelo shopping*. c) 'uma coisa que foi trocada por outra': *Jonas disse à mãe que trocou a bola pelo carrinho*. [Feminino: pela.]

pelo (pê) (pe.lo) *substantivo masculino* **1.** Cada um dos fios muito finos que cobrem a pele dos seres humanos e de outros animais. Nos seres humanos, é o mesmo que *cabelo*. **2.** O conjunto dos pelos: *Este cavalo tem pelo marrom*.

peludo (pe.lu.do) *adjetivo* Diz-se do animal que tem muito pelo: *O urso é um animal peludo*.

← **pena¹** (pe.na) *substantivo feminino* Cada uma das peças macias que cobrem o corpo das aves: *A arara tem as penas coloridas*.

pena² (pe.na) *substantivo feminino* **1.** Castigo, punição: *Tiradentes, por querer libertar o Brasil, sofreu pena de morte*. **2.** É um sentimento de tristeza que a gente tem por alguém que sofre, ou porque alguma coisa ruim aconteceu a alguém: *Sinto pena quando sei que alguém está doente*.

pênalti (pê.nal.ti) *substantivo masculino* Num jogo de futebol, é a falta que só é cometida dentro da grande área (onde fica o goleiro). O pênalti é marcado quando um jogador faz algo que não deveria dentro da grande área do seu time, como uma falta no adversário, ou pôr a mão na bola, etc.: *O árbitro marcou pênalti porque João foi derrubado por Alberto quando estava diante do goleiro e ia fazer o gol*.

→ **pen drive** ▸ pequi

→ **pen drive** (pen dráivi) [Inglês] *substantivo masculino* Peça que se coloca e tira de um computador, etc., e que serve para gravar arquivos de texto, de música, de vídeo, etc.: *Alessandra pôs o **pen drive** no computador e copiou seu trabalho.*

pendurar (pen.du.**rar**) *verbo* Prender alguma coisa em lugar alto, de modo que não toque no chão: *Mamãe **pendurou** a roupa lavada no varal. **Pendurei** na parede o quadro que eu mesmo pintei.*

peneira (pe.**nei**.ra) *substantivo feminino* Instrumento redondo com um fundo cheio de buraquinhos que deixa passar um líquido ou substâncias mais finas, mas impede a passagem das substâncias mais grossas.

penico (pe.**ni**.co) *substantivo masculino* Objeto próprio para nele se fazer xixi ou cocô.

pênis (**pê**.nis) *substantivo masculino de 2 números* O órgão do sexo nos meninos e nos homens, e também o órgão em que fica o final de um duto (chamado *uretra*), pelo qual eles fazem xixi. 432

pensamento (pen.sa.**men**.to) *substantivo masculino* As ideias e as imagens das ideias que surgem na cabeça da gente quando a gente pensa: *Maria acordou e disse: — Hoje só quero ter bons **pensamentos**.*

pensar (pen.**sar**) *verbo* Formar ou combinar ideias na cabeça; raciocinar: *Os meninos **pensaram** em que poderiam brincar na hora do recreio.*

pente (**pen**.te) *substantivo masculino* Instrumento feito de madeira, de plástico, etc., com pontas muito próximas (que são chamadas de dentes) presas a uma barra, e que serve para arrumar os cabelos.

penteado (pen.te.**a**.do) *substantivo masculino* Modo de arrumar os cabelos: *Cláudia sempre usa trança. É o **penteado** de que ela mais gosta.*

pentear (pen.te.**ar**) *verbo* Arrumar os cabelos com pente: *Mamãe **penteia** os cabelos do meu irmão, mas eu me **penteio** sozinho.*

peoa (pe.**o**.a) *substantivo feminino* **1.** Mulher que trabalha no campo cuidando de cavalos, bois, etc. **2.** Auxiliar de pedreiro.

pepeta (pepê) (pe.**pe**.ta) *substantivo feminino* **1.** Chupeta, na linguagem infantil. **2.** No Norte e no Nordeste, pequeno papagaio (2).

pepino (pe.**pi**.no) *substantivo masculino* Legume comprido e de casca verde e lisa, mas com polpa clara, cheia de sementes, muito usado em salada.

pequeno (pe.**que**.no) *adjetivo* **1.** Menor que o normal ou esperado: *O bonsai é uma árvore **pequena**, plantada num vaso. Júlio achou seu pedaço de bolo **pequeno**.* **2.** Que não é grande nem médio: *Nós temos um cachorro grande e um **pequeno**.* **3.** Relativo a quem está na infância: *Fábio era **pequeno** quando se mudou para esta rua.*

pequi (pe.**qui**) *substantivo masculino* O fruto de polpa amarela de uma árvore do cerrado também chamada *pequi* ou *pequizeiro*. O pequi deve ser comido com cuidado por causa dos espinhos que ele tem por dentro: *Minha tia faz um arroz com **pequi** muito gostoso. Existe uma fala popular que diz que "**pequi** não sai do meu pensamento", por que será?* 438

301

pera (pê) (**pe**.ra) *substantivo feminino* O fruto da *pereira*. É mais fino na parte de cima, tem polpa branca e macia, e é muito apreciado como alimento: *Doce de pera*. 438

perceber (per.ce.**ber**) *verbo* **1.** Conhecer por meio dos sentidos: *Pelo olfato, percebemos o cheiro. Pela audição, percebemos os sons.* **2.** Sentir que alguma coisa está acontecendo; ver: *Pela sua maneira de falar, percebo que você está triste.*

percorrer (per.cor.**rer**) *verbo* **1.** Andar por um lugar; visitá-lo: *Os meninos percorreram todo o zoológico.* **2.** Passar por um lugar: *O carro percorreu toda a avenida.*

perdão (per.**dão**)
perdão • *substantivo masculino* Ato de perdoar: *Na história, o perdão do rei salvou o ladrão da morte.* [Plural: *perdões*.]
perdão • *interjeição* Palavra que a gente diz para pedir desculpa por um erro ou por alguma coisa que fez que machuca ou chateia alguém: *— Perdão! Pisei no seu pé.*

perdedor (dôr) (per.de.**dor**) *adjetivo* Que perdeu jogo, competição, etc.: *Agora o time vencedor disputará a final do campeonato e o time perdedor disputará o terceiro lugar.* [Plural: *perdedores*.]

perder (per.**der**) *verbo* **1.** Ficar sem uma coisa que possuía: *Com a ventania, minha mãe perdeu o chapéu.* **2.** Esquecer alguma coisa em lugar de que não se lembra: *Mônica não sabe onde perdeu os óculos.* **3.** Ser vencido, ou ficar vencido: *Meu time perdeu o jogo.* **4.** Não encontrar o caminho de um lugar: *Meu irmão não pode sair sozinho, porque se perde.* **5.** Deixar de assistir: *Rui não foi conosco ao cinema e perdeu um bom filme.*

perdiz (per.**diz**) *substantivo feminino* Pequena ave sem cauda e de pernas curtas, do Brasil, da Argentina e da Bolívia. Vive no chão e nele faz ninho. [Outro nome: *inhambuapé*. Plural: *perdizes*.] 443

perdoar (per.do.**ar**) *verbo* **1.** Não ficar mais com raiva de alguém por alguma coisa que ele disse ou fez: *João perdoou José e agora eles são amigos de novo.* **2.** Não querer de volta o dinheiro que emprestou: *Mamãe perdoou a dívida de R$ 10,00 que tenho com ela.*

perereca (pe.re.**re**.ca) *substantivo feminino* Animal anfíbio, vertebrado, que, como os sapos e as rãs, não tem pescoço nem cauda. As pererecas alimentam-se de insetos e vivem geralmente em árvores. 443

perfeição (per.fei.**ção**) *substantivo feminino* É o estado ou a característica de algo que foi muito bem feito (porque alguém fez assim ou porque é assim naturalmente) e que não tem defeito. [Plural: *perfeições*.]

perfeito (per.**fei**.to) *adjetivo* **1.** Sem defeito: *A geladeira ficou perfeita depois do conserto.* **2.** Que só tem boas qualidades: *Márcia é uma amiga perfeita.*

perfumado (per.fu.**ma**.do) *adjetivo* Que tem perfume, isto é, um cheiro bom, agradável: *Muitas flores são perfumadas.*

perfume ▸ perna

perfume (per.**fu**.me) *substantivo masculino*
1. Cheiro bom, agradável: *Gosto do **perfume** das rosas.* **2.** Produto feito com substâncias de cheiro agradável e usado para deixar o corpo, a roupa, etc., com cheiro bom: *Alba deu um **perfume** para sua mãe.* →

pergunta (per.**gun**.ta) *substantivo feminino*
1. Aquilo que a gente diz a alguém quando quer saber alguma coisa. Uma pergunta muitas vezes começa com *por que* e termina com um *ponto de interrogação* (?): *Rodrigo tem cinco anos e faz muitas **perguntas**: Por que o céu é azul? Por que os peixes não morrem afogados? Por que a água é molhada?* [Mas também há perguntas que começam com outras palavras (sem ser *por que*): *Quanto você calça? Como foi a aula? Em que lugar nós estamos? Que horas são? Qual é o seu nome? Quem inventou a lâmpada? Onde eles estão? Cadê o meu chinelo?* Há, também, perguntas que não começam com nenhuma palavra especial (isto é, própria para fazer pergunta): *Você viu os meus óculos? Vamos ao cinema? Maria gosta de chocolate?*] **2.** Cada uma das partes em que se divide a tarefa, a prova, etc., a que a gente tem de responder: *A prova de Ciências tinha cinco **perguntas**.*

perguntar (per.gun.**tar**) *verbo* Fazer perguntas; interrogar: *Júlia **perguntou** a sua mãe se o almoço estava pronto.*

Pingue aqui 2 gotas do seu perfume favorito.

perigo (pe.**ri**.go) *substantivo masculino* **1.** Situação em que pode ocorrer um acidente e outras coisas ruins: *Esta ponte é muito velha, é um **perigo** atravessá-la.* [Quando existe perigo, as pessoas correm o risco de se machucar ou de morrer.] **2.** Aquilo que causa um mal: *A droga é um **perigo** para as pessoas.*

perigoso (gô) (pe.ri.**go**.so) *adjetivo* **1.** Em que há perigo: *A Régis Bittencourt é uma estrada muito **perigosa**.* **2.** Que pode causar ou fazer mal: *Ele é um bandido **perigoso**.*

período (pe.**rí**.o.do) *substantivo masculino* Espaço de tempo entre duas datas: *É comum chover aqui no **período** de dezembro a março. Passamos o **período** de férias no sítio.*

periquito (pe.ri.**qui**.to) *substantivo masculino* Pequena ave da mesma família do papagaio, de várias cores: verde, azul, amarelo, branco, etc. Alimenta-se de frutas e sementes. 443

permissão (per.mis.**são**) *substantivo feminino* Consentimento, licença para fazer algo: *Carlos foi ao cinema com a **permissão** dos pais.* [Plural: *permissões*.]

← **permitir** (per.mi.**tir**) *verbo* Dizer que alguém pode fazer algo; dar licença para que faça: *A professora **permitiu** que Adriana saísse mais cedo para ir ao dentista.*

perna (**per**.na) *substantivo feminino* **1.** Cada um dos membros inferiores do corpo que permite andar, correr, etc.: *Hélio está com dor nas **pernas** de tanto andar.* 433 **2.** Peça que faz parte de um objeto e no qual ele se apoia: *As **pernas** da mesa. As **pernas** do banco.*

pernalta (per.**nal**.ta) *adjetivo de 2 gêneros* Que tem as pernas compridas: *A cegonha e a garça são aves pernaltas.*

pernilongo (per.ni.**lon**.go) *substantivo masculino* Mosquito de pernas muito longas: *Algumas espécies de pernilongo transmitem doenças.*

pérola (**pé**.ro.la) *substantivo feminino* Material duro, brilhante, de formato arredondado e cor variada, que se forma dentro da concha de certas ostras. As pérolas são muito valiosas e com elas se fazem joias, como colares, anéis, etc.

perpendicular (per.pen.di.cu.**lar**) *adjetivo de 2 gêneros* Diz-se de duas retas, duas ruas, etc., que formam um ângulo reto, isto é, um ângulo como aquele formado pelos ponteiros do relógio que marca 3 horas (o ponteiro grande no 12 e o ponteiro pequeno no 3). [Plural: *perpendiculares*.]

perseguir (per.se.**guir**) *verbo* Seguir alguém de perto, por algum motivo: *O guarda perseguiu o ladrão para prendê-lo.*

personagem (per.so.**na**.gem) *substantivo feminino e masculino* **1.** Cada uma das pessoas ou cada um dos animais (ou coisas "com vida") que faz parte de uma história, etc.: *O Lobo Mau é um dos personagens infantis mais famosos.* **2.** Numa peça de teatro, filme, ou novela, é o personagem (1) que um ator ou atriz representa, isto é, que cada um deles finge ser, agindo e sentindo, portanto, de maneira a convencer quem assiste de que aquela pessoa ou aquele animal ou aquela coisa é de verdade na história): *Meu personagem na peça é um cachorro que foge de casa e quer ser músico.* [Plural: *personagens*. Podemos dizer *o personagem* ou *a personagem*.]

pertencente (per.ten.**cen**.te) *adjetivo de 2 gêneros* **1.** Que é propriedade de alguém; de alguém: *As joias encontradas são pertencentes à turista que foi assaltada.* **2.** Que faz parte de algo: *É um parafuso pertencente ao armário.*

pertencer (per.ten.**cer**) *verbo* **1.** Ser propriedade de alguém: *Esta casa pertence a meu pai.* **2.** Ser parte de: *Esta figurinha pertence à minha coleção.*

perto (**per**.to) *advérbio* A pequena distância; próximo: *Vamos chegar logo, já estamos perto.* ◆ **Perto de.** A pequena distância de: *Eva mora perto de sua avó.*

perturbar (per.tur.**bar**) *verbo* **1.** Causar confusão; atrapalhar: *Muitos alunos chegaram atrasados e perturbaram a aula.* **2.** Pôr fim à paz, ao sossego de alguém ou de algum lugar: *Ronaldo abaixou o som para não perturbar o vizinho.*

peru (pe.**ru**) *substantivo masculino* Ave doméstica, grande, de plumagem escura e cauda redonda, muito usada na alimentação: *No nosso galinheiro há um galo, dez galinhas e dois perus.* [Feminino: *perua*.] 443

perua (pe.**ru**.a) *substantivo feminino* **1.** A fêmea do *peru*. **2.** Carro não muito grande e fechado que pode ser usado também para transportar passageiros: *A perua parou na frente da escola e os meninos desceram.*

pesadelo (dê) (pe.sa.**de**.lo) *substantivo masculino* Sonho ruim, desagradável, que perturba o sono e que deixa a gente triste ou inquieta por um momento, mas logo depois passa e a gente nem lembra mais: *Meu irmãozinho teve um pesadelo e acordou chorando.*

pesado (pe.**sa**.do) *adjetivo* **1.** Que tem muito peso: *Esta caixa está muito pesada.* **2.** Que exige muita força: *Carregar caminhão com sacos de cimento é um trabalho pesado.*

pesar (pe.**sar**) *verbo* **1.** Pôr na balança para conhecer o peso: *Mamãe pesou a farinha para fazer o bolo. O médico pesou Carlos.* **2.** Ter tantos quilos de peso: *Joice pesa 30 quilos.*

pescador (dôr) (pes.ca.**dor**) *substantivo masculino* **1.** Aquele que pesca para viver, que tem como trabalho pescar. **2.** Aquele que pesca porque gosta, mas não é o seu trabalho. [Plural: *pescadores*. Feminino: *pescadora*.]

pescadora (dô) (pes.ca.**do**.ra) *substantivo feminino* É o feminino de *pescador*.

pescar (pes.**car**) *verbo* Apanhar na água (peixes e outros animais que aí vivem): *Tio Renato pescou um peixe grande.* [Quem pesca sempre recebe o nome de *pescador*.]

pescaria (pes.ca.**ri**.a) *substantivo feminino* Atividade de pescar: *Quando chegou da pescaria, meu pai foi logo dizendo: — Mulher, pode acender o fogo porque peguei dois belos peixes.*

pescoço (cô) (pes.**co**.ço) *substantivo masculino* A parte do corpo que liga a cabeça ao tronco: *A girafa tem o pescoço muito comprido.* 432

peso (pê) (**pe**.so) *substantivo masculino* **1.** Resultado da força de gravidade sobre as diversas partes de um corpo. [A *força de gravidade* é a atração que a Terra exerce sobre qualquer corpo próximo a ela.] **2.** Aquilo que uma pessoa, um animal ou uma coisa pesa: *— Carlota, quanto é que você tem de peso? — Ah! Eu tenho vinte e quatro quilos.*

pesquisa (pes.**qui**.sa) *substantivo feminino* **1.** Procura cuidadosa de informações sobre um assunto: *A professora pediu aos alunos que fizessem uma pesquisa sobre os dinossauros.* **2.** Pesquisa também é o que a gente escreve e as fotos que a gente cola num papel ou numa cartolina para dizer o que aprendeu com a pesquisa (1).

pesquisar (pes.qui.**sar**) *verbo* Fazer pesquisa, isto é, procurar informações sobre um assunto, em livros, jornais, *sites*, em certos lugares (museus, bibliotecas, etc.): *Minha turma está na biblioteca pesquisando os dinossauros.*

pêssego (**pês**.se.go) *substantivo masculino* Fruto geralmente amarelo e cheiroso de polpa macia e doce, que se colhe numa árvore chamada *pessegueiro*: *André gosta muito de suco de pêssego.*

péssimo (**pés**.si.mo) *adjetivo* Muito ruim: *O menino teve um péssimo comportamento ao responder mal à professora.*

pessoa (pes.**so**.a) *substantivo feminino* Qualquer ser humano, homem ou mulher (seja bebê, criança, jovem, adulto ou idoso): *As pessoas da minha casa são papai, mamãe, meu irmão e eu.*

pessoal (pes.so.**al**)
pessoal • *adjetivo de 2 gêneros* **1.** De uma pessoa ou de um grupo de pessoas: *Meu pai trabalha no Departamento* **Pessoal** *da empresa.* **2.** Que diz respeito apenas a uma ou a poucas pessoas, e que não deveria ser do interesse de mais ninguém: *A atriz disse numa entrevista que a sua separação é um assunto* **pessoal**.
pessoal • *substantivo masculino* Um grupo de pessoas, geralmente próximas da gente: *O* **pessoal** *da turma combinou um passeio na praia.*
[Plural: *pessoais*.]

pestana (pes.**ta**.na) *substantivo feminino* É o mesmo que *cílio*: *Sílvia tem* **pestanas** *longas.* 433

pétala (**pé**.ta.la) *substantivo feminino* Cada peça colorida presa ao centro da flor: *A margarida tem* **pétalas** *brancas.*

peteca (pe.**te**.ca) *substantivo feminino* Brinquedo com uma base feita de couro, palha, etc., em que se enfiam penas, e que a gente lança ao ar com a palma das mãos.

petroleiro (pe.tro.**lei**.ro) *substantivo masculino* Navio enorme próprio para transportar petróleo.

petróleo (pe.**tró**.leo) *substantivo masculino* Combustível líquido, negro, encontrado no subsolo: *O Poço do Visconde é um livro infantil de Monteiro Lobato que ensina muitas coisas sobre o* **petróleo**.

pia (**pi**.a) *substantivo feminino* Bacia de cerâmica, metal, etc., com uma torneira, que serve para lavar verduras, louças, etc. (na cozinha) ou para lavar as mãos, etc. (no banheiro).

piá (pi.**á**) *substantivo masculino* Menino, garoto.

piada (pi.**a**.da) *substantivo feminino* História curta e engraçada que alguém conta, ou escreve, para fazer quem ouve ou lê rir.

piano (pi.**a**.no) *substantivo masculino* Instrumento musical que tem um teclado preto e branco: *Rita quer aprender a tocar* **piano**. 434

pião (pi.**ão**) *substantivo masculino* Brinquedo, em forma de pera, que gira rápido em torno de si mesmo quando é jogado com a ajuda de um fio. [Plural: *piões*.]

picada (pi.**ca**.da) *substantivo feminino* **1.** Mordida de inseto ou de cobra, escorpião, etc.: *Carlos acordou cheio de* **picadas** *de mosquito.* **2.** Ferimento feito por objeto pontudo: *Júlia tomou uma injeção e disse que a* **picada** *da agulha não doeu.*

picante (pi.**can**.te) *adjetivo de 2 gêneros* Que arde como pimenta.

pica-pau (**pi**.ca-**pau**) *substantivo masculino* Ave muito comum no Brasil. Tem as penas da cauda duras e pontudas, e um bico forte e comprido com que fura o tronco das árvores para se alimentar de larvas de inseto: *O* **pica-pau** *faz o ninho em buracos de árvores.* [Plural: *pica-paus*.]

picar (pi.**car**) *verbo* **1.** Ferir ou furar com objeto pontudo: ***Piquei*** *o dedo num espinho de roseira.* **2.** Ferir com ferrão, dente, etc.: *A cobra* **picou** *o agricultor e ele precisou tomar um remédio (que é o chamado* soro antiofídico*).* **3.** Cortar em tiras finas ou em pedacinhos: *Mamãe* **picou** *a couve.*

picareta (pi.ca.**re**.ta) *substantivo feminino* Ferramenta de ferro, com dois lados pontudos, presa a um cabo, que é usada para cavar a terra, arrancar pedras, etc.: *Flávio abriu um buraco com a* **picareta** *e plantou a árvore.*

pichar (pi.**char**) *verbo* Escrever ou desenhar em parede, estátua, etc.: *A polícia prendeu o rapaz que* **pichou** *o edifício.*

pico ▸ pinha

pico (**pi**.co) *substantivo masculino* O lugar mais alto de um morro ou numa montanha: *Os bombeiros subiram até o pico do morro e apagaram o incêndio.* [Outro nome: *cume*.]

picolé (pi.co.**lé**) *substantivo masculino* Espécie de sorvete bem firme, no palito: *Sofia chupou um picolé de chocolate e Rui, um picolé de uva.*

pijama (pi.**ja**.ma) *substantivo masculino* Roupa de dormir composta de camisa e calça: *A avó de Paulo fez um pijama para ele.*

pilha (**pi**.lha) *substantivo feminino* **1.** Conjunto de coisas arrumadas umas sobre as outras: *Uma pilha de livros. Uma pilha de roupas.* **2.** Peça que produz eletricidade e que a gente coloca dentro de um aparelho, ou de um brinquedo, como uma lanterna, um rádio, um carrinho, etc., para ele funcionar: *Meu pai ouve futebol num rádio de pilha.*

pilota (lô) (pi.**lo**.ta) *substantivo feminino* **1.** Aquela que dirige uma embarcação ou uma aeronave: *A pilota do avião pediu que todos nós colocássemos o cinto de segurança.* **2.** Aquela que dirige um automóvel de corrida: *A pilota Débora ganhou a corrida.*

pilotar (pi.lo.**tar**) *verbo* Dirigir um veículo: *Pilotar um avião, um carro de corrida, etc.*

piloto (lô) (pi.**lo**.to) *substantivo de 2 gêneros* **1.** Aquele ou aquela que dirige uma embarcação ou uma aeronave: *No filme, o piloto teve de fazer uma manobra arriscada para não atingir a montanha. Minha tia é piloto da Força Aérea Brasileira; ela precisou estudar muito para se formar.* **2.** Aquele ou aquela que dirige um automóvel de corrida: *O piloto de moto. A piloto de kart.*

pimenta (pi.**men**.ta) *substantivo feminino* Pequeno fruto, de várias cores, muito usado como tempero picante, de uma planta chamada *pimenteira*. 438

pincel (pin.**cel**) *substantivo masculino* Objeto feito de uma porção de fibras ou pelos presos a um cabo e que se usa para pintar, passar cola, etc. [Plural: *pincéis*.]

pingo (**pin**.go) *substantivo masculino* É o mesmo que *gota*: *Um pingo de tinta manchou a minha blusa.*

pingue-pongue (**pin**.gue-**pon**.gue) *substantivo masculino* Jogo que lembra o tênis. Tem raquetes e bola, mas é jogado sobre uma mesa dividida por uma rede: *Os meninos jogaram pingue-pongue a tarde inteira.* [Plural: *pingue-pongues*.]

pinguim (güim) (pin.**guim**) *substantivo masculino* Ave que vive nos mares frios do hemisfério sul. Tem pernas curtas e asas próprias para nadar. Os pinguins não voam. Suas penas, muito finas, são brancas na barriga e pretas na cabeça, nas costas e nas asas: *O pinguim é lento em terra e rápido na água.* [Plural: *pinguins*.] 443

pinha (**pi**.nha) *substantivo feminino* **1.** É o mesmo que *fruta-de-conde*. 437 **2.** É também o fruto do *pinheiro-do-paraná*, uma árvore muito, muito alta, que ocorre nas florestas e campos do Sudeste e, principalmente, do Sul do país. A semente da pinha (chamada *pinhão*) é muito usada como alimento.

Pp pinhão ▸ pipa

pinhão (pi.**nhão**) *substantivo masculino* É a semente comestível do fruto do pinheiro-do-paraná. [Plural: *pinhões*.] 438

pinheiro (pi.**nhei**.ro) *substantivo masculino* **1.** Nome de várias árvores muito altas de folhas finas e duras, chamadas *agulhas*. São comuns nos países frios. **2.** É o mesmo que *pinheiro-do-paraná*.

pinheiro-do-paraná (pi.**nhei**.ro-do-pa.ra.**ná**) *substantivo masculino* Árvore das florestas e campos do Sul do Brasil, de folhas pequenas, duras e pontudas, e de madeira branca e macia (o *pinho*). Seu fruto, a *pinha*, tem várias sementes, os *pinhões*, que se comem depois de cozidos ou assados. [Plural: *pinheiros-do-paraná*.]

pinta (pin.ta) *substantivo feminino* Pequena mancha escura na pele: *Geraldo tem uma pinta na face, bem na bochecha.*

pintar (pin.**tar**) *verbo* **1.** Cobrir de tinta: *Cláudio pintou de azul a parede do seu quarto.* **2.** Desenhar com tinta e pincel: *Alice pintou uma bela árvore.* [Chama-se *pintura* ao resultado daquilo que se pintou.]

pinto (pin.to) *substantivo masculino* Filhote da galinha e do galo: *Os pintinhos (os pequenos pintos) estavam todos debaixo das asas da galinha.*

pintor (tôr) (pin.**tor**) *substantivo masculino* **1.** Homem cuja profissão é pintar paredes, portas, janelas, etc. **2.** Artista do sexo masculino que pinta quadros: *Di Cavalcanti é um dos mais importantes pintores brasileiros.* [Plural: *pintores*. Feminino: *pintora*.] →

pintora (tô) (pin.**to**.ra) *substantivo feminino* **1.** Mulher que tem como profissão pintar paredes, portas, janelas, etc. **2.** Artista do sexo feminino que pinta quadros: *Tarsila do Amaral é uma das mais importantes pintoras brasileiras.* →

pintura (pin.**tu**.ra) *substantivo feminino* **1.** Obra em que um artista (o pintor ou a pintora) usando um pincel, ou outro instrumento, colore com tinta, etc., uma tela, etc.: *A Primeira Missa no Brasil, de Vítor Meireles, é uma famosa pintura brasileira.* **2.** Atividade de pintar algo ou o resultado dessa atividade. **3.** Tinta que cobre uma parede, móvel, etc.: *A pintura da parede está descascando.* ↲

piolho (ô) (pi.**o**.lho) *substantivo masculino* Inseto muito pequeno que é um parasita de animais vertebrados. Há um tipo de piolho que vive na cabeça das pessoas, entre os cabelos, e que se alimenta de sangue: *Carolina usou um pente com os dentes muito juntos para tirar os piolhos da filha.* 443

pior (pi.**or**)
pior • *adjetivo de 2 gêneros* Mais do que mau; mais do que ruim: *Este é o pior doce que já comi.* [Plural: *piores*.]
pior • *advérbio* De modo menos acertado: *Ela escreve pior do que a irmã.*
pior • *substantivo masculino* Aquilo que é o mais grave: *O gatinho sumiu, mas o pior era não saber se ele estava bem.* [Plural: *piores*.]

pipa (**pi**.pa) *substantivo feminino* **1.** É o mesmo que *papagaio* (2): *Adriano gosta muito de soltar pipa.* **2.** Vasilha grande de madeira, para vinho e outros líquidos: *Nesta pipa cabe muita água.*

308

pipi (pi.**pi**) *substantivo masculino* É o mesmo que *xixi*. ◆ **Fazer pipi.** É o mesmo que *fazer xixi*.

pipoca (pi.**po**.ca) *substantivo feminino* O grão do milho de pipoca que, graças ao calor forte do fogão, da fogueira, do micro-ondas, etc., estourou, tornando-se maior, com uma parte branca e macia: *Os meninos comiam pipoca enquanto assistiam ao filme.*

pique (**pi**.que) *substantivo masculino* Brincadeira em que uma criança corre para pegar uma outra de um grupo que está brincando, antes que esta chegue a um lugar chamado *pique*. [Existem também outras brincadeiras chamadas *pique*, diferentes no jeito de brincar, mas sempre divertidas. Você deve conhecer algumas delas: *pique-bandeira*, *pique-cola*, *pique-cola-três-vezes*, *pique-tá*, *pique-alto*, *pique-ajuda*, *pique-esconde*, etc.]

piquenique (pi.que.**ni**.que) *substantivo masculino* Passeio ao ar livre em que se leva comida e bebida: *Pedro e Ana comeram bolo e sanduíche e tomaram suco de uva no piquenique que fizeram no parque.*

pirâmide (pi.**râ**.mi.de) *substantivo feminino* **1.** É um objeto que pode ter: a) três faces triangulares e uma base triangular; b) quatro faces triangulares e uma base quadrangular; c) cinco faces triangulares e uma base em forma de pentágono (figura com cinco lados): *As pirâmides do Egito têm uma base quadrada.* **2.** Qualquer objeto ou estrutura em forma de pirâmide. 430

piranha (pi.**ra**.nha) *substantivo feminino* Peixe de água doce, carnívoro, que tem os dentes muito afiados.

pirarucu (pi.ra.ru.**cu**) *substantivo masculino* Peixe dos rios e lagos amazônicos e um dos maiores peixes de água doce do mundo, com até 2 metros e meio de comprimento e 150 quilos de peso. Por ser muito pescado, está em perigo de extinção. 443

pirata (pi.**ra**.ta) *substantivo de 2 gêneros* Bandido que ataca e rouba navios: *Laura foi ao cinema ver um filme sobre piratas.*

pirraça (pir.**ra**.ça) *substantivo feminino* Aquilo que a gente faz, ou deixa de fazer, para chatear alguém, porque a gente também está chateada: — *Luísa, não faça pirraça e coma a sua comida. Hoje estou ocupado e não posso levar você ao cinema.*

pirueta (ê) (pi.ru.**e**.ta) *substantivo feminino* Volta que alguém faz sobre si mesmo: *A bailarina fez várias piruetas, girando numa perna só.*

pirulito (pi.ru.**li**.to) *substantivo masculino* Bala de forma variada, enfiada num palito: *Mário deu a Isa um pirulito em forma de coração.*

pisar (pi.**sar**) *verbo* **1.** Pôr os pés sobre: *Pisei sem querer no pé de Lucas.* **2.** Andar por cima de: *Neste parque é proibido pisar na grama.*

piscar (pis.**car**) *verbo* **1.** Fechar e abrir rapidamente os olhos. **2.** Dar sinal, piscando os olhos: *Mamãe piscou para papai. Ele entendeu e foi buscar meu presente.* **3.** Acender e apagar sem parar (uma luz): *Piscou o farol para avisar os outros motoristas do acidente.*

piscina (pis.**ci**.na) *substantivo feminino* Tanque de água próprio para natação e outros esportes aquáticos ou para diversão: *Gosto de nadar nesta **piscina**, porque é grande e muito limpa.*

piso (**pi**.so) *substantivo masculino* **1.** Chão de uma casa, de um apartamento, etc.: *O **piso** da cozinha da casa era branco e verde.* **2.** Construção horizontal e plana de um prédio, a qual a gente também chama de *andar* ou de *pavimento*. Cada construção dessas divide o prédio em dois níveis diferentes de altura, separados sempre por um ou mais lances de escada ou por uma rampa (plano inclinado). **3.** O revestimento que cobre, protege ou enfeita o solo, o chão de um lugar; pavimento.

pista (pis.ta) *substantivo feminino* **1.** A parte de uma rua, avenida, etc., sobre a qual passam os veículos. **2.** Num aeroporto, superfície onde os aviões pousam e levantam voo. **3.** Caminho preparado para competições e práticas esportivas: *Uma **pista** de corrida.* **4.** Sinal deixado por pessoa ou animal: *A polícia seguiu a **pista** do ladrão e recuperou o carro roubado.*

pitanga (pi.**tan**.ga) *substantivo feminino* Fruto pequeno e comestível, vermelho ou roxo, de um arbusto chamado *pitangueira*, nativo do Brasil. **438**

pitomba (pi.**tom**.ba) *substantivo feminino* Fruto pequeno e comestível, de casca dura, de uma árvore chamada *pitombeira*, nativa do Brasil.

pitu (pi.**tu**) *substantivo masculino* É o camarão que vive em água doce.

➜ **pizza** (pítisa) [Italiano] *substantivo feminino* Prato de origem italiana, feito com massa de farinha de trigo assada em forno e que tem vários sabores, dependendo do tipo de cobertura: **pizza** *de linguiça,* **pizza** *de cogumelo,* **pizza** *de chocolate, etc.*

pizzaria (pitiçaria) (piz.za.**ri**.a) *substantivo feminino* Restaurante onde se serve *pizza*.

placa (**pla**.ca) *substantivo feminino* **1.** Lâmina de material resistente: *Uma **placa** de metal.* **2.** Placa (1) com nome de rua, avenida, etc. **3.** Placa (1) de metal com letras e números num veículo. [É também chamada de *chapa*.]

placenta (pla.**cen**.ta) *substantivo feminino* Órgão no útero, cheio de vasos sanguíneos, onde ocorrem as trocas de substâncias (aquelas de que o feto precisa e aquelas que o feto elimina) entre o sangue do feto e o sangue de sua mãe. O feto é ligado à placenta pelo *cordão umbilical*.

planejado (pla.ne.**ja**.do) *adjetivo* Que a gente pensou como fazer bem antes de fazer e, quando fez, seguiu direitinho o que tinha pensado: *Após a festa, mamãe disse que tudo correu como **planejado**.*

planejamento (pla.ne.ja.**men**.to) *substantivo masculino* A ação e o resultado de pensar e estudar antes de fazer algo, para saber o que precisa ser feito, quem vai fazer, como e quando fazer: *Graças ao **planejamento** que fizemos, o trabalho ficou perfeito.*

planeta (mê) (pla.**ne**.ta) *substantivo masculino* Astro sem luz própria que gira em torno de uma estrela: *A Terra é um **planeta** que gira em torno do Sol.*

planície (pla.**ní**.ci.e) *substantivo feminino* Região muito plana: *O Pantanal é uma grande **planície**.*

plano (**pla**.no)
plano • *adjetivo* Que tem a superfície lisa: *Os meninos fizeram o campo num terreno **plano**.*
plano • *substantivo masculino* **1.** Conjunto de ideias que temos para realizar alguma coisa: *Papai e mamãe fizeram **planos** para a viagem.* **2.** Aquilo que se tem a intenção de fazer: *Minha irmã tem **planos** para o futuro.*

planta ▶ poça

planta (**plan**.ta) *substantivo feminino* **1.** Qualquer vegetal: *As hortaliças e as árvores são **plantas**.* **2.** Parte de baixo do pé: *Márcio tirou um espinho da **planta** do pé.*

plantação (plan.ta.**ção**) *substantivo feminino* Terreno plantado: *No sítio havia uma **plantação** de milho.* [Plural: *plantações*.]

plantar (plan.**tar**) *verbo* **1.** Enterrar um vegetal na terra para ele, aí, criar raízes: *Já **plantei** muitas árvores.* **2.** Pôr sementes na terra, para que elas germinem e cresçam: *Mário **plantou** sementes de quiabo e jiló no canteiro.*

plástico (**plás**.ti.co) *substantivo masculino* Material artificial com que são feitos diferentes tipos de produtos, como sacolas, garrafas, brinquedos, tubos e caixas: *As sacolas feitas de **plástico** poluem mais do que as feitas de papel.*

➔ ***playground*** (plêigraundi) [Inglês] *substantivo masculino* Lugar, geralmente em prédios, condomínios, etc., para diversão infantil com brinquedos e outros equipamentos: *Luciana, assim que acabou o dever, foi para o **playground** do prédio brincar com as amigas.* ⤵

plumagem (plu.**ma**.gem) *substantivo feminino* O conjunto das penas de uma ave. [Plural: *plumagens*.]

plural (plu.**ral**) *substantivo masculino* Em gramática, a forma de uma palavra que indica mais de uma coisa, pessoa, animal, vegetal, etc.: *O **plural** de mar é mares e o de pão é pães.* [Plural: *plurais*.]

pneu (pneu) *substantivo masculino* Cada um dos aros de borracha, resistentes, cheios de ar, que se põem nas rodas dos veículos: *Antes de viajar, papai examinou os **pneus** do carro.*

pó (pó) *substantivo masculino* **1.** Pedacinhos muito, muito pequenos de terra seca ou de qualquer outra substância; poeira: *Esta mesa está coberta de **pó**.* **2.** Partículas de uma substância sólida, depois de moída: *O **pó** de café.*

pobre (**po**.bre)
pobre • *adjetivo de 2 gêneros* **1.** Que tem pouco dinheiro; que não tem muitos recursos para viver bem; que passa por dificuldades por causa da falta de dinheiro. **2.** Que tem menos do que deveria ter de algo: *Sua alimentação é **pobre** em proteínas.*
pobre • *substantivo de 2 gêneros* Pessoa pobre: *Depois de ler no jornal que o número de **pobres** diminuiu no país, meu pai perguntou: — Será verdade?*

poça (pô ou pó) (**po**.ça) *substantivo feminino* No chão ou em outra superfície, parte um pouco mais baixa na qual se acumula água, principalmente a da chuva.

Pp poço ▶ policial

poço (pô) (po.ço) *substantivo masculino* **1.** Buraco fundo que se faz na terra até chegar à camada de água que está mais próxima: *O **poço** da fazenda secou.* **2.** Buraco cavado para retirar algo do subsolo: *Um **poço** de petróleo.*

poder (po.der)
poder • *verbo* **1.** Ter a possibilidade de fazer alguma coisa, ou a autorização para fazê-la: *Mamãe disse que **posso** ir ao cinema.* **2.** Ter a capacidade de fazer algo: *Já **posso** ler e escrever.*
poder • *substantivo masculino* **1.** Direito de agir e de mandar; autoridade: *A Presidente da República tem muito **poder**.* **2.** Capacidade de fazer ou de provocar algo diferente ou especial: *Minha avó diz que eu tenho o **poder** de alegrar as pessoas.* [Plural: *poderes*.]

poderoso (rô) (po.de.ro.so) *adjetivo* **1.** Que tem poder: *Na história, ele era um **poderoso** mágico.* **2.** Que possui grande riqueza ou grande força: *No reinado de Elisabete I, a Inglaterra tornou-se um país muito **poderoso**.* **3.** Que é muito forte: *O Brasil continua a ser muito **poderoso** no futebol.*

podre (pô) (po.dre) *adjetivo de 2 gêneros* Que apodreceu; que está estragado: *Jogou no lixo a laranja **podre**.*

poeira (po.ei.ra) *substantivo feminino* É o mesmo que pó: *A **poeira** da estrada sujou meus sapatos. Mara tira a **poeira** dos móveis com um pano.*

poema (po.e.ma) *substantivo masculino* É o mesmo que *poesia* (2): *Cecília Meireles escreveu lindos **poemas**.*

poesia (po.e.si.a) *substantivo feminino* **1.** A poesia é uma arte, é a arte de escrever em versos. Nela, as palavras têm um certo ritmo (na hora que a gente lê ou fala) e podem estar arrumadas de maneira a rimar, no final da frase de cada linha (que a gente chama de verso) ou no meio delas. Na poesia, as palavras geralmente querem dizer algo diferente do que normalmente dizem, elas trazem para a gente a imagem de coisas que a gente sente e de coisas que existem, mas de maneira diferente. **2.** Os versos assim escritos: *Diana leu a **poesia** Meus oito anos, de Casimiro de Abreu.*

poeta (po.e.ta) *substantivo masculino* Homem, rapaz ou menino que escreve versos, isto é, que faz poesia. [Feminino: *poetisa*.]

poetisa (po.e.ti.sa) *substantivo feminino* Mulher, moça ou menina que faz poesia. [Hoje em dia, muita gente, também, diz *poeta* para a mulher, a moça ou a menina que faz poesia.]

pois (pois) *conjunção* Palavra que liga duas ou mais palavras, com a ideia de 'porque', de 'explicação': *Juliana não pode reclamar da nota baixa, **pois** quase não estudou.*

polegar (po.le.gar) *substantivo masculino* O dedo mais grosso da mão, também chamado de *mata-piolho*. [Plural: *polegares*.]

polícia (po.lí.cia) *substantivo feminino* Conjunto de pessoas que cuidam da ordem e da defesa das cidades e de seus moradores: *A **polícia** prendeu os ladrões.*

policial (po.li.ci.al) *substantivo de 2 gêneros* Pessoa que trabalha na polícia, defendendo a cidade e seus moradores: *Os **policiais** perseguiram o criminoso. A **policial**. O **policial**.* [Plural: *policiais*.]

poliesportivo (po.li.es.por.ti.vo) *adjetivo* Diz-se de ginásio, estádio ou de outro local próprio para várias atividades esportivas: *O Mineirinho é um ginásio **poliesportivo** de Belo Horizonte.*

política¹ (po.lí.ti.ca) *substantivo feminino* **1.** É a atividade de pensar como as coisas em um lugar (isto é, país, estado, cidade, etc.) ou em um grande grupo de pessoas (povo, nação, etc.) devem ser e a de dizer o que é preciso fazer para que as pessoas tenham o necessário para viver bem, e é também a forma de organizar as pessoas e os recursos para que isso aconteça. **2.** A política pode ser também um modo de organizar grupos (que a gente chama de partidos) que queiram participar de maneira mais direta da política¹ (1).

política² (po.lí.ti.ca) *substantivo feminino* É o feminino de *político*. Pode ser, por exemplo, a presidente (ou presidenta), a governadora, a prefeita, ou a vereadora, a deputada ou a senadora.

político (po.lí.ti.co)
político • *adjetivo* Que se refere à política¹ (1), ou que diz respeito aos políticos (homens e mulheres que fazem política).
político • *substantivo masculino* Homem que governa, como, por exemplo, o presidente, o governador, o prefeito, ou então que faz as leis, como o vereador, o deputado ou o senador.

polo (pó) (**po**.lo) *substantivo masculino* Cada uma das duas regiões muito frias (o polo norte e o polo sul) que cercam as duas extremidades do eixo imaginário em redor do qual a Terra gira sobre si mesma. Veja a ilustração no verbete *hemisfério*.

polpa (pôl) (**pol**.pa) *substantivo feminino* A parte mais ou menos macia de certas partes dos vegetais, muitas vezes comestível, como nos frutos: *A maçã tem uma deliciosa **polpa** branca.* [Outro nome: *carne*.] 435

poltrona (pol.**tro**.na) *substantivo feminino* Assento com encosto e braços, para uma pessoa: *As **poltronas** de casa são diferentes daquelas do cinema.*

poluição (po.lu.i.**ção**) *substantivo feminino* Tudo aquilo que polui, como, por exemplo, todo tipo de lixo (lixo orgânico e objetos feitos de plástico, de borracha, etc.), fumaça, substâncias químicas lançadas no ar, na água ou no solo, etc.: *A **poluição** faz muito mal ao nosso planeta.* [Plural: *poluições*.]

poluir (po.lu.**ir**) *verbo* Sujar (a atmosfera, a terra, os rios, os mares, etc.) com substâncias que fazem mal aos homens, aos animais e às plantas: *A fumaça das fábricas **polui** o ar.*

polvo (pôl) (**pol**.vo) *substantivo masculino* Animal molusco sem concha, que vive no mar. Tem o corpo em forma de saco e oito membros ou braços, com que se move ou busca alimento. Há polvos, na Austrália, que chegam a medir 12 metros de comprimento. Sua carne é apreciada. 443

pólvora (**pól**.vo.ra) *substantivo feminino* Mistura de substâncias explosivas: *Os foguetes e as bombas são feitos com **pólvora**.*

pomar (po.**mar**) *substantivo masculino* Lugar com diversas árvores frutíferas: *O quintal da casa da minha avó tem um pequeno **pomar**.* [Plural: *pomares*.]

pombo (**pom**.bo) *substantivo masculino* Pássaro de diferentes cores e, por vezes, com mais de uma cor, que se alimenta de grãos e sementes.

Pp ponta ▶ pôr

ponta (**pon**.ta) *substantivo feminino* Extremidade de um objeto: *A **ponta** do meu lápis está quebrada.*

pontapé (pon.ta.**pé**) *substantivo masculino* É o mesmo que *chute*: *Lucas deu um **pontapé** na bola e ela foi parar no jardim do vizinho.*

ponte (**pon**.te) *substantivo feminino* Obra construída sobre um rio, um vale, etc., e que faz uma ligação entre dois pontos: *A **ponte** que liga o Brasil ao Paraguai chama-se **Ponte** da Amizade.*

ponteiro (pon.**tei**.ro) *substantivo masculino* Espécie de agulha de metal que indica as horas, os minutos e os segundos, nos relógios: *Os **ponteiros** do meu relógio estão parados.*

ponto (**pon**.to) *substantivo masculino* **1.** Pequeno sinal redondo semelhante ao que se faz sobre o papel com a ponta de um lápis: *Neste mapa, os **pontos** vermelhos indicam as cidades grandes.* **2.** Sinal de pontuação (.) que indica o final de uma frase ou que é colocado após uma abreviatura. **3.** Lugar onde os ônibus e outros veículos que transportam passageiros param, a fim de recebê-los ou deixá-los: *Este ônibus só para em alguns **pontos**.* [Outro nome: *parada*.] **4.** Indicação do número de vitórias, derrotas, acertos, etc. em disputas, campeonatos, etc.: *O nosso time ganha o título se fizer mais um **ponto**.* ◆ **Ponto cardeal.** Nome que se dá a cada uma das principais direções: norte, sul, leste e oeste.

pontuação (pon.tu.a.**ção**) *substantivo feminino* Uso dos sinais gráficos da escrita, como o ponto ou ponto-final (.), a vírgula (,), o ponto e vírgula (;), o ponto de exclamação (!) e o ponto de interrogação (?). [Plural: *pontuações*.]

pontuar (pon.tu.**ar**) *verbo* **1.** Colocar um ou mais sinais gráficos, na escrita: *A professora pediu, no exercício, que **pontuássemos** corretamente o texto apresentado.* **2.** Marcar pontos: *Não consegui **pontuar** no jogo de ontem.*

pontudo (pon.**tu**.do) *adjetivo* Que termina em ponta fina: *Este cachorro tem o nariz **pontudo**.*

população (po.pu.la.**ção**) *substantivo feminino* Número total de pessoas que habitam a Terra, ou que moram em um país, em uma região, em uma cidade, etc., ou que fazem parte de um grupo com certa característica: *A maior parte da **população** brasileira vive em cidades.* [Plural: *populações*.]

popular (po.pu.**lar**) *adjetivo de 2 gêneros* **1.** Que é feito para o povo: *As casas **populares**.* **2.** Que é muito conhecido e querido pelo povo: *Um cantor **popular**.* **3.** Que é barato ou não é muito caro: *Um carro **popular**.* [Plural: *populares*.]

por (por) *preposição* Palavra que liga uma palavra a outra, muitas vezes com as ideias de: a) 'lugar por onde se vai': *Vamos **por** este caminho, que é mais curto*; b) 'meio ou modo': *Ele é mudo, faz-se entender **por** gestos*; c) 'preço': *Minha casa foi comprada **por** cem mil reais*; d) 'causa, motivo': *Ontem não fui à escola **por** estar doente*; e) 'duração': *Quando se casam, os noivos prometem amar-se **por** toda a vida.*

pôr (pôr) *verbo* **1.** Colocar: *Patrícia **pôs** o livro na pasta.* **2.** Dar (nome): ***Porei** no meu cachorro o nome de Rex.* **3.** Usar; vestir: *Sérgio **pôs** sua roupa nova. Mamãe **põe** sapato de salto alto para sair.* **4.** Arrumar: ***Pôr** a mesa.* **5.** É o mesmo que *guardar*: *A cozinheira **pôs** a louça no armário.*

porção (por.**ção**) *substantivo feminino* **1.** Parte de alguma coisa: *O garçom dividiu o bolo em dez porções.* **2.** Grande quantidade de: *Na praça havia uma porção de crianças.* [Plural: *porções*.]

porcaria (por.ca.**ri**.a) *substantivo feminino* **1.** Coisa em mau estado ou sem valor. **2.** Coisa suja ou restos de sujeira.

porcelana (por.ce.**la**.na) *substantivo feminino* Cerâmica dura e branca, que só deixa passar um pouquinho de luz. Com a cerâmica são feitos vários objetos: pratos, xícaras, vasos, enfeites, etc.

porco (pôr) (**por**.co)
porco • *substantivo masculino* Animal mamífero da família do javali, que é criado pelo homem desde tempos muito antigos. A carne e a gordura do porco são muito usadas na alimentação. 443
porco • *adjetivo* Diz-se de quem, ou do que é sujo, sem higiene.

poro (pó) (**po**.ro) *substantivo masculino* Cada um dos buraquinhos na pele do homem e de outros animais, por onde sai o suor, e que quase não conseguimos enxergar: *Minha irmã usa um produto para limpar a pele que abre os poros.*

porque (por.**que**) *conjunção* Palavra que liga duas ou mais palavras com a ideia de 'causa': *Jorge não veio à aula porque está doente.*

porta (**por**.ta) *substantivo feminino* Abertura, geralmente retangular, em parede, que vai do chão até uma certa altura, e que se fecha com peça de madeira, etc., também chamada *porta*. É usada para entrar ou sair: *A porta da frente de minha casa dá para o jardim.*

portão (por.**tão**) *substantivo masculino* Porta que pode ser pequena, como aquela que dá passagem para um jardim ou um quintal, ou grande, como aquela que usamos para entrar numa garagem. [Plural: *portões*.]

portaria (por.ta.**ri**.a) *substantivo feminino* Entrada de um edifício, de uma escola, de um hospital, etc.: *As cartas estavam na portaria do prédio.*

portátil (por.**tá**.til) *adjetivo de 2 gêneros* Que pode ser transportado; que é fácil de transportar: *Hilda levava na bolsa seu computador portátil.* [Plural: *portáteis*.]

porteira[1] (por.**tei**.ra) *substantivo feminino* Portão largo, geralmente de madeira, da entrada de um sítio, de uma fazenda, etc.: *Quando cheguei à fazenda para passar as férias, meu primo estava na porteira à minha espera.*

porteira[2] (por.**tei**.ra) *substantivo feminino* Feminino de *porteiro*.

porteiro (por.**tei**.ro) *substantivo masculino* Homem ou rapaz que toma conta da portaria: *Ari é porteiro deste prédio.* [Feminino: *porteira*.]

porto (pôr) (**por**.to) *substantivo masculino* Lugar junto ao mar, ou em rio, lago, etc., onde as embarcações carregam ou descarregam mercadorias e embarcam ou desembarcam passageiros: *O **porto** de Santos é um dos mais importantes do país.*

português (por.tu.**guês**)
português • *substantivo masculino* **1.** É a língua que nós brasileiros usamos em nosso país, desde que começamos a falar, e que aprendemos na escola desde a Educação Infantil. Nossos documentos, jornais e revistas são escritos em português. O português também é falado em vários outros países, entre os quais Portugal (onde surgiu) e Angola. **2.** O estudo que a gente faz dessa língua na escola. **3.** Aquele que nasce em Portugal.
português • *adjetivo* De Portugal ou do português (1).
[Plural: *portugueses*. Feminino: *portuguesa*.]

posição (po.si.**ção**) *substantivo feminino* **1.** Lugar ocupado por uma pessoa ou coisa: *A minha **posição**, na fila, é atrás de Maria.* **2.** Modo de colocar o corpo ou partes dele; postura: *— Menino, sente-se direito! Esta **posição** faz mal à coluna.* [Plural: *posições*.]

positivo (po.si.**ti**.vo) *adjetivo* **1.** Que diz que sim. **2.** Que é favorável, bom: *Pedro só diz coisas **positivas** sobre a escola onde estuda.*

possibilidade (pos.si.bi.li.**da**.de) *substantivo feminino* **1.** É uma característica que as coisas que podem acontecer apresentam. A *possibilidade* é o que torna possível algo acontecer: *Quando dizem no jornal que existe a **possibilidade** de chuva, estão querendo dizer que existem condições para que as nuvens se formem e, também, para que as gotículas que formam as nuvens caiam em forma de chuva. Qual é a **possibilidade** de viajarmos hoje?* **2.** É também um momento favorável para se dizer ou fazer algo: *Estou esperando uma **possibilidade** para tocar no assunto, mas ele não para de falar.*

possível (pos.**sí**.vel)
possível • *adjetivo de 2 gêneros* Que pode ser ou acontecer: *É **possível** que ele venha à festa.*
possível • *substantivo masculino* Aquilo que alguém pode fazer: *João fez o **possível** para consertar sua bicicleta, mas não conseguiu.*
[Plural: *possíveis*.]

possuir (pos.su.**ir**) *verbo* Ter como propriedade; ter como seu: ***Possuo** a metade dos livros desta estante. A outra metade é do meu irmão.*

poste (**pos**.te) *substantivo masculino* Coluna de madeira, ferro, cimento, etc., presa no solo: *O **poste** de luz. O **poste** de telefone.*

← **pôster** (**pôs**.ter) *substantivo masculino* Foto em tamanho grande que é usada para enfeitar: *Renato tem um **pôster** do seu time na parede do quarto.* [Plural: *pôsteres*.]

posterior (ôr) (pos.te.ri.**or**) *adjetivo de 2 gêneros* **1.** Que vem ou que está depois: *O número 30 é **posterior** ao número 20.* **2.** Que fica atrás: *As costas ficam na parte **posterior** do tórax.* [Plural: *posteriores*.]

posto (pôs) (pos.to) *substantivo masculino* **1.** Estabelecimento que vende gasolina, etanol (álcool combustível), etc.: *Papai foi ao **posto** e encheu o tanque do carro.* [É também chamado de *posto de gasolina*.] **2.** Estabelecimento que presta serviços gratuitos de saúde à população. [É também chamado de *posto de saúde*.]

postura (pos.tu.ra) *substantivo feminino* É o mesmo que *posição* (2): *A **postura** de André melhorou muito depois que ele começou a nadar.*

potável (po.tá.vel) *adjetivo de 2 gêneros* Que se pode beber; que é saudável para o consumo: *Devemos beber água **potável** para não ter problemas de saúde.* [Plural: *potáveis*.]

pote (po.te) *substantivo masculino* **1.** Jarro de cerâmica grande e arredondado, que é usado para guardar água, mel, ou cereais, etc. **2.** Pequeno recipiente de plástico, louça, ou metal, etc., usado para guardar alimentos, cremes ou pomadas, etc.

potro (pô) (po.tro) *substantivo masculino* É o cavalo até cerca de três anos de idade.

pouco (pou.co)
pouco • *pronome* Algo em pequena quantidade: *O rapaz tinha **pouco** dinheiro.* [Feminino: *pouca*: *Bebeu **pouca** água.*]
pouco • *advérbio* Não muito, de forma que não é suficiente; não tanto quanto deveria ou poderia: *André comeu **pouco**.*

poupar (pou.par) *verbo* Gastar pouco; economizar: *Carlos **poupa** o dinheiro da mesada para ir ao cinema. Quis chegar depressa e, para **poupar** tempo, tomei o ônibus.*

pousar (pou.sar) *verbo* **1.** Descer na pista (avião, ou outro veículo aéreo): *O avião **pousará** dentro de dez minutos.* **2.** Descer (as aves, os insetos) tocando a terra, a água, ou outro lugar: *Um pardal **pousou** na minha janela.*

povo (pô) (po.vo) *substantivo masculino* **1.** As pessoas que moram num país, etc.: *O **povo** brasileiro. O **povo** alemão.* **2.** Grande quantidade de pessoas: *No dia da festa, o **povo** encheu a praça.*

praça (pra.ça) *substantivo feminino* Lugar público aberto, geralmente cercado de casas ou prédios: *Perto da minha casa, há uma **praça** com bancos e brinquedos para as crianças.*

praga (pra.ga) *substantivo feminino* Os insetos e suas larvas, os fungos, etc., que atacam as plantas e fazem com que elas adoeçam ou morram, causando muito prejuízo: *Os agrotóxicos combatem as **pragas**, mas também são prejudiciais à saúde e ao meio ambiente.* →

praia (prai.a) *substantivo feminino* Faixa de terra, geralmente coberta de areia, que faz limite com o mar; litoral: *As **praias** de Maceió são conhecidas pela sua beleza.*

prancha (pran.cha) *substantivo feminino* **1.** Tábua longa, por vezes larga. **2.** Peça chata e alongada, geralmente de isopor ou de um material chamado fibra de vidro, etc., usada para a prática do surfe.

prata (pra.ta) *substantivo feminino* Metal precioso e brilhante, usado em joias e na fabricação de objetos, como pratos, talheres, etc.: *Marta ganhou um jarro de **prata**.*

prateleira (pra.te.**lei**.ra) *substantivo feminino* **1.** Tábua horizontal presa à parede, onde se colocam os mais variados objetos: *Arrumei todos os meus brinquedos na **prateleira** do meu quarto.* **2.** Cada uma das tábuas, etc., que dividem, na posição horizontal, estantes, armários, etc.: *Minha estante tem seis **prateleiras**.*

prática (**prá**.ti.ca) *substantivo feminino* **1.** Atividade de praticar, de fazer algo, geralmente muitas vezes e em momentos ou em dias diferentes: *A **prática** de exercícios físicos faz bem à saúde.* **2.** Capacidade vinda da experiência: *Esta professora tem muita **prática**.*

praticar (pra.ti.**car**) *verbo* **1.** Fazer, realizar: *O ladrão **praticou** o roubo à noite. Meu pai **pratica** atividades físicas todos os dias.* **2.** Realizar o exercício de uma profissão: *Este professor **pratica** o ensino há mais de vinte anos.*

prato (**pra**.to) *substantivo masculino* **1.** Recipiente de louça, de plástico ou de outro material, geralmente em forma de círculo, no qual se serve a comida: *Luísa pôs arroz, feijão e bife no **prato**. Os **pratos** podem ser fundos ou rasos.* **2.** Cada uma das comidas servidas numa refeição: *O melhor **prato** do almoço foi a carne assada.*

prazer (pra.**zer**) *substantivo masculino* **1.** Tudo que agrada, que traz satisfação e alegria: *Senti um **prazer** enorme ao rever meus avós.* **2.** Diversão; divertimento: *Um de meus maiores **prazeres** é jogar xadrez.* [Plural: *prazeres*.]

prece (**pre**.ce) *substantivo feminino* É o que ocorre no momento em que o pensamento ou as palavras da gente se dirigem a Deus ou àquele em quem a gente acredita para pedir ou agradecer: *Minha tia sempre faz uma **prece** na noite de Natal.*

precioso (ôso) (pre.ci.**o**.so) *adjetivo* Que custa caro ou que vale muito: *O ouro é um metal **precioso**. Toda vida é muito **preciosa**.*

precisar (pre.ci.**sar**) *verbo* Ter necessidade de; necessitar: ***Preciso** de dinheiro para comprar um livro. Tomás **precisa** descansar, pois tem estudado muito.*

preço (prê) (**pre**.ço) *substantivo masculino* Valor em dinheiro de alguma coisa que se vende ou se compra: *Só poderei comprar esta bicicleta se o **preço** dela não for muito alto.*

preconceito (pre.con.**cei**.to) *substantivo masculino* **1.** Opinião contrária que alguém tem de alguma coisa, mas sem conhecê-la bem: *Minha avó diz que meu pai tem **preconceito** contra música antiga, que para ela é o melhor tipo de música.* **2.** Modo de pensar que uma pessoa tem de se achar melhor que outras pessoas, porque essas outras pessoas são diferentes (não têm a mesma cor da pele que ela, não gostam das mesmas coisas que ela, não têm a mesma religião que ela, não têm o mesmo nível social que ela, etc.): *Algumas formas de **preconceito**, como a discriminação racial, já são consideradas crimes, segundo as leis do nosso país.*

predador (dôr) (pre.da.**dor**) *substantivo masculino* Animal que caça, captura ou mata para alimentar-se: *Os leões, as orcas e as águias são **predadores** que caçam com muita rapidez.* [Plural: *predadores*.]

prédio (**pré**.dio) *substantivo masculino* Qualquer construção: casa, igreja, edifício, etc.: *Eu e minha família moramos neste **prédio**.*

preencher (pre.en.**cher**) *verbo* Ocupar ou completar um espaço vazio; encher o que está vazio: ***Preencha** as lacunas, conforme o exemplo.*

prefeita (pre.**fei**.ta) *substantivo feminino* Mulher que governa uma cidade ou um município.

prefeito (pre.**fei**.to) *substantivo masculino* Homem que governa uma cidade ou um município. [Feminino: *prefeita*.]

prefeitura (pre.fei.**tu**.ra) *substantivo feminino* **1.** Órgão de uma cidade no qual o prefeito ou a prefeita exerce o seu mandato, como governante do município. **2.** Prédio onde funciona esse órgão.

preferir (pre.fe.**rir**) *verbo* **1.** Gostar mais de; escolher uma pessoa ou coisa entre outras pessoas ou coisas: *Prefiro a natação ao futebol.* **2.** Achar melhor: *Meus amigos saíram, mas preferi ficar em casa.*

pregar (pre.**gar**) *verbo* **1.** Pôr pregos em; segurar com pregos: *Preguei a estante na parede.* **2.** Unir por costura: *A costureira pregou o botão na camisa.*

prego (**pre**.go) *substantivo masculino* Haste de metal, pontuda de um lado e com cabeça do outro, própria para se enfiar num objeto para firmá-lo ou segurá-lo: *Mário pregou um prego na parede e pendurou o quadro.*

preguiça (pre.**gui**.ça) *substantivo feminino* **1.** Falta de vontade de trabalhar, de estudar, de movimentar-se para fazer qualquer coisa: *Carlos teve preguiça de sair e perdeu um belo passeio.* [Aquele que tem preguiça a gente diz que é *preguiçoso*.] **2.** Animal mamífero que vive em árvores. Tem pelo cinzento, membros longos e unhas bem compridas. Movimenta-se muito lentamente e por isso tem esse nome. Alimenta-se de plantas.

pré-histórico (**pré**-his.**tó**.ri.co) *adjetivo* De tempos muito antigos, anteriores à escrita: *No museu havia alguns fósseis de animais pré-históricos.* [Plural: *pré-históricos*.]

prejudicar (pre.ju.di.**car**) *verbo* Fazer mal a pessoa, animal, planta, etc.: *Fumar prejudica a saúde das pessoas. Água demais prejudica a maioria das plantas.*

prejuízo (pre.ju.**í**.zo) *substantivo masculino* **1.** Aquilo que acontece quando se faz um mau negócio: *O pai de Marcelo trocou o carro por uma geladeira e teve um grande prejuízo.* **2.** É o mesmo que *dano*: *A chuva forte causou um grande prejuízo.*

premiar (pre.mi.**ar**) *verbo* Dar prêmio a alguém: *A professora premiou o aluno que escreveu a melhor poesia com um livro de histórias.*

prêmio (**prê**.mio) *substantivo masculino* Recompensa por serviço prestado, por trabalho feito, etc.: *Ao receber o prêmio, a atriz chorou*

prenda (**pren**.da) *substantivo feminino* **1.** Presente, brinde: *Flávio ganhou uma prenda no parque de diversões.* **2.** Pena aplicada a alguém ao fim de algum jogo ou alguma brincadeira: *Ivo não acertou a resposta e agora vai ter de pagar uma prenda.*

prender (pren.der) *verbo* **1.** Pôr em prisão: *A polícia prendeu os ladrões.* **2.** Juntar o que estava separado; unir: *José prendeu as folhas de papel com um clipe.* **3.** Fixar em algum lugar: *Luís prendeu a estante na parede.* **4.** Ficar preso: *Minha roupa prendeu-se no prego e rasgou.* **5.** É o mesmo que *atrair*: *O filme prendeu a atenção dos alunos.* →

preparar (pre.pa.rar) *verbo* **1.** Fazer, arrumar, para que fique pronto: *Mamãe prepara o jantar para servi-lo às sete horas. O pedreiro prepara o cimento para fazer a massa.* **2.** É o mesmo que *treinar*: *O atleta se preparou bem para a competição.*

preposição (pre.po.si.ção) *substantivo feminino* Palavra que liga duas palavras numa frase, como, por exemplo, *de* em 'livro de Maria', *para* em 'lutar para sempre' ou em 'Ir para casa'. [Plural: *preposições*.]

presença (pre.sen.ça) *substantivo feminino* É o fato de uma pessoa estar em um determinado lugar: *Marília agradeceu a presença dos amigos em sua festa. Quando somos crianças, respondemos à chamada; mais tarde, mais velhos, assinamos a lista de presença.*

presente (pre.sen.te)
presente • *substantivo masculino* **1.** O período entre o passado e o futuro; o tempo em que estamos: *No presente, só estudo, mas no futuro terei de trabalhar.* **2.** Aquilo que se dá a alguém para mostrar afeto, gratidão, etc.
presente • *adjetivo de 2 gêneros* Diz-se de pessoa que está no lugar em que algo está ocorrendo, que assiste de perto a um acontecimento: *Havia, na aula, apenas dez alunos presentes.*

presentear (pre.sen.te.ar) *verbo* Dar presente a alguém: *Dona Maria presenteou a afilhada com uma linda boneca.*

preservação (pre.ser.va.ção) *substantivo feminino* Atividade de preservar, de proteger do mal ou da destruição. [Plural: *preservações*.]

preservar (pre.ser.var) *verbo* **1.** Proteger de perigo, dano ou mal: *Mamãe sempre diz que a melhor forma de preservar os jovens do risco das drogas é conversar com eles sobre o assunto.* **2.** Não deixar que seja destruído, cuidar para manter da maneira mais natural possível: *É preciso preservar a natureza!*

presidenta (pre.si.den.ta) *substantivo feminino* Mulher que dirige, que tem o governo de uma nação, ou de uma empresa: *A Presidenta da República.* [Com letra inicial maiúscula.]

presidente (pre.si.den.te) *substantivo de 2 gêneros* Homem ou mulher que dirige, que tem o governo de uma nação, ou de uma empresa: *A Presidente da República. O presidente da empresa.* [É usado também o feminino *presidenta*. Usamos letra inicial maiúscula quando escrevemos *Presidente da República*.]

presilha (pre.si.lha) *substantivo feminino* Tira de couro, pano ou plástico para prender (ou fechar) uma coisa na outra: *A presilha do sapato. A presilha do macacão.*

preso (prê) (pre.so)
preso • *adjetivo* **1.** Seguro por corda ou corrente: *Abel não gosta de ver cachorro preso.* **2.** Que não está em liberdade; colocado em prisão, gaiola, jaula, etc.: *Estes homens presos vão ser julgados amanhã. Os animais presos ficam tristes.*
preso • *substantivo masculino* Homem ou rapaz colocado na prisão: *O preso tentou fugir.*

pressa (**pres**.sa) *substantivo feminino* Velocidade, rapidez: *Juca saiu com **pressa**, porque estava atrasado para o cinema.*

pressão (**pres**.são) *substantivo feminino* Força que se aplica a uma superfície: *Foi preciso fazer **pressão** na porta para que ela abrisse.* [Plural: *pressões*.]

prestar (**pres**.tar) *verbo* **1.** Fazer, realizar, praticar: *João **presta** serviço nesta empresa há muitos anos.* **2.** Ser útil; ser bom ou servir para alguma coisa: *Esta fruta não **presta** para comer.*

presunto (pre.**sun**.to) *substantivo masculino* A perna do porco, que pode ser cozida, salgada ou defumada, geralmente servida em fatias, com as quais a gente faz sanduíches, etc.

preto (prê) (**pre**.to)
preto • *adjetivo* **1.** Que é muito escuro, da cor (ou quase da cor) do carvão, ou da noite muito escura: *Uma saia **preta**.* **2.** É o mesmo que *negro* (2).
preto • *substantivo masculino* **1.** A cor preta: *O **preto** é uma cor para roupa que não sai de moda.* 431 **2.** É o mesmo que *negro* (3).

prevenir (pre.ve.**nir**) *verbo* **1.** Avisar, informar sobre algo antes que aconteça: *A professora nos **preveniu** de que amanhã ela faltará.* **2.** Fazer alguma coisa, para evitar que algo ruim ou prejudicial aconteça ou para proteger-se de algo que pode fazer mal: *Paula **preveniu**-se contra o sarampo tomando vacina.*

prima (**pri**.ma) *substantivo feminino* A filha do tio ou da tia da gente.

primavera (pri.ma.**ve**.ra) *substantivo feminino* Estação do ano em que nascem as flores. Vem depois do inverno e antes do verão. No Brasil, a primavera começa no mês de setembro e termina no mês de dezembro.

primo (**pri**.mo) *substantivo masculino* O filho do tio ou da tia da gente: *Meu **primo** André virá à minha casa amanhã.*

princesa (ê) (prin.**ce**.sa) *substantivo feminino* **1.** Filha de rei, imperador ou príncipe, ou de rainha. **2.** Mulher de príncipe.

principal (prin.ci.**pal**) *adjetivo de 2 gêneros* Que é o mais importante: *Aquela é a porta **principal** do teatro.* [Plural: *principais*.]

principalmente (prin.ci.pal.**men**.te) *advérbio*
1. De modo principal; em maior número ou com maior força ou maior importância ou maior intensidade, etc.: *A minha turma é formada **principalmente** por meninas. O tecido dos ossos da gente é formado **principalmente** por três tipos diferentes de células.* **2.** Na maioria das vezes: *O açúcar é uma substância doce, tirada **principalmente** da cana-de-açúcar.* **3.** Acima de tudo; de modo especial: *Gosto muito de frutas, **principalmente** de graviola.*

príncipe (**prín**.ci.pe) *substantivo masculino* Filho de rei ou de rainha: *Na história, o **príncipe** acorda a Bela Adormecida com um beijo.* [Feminino: *princesa*.]

princípio (prin.**cí**.pio) *substantivo masculino*
1. Começo, início: *Cheguei no **princípio** da aula. O **princípio** desta rua é aqui.* **2.** É o mesmo que *regra*: *Tenho por **princípio** tratar bem a todos.*

prisão (pri.**são**) *substantivo feminino* É o mesmo que *cadeia* (1): *Minha avó levou livros para doar aos homens e às mulheres na **prisão**.* [Plural: *prisões*.]

prisioneiro (pri.sio.**nei**.ro) *substantivo masculino* Aquele que perdeu a liberdade, que está numa prisão: *A vida de um **prisioneiro** não é nada boa.*

privada (pri.**va**.da) *substantivo feminino* **1.** É o mesmo que *vaso sanitário*: *João usou a **privada** e depois deu a descarga.* **2.** Compartimento da casa onde fica a privada (1).

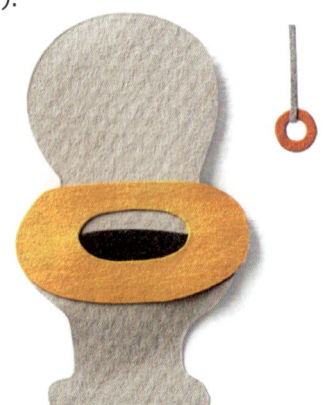

privado (pri.**va**.do) *adjetivo* É o mesmo que *particular*: *Eu estudo numa escola pública, mas meu primo estuda numa escola **privada**.*

problema (pro.**ble**.ma) *substantivo masculino*
1. Pergunta de Matemática que pode ser feita de duas formas: a) como uma conta que deve ser feita; exemplo: *quanto é um mais quinze?* (um mais quinze é igual a dezesseis); b) como uma historinha para a qual a gente tem que dar uma solução, e para responder a gente tem que pensar (para descobrir que conta fazer) e fazer o cálculo a partir dos dados que são apresentados na historinha; esse tipo de questão, com uma historinha (ou situação), a gente também chama de *situação-problema*. **2.** Coisa difícil de resolver ou de explicar: *Foi um **problema** tirar o gatinho de cima da árvore.*

processo (pro.**ces**.so) *substantivo masculino* Série de operações que permitem realizar uma atividade: *O **processo** de funcionamento de um computador é bem complicado.*

procurar (pro.cu.**rar**) *verbo* **1.** Esforçar-se por achar alguma coisa: *Joana **procurou** o seu relógio, mas não o encontrou.* **2.** Esforçar-se por determinada coisa; buscar: *Marcos estuda muito, **procura** ser bom aluno.*

produção (pro.du.**ção**) *substantivo feminino*
1. Atividade de produzir, ou o seu resultado. **2.** Aquilo que é produzido pelo homem: *A **produção** agrícola. A **produção** artística. A **produção** industrial.* [Plural: *produções*.]

produto (pro.**du**.to) *substantivo masculino* **1.** Aquilo que é produzido pela natureza: *O Brasil é rico em **produtos** vegetais e minerais.* **2.** Resultado de qualquer atividade humana: *Os **produtos** de uma plantação. As histórias são **produtos** da imaginação.* **3.** Resultado de uma conta de multiplicação: *Quando multiplicamos 4 por 2, o **produto** (resultado) é 8.*

produtor ▶ **programador**

produtor (tôr) (pro.du.**tor**)
produtor • *adjetivo* Que produz: *No Brasil poucos são os estados **produtores** de petróleo.*
produtor • *substantivo masculino* Indivíduo ou empresa que produz coisas para serem consumidas, vendidas, exibidas, etc.: ***Produtor** de leite. **Produtor** de automóvel. **Produtor** de arte.*
[Plural: *produtores*. Feminino: *produtora*.]

produtora (tô) (pro.du.**to**.ra) *substantivo feminino* Mulher ou empresa que produz coisas para serem consumidas, vendidas, exibidas, etc.: *Minha tia é **produtora** musical.*

produzir (pro.du.**zir**) *verbo* **1.** Dar origem a; fazer existir: *Esta árvore **produz** bons frutos.* **2.** Realizar: *Os alunos **produziram** um belo espetáculo de teatro.* **3.** Fabricar: *Esta fábrica **produz** automóveis.* **4.** Criar: *Os alunos **produziram** uma bela história.*

professor (sôr) (pro.fes.**sor**) *substantivo masculino* Homem que ensina; mestre. [Plural: *professores*. Feminino: *professora*.]

professora (sô) (pro.fes.**so**.ra) *substantivo feminino* Mulher que ensina; mestra: *Minha **professora** se chama Selma.*

profissão (pro.fis.**são**) *substantivo feminino* Atividade a que alguém se dedica como forma de ganhar dinheiro, etc.: *Meu pai tem a **profissão** de pedreiro.* [Plural: *profissões*.]

profissional (pro.fis.si.o.**nal**)
profissional • *adjetivo de 2 gêneros* De uma profissão ou de uma pessoa ou de um grupo de pessoas que têm uma profissão: *Meu irmão mais velho já tem sua carteira **profissional**.*
profissional • *substantivo de 2 gêneros* Pessoa que tem uma profissão: *Meu pai aconselhou meu irmão a ser um bom **profissional**.*
[Plural: *profissionais*.]

profundidade (pro.fun.di.**da**.de) *substantivo feminino* Distância desde a superfície ou entrada até o fundo: *Este poço tem mais de dez metros de **profundidade**.*

profundo (pro.**fun**.do) *adjetivo* **1.** Muito fundo; que tem o fundo muito distante da superfície: *Para termos água na fazenda, papai cavou um poço **profundo**.* **2.** Muito grande: *Ao perder o campeonato, a tristeza dos meninos foi **profunda**.*

programa (pro.**gra**.ma) *substantivo masculino* **1.** Apresentação no rádio, na televisão ou no cinema: *Esse **programa** infantil ensina muitas coisas.* **2.** Diversão planejada: *Nosso **programa** para hoje é uma visita ao zoológico.* **3.** Conjunto de informações e ordens que permitem que um computador faça determinadas coisas.

programador (dôr) (pro.gra.ma.**dor**) *substantivo masculino* Homem que trabalha criando ou melhorando programas de computador. [Plural: *programadores*. Feminino: *programadora*.]

programadora (dô) (pro.gra.ma.do.ra) *substantivo feminino* Mulher que trabalha criando ou melhorando programas de computador.

progresso (pro.gres.so) *substantivo masculino* O conjunto das mudanças que ocorrem com o passar do tempo e que podem ser para melhor e, às vezes, para pior: *Ronaldo faz progresso na escola: ele lê e escreve cada vez melhor. A doença da vizinha fez progresso e ela está muito mal.*

proibir (pro.i.bir) *verbo* Não deixar que alguém faça alguma coisa: *Minha mãe proibiu-me de conversar com pessoas estranhas no caminho de casa para a escola.*

prolongamento (pro.lon.ga.men.to) *substantivo masculino* Em alguns animais, é uma parte do corpo que vai além da parte principal: *A cauda é um prolongamento do corpo dos gatos, cachorros, passarinhos e de muitos outros animais.*

prolongar (pro.lon.gar) *verbo* **1.** Tornar mais longo ou mais comprido (em tamanho ou em tempo): *O acidente na estrada prolongou nossa viagem.* **2.** Durar: *A brincadeira dos meninos prolongou-se até o final da tarde.*

promessa (pro.mes.sa) *substantivo feminino* **1.** Ato de prometer. **2.** Aquilo que se promete: *A promessa de meu pai é ir comigo ao parque de diversões no sábado.*

prometer (pro.me.ter) *verbo* **1.** Obrigar-se a fazer alguma coisa, a dar alguma coisa, etc.: *Mamãe prometeu que me levará ao cinema no domingo.* **2.** Fazer promessas: *Meu amigo sempre promete que irá a minha casa e nunca cumpre.*

pronome (pro.no.me) *substantivo masculino* Palavra que substitui o nome de alguma coisa ou de alguém ou que o acompanha, para explicar melhor o seu significado: *Na frase "Este livro é meu" há dois pronomes: "este" e "meu".*

pronto (pron.to) *adjetivo* **1.** Concluído, terminado: *As casas só serão vendidas depois de prontas.* **2.** É o mesmo que *preparado*: *Os alunos estão prontos para passar de ano.*

pronto-socorro (côr) (pron.to-so.cor.ro) *substantivo masculino* Hospital, ou parte de hospital, para onde são levadas as pessoas doentes ou feridas que precisam de socorro rápido. [Plural: *prontos-socorros*.]

pronúncia (pro.nún.cia) *substantivo feminino* **1.** Modo como a gente fala os sons de uma palavra. Pode ser da palavra inteira ou de parte dela. **2.** Pronúncia também é o modo como uma pessoa fala ou como as pessoas de um lugar falam.

propaganda (pro.pa.gan.da) *substantivo feminino* Divulgação por meio de cartazes, anúncios, etc., com o objetivo de fazer com que as pessoas comprem determinado produto, etc.: *Clara comprou um xampu por causa de uma propaganda que viu na televisão.*

propósito (pro.pó.si.to) *substantivo masculino* Aquilo que se quer fazer ou conseguir: *Joaquim tem o propósito de viajar com a família para o Ceará.* ◆ **De propósito.** É o mesmo que *por querer*: *O jogador foi expulso porque machucou o adversário de propósito.*

propriedade (pro.pri.e.**da**.de) *substantivo feminino* **1.** Qualquer coisa que alguém possui: *Meus livros e minha bicicleta são as minhas propriedades*. **2.** Qualquer imóvel (casa, edifício, sítio, terreno) que pertence a alguém. **3.** Qualidade ou particularidade de alguma coisa: *O calor é uma propriedade do fogo.*

próprio (**pró**.prio) *adjetivo* **1.** Que pertence à pessoa que fala, ou à pessoa de quem se fala: *Moro em casa própria, isto é, em casa que é minha.* **2.** É o mesmo que *adequado*: *Otávio foi ao casamento da prima com uma roupa própria para a ocasião.* **3.** Que é típico: *Carregar o filhote dentro de uma bolsa ligada a seu corpo é próprio dos cangurus.*

proteção (pro.te.**ção**) *substantivo feminino* **1.** É o mesmo que *abrigo*: *Nossa casa nos dá proteção.* **2.** Auxílio, ajuda: *Os filhos pequenos precisam da proteção dos pais.* **3.** Auxílio, defesa: *A polícia deve dar proteção aos cidadãos.* [Plural: *proteções*.] →

proteger (pro.te.**ger**) *verbo* **1.** Colocar em lugar seguro ou cobrir alguém ou alguma coisa para evitar que se molhe, pegue vento, ou corra riscos, etc.: *Tirou o casaco que usava, para proteger as filhas do vento.* **2.** Ir para local seguro ou cobrir-se para evitar a chuva, o vento, etc.: *Foi para dentro da igreja para proteger-se da chuva.* **3.** Servir como proteção: *O casaco protege do frio.* **4.** É o mesmo que *defender* (1): *Manuel tem um amigo que o protege dos meninos mais velhos.*

protegido (pro.te.**gi**.do) *adjetivo* **1.** Que recebe proteção (pode ser de uma pessoa ou de um lugar ou posição nos quais não se pode ser atingido, ferido, machucado, etc.). **2.** Que tem proteção, algo que cobre ou que resguarda: *A horta de minha tia é protegida por uma cerca.* **3.** Que é defendido por uma lei para não ser destruído ou extinto: *Existem várias espécies de animais, como tartarugas, golfinhos, micos, que são protegidas. Muitas árvores com mais de cem anos são protegidas.*

proteína (pro.te.**í**.na) *substantivo feminino* Substância nutritiva, muito importante para o organismo, encontrada na carne, no peixe, na soja, no leite, nos ovos, etc.

protetor (tôr) (pro.te.**tor**)
protetor • *adjetivo* Que protege: *A Sociedade Protetora dos Animais.*
protetor • *substantivo masculino* **1.** Homem que protege ou que defende: *Os policiais são protetores dos cidadãos.* **2.** Produto ou substância própria para proteger a pele da gente dos raios nocivos do Sol: *Mamãe sempre passa protetor na pele dela e na minha, quando vamos à praia ou à piscina.* [Plural: *protetores*. Feminino: *protetora*.]

prova (**pro**.va) *substantivo feminino* **1.** Avaliação escrita ou oral, para verificar se o aluno aprendeu o que lhe foi ensinado. **2.** Aquilo que mostra que alguma coisa é verdadeira, que ela aconteceu mesmo: *O juiz precisa de provas para condenar alguém.* **3.** Competição esportiva: *O nadador brasileiro ganhou a prova dos cinquenta metros.*

provar (pro.**var**) *verbo* **1.** Demonstrar que algo é verdadeiro: *O advogado provou que o réu era inocente.* **2.** Experimentar, vestindo ou calçando: *Maria provou seu vestido novo.* **3.** Experimentar o sabor de: *— Ana, prove a sopa e veja se está gostosa.*

provável (pro.**vá**.vel) *adjetivo de 2 gêneros* Que tem uma grande possibilidade de acontecer: *Eles estão vindo de carro para a cidade. É **provável** que cheguem hoje.* [Plural: *prováveis*.]

proveito (pro.**vei**.to) *substantivo masculino* O ganho ou a vantagem que alguém tem ao fazer determinada coisa: *Tirei **proveito** do passeio à fazenda: fiz novos amigos e vi animais que só conhecia pela televisão.*

provérbio (pro.**vér**.bio) *substantivo masculino* Frase curta que, geralmente, ensina alguma coisa: *Vovô sempre me repete este **provérbio**: Nunca deixe para amanhã o que pode ser feito hoje!*

próximo (xi = ssi) (**pró**.xi.mo)
próximo • *adjetivo* Que está perto, no espaço ou no tempo: *A casa de Carlos fica **próxima** da minha. As férias estão **próximas**, começam na semana que vem.*
próximo • *substantivo masculino* Aquele que vem em seguida: *Serei o **próximo** a ser chamado pelo médico.*
próximo • *advérbio* É o mesmo que *perto*: *Antes eu morava longe do colégio, mas agora moro **próximo** dele.*

publicação (pu.bli.ca.**ção**) *substantivo feminino* Nome que se dá a qualquer obra impressa, como livro, revista, etc.: *Chegaram novas **publicações** à biblioteca do bairro.* [Plural: *publicações*.]

publicar (pu.bli.**car**) *verbo* Imprimir alguma coisa para torná-la conhecida, para dar notícias, etc.: ***Publicar** um livro. **Publicar** uma revista. **Publicar** um gibi.*

público (**pú**.bli.co)
público • *adjetivo* Que pertence ao governo e é para o uso de todos: *Um jardim **público**. Um hospital **público**. Uma escola **pública**.*
público • *substantivo masculino* As pessoas que comparecem a um lugar, a um espetáculo: *O **público** gostou do filme, porque ele era muito engraçado.*

pudim (pu.**dim**) *substantivo masculino* Doce bem macio, geralmente com calda, e que leva vários nomes, dependendo dos ingredientes: ***Pudim** de leite, **pudim** de laranja, **pudim** de pão, **pudim** de coco, etc.* [Plural: *pudins*.]

pula-pula (**pu**.la-**pu**.la) *substantivo masculino* Brinquedo de formato variado, com uma espécie de colchão cheio de ar, ou de água, onde as crianças pulam. [Plurais: *pula-pulas* e *pulas-pulas*.]

pular (pu.**lar**) *verbo* É o mesmo que *saltar*: *Bernardo **pulou** o muro e pegou a bola.*

pulga (**pul**.ga) *substantivo feminino* Inseto capaz de dar saltos, que se alimenta do sangue de vertebrados, como o homem, o cão, o gato, o rato, etc., podendo transmitir doenças.

pulmão (pul.**mão**) *substantivo masculino* Cada um de dois órgãos do sistema respiratório. Há um pulmão do lado direito e outro do lado esquerdo dentro do tórax. [Plural: *pulmões*.]

pulo (**pu**.lo) *substantivo masculino* Movimento que se faz com o corpo jogando-o para cima, para a frente, para o lado, para baixo, etc.; salto: *O canguru dá grandes **pulos** quando se desloca.*

pulseira ▶ puxar

pulseira (pul.**sei**.ra) *substantivo feminino* Enfeite para o pulso: *Luciana tem uma pulseira de pedras coloridas.*

pulso (**pul**.so) *substantivo masculino* **1.** É o ritmo do batimento do coração que a gente consegue medir ao sentir, por exemplo, com os dedos (pressionados sobre a pele) a passagem do sangue na região do punho (1): *O médico verificou o pulso de vovó e viu que estava tudo bem.* **2.** É o mesmo que *punho* (1): *O policial pôs as algemas nos pulsos do ladrão.* 433 **3.** Autoridade; disciplina; firmeza: *A diretora da escola é uma mulher de pulso.*

pum (pum) *substantivo masculino* Gás de cheiro ruim que o homem e muitos outros animais soltam pelo buraquinho do bumbum. [Plural: *puns*.]

punho (**pu**.nho) *substantivo masculino* **1.** Parte do corpo entre o braço e a mão. 433 **2.** A mão fechada. **3.** Parte da manga do vestuário que rodeia o pulso: *O punho desta camisa está sujo.*

punição (pu.ni.**ção**) *substantivo feminino* **1.** Ação de punir; castigo. **2.** Pena por prática de crime determinada por juiz: *Como punição o rapaz vai ter de limpar todas as paredes que pichou.* [Plural: *punições*.]

punir (pu.**nir**) *verbo* Dar pena ou castigo a: *A lei pune os criminosos.*

pupila (pu.**pi**.la) *substantivo feminino* Parte escura do centro dos olhos por onde passam os raios luminosos: *No escuro, a pupila fica maior.* 433

pupunha (pu.**pu**.nha) *substantivo feminino* O fruto amarelo ou avermelhado com ponta verde de uma palmeira também chamada *pupunha*, que é muito consumido pelas pessoas da região amazônica. 438

purê (pu.**rê**) *substantivo masculino* Alimento pastoso, geralmente feito de raízes espremidas: *O purê de batata. O purê de aipim.*

purificar (pu.ri.fi.**car**) *verbo* Tornar puro; limpar: *Papai comprou um filtro para purificar a água do aquário.*

puro (**pu**.ro) *adjetivo* **1.** Sem mistura: *Pela manhã, tomo leite puro.* **2.** Limpo: *A água desta fonte é pura. O ar do campo é puro.*

puxador (xa = cha .... dôr) (pu.xa.**dor**) *substantivo masculino* Objeto que, preso a uma porta, janela, gaveta, etc., serve para movê-la ou puxá-la. [Plural: *puxadores*.]

puxa-puxa (xa = cha) (**pu**.xa-**pu**.xa) *substantivo masculino* Doce ou bala que é grudenta e que estica quando se puxa. [Plurais: *puxa-puxas* e *puxas-puxas*.]

puxar (xar = char) (pu.**xar**) *verbo* **1.** Mover algo na direção de si mesmo: *Maria puxou a cadeira para se sentar.* **2.** Fazer sair; arrancar: *O jardineiro puxou a planta, de modo que saísse com a raiz.*

Uma visita ao Piauí

Q

quadra (**qua**.dra) *substantivo feminino* **1.** Campo de esportes para tênis, basquete, vôlei, etc.: *Os meninos jogam basquete na **quadra** da escola.* **2.** É o mesmo que *quarteirão*: *A casa de Marta e a de Jorge ficam na mesma **quadra**.* **3.** Grupo de quatro versos. Exemplo: *O cravo ficou doente, / A rosa foi visitar, / O cravo teve um desmaio, / E a rosa pôs-se a chorar.*

quadrado (qua.dra.do)
quadrado • adjetivo Que tem quatro lados iguais, formando ângulos retos: *Mamãe fez o bolo numa fôrma quadrada.*
quadrado • substantivo masculino **1.** Figura que tem quatro lados iguais: *A professora desenhou um quadrado e um triângulo no quadro-negro.* 430 **2.** É um tipo de *papagaio* (2), em forma de quadrado.

quadriculado (qua.dri.cu.la.do) adjetivo Que é dividido em quadrados: *Carlos desenhou um barco num papel quadriculado.*

quadril (qua.dril) substantivo masculino Região um pouco abaixo da cintura que encaixa no osso de cada uma das coxas: *Vovó caiu e machucou o quadril.* [Plural: *quadris*.] 433

quadrilha (qua.dri.lha) substantivo feminino **1.** Dança alegre e movimentada, da qual participam vários pares: *Nas festas de São João, costumamos dançar quadrilha.* **2.** Grupo de bandidos: *A polícia prendeu a quadrilha que roubava carros na cidade.*

quadrinhos (qua.dri.nhos) substantivo masculino plural É o mesmo que *história em quadrinhos*.

quadro (qua.dro) substantivo masculino **1.** Peça plana e lisa usada nas salas de aula para se escrever com giz ou caneta especial: *Depois que os meninos copiaram a lição, a professora apagou o quadro.* [Outros nomes: *lousa* e *quadro-negro*.] **2.** Obra de arte (pintura, gravura, etc.) feita sobre uma superfície plana: *Este museu tem muitos quadros de pintores importantes.* **3.** Objeto que tem a forma de um quadrado ou retângulo: *Há muitos anúncios no quadro da portaria do edifício.*

quadro-negro (mê) (qua.dro-ne.gro) substantivo masculino É o mesmo que *quadro* (1): *A professora escreveu o nome dos alunos no quadro-negro.* [Plural: *quadros-negros*.]

quadrúpede (qua.drú.pe.de)
quadrúpede • adjetivo de 2 gêneros Que tem quatro patas: *O cão e o gato são animais quadrúpedes.*
quadrúpede • substantivo masculino Qualquer animal de quatro patas: *Muitos quadrúpedes são mamíferos.*

Qq qual ▶ quarteto

qual (qual) *pronome* Palavra que a gente usa para falar de uma pessoa em relação a outras pessoas, ou de uma coisa em relação a outras coisas iguais ou parecidas: a) Pode ser para perguntar: **Qual** dessas bonecas é a sua, Ana? b) Pode ser para ficar no lugar de uma palavra que está na mesma frase: A professora já disse **qual** foi a minha nota. [Plural: *quais*.]

qualidade (qua.li.**da**.de) *substantivo feminino* Aquilo que é próprio de uma pessoa ou de um objeto: Inteligência e bondade são exemplos de boas **qualidades** dos seres humanos. Essa geladeira é de má **qualidade**, sempre tem um defeito.

qualquer (qual.**quer**) *pronome* Palavra que a gente usa para falar de pessoa, coisa, lugar ou tempo indeterminado, ou sem dizer qual é, porque não importa qual seja (podendo ser um entre todos): a) Pode ser uma entre todas as outras pessoas (geralmente de um grupo): O jogo pode ser disputado por **qualquer** aluno, seja de que ano for. b) Pode ser uma entre todas as coisas de um tipo ou de um conjunto: — Qual dessas blusas você quer? — perguntei. — **Qualquer** uma — ele respondeu. c) Pode ser um entre todos os outros lugares: — Onde eu coloco esta caixa? — perguntou. — Em **qualquer** canto — respondi. d) Não importa qual seja o tempo, o dia, etc.: Papai disse que **qualquer** dia desses vamos à praia. Exercício físico é bom a **qualquer** hora. [Plural: *quaisquer*.]

quando (**quan**.do)
quando • *advérbio* Em que tempo ou ocasião: **Quando** é que vamos ao zoológico?
quando • *conjunção* No momento em que; no tempo em que: **Quando** Paulo chegou, todos bateram palmas. **Quando** chega o verão, chove muito no Rio de Janeiro.

quantia (quan.**ti**.a) *substantivo feminino* Quantidade de dinheiro: Gustavo já tem a **quantia** necessária para comprar o brinquedo.

quantidade (quan.ti.**da**.de) *substantivo feminino* **1.** Número de unidades: Qual a **quantidade** de garrafas que cabe nessa caixa? **2.** Porção de coisa que se pode medir, mas não se pode contar: A represa tinha uma grande **quantidade** de água. **3.** Grande número de pessoas ou de coisas: Ficou espantado com a **quantidade** de crianças na festa do Juca.

quanto (**quan**.to) *pronome* Palavra que a gente usa geralmente para perguntar o número, a quantidade, ou o valor de algo: a) Que número de; que quantidade de: **Quantos** livros você tem? **Quantos** dias vamos ficar na casa da vovó? **Quantos** reais você pagou por esse sapato? b) Que preço ou valor: Gostaria de saber **quanto** custa este livro. — **Quanto** vale a nossa alegria? — ele perguntou. — Não há dinheiro que valha mais — respondi.

quarteirão (quar.tei.**rão**) *substantivo masculino* Cada uma das áreas de uma cidade, cercada por quatro ruas; quadra: Minha casa fica neste **quarteirão**, a de Carlos fica no próximo. [Plural: *quarteirões*.]

quartel (quar.**tel**) *substantivo masculino* Edifício no qual os militares ficam, durante um certo tempo, como se nele morassem: Estes soldados passam a semana no **quartel** e só saem aos domingos. [Plural: *quartéis*.]

quarteto (quar.**te**.to) *substantivo masculino* Conjunto de quatro cantores ou quatro instrumentos: Ana toca violino num **quarteto** de cordas.

quarto (quar.to) *substantivo masculino* Cada uma das partes de uma casa em que as pessoas dormem: *Este é o meu quarto e aquele é o quarto de meus pais.*

quartzo (quart.zo) *substantivo masculino* Mineral de que há muitos tipos e que, quando é transparente, é chamado de *cristal de rocha*. O quartzo é usado na fabricação de vidro, na construção de edifícios, em aparelhos eletrônicos e em muitas outras coisas. 430

quase (qua.se) *advérbio* **1.** Perto de acontecer, de sair: *Dona Luísa avisou que o almoço está quase pronto.* **2.** A pouca distância: *Bernardo cresceu muito, está quase do tamanho do pai.* **3.** Por pouco: *Eduardo atrasou-se e quase perdeu o avião.*

quati (qua.ti) *substantivo masculino* Animal carnívoro de cor variada (cinzento, amarelo, meio vermelho, quase preto, etc.), que vive no Brasil e em outros países das Américas. Tem a cauda comprida com anéis de pelos pretos. Vive em bandos de 8 a 10. O quati é um mamífero terrestre, que se movimenta bem na água e nas árvores. 443

que (que) *pronome* Palavra que pode ficar no lugar de uma ou mais palavras: a) Pode ser para fazer uma pergunta: *Que dia é hoje? Que caneta é essa? Que menino é aquele falando com o professor de Português? Que é isso?* b) Pode ser para afirmar algo: *A música que ele fez é muito bonita.*

quebra-cabeça (que.bra-ca.be.ça) *substantivo masculino* Jogo em que se juntam peças que estão misturadas, para formar uma figura, uma paisagem, etc.: *João montou sozinho um quebra-cabeça que mostrava vários patos num lago.* [Plural: *quebra-cabeças*.]

quebrar (que.brar) *verbo* **1.** Fazer em pedaços: *Quebrei o vaso de mamãe.* **2.** Partir o osso de: *Com o tombo, André quebrou a perna.* **3.** Estragar: *Os buracos da estrada quebraram o carro.*

queda (que.da) *substantivo feminino* **1.** Ação de cair: *A queda da árvore fez muito barulho. Cláudia levou uma queda na escada.* **2.** Diminuição de intensidade, de atividade: *Depois que passou o Natal, houve uma queda na venda de brinquedos.*

queda-d'água (que.da-d'á.gua) *substantivo feminino* Cachoeira: *Este rio tem uma bela queda-d'água.* [Plural: *quedas-d'água*.]

queijo (quei.jo) *substantivo masculino* Alimento nutritivo, geralmente preparado com leite de vaca, de ovelha ou de cabra.

queimadura (quei.ma.du.ra) *substantivo feminino* Ferimento causado pelo fogo, por um objeto muito quente ou pelo calor do Sol: *Lena encostou o braço no ferro de passar roupa e ficou com uma queimadura. Carlos tomou muito sol e está com uma queimadura nas costas.*

queimar (quei.mar) *verbo* **1.** Fazer pegar fogo: *O jardineiro queimou as folhas secas depois de varrê-las.* **2.** Produzir queimadura: *A água muito quente queima.* **3.** Pegar fogo; incendiar-se: *Com o incêndio, a casa toda se queimou.* **4.** Sofrer queimadura: *Jorge chegou perto do fogo e queimou-se.* **5.** Ficar com a pele mais escura pelo calor do Sol: *Mariana queimou-se durante as férias na praia.* **6.** Deixar algo, que está sendo cozido, tempo demais no fogo, causando estrago: *Mamãe hoje queimou o feijão.*

Qq queixar-se ▶ quieto

queixar-se (xar = char) (quei.**xar**-se) *verbo* **1.** Dizer que sente dor ou outro tipo de sofrimento: *Marta se queixou de dor de cabeça e a professora chamou sua mãe.* **2.** Manifestar que não está satisfeito com alguma coisa ou com alguém: *Vovó queixou-se de que vovô se esqueceu do aniversário dela.* [A gente também diz: *reclamar*.]

queixo (xo = cho) (**quei**.xo) *substantivo masculino* Parte do rosto logo abaixo dos lábios: *Regina tem um sinal no queixo.* 432

quem (quem) *pronome* **1.** Palavra que a gente usa para perguntar "de que pessoa se está falando ou que pessoa está fazendo algo": *Quem está tocando a campainha?* **2.** A gente usa para referir-se a alguém (mesmo que a gente não saiba de que pessoa se está falando): *Quem caiu da bicicleta e se machucou foi ele. Ainda não sei quem convidar para a minha festa de aniversário.*

quente (**quen**.te) *adjetivo de 2 gêneros* **1.** Em que há calor: *O tempo hoje está quente.* **2.** Que transmite calor: *As estrelas são corpos quentes.* **3.** Que tem temperatura alta: *Meu pai gosta de café bem quente.*

querer (que.**rer**) *verbo* **1.** Ter vontade de; desejar: *Carlinhos quer viajar nas férias. Mamãe não quis ir à casa de vovó no domingo.* **2.** Ordenar; exigir: *A professora quer que todos fiquem quietos.* **3.** Ter afeto, amor: *Pedro e Paulo querem muito a seus pais.* ◆ **Por querer.** A gente usa para dizer que alguém fez algo porque quis fazer; de propósito: *Ele entornou o suco por querer.* **Sem querer.** A gente usa para dizer que alguém fez algo sem perceber que fazia ou sem querer fazer: *Ele entornou o suco sem querer.*

← **querido** (que.**ri**.do)
querido • *adjetivo* Diz-se de coisa de que se gosta muito ou de pessoa muito amada: *Guardo nesta estante os meus livros queridos. Os meus amigos mais queridos são Maria e João.*
querido • *substantivo masculino* Aquele que é amado, aquele a quem se quer bem: *Quer me dar um abraço, querido?*

questão (ques.**tão**) *substantivo feminino* **1.** Pergunta: *André fez uma prova com 10 questões.* **2.** Assunto; problema: *Meu pai disse que tem uma questão no trabalho para resolver.* [Plural: *questões*.]

questionário (ques.ti.o.**ná**.rio) *substantivo masculino* Série de questões ou perguntas: *Os alunos responderam a um questionário sobre como suas famílias usam a água.*

quiabo (qui.**a**.bo) *substantivo masculino* O fruto comprido, fino e verde de uma planta chamada *quiabeiro*. Come-se cozido em vários pratos, e é muito apreciado. 438

quicar (qui.**car**) *verbo* Bater no chão ou em outra superfície e voltar (uma bola): *No basquete, é preciso quicar a bola no chão para poder andar com ela.*

quieto (qui.**e**.to) *adjetivo* **1.** Que não se mexe; imóvel, parado: *Não está ventando, pois os ramos das árvores estão quietos.* **2.** Que não é agitado; calmo: *Duda é um menino quieto.*

quilo (**qui**.lo) *substantivo masculino* Quilograma: *Este pacote contém 5 **quilos** de arroz.*

quilograma (qui.lo.**gra**.ma) *substantivo masculino* Unidade de medida de massa, com mil gramas; quilo. [Símbolo: *kg*]

quilômetro (qui.**lô**.me.tro) *substantivo masculino* Medida de comprimento usada para medir distâncias. Um quilômetro tem mil metros: *A distância do Rio a São Paulo é de cerca de 420 **quilômetros**.* [Símbolo: *km*]

quimono (qui.**mo**.no) *substantivo masculino* Roupa comprida e de mangas largas, originária do Japão, que geralmente se fecha com uma faixa. Existem quimonos que são usados pelos praticantes de certas lutas orientais, como o judô e o caratê: *A moça usava um **quimono** azul e o rapaz um **quimono** vermelho.* →

quindim (quin.**dim**) *substantivo masculino* Doce feito com gema de ovo, açúcar e coco: *Eni faz um **quindim** que é uma delícia.* [Plural: *quindins*.]

quintal (quin.**tal**) *substantivo masculino* Terreno que fica em volta ou atrás de uma casa: *Pedro gosta muito de brincar no **quintal**.* [Plural: *quintais*.]

quitanda (qui.**tan**.da) *substantivo feminino* Pequeno comércio em que se vendem frutas, legumes, etc.: *Mamãe só compra frutas frescas na **quitanda** de Seu Zé.*

quitute (qui.**tu**.te) *substantivo masculino* Comida boa, gostosa: *Meu **quitute** favorito é o bolinho de banana que a vovó Nair faz com muito carinho.*

quiuí (quiu.**í**) *substantivo masculino* **1.** Ave da Nova Zelândia, de bico fino e comprido, plumagem fofa de cor marrom, e que não voa. **2.** Fruto de polpa verde, meio doce e meio azeda, com sementes muito pequenas, e casca marrom: *Ana gosta muito de **quiuí** na salada de frutas.* 438

R

rã (rã) *substantivo feminino* Animal anfíbio que vive nas margens de lagos e rios. A rã não tem cauda quando adulta, alimenta-se de insetos e é capaz de dar grandes saltos: *Maria, você conhece a história A Princesa e a **Rã**?* [Plural: *rãs*.]

rabanada ▶ raciocinar — Rr

Uma visita ao Rio de Janeiro

rabanada (ra.ba.**na**.da) *substantivo feminino* Fatia de pão frita depois de ser mergulhada numa mistura de leite e ovos batidos. É servida com açúcar e canela: *Mamãe sempre faz **rabanada** no Natal.*

rabanete (mê) (ra.ba.**ne**.te) *substantivo masculino* Legume que é uma raiz de forma arredondada, com a casca geralmente vermelha e o interior branco. É muito usado em salada: *A salada tinha alface, tomate e **rabanete**.*

rabiscar (ra.bis.**car**) *verbo* Fazer riscos, ou outros traços: *Pedro **rabiscou** a parede e sua mãe ficou brava com ele.*

rabisco (ra.**bis**.co) *substantivo masculino* Traços ou desenho que alguém rabiscou; traço malfeito, que ainda não está pronto.

rabo (**ra**.bo) *substantivo masculino* É o mesmo que cauda (1 e 2): *Alguns macacos usam o **rabo** para se pendurar nas árvores. Há beija-flores com **rabos** longos, em forma de tesoura.*

rabo de cavalo (**ra**.bo de ca.**va**.lo) *substantivo masculino* Penteado em que se prendem os cabelos compridos na parte de trás da cabeça, deixando-os parecidos com uma cauda de cavalo: *Ana usou um **rabo de cavalo** para ir à festa.* [Plural: *rabos de cavalo*.]

raça (**ra**.ça) *substantivo feminino* **1.** Cada um dos tipos em que se dividem algumas espécies de animais: *Há no mundo diversas **raças** de cães.* **2.** Vontade de vencer, de conquistar ou de conseguir fazer algo: *Nosso time ganhou porque jogou com **raça**.*

ração (ra.**ção**) *substantivo feminino* Alimento especial, muito nutritivo, que se dá a certos animais: *Essa **ração** é própria para filhotes de cães.* [Plural: *rações*.]

rachar (ra.**char**) *verbo* Partir em pedaços: *O rapaz **rachou** a lenha com um machado.*

raciocinar (ra.cio.ci.**nar**) *verbo* Pensar, refletir: *José **raciocinou** bem antes de responder.*

Rr   raciocínio ▶ ralo

raciocínio (ra.cio.**cí**.nio) *substantivo masculino* **1.** Maneira de pensar: — *André, vá em frente, seu raciocínio está correto.* **2.** Esforço em pensar alguma coisa: *Luísa usou de muito raciocínio para resolver o difícil problema.*

rádio (**rá**.dio) *substantivo masculino* **1.** Aparelho ou conjunto de aparelhos que recebem e enviam sons: *O piloto do avião usou o rádio para se comunicar com o aeroporto.* **2.** Aparelho que recebe programas transmitidos por rádio: *Carlos toma o café da manhã ouvindo música pelo rádio.*

raia[1] (**rai**.a) *substantivo feminino* É o mesmo que *arraia*.

raia[2] (**rai**.a) *substantivo feminino* Faixa de pista de corrida, ou, numa piscina própria para competições, cada uma das divisões em que cada atleta deve nadar.

rainha (ra.**i**.nha) *substantivo feminino* **1.** A mulher do rei, ou aquela que governa um reino: *Na história, a rainha era amada pelo povo.* **2.** A segunda peça mais importante do jogo de xadrez: *Para não perder sua rainha, Luís entregou a Paulo uma de suas torres.*

raio (**rai**.o) *substantivo masculino* **1.** Luz que parte de um ponto luminoso e que segue em linha reta: *Os raios do Sol.* **2.** Descarga de eletricidade que ocorre entre uma nuvem e o solo, e é acompanhada de relâmpago e trovão: *Durante as tempestades, costuma haver raios, relâmpagos e trovões.*

raiva (**rai**.va) *substantivo feminino* **1.** Doença grave causada por um vírus que afeta o sistema nervoso e é transmitida pela mordida de um animal contaminado a outros animais mamíferos, e portanto também ao homem: *Os cachorros e os gatos precisam tomar vacina contra a raiva.* **2.** Sentimento que temos quando uma coisa, ou alguém, nos aborrece muito: *Sinto raiva quando tenho de acordar cedo aos domingos. Maria tem raiva de quem maltrata os animais.*

raiz (ra.**iz**) *substantivo feminino* **1.** A parte da planta que geralmente cresce para baixo, dentro do solo. Sua função é retirar da terra a água e os alimentos necessários à vida das plantas. Há plantas com raízes que crescem na água ou no ar: *Esta árvore tem a raiz muito grossa.* **435** **2.** Parte de certos órgãos que se prende em um tecido: *A raiz dos dentes. A raiz dos cabelos.* [Plural: *raízes*.]

ralador (dôr) (ra.la.**dor**) *substantivo masculino* Utensílio de cozinha que a gente usa para ralar queijo, legumes, etc. [Plural: *raladores*.]

ralar (ra.**lar**) *verbo* Reduzir um queijo, fruto, etc. a pedacinhos, ao fazê-lo passar sobre a superfície áspera de um objeto ou de um aparelho próprio para esse fim (o ralador).

ralhar (ra.**lhar**) *verbo* Chamar a atenção de alguém que fez ou disse algo que não devia; repreender.

ralo (**ra**.lo)
  ralo • *substantivo masculino* Peça de metal, de plástico, etc., com muitos furos que só deixam passar a água ou outros líquidos: *O ralo entupiu e o chão do banheiro ficou cheio de água.*
  ralo • *adjetivo* Pouco espesso: *A sopa que mamãe fez ficou muito rala.*

ramo (**ra**.mo) *substantivo masculino* **1.** Divisão do caule das plantas, onde crescem as folhas, as flores e os frutos; galho: *João puxou o ramo e apanhou a goiaba.* **2.** Porção de flores: *Leila trouxe um ramo de rosas para a professora.*

ranho (**ra**.nho) *substantivo masculino* Catarro que escorre do nariz: *— Menino, não limpe o ranho na manga da camisa!*

ranzinza (ran.**zin**.za) *adjetivo de 2 gêneros* Que está sempre zangado ou de mau humor: *Todos pensavam que o inspetor era um velho ranzinza, mas depois mudaram de opinião.*

rapadura (ra.pa.**du**.ra) *substantivo feminino* Açúcar escuro em barra, chamado mascavo, que se derrete para fazer o melado: *Mamãe faz um pé de moleque muito gostoso com rapadura e amendoim.*

rapaz (ra.**paz**) *substantivo masculino* Homem jovem: *Meu primo é um rapaz muito trabalhador.* [Plural: *rapazes*.]

rapidez (dêz) (ra.pi.**dez**) *substantivo feminino* Pressa, velocidade: *José andou com rapidez para não chegar atrasado à escola.*

rápido (**rá**.pi.do)
rápido • *adjetivo* **1.** Que se move depressa: *Os trens elétricos são rápidos.* **2.** Que dura pouco tempo; que passa depressa: *Fiz uma visita rápida, que só durou dez minutos.*
rápido • *advérbio* Com rapidez: *Márcia arrumou rápido o seu quarto e foi brincar com as amigas.*

raposa (pô) (ra.**po**.sa) *substantivo feminino* **1.** Animal da mesma família dos cães, que tem o focinho pontudo e a cauda comprida e peluda. A raposa é um mamífero que se alimenta de pequenos animais como aves, coelhos, etc.: *Nas fábulas, a raposa é sempre um animal muito esperto.* **2.** Pessoa muito esperta, muito inteligente.

raquete (ra.**que**.te) *substantivo feminino* Instrumento de forma oval e com um cabo, usado para lançar a bola em jogos como o tênis, o pingue-pongue, etc.: *O tenista levantou a raquete e devolveu rápido a bola para o campo do adversário.* →

raro (**ra**.ro) *adjetivo* **1.** De que há pouco: *O diamante é uma pedra rara.* **2.** Que não acontece muitas vezes: *Meu tio mora muito longe, por isso só raras vezes o vemos.*

rasgar (ras.**gar**) *verbo* Romper, partir (uma coisa inteira): *Filipe rasgou a folha e a jogou fora. Minha calça rasgou-se quando fui vesti-la.*

raso (**ra**.so)
raso • *adjetivo* Pouco profundo: *Este riacho é raso.*
raso • *substantivo masculino* Parte não funda de rio, mar, piscina, etc.: *Quando vai à piscina, Diana só fica no raso.*

raspar (ras.**par**) *verbo* **1.** Tocar ou ferir de leve: *Perdeu o equilíbrio ao andar de bicicleta e raspou o braço no muro.* **2.** Retirar a parte de cima de algo: *Papai raspou a parede antes de pintá-la.* **3.** Retirar o resto de comida do fundo de um recipiente: *Estava com tanta fome que raspou a panela.*

rastro (**ras**.tro) *substantivo masculino* Pegada de um animal ou as marcas por ele deixadas pelo caminho.

rasura (ra.**su**.ra) *substantivo feminino* Palavra riscada, ou mal apagada, num exercício, num trabalho, etc.: *Júlia terminou seu exercício e nele não havia nenhuma rasura.*

Rr rato ▶ recado

rato (**ra**.to) *substantivo masculino* Animal mamífero roedor, de pelo cinzento, preto ou marrom. Há ratos de vários tipos e tamanhos, que vivem nas casas (ratos domésticos) ou nos campos (ratos silvestres). Todos podem transmitir doenças graves: *O nosso gato, o Mimi, nunca pegou um **rato**.* 443

razão (ra.**zão**) *substantivo feminino* **1.** Capacidade de pensar sobre as coisas: *A gente diz que o homem é um ser racional por ele ser dotado de **razão**.* **2.** Causa, motivo: *Não sei por que **razão** Carlos está tão triste.* [Plural: *razões*.]

reação (re.a.**ção**) *substantivo feminino* **1.** Ação em resposta a outra ação: *A **reação** rápida da polícia impediu o assalto.* **2.** Maneira pela qual se reage: *Ao ver a onça, a **reação** do macaco foi subir depressa na árvore.* [Plural: *reações*.]

reagir (re.a.**gir**) *verbo* Opor a uma ação outra ação que lhe é contrária: *O time adversário fez um gol, mas o nosso **reagiu** e ganhou o jogo.*

real¹ (re.**al**)
real • *adjetivo de 2 gêneros* Do rei, ou relativo a ele: *A coroa **real** tem muitas pedras preciosas.*
real • *substantivo masculino* A moeda brasileira, dividida em 100 centavos: *Comprei um livro de histórias com os 50 **reais** que ganhei de aniversário.*
[Plural: *reais*.]

real² (re.**al**)
real • *adjetivo de 2 gêneros* Que existe de fato; verdadeiro: *Este filme foi feito a partir de uma história **real**.*
real • *substantivo masculino* Aquilo que existe; aquilo que não é sonho, nem é produto da imaginação; a realidade.
[Plural: *reais*.]

realidade (re.a.li.**da**.de) *substantivo feminino* Aquilo que existe ou acontece de verdade: *Há sonhos que se tornam **realidade**.*

realizar (re.a.li.**zar**) *verbo* **1.** Tornar real um desejo, uma ideia, etc.: *Quando conseguiu fazer aquela viagem, minha tia **realizou** um desejo de muitos anos.* **2.** Fazer; executar: *Carlos **realizou** um excelente trabalho.*

reaproveitar (re.a.pro.vei.**tar**) *verbo* Fazer novo uso de comida, roupa ou material: *Mamãe **reaproveitou** um pote de sorvete vazio para plantar uma muda de planta.*

rebanho (re.**ba**.nho) *substantivo masculino* Conjunto de animais, como bois, carneiros, porcos, etc.: *Esta fazenda tem um grande **rebanho** bovino (de bois, vacas e bezerros).*

rebater (re.ba.**ter**) *verbo* Chutar a bola de novo, ou devolvê-la numa direção diferente: *O menino recebeu a bola e a **rebateu** com rapidez.*

recado (re.**ca**.do) *substantivo masculino* Mensagem falada ou escrita, deixada com alguém (para que a transmita a outra pessoa) ou em um lugar ou em um aparelho: *Maria mandou um **recado** pelo irmão.*

receber ▶ **recomendar**

receber (re.ce.**ber**) *verbo* **1.** Aceitar (alguma coisa que se dá): *Guilherme ficou muito alegre quando recebeu o presente.* **2.** Ganhar dinheiro por um serviço feito: *Papai recebeu hoje o seu salário.* **3.** Ter como visita: *Paulo recebeu os amigos para o lanche.* **4.** Ganhar como recompensa: *O atleta ganhou a corrida e recebeu o prêmio que foi prometido.*

receita (re.**cei**.ta) *substantivo feminino* **1.** Lista de ingredientes e de instruções que servem para fazer uma comida ou bebida: *Esta receita de bolo é muito fácil.* **2.** Escrito que o médico dá ao paciente com o nome dos remédios que ele deve usar ou de um tratamento que deve fazer: *Mamãe mostrou a receita na farmácia e comprou o xarope para mim.*

recém-nascido (re.**cém**-nas.**ci**.do) *substantivo masculino* Criança que nasceu há pouco tempo: *O recém-nascido vai se chamar Júlio.* [Plural: *recém-nascidos*.]

recente (re.**cen**.te) *adjetivo de 2 gêneros* Que aconteceu ou passou a existir há pouco tempo: *Seu casamento é um fato recente.*

recepcionista (re.cep.ci.o.**nis**.ta) *substantivo de 2 gêneros* Pessoa que trabalha em hotel, hospital, aeroporto, empresa, etc., recebendo as pessoas: *O recepcionista do hotel foi muito educado conosco. A recepcionista da firma trata a todos com gentileza.*

rechear (re.che.**ar**) *verbo* Colocar recheio em: *Vovó recheou as empadas com camarão, azeitona e palmito.*

recheio (re.**chei**.o) *substantivo masculino* Tipo de alimento que se coloca no meio de um doce ou salgado: *Um biscoito com recheio de chocolate. Uma torta salgada com recheio de queijo.*

recibo (re.**ci**.bo) *substantivo masculino* Papel em que está escrito que a gente pagou ou entregou algo a alguém.

reciclagem (re.ci.**cla**.gem) *substantivo feminino* Tratamento que se dá a material usado (papel, metal, vidro, etc.) para ter um novo uso: *A reciclagem ajuda a preservar a natureza.* [Plural: *reciclagens*.]

recife (re.**ci**.fe) *substantivo masculino* Rochedo ou série de rochedos que ficam próximos à costa, ou que ficam cobertos pelas águas do mar, a pequena distância da costa: *Este farol mostra os recifes que existem aqui perto.*

recipiente (re.ci.pi.**en**.te) *substantivo masculino* Objeto em que se põem líquidos ou sólidos: *A leiteira é um recipiente para leite.*

recitar (re.ci.**tar**) *verbo* Ler ou falar em voz alta: *Ana recitou um lindo poema de Manuel Bandeira.*

reclamar (re.cla.**mar**) *verbo* É o mesmo que *queixar-se*: *Clara foi ao médico, pois reclama sempre de uma dor de cabeça. O vizinho reclamou do barulho.*

recolher (re.co.**lher**) *verbo* Pegar alguma coisa para pôr em outro lugar ou para guardar: *Por causa da chuva, mamãe recolheu a roupa do varal. Assim que acaba de brincar, João recolhe seus brinquedos.*

recomendar (re.co.men.**dar**) *verbo* Dar um conselho ou uma opinião que se baseia no conhecimento que se tem sobre algo: *O médico recomendou que o doente ficasse de cama.*

Rr recompensa ▶ rede

O que você e seus amigos gostam de fazer no recreio? Registre aqui.

recreio (re.**crei**.o) *substantivo masculino* Intervalo escolar durante as aulas: *No **recreio**, as crianças correm, brincam e lancham.*

recurso (re.**cur**.so) *substantivo masculino* É tudo aquilo (de dinheiro, materiais, etc.) que a gente tem e pode usar para ajudar a fazer algo acontecer.

recusar (re.cu.**sar**) *verbo* **1.** Não aceitar (coisa oferecida): *Maria **recusou** o prêmio, porque quis que sua amiga o recebesse.* **2.** Negar-se: *O doente **recusou**-se a comer.*

recompensa (re.com.**pen**.sa) *substantivo feminino* Prêmio em dinheiro, etc.: *Na história, o rapaz recebeu uma **recompensa** por ter salvo a cidade.*

reconhecer (re.co.nhe.**cer**) *verbo* **1.** Dar alguma coisa como certa: *Mamãe ouviu minha explicação e **reconheceu** que eu não tinha culpa.* **2.** Lembrar-se de alguém, de um lugar, ou de uma coisa: *Estou **reconhecendo** aquele menino, nós estudamos na mesma escola.*

recordação (re.cor.da.**ção**) *substantivo feminino* É o mesmo que *lembrança* (2): *Só tenho boas **recordações** das últimas férias.* [Plural: *recordações*.]

recordar-se (re.cor.**dar**-se) *verbo* Lembrar-se; fazer vir à memória: *Meu pai **se recorda** bem da sua infância.*

recortar (re.cor.**tar**) *verbo* **1.** Cortar em pedaços **2.** Cortar em volta de um desenho, de uma figura, separando-os, geralmente com uma tesoura, de uma página de revista ou de outro impresso: *Eu e meu irmão **recortamos** várias figuras de uma revista para fazer o trabalho da escola.*

redação (re.da.**ção**) *substantivo feminino* Trabalho escolar em que o aluno escreve sobre um assunto qualquer, como uma viagem, suas férias, etc. O objetivo desse trabalho é ensinar o aluno a expressar o que ele pensa, o que ele sabe, e a escrever bem: *Os alunos nesta escola fazem uma **redação** por semana.* [Plural: *redações*.]

rede (rê) (**re**.de) *substantivo feminino* **1.** Objeto formado por fios cruzados, com muitas aberturas, que serve para pescar: *O pescador jogou a **rede** no mar.* **2.** Objeto parecido com a rede (1) e que divide o campo de jogo em esportes como o tênis, o vôlei, etc.: *Já armamos a **rede** na mesa de pingue-pongue.* **3.** Objeto parecido com a rede (1) que se prende à trave do gol. **4.** Objeto geralmente feito de pano, preso pelas extremidades a uma parede, coluna, etc., e que serve para alguém, deitado, descansar ou dormir: *Nos dias de calor, João gosta de dormir na **rede**.* **5.** Conjunto de meios de comunicação: *Esta **rede** de televisão tem bons programas.* **6.** Canalização que distribui água, esgoto, gás, etc. **7.** Distribuidor de energia: *A **rede** elétrica.*

redigir ▶ reger

redigir (re.di.**gir**) *verbo* É o mesmo que *escrever*: *Marta redige bem.*

redondo (re.**don**.do) *adjetivo* Que tem forma semelhante à do círculo ou à da esfera: *A bola é redonda. O pneu é redondo.*

refazer (re.fa.**zer**) *verbo* Fazer de novo, geralmente o que não estava feito direito ou correto: *A professora mandou a gente refazer o exercício. Refiz o dever e acertei quase tudo.*

refeição (re.fei.**ção**) *substantivo feminino* Porção de alimento que comemos em horas determinadas do dia: *Sua refeição, pela manhã, é café com leite, pão com manteiga e uma fruta.* [Plural: *refeições*.]

refeitório (re.fei.**tó**.rio) *substantivo masculino* Local numa escola, numa empresa, num hospital, etc. em que as pessoas se alimentam.

referir-se (re.fe.**rir**-se) *verbo* Falar sobre alguma coisa ou sobre alguém: *Vovó sempre se refere à sua juventude. Pedro refere-se ao José como o seu melhor amigo.*

refletir (re.fle.**tir**) *verbo* **1.** Reproduzir a imagem de: *O espelho refletia o rosto feliz do menino.* **2.** É o mesmo que *pensar*: *Papai disse que ia refletir mais um pouco, antes de decidir que carro compraria.* **3.** Fazer voltar em outra direção (raios de luz, som, etc.): *A Lua reflete os raios do Sol.*

reflexo (*xo = cso*) (re.**fle**.xo) *substantivo masculino* A imagem refletida pelo espelho.

reflorestar (re.flo.res.**tar**) *verbo* Plantar árvores e plantas num lugar em que antes já existiram muitas plantas e muitas árvores.

reformar (re.for.**mar**) *verbo* Pôr em bom estado; consertar: *Para economizar, mamãe sempre reforma as roupas velhas.*

refrescar (re.fres.**car**) *verbo* Tornar fresco ou mais fresco: *O vento refresca as noites de verão.*

refresco (*frês*) (re.**fres**.co) *substantivo masculino* Bebida feita com suco natural de frutas, misturado com água e açúcar, que se serve, geralmente, gelada: *Este refresco de caju está uma delícia.*

refrigerante (re.fri.ge.**ran**.te) *substantivo masculino* Bebida industrial com gás e sem álcool, que se toma gelada: *Aqui em casa tomamos mais refresco do que refrigerante.*

regar (re.**gar**) *verbo* Jogar água nas plantas para molhá-las: *Vovó rega a horta todos os dias.*

reger (re.**ger**) *verbo* **1.** Governar como rei ou imperador: *D. Pedro II regeu o Brasil durante quase meio século.* **2.** Dirigir uma orquestra ou um conjunto musical, etc.: *Gláucia é uma maestrina, ela rege vários corais famosos.*

Rr — região ▶ rejuvenescer

região (re.gi.ão) *substantivo feminino* **1.** Grande extensão de terra: *Chove pouco nesta **região** do estado de Minas Gerais.* **2.** Extensão de terra que é diferente de outras por certas características, como, por exemplo, clima e vegetação: *Segundo o IBGE, o Brasil é dividido em cinco **regiões**: Norte, Nordeste, Centro-Oeste, Sudeste e Sul.* [Plural: *regiões*.]

regime (re.gi.me) *substantivo masculino* **1.** É o mesmo que *dieta*: *Por causa do **regime**, Maria recusou o bolo de chocolate.* **2.** A forma de governo de um país: *No Brasil, hoje em dia, vivemos num **regime** democrático. Isso quer dizer que todas as pessoas têm o direito de dizer o que pensam e que aqueles que já votam podem votar em quem quiser.*

registrar (re.gis.trar) *verbo* **1.** Pôr no papel, etc.: *Ana **registra** num diário como foi o seu dia.* **2.** Pôr som, ou imagem, ou som e imagem, em CD, DVD, filme, etc. **3.** Informar, para os fins legais, um roubo, furto, ou outro crime, na delegacia, etc.: *Roberta foi à delegacia **registrar** o roubo de seu carro.*

regra (re.gra) *substantivo feminino* Aquilo que indica o que pode e o que não pode ser feito: *Ivo está fora da competição porque não respeitou as **regras** do jogo.*

regressar (re.gres.sar) *verbo* Retornar, voltar: *Vovô já **regressou** da sua viagem ao Pará.*

régua (ré.gua) *substantivo feminino* Instrumento feito de madeira, plástico ou metal, que serve para a gente traçar linhas e medir distâncias: *Luciana desenhou a casa com uma **régua**.*

regulamento (re.gu.la.men.to) *substantivo masculino* Conjunto de regras, normas, etc., que as pessoas de um evento ou lugar devem seguir: *O **regulamento** do concurso diz que as canções inscritas devem ser inéditas. Papai disse que precisamos seguir o **regulamento** do condomínio.*

regular[1] (re.gu.lar) *adjetivo de 2 gêneros* **1.** Que se repete a intervalos iguais: *Carlos faz visitas **regulares** aos avós, vai almoçar com eles todos os domingos.* **2.** Que não é nem bom, nem mau: *João teve uma nota **regular** na prova.* [Plural: *regulares*.]

regular[2] (re.gu.lar) *verbo* **1.** Criar uma regra para algo. **2.** Ajustar para fazer funcionar melhor: ***Regular** um motor.*

rei (rei) *substantivo masculino* **1.** Aquele que governa um reino: *O último **rei** da França chamava-se Luís Filipe.* [Feminino: *rainha*.] **2.** Certa carta do baralho: *No baralho há dois **reis** vermelhos e dois **reis** pretos.* **3.** Peça principal do xadrez: *Quando o **rei** atacado não pode escapar, diz-se que ele levou um xeque-mate.* [Feminino (em certos casos): *rainha*.]

reino (rei.no) *substantivo masculino* **1.** Estado ou lugar governado por rei ou rainha: *Dom Manuel I era o rei do **reino** de Portugal quando Pedro Álvares Cabral chegou ao Brasil.* **2.** Cada uma das grandes divisões em que se agrupam todos os seres da natureza: *O **reino** animal. O **reino** vegetal. O **reino** mineral.*

rejeitar (re.jei.tar) *verbo* É o mesmo que *recusar*: *Guilherme quis fazer o dever de casa sozinho, por isso **rejeitou** a ajuda de sua mãe.*

rejuvenescer (re.ju.ve.nes.cer) *verbo* Ficar ou parecer mais jovem: *Meu avô, depois que começou a praticar esporte, **rejuvenesceu**.*

relação ▶ remetente **Rr**

relação (re.la.**ção**)
substantivo feminino
1. Lista de pessoas ou de coisas: *A relação dos alunos da escola. O pedreiro fez a relação do material necessário para a obra.* **2.** Ligação entre coisas ou pessoas: *É claro que há uma relação entre correr e ficar cansado. Minha relação com Ana é de amizade.* [Plural: *relações*.]

relacionar (re.la.cio.**nar**)
verbo **1.** Pôr junto; ligar, unir: *O exercício pedia para que se relacionasse cada nome de bicho ao seu desenho.* **2.** Ter uma relação de amizade, de respeito, etc., com alguém: *Eles dois não se relacionam, pois são dois teimosos.* **3.** Ter um bom relacionamento com as pessoas, tratá-las sempre bem: *Márcio é um menino simpático que se relaciona bem com os colegas.*

relâmpago (re.**lâm**.pa.go)
substantivo masculino Luz forte e rápida produzida pelo raio: *O relâmpago iluminou o quarto.* ➡

relativo (re.la.**ti**.vo) *adjetivo* Que indica relação; que diz respeito a: *A palavra real significa também 'relativo a rei ou a rainha, que tem relação com coisas de rei ou de rainha'.*

relaxar (xar = char) (re.la.**xar**)
verbo **1.** Diminuir a força de: *— Luís, relaxe a mão, assim você vai quebrar o ovo.* **2.** Tornar menos esticado: *Vovó largou a sacola e relaxou o braço.* **3.** Tratar sem cuidado: *Tito estava cansado, mas não relaxou nas tarefas.* **4.** Descansar corpo e mente: *— Os domingos — diz meu pai — foram feitos para relaxar.*

reler (re.**ler**) *verbo* Ler de novo, tornar a ler: *O professor disse que devíamos ler e reler as questões da prova.*

relevo (lê) (re.**le**.vo) *substantivo masculino* Qualquer diferença do solo em que ele tem mais ou tem menos altura na superfície: *O relevo de Minas Gerais é bem diferente do relevo do Rio Grande do Sul.*

religião (re.li.gi.**ão**) *substantivo feminino* Crença que uma pessoa tem em um Deus ou em vários deuses, e que a faz viver de certo modo e seguir certas regras: *Os três meninos tinham religiões diferentes, mas eram muito amigos.* [Plural: *religiões*.]

religioso (ôso) (re.li.gi.**o**.so) *adjetivo* **1.** Que pertence a uma religião. **2.** Que tem fé em uma religião: *Minha prima é muito religiosa.*

relógio (re.**ló**.gio) *substantivo masculino*
1. Aparelho usado para medir intervalos de tempo. Os relógios marcam as horas e podem ser de diversos tipos e tamanhos: *Os primeiros relógios criados pelos seres humanos foram os de sol.* **2.** Aparelho que marca o consumo de água, luz, gás, etc.: *Um rapaz veio até o relógio da nossa casa e anotou o nosso gasto de eletricidade.*

remédio (re.**mé**.dio) *substantivo masculino* Substância (sólida ou líquida) que tem a finalidade de tratar ou curar uma doença, etc.: *Vovó toma remédio para o coração.*

remetente (re.me.**ten**.te) *substantivo de 2 gêneros* Pessoa que envia uma carta, um *e-mail*, uma mensagem ou uma encomenda: *Bernardo, o destinatário do e-mail, respondeu ao remetente, Luís.*

Rr remo ▶ repreensão

remo (**re**.mo) *substantivo masculino*
1. Instrumento, geralmente de madeira, que é um cabo com uma parte chata numa das extremidades, usado para movimentar pequenas embarcações: *Esta canoa é movida por quatro **remos**.*
2. Esporte em que os atletas participam de corridas de barcos, de canoas, que se movem pelo movimento dos remos: *Neste lago, há competições de **remo**.*

renda¹ (**ren**.da) *substantivo feminino* Dinheiro que se consegue com o trabalho, ou, então, o dinheiro que se ganha ao deixar nosso dinheiro por um determinado tempo no banco: *Depois que mamãe começou a trabalhar, a **renda** da nossa família aumentou.*

renda² (**ren**.da) *substantivo feminino* Tecido leve e delicado em que os fios não ficam muito juntos e formam desenhos: *No dia do seu casamento, Maria usou um vestido de **renda** branca.*

reparar (re.pa.**rar**) *verbo* 1. Ver, notar: *Mamãe **reparou** que o meu vestido está descosturado.* 2. Consertar o que estava com defeito ou em mau estado: *Vovó mandou **reparar** as cortinas da sala.* 3. Fazer algo para diminuir o resultado de algo ruim que foi feito: ***Reparar** um erro.*

repartir (re.par.**tir**) *verbo* Separar em partes; dividir: *Luísa **repartiu** o bolo em dez partes iguais e distribuiu para as visitas.*

repentino (re.pen.**ti**.no) *adjetivo* Diz-se do que acontece ou daquilo que a gente sente de repente, isto é, de um instante para outro e sem que a gente esteja esperando: *Todo susto que a gente leva é algo **repentino**.*

repetir (re.pe.**tir**) *verbo* Tornar a dizer, ou a fazer, etc.: *O professor **repetiu** a explicação. Para ir ao trabalho, papai **repete** sempre o mesmo caminho.*

repolho (pô) (re.**po**.lho) *substantivo masculino* Planta com várias folhas, que formam uma bola. Nós a comemos cozida ou em salada: *André gosta muito de **repolho** cru temperado com azeite e vinagre.* 438

reportagem (re.por.**ta**.gem) *substantivo feminino* É a atividade de quem é repórter. É o trabalho de pesquisa e de entrevistas que um repórter faz sobre um assunto, um acontecimento, ou sobre alguém, etc., e é também o resultado desse trabalho, isto é, um texto ou filmagem com informações obtidas: *Gosto muito de ver as **reportagens** desse programa, pois elas costumam ser muito interessantes.* [Plural: *reportagens*.]

repórter (re.**pór**.ter) *substantivo de 2 gêneros* Pessoa que colhe e dá notícias ou informações pelo jornal ou por qualquer outro meio de comunicação: *O pai de José trabalha como **repórter** na televisão. Minha tia é **repórter** de um jornal. Vários **repórteres** acompanharam o lançamento do livro.* [Plural: *repórteres*.]

repousar (re.pou.**sar**) *verbo* É o mesmo que descansar: *Vovó gosta de **repousar** depois do almoço.*

repreender (re.pre.en.**der**) *verbo* Falar sério com alguém, por não concordar com seu modo de agir: *Carlota disse uma mentira e a mãe a **repreendeu**.*

repreensão (re.pre.en.**são**) *substantivo feminino* Ação de repreender, de ralhar com alguém. [Plural: *repreensões*.]

represa ▶ **reserva**

Rr

represa (prê) (re.**pre**.sa) *substantivo feminino* Construção que se faz para juntar água de um rio na forma de um grande lago: *A **represa** de Três Marias, em Minas Gerais, fica no rio São Francisco.*

representação (re.pre.sen.ta.**ção**) *substantivo feminino* Atividade de representar: *A **representação** que Marcos fez de um palhaço foi muito engraçada.* [Plural: *representações*.]

representar (re.pre.sen.**tar**) *verbo* **1.** Ser a imagem de: *Este desenho **representa** uma floresta.* **2.** Fazer um personagem em peça de teatro, filme, novela, etc.: *Ana **representou** uma fada na peça que fizemos na escola.*

reprodução (re.pro.du.**ção**) *substantivo feminino* Ação ou processo de reproduzir(-se), ou o resultado dessa ação ou processo: *As abelhas contribuem para a **reprodução** das flores transportando o pólen. Este livro contém muitas **reproduções** de quadros de grandes pintores.* [Plural: *reproduções*.]

reprodutor (tôr) (re.pro.du.**tor**) *adjetivo* Que serve para reproduzir: *Os órgãos **reprodutores** das flores.* [Plural: *reprodutores*.]

reproduzir (re.pro.du.**zir**) *verbo* **1.** Copiar, representando: *Neste quadro, o pintor **reproduz** a paisagem das montanhas.* **2.** Multiplicar-se (animal ou vegetal): *Os coelhos se **reproduzem** muito.*

reprovação (re.pro.va.**ção**) *substantivo feminino* Ação de reprovar. [Plural: *reprovações*.]

reprovar (re.pro.**var**) *verbo* **1.** Dizer que não gosta de algo ou que não concorda com algo. **2.** Dizer, após avaliação, que o aluno ainda não tem o conhecimento necessário para avançar para a série ou ano seguinte: *A professora **reprovou** o meu irmão em Matemática.*

réptil (**rép**.til) *substantivo masculino* Animal vertebrado que tem a pele coberta de escamas ou de placas duras. Os répteis não têm pernas (como as *cobras*), ou têm pernas muito curtas (como a *tartaruga*, o *jacaré* e o *lagarto*). Respiram pelos pulmões e se reproduzem por meio de ovos: *O jacaré é um **réptil** de focinho largo e chato e de cauda bem grossa e comprida.* [Plural: *répteis*.]

república (re.**pú**.bli.ca) *substantivo feminino* Forma de governo na qual o povo vota para eleger quem vai governar o país por um determinado tempo: *O Brasil é uma **república** e o nosso Presidente governa durante quatro anos.*

reserva (re.**ser**.va) *substantivo feminino* **1.** Ação de reservar. **2.** Área usada para a preservação de animais e plantas. **3.** Área determinada por lei para ser ocupada por um povo indígena. **4.** Jogador ou jogadora que fica de fora durante a partida, mas que pode entrar e jogar se o técnico ou treinador determinar.

reservar (re.ser.**var**) *verbo* **1.** Guardar; pôr de lado para usar depois ou para dar a alguém: *Ganhei dez doces, mas reservei sete para dar aos meus amigos.* **2.** Garantir lugar para viajar, para assistir a um espetáculo, para hospedar-se em hotel, etc., ao ligar ou escrever para quem pode cuidar desse tipo de coisa: *Papai já reservou as passagens para o Nordeste.*

resfriado (res.fri.**a**.do) *substantivo masculino* Doença causada por vírus, que leva o doente a se sentir fraco, com dor no corpo, febre, catarro, além de ficar tossindo e espirrando: *André pegou um resfriado, mas foi ao médico e logo ficou bom.*

residência (re.si.**dên**.cia) *substantivo feminino* Casa ou lugar onde alguém mora: *A residência de Lúcia fica perto da escola.*

Cole uma foto de sua residência.

residir (re.si.**dir**) *verbo* Viver em determinado lugar; morar, habitar: *Meu primo mudou-se do Brasil, agora ele reside no Japão. Vovó residia numa bela casa, resolveu vendê-la e agora mora num apartamento.*

resistente (re.sis.**ten**.te) *adjetivo de 2 gêneros* Que não se rompe ou que não se estraga com facilidade: *A lona do circo é muito resistente.*

resolver (re.sol.**ver**) *verbo* **1.** Achar a solução de: *Mateus soube resolver o exercício.* **2.** Dar a solução para: *O metrô resolverá o problema de transporte na cidade.* **3.** É o mesmo que decidir: *Carlos vai viajar amanhã. Por isso, resolvi visitá-lo hoje.*

respeitar (res.pei.**tar**) *verbo* **1.** Ter respeito por alguém: *Devemos respeitar os professores.* **2.** Obedecer; cumprir: *Respeitar as leis é o dever de todos.*

respeito (res.**pei**.to) *substantivo masculino* Ato de tratar bem uma pessoa, de tratá-la com educação, sem lhe causar qualquer mal: *Devemos ter respeito por todas as pessoas mais velhas.*

respiração (res.pi.ra.**ção**) *substantivo feminino* Atividade realizada naturalmente pelo nosso corpo (isto é, sem que a gente precise pensar), na qual o ar entra, deixando oxigênio, e sai, levando gás carbônico. [Plural: *respirações*.]

respirar (res.pi.**rar**) *verbo* **1.** Levar o ar aos pulmões, etc., retirando dele oxigênio e devolvendo para a atmosfera gás carbônico. A maioria dos peixes respira pelas brânquias, órgãos que ficam perto da cabeça. Os insetos respiram pelas traqueias, um sistema de tubos muito pequenos. Há ainda animais, como a minhoca, que respiram pela pele: *A poluição prejudica o ar que respiramos.* **2.** Ter momentos de descanso: *Trabalhou muito e só agora conseguiu respirar.*

respiratório (res.pi.ra.**tó**.rio) *adjetivo* Da respiração; relativo à respiração; que serve para respirar: *O sistema respiratório. O mergulhador usava um aparelho respiratório.*

responder (res.pon.**der**) *verbo* **1.** Dar resposta: *Juca respondeu que não sabia as horas, pois estava sem relógio. Luís não respondeu, porque não ouviu a pergunta. Aquele aluno responde sempre bem às perguntas do professor.* **2.** Responsabilizar-se por: *Cada um deve responder pelo que faz.*

responsabilidade (res.pon.sa.bi.li.**da**.de) *substantivo feminino* **1.** Característica de quem é responsável, de quem age de modo correto, de quem cumpre com suas obrigações: *Papai diz que, apesar da minha pouca idade, eu tenho responsabilidade.* **2.** Aquilo pelo qual a gente é responsável: *A responsabilidade dos alunos é prestar atenção ao que o professor ensina e estudar para aprender.*

responsável (res.pon.**sá**.vel) *adjetivo de 2 gêneros* **1.** Diz-se de quem deve responder pelos seus próprios atos, ou pelos de outra pessoa: *Os pais são responsáveis pelos filhos pequenos.* **2.** Diz-se de quem está obrigado a fazer alguma coisa: *Marta ficou responsável pela limpeza da casa.* **3.** Que cumpre suas obrigações: *Eduardo é um trabalhador responsável.* [Plural: *responsáveis*.]

resposta (res.**pos**.ta) *substantivo feminino* Aquilo que dizemos ou escrevemos quando alguém nos pergunta alguma coisa: *Perguntei "Como vai?". "Bem, obrigado" foi a resposta do menino. Acertei quase todas as respostas do teste.*

restabelecer (res.ta.be.le.**cer**) *verbo* Pôr de novo no antigo estado ou na antiga condição: *O remédio restabeleceu a saúde do doente.*

restar (res.**tar**) *verbo* É o mesmo que *sobrar*: *Todos os meninos ganharam balas e ainda restaram 20.*

restaurante (res.tau.**ran**.te) *substantivo masculino* Estabelecimento onde as pessoas, depois de escolher a comida e a bebida, comem e bebem sentadas à mesa, pagando a conta quando terminam: *Ontem jantamos num restaurante muito bom.*

resto (**res**.to) *substantivo masculino* **1.** Aquilo que sobra, que fica de algo de que se tirou uma ou várias partes. **2.** Numa conta de dividir, é o número ou a quantidade que sobra. Exemplo: em 20 ÷ 3, o resultado é 6 (ou seja, 6 + 6 + 6 = 18), mas o resto é 2, pois 20 - 18 = 2.

resultado (re.sul.**ta**.do) *substantivo masculino* **1.** Aquilo que nasce de alguma coisa, que é consequência dela: *A vacina contra a raiva foi o resultado de uma pesquisa muito importante.* **2.** Produto de uma operação matemática: *O resultado da adição está correto.*

resumo (re.**su**.mo) *substantivo masculino* Escrito ou fala com poucas palavras: *Bruno escreveu um resumo da história que a professora contou.*

reta (**re**.ta) *substantivo feminino* Linha, traço ou risco que segue sempre a mesma direção: *Madu desenhou a casa traçando oito retas.*

347

Rr retangular ▶ riacho

retangular (re.tan.gu.**lar**) *adjetivo de 2 gêneros* Que tem a forma de um retângulo: *A bandeira do Brasil é **retangular**.* [Plural: *retangulares*.]

retângulo (re.**tân**.gu.lo) *substantivo masculino* Figura que tem quatro lados, dois maiores iguais e paralelos, e dois menores também iguais e paralelos: *Na casa de vovó, a mesa de jantar tem a forma de um grande **retângulo**.* 430

retirar (re.ti.**rar**) *verbo* **1.** Tirar de onde estava: *Carol **retirou** a mala do armário.* **2.** Tirar dinheiro do banco, etc.: *Mamãe **retirou** R$ 50,00 para pagar a minha mesada.*

reto (**re**.to) *adjetivo* Que não tem curva ou curvas; que segue sempre a mesma direção: *O automóvel corria mais na parte **reta** da estrada.*

retornar (re.tor.**nar**) *verbo* **1.** Voltar ao ponto de onde saiu; regressar: *Mamãe **retornou** de sua viagem.* **2.** Ir novamente: *Os policiais **retornaram** ao local do acidente.*

retrato (re.**tra**.to) *substantivo masculino* **1.** Representação da imagem de uma pessoa por meio de um desenho, de uma pintura, de uma fotografia, etc.: *Para tirar certos documentos, precisamos de um **retrato**, isto é, de uma fotografia.* **2.** Pessoa muito parecida com outra: *Todos dizem que sou o **retrato** do meu avô.*

retrovisor (sôr) (re.tro.vi.**sor**) *substantivo masculino* Cada um dos espelhos de um veículo por onde o motorista vê o que está acontecendo com os veículos que estão atrás dele, etc.: *Papai viu pelo **retrovisor** que uma moto se aproximava em alta velocidade.* [Plural: *retrovisores*.]

réu (réu) *substantivo masculino* Para a justiça, aquele que foi acusado de ter praticado um crime, ou de ter causado um prejuízo, etc.: *Os jurados decidiram que o **réu** era inocente.* [Feminino: *ré*.]

reunião (re.u.ni.**ão**) *substantivo feminino* Encontro de duas ou mais pessoas para conversar, para tratar de determinado assunto, ou para se divertirem: *Papai foi a uma **reunião** de trabalho. Luci fez uma **reunião** no dia de seu aniversário.* [Plural: *reuniões*.]

reunir (re.u.**nir**) *verbo* **1.** Tornar a unir (o que estava unido e se separou): *João **reuniu** as duas partes da página rasgada e colou-as.* **2.** Juntar: *À tarde, o vaqueiro **reúne** o gado.* **3.** Fazer uma reunião: *Os funcionários **reuniram**-se depois do trabalho.*

revisão (re.vi.**são**) *substantivo feminino* **1.** Ação de rever, ou o resultado desta ação. **2.** Exame para verificar se um carro ou um aparelho, etc. está funcionando bem: *Meu pai, de seis em seis meses, leva seu carro para a **revisão**.* [Plural: *revisões*.]

revista (re.**vis**.ta) *substantivo feminino* Espécie de caderno em geral de capa mole, com textos e imagens que tratam de vários assuntos ou de um assunto determinado: *Minha tia compra todos os meses uma **revista** de moda.*

rezar (re.**zar**) *verbo* Dirigir o pensamento a Deus, ou dizer ou fazer uma oração: *Minha avó **reza** todas as noites.*

riacho (ri.a.cho) *substantivo masculino* Pequeno rio: *Dom Pedro deu o grito da Independência às margens do **riacho** Ipiranga.*

348

rico ▶ **robô**

rico (**ri**.co) *adjetivo* **1.** Que possui muitas coisas de valor; que tem riquezas: *Algumas pessoas acham que só pode ter muito dinheiro quem já nasceu rico, mas felizmente isso não é verdade.* **2.** Que tem ou produz em grande quantidade: *O Brasil é rico em minerais.*

rigoroso (ri.go.ro.so) *adjetivo* **1.** Que exige que se faça alguma coisa: *Minha professora é rigorosa. Ela tira ponto de quem não faz o dever de casa.* **2.** Muito forte: *O inverno, este ano, foi rigoroso.*

rim (rim) *substantivo masculino* Cada um dos dois órgãos que produzem a urina: *O rim tem a forma de um grão de feijão.* [Plural: *rins*.]

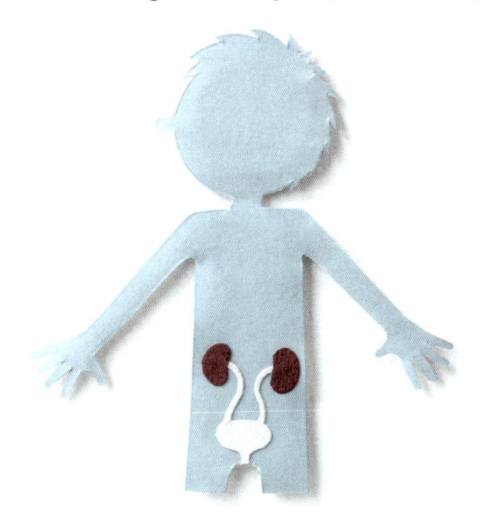

rima (**ri**.ma) *substantivo feminino* **1.** Semelhança de sons em final de palavra de dois ou mais versos: *Fui à Espanha / buscar o meu chapéu / azul e branco / da cor daquele céu. Aqui a palavra chapéu faz rima com a palavra céu.* **2.** Semelhança de sons no final de duas ou mais palavras: *Há rima nas palavras felicidade, saudade, cidade, idade.*

rimar (ri.**mar**) *verbo* **1.** Fazer rimas: *Meu amigo sabe rimar muito bem.* **2.** Estar em rima: *Coração rima com canção.*

rinoceronte (ri.no.ce.**ron**.te) *substantivo masculino* Animal grande, pesado, de pele grossa e cauda curta, com um ou dois chifres no nariz, que vive na África e na Ásia: *No zoológico foi do rinoceronte que Edu mais gostou.*

rio (**ri**.o) *substantivo masculino* As águas que se deslocam de um lugar mais alto para outro mais baixo, aumentando de volume até se juntar às águas de outro rio, de um lago ou do mar: *O São Francisco é um rio que corre apenas dentro do Brasil.*

riqueza (ri.**que**.za) *substantivo feminino* Qualidade de quem ou do que é rico: *Este empresário é dono de uma imensa riqueza. A riqueza da música brasileira.*

rir (rir) *verbo* **1.** Manifestar alegria com certos movimentos do rosto: *O palhaço fez com que as crianças rissem.* **2.** É o mesmo que zombar: *Carlos riu dos amigos que tiveram medo do cachorro.*

riscar (ris.**car**) *verbo* Fazer um ou mais riscos em papel, superfície, etc.

risco (**ris**.co) *substantivo masculino* **1.** Qualquer traço na superfície de um objeto: *Papai ficou bravo por causa do risco que fizeram no seu carro.* **2.** Perigo ou possibilidade de perigo: *É um risco atravessar a rua fora da faixa.*

riso (**ri**.so) *substantivo masculino* Expressão do rosto em que os lábios se esticam, deixando, geralmente, que os dentes apareçam. É uma forma que o nosso corpo tem de dizer que estamos felizes ou nos divertindo. O riso geralmente é acompanhado por um brilho diferente do olhar e um som de alegria.

ritmo (**rit**.mo) *substantivo masculino* **1.** Movimento ou ruído que se repete de modo regular: *O ritmo das ondas do mar. O ritmo dos pingos da chuva na janela.* **2.** Harmonia de sons ou de movimentos: *Vera canta com ritmo e Juca dança com ritmo também.*

robô (ro.**bô**) *substantivo masculino* Máquina que pode, ou não, ter aparência semelhante à do ser humano e que realiza determinadas tarefas, podendo também substituir o homem em trabalhos perigosos: *Os meninos construíram um robô na aula de Ciências.*

Rr roca ▸ rodoviário

roca (**ro**.ca) *substantivo feminino* É uma ferramenta de madeira, geralmente longa e fina, com uma parte meio redonda numa das pontas, na qual se enrolam o algodão, o linho, etc., ainda no seu estado natural, para que deles sejam retiradas as fibras que serão transformadas em fio. Era muito usada antigamente, junto com o fuso, na fiação manual de lã e outros tecidos. Ainda hoje é usado, especialmente no meio rural.

roça (**ro**.ça) *substantivo feminino* **1.** Terreno onde se fazem pequenas plantações; lavoura: *Na fazenda, temos uma **roça** de milho.* **2.** Área fora das cidades; o campo: *Meu primo mora na **roça**.*

rocha (**ro**.cha) *substantivo feminino* Massa de pedra muito dura formada por um ou mais minerais: *Há **rochas** que nascem de erupções vulcânicas.*

rochedo (*chê*) (**ro**.**che**.do) *substantivo masculino* Rocha grande e elevada: *Este farol ilumina os **rochedos**, para que os navios os evitem.*

roda (**ro**.da) *substantivo feminino* **1.** Peça de formato circular que se movimenta em redor de outra chamada eixo e que tem várias utilidades, como movimentar veículos, etc.: *A **roda** é, sem dúvida nenhuma, uma das mais importantes invenções do homem.* **2.** É o mesmo que *grupo*: *Minha **roda** de amigos é divertida.* **3.** Círculo de pessoas de mãos dadas, que giram ao som de músicas: *Ana gosta muito de brincar de **roda**.*

roda-gigante (**ro**.da-gi.**gan**.te) *substantivo feminino* Brinquedo de parque de diversões: uma grande roda vertical com assentos presos nela, que permanecem na horizontal enquanto a roda-gigante gira: *Quando a **roda-gigante** gira, quem está sentado embaixo sobe e quem está sentado em cima desce.* [Plural: *rodas-gigantes*.]

rodeado (ro.de.**a**.do) *adjetivo* Que é ou está cercado por algo, por alguém, etc.: *Chegou à festa **rodeado** de amigos.*

rodovia (ro.do.**vi**.a) *substantivo feminino* Estrada, geralmente com asfalto, que liga duas ou mais cidades: *Papai acha esta **rodovia** muito perigosa. Ele sempre dirige nela com muito cuidado e atenção.*

rodoviária (ro.do.vi.**á**.ria) *substantivo feminino* **1.** Estação onde embarcam e desembarcam passageiros de ônibus que vão para outras cidades, outros estados, etc.: *Como meu avô vai viajar, vamos levá-lo à **rodoviária**.* **2.** Mulher que trabalha dirigindo ônibus, ou como trocadora.

rodoviário (ro.do.vi.**á**.rio)
rodoviário • *adjetivo* **1.** Que é feito em rodovias, estradas e ruas: *O transporte **rodoviário**.* **2.** Que trabalha em rodovia: *Meu tio é policial **rodoviário**.*
rodoviário • *substantivo masculino* Homem que trabalha dirigindo ônibus, ou como trocador: *Os **rodoviários** entraram em greve.*

roedor (dôr) (ro.e.dor)
  roedor • *adjetivo* Que rói: *A traça é um inseto* **roedor** *de livros e roupas.*
  roedor • *substantivo masculino* Animal mamífero cujos dentes da frente crescem sempre e que, por isso, sente necessidade de roer para gastá-los. São os ratos, os esquilos, etc.: *A capivara é o maior* **roedor** *do mundo.* [Plural: *roedores*. Feminino: *roedora*.]

roer (ro.er) *verbo* Cortar com os dentes sem parar, ou destruir aos pouquinhos: *O rato* **roeu** *a roupa do rei de Roma.*

roído (ro.í.do) *adjetivo* Diz-se daquilo que um bicho, um inseto ou uma pessoa roeu: *Mamãe não gostou nada quando viu o tapete da sala* **roído***.*

rolar (ro.lar) *verbo* Virar várias vezes sobre si mesmo, ganhando, assim, movimento: *As pedras que* **rolaram** *morro abaixo atingiram um carro.*

rolha (rô) (ro.lha) *substantivo feminino* Peça feita de cortiça (casca de certas árvores), borracha, vidro, etc., que serve para tapar garrafas: *Júlio fez um barquinho com as* **rolhas** *tiradas das garrafas vazias.*

rolinha (ro.li.nha) *substantivo feminino* Pequeno pássaro, menor que um pombo, que vive no campo e na cidade: *Da minha janela vejo muitos pássaros: andorinhas, bem-te-vis,* **rolinhas** *e sabiás.*

rolo (rô) (ro.lo) *substantivo masculino* Objeto em forma de cilindro: *Existem* **rolos** *de vários tipos. Minha mãe tem um* **rolo** *para massa de pastel.*

romã (ro.mã) *substantivo feminino* O fruto de uma árvore chamada *romãzeira*. A parte que se come é a polpa que envolve as sementes: *Minha mãe gosta muito de chá de casca de* **romã***.* [Plural: *romãs*.]

romper (rom.per) *verbo* **1.** Fazer em pedaços: *A força da água* **rompeu** *a represa.* **2.** Cortar relações: *Os dois meninos* **romperam** *sua amizade, mas depois de uma semana fizeram as pazes.*

roncar (ron.car) *verbo* Respirar fazendo barulho enquanto dorme: *Minha tia reclama que meu tio* **ronca** *muito.*

rosa (ro.sa)
  rosa • *substantivo feminino* **1.** A flor da *roseira*. Pode ser branca, amarela, rosa, vermelha, etc., e geralmente tem perfume. **2.** Cor-de-rosa: *O* **rosa** *desta flor é muito bonito.* **431**
  rosa • *adjetivo de 2 gêneros* De cor rosa: *Mamãe comprou um vestido* **rosa** *para Natália.*

roseira (ro.sei.ra) *substantivo feminino* Planta muito cultivada em jardins pelas suas flores, as rosas. Nos galhos da roseira há espinhos que podem machucar quem se encostar neles.

rosnar (ros.nar) *verbo* Emitir o cão, o lobo, etc., som diferente do latido, mostrando que está bravo: *O cachorro estava roendo um osso, e* **rosnou** *quando me aproximei.*

Rr rosto ▸ rueiro

rosto (rôs) (ros.to) *substantivo masculino* Parte da frente da cabeça; cara: *Lúcia lava o rosto com um sabonete especial.*

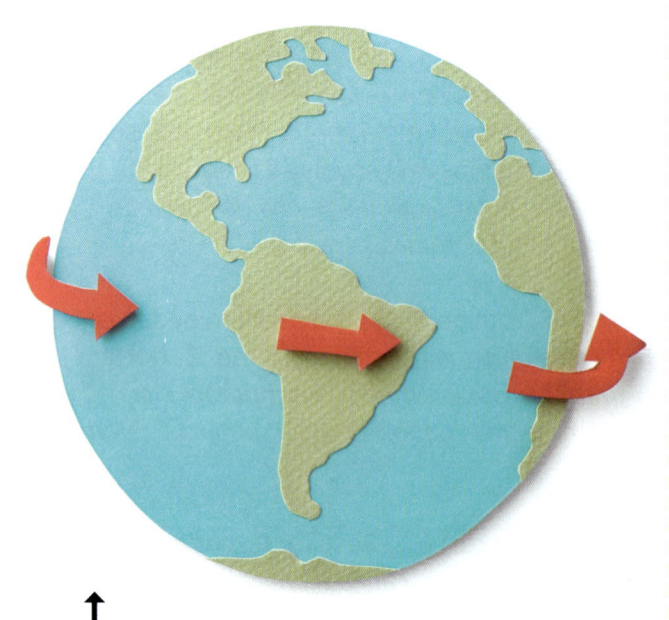

rotação (ro.ta.ção) *substantivo feminino* Movimento giratório em torno de um eixo: *A Terra leva 24 horas para realizar o movimento de rotação, ou seja, para girar em torno de si mesma.* [Plural: *rotações.*]

rotina (ro.ti.na) *substantivo feminino* Aquilo que se faz sempre do mesmo modo: *A rotina diária de Isa era acordar, tomar banho, tomar o café da manhã, ir para escola, sair da escola, ir para casa, almoçar, fazer o dever, brincar, tomar banho, jantar e ir dormir.*

rótulo (ró.tu.lo) *substantivo masculino* Papel ou plástico que é colado, geralmente ao redor, de uma caixa, garrafa ou outro recipiente, para indicar o que há dentro dele ou para trazer mais alguma informação sobre ele: *No rótulo do produto estava escrito "Cuidado. Substância tóxica."*

roubado (rou.ba.do) *adjetivo* Diz-se daquilo que alguém roubou: *Hoje de manhã, tinha um carro roubado abandonado na minha rua.*

roubar (rou.bar) *verbo* Tirar uma coisa de alguém geralmente usando de violência: *Os ladrões roubaram o banco.*

roubo (rou.bo) *substantivo masculino* Aquilo que se rouba: *Os ladrões esconderam o roubo para apanhá-lo depois.*

roupa (rou.pa) *substantivo feminino* Peça de tecido, de couro ou de plástico que a gente usa para cobrir, proteger ou enfeitar o corpo ou parte dele; traje: *As camisas, as calças, as blusas e os vestidos são roupas. Usei minha roupa de super-herói na festa à fantasia na minha escola.*

roupão (rou.pão) *substantivo masculino* Roupa larga e comprida, aberta na frente, que se usa antes ou depois do banho, ou de dormir, etc.: *Uso roupão sempre que saio da piscina e vou para o vestiário, depois da aula de natação.* [Plural: *roupões.*]

roxo (rô .... xo = cho) (ro.xo)
roxo • *substantivo masculino* Cor que se obtém misturando o vermelho com o azul: *O roxo é minha cor favorita.* 431
roxo • *adjetivo* Que tem essa cor: *Minha mãe ficou triste porque sua blusa roxa favorita manchou com molho de tomate quando ela comia macarronada.*

rua (ru.a) *substantivo feminino* **1.** Cada um dos caminhos da cidade por onde as pessoas andam (na calçada) e os veículos passam (no meio da rua): *Minha escola fica numa rua tranquila.* **2.** Qualquer lugar fora de casa: *Este menino não para em casa, está sempre na rua.*

rubi (ru.bi) *substantivo masculino* Pedra preciosa de cor vermelha. Tem muito valor e é usada em joias: *Minha avó tem um anel com rubi que ganhou da mãe dela.* 430

rude (ru.de) *adjetivo de 2 gêneros* Diz-se de pessoa mal-educada, grosseira: *Papai sempre diz que não devemos ser rudes.*

rueiro (ru.ei.ro) *adjetivo* Diz-se de quem quase não para em casa, porque gosta de ficar na rua: *Mimi é um gato rueiro. Quase nunca está em casa quando vovô Anderson o procura.*

ruga (ru.ga) *substantivo feminino* Prega ou dobra na pele, ou em qualquer superfície: *Vovó está com 80 anos e tem muitas **rugas** no rosto.*

ruído (ru.í.do) *substantivo masculino* Qualquer barulho: *O **ruído** do trânsito de automóveis.*

ruim (im) (ru.im) *adjetivo de 2 gêneros* **1.** Que prejudica, que é nocivo, mau: *Os gafanhotos são insetos **ruins** para as plantações.* **2.** Malvado, mau: *O criminoso era uma pessoa **ruim**.* **3.** De má qualidade: *O tecido dessa blusa é **ruim**.* **4.** Que não é gostoso: *— Que bebida **ruim**!* [Plural: *ruins*.]

ruína (ru.í.na) *substantivo feminino* Restos de construções estragadas pela ação do tempo ou por outros motivos: *Nas cidades onde houve guerra, existem muitas **ruínas**. Em Roma, há **ruínas** muito antigas, de mais de 2.000 anos.*

ruivo (rui.vo)
ruivo • *adjetivo* Diz-se de homem, rapaz ou menino que tem o cabelo entre o amarelo e o vermelho: *— Você sabe o nome daquela menina **ruiva**?*
ruivo • *substantivo masculino* Homem, rapaz ou menino que tem o cabelo entre o amarelo e o vermelho.

ruminante (ru.mi.nan.te)
ruminante • *adjetivo de 2 gêneros* Diz-se de animal herbívoro que torna a mastigar o alimento que, depois de engolido, volta do estômago à boca: *Os bois, os veados e as girafas são animais **ruminantes**.*
ruminante • *substantivo masculino* Animal mamífero herbívoro que torna a mastigar o alimento que, depois de engolido, volta do estômago à boca: ***Ruminantes** são animais como a vaca e o boi, que mastigam o capim várias vezes, o engolem e depois devolvem o capim para a boca para mastigar mais e mais vezes.*

rumo (ru.mo) *substantivo masculino* **1.** Cada uma das direções que se pode seguir: *A polícia não sabe o **rumo** que o ladrão tomou.* **2.** Direção; caminho: *No **rumo** da minha casa há uma praça.*

rural (ru.ral) *adjetivo de 2 gêneros* Do campo, da agricultura e da pecuária: *Zona **rural**. Paisagem **rural**.* [Plural: *rurais*.]

Uma visita ao Rio Grande do Norte

S

sabão (sa.**bão**) *substantivo masculino* Produto usado para limpar aquilo que está sujo. O sabão pode ser em barra, líquido, em pó ou em pasta, e geralmente faz espuma: *Mamãe pôs sabão na máquina para lavar a roupa.* [Plural: *sabões*.]

sabedoria (sa.be.do.**ri**.a) *substantivo feminino*
1. Grande conhecimento, saber: *O professor Mário era admirado por sua sabedoria.*
2. Inteligência, esperteza: *Na fábula, o Macaco usa de sabedoria para escapar da Onça.*

saber (sa.**ber**) *verbo* **1.** Ter conhecimento, informação ou notícia de: *O menino agora sabe que o Brasil é o maior país da América do Sul.* **2.** Ter certeza de alguma coisa: *Não sei se Paulo vai almoçar em casa, porque ele não avisou.*

sabiá (sa.bi.**á**) *substantivo masculino e feminino* Nome de várias espécies de pássaros brasileiros, muito populares, bons cantores: *João começou a recitar um poema: "Minha terra tem palmeiras, onde canta o sabiá".* 443

sábio (**sá**.bio)
sábio • *adjetivo* Que sabe muito: *Vovô é um homem sábio.*
sábio • *substantivo masculino* Homem que sabe muito: *Sócrates foi um sábio que viveu na Grécia nos tempos antigos.*

sabonete (mê) (sa.bo.**ne**.te) *substantivo masculino* Sabão perfumado que se usa principalmente para tomar banho e lavar as mãos: *Antes de comer, Ana lava as mãos com um sabonete.*

sabor (bôr) (sa.**bor**) *substantivo masculino* Impressão que as substâncias produzem na língua; gosto: *Gosto de sorvete com sabor de chocolate.* [Plural: *sabores*.]

saborear (sa.bo.re.**ar**) *verbo* Comer bem devagar para sentir melhor o gosto da comida ou da bebida: *Rute saboreava cada uma das doces jabuticabas recém-colhidas da jabuticabeira de seu quintal.*

saboroso (rô) (sa.bo.**ro**.so) *adjetivo* Diz-se de coisa comestível que tem gosto muito bom; gostoso: *Mamãe faz uma comida saborosa.*

saci (sa.**ci**) *substantivo masculino* Personagem da lenda brasileira. É um negrinho de uma perna só, que usa um gorro vermelho, fuma cachimbo e faz muitas travessuras: *Na história, Pedrinho captura um saci.* [Também se diz *saci-pererê*.]

saco (**sa**.co) *substantivo masculino* Bolsa de papel, plástico, pano ou outro material, utilizada para guardar ou transportar coisas: *Este supermercado usa sacos de papel em vez de sacos de plástico.*

sacola (sa.**co**.la) *substantivo feminino* Saco, geralmente mais largo que comprido e com alça: *Mamãe usa uma sacola de pano para carregar as compras.*

Ss sacudir ▶ salão

sacudir (sa.cu.dir) *verbo* É o mesmo que *balançar*: *Ao ver o dono, o cãozinho sacudiu o rabo. Antônio sacudiu o galho e as mangas maduras caíram.*

sadio (sa.di.o) *adjetivo* **1.** Que é bom para a saúde: *No campo, os meninos levavam uma vida sadia ao ar livre.* **2.** Que tem boa saúde: *Isabela é uma menina sadia, quase nunca fica doente.*

safira (sa.fi.ra) *substantivo feminino* Pedra preciosa que pode ser encontrada em várias cores, mas a safira azul é a mais famosa e considerada a mais bonita: *Um anel de safira. Um colar de safira.* 430

sagrado (sa.gra.do) *adjetivo* Que a gente diz que é de Deus (ou que vem dele): *Para muitas pessoas a Bíblia, o Alcorão e a Torá são livros sagrados.*

sagui (سجوي) (sa.gui) *substantivo masculino* Macaco pequeno de cauda longa e peluda que vive em bando. Há várias espécies de saguis no Brasil: *No sítio do meu avô há muitos saguis e ninguém os incomoda.*

saia (sai.a) *substantivo feminino* Roupa usada pelas meninas e pelas mulheres, e que vai da cintura até as pernas: *Maria gosta muito de sua saia xadrez.*

saída (sa.í.da) *substantivo feminino* **1.** Momento em que se sai: *Os alunos esperavam ansiosos a saída para o passeio.* **2.** Lugar por onde se sai: *Quero saber onde fica a saída do cinema.* ➡

sair (sa.ir) *verbo* **1.** Ir ou passar de dentro para fora: *Maria saiu de casa e foi brincar no quintal.* **2.** É o mesmo que *partir*: *O ônibus para São Paulo saiu do Rio às quatro horas.* **3.** É o mesmo que *retirar-se*: *Pedro saiu do jogo para ir estudar.* **4.** Ser publicado: *O livro que meu tio escreveu já saiu. O incêndio que vimos ontem saiu hoje no jornal.*

sal (sal) *substantivo masculino* Substância que se encontra na terra ou na água do mar. O sal é importante na alimentação humana e de outros animais, mas em excesso pode fazer mal à saúde: *Vovó evita comida com muito sal.* [Plural: *sais*.]

sala (sa.la) *substantivo feminino* **1.** Parte da casa onde se fazem as refeições ou se recebem pessoas, etc.: *As meninas conversavam sentadas no sofá da sala.* **2.** Sala de aula: *A sala em que estudo é bem clara.* **3.** Local próprio para exercer algumas atividades: *A sala de música da escola estava fechada.* **4.** Turma de alunos: *A sala desta professora tem 20 alunos.* ◆ **Sala de aula.** Numa escola, num colégio, num curso, numa universidade, etc., o local em que a gente tem aula.

salada (sa.la.da) *substantivo feminino* Prato que se serve frio, geralmente preparado com legumes e verduras: *Filipe gosta muito de salada de alface e tomate.*

salão (sa.lão) *substantivo masculino* **1.** Sala grande: *Este prédio tem um salão de festas.* **2.** Local onde se cortam os cabelos, se pintam as unhas, etc.; salão de beleza: *Minha mãe vai ao salão uma vez por mês.* [Plural: *salões*.] ◆ **Salão de beleza.** É o mesmo que *salão* (2).

356

salário ▶ sangue

salário (sa.**lá**.rio) *substantivo masculino* Dinheiro que se recebe por um trabalho geralmente mensal: *Tio Luís quer arrumar um emprego com um salário melhor.*

salgadinho (sal.ga.**di**.nho) *substantivo masculino* É o mesmo que *salgado*.

salgado (sal.**ga**.do)
salgado • *adjetivo* **1.** Que tem sal: *A água do mar é salgada.* **2.** Que levou muito sal: *O feijão hoje está salgado.*
salgado • *substantivo masculino* Nome que se dá a certos tipos de comida como pastel, empada, etc.: *Na hora do lanche, Rita comprou um suco e um salgado.* [Outro nome: *salgadinho*.]

saliente (sa.li.**en**.te) *adjetivo de 2 gêneros* Que avança ou que sai para fora do lugar onde está unido: *Meu amigo tinha um nariz pequeno e um queixo saliente.*

saliva (sa.**li**.va) *substantivo feminino* Líquido presente na boca e que ajuda a engolir os alimentos: *Os meninos disputavam para ver quem lançava sua saliva mais longe.* [Outro nome: *cuspe*.]

salsicha (sal.**si**.cha) *substantivo feminino* Alimento que é uma pasta de carne moída dentro de um tubo comestível: *Marcos gosta muito de salsicha de frango.*

saltar (sal.**tar**) *verbo* **1.** Dar salto(s) ou pulo(s): *O miquinho saltou e agarrou-se à mãe. O grilo salta para se mover, por isso se diz que ele é um inseto saltador.* **2.** Sair de um veículo: *Patrícia saltou do ônibus em frente ao colégio.* **3.** Passar por cima, pulando: *O cão saltou o muro e fugiu para a rua.*

salto (sal.to) *substantivo masculino* **1.** O uso da força das pernas para fazer o corpo sair do chão, etc., por um instante; pulo: *O goleiro deu um salto e agarrou a bola.* **2.** A parte de trás e mais alta da sola do sapato, etc.: *Vera torceu o pé e quebrou o salto da sandália.*

salvar (sal.**var**) *verbo* **1.** Livrar alguém da morte, de perigo ou de dificuldade: *Carlos salvou o menino que não sabia nadar.* **2.** Em Informática, gravar dados, evitando que eles sejam perdidos: *Meu irmão digitou o trabalho e depois o salvou.*

salva-vidas (**sal**.va-**vi**.das) *substantivo de 2 gêneros e 2 números* Pessoa que trabalha nas praias e piscinas para impedir que alguém se afogue: *O salva-vidas observa com atenção as pessoas na água.* [Plural: *salva-vidas*.]

sandália (san.**dá**.lia) *substantivo feminino* Calçado feminino ou masculino preso ao pé por tiras: *Sônia ganhou uma sandália de couro.*

sanduíche (san.du.**í**.che) *substantivo masculino* Duas ou mais fatias de pão com queijo, presunto ou outro alimento qualquer entre elas: *Ivo não gosta de sanduíche frio.*

sanfona (san.**fo**.na) *substantivo feminino* É o mesmo que *acordeão*: *A festa ao som da sanfona estava muito animada.* [Aquele que toca sanfona é chamado de *sanfoneiro*.] 434

sangrar (san.**grar**) *verbo* Perder sangue: *José caiu e sangrou pelo nariz.*

sangue (**san**.gue) *substantivo masculino* Líquido vermelho que corre pelas veias e artérias dos seres humanos e de muitos animais, e que tem a função de distribuir, pelas células do organismo, oxigênio e substâncias nutritivas: *No cartaz estava escrito: Quem doa sangue doa vida.*

Ss sanitário ▸ sardinha

sanitário (sa.ni.**tá**.rio)
sanitário • *adjetivo* Relativo à saúde ou à higiene: *Os serviços sanitários da cidade estão melhorando.*
sanitário • *substantivo masculino* Banheiro: *Os sanitários do clube são novos.*

sapateira (sa.pa.**tei**.ra) *substantivo feminino* **1.** É o feminino de *sapateiro.* **2.** É também um armário ou parte dele em que a gente guarda sapatos, tênis, sandálias, etc.

sapateiro (sa.pa.**tei**.ro) *substantivo masculino* Aquele que faz ou conserta calçados: *O sapateiro trocou a sola velha do meu sapato por uma sola nova.* ➡

sapatilha (sa.pa.**ti**.lha) *substantivo feminino* **1.** Sapato próprio para dançar balé: *Márcia ganhou uma sapatilha nova para a apresentação do final de ano.* **2.** Sapato macio, de sola fina: *Maria não tira do pé sua sapatilha amarela com laço rosa.*

sapato (sa.**pa**.to) *substantivo masculino* Calçado que cobre só o pé: *André tem um sapato preto igual ao de seu pai.*

sapé (sa.**pé**) *substantivo masculino* Capim, de folhas duras, usado para cobrir cabanas na roça. Também se diz *sapê*: *Os meninos construíram uma cabana de sapé na beira do rio.* [Outra forma: *sapê*.]

sapê (sa.**pê**) *substantivo masculino* É o mesmo que *sapé.*

sapo (**sa**.po) *substantivo masculino* Animal anfíbio, sem cauda, que se alimenta de insetos. Sua vida começa na água, mas, adulto, vive também fora dela: *A larva do sapo, o girino, passa por várias mudanças até se transformar em sapo.* 444

sapoti (sa.po.**ti**) *substantivo masculino* Fruto de cor marrom, de casca fina e polpa doce, de uma árvore chamada *sapota* ou *sapotizeiro*. O sapoti é usado também para fazer doce, geleia, refresco, etc.: *O sapoti é a fruta preferida da minha irmã.* 438

sarampo (sa.**ram**.po) *substantivo masculino* Doença muito contagiosa em que o doente fica com várias manchas vermelhas pelo corpo, e geralmente apresenta febre, tosse, etc.: *Eu e meu irmão somos vacinados contra o sarampo.*

sarar (sa.**rar**) *verbo* Ficar bom de doença: *Maria estava gripada, mas já sarou.*

sardinha (sar.**di**.nha) *substantivo feminino* Pequeno peixe marinho, que nada em grandes cardumes, muito utilizado na alimentação humana, fresco ou em lata: *Gustavo gosta muito de sardinha frita.*

satélite ▶ secretária

satélite (sa.**té**.li.te) *substantivo masculino* **1.** Corpo celeste que gira em torno de um planeta: *A Lua é o único satélite natural da Terra.* **2.** Objeto artificial que gira ao redor da Terra, do Sol, de outro planeta: *Muitos satélites transmitem os sinais de televisão, telefone e rádio pelo nosso planeta.*

satisfazer (sa.tis.fa.**zer**) *verbo* **1.** É o mesmo que *realizar*: *O professor satisfez o desejo dos alunos, levando-os ao circo.* **2.** Ser suficiente: *Naquele dia, um prato de sopa satisfez Lucas.*

satisfeito (sa.tis.**fei**.to) *adjetivo* **1.** Alegre, contente: *Os meninos ficaram satisfeitos com o passeio ao zoológico.* **2.** Sem fome ou sede: *Fernando não comeu mais, porque estava satisfeito.*

saudação (sau.da.**ção**) *substantivo feminino* **1.** Palavra que a gente diz ou gesto que faz ao encontrar alguém; cumprimento: *Na nossa infância, o clubinho tinha uma saudação própria.* **2.** É também aquilo que a gente diz para demonstrar admiração, respeito, etc. [Plural: *saudações*.]

saudade (sau.**da**.de) *substantivo feminino* Sentimento que alguém tem quando está muito tempo longe de casa, longe das pessoas de que gosta, etc.: *Estou com saudade da vovó. Faz meses que não a vejo.*

saudável (sau.**dá**.vel) *adjetivo de 2 gêneros* Que faz bem para a saúde: *Praticar esporte é uma atividade saudável.* [Plural: *saudáveis*.]

saúde (sa.**ú**.de) *substantivo feminino* Estado de quem se sente bem, de quem não está doente: *Meu avô está com mais de oitenta anos, trabalha, e tem muita saúde.*

saúva (sa.**ú**.va) *substantivo feminino* Formiga que destrói as plantações cortando folhas e carregando-as para o ninho: *Havia no céu ensolarado de outubro muitos machos de saúva.* 444

seca (**se**.ca) *substantivo feminino* Longo período sem chover: *Quando há seca, muitos rios do Nordeste desaparecem.*

secar (se.**car**) *verbo* **1.** É o mesmo que *enxugar*: *Eduardo secou as mãos molhadas na toalha.* **2.** Deixar de correr: *Com a falta de chuva, o rio secou.*

seco (**se**.co) *adjetivo* **1.** Em que não há água ou outro líquido: *Eva limpou a mesa com um pano seco.* **2.** Diz-se da planta que está murcha, sem vida: *Capim seco pega fogo com facilidade.*

secretária (se.cre.**tá**.ria) *substantivo feminino* Mulher que trabalha para alguém escrevendo cartas, digitando textos e *e-mails*, atendendo o telefone, recebendo clientes ou pacientes, etc.: *Dona Débora é secretária da doutora Cristina há muitos anos.*

Ss secretário ▶ seleção

secretário (se.cre.**tá**.rio) *substantivo masculino* Homem que trabalha para alguém escrevendo cartas, digitando textos e *e-mails*, atendendo o telefone, recebendo clientes ou pacientes, etc. [Feminino: *secretária*.]

século (**sé**.cu.lo) *substantivo masculino* Período de 100 anos: *O século XXI (vinte e um) começou em 2001.*

seda (**se**.da) *substantivo feminino* Tecido fabricado com o fio fino e macio produzido pelo bicho-da-seda: *A saia de Mariana é de seda.*

sede (**se**.de) *substantivo feminino* **1.** A cidade em que fica o governo de um país, ou de um estado, etc. **2.** Local em que fica o comando de uma empresa ou instituição. **3.** Lugar de realização de algo que envolve muitas pessoas, muitos grupos ou mesmo muitos países: *O Rio de Janeiro será sede das Olimpíadas em 2016.*

sede (**se**.de) *substantivo feminino* Desejo ou necessidade de beber água: *No verão, todos sentem mais sede.*

segredo (se.**gre**.do) *substantivo masculino* **1.** Aquilo que alguém conta para a gente, mas diz que não se pode contar a outra pessoa, porque ninguém mais deve saber: *Na poesia, o passarinho conta um segredo para o sino e este o espalha por toda a cidade.* **2.** Números ou letras que são usados como uma espécie de senha que abre um cofre, porta, maleta, ou mala, etc.

seguinte (se.**guin**.te) *adjetivo de 2 gêneros* Que vem ou acontece depois: *Os patos chegaram voando ao lago no domingo e partiram no dia seguinte.*

seguir (se.**guir**) *verbo* **1.** Ir atrás de; acompanhar: *Vou seguir você de bicicleta.* **2.** Tomar como modelo: *Os alunos seguem os exemplos dos professores.* **3.** Tomar certa direção: *Meus amigos seguiram o caminho da esquerda e eu, o da direita.*

segundo (se.**gun**.do) *substantivo masculino* Medida de tempo que corresponde a cada uma das 60 partes de um minuto: *Amélia gastou 10 segundos para escrever seu nome.*

segurança (se.gu.**ran**.ça)
segurança • *substantivo feminino* **1.** Condição em que alguém, ou alguma coisa, se encontra seguro, livre de perigo: *Luís entrou no carro e pôs o cinto para viajar com segurança. O dinheiro no cofre está em segurança.* **2.** É uma certeza muito grande: *Rita respondeu às perguntas da professora com segurança.*
segurança • *substantivo de 2 gêneros* Pessoa que trabalha protegendo alguma coisa ou alguém: *Meu primo Elton trabalha num banco como segurança.*

segurar (se.gu.**rar**) *verbo* **1.** Tornar seguro; firmar: *Dois pregos são suficientes para segurar a tábua.* **2.** Agarrar, prender: *O pai segurou a mão do filho para ajudá-lo a atravessar a rua.*

seguro (se.**gu**.ro)
seguro • *adjetivo* **1.** Livre de perigo: *Ricardo sente-se seguro na companhia do pai.* **2.** Preso; fixo: *O quadro está bem seguro na parede.*
seguro • *substantivo masculino* É um tipo de contrato que uma pessoa faz com uma empresa. Nele geralmente fica acertado que o dono de um carro, ou imóvel, etc. deve pagar uma certa quantia para uma empresa ficar responsável pela devolução ou pelo conserto desse carro, ou imóvel, etc. para seu dono, caso ele seja roubado ou sofra algum acidente.

seio (**sei**.o) *substantivo masculino* É o mesmo que mama: *A mãe alimentava o bebê no seio.*

seiva (**sei**.va) *substantivo feminino* Líquido que nutre uma planta e que percorre seu interior.

seleção (se.le.**ção**) *substantivo feminino* **1.** Escolha: *Carlos fez a seleção dos CDs para a festa.* **2.** Equipe dos melhores atletas: *A seleção brasileira de futebol ganhou o campeonato.* [Plural: *seleções*.]

selecionar (se.le.ci.o.**nar**) *verbo* Escolher com cuidado entre vários artigos, produtos, etc.: *Quando vai comprar frutas e legumes, minha mãe sempre **seleciona** os que parecem mais frescos.*

selo (**se**.lo) *substantivo masculino* Quadrado ou retângulo de papel, que tem um valor em dinheiro e é colado em envelopes ou pacotes para serem enviados pelo correio: *Carlos tem uma coleção de **selos** de vários países.*

selva (**sel**.va) *substantivo feminino* É o mesmo que floresta: *A **selva** amazônica cobre grande parte do território brasileiro.*

selvagem (sel.**va**.gem) *adjetivo de 2 gêneros*
1. Que vive livre na natureza; silvestre: *O leão e o tigre são animais **selvagens**.*
2. Que não foi domado: *O cavalo **selvagem** olhou desconfiado para o domador.* [Plural: selvagens.]

sem (sem) *preposição* Palavra que une uma palavra a outra, geralmente com a ideia de 'falta', 'ausência', 'negação': *Saiu **sem** casaco. Está **sem** camisa. Mamãe disse que está **sem** vontade de comer.*

semáforo (se.**má**.fo.ro) *substantivo masculino* É o mesmo que sinal de trânsito: *O **semáforo** ficou vermelho e os carros pararam.*

semana (se.**ma**.na) *substantivo feminino* Espaço de sete dias contados do domingo ao sábado: *Tenho aula cinco dias por **semana**, de segunda-feira a sexta-feira.*

semear (se.me.**ar**) *verbo* Espalhar sementes na terra, para que se transformem em plantas: *O agricultor **semeou** trigo e milho.*

semelhança (se.me.**lhan**.ça) *substantivo feminino* Aquilo que existe em duas coisas ou dois seres que os torna semelhantes: *Há grande **semelhança** entre Guilherme e seu avô.*

semelhante (se.me.**lhan**.te) *adjetivo de 2 gêneros* Que se parece com outro: *Os dois anéis eram muito **semelhantes**.*

semente (se.**men**.te) *substantivo feminino* Parte da planta que está ligada ao fruto ou fica dentro dele, e que, quando semeada, dá brotos, formando nova planta: *Rui plantou as **sementes** da laranja num vaso.*

semestre (se.**mes**.tre) *substantivo masculino* Período de seis meses: *A prova final será no próximo semestre.*

semicírculo (se.mi.**cír**.cu.lo) *substantivo masculino* Metade de um círculo: *A Lua hoje tem a forma de um semicírculo.*

sempre (**sem**.pre) *advérbio* **1.** Em qualquer ocasião; muitas vezes: *Hilda vem sempre me visitar.* **2.** Sem parar: *As águas de um rio correm sempre na mesma direção.*

senador (dôr) (se.na.**dor**) *substantivo masculino* Homem que é membro do Senado, órgão que, junto com a Câmara dos Deputados, tem o poder de fazer e votar as leis de um país: *O Brasil tem mais senadores do que senadoras.* [Plural: *senadores*. Feminino: *senadora*.]

senadora (dô) (se.na.**do**.ra) *substantivo feminino* Mulher que é membro do Senado, órgão que, junto com a Câmara dos Deputados, tem o poder de fazer e votar as leis de um país: *Em seu discurso a senadora falou sobre as leis que deveriam ser votadas logo.*

senha (**se**.nha) *substantivo feminino* **1.** Letras e/ou os números que a gente digita (e que só a gente deve saber) para acessar um computador, *site*, etc.: *Tive que trocar a senha do meu e-mail.* **2.** Conjunto de letras e/ou de números que fazem abrir a fechadura de um cofre, um armário, etc.: *Meu irmão comprou duas malas, uma delas com senha.* **3.** Sinal, palavra ou gesto que os integrantes de um grupo usam entre si e que permite a entrada num esconderijo, clube, etc.

senhor (nhôr) (se.**nhor**) *substantivo masculino* **1.** Homem que não é mais um jovem: — *Seu avô é aquele senhor de cabelos brancos e óculos?* **2.** Tratamento dado em sinal de respeito a qualquer homem: — *O senhor poderia me informar as horas, por favor?* [Plural: *senhores*. Feminino: *senhora*.]

senhora (nhó ou nhô) (se.**nho**.ra) *substantivo feminino* **1.** Mulher que não é mais uma jovem: — *Minha avó é aquela senhora com vestido rosa.* **2.** Tratamento dado em sinal de respeito a qualquer mulher: — *A senhora me dá licença?*

sensação (sen.sa.**ção**) *substantivo feminino* **1.** Aquilo que a gente percebe pelos órgãos dos sentidos: *O vento gelado me deu uma sensação de frio.* **2.** É o mesmo que sentimento: *A visita do meu primo me deu uma grande sensação de alegria.* [Plural: *sensações*.]

sensibilidade (sen.si.bi.li.**da**.de) *substantivo feminino* **1.** Capacidade de sentir; sentimento: *Clara tem sensibilidade para a música.* **2.** Facilidade para se emocionar: *Vovó tem muita sensibilidade, não pode assistir a um filme triste sem chorar.*

sensível (sen.**sí**.vel) *adjetivo de 2 gêneros* Que tem, ou mostra, sensibilidade: *Ana é uma menina muito sensível.* [Plural: *sensíveis*.]

sentar-se (sen.**tar**-se) *verbo* Dobrar as pernas, pondo as nádegas e a parte das coxas em cadeira, banco, sofá, etc.: *Júlio sentou-se à mesa para jantar.*

sentido (sen.**ti**.do)
sentido • *substantivo masculino* **1.** Cada uma das maneiras de perceber o que existe no mundo, de perceber as cores, os sons, os cheiros, os sabores, e a superfície e a forma das coisas e dos seres: *Os cinco sentidos são: visão, audição, olfato, paladar e tato.* [É através dos sentidos que experimentamos as sensações que as coisas nos provocam.] **2.** Direção; rumo: *Nesta rua os carros andam nos dois sentidos.* **3.** O que uma palavra ou frase quer dizer: *Jonas leu a história e anotou as palavras cujo sentido não sabia.*
sentido • *adjetivo* Que está triste, chateado: *Diana está sentida com Maria.*
sentido • *interjeição* Voz de comando militar para que os soldados tomem posição vertical e fiquem atentos: — *Soldados, sentido!*

sentimento (sen.ti.**men**.to) *substantivo masculino* **1.** Qualquer das emoções que o ser humano é capaz de experimentar: *O amor, a alegria, o ódio e a inveja são **sentimentos**.* **2.** É o mesmo que *sensibilidade*: *O sentimento **musical**.*

sentir (sen.**tir**) *verbo* **1.** Perceber por meio de qualquer órgão dos sentidos: *Quando cheguei ao jardim, **senti** o cheiro das rosas.* **2.** Ter uma sensação, um sentimento: *Joana **sentiu** muita tristeza quando seu cachorrinho morreu.*

separar (se.pa.**rar**) *verbo* **1.** Afastar duas ou mais coisas ou pessoas: ***Separei** com cuidado as folhas que estavam coladas. Mariana **separou** os meninos que brigavam.* **2.** Cortar a comunicação: *A queda da ponte **separou** as duas cidades.* **3.** Desfazer o casamento, a amizade, etc.: *Meu tio e minha tia se **separaram**.*

sequência (se.**quên**.cia) *substantivo feminino* Conjunto de fatos, de imagens, de palavras, etc., seguidos; série: *Nesta **sequência** de palavras só a última é um verbo: casa, maduro, abelha, tomate, azul, amar.*

sequestro (se.**ques**.tro) *substantivo masculino* Crime em que uma pessoa é levada à força e mantida em algum lugar contra a sua vontade: *O rapaz que sofreu o **sequestro** foi libertado pela polícia.* [Aquele que sofre o sequestro é o *sequestrado* e aquele que pratica o sequestro é o *sequestrador*.]

ser (ser)
ser • *verbo* **1.** Ter um nome ou uma característica que ajuda a identificar a gente, os animais, as plantas, as coisas, etc.: *Eu **sou** Maria. Eu **sou** uma menina. Ele **é** ruivo. Mamãe **é** inteligente. Papai **é** careca. Minha gatinha **era** carinhosa. Esta flor **é** roxa: **é** uma violeta.* **2.** É o mesmo que *tornar-se*: *Quando eu crescer, quero **ser** professor.* **3.** É o mesmo que *pertencer*: *Este lápis **é** de Marcos.* **4.** Indica determinado momento no tempo: *Já **era** tarde, tínhamos de ir dormir.*
ser • *substantivo masculino* **1.** Cada homem, animal, planta, coisa, etc. que existe no mundo: *Os homens, os animais e as plantas são **seres** vivos, ao contrário dos minerais.* **2.** Aquele ou aquela que vive de verdade ou que vive apenas nas histórias que as pessoas contam: *Os **seres** fantásticos são frutos da imaginação da gente.* [Plural: *seres*.]

sereia (se.**rei**.a) *substantivo feminino* Ser imaginário, metade mulher, metade peixe: *Diz a lenda que o canto das **sereias** é tão belo que atrai os pescadores para o fundo do mar.*

sereno (se.**re**.no)
sereno • *substantivo masculino* Vapor que cai da atmosfera durante a noite: *O **sereno** deixa as plantas úmidas.*
sereno • *adjetivo* **1.** Calmo; tranquilo: *Lia tem o rosto **sereno**.* **2.** Claro e sem nuvens: *Naquela manhã, o céu estava **sereno**.*

série (**sé**.rie) *substantivo feminino* **1.** Sequência de fatos ou coisas que seguem uma certa ordem: *A chuva forte provocou uma **série** de acidentes.* **2.** Ano escolar: *Nós estamos na primeira **série**.*

Ss seriema ▶ sessão

seriema (se.ri.**e**.ma) *substantivo feminino* Ave de plumagem cinzenta, bico longo e pernas compridas e vermelhas, que se alimenta de insetos, répteis, etc.: *As seriemas à noite dormem em cima das árvores.*

seringueira (se.rin.**guei**.ra) *substantivo feminino* **1.** Árvore alta de que se extrai o látex com que se fabrica a borracha: *Esta seringueira tem mais de cem anos.* **2.** O feminino de *seringueiro.* ➡

seringueiro (se.rin.**guei**.ro) *substantivo masculino* Homem que extrai o látex de uma árvore chamada *seringueira*: *O seringueiro colocou a tigela na seringueira para recolher o látex.* [Feminino: *seringueira.*]

sério (**sé**.rio) *adjetivo* **1.** Que merece atenção; importante: *Durante a reunião, discutiu-se um assunto muito sério, a volta às aulas.* **2.** Perigoso, grave: *O motorista sofreu um acidente sério.* **3.** Que não ri muito: *João é muito sério, não acha graça em nada.* **4.** Que cumpre seus compromissos: *Meu pai é um funcionário sério.*

serpente (ser.**pen**.te) *substantivo feminino* Cobra, principalmente a que é venenosa: *Cascavel e jararaca são nomes de duas serpentes.*

serra (**ser**.ra) *substantivo feminino* **1.** Instrumento cortante que tem uma lâmina de aço com dentes: *O marceneiro cortou a madeira com uma serra.* **2.** Série de montanhas com muitos picos: *A cidade onde nasci fica numa serra de Minas Gerais.*

sertão (ser.**tão**) *substantivo masculino* **1.** Região do campo distante das cidades ou das fazendas. **2.** Área do interior do Nordeste brasileiro, de clima seco: *Há meses que não chove no sertão. Na história, a cachorrinha chamada Baleia vivia no sertão.* [Plural: *sertões.*]

serviço (ser.**vi**.ço) *substantivo masculino* **1.** É o mesmo que *trabalho*: *Meu pai está neste serviço há mais de dez anos.* **2.** Auxílio, ajuda: *Rafael prestou um bom serviço distribuindo os convites.*

servir (ser.**vir**) *verbo* **1.** Ser próprio para: *Esta máquina serve para cortar grama.* **2.** Oferecer comida ou bebida a alguma pessoa: *Isabela serviu bolo e chá às amigas.* **3.** Colocar comida e bebida na mesa para oferecer: *Mamãe serviu o jantar às sete horas da noite.* **4.** Ser do tamanho certo: *Como o sapato não serviu no meu pé, papai vai trocá-lo.*

sessão (ses.**são**) *substantivo feminino* É cada exibição de um filme ou cada apresentação de uma peça de teatro, um espetáculo circense, etc. Toda sessão de cinema, espetáculo, etc. tem uma hora marcada para começar e outra para acabar. O tempo de uma sessão depende da duração daquilo que se exibe ou que se apresenta e, também, é claro, se começou no horário previsto ou não: *Cheguei atrasado e perdi dez minutos da primeira sessão de sábado.* [Plural: *sessões.*]

seta (se.ta) *substantivo feminino* **1.** É o mesmo que *flecha*: *Neste parque há uma estátua de um indígena atirando uma **seta**.* **2.** Sinal com forma de flecha que indica direção, rumo: *O motorista seguiu as **setas** e chegou ao restaurante.*

seu (seu) *pronome* Palavra que se usa para dizer que: a) alguma coisa que tem o nome no masculino pertence a uma pessoa (que pode ser aquela da qual falamos ou aquela com quem falamos): *Minha tia foi ao shopping e esqueceu onde tinha deixado **seu** carro. — André, não deixe de levar **seu** livro para casa*; b) uma pessoa tem alguma relação (que pode ser de sangue, de amizade, profissional, etc.) com alguém do sexo masculino: *O pai de Marlene é músico e **seu** irmão também.*

severo (se.**ve**.ro) *adjetivo* Que exige disciplina; duro: *A escola do meu irmão é muito **severa**.*

sexo (xo = cso) (se.xo) *substantivo masculino* **1.** Forma particular que torna diferente o macho da fêmea nos vegetais e nos animais: *Os homens são seres do **sexo** masculino e as mulheres, do **sexo** feminino.* **2.** Conjunto dos órgãos reprodutores.

→ **shopping** (chópin) [Inglês] *substantivo masculino* Centro de comércio que reúne lojas, restaurantes, cinemas, etc.: *Júlia, Clara e Rita foram sábado passear no **shopping**.* [Forma reduzida de *shopping center*.]

→ **short** (chórti) [Inglês] *substantivo masculino* Calça curta que só cobre a parte da perna bem acima do joelho: *Estava muito calor e Rafaela resolveu ir ao passeio de **short**.*

→ **show** (chôu) [Inglês] *substantivo masculino* Espetáculo que um cantor, uma cantora, um mágico, etc., apresenta: *Ao final do **show**, a cantora agradeceu ao público.*

sigla (**si**.gla) *substantivo feminino* Redução de palavras, tomando suas letras ou sílabas iniciais: *ONU é a **sigla** de Organização das Nações Unidas.*

significar (sig.ni.fi.**car**) *verbo* **1.** Querer dizer: *Eu não sei o que **significa** a palavra cultura. Vou ter de consultar o dicionário.* **2.** Dar a entender, mostrar, indicar: *A careta de Duda **significa** que o remédio tem gosto ruim.*

sílaba (**sí**.la.ba) *substantivo feminino* Som da fala que se pronuncia de uma só vez: *A palavra lâmpada tem três **sílabas** e céu tem uma **sílaba** só.* [Pode ser formada por uma vogal ou por um grupo de sons em que um deles seja uma vogal.]

silêncio (si.**lên**.cio)
silêncio • *substantivo masculino* **1.** Estado de quem se cala: *Em vez de responder, Luciano ficou em **silêncio**.* **2.** Falta de barulho: *O **silêncio** é bom para se estudar.*
silêncio • *interjeição* Voz para mandar calar: *— **Silêncio**, meninos! O bebê está dormindo.*

silvestre (sil.**ves**.tre) *adjetivo de 2 gêneros* **1.** É o mesmo que *selvagem* (1): *O ouriço-cacheiro é um animal **silvestre**.* **2.** Que nasce e se reproduz sem ser semeado: *Nesta mata há muitos morangos **silvestres**.*

Ss — sim ▶ siri

sim (sim) *advérbio* Palavra com a qual a gente afirma ou diz que está de acordo com algo ou alguém ou dá permissão para alguém fazer alguma coisa: — **Sim**, filho, nós vamos ao cinema hoje!

símbolo (**sím**.bo.lo) *substantivo masculino* Aquilo que representa ou substitui alguma coisa: *A pomba branca é **símbolo** da paz.*

simpatia (sim.pa.**ti**.a) *substantivo feminino* Sentimento que faz com que a gente goste de algo ou de alguém de graça: *Tenho uma **simpatia** muito grande por você.*

simpático (sim.**pá**.ti.co) *adjetivo* Agradável, delicado: *Cinira é uma menina **simpática**.*

simples (**sim**.ples) *adjetivo de 2 gêneros e 2 números* **1.** Que não é complicado; fácil: *O jogo era bem **simples** e os meninos o entenderam logo.* **2.** Sem luxo, sem riqueza ou enfeites: *Dois vestidos **simples**.*

sinal (si.**nal**) *substantivo masculino* **1.** Gesto, ruído ou luz que serve de aviso ou que quer dizer alguma coisa: *Regina fez com a mão um **sinal** de que não iria. Liguei o telefone e ele deu **sinal** de ocupado.* **2.** Mancha; marca: *Lúcia tem um **sinal** pequenino na mão.* **3.** É o mesmo que *sinal de trânsito*: *O **sinal** estava verde e o carro pôde passar.* [Plural: *sinais*.]
◆ **Sinal de trânsito.** Aparelho que regula o tráfego por luzes; farol, semáforo, sinal, sinaleira, sinaleiro. ➡

sinaleira (si.na.**lei**.ra) *substantivo feminino* No Paraná e em outros lugares, é o mesmo que *sinal de trânsito*. ➡

sinaleiro (si.na.**lei**.ro) *substantivo masculino* No Paraná, em Minas Gerais e em outros lugares, é o mesmo que *sinal de trânsito*.

sincero (sin.**ce**.ro) *adjetivo* Que não mente; que diz o que pensa ou sente; verdadeiro: *João foi **sincero** quando disse que gosta de Maria.*

síndico (**sín**.di.co) *substantivo masculino* Homem que os moradores de um prédio, condomínio, etc. elegem para administrar as contas e cuidar para que todos os moradores sigam as regras. [Feminino: *síndica*.]

singular (sin.gu.**lar**)
singular • *adjetivo de 2 gêneros* Que não é comum; raro: *As rosas têm uma beleza **singular**.*
singular • *substantivo masculino* Em gramática, aquilo que indica uma só coisa ou pessoa: *O **singular** de países é país.*
[Plural: *singulares*.]

sino (**si**.no) *substantivo masculino* Instrumento, em geral feito de bronze, que produz um som forte quando é tocado na parte interna por uma peça chamada *badalo*: *O **sino** da igreja tocou anunciando as horas.*

sinônimo (si.**nô**.ni.mo) *substantivo masculino* Palavra que tem o mesmo ou quase o mesmo significado que outra: *Prédio é **sinônimo** de edifício.*

sirene (si.**re**.ne) *substantivo feminino* **1.** Nas ambulâncias, carros de bombeiros e de polícia, espécie de aparelho que faz um som que é usado para avisar a aproximação de um desses veículos e para pedir que os outros carros deem passagem. **2.** Nas escolas, fábricas, etc., alarme que avisa o início ou o final de um período de tempo, de uma atividade, etc.

siri (si.**ri**) *substantivo masculino* Animal crustáceo de corpo quase redondo e carne usada como alimento. Vive na água, mas pode sair para as praias, onde cava buracos e se esconde: *Os **siris** andam de lado e são bons nadadores.* 444

sistema (sis.**te**.ma) *substantivo masculino*
1. Reunião de elementos da mesma espécie, que formam um conjunto: *O Sol e os planetas, satélites, cometas, etc., que giram ao redor dele formam o **Sistema Solar**.* **2.** Conjunto de órgãos do corpo humano e dos animais que exercem uma mesma função: *Os rins e a bexiga fazem parte de um **sistema** chamado **sistema** urinário*. ◆ **Sistema digestório.** Os órgãos e glândulas que participam da digestão. São eles: a boca, a faringe, o esôfago, o estômago, o intestino (os dois: delgado e grosso), as glândulas salivares, o pâncreas e o fígado. **Sistema nervoso.** O conjunto formado pelo encéfalo, pela medula espinhal e pelos nervos. Os nervos enviam as informações para o sistema nervoso central (isto é: o encéfalo e a medula espinhal) e recebem de volta as respostas que permitem ao corpo reagir às diferentes situações que surgem dentro e fora dele. Por exemplo, quando pisamos num prego, os nervos levam essa informação ao cérebro e recebem a resposta de que precisamos tirar logo o pé, como forma de aliviar a dor. **Sistema respiratório.** Conjunto dos órgãos responsáveis pela respiração: nariz, faringe, laringe, traqueia, brônquios e pulmões. A partir do nariz (e da boca), o ar é levado até os pulmões, onde ocorrem as trocas de oxigênio e gás carbônico com o sangue.

➜ **site** (sáiti) [Inglês] *substantivo masculino* Conjunto de informações, na forma de texto ou imagens, que podem ser consultadas na Internet: *Bernardo gosta de visitar **sites** de jogos*.

sítio (**sí**.tio) *substantivo masculino* Terreno bem menor que uma fazenda, com árvores frutíferas, horta, etc., em volta de uma casa, no campo: *Meus avós moram num **sítio** na serra*.

situação (si.tu.a.**ção**) *substantivo feminino*
1. Condição em que se encontra alguém ou alguma coisa: *Meu tio tem uma boa **situação** financeira, isto é, de dinheiro. Esta casa velha está em péssima **situação***. **2.** A localização, o lugar de algo ou alguém: *O castelo tem uma **situação** privilegiada*. [Plural: *situações*.]

situação-problema (si.tu.a.**ção**-pro.**ble**.ma) *substantivo feminino* É o tipo de problema (1), em que há uma historinha, contando uma situação para a qual a gente tem que achar a solução. [Plurais: *situações-problemas* e *situações-problema*.]

situar (si.tu.**ar**) *verbo* **1.** É o mesmo que *localizar-se*: *O rio Paraíba do Sul **situa**-se na Região Sudeste do Brasil*. **2.** Localizar(-se) no tempo e no espaço: *A escritora **situou** a novela no Brasil, no ano de 1900*.

➜ **skate** (isquêite) [Inglês] *substantivo masculino* Objeto que é, ao mesmo tempo, um brinquedo e um meio de transporte, que crianças, jovens e adultos usam como esporte. É uma tábua, não muito grande, de madeira, fibra, etc., com quatro rodas, na qual se anda com um ou ambos os pés apoiados. Em geral, um dos pés fica sobre a prancha, enquanto o outro, tocando o chão, ganha impulso. Com o *skate* é possível fazer várias manobras bem difíceis, por isso chamadas de radicais.

Ss → *smartphone* ▸ socorrer

→ **smartphone** (ismartifôni) [Inglês] *substantivo masculino* É um celular especial, com o qual a gente pode acessar a Internet, baixar jogos, etc.

só (só)
só • *adjetivo de 2 gêneros* **1.** Sem companhia; sozinho: *Marília não é uma menina só. Ela tem muitos amigos.* **2.** Sem a ajuda de ninguém: *Mamãe organizou a festa só, sem pedir auxílio a ninguém.*
só • *advérbio* É o mesmo que *apenas*: *César foi ao clube só para nadar.*

sob (sob) *preposição* Palavra que liga uma palavra a outra com a ideia de 'debaixo de'; 'por baixo de': *Gosto de me deitar sob uma árvore. O anel caiu sob a mesa da sala.*

sobrancelha (ê) (so.bran.ce.lha) *substantivo feminino* Conjunto de pelos em forma de arco acima de cada olho: *Cláudia tem sobrancelhas grossas.* 432

sobrar (so.brar) *verbo* **1.** Existir em quantidade maior que o necessário: *Todos os meninos ganharam bolas e ainda sobraram algumas.* **2.** Existir depois do uso; restar: *Havia muitos doces, mas, com tantas crianças, nada sobrou.*

sobre (sô) (so.bre) *preposição* Palavra que liga uma palavra a outra, muitas vezes com as ideias de: a) 'em cima de', 'por cima ou acima de': *Os livros estão sobre a mesa*; b) 'a respeito de': *Os meninos conversaram muito sobre o filme.*

sobremesa (mê) (so.bre.me.sa) *substantivo feminino* Doce, fruta, sorvete, etc., que se come logo após o almoço ou o jantar: *Hoje tivemos banana e tangerina de sobremesa.* →

sobrenome (so.bre.no.me) *substantivo masculino* O nome de família de uma pessoa. Vem sempre depois do nome: *No nome Maria Eduarda Silva, o sobrenome é Silva.*

sobressair (so.bres.sa.ir) *verbo* Chamar a atenção: *O belo vestido de Rita sobressaiu na festa.*

sobrinho (so.bri.nho) *substantivo masculino* Filho do irmão ou da irmã de alguém: *Meu primo Flávio é um dos sobrinhos favoritos de minha mãe.* [Feminino: *sobrinha*.]

sociedade (so.ci.e.da.de) *substantivo feminino* **1.** Grupo de seres que vivem em conjunto: *A sociedade das abelhas.* **2.** Conjunto de pessoas que vivem num país, etc., e que devem obedecer às mesmas leis: *Como vivemos em sociedade, devemos respeitar as outras pessoas.* **3.** Reunião de pessoas para um fim de interesse comum: *Beatriz faz parte da Sociedade Protetora dos Animais.*

sócio (só.cio) *substantivo masculino* **1.** Homem que se une a outra pessoa para abrir um negócio, uma empresa, etc. **2.** Membro de um clube, que paga, geralmente, certa quantia por mês para poder frequentá-lo. [Feminino: *sócia*.]

soco (sô) (so.co) *substantivo masculino* Golpe com a mão fechada: *O lutador treinava dando socos num saco de areia.*

socorrer (so.cor.rer) *verbo* **1.** Proteger; defender: *O cachorro grande ia morder o cachorro pequeno, mas papai o socorreu.* **2.** Auxiliar; ajudar; dar socorro: *O barco socorreu os dois meninos que se afogavam.*

Qual é a sobremesa de que você mais gosta?

_____
_____
_____

368

socorro ▶ **solidariedade**

socorro (côr) (so.**cor**.ro)
socorro • *substantivo masculino* Ajuda a pessoa ou a animal em perigo: *Marta pediu socorro quando viu o gatinho cair no buraco.*
socorro • *interjeição* Usa-se para pedir ajuda: *— Socorro! Meu gatinho caiu no buraco.*

sofá (so.**fá**) *substantivo masculino* Móvel com encosto, normalmente com braços, onde duas ou mais pessoas podem sentar-se: *Minha mãe e a visita conversavam sentadas no sofá.*

sofrer (so.**frer**) *verbo* **1.** Sentir dor: *Carlos sofreu muito quando quebrou a perna.* **2.** Experimentar coisa desagradável; passar por algo ruim: *Cláudio sofreu um acidente de motocicleta.* **3.** Ter uma doença: *Meu vizinho sofre do coração.*

sofrimento (so.fri.**men**.to) *substantivo masculino* Condição ou sentimento de quem sofre; dor física ou tristeza: *A enchente causou muito sofrimento a todos.*

soja (so.ja) *substantivo feminino* Planta que fornece sementes com que se fazem vários produtos, como a carne, o leite e o queijo de soja e também óleo para cozinhar: *Eu gosto muito de leite de soja, mas meu irmão prefere leite de vaca.*

← **sol** (sol) *substantivo masculino* **1.** Estrela em torno da qual giram a Terra e os outros planetas do Sistema Solar. [Com letra inicial maiúscula.] **2.** A luz e o calor do Sol: *O jacaré aquecia-se ao sol.*

sola (so.la) *substantivo feminino* **1.** Parte inferior do calçado que toca o chão: *A sola do meu tênis furou.* **2.** Parte do pé que pousa no chão: *Luísa tinha um espinho na sola do pé.* 432

solar (so.**lar**) *adjetivo de 2 gêneros* Relativo ao Sol, ou próprio dele: *A água aqui em casa é aquecida com energia solar.* [Plural: *solares*.]

soldado (sol.**da**.do) *substantivo feminino* Homem que entrou para o exército ou que serve na polícia: *A presença dos soldados evitou que houvesse briga na arquibancada.*

soletrar (so.le.**trar**) *verbo* Dizer uma palavra letra por letra, ou sílaba por sílaba: *Antônio soletrou seu nome para que Susana o escrevesse.* [Quando soletramos uma palavra com acento ou til na sua grafia, também indicamos a ocorrência do acento ou do til.]

solidariedade (so.li.da.ri.e.**da**.de) *substantivo feminino* Auxílio a outras pessoas: *A população prestou solidariedade às vítimas da enchente.*

sólido (só.li.do)
sólido • adjetivo **1.** Que é forte, resistente: *Esta mesa é bem sólida*. **2.** Que não é nem gasoso nem líquido: *Gelo é água em estado sólido*.
sólido • substantivo masculino Corpo com forma e volume definidos; que não é nem um líquido nem um gás.

solo (so.lo) substantivo masculino Parte da superfície da Terra onde se anda, se constrói, se planta, etc.; terra; terreno; chão: *Esta fazenda tem solo fértil*.

soltar (sol.tar) verbo **1.** Dar liberdade a: *O menino abriu a gaiola e soltou os passarinhos*. **2.** Deixar sair: *Ao ver a avó, Daniela soltou um grito de alegria. O bebê soltou um pum*. **3.** Libertar-se, escapar: *O pássaro soltou-se da gaiola*.

solução (so.lu.ção) substantivo feminino **1.** Aquilo que a gente faz para desfazer uma situação difícil ou para dar resposta a uma questão. **2.** O resultado disso que a gente fez, ou a resposta (certa) que a gente deu a uma questão. [Plural: *soluções*.]

som (som) substantivo masculino **1.** Aquilo que se percebe pelo sentido da audição; tudo o que se ouve: *Gosto de acordar cedo com o som dos pássaros*. **2.** Barulho, ruído: *Levantou-se rápido, porque ouviu um som estranho na sala*. **3.** É o mesmo que *música*: *Não gosto muito deste tipo de som*. **4.** Aparelho de som: *Rodrigo ganhou um som de presente de aniversário*. [Plural: *sons*.]

soma (so.ma) substantivo feminino **1.** Operação e resultado de uma adição: *A soma de 5 com 4 é 9*. **2.** É o mesmo que *quantidade*: *Gastou uma grande soma de dinheiro com a festa*.

somar (so.mar) verbo Fazer a soma de: *Somando 13 + 7, temos o total 20*.

sombra (som.bra) substantivo feminino Lugar sem luz ou escurecido pela presença de alguém ou de alguma coisa entre ele e a luz: *A sombra da mangueira*.

sombrinha (som.bri.nha) substantivo feminino Guarda-chuva, geralmente colorido, usado pelas mulheres: *Minha irmã ganhou uma sombrinha azul e branca*.

somente (so.men.te) advérbio É o mesmo que *apenas*, que *só*: *Viajaremos somente no final do ano*.

sonhador (dôr) (so.nha.dor)
sonhador • adjetivo **1.** Que sonha, que deseja ou fantasia, imagina coisas: *É uma menina sonhadora, está sempre pensando que vai se casar com um príncipe encantado*. **2.** Diz-se de algo próprio de quem sonha.
sonhador • substantivo masculino Aquele que é dado a sonhar, a desejar ou a fantasiar coisas: *Era um sonhador: vivia imaginando que quando crescesse faria uma viagem ao planeta Marte*.
[Plural: *sonhadores*. Feminino: *sonhadora*.]

sonhar (so.nhar) verbo **1.** Ter sonhos: *Ontem sonhei com meu amigo Marcelo*. **2.** Desejar muito alguma coisa: *Meu pai sonha em morar num sítio*. **3.** Imaginar, fantasiar: *Sérgio é um menino que vive sonhando, por isso sua irmã diz que ele é um sonhador*.

sonho (so.nho) substantivo masculino **1.** Visões que acontecem durante o sono: *Esta noite tive um sonho incrível: morava numa floresta e era amigo de um gorila*. **2.** Grande desejo: *Meu sonho é ser médico*. **3.** Doce de massa frita, recheado e passado em açúcar: *A festa de Márcia tinha bolo, sonho e brigadeiro*.

sono (**so**.no) *substantivo masculino* **1.** Estado de repouso normal, próprio de quem está dormindo: *Carlos tem um sono muito forte.* **2.** Vontade ou necessidade de dormir: *Saí cedo da festa porque estava com sono.*

sopa (**so**.pa) *substantivo feminino* Caldo com carne, peixe, legumes, massa, etc.: *No jantar de ontem tomei uma deliciosa sopa de ervilha.*

soprar (so.**prar**) *verbo* **1.** Dirigir o sopro sobre alguma coisa: *Maria soprou as velas do seu bolo de aniversário.* **2.** Encher de ar por meio de sopro: *Júlio soprou o balão.* **3.** Dizer algo baixinho para alguém: *Daniel soprou no ouvido de sua mãe que queria ir ao banheiro.*

sopro (**so**.pro) *substantivo masculino* O ar que se solta com força pela boca: *Na história, o Lobo derrubou a casa do Porquinho com um sopro.*

sorrir (sor.**rir**) *verbo* Dar um sorriso: *Sorriu ao ver a foto da filha vestida de bailarina.*

sorriso (sor.**ri**.so) *substantivo masculino* Riso sem ruído, com um leve movimento da boca: *Joana tem um sorriso bonito.*

sorte (**sor**.te) *substantivo feminino* **1.** Força misteriosa, boa ou má, que se acredita dirigir a vida de cada pessoa: *Por sorte, não viajei no avião que teve problemas no voo.* **2.** Boa sorte; felicidade: *Meu pai teve a sorte de conseguir um ótimo trabalho.*

sortudo (sor.**tu**.do) *adjetivo* Diz-se de quem tem muita sorte: *João é um cara sortudo, vive ganhando as rifas que compra.*

sorvete (sor.**ve**.te) *substantivo masculino* Espécie de doce feito de frutas, ou creme de leite, ou chocolate, etc., congelado até ficar quase sólido: *Meu sorvete favorito é o de chocolate.*

sorveteria (sor.ve.te.**ri**.a) *substantivo feminino* Estabelecimento em que se fabricam e se vendem sorvetes e picolés: *Abriram uma sorveteria em frente à escola.*

sossegar (sos.se.**gar**) *verbo* Ficar quieto, calmo: *Os alunos sossegaram quando a professora entrou na sala.*

sossego (sos.**se**.go) *substantivo masculino* **1.** É o mesmo que *tranquilidade*: *Meus avós levam a vida com muito sossego.* **2.** Falta de barulho, de ruído: *O sossego do quarto fez o bebê dormir logo.*

sovaco (so.**va**.co) *substantivo masculino* Cavidade sob o lugar onde se ligam o braço e o ombro: *Júlia lava bem os sovacos ao tomar banho.* [Outro nome: axila (é como os médicos dizem).] 432

sozinho (so.**zi**.nho) *adjetivo* É o mesmo que *só*: *O menino entrou sozinho na escola. Criança pequena não deve ficar sozinha em casa.*

sua (**su**.a) *pronome* Palavra que se usa para dizer que: a) alguma coisa que tem o nome no feminino pertence a uma pessoa (que pode ser aquela da qual falamos ou aquela com quem falamos): *Minha tia foi ao shopping e esqueceu onde tinha deixado sua moto.* — *André, não deixe de levar sua revista para casa*; b) uma pessoa que tem alguma relação (que pode ser de sangue, de amizade, profissional, etc.) com alguém do sexo feminino: *A mulher de José é professora e sua irmã também é.*

suar (su.**ar**) *verbo* **1.** Soltar suor pelos poros: *Gustavo suou muito durante o verão.* **2.** Fazer grande esforço: *Papai suou para mudar sozinho a geladeira de lugar.*

suave (su.**a**.ve) *adjetivo de 2 gêneros* **1.** Agradável aos sentidos: *Luísa tem a voz suave.* **2.** Que não é forte: *Mamãe gosta de perfumes suaves.* **3.** Doce; delicado; meigo: *Todos gostam do jeito suave de Ana.*

subida (su.**bi**.da) *substantivo feminino* **1.** Ação de subir, de ir para cima. **2.** Momento em que se sobe em um trem, ônibus, etc.: *Vovó toma muito cuidado na subida e na descida dos ônibus.* **3.** Terreno inclinado, como uma ladeira, um morro, etc., quando se sobe.

subir (su.**bir**) *verbo* **1.** Ir para um lugar mais alto; ir para cima: *As pessoas entraram no elevador e ele subiu.* **2.** Tornar-se mais caro: *Papai foi ao supermercado e achou que muitos produtos subiram.* **3.** Entrar em veículo, etc.: *Dona Carlota subiu no ônibus e sentou-se.*

sublinhar (su.bli.**nhar**) *verbo* Traçar uma linha por baixo de palavra, frase, etc.: *A professora pediu que os alunos sublinhassem no texto os nomes de animais.*

submarino (sub.ma.**ri**.no) *substantivo masculino* Navio que se movimenta sob as águas do mar: *Quantos submarinos tem a Marinha brasileira?*

subsolo (sub.**so**.lo) *substantivo masculino* **1.** Camada do solo abaixo de sua superfície: *Este sítio tem muita água no subsolo.* **2.** Construção abaixo do nível do chão: *Este shopping tem um estacionamento no subsolo.*

substância (subs.**tân**.cia) *substantivo feminino* A matéria de que os corpos são formados e que dá a cada um deles características especiais: *A pedra é uma substância mineral.*

substantivo (subs.tan.**ti**.vo) *substantivo masculino* Palavra que serve de nome a um ser, um objeto, uma qualidade, etc.; nome. Exemplos: *homem, pedra, bondade.*

substituir (subs.ti.tu.**ir**) *verbo* Colocar uma coisa, ou uma pessoa, em lugar de outra; trocar: *Lá em casa, substituímos refrigerante por suco ou por mate. O técnico substituiu o jogador.*

subterrâneo (sub.ter.**râ**.neo) *adjetivo* Que fica debaixo da terra: *Nosso prédio tem uma garagem subterrânea.*

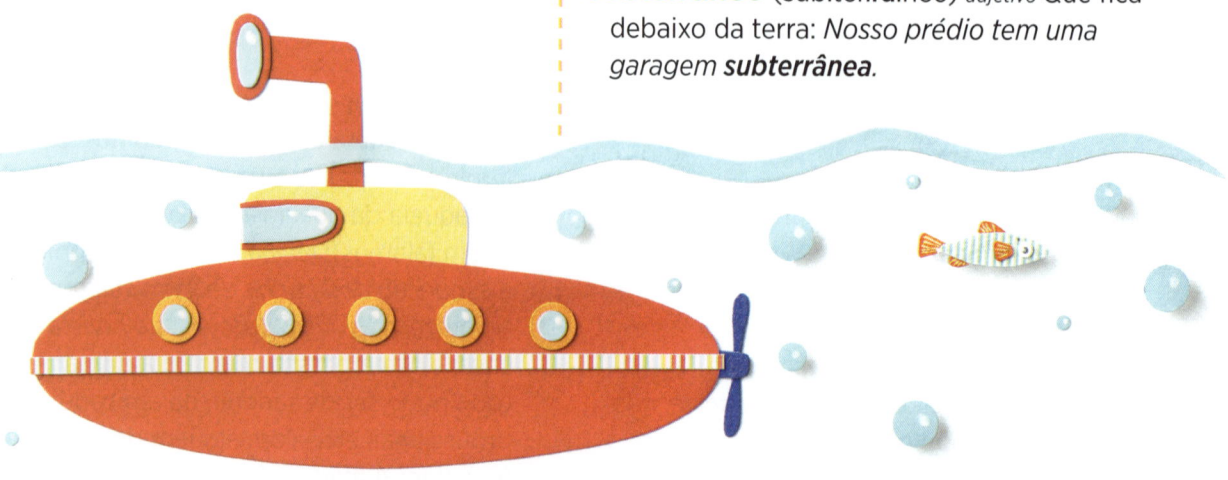

subtração (sub.tra.**ção**) *substantivo feminino* Operação matemática em que se tira uma quantidade de outra. [Plural: *subtrações*.]

subtrair (sub.tra.**ir**) *verbo* Tirar (número, etc.) de outro número, etc.; diminuir: *Quando **subtraímos** 4 de 10, ficamos com 6.*

sucesso (su.**ces**.so) *substantivo masculino* **1.** Um bom resultado: *Gilda teve **sucesso** em sua pesquisa.* **2.** Coisa que agrada a muitas pessoas: *O show do cantor foi um **sucesso**.*

suco (**su**.co) *substantivo masculino* Líquido nutritivo que se extrai dos vegetais, principalmente das frutas: *O **suco** de laranja. O **suco** de cenoura. O **suco** de couve.*

sucuri (su.cu.**ri**) *substantivo feminino* Serpente da América do Sul, de cor verde ou marrom e manchas pretas meio redondas, que vive geralmente à beira dos rios e lagoas. É a maior serpente do mundo e pode chegar a medir dez metros de comprimento. [Outros nomes: *anaconda* e *boiaçu*.] 440

sudeste (su.**des**.te) *substantivo masculino* **1.** Ponto que fica entre o sul e o leste. **2.** Região situada a sudeste (1): *Nós moramos no **sudeste** da cidade.* **3.** Região que, no Brasil, compreende os estados de Minas Gerais, Espírito Santo, Rio de Janeiro e São Paulo. [Neste sentido, com letra inicial maiúscula.]

sudoeste (su.do.**es**.te) *substantivo masculino* **1.** Ponto que fica entre o sul e o oeste. **2.** Região situada a sudoeste (1): *As chuvas mais fortes caíram no **sudoeste** do estado.*

suéter (su.**é**.ter) *substantivo masculino* Agasalho fechado, feito de lã, e que vai até a cintura, ou um pouco abaixo: *Paulo usava um **suéter** preto e luvas por causa do frio.* [Plural: *suéteres*.] →

suficiente (su.fi.ci.**en**.te) *adjetivo de 2 gêneros* Que satisfaz; bastante: *Um copo de água é **suficiente** para matar minha sede.*

sufocar (su.fo.**car**) *verbo* **1.** Impedir a respiração de: *A fumaça estava **sufocando** os bombeiros.* **2.** Perder ou diminuir a respiração: *Mônica tossiu tanto que quase **sufocou**.*

sugar (su.**gar**) *verbo* Beber, chupando: *O bebê **sugava** a mamadeira de olhos fechados.*

sujar (su.**jar**) *verbo* Tornar sujo; manchar: *Bernardo **sujou** a camisa durante o jogo de futebol.*

sujeira (su.**jei**.ra) *substantivo feminino* **1.** Acúmulo de lixo, poeira, etc.: *Os lixeiros tiram todos os dias muita **sujeira** das ruas.* **2.** Aquilo que suja; mancha: *Anita demorou para tirar a **sujeira** da sua blusa.*

sujo (**su**.jo) *adjetivo* Que não está limpo; imundo: *Os tênis de Cícero estão **sujos** de lama.*

sul (sul) *substantivo masculino* **1.** Ponto cardeal situado atrás do observador que está de frente para o norte: *O Uruguai fica ao **sul** do Brasil.* **2.** Região situada ao sul (1): *O Brasil fica no **sul** do continente americano.* **3.** Região que, no Brasil, compreende os estados do Paraná, Santa Catarina e Rio Grande do Sul. [Neste sentido, com letra inicial maiúscula.]

Ss — sul-americano ▶ suportar

sul-americano (sul-a.me.ri.**ca**.no)
sul-americano • adjetivo Da América do Sul: *O monte Aconcágua é o ponto mais alto do continente **sul-americano**.*
sul-americano • substantivo masculino Habitante desse continente: *O futebol é muito popular entre os **sul-americanos**.* [Plural: *sul-americanos*.]

sumir (su.**mir**) verbo **1.** Esconder-se, ocultar-se: *O lagarto **sumiu** entre as pedras.* **2.** Fugir, desaparecer: *O cachorro de Lúcia **sumiu**, mas já foi encontrado.*

sunga (**sun**.ga) substantivo feminino Roupa para banho, que parece uma cueca, usada pelos meninos e pelos homens na piscina, na praia, etc.: *André ganhou de aniversário uma **sunga** preta e branca.*

suor (ôr) (su.**or**) substantivo masculino **1.** Líquido incolor, de cheiro próprio, produzido por glândulas que ficam debaixo da pele e que sai pelos poros: *Sílvia correu tanto que sua camisa ficou molhada de **suor**.* **2.** É o mesmo que esforço: *Papai sempre diz que ganha seu salário com muito **suor**.* [Plural: *suores*.]

superficial (su.per.fi.ci.**al**) adjetivo de 2 gêneros Pouco profundo: *O menino se cortou, mas o ferimento foi **superficial**.* [Plural: *superficiais*.]

superfície (su.per.**fí**.cie) substantivo feminino **1.** A parte externa dos corpos: *Há muitas bactérias que vivem na **superfície** da pele.* **2.** A parte de cima de uma porção de água ou de terra: *Os barcos navegam na **superfície** do mar. O solo é a parte da **superfície** terrestre onde se anda, se constrói, etc.*

super-herói (su.per-he.**rói**) substantivo masculino Personagem de revista em quadrinhos, filme, etc., com poderes especiais, como o de voar, ter grande força, etc., e que está sempre a serviço do bem, protegendo e salvando as pessoas do perigo e lutando contra o mal: *Meu **super-herói** preferido usa máscara, sobe em paredes e tem o poder de lançar teias.* [Plural: *super-heróis*.]

superior (ôr) (su.pe.ri.**or**) adjetivo de 2 gêneros **1.** Que está mais acima; mais elevado: *Guardei meus cadernos na parte **superior** do armário.* **2.** Que é melhor que outro (em qualidade): *Este brinquedo é **superior** ao que ganhei no ano passado.* [Plural: *superiores*.]

supermercado (su.per.mer.**ca**.do) substantivo masculino Estabelecimento comercial que vende vários tipos de mercadorias e os expõe em grande quantidade: alimentos, produtos de limpeza, produtos de higiene, etc.: *Como o **supermercado** estava muito cheio, minha mãe demorou para fazer as compras.*

suportar (su.por.**tar**) verbo **1.** Ter sobre si; aguentar: *Esta mesa **suporta** muito peso.* **2.** Gostar de ter próximo de si: *Meu pai não **suporta** pessoas mentirosas.*

surdo (**sur**.do)
  surdo • *adjetivo* Que não ouve ou quase não ouve: *Beethoven já era um músico famoso quando ficou **surdo**.*
  surdo • *substantivo masculino* Homem, rapaz ou menino com perda, total ou parcial, de audição.

surfar (sur.**far**) *verbo* Praticar o surfe: *Rodrigo **surfa** todos os sábados.* [Aquele que surfa chama-se *surfista*.]

surfe (**sur**.fe) *substantivo masculino* Esporte em que a pessoa, de pé numa prancha, desliza numa onda.

surgir (sur.**gir**) *verbo* **1.** Aparecer de repente: *Já íamos embora, quando Gilberto **surgiu**.* **2.** Vir do fundo para a superfície: *Uma enorme baleia **surgiu** bem perto do navio.* **3.** Nascer (o Sol): *O Sol **surge** no leste.*

surpreender (sur.pre.en.**der**) *verbo* Causar surpresa a; espantar: *A vitória do time mais fraco sobre o favorito **surpreendeu** a torcida.*

surpresa (prê) (sur.**pre**.sa) *substantivo feminino* Acontecimento que não se esperava: *A chegada da vovó foi uma boa **surpresa** para todos nós.*

surrar (sur.**rar**) *verbo* Bater em; dar pancada em: *Não devemos **surrar** os animais.*

suspender (sus.pen.**der**) *verbo* **1.** Segurar no ar; levantar nos braços: *O pai **suspendeu** a criança.* **2.** Interromper por algum motivo: *A falta de luz **suspendeu** a exibição do filme.*

sustentar (sus.ten.**tar**) *verbo* **1.** Segurar para impedir que caia: *Esta madeira **sustenta** o telhado.* **2.** Dar o que é necessário: *Papai e mamãe trabalham muito para **sustentar** nossa família.*

susto (**sus**.to) *substantivo masculino* Medo repentino provocado por notícia, surpresa, etc.: *Mamãe levou um **susto** tão grande que deixou o prato cair.*

sutiã (su.ti.**ã**) *substantivo masculino* Peça de roupa feminina que serve para sustentar as mamas: *Minha irmã mais velha tem apenas doze anos e já usa **sutiã**.* [Plural: *sutiãs*.]

taba (**ta**.ba) *substantivo feminino* Aldeia de povo indígena: *Uma **taba** é formada por várias ocas.*

tabaco (ta.**ba**.co) *substantivo masculino* Erva cujas folhas são fumadas depois de secas: *O cigarro, que é feito de **tabaco**, faz muito mal à saúde.*

tabela ▸ talento — Tt

Uma visita ao Rio Grande do Sul

tabela (ta.**be**.la) *substantivo feminino* **1.** Lista com informações: *Neste livro há uma **tabela** com o nome de todos os países.* **2.** Quadro com os jogos de uma competição esportiva e suas datas: *Já saiu a **tabela** do campeonato brasileiro de futebol.* **3.** Relação de preços de mercadorias, etc. **4.** No basquete, suporte retangular onde a cesta fica presa.

→ **tablet** (tábleti) [Inglês] *substantivo masculino* Dispositivo portátil que tem funções de um computador e de um *smartphone*, além de aplicativos próprios, que não existem em nenhum dos dois (mas há tarefas de um computador que ele não faz). O *tablet* tem a forma de uma pequena tela bem fininha e com ele é possível ler livros, jornais, revistas digitais, acessar *sites* na Internet, enviar *e-mails*, jogar, assistir a filmes, a programas de televisão, etc.

tábua (**tá**.bua) *substantivo feminino* Peça plana de madeira: *Júlio e Luís construíram uma casa de **tábuas**.*

tabuada (ta.bu.**a**.da) *substantivo feminino* Lista com as operações de adição, subtração, multiplicação e divisão, que se usa para aprender essas quatro operações: *Carolina estuda a **tabuada** da divisão: 1 : 1 = 1; 2 : 1 = 2; 3 : 1 = 3; .... 2 :1 = 2; 4 : 2 = 2; 6 : 2 = 3 ....*

tabuleiro (ta.bu.**lei**.ro) *substantivo masculino* **1.** Peça de madeira ou de metal, usada para pôr comida ou para assá-la: *Rita assou o bolo num **tabuleiro** de metal.* **2.** Quadro dividido em quadrados, usado em certos jogos, como a dama e o xadrez: *Ana e Clara jogavam xadrez no computador num **tabuleiro** virtual.*

taça (**ta**.ça) *substantivo feminino* **1.** Copo com pé: *Mamãe ganhou de presente doze **taças** muito bonitas.* **2.** Troféu esportivo que se entrega à pessoa ou à equipe que vence uma competição, um torneio, etc.: *Ganhei a **taça** do campeonato de natação de minha escola.*

tagarela (ta.ga.**re**.la)
tagarela • *adjetivo de 2 gêneros* Que fala muito: *Loreslau é um papagaio **tagarela**.*
tagarela • *substantivo de 2 gêneros* Pessoa que fala muito: *Juca é um **tagarela**, não sabe guardar segredo.*

talco (**tal**.co) *substantivo masculino* Pozinho branco que se põe sobre a pele. O talco pode ser usado para perfumar a pele e refrescá-la, ou, se for de uso medicinal, para tratá-la.

talento (ta.**len**.to) *substantivo masculino* Jeito todo especial que uma pessoa tem para fazer alguma coisa muito bem.

talharim (ta.lha.**rim**) *substantivo masculino* Macarrão em forma de tiras. [Plural: *talharins*.]

talher (ta.**lher**) *substantivo masculino* **1.** Conjunto de garfo, faca e colher: *Arrumei a mesa para almoçarmos: primeiro coloquei a toalha, depois os pratos, os **talheres** e os copos e, por fim, a comida na mesa.* **2.** Cada peça desse conjunto. [Plural: *talheres*.]

talvez (tal.**vez**) *advérbio* Indica possibilidade ou dúvida: *Paulo **talvez** venha à festa, pois foi convidado. **Talvez** chova hoje, já que o céu está nublado.*

tamanco (ta.**man**.co) *substantivo masculino* Calçado com sola alta, geralmente de madeira ou de outro material resistente (durinho), que não se prende no calcanhar: *Mariana ganhou da mãe um **tamanco** amarelo.*

tamanduá (ta.man.du.**á**) *substantivo masculino* Animal mamífero da América do Sul, de focinho comprido e grandes unhas. Não tem dentes e se alimenta principalmente de cupins, que apanha com a língua. O maior tamanduá brasileiro é o *tamanduá-bandeira*. **444**

tamanho (ta.**ma**.nho) *substantivo masculino* **1.** É quanto uma pessoa ou alguma coisa mede de baixo para cima. Neste caso, a gente também diz *altura*: *Qual é o seu tamanho?* (pode ser o mesmo que dizer *quanto você mede?* ou *qual é a sua altura?*). **2.** Tamanho também pode ser quanto uma pessoa ou uma coisa mede de baixo para cima e de um lado a outro: *Entre os países da América do Sul, o Brasil é o de maior **tamanho**.*

tâmara (**tâ**.ma.ra) *substantivo feminino* Fruto de uma palmeira chamada *tamareira*. É um fruto de polpa doce, que pode ser consumido ao natural ou transformado em passa.

tamarindo (ta.ma.**rin**.do) *substantivo masculino* Fruto de polpa ácida e marrom, usado para fazer balas e refrescos. O tamarindo é o fruto de uma árvore conhecida pelos nomes de *tamarindeiro*, *tamarineiro* ou *jubaí*. [Outras formas: *tamarino* e *tamarina*.] **438**

tambaqui (tam.ba.**qui**) *substantivo masculino* Peixe de cor escura no dorso e clara na barriga, que pode chegar a 1 metro e meio de comprimento e pesar cerca de 13 quilos. É muito comum no rio Amazonas e sua carne é muito usada como alimento.

também (tam.**bém**) *advérbio* Da mesma forma; igualmente (isto é, de igual modo): *João é muito inteligente e o seu irmão **também**.*

tambor (bôr) (tam.**bor**) *substantivo masculino* Instrumento musical cujo som é obtido quando nele se bate com as mãos ou com pequenas varas de madeira. É formado por uma caixa circular coberta de couro bem esticado ou de outro material. O som do tambor varia de acordo com o seu tamanho. [Plural: *tambores*.] **434**

tampa (**tam**.pa) *substantivo feminino* Qualquer objeto usado para tapar um recipiente, uma caixa, uma panela, etc.: *Mara lavou a vasilha e sua **tampa**.*

tanga (**tan**.ga) *substantivo feminino* Vestuário de alguns povos. É um pedaço de pano que cobre o corpo, da cintura até as coxas.

tangerina (tan.ge.**ri**.na) *substantivo feminino* Fruto da *tangerineira*. É da família da laranja e do limão, sendo muito apreciado como alimento. [Outros nomes: *bergamota* ou *mexerica*.] **438**

tangerineira (tan.ge.ri.**nei**.ra) *substantivo feminino* Árvore de flores brancas perfumadas, que é nativa da Ásia, porém muito cultivada no Brasil e em outros países tropicais por causa do seu fruto, a tangerina.

tanque¹ ▶ tarde

tanque¹ (**tan**.que) *substantivo masculino*
1. Recipiente para líquidos: *O carro parou porque seu tanque de gasolina ficou vazio.*
2. Recipiente, geralmente ligado a uma torneira, onde se lava roupa.

tanque² (**tan**.que) *substantivo masculino* Carro de guerra pesado, com revestimento muito, muito duro e resistente.

tanto (**tan**.to)
tanto • *pronome* Palavra que a gente usa antes de um substantivo para indicar: a) um grande número, uma grande quantidade de coisas, pessoas, etc.: *Ele é um bom aluno, mas cometeu tantos erros na prova que a professora não entendeu o que aconteceu com ele.* b) um grau elevado: *Nunca fez tanto frio aqui na cidade.* [Feminino: *tanta*: *Na primeira vez em que foi a um estádio, o menino disse que nunca viu tanta gente num só lugar. Depois de tanta chuva, vamos ter de esperar a água das ruas escoar, para depois sairmos.*]
tanto • *advérbio* Palavra que a gente usa para: a) fazer uma comparação [usa-se com *como* ou com *quanto*]: *André tem treze anos, mas come tanto quanto um adulto.* b) fazer uma comparação entre dois processos, ações, etc. [usa-se com *como* ou com *quanto*]: ***Tanto** gosta de ir ao cinema como de ir ao teatro.* c) mostrar uma consequência [usa-se com *que*], com a noção de 'de tal forma': *Estudou tanto que adormeceu sobre o caderno.*

tão (tão) *advérbio* Palavra que a gente usa para: a) fazer uma comparação entre coisas, pessoas, seres, etc. [usa-se com *como* ou com *quanto*]: *Ana é tão estudiosa quanto a irmã. Sofia é tão bonita como a mãe.* b) indicar uma igualdade ou comparação entre duas qualidades, estados de uma mesma pessoa, coisa, etc.: *Margarida era tão culta como inteligente. A estrada é tão longa quanto esburacada.*

tapa (**ta**.pa) *substantivo feminino e masculino* Golpe que se dá com a mão aberta: *Joana deu um tapa na bola.*

tapar (ta.**par**) *verbo* 1. Cobrir qualquer recipiente, em geral para proteger o que ele contém: *Papai tapou a caixa-d'água para impedir que o mosquito da dengue ponha ali seus ovos.*
2. Encher orifício para fazê-lo desaparecer: *É preciso tapar logo os buracos desta estrada.*

taperebá (ta.pe.re.**bá**) *substantivo masculino* É o mesmo que *cajá*. 436

tapete (pê) (ta.**pe**.te) *substantivo masculino* Pano grosso, geralmente colorido e com desenhos, que se usa no chão e, às vezes, como enfeite de parede.

tapioca (ta.pi.o.ca) *substantivo feminino* Alimento que é retirado da raiz da mandioca. Esse alimento pode estar sob a forma de um pó fininho (que a gente chama *polvilho*) ou em forma de goma. Com esse pó ou essa goma são preparados alguns pratos bem brasileiros, como o *beiju* e o *cuscuz de tapioca*.

tarde (**tar**.de)
tarde • *substantivo feminino* Período do dia entre o meio-dia e o começo da noite: *Nesta tarde, eu e meu primo iremos ao cinema.*
tarde • *advérbio* Depois do tempo certo ou combinado: *Carlos dormiu muito e chegou tarde à escola. Maria chegou tarde ao encontro com a amiga.*

tarefa (ta.**re**.fa) *substantivo feminino* Trabalho que deve ser feito: *Na história, a madrasta disse que Cinderela só poderia ir ao baile depois de fazer suas **tarefas**.*

tartaruga (tar.ta.**ru**.ga) *substantivo feminino* Animal réptil parecido com o cágado e o jabuti. Vive na água e vem a terra apenas para pôr ovos. A tartaruga não tem dentes e seu corpo é protegido por uma carapaça. 444

taruíra (ta.ru.**í**.ra) *substantivo feminino* No Espírito Santo e em Minas Gerais é o mesmo que *lagartixa*. 442

tatarana (ta.ta.**ra**.na) *substantivo feminino* Lagarta das borboletas e mariposas. É coberta de pelos que queimam a pele de quem a toca. É conhecida, também, como *taturana* ou *lagarta-de-fogo*. 444

tato (**ta**.to) *substantivo masculino* O sentido pelo qual a gente percebe se alguma coisa está quente ou fria, se é macia ou dura, lisa ou áspera e outras características de tudo aquilo em que a gente toca.

Cole aqui areia e algodão. Quando a cola secar, passe a mão na areia e no algodão. É o tato que permite a você perceber a diferença.

tatu (ta.**tu**) *substantivo masculino* Animal mamífero sem dentes que se alimenta de raízes, frutas, insetos e de outros pequenos invertebrados. Tem focinho longo, patas curtas e o corpo coberto de placas, que formam uma espécie de armadura, com a qual se protege dos predadores. Vive em buracos que cava na terra com suas unhas compridas. Há várias espécies de tatu: *tatu-bola*, *tatu-canastra*, *tatupeba*, etc. 444

taturana (ta.tu.**ra**.na) *substantivo feminino* É o mesmo que *tatarana*. 444

taxa (xa = cha) (**ta**.xa) *substantivo feminino* **1.** Quantia que é cobrada para que um serviço seja feito ou prestado. Existem taxas que são cobradas pelo governo (do país, do estado, do município ou do distrito federal): ***Taxa** de incêndio, **taxa** de águas e esgoto, etc.* **2.** Número que diz quanto de algo existe num conjunto ou num todo: *Manuela me disse que a sua **taxa** de açúcar no sangue está alta.*

táxi (xi = csi) (**tá**.xi) *substantivo masculino* Automóvel para o transporte de passageiros. O passageiro paga ao motorista (que tem o nome de *taxista*) o valor da viagem ao chegar ao destino.

taxista (xis = csis) (ta.**xis**.ta) *substantivo de 2 gêneros* Motorista de táxi: *Meu tio é **taxista**. Joelma tem um táxi, ela é **taxista**.*

tear (te.**ar**) *substantivo masculino* Aparelho ou máquina para fazer tecidos. [Plural: *teares*.]

teatral (te.a.**tral**) *adjetivo de 2 gêneros* Do teatro, ou relativo a ele. [Plural: *teatrais*.]

teatro (te.**a**.tro) *substantivo masculino* **1.** Arte de representar, isto é, de contar, um ou mais personagens, uma história por meio de falas e gestos como se ela estivesse acontecendo ali, naquela hora: *Paulo faz teatro*. **2.** Lugar com um palco, no qual a gente vê os atores e atrizes representando uma história. No teatro são representadas histórias engraçadas, que chamamos de *comédia*, e histórias muito sérias, por vezes tristes, que chamamos de *tragédia*. Existem também as histórias que são contadas por meio de músicas; nós as chamamos de *musicais* ou *óperas* ou *balés* (mas esta última tem também bailarinos e bailarinas que dançam quase o tempo todo): *Os meninos foram ao teatro ver a peça* Pluft, o Fantasminha, *de Maria Clara Machado*.

tecer (te.**cer**) *verbo* Prender, ligar fios uns aos outros para fazer tecido, tapete, etc.: *O algodão fornece fios com que se tecem toalhas, lençóis e muitas outras coisas. O indígena teceu uma rede com fibras vegetais.*

tecido (te.**ci**.do)
tecido • *adjetivo* Que se teceu: *No Nordeste, fazem-se lindas toalhas tecidas à mão.*
tecido • *substantivo masculino* **1.** O produto que se obtém com os fios tecidos. Há tecidos de lã, de seda, de algodão, etc., e também tecidos de fibras artificiais, como o náilon. **2.** Nos organismos vivos, conjunto de células do mesmo tipo. Há tecidos animais e tecidos vegetais.

tecla (te.cla) *substantivo feminino* Cada uma das peças de um teclado, e que são próprias para serem tocadas ou apertadas com os dedos.

teclado (te.**cla**.do) *substantivo masculino* **1.** Parte de alguns instrumentos musicais como o piano e o acordeão, ou de aparelhos como o computador e o telefone, onde ficam as teclas. **2.** Instrumento musical que se parece com o teclado de um piano.

técnica[1] (**téc**.ni.ca) *substantivo feminino* **1.** Maneira especial de fazer alguma coisa: *Com a técnica que papai usa para cuidar da horta, as verduras estão sempre bonitas*. **2.** É também o uso do conhecimento científico para produzir algo.

técnica[2] (**téc**.ni.ca) *substantivo feminino* **1.** Aquela que comanda a preparação de um time de futebol, vôlei, ou basquete, etc., e diz quem joga e como deve jogar; ou aquela que orienta a preparação de um atleta (corredor, ginasta, nadador, etc.): *A técnica do time de basquete da nossa escola é uma ex-jogadora*. **2.** Mulher ou moça que se formou em curso ou em escola técnica e que trabalha na sua área de formação: *Ana é técnica em enfermagem.*

técnico (**téc**.ni.co)
técnico • *adjetivo* De ou feito com técnica; em que há técnica: *A máquina enguiçou e mamãe teve de chamar a assistência técnica.*
técnico • *substantivo masculino* **1.** Aquele que comanda a preparação de um time de futebol, vôlei, ou basquete, etc., e diz quem joga e como deve jogar; ou aquele que orienta a preparação de um atleta (corredor, ginasta, nadador, etc.): *O técnico dos nossos atletas é muito exigente*. **2.** Homem ou rapaz que se formou em curso ou em escola técnica e que trabalha na sua área de formação: *André é técnico em eletrônica.*
[Feminino: *técnica*.]

tecnologia (tec.no.lo.**gi**.a) *substantivo feminino* O conjunto das ferramentas, dos aparelhos, das máquinas, etc., e das técnicas de como fazer alguma coisa, inventadas ou descobertas pelo homem: *Cada vez mais pessoas têm acesso a novas tecnologias como o computador e o celular.*

tecnológico (tec.no.**ló**.gi.co) *adjetivo* Da tecnologia: *Nos últimos anos, o desenvolvimento tecnológico foi muito grande.*

Tt teia ▸ telescópio

teia (**tei**.a) *substantivo feminino* Espécie de rede de fios bem fininhos tecida pelas aranhas, para que os insetos de que elas se alimentam fiquem ali presos: *Quanto tempo uma aranha leva para tecer uma **teia**?*

teimar (tei.**mar**) *verbo* **1.** Ficar falando que quer algo (até conseguir); insistir (1): *Na minha casa, não adianta **teimar** para ficar acordado até tarde, porque minha mãe não deixa.* **2.** Continuar afirmando algo: *Até hoje Ana **teima** que não foi ela quem quebrou a jarra.* **3.** Insistir (2) em fazer algo (geralmente não muito legal): *Minha amiga **teima** em comer bala antes do almoço. Não adianta falar com ela, pois ela ainda **teima** em comer.*

teimosia (tei.mo.**si**.a) *substantivo feminino* Característica de quem teima em fazer algo, mesmo quando o que faz não está dando certo ou quando os outros dizem que não é para continuar a fazer: *Mamãe disse a meu pai: — Esqueça a **teimosia** e compre logo uma geladeira nova!*

teimoso (mô) (tei.**mo**.so) *adjetivo* Que teima, insiste em fazer algo: *A mãe de Lúcia sempre diz que ela é uma menina **teimosa**.*

tela (**te**.la) *substantivo feminino* **1.** Rede de fios de metal, náilon, etc.: *O galinheiro do sítio é cercado por uma **tela**.* **2.** Tecido especial, esticado numa estrutura de madeira, sobre o qual se pintam quadros. **3.** Pintura feita em tela (2): *Esta **tela** é de um pintor muito famoso.* **4.** Superfície na qual são exibidas as imagens de cinema, televisão, computador, etc.

telefonar (te.le.fo.**nar**) *verbo* Usar o telefone para falar com alguém: *Mamãe **telefonou** para o meu irmão que mora fora da nossa cidade.*

telefone (te.le.**fo**.ne) *substantivo masculino* **1.** Aparelho com que duas pessoas falam uma com a outra à distância. **2.** Os números de um aparelho de telefone: *Maria deu seu **telefone** novo para as amigas.*
◆ **Telefone celular.** É o mesmo que *celular*: *Meu irmão ganhou de aniversário um **telefone celular**.*

telefonema (te.le.fo.**ne**.ma) *substantivo masculino* Ligação em que uma pessoa se comunica com outra por meio de um telefone: *Vou dar um **telefonema**.*

telefônico (te.le.**fô**.ni.co) *adjetivo* Do telefone: *A companhia **telefônica** mudou de nome.*

telefonista (te.le.fo.**nis**.ta) *substantivo de 2 gêneros* Pessoa que tem a profissão de receber e transmitir ligações ao telefone: *João trabalha como **telefonista** de um hotel. Marisa é a **telefonista** de uma grande firma.*

telescópio (te.les.**có**.pio) *substantivo masculino* Instrumento usado para observar astros no céu, como planetas, seus satélites e estrelas: *Rogério viu o planeta Marte pelo **telescópio**.*

televisão ▶ tênis Tt

televisão (te.le.vi.**são**) *substantivo feminino*
1. Sistema para transmitir e receber imagens à distância: *Podemos ver na **televisão** um jogo realizado em qualquer parte do mundo.*
2. Aparelho que recebe imagens transmitidas pela televisão: *No Natal, meu pai comprou uma **televisão** nova.* [Outras formas de dizer: *tevê* ou *tv*.] [Plural: *televisões*.]

telha (tê) (**te**.lha) *substantivo feminino* Peça, em geral de barro cozido, usada para construir telhado: *Mário cobriu a casa do cachorro com **telhas**.*

telhado (te.**lha**.do) *substantivo masculino* A cobertura de um edifício, de uma casa, etc. que pode ser feita de telhas ou de outros materiais, como vidro: *Na casa da vovó o **telhado** é feito de telhas, mas, no edifício em que moro, o **telhado** é de metal.*

temer (te.**mer**) *verbo* Ter medo de; sentir medo: *Na história, João e Maria **temiam** ficar perdidos na floresta. Por isso marcaram o caminho com pedacinhos de pão.*

temor (môr) (te.**mor**) *substantivo masculino* É o mesmo que *medo*. [Plural: *temores*.]

temperar (tem.pe.**rar**) *verbo* Pôr tempero em (uma comida): *Mamãe **temperou** a carne com sal, alho e cebola.*

temperatura (tem.pe.ra.**tu**.ra) *substantivo feminino*
1. Quantidade de calor que faz num lugar. A unidade com que se mede a temperatura chama-se grau: *A minha cidade é fria e a **temperatura** lá não passa dos 20 graus, mas esta cidade é muito quente e a **temperatura** aqui chega a 40 graus.* **2.** Quantidade de calor que existe num corpo ou num lugar: *A **temperatura** normal das pessoas é mais ou menos 36 graus e meio.*

tempero (pê) (tem.**pe**.ro) *substantivo masculino* Nome de várias substâncias que se põem nos alimentos para dar-lhes mais sabor ou um sabor especial: *O **tempero** que vovó põe na pizza chama-se orégano.*

tempestade (tem.pes.**ta**.de) *substantivo feminino* Tempo (3) bem feio, em que ocorrem chuva forte, ventos, relâmpagos, trovões; temporal: *A **tempestade** fez o navio sair de sua rota, isto é, da direção certa.*

tempo (**tem**.po) *substantivo masculino* **1.** O passar das horas, dos dias, das semanas, dos anos, etc. O tempo anterior ao atual é o *passado*; o que virá é o *futuro* e aquele em que vivemos é o *presente*. **2.** Ocasião própria para que uma coisa se realize, ou ocasião em que uma coisa pode ocorrer: *Não tive **tempo** para estudar, pois fui ao dentista. Maria ainda é pequena, tem muito **tempo** para brincar.* **3.** O conjunto dos fenômenos que ocorrem na atmosfera. [É o que a gente vê acontecendo no céu e com o ar: se está sol, se chove, se venta, etc.]: *O **tempo** está ruim, parece que vai chover muito.*

temporal (tem.po.**ral**) *substantivo masculino* É o mesmo que *tempestade*. [Plural: *temporais*.]

tenda (**ten**.da) *substantivo feminino* Abrigo de lona, de náilon ou de outro material, que a gente leva desarmado nas viagens e arma quando acampa, etc.: *Os escoteiros armam **tendas** para dormir.*

tênis (**tê**.nis) *substantivo masculino de 2 números*
1. Calçado feito de pano, náilon ou de outro material, com sola de borracha: *Na escola, usamos **tênis** para fazer ginástica.* **2.** Jogo em que se usam raquetes e bola, que é jogado em campo dividido por uma rede sobre a qual a bola deve passar.

tenista (te.**nis**.ta) *substantivo de 2 gêneros* Pessoa que joga tênis, como esporte ou como profissão.

tentar (ten.**tar**) *verbo* **1.** Fazer esforço para conseguir alguma coisa: *O gato tentou passar pelo buraco na cerca, mas não conseguiu.* **2.** Causar desejo ou vontade de fazer alguma coisa: *Estou querendo emagrecer, mas o cheiro deste bolo está me tentando.*

ter (ter) *verbo* **1.** Possuir: *O dono desta fazenda tem muito dinheiro. Carlos tem um cachorro.* **2.** Poder tirar (?): *Os alunos têm férias em julho.* **3.** Ocupar cargo numa empresa, etc.: *Papai tem um bom emprego.* **4.** Dar à luz, dar a vida a: *A minha cadela teve seis filhotes.* **5.** Estar com certa idade: *Tenho oito anos.* **6.** Trazer consigo: *Papai tem uma foto minha na carteira.* **7.** Sofrer de (doença, etc.): *Alice tem uma doença rara.* **8.** Existir, haver: *Tem dias em que a gente só quer brincar, outros em que só quer descansar, mas sempre é bom lembrar que é importante estudar.*

tereré (te.re.**ré**) *substantivo masculino* Bebida feita de erva-mate e água fria, na qual se coloca limão, ou hortelã ou algum suco de fruta. É tomado num recipiente chamado *guampa* (feito com parte de um chifre de boi), com o auxílio de uma bomba, parecida com aquela com que se toma chimarrão (outra bebida feita de erva-mate). É muito comum, principalmente, em Mato Grosso do Sul, e também em Goiás, em Minas Gerais, em Rondônia e no Acre.

terminar (ter.mi.**nar**) *verbo* **1.** Chegar ao fim de; acabar; concluir: *O professor terminou a aula às nove horas.* **2.** Chegar ao fim: *Faltam poucos dias para o ano terminar.*

termômetro (ter.**mô**.me.tro) *substantivo masculino* Instrumento para medir a temperatura. Pode medir a temperatura de um lugar ou a do corpo de uma pessoa: *Os termômetros da cidade estão marcando 35 graus. A enfermeira mediu a temperatura do doente e o termômetro marcou 38 graus.*

terno (**ter**.no) *substantivo masculino* Roupa masculina ou feminina, formada por um paletó e uma calça do mesmo tecido e da mesma cor: *Mesmo no verão, papai só vai para o trabalho de terno.* [Quando é uma roupa feminina, a gente também chama de *terninho*.]

terra (**ter**.ra) *substantivo feminino* **1.** O planeta que habitamos e que faz parte do Sistema Solar: *A Terra gira em torno do Sol.* [Escreve-se com letra inicial maiúscula.] **2.** O solo sobre o qual se anda, e também onde se planta ou se constrói: *A terra da fazenda do meu tio é boa para plantar café.* **3.** O país ou a região em que nascemos; pátria: *Meu avô veio criança de sua terra, Portugal, morar no Brasil. Filipe saiu de sua terra natal em Minas para morar em Brasília.*

terrário (ter.**rá**.rio) *substantivo masculino* Recipiente de vidro, ou de outro material transparente, com terra, pedras, pequenos animais, plantas, etc., onde se podem observar muitas coisas que ocorrem nesse ambiente: o desenvolvimento e o comportamento dos animais, o crescimento das plantas, o que acontece com a água dentro dele, etc.

terremoto (ter.re.**mo**.to) *substantivo masculino* Movimento que acontece no interior da Terra e chega até a superfície fazendo os prédios, as casas, etc., balançarem e às vezes até caírem, causando grande destruição.

terreno (ter.**re**.no) *substantivo masculino* **1.** Qualquer extensão de terra: *Neste terreno, será construída uma casa.* **2.** Solo onde são cultivadas as plantações.

térreo (**tér**.reo) *adjetivo* Que fica ao nível do chão, na mesma altura que o solo: *Nós moramos no térreo deste prédio de 4 andares.*

terrestre (ter.**res**.tre) *adjetivo de 2 gêneros* **1.** Da Terra, ou relativo a ela: *A atmosfera terrestre é composta por vários gases.* **2.** Que vive na terra: *Os animais terrestres. As plantas terrestres.*

território (ter.ri.**tó**.rio) *substantivo masculino* Área (tamanho) de um município, de uma cidade, de um país, etc.: *O nosso país, o Brasil, tem um território muito, muito grande.*

terrível (ter.**rí**.vel) *adjetivo de 2 gêneros* **1.** Que dá muito medo: *O leão é uma fera terrível.* **2.** Que tem resultados muito ruins: *O acidente de carro foi terrível.* [Plural: *terríveis*.]

terror (rôr) (ter.**ror**) *substantivo masculino* Grande medo ou grande susto: *O dragão é um monstro que, nas histórias, provoca terror.* [Outros nomes: *horror* e *pavor*.] [Plural: *terrores*.] ◆ **De terror.** Diz-se de filme ou livro que conta uma história que causa grande medo: *Meu primo não gosta de filme de terror porque fica com tanto medo que depois nem consegue dormir.*

tesoura (te.**sou**.ra) *substantivo feminino* Instrumento que tem duas lâminas cruzadas que serve para cortar papel, pano, etc. Além das duas lâminas, a tesoura tem dois ou três buracos. Neles a gente enfia os dedos, para, num movimento de abrir e fechar, usar a tesoura para cortar algo.

tesouro (te.**sou**.ro) *substantivo masculino* **1.** Grande quantidade de dinheiro ou de objetos preciosos: *Na história, havia um tesouro no fim do arco-íris.* **2.** Coisa ou pessoa pela qual temos carinho, amor: *O tesouro de vovó são seus netos.* →

testa (**tes**.ta) *substantivo feminino* A parte do rosto que fica entre os olhos e os cabelos. 433

teste (**tes**.te) *substantivo masculino* **1.** Exame que se faz em alguma coisa, ou com alguma coisa, para ver se ela funciona direito, se é de boa qualidade, etc.: *Papai fez um teste no carro para ver se o conserto ficou bom.* **2.** Prova ou exame escolar: *Fizemos hoje um teste de Matemática.*

testemunha (tes.te.**mu**.nha) *substantivo feminino* Pessoa que assiste a um acontecimento: *Ana e Pedro foram testemunhas de um assalto.*

teta (tê) (**te**.ta) *substantivo feminino* Glândula mamária (isto é, da mama): *As fêmeas dos cangurus têm tetas nas bolsas onde ficam os filhotes.*

teto (**te**.to) *substantivo masculino* A parte de cima de cada parte de uma casa, de um apartamento, etc.: *O pintor já pintou as paredes da sala, agora só falta pintar o teto.*

> Pensando na definição 2 de tesouro, desenhe aqui um tesouro seu.

Tt teu ▶ tingir

teu (teu) *pronome* Palavra que se usa: a) para dizer que alguma coisa (que tem o nome no masculino) pertence à pessoa com quem falamos: — *Zélia, onde está o **teu** relógio?* b) para dizer que a pessoa com quem falamos tem alguma relação (que pode ser de sangue, de amizade, profissional, etc.) com outra do sexo masculino: — ***Teu** pai está atrasado de novo, Henrique.*

têxtil (têx = tês) (**têx**.til) *adjetivo de 2 gêneros* Que se pode tecer; que é usado para tecer: *A lã, a seda e o algodão são usados para fazer fios **têxteis**.* [Plural: *têxteis*.]

> Por qual time de futebol você torce? Escreva, cole ou desenhe algo sobre ele aqui.

texto (tex = tês) (**tex**.to) *substantivo masculino* É aquilo que a gente escreve. Pode falar sobre um passeio que fizemos, sobre como é nossa família, sobre um dia nosso na escola e muitas outras coisas. Um texto pode e deve ser lido depois de escrito, para ver se precisamos mudar alguma coisa: *Ana me mandou um e-mail com um **texto** muito bonito.*

tia (**ti**.a) *substantivo feminino* **1.** A irmã do pai ou da mãe da gente. **2.** A mulher do tio da gente.

tico-tico (**ti**.co-**ti**.co) *substantivo masculino* **1.** Passarinho de penas marrons e costas pretas. Faz o ninho em árvores, mas gosta de andar no chão para comer sementes, insetos, etc. **2.** Veículo com pedal e três rodas, próprio para crianças pequenas. 446 [Plural: *tico-ticos*.]

tigela (ti.**ge**.la) *substantivo feminino* Vaso de barro, de louça ou de metal, com boca larga e geralmente sem asas, que é usado para preparar ou servir comida: *Mamãe usou uma **tigela** para misturar a massa do bolo.*

tigre (**ti**.gre) *substantivo masculino* Animal muito feroz, da família dos gatos e das onças, que tem pelo amarelo com listras pretas. Habita a Ásia e é o maior dos felinos. 444

tijolo (jô) (ti.**jo**.lo) *substantivo masculino* Peça de barro cozido, de cimento, etc., usada para construir casa, prédio, muro, etc.

til (til) *substantivo masculino* Sinal (~) que se coloca sobre as letras *a* e *o* de palavras como *maçã, coração* e *botões*, para marcar o som nasal (que sai pelo nariz). [Plural: *tis* ou *tiles* (menos usado).]

time (**ti**.me) *substantivo masculino* Grupo de pessoas ou de atletas que jogam, ou atuam, juntos: *Um **time** de futebol é formado de 11 jogadores.* [Um outro nome para time é *equipe*.]

timidez (dêz) (ti.mi.**dez**) *substantivo feminino* Característica de quem é tímido; falta de jeito para conversar e tratar com as pessoas: *Por causa da **timidez** excessiva, Artur quase não sai.*

tímido (**tí**.mi.do) *adjetivo* Que tem dificuldade de relacionar-se com outras pessoas: *João é um menino **tímido**, mas mesmo assim tem muitos amigos.*

tingir (tin.**gir**) *verbo* Mudar a cor ou tornar mais viva a cor de alguma coisa, usando tinta: *Mamãe **tingiu** o vestido que era branco de vermelho.*

tinta (**tin**.ta) *substantivo feminino* **1.** Líquido meio grosso usado para pintar as paredes, as portas, as janelas, etc., de casa, apartamento, etc.: *Papai pintou as paredes da nossa casa com **tinta** branca e as janelas e as portas com **tinta** verde.* **2.** Líquido, ou pasta, usado para pintar quadros, etc. **3.** Líquido usado para escrever, desenhar, tingir e imprimir: *Bernardo comprou uma **tinta** preta e uma **tinta** colorida para sua impressora.* **4.** Líquido que alguns animais marinhos, como a lula, soltam quando estão em perigo.

tio (**ti**.o) *substantivo masculino* **1.** Irmão do pai ou da mãe da gente. **2.** O marido da tia da gente.

típico (**tí**.pi.co) *adjetivo* É o mesmo que *característico*: *As casas com telhado muito inclinado são **típicas** dos lugares onde cai neve. A feijoada e o churrasco são pratos **típicos** do Brasil.*

tipo (**ti**.po) *substantivo masculino* **1.** Pessoa ou coisa que reúne características que as distinguem de outras: *Pedro é o **tipo** do menino alegre, está sempre rindo. Quero comprar uma caixa do **tipo** desta: grande, redonda e com boa fechadura.* **2.** É o mesmo que *modelo*: *Meu pai comprou um carro de último **tipo**.*

tira (**ti**.ra) *substantivo feminino* Pedaço de pano, papel, etc., comprido e estreito; faixa: *Maria enfeitou a sala com **tiras** de papel colorido.*

tirar (**ti**.rar) *verbo* **1.** Fazer sair de algum lugar: *Ana **tirou** o lenço de dentro da bolsa.* **2.** Retirar de um lugar e levar para outro: *João sempre ajuda a **tirar** os pratos da mesa.* **3.** Tirar de cima do corpo: *Paulo **tirou** o agasalho porque estava com calor.* **4.** Arrancar: *Luís ajudou seu pai a **tirar** o mato da frente da casa.* **5.** Diminuir: *Quando **tiramos** três de cinco, ficamos com dois.* **6.** Fazer uma fotografia: *Leila **tirou** uma fotografia na frente do jardim.* **7.** Ficar sem trabalhar ou estudar durante um certo tempo: *Regina vai **tirar** férias no mês que vem.*

tiro (**ti**.ro) *substantivo masculino* Disparo de revólver, espingarda, canhão, etc.

titular (**ti**.**tu**.lar) *substantivo de 2 gêneros* Jogador ou jogadora que faz parte do time principal e que, estando em boas condições, entra na partida desde o início. [Plural: *titulares*.]

título (**tí**.tu.lo) *substantivo masculino* **1.** Nome que se põe num livro, numa história, numa poesia, numa música, etc.: *A Chave do Tamanho é o **título** de um livro de Monteiro Lobato.* **2.** Nome que se dá a alguém: *José se formou e recebeu o **título** de doutor.* **3.** Conquista obtida em competição: *O Brasil é o país com mais **títulos** de campeão mundial de futebol.*

toalha (**to**.**a**.lha) *substantivo feminino* **1.** Peça de algodão ou de outro tecido que serve para secar as mãos depois de lavá-las, secar o corpo depois do banho, etc.: *Após o banho, Marta pendurou a **toalha** molhada no varal.* **2.** Tecido que se estende sobre a mesa como enfeite ou proteção à hora das refeições.

toca (**to**.ca) *substantivo feminino* Lugar no solo, no tronco das árvores, etc., onde certos animais vivem ou se escondem: *O coelho correu e entrou na **toca**.*

tocar (**to**.**car**) *verbo* **1.** Pôr a mão em; conhecer pelo tato: *Amélia **tocou** o pano e ele era macio.* **2.** Encostar em: *O pé de Ivo **tocou** o fundo do rio.* **3.** Tirar sons de: *Joana **toca** violão muito bem.* **4.** Falar algo sobre um fato, etc.: *Antes de sairmos, ele **tocou** na questão do acidente.* **5.** Fazer com que um grupo de animais se movimente: *Amanhã os peões vão **tocar** o gado para atravessar o rio.*

Tt todo ▶ topo

todo (tô) (**to**.do)
todo • *adjetivo* **1.** Completo, inteiro: *Vovô morou toda a vida no campo. Passei o ano todo estudando.* **2.** A que não falta parte alguma ou nenhuma pessoa: *Toda a família foi ao passeio.*
todo • *pronome* Seja qual for; qualquer: *Todo bebê nasce chorando.*

toicinho (toi.**ci**.nho) *substantivo masculino* Camada de gordura dos porcos situada sob a pele. É usada na culinária brasileira e na de outros países, de várias formas: *Na fazenda do meu tio, só se cozinha com toicinho derretido.* [Outra forma: *toucinho*.]

toldo (tôl) (**tol**.do) *substantivo masculino* Cobertura de lona ou de outro material, usada em porta, janela, varanda, etc., e que serve para proteger do sol ou da chuva: *Assim que começou a chover, corremos para debaixo do toldo da loja.*

tolerância (to.le.**rân**.cia) *substantivo feminino* **1.** Boa vontade e respeito que a gente tem ou deve ter com quem pensa ou se comporta de maneira diferente da gente: *Apesar de torcerem para times diferentes, a tolerância faz com que Caio e Lucas não briguem por causa disso.* **2.** Capacidade que o organismo tem de suportar frio, calor, etc.

tolice (to.**li**.ce) *substantivo feminino* É o mesmo que *bobagem* (1).

tolo (tô) (**to**.lo) *adjetivo* É o mesmo que *bobo*.

tomada (to.**ma**.da) *substantivo feminino* Objeto fixo nas paredes das casas, por onde passa a eletricidade: *Para que um aparelho elétrico funcione, é preciso ligá-lo na tomada.*

tomar (to.**mar**) *verbo* **1.** Segurar, como forma de proteger: *A mãe tomou a criança nos braços com carinho.* **2.** Tirar algo das mãos de alguém com força; arrancar: *Juca tomou o brinquedo de João.* **3.** Ingerir alimento (geralmente líquido) ou medicamento: *Maria só toma leite de manhã. Hoje vamos tomar sopa. O médico passou um remédio para mamãe tomar.* **4.** Subir, entrar em veículo: *Tomar o ônibus. Tomar o trem.* **5.** Levar (um susto): *Ao sair do cinema, tomamos um susto à toa.*

tomate (to.**ma**.te) *substantivo masculino* O fruto de várias formas e tamanhos, rico em vitamina, vermelho quando maduro, de uma planta chamada *tomateiro*. 438

tombo (**tom**.bo) *substantivo masculino* Aquilo que acontece com a gente ao cair no chão depois de tropeçar, escorregar, etc.; queda: *Carlos levou um tombo no recreio.*

tonelada (to.ne.**la**.da) *substantivo feminino* É o mesmo que *mil quilos*: *Um elefante pode pesar mais de sete toneladas.*

tontura (ton.**tu**.ra) *substantivo feminino* Sensação de falta de equilíbrio: é como se o corpo ou tudo ao redor dele estivesse girando, girando.

topázio (to.**pá**.zio) *substantivo masculino* Pedra preciosa, muito usada em joias, que aparece na natureza em várias cores: amarelo, alaranjado, azul, rosa, vermelho, etc.: *Minha avó tem um anel de ouro com um topázio rosa.* 430

topo (tô) (**to**.po) *substantivo masculino* O lugar mais alto de um edifício, de uma montanha, etc.: *Os rapazes subiram até o topo da montanha.*

tora ▶ total

tora (to.ra) *substantivo feminino* Grande tronco cortado de árvore: *Na estrada, vimos um caminhão cheio de toras passar.*

tórax (rax = racs) (tó.rax) *substantivo masculino de 2 números* Parte do corpo onde ficam os pulmões e o coração; peito.

torcedor (dôr) (tor.ce.dor) *substantivo masculino* Aquele que torce para (ou por) um clube: *Os torcedores ficaram tristes quando seu time perdeu o jogo.* [Plural: *torcedores*. Feminino: *torcedora*.]

torcer (tor.cer) *verbo* **1.** Fazer um objeto dar voltas sobre si mesmo: *Mamãe torceu a toalha molhada.* **2.** Machucar o pé, a perna, etc., ao pisar num buraco, tropeçar numa pedra, etc.: *Antônio torceu o tornozelo jogando vôlei.* **3.** Simpatizar com um clube de futebol, etc.: *Guilherme torce pelo Flamengo.* **4.** Desejar muito que alguma coisa aconteça: *O menino torcia para que o pai chegasse logo com o brinquedo.*

torcida (tor.ci.da) *substantivo feminino* Grupo de pessoas que torcem para (ou por) um clube: *Durante o jogo as duas torcidas fizeram muita festa.*

tornar (tor.nar) *verbo* **1.** Fazer ficar: *A boa música torna o dia mais alegre.* **2.** Passar a ser; transformar-se em algo ou alguém diferente: *Marcelo tornou-se um menino muito estudioso.*

torneira (tor.nei.ra) *substantivo feminino* Dispositivo que serve para deixar, ou impedir, que um líquido, ou um gás, saia de um cano ou de um recipiente: *Isa abriu a torneira para regar as plantas.*

tornozelo (zê) (tor.no.ze.lo) *substantivo masculino* Parte do corpo humano que une a perna ao pé: *Ronaldo torceu o tornozelo jogando futebol.*

torrada (tor.ra.da) *substantivo feminino* Fatia de pão, seca pelo calor do forno, etc.: *Mariana gosta de tomar chá com torradas.*

torrado (tor.ra.do) *adjetivo* **1.** Que se queimou a ponto de ficar seco: *Amendoim torrado. Café torrado. Farinha de mandioca torrada.* **2.** Que pegou muito sol e ficou com a pele muito queimada.

torre (tô) (tor.re) *substantivo feminino* Num castelo, num palácio, num forte, ou numa igreja, etc., construção que geralmente é a mais alta e a menos larga: *Na história, a feiticeira prendeu a princesa na torre, para que ela não fugisse.*

torta (tor.ta) *substantivo feminino* Espécie de bolo, doce ou salgado, com recheio: *Miguel adora torta de chocolate.*

torto (tô) (tor.to) *adjetivo* Que não é reto: *Não se pode costurar com esta agulha torta.*

tosse (tos.se) *substantivo feminino* Saída com barulho, pela boca, do ar dos pulmões, e que ocorre quando a gente está gripada, ou quando a gente se engasga, etc.: *O pediatra me receitou um xarope para a tosse.*

tossir (tos.sir) *verbo* Ter ou estar com tosse: *João Paulo está gripado, com febre e tossindo muito, precisa tomar remédio e xarope para a tosse.*

total (to.tal)
total • *substantivo masculino* Resultado de adição; soma: *Havia quinze crianças na festa de aniversário de Rita, depois chegaram mais doze, fazendo um total de vinte e sete crianças.*
total • *adjetivo de 2 gêneros* Que envolve ou inclui tudo; completo: *A chuva forte causou a destruição total das verduras da horta.*
[Plural: *totais*.]

totó (to.tó) *substantivo masculino* **1.** Nome carinhoso para chamar ou falar de um cão pequeno. **2.** Jogo que imita o futebol: é uma caixa de madeira ou plástico, com duas aberturas, uma em cada ponta, e 22 jogadores em miniatura presos em seis varetas com cabos, que a gente movimenta com a intenção de fazer gol ou de evitar que o adversário faça. [Outro nome para esse jogo: *pebolim*.]

touro (tou.ro) *substantivo masculino* Boi que, num rebanho, serve de reprodutor, isto é, ele é, ou será, o pai dos bezerros e das novilhas do rebanho: *Este bezerro é filho do touro Ferdinando.*

tóxico (xi = csi) (tó.xi.co)
tóxico • *adjetivo* Que envenena: *O gás tóxico. O lixo tóxico.*
tóxico • *substantivo masculino* É o mesmo que *droga*: *O uso de tóxicos destrói a saúde das pessoas.*

trabalhador (dôr) (tra.ba.lha.dor)
trabalhador • *adjetivo* Que trabalha, geralmente muito: *Um homem trabalhador.*
trabalhador • *substantivo masculino* Homem ou rapaz que trabalha: *Os trabalhadores da fábrica ficaram contentes com o aumento de salário.*
[Plural: *trabalhadores*. Feminino: *trabalhadora*.]

trabalhadora (dô) (tra.ba.lha.do.ra) *substantivo feminino* Mulher ou moça que trabalha.

trabalhar (tra.ba.lhar) *verbo* **1.** Ocupar-se numa atividade e com ela ganhar dinheiro: *Mário trabalha como pintor de parede.* **2.** É o mesmo que *funcionar*: *O relógio da sala parou de trabalhar.*

trabalho (tra.ba.lho) *substantivo masculino* **1.** Todo esforço que se faz para realizar alguma coisa: *Esta casa foi construída com o trabalho de muitas pessoas.* **2.** Exercício de uma atividade, etc.: *Luci gosta do seu trabalho de professora.* **3.** Qualquer obra realizada: *Fernanda fez um bom trabalho sobre os animais ferozes.*

traça (tra.ça) *substantivo feminino* Inseto que fura tecidos (roupas, cortinas, toalhas, etc.) e papéis (livros, cadernos, jornais, revistas, etc.).

traçar (tra.çar) *verbo* Fazer ou representar por meio de traços: *Bárbara traçou uma linha no papel. Juca traçou uns rabiscos e disse que era um desenho.*

traço (tra.ço) *substantivo masculino* **1.** Risco ou linha feitos a lápis, caneta, pincel, etc. num papel, numa tela, etc.: *Fez um traço no papel, depois outro e outro, até que o desenho ficou pronto.* **2.** Modo próprio de desenhar: *Desde pequeno aquele pintor tinha traços que já revelavam muito talento.*

tráfego (trá.fe.go) *substantivo masculino* É o mesmo que *trânsito*: *Nesta rua, o tráfego é péssimo à tarde.*

trair (tra.ir) *verbo* Contar para alguém o segredo de uma pessoa que confia na gente: *Joaquim Silvério dos Reis traiu Tiradentes.*

traje (tra.je) *substantivo masculino* É o mesmo que *roupa*: *Rodrigo foi com um traje de pirata à festa da escola.*

trajeto (tra.je.to) *substantivo masculino* Espaço que se percorre de um lugar a outro: *O trajeto de minha casa à escola é muito bonito.*

trampolim (tram.po.**lim**) *substantivo masculino* Prancha comprida e bem elevada, da qual os nadadores, por esporte ou brincadeira, saltam na piscina. [Plural: *trampolins*.]

tranca (**tran**.ca) *substantivo feminino* Objeto que se usa para fechar uma porta, um portão, etc.

trança (**tran**.ça) *substantivo feminino* Penteado em que o cabelo fica entrelaçado até a ponta: *Diana trazia na ponta da trança uma fita azul.*

trançado (tran.**ça**.do) *adjetivo* Arrumado ou disposto em trança: *Palha trançada. Cabelo trançado.*

trancar (tran.**car**) *verbo* Fechar com tranca, trinco ou chave: *Mamãe trancou a porta da casa e me levou para passear.*

trançar (tran.**çar**) *verbo* Ligar três ou mais tiras passando, ora a tira da direita, ora a da esquerda, sobre a tira do meio: *Cláudio trançou fitas verdes e amarelas para enfeitar sua bicicleta no dia 7 de setembro.*

trancinha (tran.**ci**.nha) *substantivo feminino* É o mesmo que *trança*.

tranquilidade (تنيق) (tran.qui.li.**da**.de) *substantivo feminino* Situação em que há paz e sossego.

tranquilo (تنيق) (tran.**qui**.lo) *adjetivo* **1.** Que é sossegado, calmo: *Carlos é um menino tranquilo.* **2.** Diz-se de rua ou de lugar em que não passam muitos carros ou pessoas: *Minha tia mora numa rua tranquila.*

transformação (trans.for.ma.**ção**) *substantivo feminino* Atividade ou ação de transformar, de mudar: *Durante a digestão, os alimentos sofrem uma grande transformação.* [Plural: *transformações*.]

transformar (trans.for.**mar**) *verbo* **1.** Mudar de forma: *A água evapora, isto é, ela se transforma em vapor.* **2.** Passar a ser algo diferente: *Na terra, a semente vai germinando, até se transformar num broto, que vai se desenvolver e virar uma planta.* **3.** Mudar de comportamento, de maneira de agir, falar e pensar: *Depois que se tornou mãe, ela se transformou muito.* **4.** Dar outra forma ou outra finalidade a alguma coisa: *Papai transformou um dos quartos da casa em escritório.*

transfusão (trans.fu.**são**) *substantivo feminino* Passagem de líquido de um recipiente a outro. [Plural: *transfusões*.] ◆ **Transfusão de sangue.** É a introdução de sangue (geralmente de outra pessoa) pela veia no corpo de alguém que está doente ou que sofreu um acidente: *Meu vizinho precisou de uma transfusão de sangue quando ficou internado no hospital.*

trânsito (**trân**.si.to) *substantivo masculino* Movimento de veículos por uma rua, uma estrada, etc., ou de pessoas por determinado lugar: *Na minha rua, é proibido o trânsito de caminhões. As calçadas são destinadas ao trânsito de pessoas.*

Tt transmitir ▶ trava-língua

transmitir (trans.mi.**tir**) *verbo* **1.** Passar uma mensagem, uma notícia, um aviso, etc., de uma pessoa para outra: *Duda **transmitiu** o recado de sua professora à mãe.* **2.** Passar programa no rádio ou na televisão: *Este canal **transmitirá** a final do campeonato de futebol.* **3.** Espalhar doença: *O mosquito que **transmite** a dengue chama-se Aedes aegypti (édes egípti).* **4.** Ensinar o que sabe a alguém: *O professor **transmite** seus conhecimentos aos alunos*

transparente (trans.pa.**ren**.te) *adjetivo de 2 gêneros* Diz-se daquilo que deixa passar a luz, permitindo que se veja tudo o que está do outro lado: *Posso ver o jardim pelo vidro **transparente** da janela.*

transportar (trans.por.**tar**) *verbo* Levar pessoas ou coisas de um lugar para outro: *Este ônibus **transporta** crianças para a escola. Aquele caminhão **transporta** lixo.*

transporte (trans.**por**.te) *substantivo masculino* **1.** Atividade ou ação de transportar: *O **transporte** dos móveis foi feito por um caminhão.* **2.** Qualquer veículo usado para transportar pessoas, objetos, etc.: *O metrô é um **transporte** muito rápido.*

trapézio (tra.**pé**.zio) *substantivo masculino* Aparelho de ginástica formado por uma barra horizontal suspensa por duas cordas verticais, usado especialmente no circo.

trapezista (tra.pe.**zis**.ta) *substantivo de 2 gêneros* Artista que, no circo, etc., faz acrobacias no trapézio.

traqueia (quéi) (tra.**quei**.a) *substantivo feminino* Canal do sistema respiratório, que liga a laringe aos brônquios.

traseira (tra.**sei**.ra) *substantivo feminino* A parte de trás de algo, o seu final: *O acidente amassou muito a **traseira** do veículo.*

traseiro (tra.**sei**.ro) *adjetivo* Que está ou fica na parte de trás de coisa, veículo, ser, etc.: *O cavalo levantou as patas **traseiras** e quase acertou um coice no peão. A lanterna **traseira** do carro de papai queimou.*

tratamento (tra.ta.**men**.to) *substantivo masculino* Tudo aquilo que o médico faz para o doente, ou diz para ele fazer, para que ele fique bom logo: *O **tratamento** de Paulinho é o seguinte: deve tomar o remédio, beber muito líquido e ficar de repouso.*

tratar (tra.**tar**) *verbo* **1.** Tentar curar: *O médico **tratou** a doença de Bebel.* **2.** Receber: *Vovô **trata** bem as visitas.* **3.** Cuidar de um animal, dando comida, água, carinho: *Clara **tratou** do nosso cachorrinho até voltarmos das férias.*

trator (tôr) (tra.**tor**) *substantivo masculino* Veículo a motor que serve para tirar terra ou para fazer outros trabalhos pesados, e que é muito usado na agricultura. [Plural: *tratores*.] 446

trava-língua (tra.va-**lín**.gua) *substantivo masculino* Brincadeira em que se tenta falar rapidamente uma frase difícil de pronunciar. Exemplo: *O rato roeu a roupa do rei de Roma.* [Plural: *trava-línguas*.]

trave (tra.ve) *substantivo feminino* **1.** Madeira mais grossa que sustenta o teto de uma construção: *A trave do telhado desta casa velha está podre e pode cair.* **2.** Armação de madeira, ou de outro material, do gol.

travesseiro (tra.ves.sei.ro) *substantivo masculino* Saco quadrado ou retangular, cheio de algodão, espuma, pena, etc., usado para se encostar a cabeça ao deitar.

travesso (vês) (tra.ves.so) *adjetivo* Que costuma fazer arte, bagunça, estripulia: *A avó sempre diz que ele é um menino travesso.*

travessura (tra.ves.su.ra) *substantivo feminino* Ação de criança levada; arte, estripulia.

trazer (tra.zer) *verbo* **1.** Transportar para o lugar onde se está: *O ônibus sempre traz as crianças da escola às 5 horas da tarde.* **2.** Levar alguém com a gente a algum lugar: *Vieram à festa, mas não trouxeram o filho mais velho.* **3.** Carregar algo para dar a alguém: *Perguntou à madrinha o que ela lhe trouxe. Papai disse que me trará uma surpresa de sua viagem.* **4.** Causar: *Esta música me traz boas lembranças.*

treinador (dôr) (trei.na.dor) *substantivo masculino* Homem que decide quais são os jogadores de um time de futebol, basquete, etc. que vão jogar numa partida ou numa competição, e em que posição e de que modo eles devem agir e se posicionar em campo ou quadra: *Carlos Alberto Parreira foi o treinador da seleção brasileira na Copa do Mundo de 1994.* [Plural: *treinadores*. Feminino: *treinadora*.]

treinadora (dô) (trei.na.do.ra) *substantivo feminino* Feminino de *treinador*: *Aquela jogadora de vôlei agora é treinadora de uma equipe.*

treinar (trei.nar) *verbo* Fazer treino; exercitar: *O professor de ginástica treinou os alunos para a competição de natação. Paulo está treinando em seu violão para tocar na festa.* [Quando a gente treina, geralmente faz várias vezes a mesma coisa.]

treino (trei.no) *substantivo masculino* Preparação de pessoas ou de animais para determinado fim: *Nosso time de vôlei fez quatro treinos esta semana. Os alunos tiveram muitos treinos para cantar na festa.*

trem (trem) *substantivo masculino* **1.** A locomotiva e seus vagões. Quando se move sobre os trilhos, a locomotiva puxa os vagões que estão presos a ela: *O trem é um meio de transporte mais barato que o avião.* 446 **2.** Em alguns lugares como Minas Gerais, é uma palavra que a gente usa para falar sobre qualquer coisa: *— Que trem é este aqui, Zé Antônio? — perguntou mamãe quando viu meu carrinho de rolimã na porta de casa.* [Plural: *trens*.]

Tt tremer ▶ trocar

tremer (tre.**mer**) *verbo* **1.** Mover, sem parar, o corpo ou parte do corpo, por medo, frio, doenças, etc.: *Ao sair do lago, o cãozinho* ***tremia*** *de frio.* **2.** Balançar, sacudir: *Quando o caminhão passou, as janelas da casa* ***tremeram***.

trenó (tre.**nó**) *substantivo masculino* Veículo com esquis que se move sobre a neve. 446

trepadeira (tre.pa.**dei**.ra) *substantivo feminino* Planta que cresce buscando apoio em outras plantas, ou em cercas, muros, etc.: *O maracujá e o chuchu são* ***trepadeiras***. ➔

trepar (tre.**par**) *verbo* Subir, segurando-se com as mãos e com os pés: *Os macacos* ***trepam*** *nas árvores com muita rapidez.*

triângulo (tri.**ân**.gu.lo) *substantivo masculino* Figura fechada formada por três lados. 430

tribo (**tri**.bo) *substantivo feminino* Grupo de pessoas que é formado por famílias que têm uma origem comum, e que falam a mesma língua e têm os mesmos costumes e as mesmas características físicas: *Papai já esteve numa* ***tribo*** *indígena da Amazônia.*

trigo (**tri**.go) *substantivo masculino* Planta cujos grãos servem para fabricar uma farinha que é usada para fazer pães, bolos, biscoitos e muitas outras coisas.

trilho (**tri**.lho) *substantivo masculino* Duas barras de aço paralelas e muito compridas que se prendem no chão, e sobre as quais passam as rodas dos trens, dos metrôs, etc.

trinco (**trin**.co) *substantivo masculino* Peça, geralmente de metal, que serve para fechar ou abrir portas, janelas, etc.

tripa (**tri**.pa) *substantivo feminino* Intestino de animal: *Meu tio acha que a linguiça mais gostosa é a que se faz com carne e* ***tripa*** *de porco.*

tripulação (tri.pu.la.**ção**) *substantivo feminino* Conjunto de pessoas empregadas no serviço de uma embarcação ou de uma aeronave. [Plural: *tripulações*.]

triste (**tris**.te) *adjetivo de 2 gêneros* Que não está contente; sem alegria: *Fernando ficou* ***triste*** *com a morte do seu cachorro.*

tristeza (tɜ̂) (tris.**te**.za) *substantivo feminino* Sentimento de quem está triste; falta de alegria: *Foi grande a* ***tristeza*** *dos colegas quando souberam que Filipe ia morar em outra cidade.*

trocador (dôr) (tro.ca.**dor**) *substantivo masculino* Homem ou moço que trabalha em ônibus, etc., recebendo o dinheiro das passagens. [Outro nome: *cobrador*.] [Plural: *trocadores*. Feminino: *trocadora*.]

trocadora (dô) (tro.ca.**do**.ra) *substantivo feminino* É o feminino de *trocador*. [Outro nome: *cobradora*.]

trocar (tro.**car**) *verbo* **1.** Dar uma coisa por outra: *João* ***trocou*** *uma lapiseira por uma caneta com o José.* **2.** Substituir uma coisa por outra: *Bernardo* ***trocou*** *de roupa para ir ao cinema.* **3.** Pôr uma coisa no lugar de outra; mudar: *Mamãe* ***trocou*** *a posição dos móveis da sala.*

troco (trô) (**tro**.co) *substantivo masculino* Dinheiro que se recebe de volta daquele a quem se pagou alguma coisa, quando se dá dinheiro a mais: *Paguei um sapato com uma nota de 100 reais e recebi dez reais de **troco**.*

troço (**tro**.ço) *substantivo masculino* É o mesmo que coisa: *Vovô Roberto olhou o meu skate novo e quis saber: — Como é que a gente anda nesse **troço**?*

troféu (tro.**féu**) *substantivo masculino* Objeto que se ganha para lembrar ou comemorar uma vitória, uma conquista. [Plural: *troféus*.]

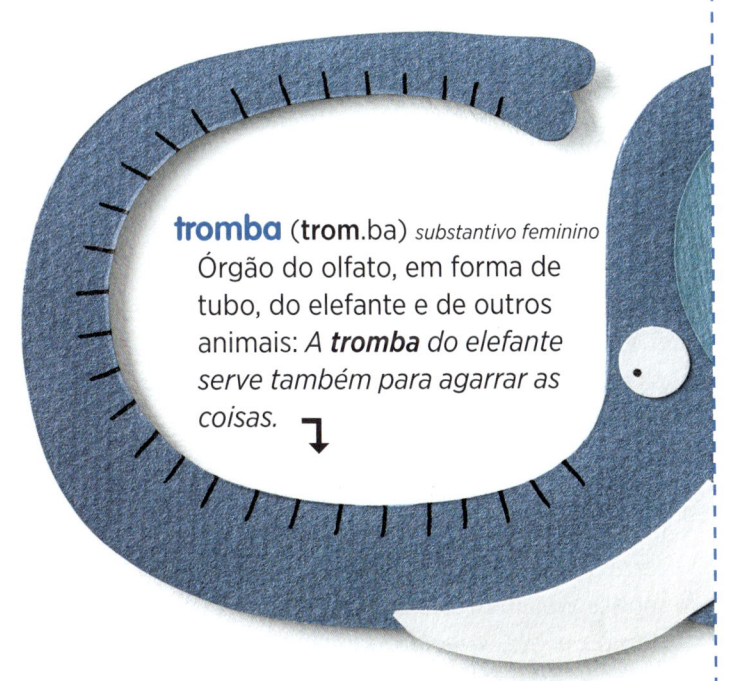

tromba (**trom**.ba) *substantivo feminino* Órgão do olfato, em forma de tubo, do elefante e de outros animais: *A **tromba** do elefante serve também para agarrar as coisas.*

trombone (trom.**bo**.ne) *substantivo masculino* Instrumento de sopro de metal, que tem o som mais grave que o do trompete e mais agudo que o da tuba: *Meu irmão toca **trombone** na banda da escola.*

trompete (trom.**pe**.te) *substantivo masculino* Instrumento de sopro de metal, que tem o som mais agudo que o do trombone: *Meu tio é músico, ele toca **trompete**.*

tronco (**tron**.co) *substantivo masculino* **1.** Caule das árvores: *A mangueira tem um **tronco** bem grosso.* **2.** Parte do corpo humano que inclui o tórax e o abdome.

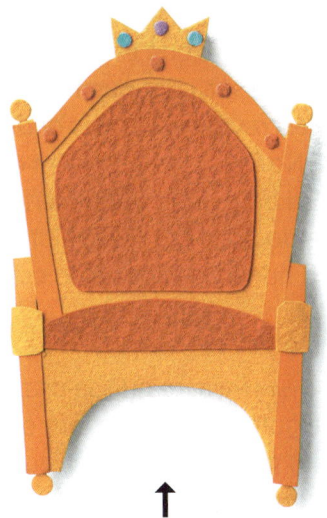

trono (**tro**.no) *substantivo masculino* Cadeira onde se sentam o rei, a rainha, etc., em ocasiões especiais.

tropeçar (tro.pe.**çar**) *verbo* Bater com o pé ou com a perna em algo que esteja no caminho e perder o equilíbrio, chegando a cair ou não.

tropical (tro.pi.**cal**) *adjetivo de 2 gêneros* Dos trópicos, ou da região da Terra que fica entre os trópicos e onde geralmente faz calor: *O Brasil é um país **tropical**.* [Plural: *tropicais*.]

trópico (**tró**.pi.co) *substantivo masculino* **1.** Cada uma das duas linhas imaginárias da Terra, paralelas ao equador. O trópico de Câncer fica situado ao norte do equador e o trópico de Capricórnio, ao sul. **2.** A região que fica entre os dois trópicos.

trovão (tro.**vão**) *substantivo masculino* Grande ruído causado por raio na atmosfera; trovoada. [Plural: *trovões*.]

trovoada (tro.vo.**a**.da) *substantivo feminino* **1.** Série de relâmpagos e trovões. **2.** Trovão.

truque (**tru**.que) *substantivo masculino* Aquilo que o mágico faz e que a gente não sabe bem como ele faz, pois, mesmo prestando muita atenção, a gente só vê o resultado, resultado esse que geralmente impressiona a todos (mas só porque a gente não sabe como ele fez e fica achando que é impossível que seja verdade).

Tt tu ▶ túnel

tu (tu) *pronome* Palavra que é usada no lugar do nome da pessoa com quem se fala ou a quem se escreve: — *Tu sabes onde fica o banheiro?* [No Brasil, essa palavra é mais usada no Sul do país, especialmente no Rio Grande do Sul e em Santa Catarina, e também no norte de Minas e no estado do Maranhão.]

tua (tu.a) *pronome* Palavra que se usa: a) para dizer que alguma coisa (que tem o nome no feminino) pertence à pessoa com quem falamos: — *Joana, sinto muito, mas a **tua** saia ficou manchada*; b) para dizer que a pessoa com quem falamos tem alguma relação (que pode ser de sangue, de amizade, profissional, etc.) com outra do sexo feminino: — *Tua mãe já vai servir o almoço, Fabrício. Para de comer biscoito.*

tuba (tu.ba) *substantivo feminino* Grande instrumento de sopro, de metal e com um som forte, mais grave que o do trombone. 434

tubarão (tu.ba.rão) *substantivo masculino* Nome de peixes marinhos de corpo longo e sem escamas. São geralmente ferozes e têm a boca larga com várias fileiras de dentes pontudos ou em forma de serra. [Plural: *tubarões*.] 444

tubérculo (tu.bér.cu.lo) *substantivo masculino* Caule curto e grosso rico em substâncias nutritivas: *A batata e o inhame são **tubérculos** de debaixo da terra.* 435

tubo (tu.bo) *substantivo masculino* Objeto redondo e oco por onde entram e saem líquidos, gases, etc. Os canos, por exemplo, são tubos mais duros, mas há também tubos que podem ser dobrados ou ter sua direção mudada.

tubulação (tu.bu.la.ção) *substantivo feminino* Rede ou conjunto de tubos e canos por onde passa água limpa ou esgoto, ou por onde passam fios elétricos, telefônicos, etc., ou por onde passa gás, etc. [Plural: *tubulações*.]

tucano (tu.ca.no) *substantivo masculino* Ave de penas coloridas e de bico grande, grosso e curvo. 444

tudo (tu.do) *pronome* **1.** Conjunto de todas as coisas que existem: — *Como surgiu a Terra e **tudo** o que existe no Universo?* **2.** Qualquer coisa, considerada em seu total: *A tempestade destruiu **tudo**. Mariazinha comeu **tudo** o que estava no prato.*

tufão (tu.fão) *substantivo masculino* Vento fortíssimo (isto é, muito, muito forte) e que pode causar grande destruição. [Plural: *tufões*.]

tuiuiú (tui.ui.ú) *substantivo masculino* Ave de pernas longas e plumagem branca que vive à beira de lagoas. Tem pescoço preto e peito vermelho, sem penas. Também é conhecido como *jaburu*.

tumulto (tu.mul.to) *substantivo masculino* É o mesmo que *confusão* (3): *Durante o show na praia, houve um início de **tumulto** e algumas pessoas passaram mal.*

túnel (tú.nel) *substantivo masculino* Passagem ou caminho que está debaixo ou dentro da terra. Há túneis que passam por dentro de montanhas, outros que passam por baixo de rios, etc.: *O **túnel** Rebouças, que fica na cidade do Rio de Janeiro, tem dois mil e oitocentos metros de extensão.* [Plural: *túneis*.]

túnica ▶ tutu

túnica (tú.ni.ca) *substantivo feminino* **1.** Roupa longa com ou sem mangas, que era usada por alguns povos. **2.** Roupa semelhante a essa, mas de tamanho variado, que é usada geralmente pelas mulheres. **3.** A roupa de certos religiosos.

turismo (tu.ris.mo) *substantivo masculino* **1.** Viagem feita por prazer a lugares interessantes, bonitos, etc.: *Miguel gosta de fazer turismo. Veio de Barcelona para conhecer o Brasil.* **2.** Atividade comercial que está ligada a esse tipo de viagem.

turista (tu.ris.ta) *substantivo de 2 gêneros* Pessoa que faz turismo: *Um turista americano conheceu uma turista francesa durante uma viagem ao Brasil.*

turma (tur.ma) *substantivo feminino* **1.** Grupo, bando: *Nossa turma de amigos é muito animada.* **2.** Grupo de alunos de uma sala de aula: *Marcos está na turma B do 3º ano no mesmo colégio que eu estudo.*

turmalina (tur.ma.li.na) *substantivo feminino* Pedra de cor verde, azul, preta, etc. de algum valor, usada para fazer joias: *Vovó Antônia tem um colar de prata com várias turmalinas que era da avó dela.* 430

turno (tur.no) *substantivo masculino* **1.** Cada uma das divisões do horário de trabalho ou estudo: *Maria trabalha como enfermeira da maternidade no turno da noite.* **2.** Cada etapa da disputa de um campeonato esportivo: *Meu time de futebol foi campeão ainda no segundo turno do campeonato brasileiro.*

turquesa (ﻓﻴﺮوز) (tur.que.sa) *substantivo feminino* Pedra de cor azul ou verde, de grande valor, usada para fazer joias: *Na vitrine da joalheria do shopping, ontem, vi um colar de ouro com várias turquesas.* 430

tutu (tu.tu) *substantivo masculino* Comida feita com feijão que já estava pronto mais farinha e, às vezes, toicinho. É um prato muito comum em Minas Gerais e em outros lugares do Brasil: *Em vários lugares do país o tutu é servido com couve e arroz.*

uçá (u.çá) *substantivo masculino* Caranguejo de cor entre o castanho e o azul, e pernas entre o vermelho e o roxo, muito peludas, e cuja carne é muito apreciada: *O **uçá** vive em tocas cavadas na lama dos mangues.*

ué (u.é) *interjeição* Palavra que a gente usa para demonstrar espanto, admiração, surpresa, etc.: — *Ué! Você podia ter dito que não queria vir com a gente. Agora, não fique aí chamando para ir embora.*

uê (u.ê) *interjeição* É o mesmo que *ué*: — *Uê? Ela ainda não voltou?*

ui (ui) *interjeição* Palavra usada para mostrar que se sente dor ou então que se ficou surpreso ou assustado com alguma coisa: — *Ui! Ui! Meu dente está doendo.* — *Ui! Que barulho estranho foi esse?*

uirapuru (ui.ra.pu.ru) *substantivo masculino* Pássaro da Amazônia de penas coloridas e canto parecido com a música de uma flauta. O canto do uirapuru é tão bonito que, segundo a lenda, os outros pássaros se calam para escutá-lo: *O uirapuru só canta na época em que faz ninho.*

uivar (ui.var) *verbo* Dar uivos: *Dizem que os lobos uivam para a Lua.*

uivo (ui.vo) *substantivo masculino* **1.** Som, diferente do latido, que soltam o lobo e o cão, e que é uma forma de comunicação deles: *O cão do meu vizinho uivou respondendo ao uivo do meu cão.* **2.** Grito alto de dor ou tristeza: *Na história, o uivo do gigante ferido foi ouvido pelos outros gigantes.*

último (úl.ti.mo)
último • *adjetivo* **1.** Que está ou vem depois de todos os outros; que está ou vem no fim: *O último menino da fila é o Pedro.* **2.** Que é o mais moderno: *Meu tio comprou um carro de último tipo.*
último • *substantivo masculino* Aquele ou aquilo que está depois, ou que vem depois de todos: *Juca foi o último a entrar no cinema.*

ultrapassar (ul.tra.pas.sar) *verbo* **1.** Passar à frente de alguém, de algum veículo, etc.: *No fim da corrida, Ricardo ultrapassou Paulo e terminou em primeiro lugar.* **2.** Ir além de certo limite: *Hoje está muito quente, a temperatura ultrapassa os 39 graus.*

Uma visita a Rondônia

Uu um ▸ união

um (um)
um • artigo Palavra que a gente usa na frente do nome de coisa, pessoa, planta, animal, etc., não identificado ou não mencionado antes: *Ganhei um livro muito interessante. Papai nos disse que lhe indicaram um médico muito bom.*
um • numeral É como a gente escreve com letras o número 1. A gente usa para dizer que está falando de 1 pessoa ou de 1 ser (real ou imaginário) do sexo masculino, ou de 1 objeto que tem o nome no masculino, etc.: *Um dos dois rapazes que se feriram no acidente é meu primo. Um carro avançou o sinal vermelho e bateu em outro veículo.* [Feminino: *uma*.]

uma (u.ma)
uma • artigo Palavra que a gente usa na frente do nome no feminino de coisa, pessoa, planta, animal, etc., não identificado ou não mencionado antes: *Comprei uma revista muito interessante. Mamãe costuma ir a uma costureira lá na Tijuca.*
uma • numeral É o feminino de *um*. A gente usa para dizer que está falando de 1 pessoa ou de 1 ser (real ou imaginário) do sexo feminino, ou de 1 objeto que tem o nome no feminino, etc.: *Uma das duas moças que passaram no concurso é minha amiga. Uma caminhonete azul derrapou e bateu em dois carros.*

umbigo (um.**bi**.go) substantivo masculino Cicatriz no meio da barriga, a qual se forma depois que o cordão umbilical é cortado. [O cordão umbilical é um duto mole e flexível que liga o feto à placenta da mãe, e é o meio pelo qual o feto se alimenta.] 433

umbilical (um.bi.li.**cal**) adjetivo de 2 gêneros Do, ou relativo ao umbigo: *O doente sentia dor na região umbilical.* [Plural: *umbilicais*.]

umbu (um.**bu**) substantivo masculino Fruto de uma árvore chamada *umbuzeiro*, de casca amarela meio esverdeada, com um caroço grande e polpa branca. O umbu é usado para fazer suco, doce, sorvete, etc. em especial no Nordeste. [Outra forma: *imbu*.] 438

umidade (u.mi.**da**.de) substantivo feminino Característica do que está úmido ou molhado: *A parede do banheiro está com umidade por causa de uma infiltração. Mamãe já chamou o pedreiro para consertar.*

úmido (**ú**.mi.do) adjetivo **1.** Um pouco molhado: *Maria tomou banho e ainda está com os cabelos úmidos.* **2.** Em que há muita água ou vapor: *As chuvas são frequentes nas regiões úmidas.*

unha (u.nha) substantivo feminino **1.** Cada uma das lâminas finas, mais ou menos duras, que cobrem a parte de cima da ponta dos dedos: *A mãe de Marta pintou as unhas com esmalte cor-de-rosa.* **2.** Garra de alguns animais: *O gato rasgou a almofada com as unhas.* 433

unhada (u.**nha**.da) substantivo feminino Arranhão feito com a unha.

união (u.ni.**ão**) substantivo feminino **1.** Aquilo que se faz quando se juntam duas ou mais coisas: *Com a união das duas turmas, nossa sala ficou com mais de trinta alunos.* **2.** Aquilo que se tem quando há acordo e harmonia entre as pessoas: *Bernardo tem muitos amigos e a união entre eles é muito grande.* **3.** É o mesmo que *casamento*: *A união dos meus avós já dura 50 anos.* **4.** O Governo Federal Brasileiro: *A União precisa aplicar mais recursos na saúde e na educação da população.* [Neste sentido, com letra inicial maiúscula.] [Plural: *uniões*.]

único ▶ urbano **Uu**

único (ú.ni.co) *adjetivo* **1.** Que é um só: *Carlos é filho único. Marcela é a única neta de nossa vizinha.* **2.** De que não existe outro: *O morcego é o único mamífero que voa.*

unicórnio (u.ni.cór.nio) *substantivo masculino* Animal imaginário, geralmente branco, parecido com o cavalo, com um chifre reto no meio da testa: *Este tapete tem no centro o desenho de um unicórnio.*

unidade (u.ni.da.de) *substantivo feminino* **1.** Cada uma das partes que formam um todo: *Um edifício de apartamentos com 20 unidades.* **2.** Aquilo que usamos como padrão (isto é, como um modelo para muitos ou todos seguirem) para medir, pesar, para ver quanto tempo durou, para ver se está quente ou frio, etc.: *O metro é uma unidade de comprimento. O quilograma é uma unidade de massa. O segundo é uma unidade de tempo.* **3.** O número um: *Depois do zero vem a unidade, depois o dois, o três, o... .*

uniforme (u.ni.for.me)
uniforme • *adjetivo de 2 gêneros*
Que só tem uma forma, que se parece muito com outro: *As casas desta rua são todas uniformes.* ↳
uniforme • *substantivo masculino*
1. Vestuário de modelo único e que é usado por um grupo de pessoas: *O uniforme dos alunos do meu colégio é azul. O bebê sujou o uniforme da babá.* **2.** Vestuário usado por militares; farda: *Os soldados vestiram seus melhores uniformes para o desfile.*

unir (u.nir) *verbo* **1.** Tornar um só; reunir: *A empresa em que papai trabalha se uniu com outra.* **2.** Ligar, juntar: *José uniu os dois pedaços da corda com um nó.* **3.** Colar, ligar: *Alice uniu os pedaços quebrados do vaso com cola.* **4.** Ligar-se por casamento, etc.: *Os noivos vão se unir no próximo sábado.*

unissex (sex = secs) (u.nis.sex) *adjetivo de 2 gêneros e 2 números* Que pode ser usado por homem ou por mulher: *Márcio comprou uma calça unissex. Maria também comprou uma.*

universal (u.ni.ver.sal) *adjetivo de 2 gêneros* Comum a todos os seres humanos, ao mundo inteiro; mundial: *A preocupação com a preservação do planeta deve ser universal.* [Plural: *universais*.]

universidade (u.ni.ver.si.da.de) *substantivo feminino* Organização de ensino superior que reúne várias escolas (faculdades): *Meu irmão faz engenharia na universidade.*

universo (u.ni.ver.so) *substantivo masculino* O conjunto de tudo quanto existe (os astros, as galáxias e tudo o que há no espaço); o cosmo: *O Sistema Solar, do qual a Terra faz parte, é uma pequena parte do Universo.* [Escreve-se com letra inicial maiúscula.]

Cole aqui uma foto sua usando uniforme.

urânio (u.râ.nio) *substantivo masculino* Metal branco prateado usado na produção de energia nas usinas nucleares.

urbano (ur.ba.no) *adjetivo* Pertencente ou relativo à cidade: *No Brasil, a população urbana é maior que a população rural.*

Uu uretra ▶ usar

uretra (u.**re**.tra) *substantivo feminino* É o canal por onde passa o xixi até chegar no buraquinho por onde ele sai.

urgência (ur.**gên**.ci.a) *substantivo feminino* Situação em que é preciso fazer algo bem depressa, como, por exemplo, passar por uma operação para resolver um problema de saúde.

urgente (ur.**gen**.te) *adjetivo de 2 gêneros* Que a gente precisa fazer depressa: *A mãe de meu amigo precisa de um tratamento **urgente**.*

urina (u.**ri**.na) *substantivo feminino* É o mesmo que *xixi*: *A mãe trocou a fralda do bebê que estava molhada de **urina**.*

urinar (u.ri.**nar**) *verbo* Eliminar a urina; fazer xixi: *Ivo bebeu tanta água que ficou com vontade de **urinar**.*

urinol (u.ri.**nol**) *substantivo masculino* Vaso ou bacia em que pessoas doentes, etc. usam para fazer xixi. [Plural: *urinóis*.]

urna (**ur**.na) *substantivo feminino* Caixa, sacola, etc., onde se recolhem os votos, nas eleições, ou os números em uma loteria, rifa, etc. No Brasil, as urnas são eletrônicas, ou seja, os números dos candidatos são digitados e contados pelos computadores.

urso (**ur**.so) *substantivo masculino* Animal grande e peludo do hemisfério norte, que passa uma parte do ano quietinho, sem fazer nada, como se estivesse dormindo: *O **urso** é um animal onívoro.*

urso-polar (**ur**.so-po.**lar**) *substantivo masculino* Urso branco que vive no polo norte e que se alimenta principalmente de focas. [Plural: *ursos-polares*.]

urtiga (ur.**ti**.ga) *substantivo feminino* Planta que tem pelos com substância que faz a pele da gente arder ao encostar neles.

urubu (u.ru.**bu**) *substantivo masculino* Ave de penas pretas, de cabeça pelada e bico curvo que se alimenta de carne podre: *Os **urubus** voam alto e têm boa visão e bom olfato.*

urucu (u.ru.**cu**) *substantivo masculino* O fruto pequeno, arredondado e cheio de sementes do *urucuzeiro*. Tem a casca vermelha ou amarela, coberta de espinhos. Do urucu se extrai um pó muito usado como tempero, e com que também se faz uma tinta, que os indígenas usam para se pintar. [Outra forma: *urucum*.]

urutu (u.ru.**tu**) *substantivo feminino e masculino* Cobra muito venenosa, de cor marrom ou preta, com manchas em forma de ferradura pelo corpo e uma mancha em forma de cruz na cabeça: *O agricultor viu a **urutu** e passou bem longe dela.*

usado (u.**sa**.do) *adjetivo* Diz-se daquilo de que já se fez uso: *Roupa **usada**. Sapato **usado**. Carro **usado**.*

usar (u.**sar**) *verbo* **1.** Fazer uso de; empregar: *A costureira **usou** um tecido de algodão para fazer a blusa. Maria **usou** a faca para cortar o pão.* **2.** É o mesmo que *vestir*: *Lúcia **usava** um vestido branco.* **3.** Gastar com o uso: *Como o casaco de Rogério está muito **usado**, seu pai vai comprar outro.*

usina (u.**si**.na) *substantivo feminino* **1.** Fábrica em que o trabalho é feito com máquinas: *Esta usina produz açúcar.* **2.** Lugar onde se produz energia: *Uma usina hidrelétrica. Uma usina nuclear.*

uso (**u**.so) *substantivo masculino* **1.** Ação de usar, de utilizar; utilização, emprego: *O uso deste xarope curou a tosse de Marina. No tempo frio, é necessário o uso de agasalhos.* **2.** É o mesmo que *consumo*: *O uso de suco no lugar de refrigerante já é um hábito aqui em casa.*

usuário (u.su.**á**.rio) *substantivo masculino* Quem sempre (ou quase sempre) faz uso de alguma coisa: *Meu pai é usuário do metrô.*

utensílio (u.ten.**sí**.lio) *substantivo masculino* Qualquer objeto que se utiliza para alguma coisa ou para fazer um trabalho: *As panelas são utensílios indispensáveis na cozinha. A pá é o utensílio de trabalho do pedreiro.*

útero (**ú**.te.ro) *substantivo masculino* Órgão no qual o feto dos animais mamíferos cresce e se desenvolve.

útil (**ú**.til) *adjetivo de 2 gêneros* **1.** Que pode ter algum uso; que serve para alguma coisa: *Esta faca é muito útil para cortar carnes e legumes.* **2.** Que traz benefícios: *A leitura é útil. Ela nos ajuda a escrever melhor.* [Plural: *úteis*.]

utilidade (u.ti.li.**da**.de) *substantivo feminino* Aquilo para que alguma coisa serve: *A utilidade desta represa é fornecer água à cidade mais próxima. Não sei qual é a utilidade desta caixa.*

utilização (u.ti.li.za.**ção**) *substantivo feminino* É o mesmo que *uso* (1). [Plural: *utilizações*.]

utilizar (u.ti.li.**zar**) *verbo* **1.** Fazer uso de; usar: *Maria utilizou todos os copos de papel na festa.* **2.** É o mesmo que *aproveitar*: *Gustavo utilizou um pedaço de tábua para fazer o carrinho.*

uva (**u**.va) *substantivo feminino* Fruto de uma planta chamada *vinha* ou *videira*. A uva cresce reunida em cachos e é muito rica em açúcar. Há vários tipos de uva e com ela se produzem, além de um suco muito nutritivo, o vinho e o vinagre: *A videira na frente daquela casa está cheia de cachos de uva.*

vaca (**va**.ca) *substantivo feminino* Animal grande, de quatro patas, com chifres e um rabo, e que é a fêmea do *touro*. O leite e a carne da vaca são usados como alimento pelas pessoas: *Pedro viu uma **vaca** preta e branca no pasto.* 444

vacina (**va**.**ci**.na) *substantivo feminino* Espécie de remédio que as pessoas tomam para não adoecer: *Vovó Maria tomou uma **vacina** contra a gripe.*

vacinar ▸ vale

Uma visita a Roraima

vacinar (va.ci.**nar**) *verbo* **1.** Dar vacina a: *O veterinário vacinou meu cão contra a raiva.* **2.** Tomar vacina: *Vovô se vacinou contra a gripe.* [Quem tomou vacina a gente diz que foi, é ou está *vacinado*.]

vagabundo (va.ga.**bun**.do)
vagabundo • *adjetivo* **1.** Que não trabalha, que não faz nada: *O rapaz vagabundo ficava na praça o dia inteiro.* **2.** De má qualidade; de qualidade inferior: *Que sapato vagabundo! Estragou na primeira vez em que eu o usei.*
vagabundo • *substantivo masculino* Homem que não trabalha: *No filme, o vagabundo é confundido com um milionário.*

vaga-lume (**va**.ga-**lu**.me) *substantivo masculino* Inseto que tem uma espécie de luz brilhante na extremidade do corpo: *Os vaga-lumes eram tantos que clarearam por um momento a noite escura.* [Plural: *vaga-lumes*.] 444

vagão (va.**gão**) *substantivo masculino* **1.** Cada um dos carros puxados pela locomotiva numa ferrovia e que serve para transportar pessoas ou coisas: *Os vagões estavam cheios de sacos de café.* **2.** Cada um dos pequenos carros, com assentos especiais, de uma montanha-russa. [Plural: *vagões*.]

vagaroso (rô) (va.ga.**ro**.so) *adjetivo* **1.** Que é lento; que demora: *Jorge é vagaroso, demora muito a se vestir.* **2.** Que anda devagar: *A tartaruga é um animal vagaroso.*

vagem (**va**.gem) *substantivo feminino* O fruto de plantas como o feijão e a ervilha. É um fruto comprido e com sementes que formam uma fileira no seu interior: *Salada de vagem cozida.* [Plural: *vagens*.] 438

vagina (va.**gi**.na) *substantivo feminino* É o canal do órgão do sexo feminino, por onde nascem os bebês (quando as mamães os têm em parto natural). Ele vai do útero até a vulva.

vaia (**vai**.a) *substantivo feminino* Maneira de mostrar, por meio de gritos, assobios, etc., que alguma coisa não agrada: *Os torcedores deram uma vaia no juiz quando ele marcou a falta.*

vaidoso (dô) (vai.**do**.so) *adjetivo* Que se preocupa muito com a aparência: *Minha tia é muito vaidosa, está sempre se cuidando.*

vale (**va**.le) *substantivo masculino* Lugar plano entre montanhas: *O sítio ficava num vale por onde corria um rio.*

Vv valente ▶ variar

valente (va.**len**.te) *adjetivo de 2 gêneros* Que tem coragem; que não é medroso; corajoso: *Lucas é um menino valente que quer ser bombeiro quando crescer. Aquela juíza é muito valente, já mandou muito bandido para a prisão.*

valer (va.**ler**) *verbo* **1.** Ter determinado valor; custar: *Esta pulseira de ouro vale muito.* **2.** Ser útil; servir: *Perdemos o jogo, mas valeu como experiência.* **3.** Ter como consequência: *A má resposta do menino valeu uma repreensão do pai.* **4.** Ter valor; poder ser usado: *— Luís, esta nota que você encontrou não vale mais.*

validade (va.li.**da**.de) *substantivo feminino* Período durante o qual um produto, etc., pode ser usado ou consumido: *Este leite está com a validade vencida.*

valioso (ôso) (va.li.**o**.so) *adjetivo* Que tem muito valor: *Joana ganhou uma joia muito valiosa de presente de casamento.*

valor (lôr) (va.**lor**) *substantivo masculino* **1.** Qualidade como coragem, honestidade, bondade, que alguém possui: *O herói da história era um homem de muito valor.* **2.** O preço que uma coisa tem: *Lúcia ganhou um anel de grande valor.* **3.** É o mesmo que importância: *João dá muito valor a seus amigos.* [Plural: *valores*.]

vampiro (vam.**pi**.ro) *substantivo masculino* **1.** Espécie de morcego da América do Sul que suga o sangue do gado, etc., e que pode transmitir doenças. **2.** Ser imaginário, com dois dentes pontudos, que sai do túmulo à noite para sugar o sangue das pessoas vivas: *Meu irmão mais velho gosta muito de filmes em que aparecem vampiros.*

van (van) *substantivo feminino* Veículo não muito grande, usado para transportar pessoas ou coisas: *Na porta da escola, sempre há muitos carros e várias vans.*

vantagem (van.**ta**.gem) *substantivo feminino* **1.** Qualidade que torna alguém ou algo superior a outra pessoa ou coisa: *A vantagem do atleta em relação a quem não faz exercícios é que o atleta tem mais saúde. A vantagem deste lápis é ter uma ponta difícil de quebrar.* **2.** Numa disputa ou competição, aquilo que favorece alguém ou algo, que o deixa em posição para vencer; benefício, privilégio: *Nosso time tem a vantagem de jogar por um empate para ganhar o campeonato.* **3.** Lucro, proveito: *Papai vendeu o carro com vantagem.* [Plural: *vantagens*.]

vapor (pôr) (va.**por**) *substantivo masculino* Forma que os líquidos tomam quando são muito aquecidos: *Quando aquecemos a água, ela se transforma em vapor.* [Plural: *vapores*.]

vapt (vapt) *interjeição* Palavra que imita o som de algo que é feito muito depressa.

vara (va.ra) *substantivo feminino* **1.** Ramo muito fino: *Carlos pesca com uma vara de bambu.* **2.** Objeto fino e longo que lembra uma vara: *Paulo bateu na lata com uma vara de metal.*

varal (va.**ral**) *substantivo masculino* Fio de metal, de plástico, etc., esticado, em que se colocam roupas para secar: *Quando começou a chover, Joana ajudou sua mãe a retirar a roupa do varal.* [Plural: *varais*.]

varanda (va.**ran**.da) *substantivo feminino* Parte de uma casa, construída na frente, ao lado ou em volta dela, geralmente coberta e cercada por uma grade ou por um muro baixo: *João e Maria gostam de brincar na varanda.*

vareta (rê) (va.**re**.ta) *substantivo feminino* Pequena vara (1 e 2): *Meu pai ficou encantado ao saber que já existe o jogo de varetas, o chamado pega-varetas, para o computador.*

variar (va.ri.**ar**) *verbo* **1.** Experimentar coisas novas: *Mamãe gosta de variar na cozinha: toda semana inventa um prato novo.* **2.** Sofrer mudança; mudar: *A cor do mar varia conforme o céu.*

variável ▶ vegetariano

variável (va.ri.á.vel) *adjetivo de 2 gêneros* Que sofre mudança, que varia: *O humor de minha irmã pela manhã é bem variável.* [Plural: *variáveis*.]

vários (vá.rios) *pronome* Muitos; diversos: *Os meninos viram vários animais no passeio ao zoológico.* [Feminino: *várias*: *O cantor famoso desembarcou no aeroporto onde várias fãs o aguardavam.*]

varrer (var.rer) *verbo* Limpar o chão, etc., com uma vassoura: *Carlos varreu as folhas secas do jardim.*

vasilha (va.si.lha) *substantivo feminino* **1.** Objeto onde se guardam alimentos, etc.: *Mamãe pôs o queijo numa vasilha.* **2.** É o mesmo que *panela*: *Fervi o leite numa vasilha de metal.*

vaso (va.so) *substantivo masculino* **1.** Objeto de barro, de plástico, etc., que se enche de terra e onde se plantam flores, etc.: *A varanda está enfeitada com vasos de margarida.* **2.** Qualquer duto que conduz líquidos em nosso organismo: *Existem três tipos de vasos sanguíneos: os capilares, as veias e as artérias.* **3.** Peça do banheiro, geralmente de louça, própria para fazer xixi ou cocô: *Meu irmãozinho, sentado no vaso, gritou: — Mãe, acabei!* [É também chamado de *vaso sanitário*.] ◆ **Vaso sanitário.** É o mesmo que *vaso* (3).

vassoura (vas.sou.ra) *substantivo feminino* Objeto formado por um cabo comprido preso numa outra parte que tem muitos pelos, ou fios grossos, ou ramos secos, etc., e que é usado principalmente para varrer o lixo do chão: *Luísa pegou uma vassoura e ajudou o pai a varrer a casa.*

vazar (va.zar) *verbo* **1.** Deixar (um recipiente ou cano) escapar ou escorrer um líquido, um gás, etc.: *O filtro está vazando.* **2.** Escapar de um recipiente ou tubulação: *Há um furo no cano da pia: por isso é que está vazando água.*

vazio (va.zi.o) *adjetivo* **1.** Diz-se daquilo que não tem nada dentro, ou tem somente ar: *Lucas comeu todos os biscoitos e deixou a lata vazia.* **2.** Diz-se de lugar em que não há ninguém ou em que só há poucas pessoas: *A praia estava vazia por causa do frio.*

veado (ve.a.do) *substantivo masculino* Animal mamífero ruminante encontrado em quase todo o mundo. O macho tem chifres em forma de galhos, por isso chamados *galhada*, que, às vezes, caem e, depois, nascem de novo. O veado tem pelo entre o marrom e o vermelho, ou castanho: *No Brasil há um veado que se chama veado-campeiro.* 444

vegetação (ve.ge.ta.ção) *substantivo feminino* Conjunto de plantas que cobre uma região. A vegetação nasce de acordo com o clima e o solo: *No Brasil, a Floresta Amazônica, a Mata Atlântica, o Cerrado e a Caatinga são tipos diferentes de vegetação.* [Plural: *vegetações*.]

vegetal (ve.ge.tal)
vegetal • *adjetivo de 2 gêneros* Relativo ou pertencente às plantas: *Nossas refeições têm sempre muitos alimentos de origem vegetal.*
vegetal • *substantivo masculino* Planta ou parte de uma planta: *Os vegetais produzem o oxigênio que respiramos.* [Plural: *vegetais*.]

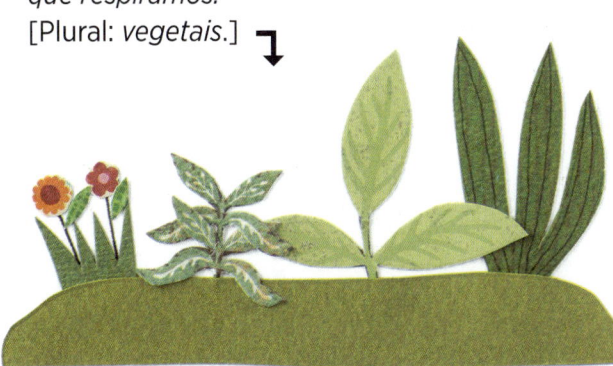

vegetariano (ve.ge.ta.ri.a.no) *substantivo masculino* Aquele que se alimenta de produtos de origem vegetal e não come carne: *Mário é vegetariano e a única carne que ele come é a de soja.*

Vv   veia ▸ veneno

veia (**vei**.a) *substantivo feminino* Cada um dos dutos que levam o sangue de todas as partes do corpo para o coração: *Cava é o nome da maior **veia** do corpo humano.*

veículo (ve.**í**.cu.lo) *substantivo masculino* **1.** Qualquer meio de transporte usado para levar pessoas, objetos, etc., de um lugar para outro: *Os automóveis, os trens e os aviões são tipos de **veículos**.* **2.** Automóvel, carro, motocicleta, ônibus, etc.: *Esta rua tem grande movimento de **veículos**.* **3.** Qualquer meio de transmitir algo: *A televisão é um **veículo** de comunicação.*

vela[1] (**ve**.la) *substantivo feminino* Peça de tecido resistente que, recebendo o sopro do vento, movimenta embarcações: *O vento forte bateu na **vela** do nosso barco, que deslizou veloz.*

vela[2] (**ve**.la) *substantivo feminino* **1.** Peça feita de cera, etc., com um pavio no centro, no qual se põe fogo para produzir luz: *A sala estava iluminada pela luz das **velas**.* **2.** Peça que, nos filtros, serve para tornar pura a água: *Mamãe lavou a **vela** do filtro porque ela estava muito suja.*

velho (**ve**.lho)
velho • *adjetivo* **1.** Que tem muita idade: *Os cães e os gatos precisam de muitos cuidados quando ficam **velhos**.* **2.** Que tem muito tempo de existência: *Esta igreja é bem **velha**, tem mais de trezentos anos.* **3.** Gasto pelo uso: *Um sapato **velho**.*
velho • *substantivo masculino* Homem idoso: *Vovô é um **velho** simpático.*

velocidade (ve.lo.ci.**da**.de) *substantivo feminino* **1.** Movimento ligeiro; rapidez: *Ao ver a onça, o macaco subiu na árvore com incrível **velocidade**.* **2.** Relação entre a distância e o tempo que se leva para percorrer essa distância: *O carro marcava a **velocidade** de 70 quilômetros por hora.*

velocípede (ve.lo.**cí**.pe.de) *substantivo masculino* Veículo de três rodas, com pedais, usado por crianças pequenas (geralmente de três a sete anos): *Meu irmão ganhou um **velocípede** e eu, que sou mais velho, ganhei uma bicicleta.* 📖 446

veloz (ve.**loz**) *adjetivo de 2 gêneros* Que é muito, muito rápido: *Todo carro de corrida tem que ser muito **veloz**.* [Plural: *velozes*.]

vencedor (dôr) (ven.ce.**dor**) *substantivo masculino* Aquele que venceu jogo, competição, concurso, etc. [Plural: *vencedores*. Feminino: *vencedora*.]

vencer (ven.**cer**) *verbo* Conseguir vitória sobre uma pessoa ou um time: *Henrique **venceu** Sérgio no jogo de xadrez.*

vendedor (dôr) (ven.de.**dor**) *substantivo masculino* Aquele que trabalha com vendas. [Plural: *vendedores*. Feminino: *vendedora*.]

vendedora (dô) (ven.de.**do**.ra) *substantivo feminino* Aquela que trabalha com vendas.

vender (ven.**der**) *verbo* **1.** Passar para alguém uma mercadoria e receber dinheiro em troca: *Marta **vendeu** sua bicicleta para Marcelo.* **2.** Fazer comércio com: *Esta loja só **vende** brinquedos.*

veneno (ve.**ne**.no) *substantivo masculino* Substância que mata um ser vivo ou que faz mal a ele: *Essa aranha tem um **veneno** muito forte.*

venenoso (mõ) (ve.ne.**no**.so) *adjetivo* Que tem veneno: *A cascavel é uma cobra **venenosa**.*

ventania (ven.ta.**ni**.a) *substantivo feminino* Vento forte: *A **ventania** jogou o vaso no chão.*

ventar (ven.**tar**) *verbo* Mover-se o ar; haver vento: ***Ventou** muito e o quintal ficou coberto de folhas.*

ventilador (dôr) (ven.ti.la.**dor**) *substantivo masculino* Aparelho com peças chamadas hélices que giram muito rápido. O ventilador serve para refrescar um lugar: *É difícil ficar sem **ventilador** no verão!* [Plural: *ventiladores*.]

vento (**ven**.to) *substantivo masculino* O ar em movimento: *Um **vento** forte quebrou o galho da árvore.*

ver (ver) *verbo* **1.** Perceber o que acontece ou o que está à nossa frente ou ao nosso redor por meio dos olhos: ***Vi** da janela um lindo pôr do sol.* **2.** É o mesmo que *assistir*: *Júlio **viu** o jogo pela televisão.* **3.** Reconhecer, admitir: *Luís **viu** que estava errado e pediu desculpas ao amigo.* **4.** Encontrar-se com: *Leonardo não **vê** seu avô há um ano.* **5.** Achar ou achar-se em certa situação: *Os meninos se **viram** perdidos na mata.*

verão (ve.**rão**) *substantivo masculino* Estação mais quente do ano. Vem depois da primavera e antes do outono. No Brasil, o verão começa em dezembro e termina em março: *Neste **verão** fez mais calor do que no **verão** do ano passado.* [Plural: *verões*.]

verbete (bê) (ver.**be**.te) *substantivo masculino* Palavra de um dicionário ou de uma enciclopédia, com os significados e outras informações: *No dicionário o **verbete** sábio vem logo depois do **verbete** sabiá.*

verbo (**ver**.bo) *substantivo masculino* Palavra que expressa uma ação (por exemplo: *andar, correr*), um estado (por exemplo: *estar, ser*), um fenômeno (por exemplo: *chover*), etc. O verbo mostra os seres (pessoas, coisas, animais, plantas, etc.) em relação ao tempo (*presente, passado* e *futuro*). Exemplos: *João anda depressa* (presente). *Maria esteve doente* (passado). *Esta roseira dará belas flores* (futuro).

verdade (ver.**da**.de) *substantivo feminino* O que é verdadeiro; o que está de acordo com a realidade: *Juca disse a **verdade**. Não foi ele quem quebrou o copo, fui eu. A **verdade** é que Paulo chegou tarde à escola porque seu ônibus atrasou.*

verdadeiro (ver.da.**dei**.ro) *adjetivo* **1.** De acordo com a realidade; real: *A história que ele contou não é **verdadeira**.* **2.** Que não mente; sincero: *Duda é um menino **verdadeiro**.* **3.** Que tem as qualidades próprias da sua natureza; que não é falso: *Pela cor, vê-se que esta esmeralda é **verdadeira**.*

verde (vêr) (**ver**.de)
verde • *adjetivo de 2 gêneros* **1.** Da cor das ervas e das folhas das árvores: *Um periquito **verde** estava pousado na goiabeira.* **2.** Diz-se da fruta que ainda não amadureceu: *Mamãe comprou bananas, mas elas ainda estão **verdes**.*
verde • *substantivo masculino* A cor verde, que pode ter vários tons: *O **verde** desta blusa é muito bonito.* 431

Vv   verdura ▸ vertical

verdura (ver.du.ra) *substantivo feminino* É o mesmo que *hortaliça*: *O agrião e a alface são verduras muito usadas em saladas.*

vereador (dôr) (ve.re.a.dor) *substantivo masculino* Homem que é eleito para fiscalizar as ações do prefeito e para fazer as leis de um município: *Os vereadores votaram ontem o aumento de salário para os professores municipais.* [Plural: *vereadores*. Feminino: *vereadora*.]

vereadora (dô) (ve.re.a.do.ra) *substantivo feminino* Mulher que é eleita para fiscalizar as ações do prefeito e para fazer as leis de um município: *A ex-diretora da minha escola candidatou-se a vereadora e foi eleita.*

vergonha (ver.go.nha) *substantivo feminino* **1.** Sentimento que tem aquele que é tímido; timidez: *Ana, com vergonha, não conseguiu cantar na frente das amigas.* **2.** Sentimento que se tem quando se faz algo que não devia, ou acontece alguma coisa ruim com a gente, diante de outras pessoas: *Na festa, Pedro ficou com muita vergonha. Ele esbarrou na mesa e quase derrubou o bolo.*

verificar (ve.ri.fi.car) *verbo* Examinar para ver se alguma coisa é verdadeira, se está benfeita, completa, correta, etc.: *Antes de ir para a escola, Júlia verificou sua mochila para ver se não estava esquecendo alguma coisa.*

verme (ver.me) *substantivo masculino* Nome de certos animais invertebrados, sem patas, de corpo comprido e mole. A minhoca é um verme útil para a agricultura. Há vermes, como a lombriga, que vivem como parasitas, dentro do corpo dos seres humanos e de outros animais, e que prejudicam a saúde.

vermelho (mê) (ver.me.lho)
vermelho • *adjetivo* **1.** Da cor do sangue, do rubi: *Mariana desenhou uma boneca e coloriu seus lábios com um lápis vermelho.* **2.** De rosto vermelho: *Geraldo ficou vermelho de raiva quando seu time tomou um gol.*
vermelho • *substantivo masculino* A cor vermelha: *Minha cor preferida é o vermelho.* 431

verso¹ (ver.so) *substantivo masculino* Cada uma das linhas de um poema: *"Por que não nasci eu um simples vaga-lume?" é o verso final de um poema de Machado de Assis.*

verso² (ver.so) *substantivo masculino* O lado de trás de qualquer objeto (moeda, folha, etc.): *José escreveu um poema para sua professora e desenhou algumas flores no verso da folha.*

vértebra (vér.te.bra) *substantivo feminino* Cada um dos ossos, um sobre o outro, que formam a coluna vertebral do homem e de outros vertebrados: *O canal formado pelas vértebras protege a medula espinhal, isto é, a parte do sistema nervoso que se encontra na coluna vertebral.*

vertebrado (ver.te.bra.do)
vertebrado • *adjetivo* Que tem vértebras; que tem esqueleto formado de ossos, sustentados pela coluna vertebral: *As aves são animais vertebrados.*
vertebrado • *substantivo masculino* Animal que tem coluna vertebral: *A preguiça é talvez o animal mais lento entre os vertebrados.*

vertical (ver.ti.cal) *adjetivo de 2 gêneros* Que faz ângulo reto com o plano horizontal: *Quando estamos em pé, ficamos na posição vertical.* [Plural: *verticais*.]

vertigem (ver.**ti**.gem) *substantivo feminino* Estado em que a pessoa sente uma tontura e tem a impressão de que tudo gira ao seu redor ou de que ela mesma está girando: *Rui foi ao médico porque está com vertigem*. [Plural: *vertigens*.]

vesgo (vês) (**ves**.go) *adjetivo* Diz-se do indivíduo que tem desvio em um dos olhos ou nos dois, de modo que seus olhos não fixam o mesmo lugar no espaço: *Lucas operou os olhos e deixou de ser vesgo*.

vespa (vês) (**ves**.pa) *substantivo feminino* Inseto de quatro asas, parecido com a abelha, mas que é maior do que ela. De cor amarela e preta, chega a medir cerca de 4 centímetros e sua picada dói muito: *Uma vespa picou o braço de meu pai no sítio de um amigo*.

veste (**ves**.te) *substantivo feminino* Qualquer roupa que não seja roupa de baixo (isto é, nem calcinha, nem cueca e nem sutiã). A veste é geralmente um tipo de roupa próprio para certa ocasião ou para certa atividade: *A veste dos sacerdotes daquela religião é geralmente preta*.

vestiário (ves.ti.**á**.rio) *substantivo masculino* Local em clube, escola, empresa, etc. próprio para trocar roupa, tomar banho, etc.: *Chegamos atrasados para a aula de ginástica e o vestiário já estava fechado*.

vestibular (ves.ti.bu.**lar**) *substantivo masculino* Exame para entrar na universidade: *Este ano meu irmão vai fazer vestibular*. [Plural: *vestibulares*.]

vestibulinho (ves.ti.bu.**li**.nho) *substantivo masculino* Exame que precisam fazer as crianças que pretendem estudar em certas escolas do Ensino Fundamental.

vestido (ves.**ti**.do) *substantivo masculino* Roupa usada pelas meninas e pelas mulheres para cobrir o tronco e as pernas ou parte delas: *Rita tem um vestido azul com um grande laço atrás*.

vestir (ves.**tir**) *verbo* **1.** Cobrir ou cobrir-se com roupa: *A mãe vestiu o filho e os dois foram passear. Clara vestiu a blusa nova*. **2.** Usar determinado tipo de roupa: *Marcos se vestiu de marinheiro*.

vestuário (ves.tu.**á**.rio) *substantivo masculino* Conjunto das peças de roupa que se vestem; traje: *Ana e Sofia fizeram um vestuário novo para suas bonecas*.

veterinária (ve.te.ri.**ná**.ria) *substantivo feminino* **1.** Medicina dos animais, isto é, aquela que se dedica ao estudo das doenças que atacam os animais (como cães, gatos, passarinhos, coelhos, tartarugas, cavalos, bois, carneiros, etc.) e ao tratamento para curá-los de tais doenças. **2.** Clínica em que os animais são tratados por um ou mais veterinários. **3.** Feminino de *veterinário*.

veterinário (ve.te.ri.**ná**.rio) *substantivo masculino* Médico que trata de animais: *Maria levou seu gatinho doente ao veterinário*. [Feminino: *veterinária*.]

vez (vêz) (vez) *substantivo feminino* **1.** Indica a ocasião ou ocasiões em que algo acontece: *Choveu cinco vezes este mês*. **2.** A ocasião que cabe a cada um: *Agora é a minha vez de andar nesta bicicleta*. [Plural: *vezes*.]

Vv via ▸ vigia

via (**vi**.a) *substantivo feminino* **1.** Lugar por onde se passa; caminho, rua, estrada: *Esta via é apenas para pedestres.* **2.** Qualquer duto do organismo: *As vias respiratórias são uma série de dutos que levam o ar aos pulmões e depois levam o ar dos pulmões para fora do organismo.*

viaduto (vi.a.**du**.to) *substantivo masculino* É uma ponte grande que, nas cidades, liga uma rua que fica embaixo com outra que fica em cima. É também uma ponte grande que liga as duas partes de uma rodovia, ou de uma ferrovia, sobre um rio, abismo, etc.

viagem (vi.**a**.gem) *substantivo feminino* Ida de uma pessoa a um lugar distante da sua casa, geralmente para visitá-lo. A viagem pode ser feita de carro, de ônibus, de trem, de navio ou de avião: *A viagem de Magali ao Ceará foi muito divertida.* [Plural: *viagens.*]

Cole aqui a fotografia de uma viagem que você fez.

viajante (vi.a.**jan**.te) *substantivo de 2 gêneros* Pessoa que viaja, que está em viagem: *Todos os viajantes do navio já desembarcaram, mas duas viajantes resolveram voltar ao navio.*

viajar (vi.a.**jar**) *verbo* Fazer uma viagem: *Nas férias, vamos viajar para a região Sul.*

vida (**vi**.da) *substantivo feminino* **1.** Estado característico dos seres chamados de vivos (plantas, animais, etc.), que nascem, crescem, se reproduzem e morrem, deixando então de estar vivos: *Sem o Sol não haveria vida na Terra.* **2.** O tempo que vai desde o nascimento até a morte; a existência: *Meu avô trabalhou a maior parte de sua vida.* **3.** Modo de viver: *Minha tia Isabel tem uma vida muito agitada.*

videira (vi.**dei**.ra) *substantivo feminino* Planta trepadeira cujos frutos são as uvas; parreira: *No sítio de meu tio há muitas videiras.*

➔ **videogame** (videoguêimi) [Inglês] *substantivo masculino* **1.** Jogo eletrônico cujas imagens passam numa televisão ou num computador. A gente controla essas imagens por meio de um dispositivo manual: *Paulo fez sua lição e só depois foi jogar videogame.* **2.** Aparelho em que se põe o *videogame* para funcionar: *Eva ganhou um videogame de presente de aniversário.* [Plural: *videogames.*]

vidro (**vi**.dro) *substantivo masculino* **1.** Substância sólida, quase sempre transparente, que é usada para fazer garrafas, frascos, janelas, portas, lâmpadas, etc.: *Cada um dos vidros desta janela tem uma cor diferente.* **2.** Frasco feito de vidro: *Mamãe comprou um vidro de azeitonas pretas no supermercado.*

vigia (vi.**gi**.a) *substantivo de 2 gêneros* Pessoa que toma conta de uma loja, de uma casa, de um prédio, etc., geralmente durante a noite; guarda: *O vigia impediu que os ladrões assaltassem a loja.*

vigiar (vi.gi.**ar**) *verbo* **1.** Ficar atento a; cuidar: *A babá **vigiava** a criança que brincava no parque.* **2.** Observar, espiar: *João ficou **vigiando** o passarinho no galho da árvore.*

vila (**vi**.la) *substantivo feminino* **1.** Conjunto de casas que formam um local menor do que uma cidade: *Maria nasceu numa **vila** perto do rio.* **2.** Conjunto de casas com uma única saída para a rua: *Tia Iara mora na terceira casa desta **vila**.*

vilão (vi.**lão**) *substantivo masculino* Personagem de história, filme, novela, etc., que pratica o mal, e que, geralmente, é o adversário do herói: *O ator que faz o **vilão** do filme é um ótimo rapaz na vida real.* [Plurais: *vilães*, *vilões* e *vilãos*. Femininos: *vilã* e *viloa*.]

vinagre (vi.**na**.gre) *substantivo masculino* Líquido extraído do álcool, de cereais como o arroz, ou de frutas como a uva, a maçã, a banana, etc., e que é muito usado como tempero, em saladas, etc.: *Mamãe tempera a salada com azeite, sal e algumas gotas de **vinagre**.*

vinda (**vin**.da) *substantivo feminino* Ação de vir ou chegar: *A **vinda** de meus primos foi uma alegria para toda a família.*

violão (vi.o.**lão**) *substantivo masculino* Instrumento musical de madeira, com seis cordas simples: *Valquíria aprendeu a tocar **violão** com 6 anos de idade.* [Plural: *violões*.]

violência (vi.o.**lên**.cia) *substantivo feminino* **1.** Uso da força bruta; agressão: *Os policiais evitaram a **violência** entre os torcedores adversários.* **2.** Força muito grande: *O vento forte bateu a porta com **violência**.*

violeta (vi.o.**le**.ta) *substantivo feminino* Planta que dá flores pequenas também chamadas violetas, geralmente de cor lilás, branca ou roxa e perfume agradável: *Beatriz disse que a **violeta** é uma flor que gosta de lugares bem iluminados.*

violino (vi.o.**li**.no) *substantivo masculino* Instrumento musical de madeira, com quatro cordas, e que se toca com uma espécie de vara: *Laura gosta muito do som do seu **violino**.*

vir (vir) *verbo* **1.** Transportar-se de um lugar para aquele onde estamos: ***Venha** para a escola, Guilherme, estamos esperando.* **2.** Voltar, regressar: *Malu **veio** ontem da Bahia.* **3.** Andar; caminhar: *Chico **veio** rápido e chegou a tempo de assistir à aula.* **4.** É o mesmo que *comparecer*: *Minha tia não **veio** à festa do aniversário de mamãe.*

virar (vi.**rar**) *verbo* **1.** Mudar de posição ou de direção: *Papai **virou** o volante do carro e fez a curva.* **2.** Pôr em posição contrária àquela em que se achava: *Juca **virou** o seu prato e começou a se servir.* **3.** É o mesmo que *transformar-se em*: *Na história, o sapo, no final, **vira** um príncipe.*

vírgula (**vír**.gu.la) *substantivo feminino* Sinal (,) num escrito que indica que ali se deve parar um pouquinho, e depois continuar a ler. Exemplo: *O coelho apareceu, olhou em volta e fugiu.*

virtual (vir.tu.**al**) *adjetivo de 2 gêneros* Diz-se da imagem que se vê na tela do computador e que é criada por ele, ou da imagem dos jogos de *videogame* na tela do computador ou da televisão: *A história do jogo se passava num castelo **virtual**.* [Plural: *virtuais*.]

vírus (**ví**.rus) *substantivo masculino de 2 números* **1.** Microrganismo capaz de causar doenças em animais e plantas: *Meu avô tomou uma vacina contra o **vírus** da gripe.* **2.** Programa capaz de danificar arquivos ou o sistema de um computador: *Júlio verificou seu computador e viu que nele não havia **vírus**.*

visão (vi.**são**) *substantivo feminino* **1.** Aquilo que se vê de um lugar; vista: *Daqui temos uma boa **visão** da paisagem.* **2.** O sentido que nos permite perceber a cor e a forma das coisas; vista: *Duda tem um defeito na **visão** e por isso deve usar óculos.* [Plural: *visões*.]

Vv visita ▶ vitória-régia

visita (vi.**si**.ta) *substantivo feminino* **1.** Aquilo que a gente faz quando vai ver alguém, geralmente em sua casa: *No sábado, fiz uma **visita** à vovó Marta e, no domingo, fui almoçar com minha avó Luísa.* **2.** Pessoa que faz a visita: *A **visita** chegou, conversou muito tempo com meus pais, mas não quis ficar para o almoço.*

visitante (vi.si.**tan**.te) *substantivo de 2 gêneros* **1.** Pessoa que visita uma pessoa ou um lugar: *Esta cidade recebe **visitantes** de todo o Brasil.* **2.** Quem acessa um *blog*, *site*, etc., na Internet: *Meu blog recebeu mais de cem **visitantes**.*

visitar (vi.si.**tar**) *verbo* Fazer uma visita: *Ontem **visitei** um amigo que não via há algum tempo, pois ele estava viajando.*

visível (vi.**sí**.vel) *adjetivo de 2 gêneros* Que pode ser visto: *A Lua hoje está **visível** no céu.* [Plural: *visíveis*.]

vista (**vis**.ta) *substantivo feminino* **1.** É o mesmo que *visão* (1): *Daqui, temos uma bela **vista** do mar.* **2.** É o mesmo que *visão* (2): *Apesar da idade, a **vista** de vovó é ótima.* **3.** Os olhos, o órgão com que se vê: *Fui fazer um exame de **vista**.*

visto (**vis**.to) *adjetivo* Que se percebeu por meio da visão; que se viu: *Na história, falava-se num lugar mágico, nunca antes **visto**.*

visual (vi.su.**al**) *adjetivo de dois gêneros* Da vista ou da visão: *Estímulo **visual**.* [Plural: *visuais*.]

vitamina (vi.ta.**mi**.na) *substantivo feminino* **1.** Substância que existe em quantidades pequenas em muitos alimentos e que é muito importante para o bom funcionamento do nosso corpo: *As frutas e as verduras são ricas em **vitaminas**.* **2.** Bebida que resulta da mistura de frutas, cereais, com leite, água ou suco, no liquidificador: *Júlia gosta muito de **vitamina** de banana com aveia.*

vítima (**ví**.ti.ma) *substantivo feminino* **1.** Pessoa ferida, ou morta, em acidente, guerra, etc.: *Os bombeiros levaram as **vítimas** do incêndio para o hospital.* **2.** Pessoa que passa por uma grande dificuldade: *As **vítimas** da enchente estão sem luz e sem água.*

vitória (vi.**tó**.ria) *substantivo feminino* **1.** Aquilo que se obtém quando se vence uma luta, um jogo, uma competição, etc.: *Vovó ficou muito feliz com a **vitória** do seu time.* **2.** Conquista, sucesso: *A medicina já conseguiu muitas **vitórias** em sua luta contra as doenças.*

vitória-régia (vi.**tó**.ria-**ré**.gia) *substantivo feminino* Planta aquática da Amazônia, que tem enormes folhas meio redondas e grandes flores, brancas ou rosadas, que só abrem à noite: *No lago do zoológico havia uma bela **vitória-régia**.* [Plural: *vitórias-régias*.]

vitorioso ▶ volante

vitorioso (ô.so) (vi.to.ri.**o**.so) *adjetivo* **1.** Que venceu uma competição ou que tem muitas vitórias: *Nossa equipe é vitoriosa.* **2.** Que venceu uma guerra, etc.

vitrine (vi.**tri**.ne) *substantivo feminino* Local cercado com vidro, geralmente na parte externa de uma loja, onde ficam expostas mercadorias: *A vitrine da loja de brinquedos era a alegria das crianças.*

viúva (vi.**ú**.va) *substantivo feminino* Mulher cujo marido morreu e que não casou de novo.

viúvo (vi.**ú**.vo) *substantivo masculino* Homem cuja esposa morreu e que não casou de novo: *Meu tio está muito triste desde que ficou viúvo.* [Feminino: *viúva.*]

viveiro (vi.**vei**.ro) *substantivo masculino* Lugar onde se criam e se reproduzem animais ou plantas: *Vovô comprou várias mudas de árvores frutíferas em um viveiro para plantar no sítio.*

viver (vi.**ver**) *verbo* **1.** Ter vida; estar com vida; existir: *O avô de João viveu mais de 80 anos. Mesmo com a seca, as plantas viviam.* **2.** Morar, residir: *Carlos vive em uma cidade pequena.* **3.** Aproveitar a vida: *Clara sabe viver, ela viaja nas férias e depois conta histórias muito divertidas.*

vivo (**vi**.vo) *adjetivo* **1.** Que vive; que tem vida: *As plantas são seres vivos.* **2.** Forte, intenso: *Um cheiro vivo de rosa vinha do jardim.* **3.** Esperto, ativo: *Carlos é um menino muito vivo.*

vizinho (vi.**zi**.nho)
vizinho • *adjetivo* **1.** Que mora perto: *Os moradores vizinhos do aeroporto reclamam do barulho.* **2.** Que fica próximo: *Meu amigo Ivo mudou-se para uma cidade vizinha.*
vizinho • *substantivo masculino* Aquele que mora perto de nós: *Artur, meu vizinho, gosta de tocar violão.*

voador (dôr) (vo.a.**dor**) *adjetivo* Que voa, que é capaz de voar: *A cigarra e a abelha são insetos voadores.* [Plural: *voadores.* Feminino: *voadora.*]

voar (vo.**ar**) *verbo* Mover-se no ar por meio de asas, como fazem os pássaros e os insetos, ou então mover-se no ar em aviões, helicópteros, etc., como fazem as pessoas: *O sonho de Pedro é voar de asa-delta.*

vocabulário (vo.ca.bu.**lá**.rio) *substantivo masculino* **1.** Conjunto das palavras de uma língua: *O vocabulário brasileiro tem muitas palavras de origem indígena.* **2.** Conjunto de palavras empregadas por uma pessoa, usadas em um livro, etc.: *O vocabulário de mamãe é rico, ela sabe muita palavra difícil. A leitura é o melhor meio de aumentar nosso vocabulário.*

você (vo.**cê**) *pronome* Palavra que se usa no lugar do nome da pessoa com quem falamos ou a quem escrevemos. Usamos *você* geralmente para nos dirigir a uma pessoa com quem temos alguma intimidade ou alguma relação (de parentesco, amizade, etc.): *Minha tia, que eu não via desde criança, quando me viu adulto, perguntou: — Você se lembra de mim, Marquinhos?*

vogal (vo.**gal**) *substantivo feminino* **1.** Som da fala produzido sem fechar totalmente os lábios e sem que a língua fique numa posição em que o ar que produz esse som encontre algum obstáculo à sua passagem. **2.** Letra que representa um desses sons: *A, e, i, o, u são vogais.* [Plural: *vogais.*]

volante (vo.**lan**.te) *substantivo masculino* Peça redonda que, ao ser virada, permite que as rodas de um veículo girem para a esquerda ou para a direita: *O motorista do ônibus virou o volante para entrar na garagem.*

Vv vôlei ▶ votar

vôlei (vô.lei) *substantivo masculino* Jogo de bola, disputado por duas equipes de seis jogadores, que ficam separados por uma rede. Nesse jogo, cada time pode tocar, com a mão ou o punho, e às vezes com a cabeça, o ombro e mesmo com os pés, até três vezes na bola, antes de passá-la por cima da rede para o outro lado da quadra. As três jogadas principais são: a cortada (que é uma forma de ataque), a manchete (que é uma forma de defesa) e a levantada (que é a jogada em que se levanta a bola para ela ser posta do outro lado da rede).

volta (vol.ta) *substantivo feminino* **1.** Aquilo que acontece quando a gente regressa ou retorna de algum lugar: *A volta de Marta foi uma alegria, ela chegou cheia de novidades.* **2.** Movimento em que se percorre um espaço e retorna ao ponto de partida: *A corrida de automóvel tem 80 voltas.*

voltar (vol.tar) *verbo* **1.** Ir ou dirigir-se ao ponto de onde se partiu; regressar: *Juca voltou de viagem hoje.* **2.** Fazer novamente o que já não se fazia: *Mariazinha voltou a chupar o dedo.*

volume (vo.lu.me) *substantivo masculino* **1.** Espaço ocupado por um corpo: *Um cavalo tem um volume maior que um bode.* **2.** Cada um dos livros de um mesmo autor, de uma enciclopédia, etc.: *João já tem todos os volumes das histórias infantis desse autor.* **3.** Altura do som: *Papai está lendo e me pediu que abaixasse o volume do rádio.*

vomitar (vo.mi.tar) *verbo* Pôr para fora, pela boca, alimentos que já estavam no estômago: *O bebê vomitou todo o leite.*

vontade (von.ta.de) *substantivo feminino* Desejo que leva alguém a fazer ou a não fazer alguma coisa, ou a querer, ou a não querer, comer ou beber alguma coisa: *Marcos tem vontade de viajar pelo Nordeste do Brasil.*

voo (vôô) (vo.o) *substantivo masculino* **1.** Movimento no ar e sem contato com o solo, próprio das aves, dos insetos, dos morcegos, etc.: *Maria observava, encantada, o voo das gaivotas.* **2.** Viagem aérea: *O nosso voo para João Pessoa durou cinco horas.*

vós (vós) *pronome* Palavra que se usa para falar com duas ou mais pessoas (mas só quando não temos nenhuma intimidade com elas): *Vós fazeis questão da nossa presença na cerimônia?* [*Vós* é uma palavra que quase não é usada na fala das pessoas, é mais fácil encontrá-la num livro ou numa história mais antigos. É comum, por exemplo, nas falas dos reis e dos príncipes dos contos de fadas.]

votação (vo.ta.ção) *substantivo feminino* Atividade de votar ou a quantidade de votos que alguém recebe. [Plural: *votações*.]

votar (vo.tar) *verbo* Escolher alguém, ou alguma coisa, por meio do voto: *Os meninos votaram na girafa como o animal mais interessante do zoológico.*

voto (vo.to) *substantivo masculino* **1.** O meio pelo qual a vontade ou a opinião de alguém é mostrada numa eleição, etc.: *Os prefeitos, os governadores e o Presidente da República são escolhidos pelo voto.* **2.** Desejo de que alguma coisa boa aconteça: *José, faço votos de que você melhore logo.*

vovó (vo.**vó**) *substantivo feminino* Modo carinhoso com que os netos chamam a avó: *Faz mais de três meses que não vejo vovó Maria.* →

vovô (vo.**vô**) *substantivo masculino* Modo carinhoso com que os netos chamam o avô: *Vovô Elói me deu um livro de histórias maravilhoso.* [Feminino: *vovó*.]

Cole uma foto de seu vovô ou de sua vovó, ou dos dois juntos.

voz (voz) *substantivo feminino* O som que sai da boca (ou do bico, no caso das aves) quando se fala ou canta: *Patrícia tem uma bela voz.* [Plural: *vozes*.]

vulcão (vul.**cão**) *substantivo masculino* Montanha que lança ou já lançou lavas por uma abertura chamada cratera: *O Vesúvio é o nome de um vulcão que fica na Itália.* [Plural: *vulcões*.]

vulto (**vul**.to) *substantivo masculino* Figura que não se vê direito; sombra: *Vimos um vulto na janela. Era uma mulher.*

vulva (**vul**.va) *substantivo feminino* A parte externa dos órgãos reprodutores das fêmeas dos animais mamíferos. 433

vupt (vupt) *interjeição* Palavra que imita o som de algo que é feito muito depressa.

W

→ **waffle** (uófol) [Inglês] *substantivo masculino*
Espécie de bolo achatado e assado em fôrma apropriada: *Depois do cinema, fomos comer um delicioso* **waffle** *de chocolate.*

→ *walkie-talkie* ▶ ■ www

→ **walkie-talkie** (uóqui-tóqui) [Inglês] *substantivo masculino* Aparelho portátil de comunicação: *Os dois policiais se falavam por* **walkie-talkies**.

→ **web** (uéb) [Inglês] *substantivo feminino* Serviço oferecido na Internet (rede mundial de computadores), que permite o acesso a informações na forma de textos e de imagens: *Beatriz encontrou na* **Web** *muitas informações interessantes sobre as aranhas.* [Escreve-se com letra inicial maiúscula.]

→ **western** (uéstern) [Inglês] *substantivo masculino* Filme que se passa no antigo oeste norte-americano, em que há, geralmente, briga entre o mocinho e os bandidos: *Meu tio adora ver um* **western** *na televisão.*

→ **Wi-Fi** (uáifái) [Inglês] *substantivo masculino* É o mesmo que *wireless*: *Este restaurante tem Internet* **Wi-Fi** *para os clientes.*

windsurfe (uind) (wind.sur.fe) *substantivo masculino* Esporte que se pratica na água numa prancha à vela: *João foi à praia assistir a um campeonato de* **windsurfe**. *Ele gostou tanto que quis aprender o esporte.*

→ **wireless** (uáiriless) [Inglês] *substantivo masculino* Tecnologia que permite transmitir dados sem precisar de fios; *Wi-Fi*: *Aqui em casa usamos a Internet* **wireless**.

■ **www** Sigla do inglês *Worldwide Web* (rede de alcance mundial): *O* **www** *é uma parte importante de muitos endereços na Internet.*

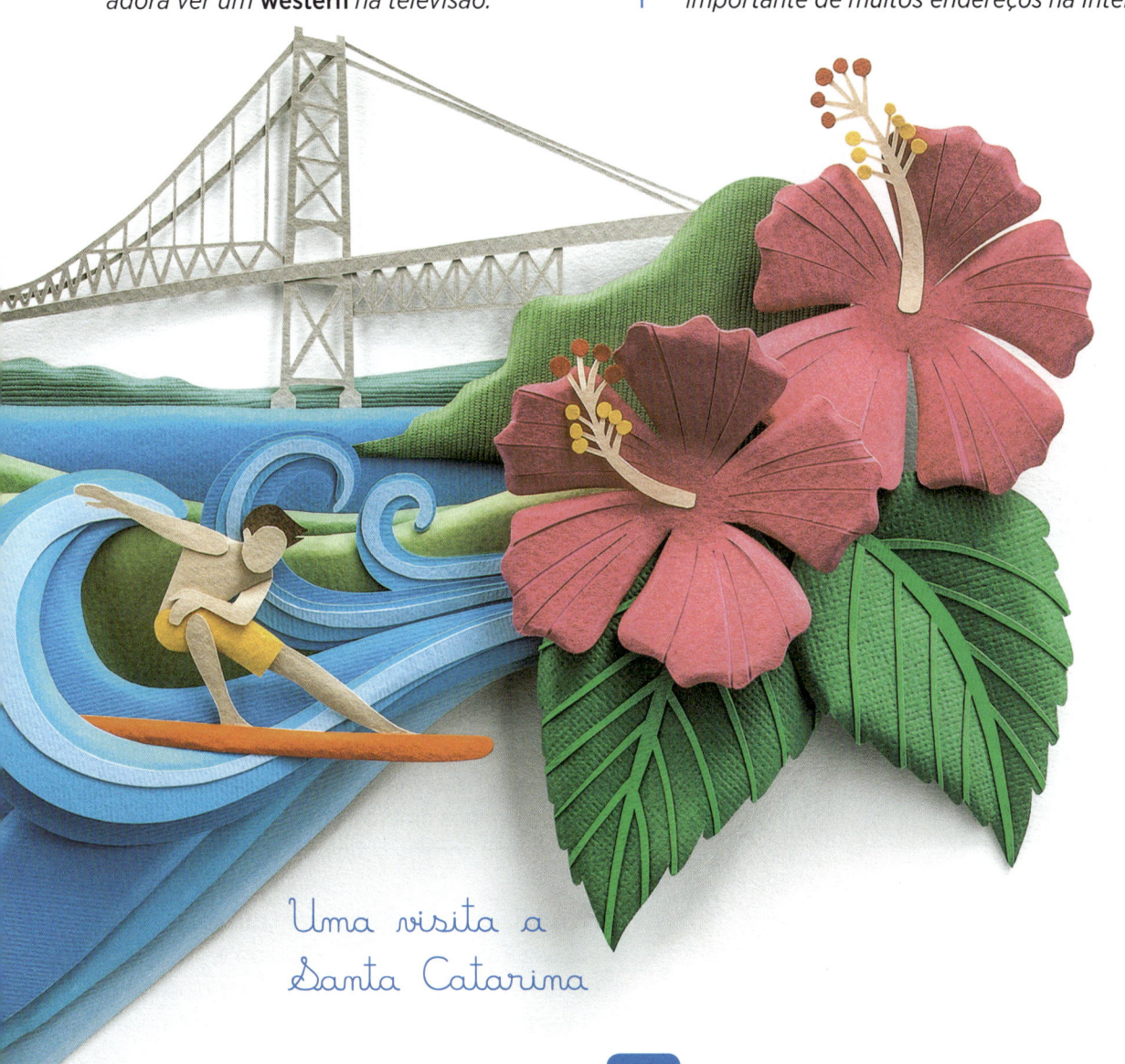

Uma visita a Santa Catarina

Uma visita a São Paulo

xadrez (xa = cha) (xa.**drez**)
xadrez • *substantivo masculino* Jogo no qual duas pessoas movimentam 16 peças cada uma sobre um tabuleiro dividido em 64 quadrados brancos e pretos com a intenção de dar xeque-mate no rei adversário.
xadrez • *adjetivo de 2 gêneros* Que tem o desenho parecido com o do tabuleiro de xadrez: *Marcos tem uma camisa **xadrez**.*
[Plural: *xadrezes*.]

xale (xa = cha) (**xa**.le) *substantivo masculino* Pano que se usa nos ombros, como agasalho, enfeite, etc.: *A mãe enrolou o filhinho no **xale** de lã.*

xampu (xam = cham) (xam.**pu**) *substantivo masculino* Espécie de sabão líquido e, geralmente, perfumado para lavar os cabelos: *O **xampu** que Mariana usa é de guaraná.*

420

xarope ▶ xodó **Xx**

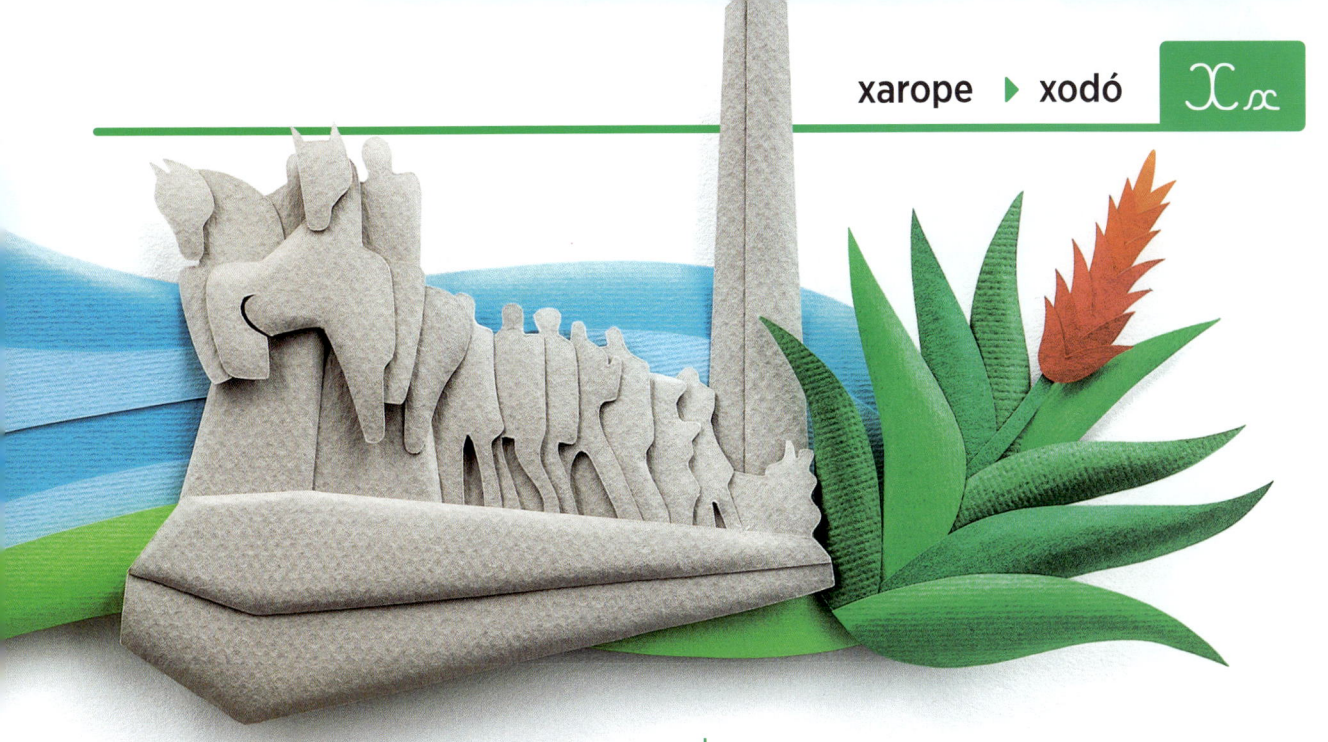

xarope (xa = cha) (xa.**ro**.pe) *substantivo masculino* Remédio líquido ao qual é misturada substância doce: *Um xarope contra a tosse.*

xaxado (xa = cha) (xa.**xa**.do) *substantivo masculino* Dança típica do Nordeste brasileiro: *Vovô sabe dançar xaxado.*

xepa (xe = chê) (**xe**.pa) *substantivo feminino* As últimas verduras ou frutas, nas feiras, etc., que, por isso, são vendidas mais barato: *Mamãe, para economizar, só vai à feira na hora da xepa.*

xeque-mate (xe = che) (**xe**.que-**ma**.te) *substantivo masculino* Jogada em que o rei, quando atacado, não pode escapar e que leva ao fim da partida de xadrez. [Plural: *xeque-mates*.]

xerife (xe = che) (xe.**ri**.fe) *substantivo masculino* Em países como os Estados Unidos da América, espécie de chefe de polícia.

xérox (chérocs) (**xé**.rox) *substantivo masculino e feminino de 2 números* **1.** Processo de impressão que permite copiar documentos, textos, etc. **2.** A cópia de documento, texto, etc., feita dessa forma. [A gente também usa a forma *xerox*, sem acento. *Xerox* é uma palavra inglesa que pertence a uma empresa de mesmo nome.]

xexéu (xe = che .... xéu = chéu) (xe.**xéu**) *substantivo masculino* Pássaro preto com a cauda e a parte das costas amarelas e o bico claro.

xícara (xi = chi) (**xí**.ca.ra) *substantivo feminino* Vasilha com asa em que se bebe café, chá, chocolate, etc.: *Mamãe pôs o chá na xícara.*

xilofone (xi = chi) (xi.lo.**fo**.ne) *substantivo masculino* Instrumento musical formado de lâminas de madeira, metal, etc., tocadas com varas de madeira: *José ganhou um xilofone.*

xingar (xin = chin) (xin.**gar**) *verbo* Dizer palavras pouco ou nada gentis para uma pessoa ou animal: — *Seu feio — xingou minha mãe ao ver o gato estragando o sofá.*

xiquexique (xi = chi) (xi.que.**xi**.que) *substantivo masculino* Planta do Nordeste brasileiro que é usada para alimentar o gado na época da seca.

xixi (xi = chi) (xi.**xi**) *substantivo masculino* Líquido de cor amarelada que as pessoas e também os animais eliminam do corpo várias vezes por dia. [Outros nomes: *pipi* e *urina*.] ◆ Fazer xixi. Eliminar o xixi do corpo. [Também se diz: *fazer pipi*.]

xodó (xo = cho) (xo.**dó**) *substantivo masculino* Pessoa muito querida: *Ela é o xodó do vovô.*

422

→ **yakimeshi** ▶ → **yakisoba** Yy

→ **yakimeshi** (iaquiméchi) [Japonês] *substantivo masculino* Prato da culinária japonesa composto de arroz, cenoura picada, ovos levemente cozidos ou mexidos em pedacinhos, presunto cortado em pedacinhos ou em tirinhas, etc.: *Mário adora comer* **yakimeshi**, *o chamado arroz colorido*.

→ **yakisoba** (iaquissôba) [Japonês] *substantivo masculino* Prato quente da culinária japonesa composto de macarrão, carne ou peixe, legumes e verduras: *Lídia serviu no jantar um* **yakisoba** *de frango com cenoura que ela aprendeu a preparar com a avó japonesa*.

Uma visita a Sergipe

Uma visita ao Tocantins

zagueira (za.**guei**.ra) *substantivo feminino* É o feminino de *zagueiro*.

zagueiro (za.**guei**.ro) *substantivo masculino* No futebol, aquele que joga na defesa, dentro e fora da área do goleiro. [Feminino: *zagueira*.]

zangado (zan.**ga**.do) *adjetivo* Que está muito chateado com algo ou com alguém, mas tão chateado que chega a sentir raiva: *Papai está zangado porque meu irmão mentiu para ele.*

zangão ▶ zepelim Zz

zangão (zan.**gão**) *substantivo masculino* O macho da *abelha*. Não tem ferrão e não fabrica mel: *O zangão é bem maior que as abelhas operárias.* [Plurais: *zangãos* e *zangões*.] 444

zangar (zan.**gar**) *verbo* **1.** Brigar com alguém por não gostar do modo como ele se comporta: ***Zangou** com o filho que não queria comer.* **2.** Sentir raiva: *Ana **zangou**-se ao ver o menino pichando a parede.*

zanzar (zan.**zar**) *verbo* Andar sem direção certa: *Maria **zanzava** pela casa.*

zarabatana (za.ra.ba.**ta**.na) *substantivo feminino* Tubo em que os índios, etc., põem uma seta, e depois a lançam, soprando com força: *Índios da América do Norte usavam **zarabatanas** para caçar.*

zebra (zê) (**ze**.bra) *substantivo feminino* **1.** Animal selvagem da África, semelhante ao cavalo, com crina curta em forma de escova e pelo listrado de preto e branco ou bege. A zebra é um mamífero. 444 **2.** Resultado que não se espera: *No jogo de domingo deu **zebra**, o time favorito perdeu o jogo e o campeonato.*

zebu (ze.**bu**) *substantivo masculino* Boi grande, originário da Índia, que tem uma parte alta sobre o pescoço, chamada *cupim*, formada de carne cheia de gordura: *Esta fazenda tem mais de mil **zebus**.*

zelador (dôr) (ze.la.**dor**) *substantivo masculino* Homem que trabalha num edifício, numa escola, etc., cuidando para que tudo ali funcione bem: *O prédio onde meu tio João trabalha como **zelador** está sempre limpo.* [Plural: *zeladores*. Feminino: *zeladora*.]

zeladora (dô) (ze.la.**do**.ra) *substantivo feminino* Mulher que trabalha num edifício, numa escola, etc., cuidando para que tudo ali funcione bem: *A **zeladora** do prédio onde moro se chama Francisca.*

zepelim (ze.pe.**lim**) *substantivo masculino* Espécie de balão com motor, formado por uma armação de metal especial, que se eleva por conter um gás mais leve que o ar, e que já foi muito usado como meio de transporte no início do século passado: *Este é o desenho de um **zepelim**.* [Plural: *zepelins*.] 445

zigue-zague (**zi**.gue-**za**.gue) *substantivo masculino* **1.** Linha que forma ângulos, indo para a direita e depois para a esquerda, para a direita e depois para a esquerda e assim por diante. **2.** Movimento semelhante ao do zigue-zague: *O menino andava em zigue-zague pela calçada. A cobra parece mover-se em zigue-zague*. [Plural: *zigue-zagues*.]

zinco (**zin**.co) *substantivo masculino* Metal quase branco, usado puro ou ligado a outros metais. O zinco serve para fazer folhas ou lâminas onduladas, usadas para cobrir casas e outras construções: *No meu bairro, tem várias casas com telhas de zinco*.

zíper (**zí**.per) *substantivo masculino* Tira de pano com peças de metal ou de plástico que, costurada a roupa, calçado, mala ou bolsa, pode abri-la ou fechá-la; fecho ecler: *O zíper da minha calça estragou*. [Plural: *zíperes*.]

zoar (zo.**ar**) *verbo* É o mesmo que *zombar*: *Pedro zoou o primo quando o time dele perdeu.*

zombar (zom.**bar**) *verbo* Dizer coisas que fazem de alguém motivo de riso; caçoar, zoar: *Na história, as irmãs de Cinderela zombavam dela.*

zona (**zo**.na) *substantivo feminino* **1.** Lugar dentro ou fora da cidade, com certas características que o tornam diferente dos outros: *Meu tio mora no campo, na zona rural*. **2.** Cada uma das regiões de algumas cidades: *Este túnel liga a zona norte à zona sul*. **3.** Lugar em que há falta de ordem: *A mãe de Paulo ficou brava, pois o quarto dele estava uma zona*.

zoologia (zo.o.lo.**gi**.a) *substantivo feminino* Parte da Biologia que estuda e classifica os animais: *Ana fez Biologia e se especializou em Zoologia*.

zoológico (zo.o.**ló**.gi.co) *substantivo masculino* Lugar destinado a abrigar, para exposição ou preservação, animais dos mais diversos lugares da Terra: *Domingo, nós fomos passear no zoológico*. [Também se diz *jardim zoológico*.]

zumbido (zum.**bi**.do) *substantivo masculino* **1.** Ruído produzido pelo voo de alguns insetos: *O zumbido das abelhas*. **2.** Qualquer ruído que se assemelha ao zumbido dos insetos: *Hilda foi ao médico, pois estava ouvindo um zumbido*.

OS NUMERAIS

CARDINAIS:

1	um
2	dois
3	três
4	quatro
5	cinco
6	seis
7	sete
8	oito
9	nove
10	dez
11	onze
12	doze
13	treze
14	quatorze ou catorze
15	quinze
16	dezesseis
17	dezessete
18	dezoito
19	dezenove
20	vinte
30	trinta
40	quarenta
50	cinquenta
60	sessenta
70	setenta
80	oitenta
90	noventa
100	cem

ORDINAIS:

1.º	primeiro
2.º	segundo
3.º	terceiro
4.º	quarto
5.º	quinto
6.º	sexto
7.º	sétimo
8.º	oitavo
9.º	nono
10.º	décimo
11.º	décimo primeiro
12.º	décimo segundo
13.º	décimo terceiro
14.º	décimo quarto
15.º	décimo quinto
16.º	décimo sexto
17.º	décimo sétimo
18.º	décimo oitavo
19.º	décimo nono
20.º	vigésimo
30.º	trigésimo
40.º	quadragésimo
50.º	quinquagésimo
60.º	sexagésimo
70.º	septuagésimo
80.º	octagésimo
90.º	nonagésimo
100.º	centésimo

COLETIVOS DE SERES E DE OBJETOS

ABELHA	colmeia, enxame
ALHO	réstia
ALUNO	classe, turma
ARTISTA	elenco
ÁRVORE	arvoredo
ASTRO	constelação
ATOR	elenco
AVE	bando
AVIÃO	esquadrilha
BANANA	cacho, penca
BOI	boiada, manada, rebanho
BÚFALO	manada
BURRO	tropa
CAMINHÃO	frota
CANÇÃO	cancioneiro
CANTOR	coro
CÃO	matilha
CAPIM	feixe
CARNEIRO	rebanho
CAVALO	tropa
CEBOLA	réstia
CHAVE	molho
CLIENTE	clientela, freguesia
DENTE	dentadura
DEPUTADO	assembleia, câmara
ELEFANTE	manada
ELEITOR	colégio
ESPECTADOR	assistência, auditório
ESTRELA	constelação, miríade
ESTUDANTE	classe, turma
FILHO	prole
FILHOTE	ninhada
FILME	filmoteca
FLOR	buquê, ramalhete
FORMIGA	formigueiro
FRUTO	cacho, penca
GADO	rebanho
GAFANHOTO	nuvem
GAROTO	bando
ILHA	arquipélago
ÍNDIO	tribo
INSETO	nuvem
LADRÃO	bando, quadrilha
LEÃO	alcateia
LEI	código, legislação
LENHA	feixe
LETRA	alfabeto
LIVRO	biblioteca
LOBO	alcateia
MACACO	bando
MAPA	atlas, mapoteca
MÉDICO	junta
MONTANHA	cordilheira, cadeia, serra
MÚSICO	banda
NAVIO MERCANTE	frota
OBRA	coleção, coletânea
ÔNIBUS	frota
OVELHA	rebanho
PADRE	clero
PAPEL (EM FOLHAS)	maço, resma
PASSARINHO	bando
PEIXE	cardume
PELO	pelugem
PENA	plumagem
PESSOA	multidão
PORCO	manada, vara
QUADRO	pinacoteca
ROUPA	enxoval
SELO	coleção
SOLDADO	batalhão, exército, pelotão
TALHER	faqueiro
TRABALHADOR	turma
UVA	cacho
VACA	manada, rebanho
ZEBRA	manada

ESTADOS E DISTRITO FEDERAL DO BRASIL, SUAS CAPITAIS E SEUS ADJETIVOS PÁTRIOS*

Estados do Brasil	Adjetivos	Capitais dos Estados	Adjetivos
Acre	acriano	Rio Branco	rio-branquense
Alagoas	alagoano	Maceió	maceioense
Amapá	amapaense	Macapá	macapaense
Amazonas	amazonense	Manaus	manauara ou manauense
Bahia	baiano	Salvador	soteropolitano
Ceará	cearense	Fortaleza	fortalezense
Distrito Federal	brasiliense	Brasília**	brasiliense
Espírito Santo	capixaba	Vitória	vitoriense
Goiás	goiano	Goiânia	goianense
Maranhão	maranhense	São Luís	ludovicense
Mato Grosso	mato-grossense	Cuiabá	cuiabano
Mato Grosso do Sul	sul-mato-grossense	Campo Grande	campo-grandense
Minas Gerais	mineiro	Belo Horizonte	belo-horizontino
Pará	paraense	Belém	belenense
Paraíba	paraibano	João Pessoa	pessoense
Paraná	paranaense	Curitiba	curitibano
Pernambuco	pernambucano	Recife	recifense
Piauí	piauiense	Teresina	teresinense
Rio de Janeiro	fluminense	Rio de Janeiro	carioca
Rio Grande do Norte	potiguar	Natal	natalense
Rio Grande do Sul	gaúcho	Porto Alegre	porto-alegrense
Rondônia	rondoniano	Porto Velho	porto-velhense
Roraima	roraimense	Boa Vista	boa-vistense
Santa Catarina	catarinense	Florianópolis	florianopolitano
São Paulo	paulista	São Paulo	paulistano
Sergipe	sergipano	Aracaju	aracajuano
Tocantins	tocantinense	Palmas	palmense

*Adjetivo pátrio é um adjetivo que é usado para falar de quem nasceu num país, estado, região, cidade, etc.
** Capital federal.

PEDRAS

AMETISTA 41 — DIAMANTE 133 — ESMERALDA 158 — JADE 223 — MÁRMORE 252

QUARTZO 331 — RUBI 352 — SAFIRA 356 — TOPÁZIO 388 — TURMALINA 397 — TURQUESA 397

FIGURAS E SÓLIDOS

CONE 107
LOSANGO 240
QUADRADO 329
CILINDRO 97
CUBO 117
OVAL 287
RETÂNGULO 348
CÍRCULO 99
ESFERA 157
PIRÂMIDE 309
TRIÂNGULO 394
CIRCUNFERÊNCIA 99
PARALELEPÍPEDO 293

CORES

LILÁS 237
ROXO 352
PRETO* 321
ANIL 42
CINZA 98
BRANCO 72
ROSA 351 ou
COR-DE-ROSA 113
VERMELHO 410
AZUL 59
BEGE 66
CASTANHO 90
MARROM 252
ALARANJADO 36
ou LARANJA 233
AMARELO 40
VERDE 409

*Todo mundo diz que o preto é uma cor, mas na verdade ele é a ausência de cor

431

O CORPO HUMANO

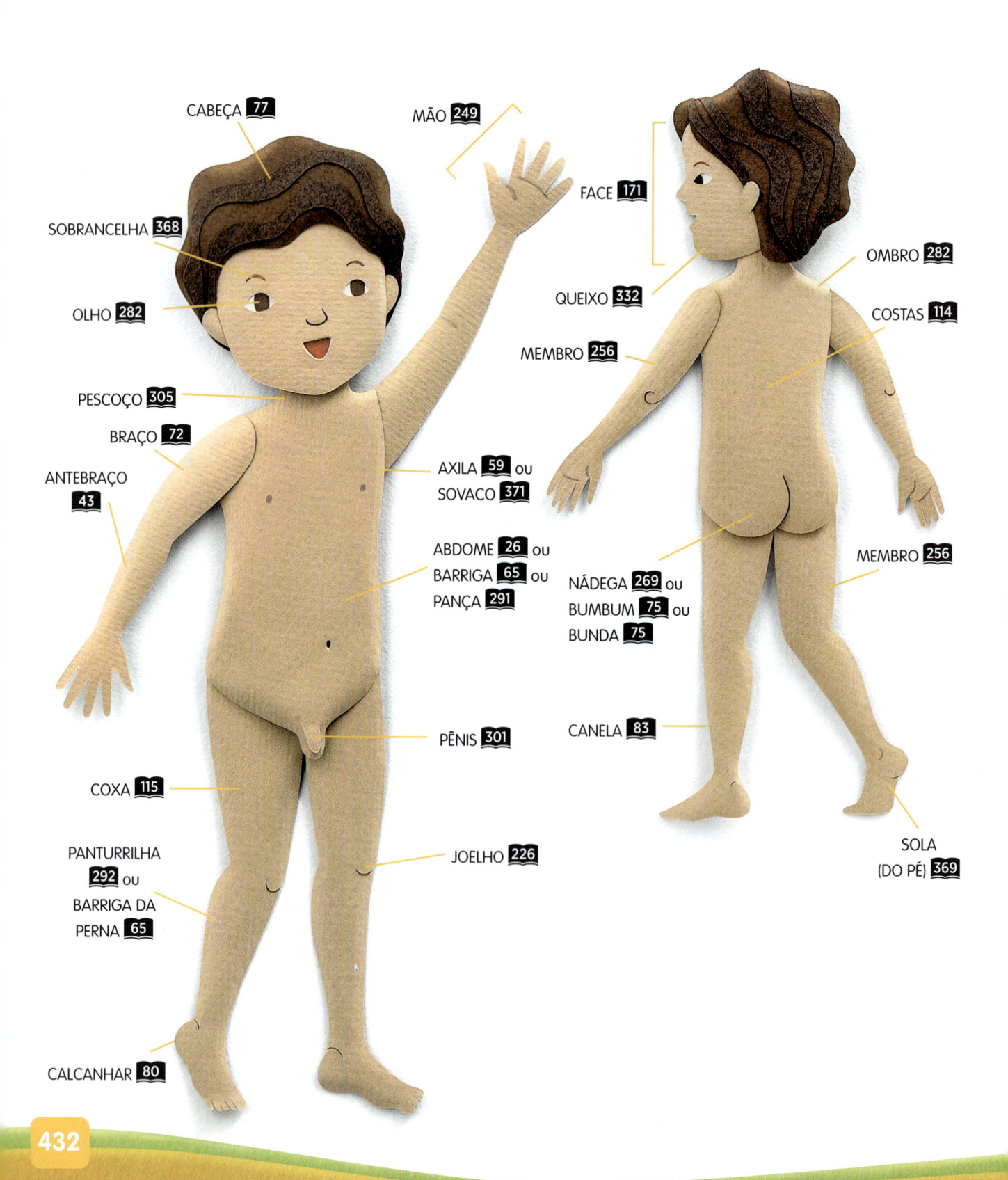

CABEÇA 77
SOBRANCELHA 368
OLHO 282
PESCOÇO 305
BRAÇO 72
ANTEBRAÇO 43
MÃO 249
AXILA 59 ou SOVACO 371
ABDOME 26 ou BARRIGA 65 ou PANÇA 291
PÊNIS 301
COXA 115
PANTURRILHA 292 ou BARRIGA DA PERNA 65
JOELHO 226
CALCANHAR 80

FACE 171
QUEIXO 332
MEMBRO 256
OMBRO 282
COSTAS 114
NÁDEGA 269 ou BUMBUM 75 ou BUNDA 75
MEMBRO 256
CANELA 83
SOLA (DO PÉ) 369

432

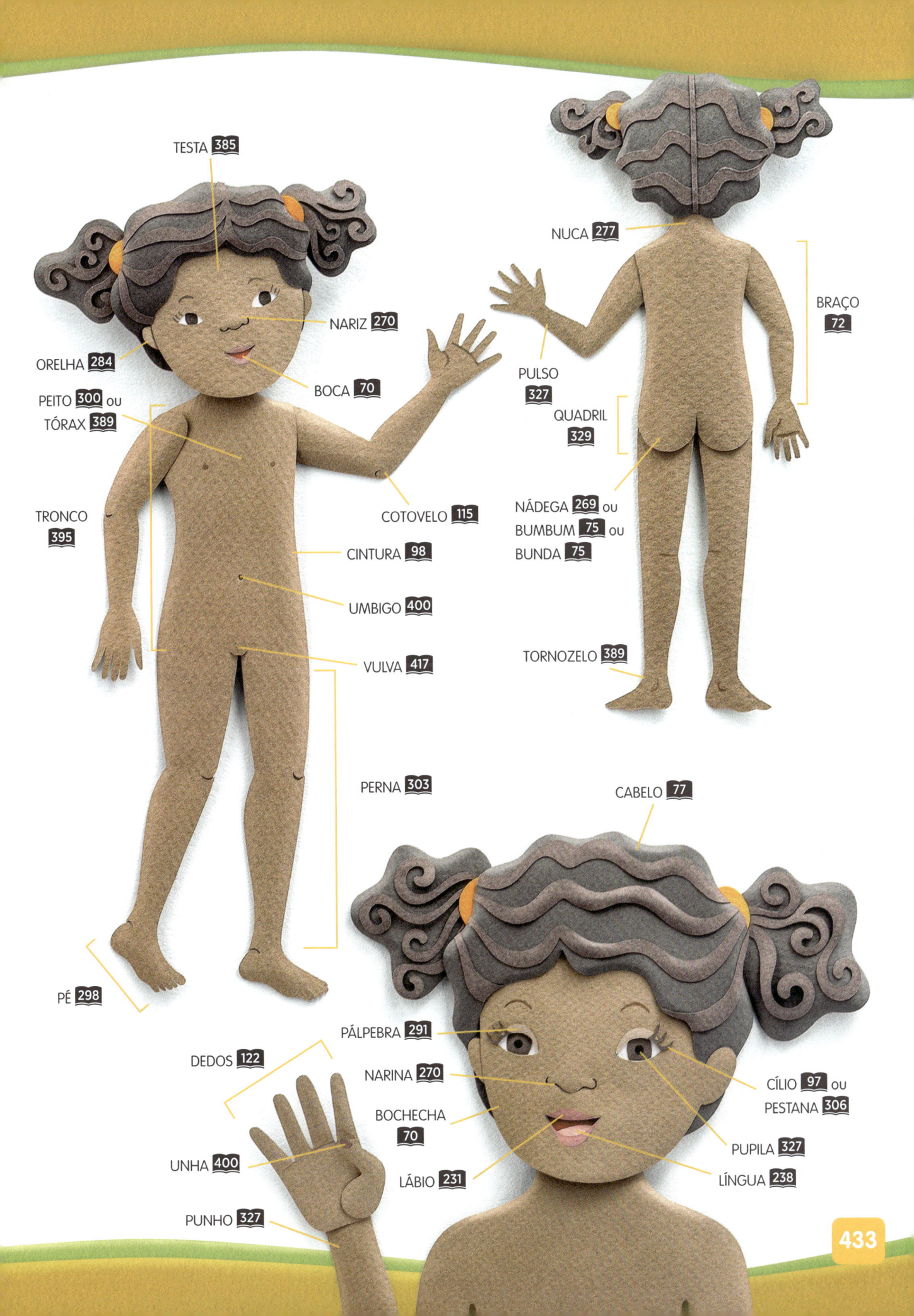

TESTA 385
NUCA 277
BRAÇO 72
ORELHA 284
NARIZ 270
PULSO 327
PEITO 300 ou
TÓRAX 389
BOCA 70
QUADRIL 329
TRONCO 395
NÁDEGA 269 ou
BUMBUM 75 ou
BUNDA 75
COTOVELO 115
CINTURA 98
UMBIGO 400
TORNOZELO 389
VULVA 417
PERNA 303
CABELO 77
PÉ 298
PÁLPEBRA 291
DEDOS 122
NARINA 270
CÍLIO 97 ou
PESTANA 306
BOCHECHA 70
UNHA 400
PUPILA 327
LÁBIO 231
LÍNGUA 238
PUNHO 327

433

INSTRUMENTOS MUSICAIS

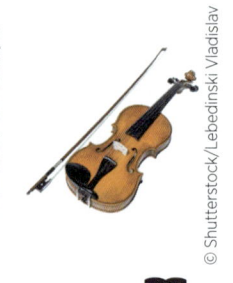

ACORDEÃO 29
SANFONA 357

BAIXO 62
CONTRABAIXO 111

BANDOLIM 64

BATERIA 66

BUMBO 75

CAVAQUINHO 91

CONTRABAIXO 111
BAIXO 62

CORNETA 113

FLAUTA 180

GAITA 189

GUITARRA 201

ÓRGÃO 284

PANDEIRO 291

PIANO 306

TAMBOR 378

TROMBONE 395

TROMPETE 395

TUBA 396

VIOLÃO 413

VIOLINO 413

XILOFONE 421

434

PARTES DAS PLANTAS

CAROÇO 88

CASCA 90

CASCO 90

CAULE 91
HASTE 204

ESPIGA 159

ESPINHO 160

FLOR 181

FOLHA 182

FRUTA 186

FRUTO 186

GALHO 189

GOMO 196

GRÃO 198

POLPA 313

RAIZ 336

RAMO 337

SEMENTE 361

TRONCO 395

TUBÉRCULO 396

PARTES DAS PLANTAS QUE A GENTE COME

ABACATE 25	ABACAXI 25	ABÓBORA 26 / JERIMUM 225	ACEROLA 28
AGRIÃO 35	ALFACE 37	ALHO 38	AZEITONA 59
BANANA 63	BERINJELA 67	CACAU 78	CAFÉ 79
CAJÁ 80 CAJÁ-MIRIM 80 TAPEREBÁ 379	CAJU 80	CAQUI 86	CEBOLA 92
CENOURA 92	CHUCHU 96	COCO 101	COUVE 115

436

COUVE-FLOR 115	CUPUAÇU 119	DENDÊ 125	ERVILHA 154
ESPINAFRE 159	FEIJÃO 175	FRUTA-DE-CONDE 186 PINHA 307	GOIABA 196
GRAVIOLA 199	JABUTICABA 223	JACA 223	JILÓ 225
LARANJA 233	LIMÃO 237	MAÇÃ 243	MAMÃO 247
MANDIOCA 248 AIPIM 36 MACAXEIRA 243	MANGA 248	MARACUJÁ 250	MELANCIA 255

MILHO 259 © Shutterstock/Danny Smythe
MORANGO 263 © Shutterstock/oriori
NABO 268 © Shutterstock/eye-blink
OITI 281 Divanzir Padilha

PEQUI 301 © Shutterstock/Bruno Albergaria Santos
PERA 302 © Shutterstock/Sergiy Telesh
PIMENTA 307 © Shutterstock/Maks Narodenko
PINHÃO 308 Fabio Colombini

PITANGA 310 © Shutterstock/ribeiroantonio
PUPUNHA 327 Divanzir Padilha
QUIABO 332 © Shutterstock/Elena Schweitzer
QUIUÍ 333 © iStockphoto.com/Olaf Simon

REPOLHO 344 © Shutterstock/matin
SAPOTI 358 © Shutterstock/v.s.anandhakrishna
TAMARINDO 378 © Shutterstock/apichai
TANGERINA 378
BERGAMOTA 67
MEXERICA 259
© Shutterstock/MikhailSh

TOMATE 388 © Shutterstock/Nattika
UMBU 400 IMBU 211 Divanzir Padilha
UVA 403 © Shutterstock/Valentyn Volkov
VAGEM 405 © Shutterstock/Sally Scott

438

ANIMAIS

| ABELHA 26 | ÁGUA-VIVA 35 | ANTA 43 | ARANHA 47 |

| ARARA 47 | AVESTRUZ 58 | BALEIA 63 | BARATA 64 |

| BEIJA-FLOR 67 | BESOURO 68 | BICHO-DA-SEDA 68 | BODE 70 |

| BOI 70 | BORBOLETA 71 | BUGIO 75 GUARIBA 200 | CABRA 78 |

| CÁGADO 79 | CAMARÃO 82 | CAMELO 82 | CANGURU 84 |

439

CÃO 85 CACHORRO 78	CAPIVARA 85	CARACOL 86	CARAMUJO 86
CARANGUEJO 86	CARNEIRO 87	CAVALO 91	CAVALO-MARINHO 91
CAXINGUELÊ 91	CEGONHA 92	CHIMPANZÉ 95	CIGARRA 97
CISNE 99	COALA 100	COBRA 100 SUCURI 373 BOIAÇU 70	COELHO 101
CORUJA 114 CABURÉ 78	DROMEDÁRIO 141	ÉGUA 144	ELEFANTE 144

EMA 145	ESCORPIÃO 155	ESPONJA 160	ESTRELA-DO-MAR 164
FALCÃO 172	FOCA 181	FORMIGA 183	GAFANHOTO 189
GALINHA 190	GALO 190	GAMBÁ 190	GATO 192
GIRAFA 195	GIRINO 195	GNU 195	GOLFINHO 196
GORILA 197	GRILO 199	GUAIAMU 200	HIENA 205

441

HIPOPÓTAMO 205　JABUTI 223　JACARÉ 223　JIBOIA 225

JUMENTO 227　ASNO 52　LAGARTIXA 232　OSGA 286　LAGOSTA 232　LEÃO 235
BURRO 75　JEGUE 225　TARUÍRA 380

LHAMA 236　LIBÉLULA 237　LOBO 239　LOBO-GUARÁ 239
　　　　　LAVADEIRA 234　　　　　GUARÁ 200

LULA 241　MACACO 243　MICO 259　MINHOCA 260

MORCEGO 263　MURIQUI 267　ONÇA 282　ORANGOTANGO 283
　　　　　MONO-CARVOEIRO 263

OVELHA 287	PACA 288	PAPAGAIO 292 CURICA 119	PATA/PATO 297	
PAVÃO 298	PERDIZ 302 INHAMBUAPÉ 216	PERERECA 302	PERIQUITO 303	
PERU 304	PINGUIM 307	PIOLHO 308	PIRARUCU 309	
POLVO 313	PORCO 315	PREGUIÇA 319	QUATI 331	
RÃ 334	RATO 338	RINOCERONTE 349	SABIÁ 355	

SAPO 358	SAÚVA 359	SERIEMA 364	SIRI 366
TAMANDUÁ 378	TARTARUGA 380	TATARANA 380 LAGARTA-DE-FOGO 232 TATURANA 380	TATU 380
TIGRE 386	TUBARÃO 396	TUCANO 396	URSO-POLAR 402
URUBU 402	URUTU 402	VACA 404	VAGA-LUME 405
VEADO 407	XEXÉU 421	ZANGÃO 425	ZEBRA 425

VEÍCULOS

AUTOMÓVEL 57

AVIÃO 59

BALÃO 62

BARCO 65

BICICLETA 68

CAMINHÃO 82

CAMINHONETE 82

CANOA 84

CARRO 88

CARROÇA 88

CARRO-PIPA 88

CARRUAGEM 88

DIRIGÍVEL 136 ZEPELIM 425

EMBARCAÇÃO 146

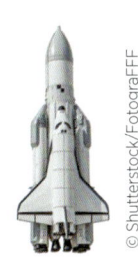

FOGUETE 182

445

HELICÓPTERO 204   IATE 208   JANGADA 224

LANCHA 232   METRÔ 258   MOTO/MOTOCICLETA 264

NAVE 271 NAVIO 272   NAVE ESPACIAL 271   ÔNIBUS 282

TICO-TICO 386   TRATOR 392   TREM 393

TRENÓ 394   VELOCÍPEDE 408

446

REFERÊNCIAS BIBLIOGRÁFICAS

Referências bibliográficas (principais)

ACADEMIA DE CIÊNCIAS DE LISBOA. *Dicionário da língua portuguesa contemporânea*. Lisboa: Editorial Verbo, 2001.

COBUILD, Collins. *Advanced Learner's English Dictionary*. 5. ed. Grã-Bretanha: Harper Collins Publishers, 2006.

CUNHA, C.; CINTRA, L. *Nova Gramática do Português Contemporâneo*. 5. ed. Rio de Janeiro: Lexikon, 2010.

FERREIRA, Aurélio Buarque de Holanda. Dicionário Aurélio da língua portuguesa. 5. ed. Curitiba: Positivo, 2010.

GEIGER, Paulo. *Novíssimo Aulete*: dicionário contemporâneo da língua portuguesa. Rio de Janeiro: Lexikon, 2013.

HOUAISS, Antônio; VILLAR, Mauro de Salles. *Dicionário Houaiss da língua portuguesa*. Rio de Janeiro: Objetiva, 2001.

LACERDA, Roberto Cortes de. *Dicionário de provérbios*: francês, português, inglês. 2. ed. São Paulo: Unesp, 2003.

LE PETIT Larousse Illustré. 100. ed. France: Maury Imprimeur, 2005.

LE ROBERT Junior Illustré. Paris: Dictionnaires Le Robert, 2005.

LORENZI, Harri (Coord.). *Frutas brasileiras e exóticas cultivadas*. São Paulo: Instituto Plantarum de Estudos da Flora, 2000.

Bibliografia complementar (mínima)

BRANDÃO, Helena N. *Gêneros do discurso na escola*. São Paulo: Cortez, 2000.

BRASIL. Ministério da Educação. Secretaria de Educação Fundamental. *Parâmetros Curriculares Nacionais*: primeiro e segundo ciclos do ensino fundamental: língua portuguesa. Brasília: MEC/SEF, 1998.

CAGLIARI, L. C. *Alfabetização e linguística*. São Paulo. Scipione, 1984.

CARPANEDA, Isabella P. de M.; BRAGANÇA, Angiolina D. *Porta Aberta*: língua portuguesa. 1º ao 5º ano. São Paulo: FTD, 2011. 5 v.

FANIZZI, Sueli; GIL, Angela. *Porta Aberta*: ciências. 1º ao 5º ano. São Paulo: FTD, 2011. 5 v.

FERREIRO, Emília. *Reflexões sobre a alfabetização*. São Paulo: Cortez/Autores Associados, 1986.

_____. *Alfabetização em processo*. São Paulo: Cortez/Autores Associados, 1986.

KRIEGER, Maria da Graça. *Dicionário em sala de aula*: guia de estudos e exercícios. Rio de Janeiro: Lexikon, 2013.

LIMA, Mirna. *Porta Aberta*: geografia. 1º ao 5º ano. São Paulo: FTD, 2011. 5 v.

_____. *Porta Aberta*: história. 1º ao 5º ano. São Paulo: FTD, 2011. 5 v.

ORLANDI, Eni. *A linguagem e seu funcionamento*: as formas de discurso. Campinas: Pontes, 1987.

PAULIUKONIS, Maria Aparecida; GAVAZZI, Sigrid (Org.). *Da língua ao discurso*: reflexões para o ensino. Rio de Janeiro: Lucerna, 2005.

RODRIGUES, Arnaldo; LA SCALA, Junia; CENTURION, Marilia. *Porta Aberta*: matemática. 1º ao 5º ano. São Paulo: FTD, 2011. 5 v.

SMOLKA, A. L. *A criança na fase inicial da escrita*: a alfabetização como processo discursivo. São Paulo: Cortez, 1988.

A E

G G

W U

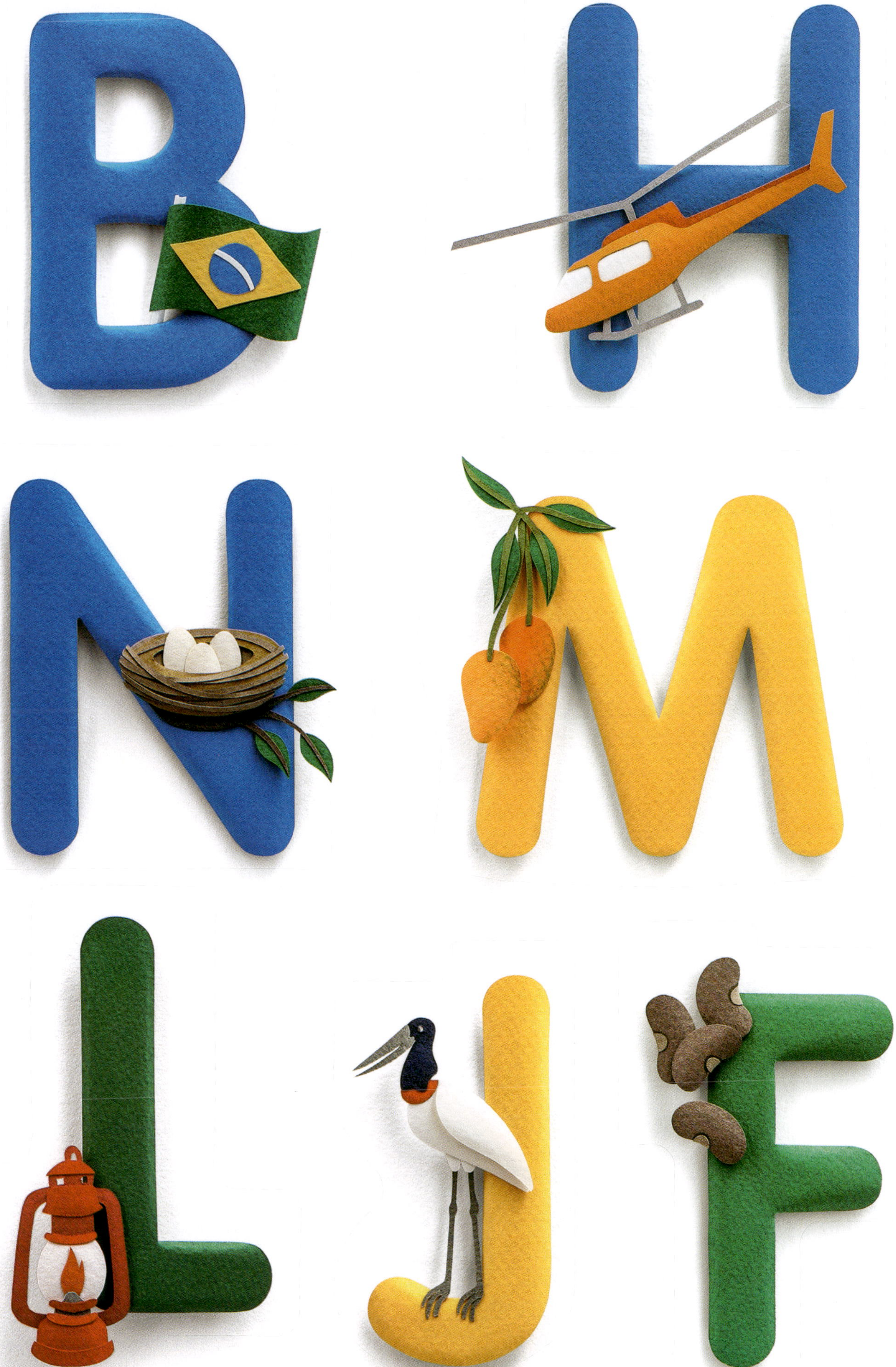
B H
N M
L J F

D V

Q T

K P

S O
R I Y
X Z